**Dimensões políticas da justiça**

*Organizadores:*
*Leonardo Avritzer*
*Newton Bignotto*
*Fernando Filgueiras*
*Juarez Guimarães*
*Heloísa Starling*

# Dimensões políticas da justiça

1ª edição

CIVILIZAÇÃO BRASILEIRA

Rio de Janeiro
2013

Copyright © Leonardo Avritzer, Newton Bignotto, Fernando Filgueiras, Juarez Guimarães, Heloísa Starling, 2013.

CIP-BRASIL. CATALOGAÇÃO NA FONTE
SINDICATO NACIONAL DOS EDITORES DE LIVROS, RJ

D578   Dimensões políticas da justiça / Leonardo Avritzer... [et al.] –
Rio de Janeiro: Civilização Brasileira, 2013.

Inclui bibliografia
ISBN 978-85-200-1169-0

1. Democracia – Brasil. 2. Brasil – Política e governo. 3. Brasil – Política social. I. Avritzer, Leonardo, 1959-.

13-1356

CDD: 302.14
CDU: 316.42

EDITORA AFILIADA

Todos os direitos reservados. Proibida a reprodução, armazenamento ou transmissão de partes deste livro, através de quaisquer meios, sem prévia autorização por escrito.

Este livro foi revisado segundo o novo Acordo Ortográfico da Língua Portuguesa.

Direitos desta edição adquiridos pela
EDITORA CIVILIZAÇÃO BRASILEIRA
Um selo da
EDITORA JOSÉ OLYMPIO LTDA.
Rua Argentina, 171 – Rio de Janeiro, RJ – 20921-380
Tel.: 2585-2000

Seja um leitor preferencial Record.
Cadastre-se e receba informações sobre nossos lançamentos e nossas promoções.
Atendimento e venda direta ao leitor:
mdireto@record.com.br ou (21) 2585-2002

Impresso no Brasil
2013

## Sobre os autores

Alberto de Barros
Professor do Departamento de Filosofia da Universidade de São Paulo (USP). Autor de *Dez lições sobre Bodin* (Editora Vozes, 2011).

Álvaro de Vita
Professor do Departamento de Ciência Política da Universidade de São Paulo (USP). Autor de *Liberalismo igualitário: sociedade democrática e justiça internacional* (Martins Fontes, 2008).

André Rubião
Coordenador do Centro de Referência da Juventude da Prefeitura de Belo Horizonte. Autor de *La Démocratie participative: histoires et généalogie* (La Découverte, 2010).

Carlos Palombini
Professor da Escola de Música da Universidade Federal de Minas Gerais (UFMG). Organizou *Pierre Schaeffer: ensaio sobre o rádio e o cinema — estética e técnica das artes-relé, 1941-1942* (Editora UFMG, 2010).

Charles Pessanha
Professor do Departamento de Ciência Política da Universidade Federal do Rio de Janeiro (UFRJ). Editor de *Dados — Revista de Ciências Sociais*.

Cláudia Feres Faria
Professora do Departamento de Ciência Política da Universidade Federal de Minas Gerais. Autora de artigos em periódicos acadêmicos nacionais e internacionais.

**Cláudio Gonçalves Couto**
Professor de Ciência Política da Fundação Getulio Vargas (FGV-SP). Autor de artigos em periódicos acadêmicos nacionais e internacionais.

**Conceição Gomes**
Professora do Centro de Estudos Sociais da Universidade de Coimbra. Autora de *Tráfico de mulheres em Portugal para fins de exploração sexual* (CIG, 2008).

**Dione Ferreira Santos**
Procuradora da Prefeitura de Belo Horizonte.

**Eunice Ostrensky**
Professora do Departamento de Ciência Política da Universidade de São Paulo (USP). Autora de *Revoluções do poder* (Alameda Casa Editorial, 2006).

**Fabiano Engelmann**
Professor do Departamento de Ciência Política da Universidade Federal do Rio Grande do Sul (UFRGS). Autor de *Sociologia do campo jurídico* (Sérgio Antônio Fabris, 2006).

**Fausto Brito**
Professor do Centro de Desenvolvimento e Planejamento Regional da Universidade Federal de Minas Gerais (UFMG). Autor de *População e políticas sociais no Brasil: os desafios da transição demográfica e das migrações internacionais* (Centro de Gestão e Estudos Estratégicos, 2008).

**Fernando Antonio de Carvalho Dantas**
Professor da Pontifícia Universidade Católica do Paraná (PUC-PR). Coautor de *Conhecimento tradicional e biodiversidade* (Editora PNCSA, 2008).

**Fernando Filgueiras**
Professor do Departamento de Ciência Política da Universidade Federal de Minas Gerais (UFMG). Organizou *Corrupção e sistema político no Brasil* (Civilização Brasileira, 2011).

## Gabriela Neves Delgado
Professora da Faculdade de Direito da Universidade de Brasília (UnB).

## Gisele Cittadino
Professora do Departamento de Direito da Pontifícia Universidade Católica do Rio de Janeiro (PUC-Rio). Autora de *Pluralismo, direito e justiça distributiva* (Lúmen Júris, 1999).

## Helena Dolabela Pereira
Doutoranda em Instituições Políticas Comparadas na Universite Paul Cezanne Aix-Marseille 3.

## Heloísa Maria Murgel Starling
Professora do Departamento de História da Universidade Federal de Minas Gerais (UFMG). Organizou diversos livros, dentre os quais *Corrupção: ensaios e crítica* (Editora UFMG, 2008).

## Helton Adverse
Professor do Departamento de Filosofia da Universidade Federal de Minas Gerais (UFMG). Autor de *Maquiavel: política e retórica* (Editora UFMG, 2009).

## Hugo Melo Filho
Doutorando em Ciência Política pela Universidade Federal de Pernambuco (UFPE). Organizou *Temas de direito coletivo do trabalho* (Editora LTR, 2010).

## Jéferson Mariano Silva
Doutorando em Ciência Política no Instituto de Estudos Sociais e Políticos da Universidade do Estado do Rio de Janeiro (UERJ).

## João Feres Júnior
Professor do Instituto de Estudos Sociais e Políticos da Universidade do Estado do Rio de Janeiro (UERJ). Autor de *Teoria política contemporânea* (Campus, 2010).

**Jorge Zaverucha**
Professor do Departamento de Ciência Política da Universidade Federal de Pernambuco (UFPE). Autor de *Armadilha em Gaza* (Geração Editorial, 2010).

**José Maurício Domingues**
Professor do Instituto de Estudos Sociais e Políticos da Universidade do Estado do Rio de Janeiro (UERJ). Autor de *Teoria crítica e (semi)periferia* (Editora UFMG, 2011).

**José Raimundo Maia Neto**
Professor do Departamento de Filosofia da Universidade Federal de Minas Gerais (UFMG). Organizou *Renaissance Skepticism* (Springer, 2009).

**Juarez Guimarães**
Professor do Departamento de Ciência Política da Universidade Federal de Minas Gerais (UFMG). Organizador de *Raimundo Faoro e o Brasil* (Perseu Abramo, 2009).

**Juliana Neuenschwander Magalhães**
Professora da Faculdade de Direito da Universidade Federal do Rio de Janeiro (UFRJ). Autora de artigos em periódicos acadêmicos especializados.

**Leonardo Avritzer**
Professor do Departamento de Ciência Política da Universidade Federal de Minas Gerais (UFMG). Autor de *Participatory Institutions in Democratic Brazil* (Johns Hopkins University Press, 2009).

**Letícia Godinho**
Professora da Fundação João Pinheiro (FJP-MG). Autora de *Direito do Trabalho, justiça e democracia* (Editora LTR, 2006).

**Lilia Schwarcz**
Professora do Departamento de Antropologia da Universidade de São Paulo (USP). Autora de *As barbas do imperador* (Companhia das Letras, 2009).

### Lílian Gomes
Doutora em Ciência Política pela Universidade Federal de Minas Gerais (UFMG). Coautora de *Para uma nova cartografia da justiça no Brasil* (Fafich, 2011).

### Luciana Ballestrin
Professora do Departamento de Ciência Política da Universidade Federal de Pelotas (UFPEL).

### Luiz Augusto Campos
Doutorando em Sociologia pelo Instituto de Estudos Sociais e Políticos da Universidade do Estado do Rio de Janeiro (UERJ).

### Luiz Werneck Vianna
Professor do Departamento de Ciências Sociais da Pontifícia Universidade Católica do Rio de Janeiro (PUC-Rio). Autor de *A modernização sem o moderno. Análise de conjuntura na era Lula* (Fundação Astrojildo Pereira; Contraponto, 2011).

### Marcelo Campos Gallupo
Professor da Faculdade de Direito da Universidade Federal de Minas Gerais (UFMG). Organizador de *Constituição e democracia: fundamentos* (Editora Fórum, 2009).

### Maria Victória de Mesquita Benevides
Professora da Faculdade de Educação da Universidade de São Paulo (USP). Autora de *A Comissão de Justiça e Paz de São Paulo, da ditadura à democratização* (Lettera.doc, 2009).

### Marjorie Corrêa Marona
Doutoranda em Ciência Política da Universidade Federal de Minas Gerais (UFMG).
Coautora de *Para uma nova cartografia da justiça no Brasil* (Fafich, 2011).

### Marlise Matos
Professora do Departamento de Ciência Política da Universidade Federal de Minas Gerais (UFMG). Autora de artigos em periódicos acadêmicos nacionais e internacionais.

### Mauricio Godinho Delgado
Ministro do Tribunal Superior do Trabalho. Autor de *Curso de Direito do Trabalho* (Editora LTR, 2005).

### Milton Meira do Nascimento
Professor do Departamento de Filosofia da Universidade de São Paulo (USP). Autor de *Iluminismo — a revolução das luzes* (Ática, 1998).

### Newton Bignotto
Professor do Departamento de Filosofia da Universidade Federal de Minas Gerais (UFMG). Autor de *As aventuras da virtude* (Companhia das Letras, 2010).

### Paulo Abrão
Secretário Nacional de Justiça do Ministério da Justiça. Organizou *Assessoria jurídica popular: leituras fundamentais e novos debates* (Edipucrs, 2009).

### Paulo Vannuchi
Ex-secretário dos Direitos Humanos da Presidência da República.

### Renato Raul Boschi
Professor do Instituto de Estudos Sociais e Políticos da Universidade do Estado do Rio de Janeiro (UERJ). Autor de *A difícil rota do desenvolvimento* (Editora UFMG, 2007).

### Ricardo Fabrino de Mendonça
Professor do Departamento de Ciência Política da Universidade Federal de Minas Gerais (UFMG). Autor de artigos em periódicos acadêmicos nacionais e internacionais.

## Rodrigo Anaya Rojas
Ministério Público do Estado de Minas Gerais.
Mestre pela Universidad Pablo de Olavide de Sevilla

## Rodrigo Ghiringuelli de Azevedo
Professor da Pontifícia Universidade Católica do Rio Grande do Sul (PUC-RS). Autor de *Sociologia e Justiça Penal* (Editora Lúmen Júris, 2010).

## Rogério Bastos Arantes
Professor do Departamento de Ciência Política da Universidade de São Paulo (USP). Autor de *Ministério Público e política no Brasil* (Editora Sumaré, 2002).

## Rubens Goyatá Campante
Doutor em Ciência Política pela Universidade Federal de Minas Gerais (UFMG). Autor de artigos em periódicos nacionais sobre o pensamento político brasileiro.

## Silvia Helena Rigatto
Professora no Programa de Saúde Coletiva da Universidade Federal do Vale do Jequitinhonha e do Mucuri (UFVJM).

## Tarso Genro
Governador do estado do Rio Grande do Sul.

## Tereza Cristina de Souza Cardoso Vale
Professora da Faculdade de Ciências Humanas da Universidade Federal do Vale do Jequitinhonha e do Mucuri.

## Thomas da Rosa de Bustamante
Professor da Faculdade de Direito da Universidade Federal de Minas Gerais (UFMG). Organizou *Teoria do Direito e decisão racional* (Editora Renovar, 2008).

**Venício Artur de Lima**
Professor do Departamento de Comunicação da Universidade de Brasília (UnB). Autor de *Liberdade de expressão* versus *liberdade de imprensa* (Editora Publisher Brasil, 2010).

**Verônica Toste Daflon**
Doutoranda em Sociologia pelo Instituto de Estudos Sociais e Políticos da Universidade do Estado do Rio de Janeiro (UERJ).

**Walter Garcia**
Professor do Instituto de Estudos Brasileiros da Universidade de São Paulo (USP). Autor de *Bim Bom: a contradição sem conflitos de João Gilberto* (Paz e Terra, 1999).

**Wlamyra Ribeiro de Albuquerque**
Professora do Departamento de História da Universidade Federal da Bahia (UFBA). Autora de *O jogo da dissimulação — abolição e cidadania negra no Brasil* (Companhia das Letras, 2009).

# Sumário

Introdução ........................................................................ 17

### PARTE I Justiça e Teoria Política

Republicanismo ................................................................ 27
*Helton Adverse*
Jusnaturalismo .................................................................. 37
*Milton Meira do Nascimento*
Liberalismo clássico .......................................................... 47
*Eunice Ostrensky*
Liberalismo contemporâneo ............................................. 55
*Álvaro de Vita*
Socialismo e Justiça .......................................................... 67
*Juarez Guimarães*
Decisionismo .................................................................... 77
*Helton Adverse*
Positivismo jurídico .......................................................... 85
*Marcelo Campos Galuppo*
Teoria dos Sistemas .......................................................... 95
*Juliana Neuenschwander Magalhães*
A justiça como procedimento ........................................... 105
*Thomas da Rosa de Bustamante*
Reconhecimento ............................................................... 117
*Ricardo Fabrino Mendonça*
Democracia deliberativa e Justiça .................................... 133
*Cláudia Feres Faria*
Feminismo e teorias da Justiça ........................................ 141
*Marlise Matos*

## PARTE II  Justiça e política

| | |
|---|---:|
| Revolução Inglesa e constitucionalismo<br>*Alberto de Barros* | 159 |
| Revolução Americana e constitucionalismo<br>*Leonardo Avritzer* | 169 |
| Revolução Francesa e constitucionalismo<br>*Newton Bignotto* | 177 |
| Constitucionalismo latino-americano<br>*José Maurício Domingues* | 187 |
| Cortes constitucionais<br>*Rogério Bastos Arantes* | 195 |
| A judicialização da política<br>*Luiz Werneck Vianna* | 207 |
| Judicialização da política e equilíbrio de poderes no Brasil<br>*Leonardo Avritzer* | 215 |
| Os direitos humanos e a soberania nacional<br>*Fausto Brito* | 221 |
| Ação afirmativa e Justiça<br>*João Feres Jr., Verônica Toste Daflon e Luiz Augusto Campos* | 231 |
| Justiça Internacional<br>*Luciana Ballestrin* | 243 |
| Administração da Justiça<br>*Conceição Gomes* | 251 |
| *Accountability* e Justiça<br>*Fernando Filgueiras* | 261 |

## PARTE III  Justiça, Direito e política no Brasil

| | |
|---|---:|
| Abolição e Justiça no Brasil<br>*Wlamyra Ribeiro de Albuquerque* | 271 |
| Tenda dos milagres<br>*Lilia Schwarcz* | 281 |
| Capitu e a sanção simbólica<br>*José Raimundo Maia Neto* | 289 |

## SUMÁRIO

| | |
|---|---|
| Justiça do Trabalho no Brasil | 297 |
| *Mauricio Godinho Delgado e Gabriela Neves Delgado* | |
| Justiça Eleitoral | 315 |
| *Tereza Cristina de Souza Cardoso Vale* | |
| Jurisdição penal | 327 |
| *Rodrigo Ghiringhelli de Azevedo* | |
| Justiça criminal e política no Brasil de segurança | 337 |
| *Letícia Godinho* | |
| Defensorias públicas | 351 |
| *Marjorie Corrêa Marona* | |
| Direitos sociais e Justiça | 369 |
| *Rubens Goyatá Campante* | |
| Direito e povos indígenas no Brasil | 383 |
| *Fernando Antonio de Carvalho Dantas* | |
| Direito e questão racial | 397 |
| *Lilian Gomes* | |
| Direito e empresariado | 411 |
| *Renato Raul Boschi e Jeferson Mariano Silva* | |
| Justiça Militar | 421 |
| *Jorge Zaverucha e Hugo Melo Filho* | |
| Direito e conflitos agrários | 431 |
| *Silvia Helena Rigatto* | |
| Conflitos urbanos e Direito no Brasil | 445 |
| *Helena Dolabela Pereira* | |
| Direito e meio ambiente no Brasil | 455 |
| *Dione Ferreira Santos* | |
| Drummond e a formação do cidadão brasileiro | 467 |
| *Juarez Guimarães* | |
| Elites judiciárias | 479 |
| *Fabiano Engelmann* | |
| Ações Constitucionais | 487 |
| *Cláudio Gonçalves Couto* | |
| Ações coletivas | 495 |
| *Rogério Bastos Arantes* | |

Controle do Judiciário: o Conselho Nacional de Justiça  505
*Charles Pessanha*
Mandado de injunção  513
*Gisele Cittadino*
Ministério Público  523
*Rodrigo Anaya Rojas*
Reforma do Judiciário no Brasil  535
*Marjorie Corrêa Marona*
Júris de cidadãos  549
*André Rubião*
Mídia e Justiça no Brasil  559
*Venício Artur de Lima*
Comissão de Justiça e Paz em São Paulo  571
*Maria Victória de Mesquita Benevides*
Justiça de transição  579
*Paulo Abrão e Tarso Genro*
Poder Judiciário e direito à memória e à verdade  593
*Paulo Vannuchi*
Canção popular e direito de resistência no Brasil  615
*Heloisa Maria Murgel Starling*
Rap  637
*Walter Garcia*
Funk proibido  647
*Carlos Palombini*

# Introdução

A discussão sobre justiça tem sido uma temática importante e recorrente no debate público das democracias ocidentais. Esse debate tem sido bastante intenso e extenso, cobrindo diversas questões, desde a instrumentalização da justiça por meio do Direito, o que tem gerado debates sobre judicialização e politização do Judiciário, à justiça social, orientada às demandas de grupos sociais por reconhecimento e redistribuição. Dessa forma, o tema da justiça aparece no debate público de maneira intensa, mas ao mesmo tempo fluida, tendo em vista a ampla gama de questões políticas e sociais que perpassam suas diferentes concepções. Sendo assim, são muitas as perspectivas pelas quais a justiça pode ser pensada, tanto no seu sentido normativo, envolvendo os debates acadêmicos e institucionais, quanto no seu sentido prático, tendo em vista as necessidades reais de grupos e atores sociais. Dessa maneira, produzem-se muitas visões parciais ou mesmo fragmentadas a respeito da justiça, incapazes de compreender com maior alcance o problema político envolvido na produção da justiça.

A justiça, nesse sentido, não se resume ao direito. Nas democracias contemporâneas o tema da justiça tem mantido uma relação muito estreita com a política, de forma que não é possível compreender os seus diferentes elementos se partirmos de uma concepção filosófica centrada na instrumentalização das normas para o cumprimento formal dos objetivos expostos na lei. Portanto, a relação entre justiça, direito e democracia não permite uma abordagem disciplinar única e que reivindique unidade epistemológica sobre essa difícil relação. A necessidade da transdisciplinaridade é recorrente quando se quer estabelecer os nexos conceituais entre justiça, direito e democracia. Por trás disso, inevitavelmente, deve haver uma concepção de política democrática e republicana, capaz de sedimentar uma ideia política da justiça moral e eticamente derivada de uma noção de democracia.

Este livro tem o objetivo de ser uma publicação de referência voltada para a construção de uma concepção política da justiça. Essa concepção pretende estabelecer o nexo conceitual entre diferentes ideias de democracia e diferentes temáticas e problemas que têm sido mobilizados a respeito da construção democrática da justiça. Em procedimentos recorrentes de estudos sobre a justiça, percebe-se uma divisão epistemológica e conceitual entre Filosofia, Sociologia, Ciência Política e Direito que acreditamos não dar conta da intensidade e da extensão com que o problema da justiça tem sido posto e debatido nas democracias. Por conseguinte, a divisão disciplinar traz um prejuízo incomensurável ao conhecimento prático a respeito do debate correto sobre o tema da justiça.

O que une os diferentes textos e questões apresentados nas páginas seguintes é a tentativa de fundar um debate mais amplo a respeito da justiça, que respeite as diferentes tradições de pensamento e também os distintos conceitos e perspectivas que a questão da justiça demanda. Com muita frequência, associamos no debate público a construção da justiça a uma construção instrumental do Direito. Por intermédio dessa concepção, não conseguimos perceber as diferentes questões políticas, sociais, culturais e econômicas que envolvem a produção da justiça. Nosso ponto de partida, portanto, é romper essas linhas disciplinares e abarcar uma concepção de justiça politicamente orientada pelos diferentes interesses e noções de mundo que são colocados na esfera pública. Talvez esse seja o principal mote do livro: não avançaremos na discussão da justiça, especialmente em novas democracias, como é o caso do Brasil, se não construirmos uma concepção de justiça politicamente orientada pelo interesse público. Sem isso, certamente continuaremos a reproduzir uma ideia instrumental de Direito que não permite romper com processos de dominação e exclusão ainda existentes nas democracias.

O nosso ponto de partida aqui é considerar as diferentes tradições de pensamento político e o modo de acordo com o qual a reflexão sobre o tema da justiça foi produzida. A primeira seção do livro, Justiça e Teoria Política, se dedica a isso. Assim sendo, a tradição do republicanismo é fundamental para pensar o tema da justiça, seja porque ela é fundadora da concepção moderna de Direito, tendo em vista as heranças grega e romana, seja porque ela é fundadora da concepção epistemológica da justiça fortemente relacionada com a política. A relação entre a unidade do corpo político e a unidade das leis certamente é o marco fundador de uma ideia de justiça politicamente orientada pelo interesse público. Os ensinamentos de pensadores como Platão, Aristóteles e Cícero são fundamentais para percebermos como uma concepção de justiça só se alicerça em torno de uma concepção de vida pública que cerque as comunidades políticas. Com a modernidade, é certo que diferentes temas da tradição republicana de pensamento político serão tensionados. A emergência de um novo tipo de sociabilidade, fortemente marcada pela presença do indivíduo, e das revoluções vai caracterizar uma virada conceitual da justiça. A tradição do jusnaturalismo será fundamental para isso, a partir do momento em que se passa a justificar a existência de direitos inalienáveis do homem por conta de sua condição natural. O surgimento dos direitos naturais representará uma verdadeira revolução no entendimento da justiça, se consolidando como característica fundamental para pensarmos a modernidade, ou seja, a permanente luta política por direitos por parte de grupos sociais subalternos.

A existência de direitos naturais e a condição do indivíduo possibilitarão o surgimento de diferentes tradições de pensamento político em que o tema da liberdade será o mote central. A tradição do liberalismo clássico, umbilicalmente relacionada à tradição do jusnaturalismo, trará o horizonte da liberdade como a liberdade individual, compreendida não apenas como liberdade de escolha no âmbito do mercado, mas como liberdade frente ao Estado, na condição de uma cidadania que se realiza na esfera civil. A tradição do liberalismo clássico foi primordial para a construção dos direitos fundamentais, tais como a liberdade religiosa, a liberdade de opinião, o direito de ir e vir, a liberdade de imprensa e de expressão, dentre outras. A tradição liberal foi fundamental para colocar o tema da liberdade no centro do debate político moderno, mas não foi suficiente para tratar a questão da igualdade como também imprescindível para a construção de um mundo justo. As diferentes concepções de justiça social hoje vigentes são bastante devedoras da tradição do socialismo, especialmente de aliarmos a uma concepção de justiça social uma concepção de democracia capaz de produzir o reconhecimento dos grupos subalternos.

As diferentes tradições de pensamento político foram capazes de produzir distintas reflexões sobre como fundamentar a constituição do corpo político. Nesse sentido, a centralidade da lei é inevitável para compreendermos os problemas formais de construção da lei. Assim, o decisionismo observa o conflito entre a forma e a substância política da lei, compreendendo que a natureza política do direito é inevitável. O decisionismo é, portanto, um elemento-chave para compreendermos o conflito entre a forma e a decisão e os perigos que cercam uma eventual despolitização do Direito. O debate entre decisionismo e o positivismo jurídico é primordial para entendermos o constitucionalismo moderno e os embates teóricos que cercam a produção e o conceito do Direito.

A compreensão da justiça, por conseguinte, deve dar conta de uma concepção sociológica e política do Direito, capaz de narrar os aspectos sistêmicos da modernidade jurídica e os desafios para a produção de procedimentos capazes de assegurar a justiça. Sem a centralidade de procedimentos moralmente corretos, com base em razões de fundo na política e na sociedade, o horizonte da justiça se distancia na modernidade. E é a compreensão das diferentes razões que os atores políticos e sociais podem mobilizar que marcam perspectivas a respeito do reconhecimento dos direitos. Sem a contribuição de uma ideia deliberativa da justiça, bem como de novas teorias políticas, como a do feminismo, não se consegue compreender o alcance teórico que um conceito como o de justiça pode ter.

Realizado esse trajeto em torno das teorias políticas a respeito da justiça e suas diferentes contribuições ao debate, o livro promove um caminho em torno das diferentes questões que marcam a relação entre justiça, Direito e política. Nessa trajetória, é inevitável caminharmos, como na segunda parte do livro, na jornada inaugurada pelas revoluções modernas e pelas diferentes questões que cercam o constitucionalismo contemporâneo. Se as revoluções, tais como a francesa, a americana e a inglesa, inauguraram os elementos fundamentais das modernas constituições, como os direitos fundamentais e as características do Estado moderno, é inegável que elas devem ser o roteiro original. Compreender, portanto, as heranças e as questões originalmente alavancadas nas revoluções é fundamental para tratarmos as demandas que cercam o constitucionalismo contemporâneo. Assim, a discussão de questões contemporâneas, como a centralidade das cortes constitucionais e os processos de judicialização da política, não pode ser omitida em meio ao debate sobre a institucionalidade da justiça nas democracias contemporâneas. Da mesma forma, não se pode perder de vista do constitucionalismo temas contemporâneos, como os direitos humanos, as ações afirmativas e a justiça internacional, se percebermos que elementos como a globalização e a crescente internacionalização das sociedades democráticas representam tensões na produção da justiça. Se o Poder Judiciário, afinal, é central nas democracias modernas, como quer a discussão sobre judicialização, não se pode perder de vista o debate sobre a sua natureza administrativa e os processos de *accountability* necessários para a sua real democratização.

Se o percurso até aqui foi o da discussão teórica sobre a justiça, mobilizando diferentes tradições de pensamento político e questões a respeito do constitucionalismo, a terceira parte do livro é dedica ao Brasil e às diferentes questões que marcam sua trajetória na produção de uma sociedade justa e democrática. O enfoque sobre o Brasil, seguindo a linha traçada por este livro, é interdisciplinar e quer compreender os desafios para a constituição de uma sociedade justa e democrática sob diferentes perspectivas, capazes de dar conta dos elementos institucionais, políticos, sociais e culturais que cercam a justiça.

O momento fundador certamente é o da Abolição, em que a questão das desigualdades e do não reconhecimento surge no horizonte das lutas sociais por justiça no Brasil. Isso fica claro tanto nos elementos historiográficos da Abolição, quanto nos fatores de imaginação cultural. Compreender o Brasil, nesse sentido, é unir a perspectiva institucional da justiça com os elementos simbólicos da cultura brasileira, especialmente no que tange aos processos judiciais e morais do julgamento. A Abolição, por conseguinte, é o momento fundador de uma perspectiva brasileira da justiça, que, ao longo de nossa história republicana, vai construindo os elementos centrais para a institucionalização da justiça. Não deve ser negado ao Brasil sucesso na produção de elementos institucionais da justiça. As experiências da Justiça do Trabalho e da Justiça Eleitoral mostram que podemos alcançar um horizonte de uma sociedade justa e democrática. Mas isso não significa que outras experiências, como a da jurisdição penal e aquela das políticas de segurança pública, devam passar incólumes a críticas. A Justiça Penal, certamente, é o espaço da sociedade brasileira em que as desigualdades são institucionalizadas.

Apesar disso, não se pode negar novas experiências para a produção da justiça, tais como as Defensorias Públicas, que atendem aos mais pobres e procuram garantir seu acesso à justiça. O horizonte dos direitos sociais certamente marca a Constituição de 1988, representando o elemento primordial para a compreensão das novas lutas por direitos no Brasil. Dentre elas, destaca-se a luta dos povos indígenas, a luta dos negros, os conflitos agrários e as questões urbanas na experiência democrática inaugurada em 1988. Em meio a isso, não se deve omitir a discussão sobre a Justiça Militar no Brasil, tendo em vista a herança deixada pela ditadura, nem a relação entre empresários e Direito relacionada à questão da justiça. Da mesma forma, não se pode omitir o problema tão contemporâneo do meio ambiente e as discussões que essa temática tem suscitado no Congresso Nacional. Todas essas questões marcam as novas lutas por direitos e o compromisso assumido pela sociedade brasileira, à luz de sua Constituição, com a igualdade e com a liberdade, permeadas por uma democracia sólida e que quer ser igualitária.

Em meio a tudo isso, o protagonista dessa experiência lançada em 1988 é a própria cidadania brasileira, que vê na justiça o horizonte para a sua afirmação como ator do processo político, participando e exigindo do Judiciário transformações na esfera política. O cidadão mobiliza os instrumentos constitucionais para a sua afirmação na esfera pública, utilizando-se das ações constitucionais e das ações coletivas para a sedimentação de uma concepção democrática da justiça. Assim, temas como a reforma do Judiciário e a experiência de controle social dessa instituição ressoam em um debate público sólido, tendo em vista os princípios que alimentaram a Constituição de 1988, tais como a liberdade de expressão. Mas muitos ainda são os desafios, como o acesso correto à informação, visando à consolidação de fontes plurais capazes de alimentar a própria cidadania. Ora, percebe-se que muito avançamos na democratização brasileira, tendo em vista o horizonte de uma sociedade justa. Mas ainda precisamos expurgar os fantasmas do passado e assegurar que a memória e a verdade sejam direitos de todos, alimentados por uma cultura política democrática. Ou seja, ainda estamos em transição no que tange à justiça, se não tratarmos de rever o passado da ditadura.

O caminho da justiça, por tudo isso, está traçado. O horizonte talvez esteja mais próximo do que podemos imaginar, se partirmos da premissa que justiça e política se encontraram no Brasil. Não a política tradicional, mas uma política sedimentada em uma vida republicana e democrática realmente em construção. O caminho, apesar de estar traçado, não passará alheio a novos conflitos. Cabe à cidadania enfrentá-los, com a coragem necessária, como notou Cícero, para que a justiça seja realmente a última palavra.

Os organizadores

PARTE I  Justiça e Teoria Política

# Republicanismo

*Helton Adverse*

O problema da justiça está no núcleo da Filosofia Política desde seu surgimento. A preocupação maior da Filosofia Política antiga é encontrar a melhor forma de organização política, de modo que a vida em comum na cidade seja regida pelos princípios da justiça. A *politeia* (a constituição política), portanto, deveria ser a materialização do melhor regime, o qual, por conseguinte, deveria ser também o regime justo. Em Platão, a articulação entre o melhor regime e a justiça se encontra firmemente estabelecida em *A república*. Com efeito, o problema da definição da natureza da justiça atravessa a obra como um fio vermelho e será resolvido somente no interior de uma teoria política na qual as noções de ordem, equilíbrio e unidade vertebram o conceito de justiça, aplicado tanto à cidade quanto ao cidadão. Em poucas palavras, para Platão à justiça na cidade deveria corresponder a justiça na alma do cidadão. Em ambos os casos, estamos diante de um bom arranjo entre os elementos que compõem uma unidade, seja aquela da vida anímica, seja aquela da vida política. Aristóteles, por sua vez, dá seguimento, na *Política*, à discussão acerca do bom regime. Nesse texto, é central a ideia de um bom arranjo institucional de modo a permitir que a cidade alcance o fim do qual extrai sua razão de existir: o bem soberano, a melhor forma de vida para o homem. Não desconhecendo as diversas possibilidades de configuração desse bem, Aristóteles entende que a melhor cidade será aquela na qual os cidadãos poderão exercer um papel político ativo, participando, alternadamente, das instâncias de poder. Sai reforçada de suas análises a convicção de que o regime misto — que contempla as diferentes qualidades dos homens, as distinções sociais e econômicas, e as integra em uma constituição — é aquele mais apto a proporcionar a vida feliz em comunidade e preservar o bem comum.

O melhor regime — seja para Platão, seja para Aristóteles — é definido por sua capacidade de encarnar na vida cívica a virtude da justiça. No caso de Aristóteles, porém, a presença dessa virtude está mais fortemente associada à liberdade e à igualdade. Aristóteles está menos inclinado do que Platão a aceitar como critério para distinção política a diferença que separa os homens por natureza (*kata physin*). Ou seja, se na cidade platônica (pelo menos naquela construída na *República*) a superioridade ética, como critério para definir quem deve aceder ao poder, instaura uma separação profunda entre quem governa e quem é governado, a *pólis* pensada por Aristóteles está fundada no reconhecimento de que seus cidadãos, mesmo aqueles pertencentes à "massa", são capazes de exercer satisfatoriamente as funções cívicas primordiais, isto é, deliberar em uma assembleia e julgar em um tribunal. A relação entre os cidadãos no espaço público — e este é um ponto fundamental do legado aristotélico para a tradição republicana — é marcada pela igualdade. Diferentemente do que acontece no interior da casa, onde impera a relação de dominação, a *pólis* é o lugar onde os homens se apresentam como igualmente livres — o poder político não podendo se confundir, portanto, com o poder despótico.

Valeria a pena, no entanto, insistir sobre o fato de que, no livro III da *Política*, Aristóteles argumenta a favor da capacidade política dos cidadãos em geral. Para explicitar seu argumento, ele serve-se de uma metáfora: da mesma forma que um alimento de extrema qualidade nutritiva é menos rico (sozinho) do que a combinação de vários alimentos de qualidade inferior, o juízo de um homem excelente não pode superar o juízo de muitos homens reunidos em uma assembleia, mesmo se isoladamente esse homem de qualidade inigualável superar cada cidadão. Como podemos ver, Aristóteles, ao assumir como pressuposto a capacidade política de cada cidadão, termina por colocar no rol das formas retas de constituição aquela cuja característica distintiva é o grande número dos que governam (que ele denomina, aliás, de Constituição/*Politeia*). Isso significa que os cidadãos, em seu conjunto, são capazes de deliberar bem tendo em vista a vantagem de todos.

Se observarmos um pouco mais de perto essa forma de governo de que fala Aristóteles, veremos que se trata de um regime misto. A ideia da mistura já estava presente na metáfora que ilustrava a capacidade política dos cidadãos, mas ela também diz respeito aos diferentes estratos sociais (basicamente, ricos e pobres) que compõem a cidade. Nessa Constituição, eles devem também encontrar sua forma de inscrição política. Vamos deixar aqui de lado os detalhes da mistura sugerida por Aristóteles para nos concentrar em uma única questão: que noção de justiça deve corresponder à realidade desse regime misto? O que confere pertinência a essa questão é o fato de cada estrato social que aspira ao poder sentir a necessidade de legitimar seu domínio por intermédio de uma noção de justiça. Ricos e pobres reivindicam a posse de um critério de justiça que creem valer universalmente. É precisamente esse critério que legitima seu governo. Ora, ao mostrar a insuficiência dessas noções de justiça (de ricos e pobres), Aristóteles deixa transparecer que não existe sociedade política que possa dispensar a partilha de valores comuns que norteiem a distribuição dos encargos políticos e constituam, para cada cidadão, princípios de ação. A ideia da justiça, portanto, ultrapassa a dimensão moral (a justiça como virtude) para desempenhar uma função política: é em torno de sua definição que irá se desenhar a forma política de uma comunidade. Contudo, nessa noção de justiça (que pode ser considerada, então, a virtude social por excelência) Aristóteles identifica alguns elementos centrais: a igualdade, a liberdade e a supremacia do interesse coletivo sobre o interesse individual.

É claro que Aristóteles não desconsidera o papel político da justiça como virtude moral, evidenciando-o em diversas passagens. No entanto, é sua dimensão propriamente política que formará o cerne do republicanismo: de um lado, a justiça permite assegurar uma unidade à cidade que é inevitavelmente marcada por divisões; de outro lado, ela só pode cumprir sua função política quando associada ao governo das leis.

Uma passagem bastante conhecida do livro III da *Política* afirma que "a lei é a razão sem desejo". Nesse contexto, Aristóteles está colocando em exame a capacidade deliberativa daquele que exerce o poder, mostrando sua suscetibilidade, como ser humano, às paixões e aos interesses. Ao mesmo tempo, Aristóteles reconhece que a objetividade e a generalidade da lei são também suas limitações, sendo imprescindíveis, para supri-las, a prudência e o senso de justiça de quem a aplica ao caso particular. Contudo, o ponto que nos interessa destacar é que a invulnerabilidade da lei aos ataques das paixões revela sua vocação para colocar-se acima dos interesses particulares e, por conseguinte, sua presença impede a dominação do homem sobre o homem. O governo das leis é a única forma pela qual uma cidade pode assegurar a liberdade dos cidadãos, mantendo-os em condição de igualdade. O governo das leis, portanto, é um elemento indispensável de um arranjo institucional no qual os seres humanos possam de fato exercer o poder político. Aqui se explicita também o sentido profundo da associação entre justiça política e liberdade em Aristóteles: a participação na vida política, possível somente quando a cidade encarna a justiça, não é um fator passível de ser negligenciado na realização daquilo que Aristóteles considera a vida perfeita. Deixando de lado os diversos elementos que integram a felicidade, convém lembrar que entre as condições maiores para sua efetivação está a vida política, ou seja, a liberdade para agir no espaço público.

Podemos ver com Aristóteles algumas das linhas mestras que conformarão o problema da justiça no interior da tradição republicana. À sua maneira, Cícero irá reforçá-las e aclimatá-las ao ambiente romano em que sua reflexão se origina, mas contribuirá de forma igualmente decisiva para a formação do pensamento republicano.

Vamos adotar como ponto de partida a definição de república que Cícero apresenta em sua obra que traz exatamente o título *De re publica*. No parágrafo 39 do livro I, seu personagem Cipião afirma que a república é "uma coisa do povo (*res populi*)", entendendo por povo não uma simples "coleção de pessoas", mas uma multidão associada em um *iuris consensu* e tendo em vista a vantagem comum. Ao menos duas acepções de justiça podem daí ser depreendidas. Na primeira delas, trata-se de um consenso acerca do que é justo ou injusto, isto é, um acordo quanto aos princípios de justiça. Nesse caso, vemos a justiça aparecer como a virtude fundamental para a vida política, descrita em detalhes por Cícero no livro *Sobre os deveres*. Sua proeminência na vida política está na origem de sua primazia sobre as demais virtudes consideradas cardeais: a sabedoria, a coragem e a temperança. Na versão ciceroniana da clássica divisão das virtudes, tem privilégio aquela responsável pela criação e manutenção dos laços sociais, sem os quais não seria possível o desenvolvimento de nenhuma outra. Por esse motivo, a justiça — cujo ofício primeiro é "impedir um homem de prejudicar outro" e, em seguida, ensinar os homens a visar ao benefício comum no uso dos bens públicos e ao benefício privado no uso dos bens privados — apresenta-se como primeiro dever do homem público. Embora esteja no cerne de toda convenção firmada entre os homens (a justiça está na base de todo contrato), Cícero a situa originariamente fora de toda convenção: uma vez que a sociabilidade é natural ao homem, o fundamento da justiça é o próprio direito natural. Antes de abordar a segunda acepção de justiça presente na expressão *consensus iuris*, seria importante discutir um pouco mais detalhadamente o problema da justiça como virtude.

Ainda no livro sobre a república, uma das preocupações de Cícero é demonstrar a tese de que sem um alto grau de justiça uma comunidade política não é capaz de se conservar. Mais exatamente, é no livro III que a questão é examinada na forma de uma argumentação *in utramque partem*, isto é, com discursos a favor e contra. É reservado ao jovem Philus o mesmo papel de Glauco na *República* de Platão: também ele deve mostrar a superioridade da injustiça sobre a justiça na vida pública. Quanto ao papel de Sócrates, ele é retomado por Lelius, que vai provar a tese contrária apoiando-se em uma concepção de lei natural (herdada dos estoicos) segundo a qual as regras de justiça que imperam em uma cidade não podem ser essencialmente distintas daquelas que imperam em outra porque todas resultam das leis estabelecidas pelo "deus criador, legislador e juiz" (também conhecido, de acordo com o diálogo *Sobre as leis*, como "reta razão"). No final de sua argumentação, Lelius mostra que se uma república quiser se conservar, seus homens públicos devem obrigatoriamente obedecer aos imperativos de justiça. Isso permite a Cícero retomar e esclarecer sua definição de república como "coisa do povo". Essa "propriedade" é somente possível quando a justiça está no fundamento do Estado. De outro modo, ou seja, quando o povo é oprimido pela crueldade de um único homem ou de uma facção, não há mais "coisa pública", e sim tirania. A república significa, então, "cidade justa".

Apesar de estar ancorada em uma concepção de lei natural, a justiça, para se efetivar na cidade, requer sua tradução em leis "positivas" que sejam reconhecidas por todos os cidadãos. A segunda acepção do *consenso iuris* denota a disposição dos membros do corpo político de aceitar o conjunto de leis como a autoridade sobre a qual todos devem submeter seus interesses privados. Trata-se, assim, do reconhecimento do poder das leis, entendendo essas como regras escritas e aprovadas por aqueles (ou aquele) que detêm o direito constitucional. Claro está que essas regras não devem trair as injunções contidas na lei de natureza. O que nos interessa observar, contudo, é o fato de Cícero acolher no âmbito de sua reflexão sobre a república a ideia fundamental de um "governo das leis" como o único expediente capaz de impedir a dominação violenta e a destruição da cidade. Não importa, para nossos propósitos, se em suas considerações ele demonstre forte inclinação por um regime no qual ocupa lugar de destaque um grupo mais seleto de cidadãos (logo, de base popular menos alargada do que aquele vislumbrado por Aristóteles). Cícero está convencido de que a liberdade apenas é possível onde há laços jurídicos unindo os cidadãos e mediando suas relações. A comunidade política é, portanto, uma comunidade jurídica. A exemplo de Aristóteles, o pensador romano sabe que sem esse arcabouço legal não está dada aos homens a possibilidade de desenvolverem suas potencialidades e realizarem-se plenamente. Isso quer dizer que para Cícero o governo das leis deve implicar a participação na vida política, isto é, a ele corresponde uma concepção de cidadania ativa. Reforçando o legado aristotélico, a justiça não expressa simplesmente um bom arranjo institucional; antes, ela exige o comprometimento de cada cidadão com a "coisa do povo". Nesse sentido, ela é a condição de possibilidade da liberdade, mas também aquilo pelo que se tem de lutar para conservar a cidade porque este é, no final das contas, o autêntico *bem comum*: as próprias leis e a ordem constitucional que a elas corresponde.

Essa vinculação entre justiça e liberdade constitui um dos traços distintivos do pensamento republicano, mas em uma perspectiva que as associa à ideia de cidadania participativa. Esses elementos primeiros do republicanismo clássico serão conservados quando de sua retomada no final da Idade Média e durante o Renascimento. No contexto do chamado humanismo cívico, por exemplo, eles são novamente colocados em evidência quando esteve em questão a reformulação dos fundamentos da vida cívica. A partir do início do século XVI, contudo, uma mudança se anuncia; primeiramente no interior da própria tradição republicana. Com efeito, Maquiavel não concederá grande importância à reflexão sobre a justiça como virtude política (na verdade, irá colocar em xeque a definição tradicional de justiça). Por outro lado, ele reconhece que as leis, em seu aspecto institucional, têm uma função política de primeira ordem a desempenhar. Mas se com o florentino fica esvaziada uma concepção essencialista da justiça, ganha destaque o tema da liberdade, o que parece determinar a agenda do republicanismo nos séculos seguintes. Passando pelos republicanos ingleses do século XVII, por Rousseau e pelos "pais fundadores" americanos no século XVIII, e chegando a Hannah Arendt, o tema da liberdade política (assim como o da autonomia) parece ter estado no centro dos debates.

Talvez uma das razões que expliquem esse fenômeno seja a intensificação da presença do vocabulário jurídico na filosofia política a partir do século XVI. Isso quer dizer que o problema da justiça cedeu lugar ao problema do direito, este se tornando uma noção-chave para as diversas linhagens da reflexão política moderna. Conceitos como o de "soberania" têm ligação fraca com a noção de justiça, ao menos se a tomamos em seu sentido clássico. Em contrapartida, o conceito de soberania, tal como é entendido na modernidade, não pode ser deslocado do pano de fundo jurídico no qual a legitimidade do mando é compreendida na forma do Direito. Não deve causar espanto, então, que a ideia de justiça política tenha perdido quase inteiramente sua pregnância filosófica e seu apelo prático, dando lugar, por um lado, à noção de "justiça social" e, por outro, se deixando reduzir a seu aspecto institucional. Tanto em um caso como em outro, a justiça vê-se diminuída à dimensão do direito, pouco restando de sua antiga associação com a liberdade pública.

Em anos recentes, teve grande impacto a publicação de uma obra de filosofia política que apresentava uma "teoria da justiça" na modernidade. Em que pese o mérito de John Rawls mais uma vez colocar a justiça como um tema central para a reflexão política, sua abordagem está longe de poder ser considerada republicana. A exigência de uma liberdade política no sentido republicano não é aí atendida. Os princípios de justiça que preconiza fazem apelo à capacidade individual de reconhecer e adotar certas regras como básicas para o estabelecimento de uma sociedade democrática e igualitária (essa reflexão permanece, portanto, no âmbito do direito). Contudo, a tradição republicana sempre se recusou a entender a liberdade primeiramente em termos individuais: antes de tudo, ela é pública, o que significa que não pode ser reduzida a um direito a ser garantido pelo poder público. Trata-se, na verdade, de algo que conhecemos somente na ação política. Se o republicanismo quiser retomar sua intuição primeira, na qual justiça e liberdade estavam vinculadas, talvez tenha de começar por colocar em questão a redução da justiça ao direito.

### Referências bibliográficas

ARISTÓTELES. *Les politiques*. Tradução de Pierre Pellegrin. Paris: Flammarion, 1993 (2ª edição).
CARDOSO, Sérgio. "Por que República? Notas sobre o Ideário Democrático e Republicano". In: CARDOSO, Sérgio (org.). *Retorno ao republicanismo*. Belo Horizonte: Editora UFMG, 2004, pp. 46-66.

CÍCERO, Marco Túlio. *De republica*. Edição bilíngue com a tradução de Clinton W. Keyes. Cambridge: Harvard University Press, 2006 (12ª edição).

_____. *Das leis*. Edição bilíngue com a tradução de Clinton W. Keyes. Cambridge: Harvard University Press, 2006 (12ª edição).

HONOHAN, Iseult. *Civic Humanism*. Londres: Routledge, 2002.

WOLFF, Francis. *Aristóteles e a política*. Tradução de Thereza C. Ferreira Stummer e Lygia A. Watanabe. São Paulo: Discurso Editorial, 1999.

# Jusnaturalismo

*Milton Meira do Nascimento*

Costuma-se considerar o jusnaturalismo uma escola ou um movimento de ideias facilmente identificável, bastando para isso percorrer a história da Filosofia do Direito. Tal identificação, no entanto, só pode ser confirmada se tomarmos o direito natural de uma forma muito ampla, e até mesmo genérica, que nos indica apenas uma pista, ou a ponta de um iceberg, e que nos leva a mudar imediatamente nossa primeira visão superficial.

Podemos dizer que o direito natural é formado por um vasto conjunto de doutrinas que sustentam que o direito, para legitimar-se, precisa estar fundado na natureza, que seria a referência em última instância para julgarmos sobre a justeza ou não das leis positivas. Percebemos logo que essa perspectiva precisa de um questionamento com relação ao que está implícito nas expressões "direito" e "natural". Pelas múltiplas combinações das noções de direito e natureza, já percebemos o quanto se esconde sob a superfície, o que tornaria nosso esforço em tentar percorrer todos os meandros da montanha submersa não só penoso, mas também de longa duração, o que não caberia neste pequeno ensaio.

Indicaremos apenas algumas pistas que possam servir de referência a pesquisas bem mais extensas. A primeira delas nos indica que há um Direito Natural Clássico. Sem desmerecer os demais autores da tradição greco-romana, com uma multiplicidade de abordagens distintas, detenhamo-nos primeiramente em Aristóteles, que, na *Ética a Nicômaco*, no livro V, apresenta uma reflexão consistente sobre a justiça e nos deixa antever a supremacia da equidade sobre a lei positiva e, de certa maneira, do direito natural sobre o direito positivo.

O conceito de natureza que Aristóteles nos apresenta na *Física* já nos indica que estamos diante de uma noção complexa. Segundo ele, a natureza possui suas leis, mas não é estática e se caracteriza fundamentalmente pelo movimento. É o que ocorre para aquelas coisas que observarmos no mundo sublunar, no qual tudo é criação e corrupção, num processo que obedece à lei da causalidade, que se desdobra nas quatro causas: eficiente, material, formal e final.

Esse processo de criação e corrupção segundo a lei da causalidade também se verifica para aquelas questões que dizem respeito às ações humanas, para as instituições que compõem a *pólis*. O nosso conhecimento dessas instituições deve começar pela investigação de sua natureza. Qual é, pois, a natureza da cidade, ou das cidades? A resposta a tal questão só pode ser obtida pelo processo de observação exaustiva das mesmas, de suas leis, de seus costumes, suas tradições, e das múltiplas relações que se desenvolvem entre aqueles que vivem em conjunto e para a realização de um mesmo fim, que é o da felicidade. Dentre as artes inventadas pelos homens, e que variam de cidade para cidade, cada uma com suas tradições e costumes diferentes, encontram-se as leis e o Direito e é nesse quadro que vislumbraremos o direito natural aristotélico.

A apresentação da justiça natural como parte da justiça política, no capítulo V da *Ética a Nicômaco*, é suficiente para que possamos ver, em Aristóteles, uma concepção de direito natural com uma característica *sui generis*.

> A justiça política é de duas maneiras. Uma é natural, a outra convencional. A justiça natural tem a mesma validade em toda parte e ninguém está em condições de a aceitar ou a rejeitar. A respeito da justiça convencional é indiferente se no princípio admite diversos modos de formulação, mas, uma vez estabelecida, o seu conteúdo não é indiferente, é o que acontece

com o fato de o resgate de um prisioneiro custar uma mina, ou de se ter de sacrificar uma cabra e não duas ovelhas; e, em geral, com tudo quanto respeita a legislação de casos particulares — como o sacrifício para Brásidas —, e finalmente com tudo que tem a natureza de um decreto. Alguns pensam que a justiça é por convenção, porque o que é por natureza é imutável e tem o mesmo poder em toda a parte — por exemplo, o fogo arde aqui e na Pérsia —, por outro lado, veem a justiça sempre a alterar-se. Isto não se passa absolutamente assim; e só é verdadeiro em parte. Ou seja, ainda que junto dos deuses a alteração esteja completamente excluída, junto de nós existe algo que, embora seja por natureza, é totalmente alterável (Aristóteles, *Ética a Nicômaco*, 1134b).

Tanto a justiça natural quanto a legal são, portanto, passíveis de alteração, também estão sempre em movimento. A justiça convencional, por sua vez, somente enquanto vigora tem o caráter de algo permanente. As duas modalidades, portanto, jamais se constituem como leis fixas e que durem para sempre. Ao investigar as várias constituições, Aristóteles se depara também com uma multiplicidade de formações, de tal modo que se poderia perfeitamente afirmar que o que se passa em Atenas não é o mesmo que ocorre em Tebas, e assim por diante. No entanto, cada uma dessas constituições corresponde exatamente à natureza de cada uma dessas realidades, nas quais se observam coisas conforme a natureza e outras que só existem segundo as leis. Tanto num caso como no outro, não há leis inflexíveis, isto é, que ocorram sempre necessariamente e da mesma forma.

A ideia de que o direito natural funda-se numa lei da natureza implacável, eterna, na *Retórica* (1373b), na alusão à Antígona, de Sófocles — na qual a personagem invoca uma lei eterna, que não é de ontem nem de hoje, mas cuja origem ninguém conhece —, merece um comentário. Na mesma passagem, Aristóteles cita também Empédocles, quando esse se refere à proibição de matar um ser animado, pois tal interdição depende de uma lei que vale para todo o universo e para a terra inteira. Mas, certamente, essa não é a posição de Aristóteles, pois, na *Retórica*, ele passa em exame as práticas da eloquência judiciária e, no seu método de observação, identifica os diversos procedimentos, as justificativas que podem chegar até mesmo à invocação de uma lei da natureza eterna e imutável. Sua teoria do direito natural, ao contrário, se inscreve na concepção de uma natureza em movimento. Antígona, ao invocar uma lei eterna, não escrita, estava aludindo a uma tradição, um costume, cuja origem se perde na noite dos tempos. A validade dessa lei se apresentava para a sua consciência como um dever, o que a levou a se contrapor às leis escritas de Tebas. O alcance jurídico do procedimento precisava, então, de uma investigação que se inscrevesse no âmago mesmo da *pólis*, na qual a justiça, para realizar-se, precisaria passar pelo crivo da análise da equidade, isto é, por uma espécie de superjustiça, que poderia julgar sobre a justeza ou não do texto legal que havia condenado Polynice. Na cidade, na aplicação desse ideal de justiça, seria necessário recorrer à equidade, isto é, a uma virtude maior, qualidade do homem justo que não atribui nada a si mesmo, mas tem sempre o outro como referência. Em vez de se ater à generalidade da lei, ele procurará observar os casos particulares, as diferenças de natureza das coisas às quais se aplica a lei. Eis o que significa, para Aristóteles, a aplicação de algum corretivo às leis positivas. Não é recorrendo a uma lei da natureza eterna e imutável, mas à qualidade do equitativo, sobretudo através do exemplo da régua de chumbo dos construtores de Lesbos. A régua, ali, é maleável, para acompanhar as formas da pedra, o que uma régua dura não conseguiria.

Segundo Michel Villey,

> Aristóteles é o "pai da doutrina do direito natural"; ele deu destaque ao termo *díkaion physikon*; construiu sua teoria e a pôs em prática; é o fundador dessa doutrina à qual inúmeros juristas, ao longo dos séculos, viriam a aderir. Mas o direito natural de Aristóteles é algo bem diferente do que a maioria de nossos contemporâneos imagina. As soluções de direito natural seriam, pensam eles, *deduzidas* de princípios: de princípios *a priori* da razão prática (escola kantiana) ou de definições abstratas da "natureza do homem" (escola do direito natural moderno). [...] Realista e nem um pouco idealista, pratica um método de observação: à maneira de um botânico, colhe as experiências dos impérios e das *pólis* de seu tempo. Prenuncia o Direito Comparado e a Sociologia do Direito. *O direito natural é um método experimental.* (Villey, 2005, pp. 53-54, grifos do original.)

Pelo seu caráter exterior e objetivo, o Direito, em Aristóteles, nem de longe se aproxima do Direito subjetivo moderno.

Em Cícero, na *República*, encontramos aquela definição de lei natural eterna e imutável, sempre a mesma em toda parte.

> Existe uma lei verdadeira, a reta razão, em harmonia com a natureza, difundida em todos os seres, imutável e sempiterna, que, ordenando, nos chama a cumprir o nosso dever, e, proibindo, nos aparta da injustiça [...] Não é justo alterar esta lei, nem é lícito derrogá-la em parte, nem ab-rogá-la em seu todo. Não podemos ser dispensados de sua obediência, nem pelo Senado, nem pelo povo. Não necessitamos de um Sexto Aelio que no-la explique ou no-la interprete. E não haverá uma lei em Roma e outra em Atenas, nem uma hoje e outra amanhã, ao contrário, todos os povos em todos os tempos serão regidos por uma só lei sempiterna e imutável (III, p. 22.)

Por aí se observa o caráter complexo da noção de lei natural entre os antigos, tal como havíamos alertado no início deste ensaio. O aspecto a destacar no texto de Cícero é a ênfase dada ao conceito de reta razão, que será retomado por alguns modernos, mas, desta feita, inaugurando-se uma nova versão do direito natural, centrada na faculdade racional do homem. Doravante, não se trata de invocar uma natureza exterior ao homem, mas interior a ele, isto é, uma natureza racional e sociável e a partir da qual será necessário erigir uma teoria muito bem articulada, com leis que pudessem ser extraídas de princípios simples, evidentes e dos quais seriam tiradas consequências necessárias. O direito natural moderno será conhecido também como direito natural racional. Um outro aspecto presente em Cícero, e que também será decisivo para o jusnaturalismo moderno, é o que lemos em *De Finibus*:

> Esse espírito de associação está totalmente desenvolvido no homem, esse ser chamado pela natureza a formar sociedades, povos, cidades. De acordo com a doutrina dos estoicos, o mundo é regido pela providência dos deuses, é como se fosse a residência comum, a cidade dos deuses e dos homens, e cada um de nós é parte desse mundo. A consequência natural dessa concepção é que devemos colocar o interesse da comunidade à frente do nosso (livro III, XIX, p. 64).

Os dois pilares dessa viragem do direito natural são Grotius e Pufendorf. A este coube a tarefa mais radical de fundamentar cientificamente as teses do direito natural através da utilização do método geométrico na demonstração das questões relativas à ordem do direito e da política. O que parece surpreendente, no entanto, para esses dois grandes jusnaturalistas modernos, é que, ao mesmo tempo que abrem as portas para uma aposta da fundamentação do Direito na subjetividade racional do homem, apresentam o direito natural como algo que se impõe necessariamente a qualquer um que se disponha a desenvolver a demonstração a partir de princípios simples e evidentes. No *Direito de guerra e paz*, a definição é lapidar:

> O direito natural consiste em certos princípios da reta razão, que nos faz conhecer que uma ação é moralmente honesta ou desonesta conforme a conveniência ou não necessária que ela mantém com uma Natureza Racional e Sociável; e, por conseguinte, que Deus, que é o autor da Natureza, ordena e proíbe tal ação. As ações em relação às quais a razão nos fornece tais princípios são obrigatórias e ilícitas por si mesmas porque são necessariamente ordenadas ou proibidas por Deus. [...] De resto, o direito natural é imutável e nem mesmo Deus pode mudá-lo. Pois, embora o poder de Deus seja infinito, podemos dizer que há coisas às quais esse poder não se estende, porque são coisas que não podem ser expressas por proposições que tenham algum sentido, mas que encerram contradição manifesta. Como é impossível que Deus faça com que dois mais dois não sejam quatro, não lhe é também possível fazer com que algo que seja mau em si e por natureza não o seja (Grotius, I, p. X).

O modo de demonstração de Grotius, no entanto, será mais pelas evidências da constância como as coisas que dizem respeito ao direito, à moral e à política ocorram. O importante é que se parta de um princípio definido como uma verdade evidente, isto é, que o homem é uma criatura racional e sociável.

Samuel von Pufendorf, por sua vez, partirá também dos mesmos princípios de Grotius, isto é, o da afirmação da natureza humana racional e sociável, e construirá uma demonstração *more geométrico*, na qual explicitará a necessidade de uma ordem política e jurídica com princípios solidamente elaborados e demonstrados e que possam servir como parâmetros não só para a gestão da vida política, mas também para a educação dos jovens. Para ele, a grande máxima do direito natural é que

> cada um deve ser levado a formar e a manter, no que depender dele mesmo, uma sociedade pacífica com todos os outros, conforme a constituição e o fim de todo gênero humano sem exceção. Donde se segue que todo aquele que obriga a um certo fim obriga ao mesmo tempo os meios, sem o que não se poderia obtê-lo, tudo o que contribui necessariamente para essa sociabilidade universal deve ser considerado como prescrito pelo direito natural. Tudo o que a perturbar, ao contrário, deve ser considerado como proibido pelo mesmo direito (*Le Droit de la nature et des gens*, II, p. 3).

A ênfase de Pufendorf será a sociabilidade, mais especificamente, todas as relações de sociabilidade. O ponto de referência para o direito natural será igualmente, como em Grotius, a afirmação de que o homem possui uma natureza racional e sociável. O grande desafio será então o de demonstrar a passagem da racionalidade para a sociabilidade, ou então como as duas se desenvolvem na construção do mundo das relações humanas, considerado por ele como o mundo por excelência da moralidade, um mundo construído artificialmente pela ação voluntária dos homens.

Por isso, para melhor desenvolver o seu tratado do direito natural, Pufendorf constrói a teoria dos seres morais, que é a chave para a compreensão da formação das relações de sociabilidade, com todas as suas implicações nos planos da moral, do Direito e da política. O continente da moralidade é formado por seres morais. Será então necessário defini-los para que possamos compreender melhor como se desenvolve o processo de formação de todos os elementos indispensáveis para uma vida social pacífica, tal como está posto naquele preceito fundamental do direito natural. Os seres morais são certos modos que os Seres Inteligentes atribuem às Coisas Naturais ou aos Movimentos Físicos, para dirigir e limitar a Liberdade das Ações Voluntárias do Homem e para estabelecer uma certa ordem, uma certa harmonia e uma certa beleza na Vida Humana. Chamo-os de Modos, porque me parece mais natural dividir o Ser em Substância e Modo do que em Substância e Acidente. Além disso, a ideia de Modo, sendo diametralmente oposta à de Substância, isto quer dizer que os Seres Morais não subsistem de forma alguma por si mesmos, possuem por base as Substâncias e seus Movimentos, e apenas modificam essas substâncias de uma certa maneira. De resto, há duas espécies de Modos. Uns, que decorrem naturalmente e necessariamente da própria coisa. Outros, que são anexados às Substâncias Naturais e aos seus Modos Físicos por uma Faculdade Inteligente, pois todo aquele que possui Entendimento pode, ao refletir sobre as coisas e compará-las entre si, produzir ideias capazes de dirigir qualquer outra Faculdade da mesma natureza. É a essa última espécie de Modos que devemos referir os Seres Morais (*Le Droit de la nature et des gens*, livro I, cap. I, vol. 1, p. 4).

O direito natural, então, segundo ele, faz parte da moralidade constituída pelos seres morais, caracterizando-se pelo conjunto das obrigações e direitos que decorrem da necessidade que os homens têm de, para a realização de uma sociabilidade pacífica, impor a si mesmos normas, deveres e, desse modo, permitir que as relações morais e jurídicas possam não somente ser reconhecidas, mas também ensinadas. Trata-se de um mundo artificial, criado pela ação voluntária dos homens para sua maior felicidade. Todas as normas jurídicas são artefatos criados pela ação voluntária dos homens e têm validade enquanto forem sustentados por essa vontade. Nesse caso, enquanto vigoram, funcionam como uma força externa aos indivíduos, objetivando-se, portanto. Todos os movimentos, desde o primeiro, que é o de conservação de si mesmo, ainda sem nenhuma forma mais complexa de organização, até aquele que leva os homens a formarem comunidades políticas, embora tenham origem na ação voluntária dos homens, portanto, na sua subjetividade, a partir do momento em que contribuem para a formação do continente da moralidade passam a ser realidades objetivas. Por isso mesmo, as leis que decorrem desse processo se impõem a todos como deveres.

Deixamos de lado um número considerável de autores antigos e modernos, que deram sua contribuição à formulação das teorias sobre o direito natural. Tomás de Aquino, Locke, Hobbes e Kant certamente não poderiam ficar de lado num tratamento mais profundo do nosso tema. A afirmação do direito natural sempre veio acompanhada da exigência de erigir um tribunal superior às leis positivas, e ao qual se pudesse recorrer em última instância. Os modernos, certamente, levaram às últimas consequências essa exigência, e abriram as portas para a formulação das teorias sobre os direitos humanos, herdeiros do jusnaturalismo.

## Referências bibliográficas

ARISTÓTELES, *Rhétorique*. Paris: Gallimard, Les Belles Lettres, 1991.
AUBENQUE, P., "La loi chez Aristote", In: *Archives de philosophie du droit*, 1980.
BARBEYRAC, Jean. *Écrits de droit et de morale*. Apresentação de Simone Goyard-Fabre. Paris, CNRS-Paris II: Diffusion Libraire Duchemin, 1996.
BURLAMAQUI, J. J. *Elements du droit naturel*. Édition de Lausanne, 1783, reimpressão, Paris, J. Vrin, 1783.
CÍCERO. *De la République*. Paris: Garnier Flamarion, 1965.
_____. *De Finibus*. Cambridge: Harvard University Press, Loeb Classical Library, 1914.
DERATHÉ, R. *Jean-Jacques Rousseau et la science politique de son temps*. Paris: J. Vrin, 1974.
GIERKE, Otto. *Natural Law and the Theory of Society — 1500-1800*. Tradução e apresentação de Ernest Barker. Boston: Beacon Press, 1957.
GOLDSCHMIDT, V. *La Doctrine d'Epicure et le droit*. Paris: J. Vrin, 1977.
GOYARD-FABRE, Simone. "Les Deux jusnaturalismes ou l'inversion des enjeux politiques". In: *Cahiers de philosophie politique et juridique*, n° 11, 1988.
_____. *Pufendorf et le droit naturel*. Paris: PUF, 1994.
GROTIUS, H. *Le Droit de la guerre et de la paix*. Tradução por Barbeyrac, reimpressão da edição de 1724. Amsterdam: Bibliothèque de philosophie politique et juridique, Université de Caen, 1984.
LAURENT, Pierre. *Pufendorf et la loi naturelle*. Paris: J. Vrin, 1982.

PUFENDORF, S. *Le Droit de la nature et des gens, ou système général des principes les plus importants de la morale, de la jurisprudence et de la politique*. Tradução de Barbeyrac, reimpressão da edição de 1732. Basle: Bibliothèque de philosophie politique et juridique, Université de Caen, 1987.

_____. *Les Devoirs de l'homme et du citoyen tels qu'ils lui sont prescrits par la Loi Naturelle*. Tradução de Barbeyrac, reimpressão da edição de 1740. Londres: Bibliothèque de Philosophie politique et juridique, Université de Caen, 1984.

RENAUT, Alain. "Le Droit naturel dans les limites de la simple raison — de Wolff à Fichte". In: *Cahiers de philosophie politique et juridique*, n° 11, 1988.

SÈVE, René. *Leibniz et l'école moderne du droit naturel*. Paris: PUF, 1989.

STRAUSS, Leo. *Natural Rights and History*. Chicago: The University of Chicago Press, 1963.

TUCK, Richard. *Natural Rights Theories — Their Origin and Development*. Nova York: Cambridge University Press, 1979.

VILLEY, M. *La Formation de la pensée juridique moderne*. Paris: Ed. Montchretien, 1975.

VOELKE, André-Jean. "Droit de la nature et nature du droit: Calliclès, Epicure, Carnéade". In: *Revue philosophique*, PUF, abril-junho, n° 2, 1982.

# Liberalismo clássico

*Eunice Ostrensky*

"Liberalismo clássico" (ou "liberalismo antigo") é uma expressão que foi cunhada no final do século XIX e se propagou no século XX. Seus criadores descrevem-se como partidários do liberalismo moderno, ou novo liberalismo, corrente de pensamento que se origina e ao mesmo tempo diverge do liberalismo clássico em questões importantes como o papel do Estado, os limites da tolerância, os fundamentos dos direitos individuais e morais. Entre os liberais clássicos, frequentemente se invocam os nomes de John Locke (1632-1704), Montesquieu (1689-1755), Adam Smith (1723-1790), Benjamin Constant (1767-1830), James Madison (1751-1836), Aléxis de Tocqueville (1805-1859), John Stuart Mill (1806-1873) e Fridrich Von Hayek (1899-1992), entre outros. Alguns autores modernos, liberais ou não, chegam a incluir no panteão dos liberais clássicos as figuras de Péricles, São Tomás de Aquino, Lutero, Maquiavel e até Hobbes. Mas essa tentativa de fazer o liberalismo clássico retroceder à Antiguidade ou estendê-lo a inimigos do ideário liberal não é bem vista nem mesmo por grande parte dos liberais modernos, e menos ainda por muitos críticos do liberalismo, que costumam datar do século XVII, em particular da Revolução Gloriosa (1689), o início do movimento liberal.

A expressão "liberalismo clássico" é, então, problemática. De saída, ela implica uma concepção de história que privilegia um conjunto de identidades intelectuais. A pressuposição básica é a de que entre diferentes pensadores, apesar de suas significativas distâncias temporais e intelectuais, seria possível estabelecer uma linha de continuidade, formando, ao final, um todo coerente ou, noutros termos, uma tradição. Quem quer que defenda ou ataque o liberalismo clássico sabe que a construção dessa história intelectual é controvertida. Muitos dos autores escolhidos como representantes de tal tradição de pensamento não se enxergavam como liberais, nem mesmo como não liberais ou antiliberais, já que essas categorias conceituais não estavam disponíveis no seu tempo. Pelo mesmo motivo, alguns desses autores tampouco pretenderam conscientemente lançar ou aprimorar as bases doutrinais do liberalismo, ou retomar um diálogo com liberais do passado e do presente. Igualmente contenciosa é a rubrica de liberal imposta a autores como Montesquieu, Tocqueville e Stuart Mill, que também são reivindicados por tradições de pensamento adversas ao liberalismo, como o conservadorismo, o republicanismo e o socialismo.

Entretanto, boa parte dos que atribuem uma intenção liberal a autores conhecidos como "clássicos" aceita de bom grado incorrer na acusação de anacronismo, não parecendo se importar com a precariedade do termo "liberalismo clássico", junção dos já problemáticos "liberalismo" e, claro, "clássico". Essa constatação nos informa algo sobre o caráter polêmico do liberalismo e das doutrinas políticas em geral. É razoável esperar que as tradições de pensamento de alguma maneira procurem legitimar-se historicamente, assinalar seu nascimento no passado para se definirem em relação a outras que as precederam e, ao mesmo tempo, conquistar um espaço no cenário em que surgem. Por isso, elas não se propõem elaborar reconstituições rigorosas de tradições reais ou se apresentar como estudos genéticos; são, sim, estratégias de poder intelectual. Há, portanto, uma finalidade prática a que visa ao esforço de caracterizar como "liberal" e "clássico" certo conjunto de teses dissociadas: a constituição de uma autoridade para atrair seguidores a fim de promovê-la ou opositores interessados em derrotá-la em prol de suas próprias ideias

(Pocock, 2003, p. 112). O debate se dá num campo ideológico e implica a produção de crenças. Assim, nos extremos do espectro ideológico, de um lado os liberais modernos procuraram descrever o liberalismo em geral como uma doutrina que só os desonestos não seguiriam (Ryan, 2007, p. 361); de outro, os críticos sublinharam o fato de o liberalismo se comportar como uma ideologia burguesa, ou suscitar temores exagerados de que toda participação política seria eminentemente ameaçadora e prejudicial ao indivíduo.

Assumindo agora o ponto de vista dos defensores do liberalismo, podemos afirmar que princípio unitário subjacente à história do liberalismo clássico é o da liberdade individual como valor fundamental. Se percorrêssemos o rol de autores apropriados por essa história, observaríamos que eles não possuem uma única definição de liberdade e muitos nem sequer se preocuparam em fornecer tal definição. Foi no famoso ensaio de 1958 que sir Isaiah Berlin inferiu de diferentes filosofias a tese de que o liberalismo se distingue, em geral, por defender uma liberdade negativa, isto é, a liberdade definida como ausência de interferências ou constrangimentos colocados por outros agentes (Berlin, 2002, p. 129). Ser livre, nesse sentido, é não ser impedido por outros de fazer o que se quer, tanto em relação às ações como às posses. O liberalismo circunscreve, nesse sentido, uma esfera legítima e inviolável de ação individual, em cujo interior os outros membros da comunidade só são admitidos se autorizados. Contudo, de nada adiantaria conceder prioridade às liberdades individuais se não fosse possível de algum modo garanti-las contra as investidas de outros agentes, entre os quais se inclui o poder público. Por isso é correto descrever a liberdade liberal como um direito individual: o indivíduo tem o direito de pensar, agir e regular suas posses como bem entender, sem pedir permissão aos outros membros da comunidade, desde que não cause dano a eles (Mill, 2000, p. 21). Em contrapartida, todos os outros têm o dever de respeitar o âmbito de ação desse indivíduo, desde que ele não prejudique outros com suas ações.

O foco do liberalismo clássico, portanto, não incide sobre a comunidade, mas sobre o indivíduo concebido como um sujeito detentor de liberdades e portador de direitos. A prioridade das liberdades individuais, por sua vez, resulta na significativa redução da esfera do Estado, na medida em que, quanto maior o poder do Estado, mais ameaçado se considera que esteja o direito do indivíduo. Essa equação aponta para uma dramática oposição na raiz do liberalismo clássico entre indivíduo e Estado, o que nos permite vê-lo, desse ângulo, como uma doutrina do governo mínimo. Entre os traços distintivos do liberalismo, sobressaem, assim, uma visão essencialmente crítica e negativa em relação à autoridade política, uma extrema sensibilidade ao que *não* se pode fazer e, em alguns momentos, até mesmo uma postura revolucionária (Hobhouse, 1994, p. 8). Mas não há como compreender adequadamente esse ponto sem recuperarmos as doutrinas que o liberalismo rejeita e seus adversários históricos.

Os primeiros adversários dos liberais foram os defensores de formas variadas de absolutismo (por direito divino, patriarcalista e laico). Em face de um poder que se definia como independente e acima das escolhas humanas, amparando-se na prerrogativa de ser, por princípio, arbitrário e irresponsável, os primeiros liberais teriam advogado que todo governo legítimo é baseado no consentimento dos governados e esses estão obrigados a prestar conta de suas ações. Por consentimento, leia-se a aceitação de se deixar governar por uma instância superior dotada de poder coercitivo, isto é, um poder supremo capaz de garantir o respeito à lei mediante a aplicação de punições. A finalidade da associação política não consiste, pois, em satisfazer um capricho do governante, nem em cumprir uma exigência divina ou transcendente, mas em tornar possível a realização de direitos básicos dos indivíduos, como a vida, os bens, o conforto e a propriedade. Note-se, porém, que os liberais clássicos consideram esses direitos inerentes aos indivíduos e independentes do Estado, sendo independentes também, por extensão, do consentimento dos outros indivíduos.

Entretanto, embora seja necessário para legitimar o campo de ação de um Estado ou governo, o consentimento é insuficiente para impedir o absolutismo. Do contrário, uma monarquia absoluta se tornaria legítima caso se fundasse sobre o consentimento dos súditos (Locke, 1997, p. 135). Para os liberais clássicos, a instituição do poder político depende, então, de uma segunda condição: todo governo deve se limitar às leis instituídas pela comunidade. O que orienta as ações de governantes e governados, longe de ser uma vontade arbitrária, são as leis criadas pela comunidade política ou pelos representantes do povo. A tese do império ou governo da lei é resultante da ideia de que não há alienação, mas delegação de poder no processo de criação dos governos e das instituições políticas. Enquanto a alienação equivale à total perda de poder e gera a completa submissão ao governante instituído, a delegação implica a concessão provisória e condicional, ao governante, do uso de um poder limitado. Noutras palavras, nenhum governante pode reivindicar poder absoluto sobre os súditos porque por princípio não possui esse poder, isto é, não o recebeu nem poderia tê-lo recebido por delegação.

O mesmo tipo de argumento foi empregado contra a tirania, ainda que essa palavra não designasse mais, nos séculos XVIII e XIX, o governo sanguinário e autocrático dos séculos anteriores. Naquele momento, saía de cena a figura tradicional do tirano como o governante voltado à satisfação de seus desejos particulares, para dar lugar à multidão de indivíduos unidos por sentimentos análogos, interesses privados contingencialmente coincidentes ou opiniões semelhantes: a maioria. A tirania da maioria havia sido gerada pelo ideal de soberania popular, tornando-se possível graças à ampliação do direito de voto e ao próprio status do novo regime democrático. Esse poder agigantado ora assumia a forma de uma associação dos não proprietários ou pobres, ora a forma da opinião pública, na qual os governos agora tinham de se amparar se quisessem se manter. Foi contra esse tipo de tirania que Stuart Mill escreveu as páginas veementes de sua obra *Sobre a liberdade*, denunciando a propensão do povo à homogeneidade de gostos, valores e interesses, além do ódio persecutório por toda sorte de diversidade moral ou mesmo pela mera divergência de opinião. Não é exagero dizer que algumas das ideologias contra as quais o liberalismo clássico voltava suas cargas desde o século XVIII eram o efeito mais pernicioso das doutrinas da igualdade.

A oposição ao absolutismo e à tirania também está estreitamente vinculada ao terceiro inimigo do liberalismo clássico: os regimes teocráticos. A partir da Reforma Protestante, começa a ruir a tese de que o papa e o clero deteriam o governo da consciência dos fiéis e por isso poderiam infligir punições corporais aos que desobedecessem os cânones da ortodoxia. O argumento principal contra essa pretensão é extraído da ideia segundo a qual o Novo Testamento estabelece uma clara divisão entre domínio temporal, pertencente por direito ao governante e exercido sobre as ações humanas, e domínio espiritual, pertencente ao clero e exercido sobre a alma dos fiéis. Como consequência, separa-se a religião do Estado. Subsidiário desse argumento é o raciocínio de que as consciências não se dobram aos porretes, de modo que, além de ilegítimo, o poder temporal do clero sobre os fiéis constitui um meio inútil de conquistar seguidores, mas um meio rápido de angariar inimigos ferozes. O melhor que se consegue de um súdito ameaçado ou torturado por questões de fé é que ele finja hipocritamente esposar opiniões as quais em consciência ele considera erradas e ímpias.

A análise dos adversários e princípios de governo do liberalismo clássico lança mais luz sobre o papel que deve exercer o poder coercitivo nesse contexto. O paradigma liberal clássico sustenta que o poder coercitivo é necessário para evitar o emprego da força e do logro, e que o poder não coercitivo das leis civis é imprescindível para garantir a realização de contratos. Para o liberal, é o império da lei que assegura o direito civil, segundo o qual o indivíduo deve ser tratado de acordo com a lei, protegendo-se dessa maneira contra os ataques provenientes do poder arbitrário de outros indivíduos ou dos governantes. A defesa da liberdade pessoal, uma das bandeiras mais fortes do liberalismo, é consequência direta disso.

Por conta desse equilíbrio sutil entre coerção legítima e ilegítima, as teorias liberais clássicas se mostram reticentes a respeito da democracia participativa ou do autogoverno. Argumenta-se, *à la* Constant, que no mundo moderno diferentes fatores levaram a um significativo decréscimo da importância política de cada cidadão. Nos imensos Estados nacionais administrados e burocráticos, a deliberação em assembleias públicas é inviável, quando não potencialmente subversiva. No plano social e econômico, a abolição da escravidão, que concedia somente ao cidadão livre o ócio necessário para envolver-se em assuntos políticos, permitiu a todos os indivíduos a liberdade para cuidarem da própria manutenção, razão pela qual predominam as relações comerciais e se valoriza a riqueza, não a vida pública.

Diante dessas dificuldades, os liberais clássicos recomendam a adoção de um sistema de governo representativo. Contudo, a discussão sobre as formas de governo é relativamente secundária: não importa tanto se o governo é uma monarquia, uma aristocracia ou uma democracia, desde que as liberdades individuais sejam garantidas. Nesse sentido, as liberdades políticas identificadas à figura republicana do cidadão virtuoso são meramente instrumentais: elas servem para impedir que as autoridades fujam dos limites legais e acabem invadindo, com seu braço administrativo, a esfera da liberdade individual.

Abre-se enfim o amplo leque de liberdades pessoais defendidas pelo liberal clássico. Nosso personagem está convencido de que todo indivíduo tem o direito de escolher como ganhar seu pão, qual será sua profissão, como lidará com sua propriedade. Na esteira disso, ele também considera que somente um sistema baseado na propriedade privada é compatível com a liberdade individual. Alguns, como Adam Smith, julgam que a propriedade privada é o único meio efetivo de proteger essa liberdade contra o Estado. Daí que, em alguns casos, as liberdades e os direitos individuais se definam, eles mesmos, como propriedades privadas. Mas o sistema de liberdades se estende muito além das atividades econômicas. Uma vez que o credo religioso converteu-se em assunto de foro íntimo, restrito à vida privada, o liberal defende que se tolerem todas crenças e formas de culto — embora Locke apregoasse a punição a católicos e ateus. Mas a defesa da tolerância se expande além da religião: deve-se reconhecer como inalienável o direito a ter e expressar as próprias opiniões, o direito a mudar de opinião, ao discurso, à escrita, à publicação e à livre discussão, com a condição de não causarem instabilidade política, situação que colocaria em risco a própria ordem social. É consequência disso que constitua liberdade fundamental de cada indivíduo a possibilidade de gastar o próprio tempo como bem entender e viver a vida conforme julgar melhor. Cada um sabe o que é melhor para si.

Eis delineado o perfil do liberal clássico. Certo é que, para ser mais fiel, esse retrato precisaria evidenciar-lhes as inevitáveis contradições. Seja como for, se algum dia houve quem se reconhecesse nele, é algo difícil de saber. O fato é que, gostando-se ou não, esse sujeito histórico de algum modo faz parte de nossa personalidade política.

### Referências bibliográficas

BERLIN, Isaiah. "Dois conceitos de liberdade". In: *Estudos sobre a humanidade*. São Paulo: Cia. das Letras, 2002, pp. 226-272.

CONSTANT, Benjamin. *Political Writings*. Cambridge: Cambridge University Press, 1988.

HOBHOUSE, Leonard. *Liberalism and Other Writings*. Cambridge: Cambridge University Press, 1994.

LOCKE, John. *Dois tratados sobre o governo*. Tradução de J. Fisher. São Paulo: Martins Fontes, 1997.

MILL, John Stuart. *A liberdade/utilitarismo*. Tradução de E. Ostrensky. São Paulo: Martins Fontes, 2000.

POCOCK, J. G. A. "Autoridade e propriedade". In: *Linguagens do ideário político*. São Paulo: Edusp, 2003, pp. 101-126.

RYAN, Alan. "Liberalism". In: GOODIN, Pettit e POGGE, *A Companion to Contemporary Political Philosophy*. Malden: Blackwell Publishing, vol. I, 2007, pp. 360-382.

# Liberalismo contemporâneo

*Álvaro de Vita*

"Liberalismo", como outros termos centrais do nosso vocabulário político, não tem um significado consensualmente compartilhado na Teoria Política. Se o que está em questão é a justiça social e política, há duas vertentes teóricas do liberalismo contemporâneo que contrastam de forma nítida. Antes de opô-las, cabe apontar uma ideia que, formulada de modo genérico, é compartilhada por ambas as vertentes.

Um Estado liberal justo deve ter como um de seus objetivos centrais propiciar a seus membros as condições para que cada um possa agir com base em suas próprias convicções sobre aquilo que tem valor intrínseco na vida. De acordo com essa visão, não cabe à autoridade política determinar que objetivos e fins — quer isso diga respeito a ideais morais, religiosos ou políticos, ou ao bem e à felicidade individuais — as pessoas devem se empenhar em realizar em suas vidas. O exercício do poder político, que sempre envolve o emprego da coerção coletiva da sociedade, não pode se justificar com base na suposição de que há uma doutrina verdadeira, quer se trate de uma religião ou de uma doutrina moral ou política, sobre o que constitui a boa vida para o homem, à qual aqueles que estão submetidos a esse poder devem se conformar. Dispor de soberania para determinar que convicções de valor moral deverão guiar as próprias escolhas em um âmbito de independência individual preservado de interferências arbitrárias é aquilo que, para qualquer vertente de liberalismo político, responde pela ideia de *liberdade*. A primeira formulação dessa concepção, ainda que não despida de ambiguidades (os termos "liberal" e "liberalismo" só passaram a fazer parte do vocabulário político ocidental na segunda metade do século XIX), é a que se encontra na *Carta acerca da tolerância* (1689), de John Locke. E essa é essencialmente a visão que vamos encontrar nas obras de políticas de uma longa linhagem de pensadores que contribuíram para o liberalismo político, como Montesquieu, Kant, Benjamin Constant, Tocqueville e Stuart Mill.

Mas como entender as condições que, sob um Estado liberal justo, capacitam cada pessoa a viver de acordo com suas próprias convicções de valor moral? A resposta a essa questão delimita posições no campo do liberalismo político contemporâneo. Uma delas vem sendo designada pelo neologismo "libertarianismo" e está associada a teóricos políticos como Friedrich Von Hayek e Robert Nozick. O valor político central, para essa vertente, é uma noção de "liberdade negativa" — o termo foi cunhado por Isaiah Berlin em seu clássico ensaio intitulado "Dois conceitos de liberdade" —, que tem por foco a não interferência, sobretudo por parte da autoridade política (mesmo se exercida de forma democrática), em direitos de propriedade ou "titularidades" adquiridos por meio de uma cadeia de transações de mercado voluntárias e não fraudulentas. Dessa perspectiva, a justiça tem duas características distintivas: (1) é uma virtude da conduta individual, não um atributo que possa ser imputado a (ou cuja ausência possa ser criticada em) uma ordem social e política; e (2) é uma virtude que se exprime por meio de deveres negativos, tais como "Não interfira arbitrariamente na integridade física ou na propriedade de outros", "Não descumpra suas promessas e contratos válidos", "Não aja de forma desonesta ou fraudulenta", "Não impeça uma pessoa de praticar sua religião ou de exprimir seu pensamento e suas opiniões", e assim por diante, e que se impõem como restrições não excepcionáveis às linhas de ação que agentes individuais, privados e públicos, podem escolher.

O que se segue disso é que nada além de um Estado mínimo, comprometido com um Estado de direito que converta em obrigações legais os direitos liberais que garantem a liberdade negativa tal como interpretada acima, com ênfase na proteção a direitos irrestritos de propriedade e ao cumprimento de contratos, pode se justificar em nome da justiça. É possível que vastas desigualdades socioeconômicas se produzam em uma "sociedade livre". Mesmo sendo lamentável, isso não justifica que a autoridade política empregue a coerção coletiva da sociedade para realizar um padrão de justiça social. Se há desigualdades, isso não é produto das intenções ou dos planos de ninguém em particular, e sim de decisões tomadas de forma descentralizada por agentes individuais que decidem livremente — e são responsáveis pelas consequências das decisões que tomam — o que fazer com os recursos sobre os quais têm titularidade plena, nisso se incluindo o exercício dos próprios talentos e da própria capacidade produtiva. Ninguém em particular pode ser responsabilizado pelas desigualdades socioeconômicas e, muito menos ainda, a "sociedade". Esse é um dos sentidos que pode ser atribuído à célebre frase de Margaret Thatcher de que "não há semelhante coisa como a sociedade". E, mais fundamentalmente, a tentativa de realizar um padrão de justiça distributiva na sociedade implica necessariamente a violação de deveres negativos não excepcionáveis, isto é, implica o emprego arbitrário, e portanto injusto, do poder político.

A segunda vertente do liberalismo contemporâneo a ser considerada, quando o foco recai em concepções de justiça social e política, é a que pode ser denominada "liberalismo igualitário". John Rawls é a personalidade central dessa vertente, mas a ela também estão associados, com nuances nas posições que defendem, teóricos políticos como Ronald Dworkin, Brian Barry, Thomas Nagel, Joshua Cohen, Philippe Van Parijs e outros. Para essa segunda vertente, não é suficiente, para que cada cidadão disponha das condições que lhe permitem viver sua vida de acordo com suas próprias convicções de valor moral, que seja institucionalmente garantida uma esfera de liberdade negativa; ademais, é preciso que os arranjos institucionais básicos da sociedade, políticos e socioeconômicos, propiciem a cada cidadão a capacidade efetiva de fazê-lo.

É essa noção de "liberdade efetiva" que distingue fundamentalmente o liberalismo igualitário do libertarianismo. Sobre os alicerces daquilo que pode ser denominado "justiça liberal", em sentido mais restrito, para se referir aos direitos e liberdades que Benjamin Constant batizou de "liberdades dos modernos", deve se erguer, para o liberalismo igualitário, um edifício de justiça social. Para chegar à concepção de justiça que dá substância a essa noção de liberdade efetiva, há ao menos três ideias a salientar.

A primeira delas é a de que o objeto primário da justiça não é a conformidade da conduta de agentes individuais a deveres negativos de caráter absoluto, mas sim aquilo que Rawls, em *Uma teoria da justiça*, denominou "estrutura básica da sociedade". Esta noção, que não é de natureza normativa (mas tem implicações normativas), abrange as principais instituições que distribuem ou produzem uma distribuição de direitos, oportunidades e recursos, entre as quais se encontram: (1) as instituições que dizem respeito à distribuição de direitos e liberdades fundamentais; (2) as instituições que determinam a forma de acesso às posições de autoridade e poder (incluindo as oportunidades que o sistema político oferece para empresas e indivíduos ricos exercerem influência sobre as campanhas eleitorais); (3) as instituições, em particular o sistema educacional e o sistema de saúde, que determinam as oportunidades de acesso às posições ocupacionais mais valorizadas; e (4) o conjunto de instituições, abarcando as normas que regulam o direito de propriedade, o direito de herança e o sistema tributário e de transferências, que determinam a distribuição da renda e da riqueza na sociedade. O foco na distribuição de direitos, oportunidades e recursos e na estrutura básica da sociedade implica o reconhecimento, contrariamente à posição libertariana e à frase de Thatcher mencionada anteriormente, de que a sociedade gera, sim, padrões persistentes de desigualdade e tem formas sistemáticas de distribuir as pessoas em hierarquias de poder, status e dinheiro. E se isso é assim, ainda que esses padrões de desigualdade não tenham resultado de atos individuais de injustiça, nem de ações deliberadas de ninguém em particular, há uma responsabilidade coletiva — que, em uma democracia política, recai sobre os cidadãos e seus representantes — de alterar as instituições de modo a tornar a estrutura básica mais justa. Mas o que seria, da ótica do liberalismo igualitário, uma sociedade justa?

Isso nos leva a uma segunda ideia fundamental, esta de natureza normativa. O ponto de partida da teoria política do liberalismo igualitário não é uma concepção de liberdade, e muito menos de liberdade negativa, e sim uma noção de igualdade. Uma sociedade justa é uma ordem social e política cujas instituições principais garantem a todos os cidadãos certa condição que podemos denominar "igualdade humana fundamental" ou "igualdade moral". O adjetivo "moral", aqui, tem o sentido de explicitar que se trata de uma igualdade de status, e não exatamente de uma igualdade socioeconômica estrita do tipo que (podemos especular) os socialistas clássicos tinham em mente. A igualdade moral ou, para empregar o termo consagrado por Tocqueville, a igualdade de condições, é assegurada quando os arranjos institucionais básicos de uma sociedade — sua "estrutura básica" — devotam a seus cidadãos, independentemente de quanto dinheiro ou riqueza cada um possua ou de seus talentos e capacidade produtiva, um tratamento igual que só é possível àqueles que são portadores de direitos iguais. Em uma sociedade justa, a distribuição das vantagens e dos ônus da cooperação social se faz levando-se em conta e de modo a reforçar esse status social e moral igual.

Essa é uma ideia normativa retirada da tradição democrática ocidental, ao menos quando não reduzimos suas aspirações normativas somente (não que isso seja pouco) à instituição de um governo democrático, mas também, e sobretudo, quando as captamos mediante um ideal de sociedade de cidadãos livres e iguais. Esse ideal foi primeiramente formulado, de modo explícito, nas declarações de direitos do século XVIII, da Revolução Americana e da Revolução Francesa. De modo explícito, mas conjugado a uma noção restrita do que anteriormente se denominou "justiça liberal". Não se supunha, no século XVIII, que houvesse alguma incompatibilidade entre a linguagem moral dos "direitos iguais" e a escravidão e as formas patentes de tratamento desigual entre homens e mulheres, no casamento, nas oportunidades educacionais e ocupacionais e nos direitos políticos. No entanto, parece razoável supor que o fundamento normativo que já se exprimia mesmo nessa concepção restrita de justiça liberal, a ideia de que todos os cidadãos merecem tratamento e respeito iguais, forneceu o combustível moral necessário para que um grande número de pessoas passasse a perceber essas desigualdades como formas intoleráveis de injustiça.

Estendida desse modo, a justiça liberal pode abarcar as "liberdades dos modernos", direitos políticos iguais e uma noção de igualdade formal de oportunidades — no sentido de que ninguém seja institucionalmente impedido, por conta de desigualdades adscritícias (étnicas, raciais ou de gênero) de cultivar e exercer seus talentos, de escolher livremente sua ocupação e de disputar as posições mais valorizadas na sociedade. O liberalismo igualitário confere uma importância especial aos valores abrangidos por essa concepção de justiça liberal; isso se manifesta, em particular, na rejeição à posição de que a realização de outros objetivos socialmente desejáveis, como o desenvolvimento econômico ou a igualdade econômica, possa ser invocada como justificação para sacrificar aqueles valores. Mas a justiça liberal não é suficiente para substanciar a noção de liberdade efetiva que foi mencionada acima como o componente do liberalismo igualitário que mais fortemente o distingue do libertarianismo. Aqui é preciso introduzir uma concepção de justiça social ou de justiça distributiva. Uma forma de fazer isso consiste em mostrar a justiça social como uma extensão natural da justiça liberal. Se estivermos preocupados com os direitos e liberdades civis e políticos fundamentais, que constituem o elemento central da noção de justiça liberal aqui empregada, então deveremos também nos preocupar com oportunidades iguais de exercer tais direitos e liberdades. Um ponto a salientar, a esse respeito, é que tanto a concepção de justiça liberal e a de justiça social derivam de um fundamento normativo único, a ideia da igualdade humana fundamental. Mas como é possível extrair uma concepção específica de justiça distributiva dessa ideia genérica de igualdade moral?

Isso nos leva para a terceira ideia fundamental do liberalismo igualitário, também de natureza normativa. Trata-se do julgamento moral segundo o qual é injusto que as pessoas sofram as consequências distributivas de diferenças pelas quais não são responsáveis. Essas diferenças geram desigualdades socioeconômicas — de oportunidades, de renda e riqueza — não merecidas e que deveriam ter seus efeitos tanto quanto possível mitigados pela estrutura básica de uma sociedade democrática justa. Em uma sociedade de cidadãos iguais, a distribuição de vantagens sociais pela estrutura básica da sociedade não pode se fazer de acordo com fatores que são arbitrários de um ponto de vista moral. Isso diz respeito a fatores que se impõem às pessoas como contingências sociais — posição e status social, riqueza e background cultural da família, a "loteria social" — ou como contingências naturais — talentos e aptidões naturais que, em simbiose com a "loteria social", se converterão em capacidades produtivas desigualmente recompensadas (somente a título de ilustração, mencione-se que, nos Estados Unidos da primeira década dos anos 2000, a razão entre o rendimento médio dos presidentes de corporações, os *chief executive officers*, e o rendimento médio dos empregados chegou aos níveis abissais de 531:1). A ideia é a de que há uma distinção de importância normativa capital, na reflexão sobre a concepção de justiça distributiva que é mais apropriada a uma sociedade democrática, entre aquilo que resulta de escolhas individuais genuínas — e que, portanto, resulta de empenho e mérito diferenciados, que podem ser considerados da ótica da responsabilidade individual — e contingências que deixam muitas pessoas em pior situação do que outras sem que isso possa ser atribuído a escolhas responsáveis das primeiras.

Essa distinção normativa fundamental está por trás da divisão profunda que se manifesta na discussão pública e acadêmica sobre a natureza da justiça distributiva nas sociedades liberais de hoje. A divisão básica é a que existe entre os que identificam a justiça social com o combate a desigualdades não merecidas que os arranjos institucionais básicos da sociedade podem e devem mitigar e aqueles que acreditam que o alcance da justiça é mais limitado, entre os quais se encontram os que supõem que uma sociedade liberal justa está isenta de responsabilidade por certas formas "naturais" de diferença. Quem adota essa última posição não o faz, necessariamente, com base em um ponto de vista libertariano puro, mas sim, muito frequentemente, por conta de uma concepção meritocrática de justiça social segundo a qual a sociedade tem a responsabilidade de combater a pobreza severa e de prover oportunidades que permitam às pessoas chegarem, por meio de seus próprios esforços, até onde seus próprios talentos e capacidades lhes possibilitem. As desigualdades de renda e riqueza resultantes, nesse caso, são atribuídas a mérito e a esforço individuais diferenciados, nisso se incluindo o esforço de cultivar os próprios talentos e de torná-los "marquetáveis". Essa é certamente a ideologia mais poderosa de justificação de desigualdades socioeconômicas nas sociedades liberais do presente. Trata-se de uma ideologia afirmada não somente pela direita política, mas que também impregna a crítica feita por correntes políticas de centro-esquerda, como a "Terceira Via" da Grã-Bretanha dos anos Tony Blair, às ideias de responsabilidade e de justiça sociais depreciativamente rotuladas de "Old Labour".

A concepção de justiça social do liberalismo igualitário adota o primeiro ponto de vista mencionado no parágrafo precedente: no que diz respeito à justiça distributiva, o design da estrutura básica da sociedade deve ter por finalidade mitigar os efeitos de desigualdades não merecidas ("arbitrárias de um ponto de vista moral") para a distribuição de vantagens sociais e oportunidades de vida. Isso abrange as desigualdades raciais e de gênero, as desigualdades de classe social — entendendo-se por isso, no presente contexto, sobretudo as desigualdades de riqueza, posição social e bagagem cultural e educacional das famílias nas quais a loteria social determina que as pessoas nasçam — e as desigualdades que resultam de recompensas diferenciadas aos portadores de talentos e capacidades produtivas diferentes (um fator que resulta dos efeitos combinados e cumulativos da loteria genética e da loteria social). A ideia de que desigualdades que são arbitrárias, no sentido aqui colocado, devem ser mitigadas leva à recomendação de dois princípios de justiça social. Um deles é um princípio de igualdade de oportunidades que cobra, pode-se dizer assim, as promessas não cumpridas da ideologia meritocrática das sociedades liberais. Para haver *igualdade* de oportunidades, não basta um princípio de "carreiras abertas ao talento", segundo o qual as posições ocupacionais mais valorizadas devem ser alocadas aos que são mais qualificados para exercê-las e que mais se empenharam em desenvolver seus talentos e sua capacidade produtiva. É preciso que, em um momento suficientemente anterior no tempo — que provavelmente volta até as condições nutricionais e de saúde da mãe durante a gestação e ao acesso à educação infantil de qualidade —, todos tenham tido as mesmas oportunidades de *adquirir* as qualificações necessárias para competir em pé de igualdade pelo acesso às universidades de elite, aos empregos de qualidade e às posições ocupacionais mais valorizadas. Isso requer, dos arranjos institucionais básicos e das políticas públicas, a garantia de um mínimo social adequado (a abolição da pobreza) e o acesso igual à educação (da educação infantil ao ensino médio) e à assistência médica de qualidade. Isso significa que, em uma sociedade de cidadãos iguais, a opção por escolas privadas, seguros de saúde e hospitais privados caros seria equivalente à satisfação de outros gostos dispendiosos que alguns poucos podem se permitir, como o consumo de bens e a realização de viagens de férias luxuosas, mas que não afeta o status social igual e a igualdade de tratamento garantidos a todos.

Mas mesmo que a pobreza fosse abolida e esse princípio forte de igualdade de oportunidades fosse realizado em um grau muito maior do que hoje é caso nas sociedades liberais — no caso do Brasil, esse déficit é dramático: o que há é um sistema de fato de apartheid educacional, que vai da educação infantil aos cursos de elite de certas universidades —, isso não bastaria, da ótica do liberalismo igualitário, para realizar a justiça social. Ainda que uma meritocracia equitativa pudesse ser plenamente realizável — o que não é —, o mundo social que disso resultaria se pareceria mais com uma hierarquia social fundada no mérito diferenciado do que uma sociedade de cidadãos que têm um status social e moral igual. Essa é uma das razões pelas quais um princípio de igualdade de oportunidades deve ser complementado, da ótica do liberalismo igualitário, por um princípio de reciprocidade, ou de fraternidade, segundo o qual a distribuição de vantagens sociais — sobretudo de renda e riqueza — deve ser em grande medida dissociada de talentos e capacidade produtiva diferenciados.

Uma consequência de um princípio de justiça dessa natureza é que, mesmo que um mínimo social relativamente generoso seja garantido mediante benefícios em dinheiro (o programa Bolsa Família e as transferências indexadas ao salário mínimo são exemplos disso no caso brasileiro) e benefícios em espécie (na forma da provisão de serviços públicos de educação e saúde de qualidade), as desigualdades que estão acima desse mínimo devem ser reduzidas mediante tributação redistributiva da renda, da riqueza e de heranças e doações. Isso é necessário para fazer com que as desigualdades econômicas contribuam para elevar o quinhão de renda e riqueza daqueles que levaram a pior nas loterias social e genética e, desse modo, fazer com que atuem para que os que se encontram na posição mais desprivilegiada também contem com os recursos necessários para viver de acordo com suas próprias convicções sobre o que confere valor moral à vida. Sem essa exigência, a noção de liberdade efetiva do liberalismo igualitário seria moralmente vazia.

Há uma segunda razão de justiça, independente do argumento de mitigar os efeitos das loterias social e natural, que justifica a redução de desigualdades de renda e riqueza como um objetivo político distinto da abolição da pobreza e da garantia de um mínimo social decente. Níveis elevados dessas desigualdades têm efeitos deletérios sobre o funcionamento dos sistemas políticos democráticos, ao possibilitarem que os ricos e super-ricos exerçam uma influência desproporcional — por meio de contribuições financeiras a campanhas eleitorais e de condições privilegiadas de acesso à comunicação política — sobre as deliberações políticas. Isso, por sua vez, torna mais difícil a adoção de reformas institucionais e de políticas de redistribuição de renda e riqueza e, de fato, dificulta ainda a adoção e a sustentabilidade ao longo do tempo de políticas que objetivam melhorar as condições do quintil inferior da sociedade em termos absolutos. Dizer que uma tributação progressiva de renda, riqueza e heranças é uma exigência da justiça não implica ignorar os obstáculos políticos que se apresentam à realização de tal exigência. Mas esses obstáculos não são peculiares à visão de justiça social do liberalismo igualitário — eles se apresentam a toda e qualquer forma de igualitarismo que só conceba sua própria realização sobre as bases da justiça liberal e por meio da democracia política.

## Referências bibliográficas

BARRY, Brian. *Why Social Justice Matters*. Cambridge: Polity Press, 2005.
BERLIN, Isaiah. "Dois conceitos de liberdade". In: HARDY, H. e HAUSHEER, R. (orgs.). *Estudos sobre a humanidade. Uma antologia de ensaios*. São Paulo: Companhia das Letras, 2002.
DWORKIN, Ronald. "Liberalism". In: HAMPSHIRE, S. (org.). *Public and Private Morality*. Chicago: University of Chicago Press, 1978.
HAYEK, Friedrich Von. *Law, Legislation and Liberty*. Chicago: The University of Chicago Press, 1976. 3 vols.
NOZICK, Robert. *Anarchy, State and Utopia*. Nova York: Basic Books, 1974.
RAWLS, John. *Uma teoria da justiça*. São Paulo: WMF Martins Fontes, 2008.
_____. *O liberalismo político*. São Paulo: Ática, 2000.
VITA, Álvaro de. *O liberalismo igualitário. Sociedade democrática e justiça internacional*. São Paulo: WMF Martins Fontes, 2008.

# Socialismo e Justiça

*Juarez Guimarães*

Se emprestamos às tradições socialistas uma conotação histórica e plural, relacionando-as aos movimentos operários e sociais que procuraram expressar, não é difícil provar que dimensões fundamentais do que hoje chamamos sociedade democrática — o direito universal de voto, os direitos do trabalho, os direitos das mulheres, as instituições do Estado do Bem Estar Social, em particular em sua dimensão distributiva, a universalização dos direitos civis, a liberdade de organização sindical e partidária -- relacionam-se a essas tradições. Isto é, dimensões fundamentais do que costumeiramente hoje se associa a ideais de justiça tiveram sua gênese histórica, formaram suas gramáticas expressivas, seus atores e suas conquistas mais importantes, em relação com as tradições socialistas, desde os chamados "socialismos utópicos" da primeira metade do século XIX até os socialismos reformistas, passando pelo pluralismo das várias correntes e épocas de desenvolvimento do marxismo.

Se essa relação está hoje amplamente documentada (ver, por exemplo, Eley, 2005), não é arbitrário estabelecer a conexão inversa: a crise de paradigmas, a fragmentação, a diminuição da influência social e política das tradições socialistas nas últimas décadas têm, de modo geral, acarretado um crescimento das situações de desigualdade social e injustiça.

O encerramento do debate da Justiça, nos parâmetros e nos limites das tradições liberais, estabelece um clima de opinião e de racionalidades profundamente defensivo, que se traduz, por sua vez, na literatura de ciência política na perda de referenciais de Estados do Bem-Estar, na focalização das políticas públicas, na definição de parâmetros minimalistas de justiça adaptáveis aos padrões das economias de mercado em sua fase de globalização financeira.

Pensar, então, as dimensões políticas da justiça em relação às tradições socialistas é refletir fundamentalmente sobre as relações entre os conceitos de liberdade e justiça no âmbito dessas tradições. Se os conceitos de liberdade são estruturadores das gramáticas e das linguagens políticas que organizam o mundo histórico da chamada modernidade, é indispensável pensar como os diferentes modos de conceituar a liberdade estruturam distintas concepções de justiça. Um conceito de liberdade racialista, que legitima ao mesmo tempo a liberdade dos brancos e a escravidão dos negros, não encontrará injustiça no regime da escravidão, já que os negros não são tomados por esse conceito de liberdade como cidadãos ou sujeitos de direitos. Um conceito de liberdade patriarcal, que legitima simultaneamente a liberdade dos homens e a subordinação das mulheres, entenderá como injusta, por exemplo, toda lei que queira corrigir a assimetria de direitos e deveres entre homens e mulheres. Um conceito de liberdade liberal, por sua vez, em sua formulação historicamente original e clássica, a partir dos paradigmas do direito incondicionado da propriedade e do contrato livre no mercado, impugnará como injusta toda lei ou ato de governo que vise a alterar os padrões distributivos resultantes do livre funcionamento do mercado.

Mas como as tradições socialistas, em sua variação histórica e plural, pensaram as relações entre a liberdade e a justiça? Uma resposta aproximada a essa pergunta encontraria quatro tipos de relação: a primeira, que estabelece uma dissociação entre liberdade e justiça; a segunda, que opõe um determinado conceito de justiça à liberdade; uma terceira, que pensa a liberdade como axiologicamente neutra em relação à justiça; uma quarta, que estabelece uma relação dialógica e dialética, mutuamente condicionadora, da relação entre a liberdade e a justiça, entre autogoverno e autonomia e padrões de igualdade social, de gênero e de etnicidade.

## Socialismos utópicos

Se é incorreto pensar os socialismos chamados utópicos de Saint-Simon (*Lettre d'un habitant de Géneve à ses contemporains*, de 1802), Robert Owen (*A New View of Society*, de 1812-1816) e Fourier (*Théorie des quatre mouvements et des destinées générales*, de 1808) como uma pré-história do chamado "marxismo científico", tal qual pretendeu uma larga bibliografia marxista que teve origem em Engels, é correto relacioná-los historicamente a um período de formação da sociedade industrial capitalista e, no caso francês, aos desdobramentos do impasse do republicanismo e da Revolução Francesa. Isto é, a separação dramática entre virtude e liberdade, e entre liberdade política e justiça, que se deu na Revolução Francesa, operou no sentido de fechar a imaginação da justiça como vinculada à conquista da autodeterminação política em regime de soberania popular.

A imaginação de formas alternativas de vida social por esses autores, com seus particulares fundamentos filosóficos ou morais, se fez dissociada da vida política, fazendo apelo a filosofias da história, em geral evolucionistas, a predicações morais, éticas ou mesmo religiosas de justiça e harmonia, apostando suas expectativas no convencimento através de experiências comunitárias exemplares, de racionalidades científicas da sociedade de caráter universal, do patrocínio desinteressado de aristocratas ou burgueses. Nesse sentido, a relação dessas teorias se deu de forma apenas incidental com os nascentes movimentos operários (como a relação de Owen com o movimento sindical inglês em torno de experimentos cooperativos entre 1829 e 1834), ou em sequência, em formas híbridas e sincréticas, através de seus herdeiros.

O que nos interessa aqui, mais do que reproduzir essas diferentes imaginações de sociedade alternativa em suas fases diferentes de elaboração ao longo da vida desses autores, é registrar que nelas o ideal de justiça e harmonia social aparece desvinculado da noção de liberdade. O sistema de Saint-Simon nada tem de democrático e, seguindo a famosa previsão de que na sociedade futura desejada "a administração das coisas substituirá o governo dos homens", o governo é hierárquico e elitista, prevendo uma elite de sábios, banqueiros, industriais (no sentido largo do trabalho em que esse termo é redefinido) no topo. A filosofia de Robert Owen era estritamente determinista, ligando-se à inteira configuração do caráter humano pelas estruturas sociais e culturais, sendo a liberdade de arbítrio mais propriamente configurada como um mito. As suas famosas comunidades cooperativas poderiam ser dirigidas por delegados designados pelos financiadores, proprietários de terras, capitalistas, comunas de terras ou pelo próprio Estado. Se as dimensões libertárias estão presentes na utopia de Fourier, inclusive e de modo importante a denúncia da opressão das mulheres, a ponto de definir-se a liberdade pela recusa à razão e pela adesão aos Eros emancipados, ele é ainda mais descrente da capacidade de as instituições republicanas propiciarem uma solução satisfatória às desigualdades econômicas e sociais.

### Justiça *versus* liberdade

A oposição frontal entre uma certa concepção de justiça e os valores da liberdade aparece nas concepções autocráticas de socialismo, cuja matriz mais influente e duradoura foi justamente o stalinismo. Doutrina estruturadora e legitimadora do domínio do PCURSS não apenas sobre a União Soviética, mas sobre os países do Leste Europeu no pós-guerra, ela alcançou, via enraizamento nas culturas dos partidos centralizados ou formados no âmbito da III Internacional stalinizada, uma sobrevida importante em países que realizaram revoluções anticapitalistas sob a direção de partidos comunistas.

Como demonstra de forma exaustiva e erudita Scanlan (1985), a filosofia stalinista, em sua dogmática, passou por várias fases de adaptação e flexibilização instrumentais às dinâmicas de poder na URSS.

Em sua sistemática política, no entanto, ela articulou uma concepção rigidamente determinista da história a partir de uma certa concepção de materialismo histórico, uma visão de transição ao socialismo que justificava a extensão autocrática do poder a todas as esferas da vida social e cultural (estabelecendo a sua afinidade nessa dimensão com concepções totalitárias), um antipluralismo de raiz através da teoria do partido único, justificado por uma ciência marxista da política, a supressão da autonomia dos movimentos sociais (concebidos funcionalmente como correias de transmissão do partido único), a gestão autocrática do poder de Estado através da vanguarda (em oposição às noções de autoemancipação ou democracia de base), o planejamento centralizado da economia através de uma agência de comando, a regressão a formas patriarcais de relação de gênero, a supressão, enfim, dos direitos humanos, através da expansão inaudita dos instrumentos de coerção e repressão.

É interessante a investigação de como um certo sentido de justiça, formulado em termos classistas de denúncia da desigualdade social, foi capaz de produzir historicamente padrões mínimos de acesso aos bens de reprodução da vida social e ao emprego, evoluindo adaptativamente para tornar funcional o conceito de justiça às concepções dominantes e autocráticas de transição ao socialismo. Isto é, a remuneração desigual e o acesso desigual aos bens e serviços passaram a ser legitimados argumentando-se a importância da função social do indivíduo no esforço da transição para o socialismo, obviamente racionalizando privilégios das burocracias, que detinham mais acesso aos instrumentos de poder e aos bens simbólicos. A composição dessas concepções autocráticas de transição para o socialismo com mecanismos de mercado, conformando uma ampla gama de possibilidades de arranjos dos chamados "socialismos de mercado", além de expandir situações de desigualdade social, combinando lógicas de privilégios corporativos com as dinâmicas mercantis, não deixa de ser uma evidência de que um conceito de justiça social não prospera onde falecem a liberdade e a democracia.

## Justiça socialista e liberdade liberal

Uma terceira possibilidade foi a composição histórica entre concepções de justiça social tendencialmente socialistas e concepções de liberdade liberais, nos chamados socialismos reformistas, trabalhistas, social-democratas ou às vezes também denominados liberal-socialistas. Valorizando as dimensões científicas ou morais do socialismo, em detrimento de seus fundamentos políticos emancipatórios ou de autogoverno, tais concepções de justiça social partilham em geral visões evolucionistas da história, nas quais os desdobramentos ou a radicalização dos princípios igualitaristas e universalistas potenciais contidos na tradição liberal levariam em direção a padrões de justiça afins ao socialismo.

A primeira elaboração dessa possibilidade foi aquela feita por John Stuart Mill no livro *Capítulos sobre o socialismo*, inacabado e editado postumamente em 1879. Nela, aquele que é o liberal mais avançado do século XIX reconhece a injustiça social profunda do sistema capitalista de sua época e propõe uma evolução progressiva em direção a uma sociedade qualitativamente mais igualitária através da generalização dos experimentos cooperativos de produção, da participação dos trabalhadores na direção e nos lucros das empresas, da taxação progressiva e do imposto sobre a herança, além da subordinação do direito de propriedade ao interesse público. Sem negar que as leis de produção são "naturais", no sentido de que dependem do grau de controle do homem sobre a natureza, ele admite que as leis de distribuição são institucionais e, portanto, historicamente submetidas às vontades políticas. Se a revisão do utilitarismo feita por Mill em relação à primeira versão da doutrina por Jeremy Benthan levou ao centro de sua filosofia a noção de autonomia, essa continua sendo pensada como individual e privada, a ser protegida da intervenção do Estado.[1] Isto é, a partir de uma gramática liberal na

---

[1] São interessantes para a problematização de uma visão estritamente liberal ou "negativa" do conceito de liberdade em Mill, a partir de uma leitura restrita ao seu livro *On Liberty*, os ensaios de Maria Morales ("Rational Freedom in John Stuart Mill's Feminism") e de Bruce Baum ("J. S. Mill and Liberal Socialism"), ambos presentes no volume *J. S. Mill's Political Thought — A Bicentennial Reassessment*, organizado por Nadia Urbinati e Alex Zakaras. (N. A.)

qual ela é formulada como espaço de livre movimento do indivíduo não submetido à intervenção do Estado.

A Sociedade Fabiana, fundada na Inglaterra em 1884, teve inspiração nos escritos de John Stuart Mill, tendo como três principais membros Beatrice Webb, Sidney Webb e George Bernard Shaw. As duas principais heranças do fabianismo, que teve larga influência no trabalhismo britânico, foram a criação da London School of Economics, destinada a dar formação universitária aos gerentes das grandes empresas e aos administradores públicos e um jornal semanário, o *New Statesman*, vocacionado para a formação de uma elite intelectual favorável ao coletivismo. Defendiam a intervenção do Estado em particular para os casos da instrução, dos transportes e do gás. Beatrice Webb, em 1909, advogou, como componente da Royal Comission of the Poor Law, em favor da garantia a cada cidadão de um "padrão mínimo de vida civilizada" (*national minimum*). A partir de uma visão politicamente elitista e cientificista, os fabianistas sempre se opuseram ao apelo de formas de democracia direta ou participativa, como plebiscitos, iniciativas populares de leis ou experiências de autogestão setoriais, confiando na combinação das franquias democráticas com o avanço da gestão pública do Estado.

Em contato direto com o fabianismo inglês, formou-se no interior do maior partido marxista da II Internacional, o Partido Social-Democrata Alemão, uma ala reformista liderada intelectualmente por Eduard Bernstein, autor de *Os pressupostos do socialismo e as tarefas da social-democracia* (1899), a principal obra do revisionismo marxista clássico. Trabalhando com uma interpretação kantiana do marxismo, separando juízo de fato de juízo de valor, ciência de política, o pensamento de Bernstein centralizou-se na crítica às previsões de Marx, que teriam sido contraditas pelas tendências de evolução do capitalismo (concentração industrial, pauperização crescente das classes trabalhadoras, intensificação das crises econômicas), e na defesa de um movimento evolucionário no interior da democracia em direção ao socialismo. A ampliação do poder político das classes trabalhadoras através do voto traria uma transformação gradativa do próprio Estado via uma crescente expansão de seus direitos econômicos. O socialismo reformista de Bernstein assentava-se sobretudo na força da superioridade ética dos ideais de justiça contidos no socialismo, e menos na ativação das formas participativas de organização e de gestão pública da democracia.

Um capítulo recente e rico dessa linha de reflexões que discutem a justiça a partir de uma visão axiologicamente neutra da liberdade no interior de visões que se reclamam do socialismo ou afins ao socialismo foi propiciada pelo chamado marxismo analítico anglo-saxão nas últimas décadas. Em torno das questões suscitadas pelo liberalismo igualitarista de John Rawls, organizou-se um vasto debate entre autores de inspiração marxista, entre os quais Allen Wood, Richard Miller, Steven Lukes, George Brenkert, Norman Geras, Allen Buchanan, Gerry Cohen e John Roemer, sobre a relação da obra de Marx com o princípio normativo de justiça. O debate percorreu desde posições que afirmavam a amoralidade do pensamento de Marx (no sentido de que ele não parte ou expressa qualquer teoria ética da justiça), a visão crítica de que haveria uma inconsistência por parte da consciência de Marx com relação às dimensões éticas de sua teoria, a tentativa de estabelecer um nexo entre a ética de Marx e o utilitarismo como uma ética das consequências, bem como a intenção de fundar uma conexão entre o "princípio da diferença" de Rawls e a perspectiva de Marx.

Talvez o ponto de vista mais interessante desse debate seja exatamente aquele defendido por Brenkert, que afirma que há em Marx sobretudo uma ética guiada pelo valor da liberdade, pela autoemancipação consciente, à qual se subordinaria a problemática da justiça. Esse núcleo normativo da teoria de Marx o aproxima de uma ética da liberdade como virtude, filiando-a a uma tradição de teorias da liberdade críticas ou alternativas àquela liberal, que formula a liberdade no campo das relações mercantis.

## Liberdade, justiça e socialismo

Se é possível concordar com a análise de que a obra de Marx se inscreve e se organiza a partir de uma lógica da emancipação consciente, faz-se necessário reconhecer que não há nela um desenvolvimento conceitual sistemático ou uma linguagem política coerente da liberdade. Um marxismo crítico, aquele que se dispõe a revisitar a obra de Marx nas suas tensões internas, na sua abertura de sentidos e na sua inconclusão, deveria reconhecer que há tensões deterministas não superadas na sua concepção de história (ver Guimarães, 1999), que há, a partir da sua crítica à filosofia do direito de Hegel, uma tendência jamais superada de inscrever a política como dimensão subordinada ou reflexa às tendências imanentes da sociedade civil (Guimarães, 2005), e que há na sua crítica ao caráter limitado dos direitos do cidadão um estreitamento economicista (Lefort, 2011), opondo revolução social à revolução política. Isto é, se o princípio normativo da emancipação sopra a grande aventura de sua obra intelectual e de sua práxis, não há em Marx uma linguagem política da liberdade coerente, constituída na sua gramática e em seus conceitos.

Dessas tensões deterministas da história, dessa negação do caráter instituinte do político, dessa dissociação entre o princípio da autodeterminação e o princípio da soberania popular, enfim, do inacabamento de uma filosofia da práxis em Marx resultaria a própria incerteza de um princípio da justiça em sua obra. Pois é só a partir de uma teoria da liberdade que se poderia fundar uma concepção coerente de justiça, vinculando socialismo, justiça e liberdade.

Esse conceito de justiça deveria ser concebido não de forma externa ao próprio conceito de liberdade, mas compreendido mesmo em sua gênese, sua formação e sua atualização histórica como vinculado ao próprio princípio da autodeterminação do corpo político na expressão de sua soberania popular, à autonomia do cidadão (que deveria superar as condições heterônomas e de assimetria de direitos no plano econômico-social e no plano das relações de gênero) e à própria formação livre de sua identidade (o que tornaria solidária as dimensões da justiça material com as dimensões do reconhecimento intersubjetivo). Assim concebido um princípio de justiça como geneticamente formulado em relação com o princípio da liberdade, seria possível em uma cultura do socialismo democrático traduzir para o republicanismo a crítica da economia política do capital em Marx (relacionando as noções de alienação, estranhamento, objetivação, "escravidão assalariada" e fetichização à perda de autonomia do trabalhador frente aos poderes assimétricos do capital), bem como transpor sua proposta de uma economia dos produtores autogovernada para as noções de economia baseada no prevalecimento do setor público e do planejamento democrático.

## Referências bibliográficas

AGOSTI, Aldo. *(Diretta da) Enciclopedia della sinistra europea nel xx secolo*. Roma: Editora Riuniti, 2000.

CALLINICOS, Alex. "Introduction au marxisme analytique anglo-saxon". In: *Actuel Marx, Le marxisme anglo-saxon*. Paris: PUF, 1990.

ELEY, Geoff. *Forjando a democracia. A história da esquerda na Europa, 1850-2000*. São Paulo: Editora da Fundação Perseu Abramo, 2005.

GUIMARÃES, Juarez. *Democracia e marxismo. Crítica à razão liberal*. São Paulo: Editora Xamã, 1999.

_____. *Marxismo e democracia: um novo campo analítico-normativo para o século XXI em socialismo no século XXI*. São Paulo: Editora Fundação Perseu Abramo, 2005.

LEFORT, Claude. *A invenção democrática. Os limites da dominação totalitária*. Belo Horizonte: Autêntica Editora, 2011.

MILL, John Stuart. *Capítulos sobre o socialismo*. São Paulo: Editora Fundação Perseu Abramo, 2001.

PETITFILS, Jean-Christian. *Os socialismos utópicos*. São Paulo: Círculo do Livro, 1977.

PETRUCCIANI, Stefano. "'Marx and morality'. Le débat anglo-saxon sur Marx, l'éthique et la justice". In: *Actuel Marx. Éthique et politique*. Paris: PUF, 1991.

SCANLAN, James P. *Marxism in the USRR. A critical survey of current soviet thought*. Washington D. C.: Cornell University Press, 1985.

VAN PARIJS, Philippe. *O que é uma sociedade justa?* São Paulo: Editora Ática, 1997.

# Decisionismo

*Helton Adverse*

Dos diversos sentidos atribuídos ao termo "decisionismo" reteremos dois: o jurídico e o político. O que justifica nossa escolha é o fato de nesses dois domínios encontrarmos uma natural articulação entre o problema da decisão e o tema da justiça. Entre os diversos autores que podemos identificar como pertencentes ao rol dos "decisionistas" destacaremos Carl Schmitt, uma vez que em sua obra as dimensões jurídica e política estão fortemente intrincadas e nela desempenha uma função central a noção de decisão.

Desde seus primeiros escritos, o problema da decisão é objeto de interesse de Schmitt.

Apenas a título de ilustração, em uma obra redigida em 1912 (*Gesetz und Urteil: eine Untersuchung zum Probleme der Rechtpraxis/Lei e Juízo: uma investigação sobre o problema da práxis jurídica*) Schmitt já colocava em primeiro plano a questão da decisão judicial no âmbito da prática jurídica. A decisão judicial era aí examinada à luz da questão maior concernente às relações entre Direito e juízo, entre normatividade e facticidade. Embora não defenda uma perspectiva propriamente decisionista, esse texto de Schmitt apresenta algumas das linhas mestras em que o pensamento decisionista poderá se estruturar. Mas falta a essa obra um elemento imprescindível para a formulação do decisionismo, a saber, a noção de "estado de exceção". É somente com o livro publicado em 1921, *Die Diktatur* (*A ditadura*), que esse conceito começa a tomar forma e, com ele, vemos Schmitt caminhar mais firmemente em direção ao decisionismo. Que relação há, então, entre o problema da decisão e aquele do estado de exceção? Para respondermos a essa questão, precisamos nos referir muito brevemente a algumas das análises desenvolvidas por Schmitt em 1921.

Em linhas gerais, Schmitt entende, nessa ocasião, o estado de exceção como aquele no qual o sistema normativo é suspenso em vista de sua própria realização. Por essa razão, Schmitt pode falar de uma "dialética interna" a seu conceito, consistindo na negação da norma cuja dominação precisa ser assegurada na realidade histórico-política. A dialética se deve à existência de uma oposição entre a dominação da norma a realizar e o método de sua realização. Schmitt pode então dizer que, do ponto de vista da Filosofia do Direito, a essência da ditadura consiste na possibilidade de separar as normas do Direito das normas da realização de direito. Essa distinção é fundamental porque indica claramente os limites de uma perspectiva normativista em matéria de Direito. O que interessa a Schmitt assinalar é a necessidade inelutável de um princípio de fundamentação do Direito que transcenda o âmbito da normatividade. Dizendo de outra maneira, a ordem jurídica não traz consigo seu princípio de validação. O estado de exceção, nesse texto de 1921, é precisamente aquele momento em que se torna necessária a suspensão da lei para assegurar sua aplicação, a ser efetivada pelo dispositivo da ditadura. Ao longo do livro, Schmitt explicitará ainda uma distinção entre duas formas de ditadura, a comissária e a soberana: na primeira, a Constituição pode ser suspensa quanto à sua aplicação, sem, no entanto, deixar de permanecer em vigor, porque a suspensão significa somente uma exceção concreta. Na modernidade, porém, veríamos emergir uma outra espécie de ditadura, chamada de *soberana*, que tem por função criar as condições para que seja possível a instituição de uma nova constituição. Sendo assim, ela não se limita a suspender uma constituição vigente; antes, prepara o advento de um novo sistema normativo. Como não nos interessa aprofundar essas distinções, fiquemos somente com uma das ideias centrais que Schmitt avança nesse livro: "não há direito sem um poder que o institua".

No ano seguinte à publicação do livro sobre a ditadura, vem à luz *Teologia política*, obra na qual vemos Schmitt defender de forma clara a posição jurídico-política decisionista. Para tanto, será necessário explicitar um outro aspecto da exceção que ele não havia aprofundado no livro sobre a ditadura: todo sistema normativo é afetado por uma insuficiência, que pode ser traduzida como a incapacidade de abarcar as situações concretas em sua totalidade. Dizendo de outra maneira, a ordem jurídica, como sistema de normas, encontra sua limitação diante do novo, do extraordinário, do radicalmente contingente, que não pode ser dessa ordem deduzido. Esse "extraordinário" é um outro nome que Schmitt dá à exceção. A ele corresponde a tomada de decisão que visa precisamente reintegrar a ordem quando essa se depara com seus limites intrínsecos. Por isso Schmitt vai dizer que a exceção não pode ser subsumida, pois ela desafia a "codificação geral" e, ao mesmo tempo, revela um "elemento jurídico específico": a decisão em toda sua pureza. Daí é possível inferir uma segunda fórmula, que complementa aquela apresentada acima: "toda ordem repousa sobre uma decisão".

De modo bastante esquemático, podemos afirmar, então, que o conceito de exceção é essencialmente negativo. Por um lado, ele evidencia a impossibilidade de as categorias legais abarcarem a realidade em toda sua complexidade e, por outro, reitera a necessidade de uma ação decisória para restabelecer a ordem (ou, em casos limites, criá-la novamente) ameaçada (ou arruinada) pela irrupção daquilo que é novo. Contudo, Schmitt vai além dessa negatividade quando assevera que a exceção é mais interessante do que a norma e que a norma não prova nada, ao passo que a exceção prova tudo. Por fim, ele vai concluir (ainda em *Teologia política*) que a norma depende da exceção. É precisamente aqui que seu decisionismo adquire o mais forte matiz, adquirindo o aspecto de um instrumento de combate contra dois inimigos poderosos: o normativismo e o liberalismo. Além disso, o decisionismo denuncia a estreiteza da perspectiva racionalista que constitui o pano de fundo dessas doutrinas.

No que concerne ao normativismo (cujo grande expoente é, para Schmitt, Hans Kelsen), seu maior inconveniente está no fato de considerar a ordem jurídica como um sistema de normas não apenas autossuficiente, mas também autorreferente, dispensando a existência de um pano fático que lhe seja externo e que o torne possível. Não bastasse isso, o normativismo se nutre da crença de que a lógica das categorias jurídicas é capaz de eliminar da realidade a imprevisibilidade, capturando toda e qualquer novidade nas malhas de seu procedimento silogístico. Para Schmitt, isso significa que o normativismo é incompatível com a ideia de decisão e, do ponto de vista político, termina por tornar supérfluo o próprio conceito de soberania. Voltaremos a esse ponto. Por enquanto é importante fazer notar que o normativismo, ao identificar o Estado ao Direito, termina, aos olhos de Schmitt, por neutralizar e despolitizar a decisão, transformando-a em um mero procedimento inteiramente orientado por normas.

Quanto ao liberalismo, ele comunga dos mesmos pressupostos que o normativismo, mas isso apenas pode ser compreendido se tivermos em mente a forma de organização política que lhe é correspondente: o parlamentarismo. O liberalismo parlamentar se apoia na convicção de que a ordem legal e as instituições políticas são plenamente capazes de dirimir todos os conflitos que dividem a comunidade política. No final das contas, sua aposta é a de que por meio do diálogo e da discussão não somente as diferenças políticas encontram necessariamente bom termo, mas a situação concreta que urge uma tomada de decisão se resolve por ela mesma. Schmitt toma de empréstimo a denominação que Donoso Cortés aplica à burguesia liberal (a "classe discutidora") para mostrar que, em última instância, o liberalismo é uma decisão pela não decisão. A confiança absoluta do liberal no poder do diálogo (ou, ainda, na capacidade dos antagonismos de se resolverem por conta própria) anda a par de um sentimento de forte versão pela intervenção do poder político sobre a realidade fáctica, e isso mesmo em momentos de crise. Irmanado com o normativismo, o liberalismo parlamentar também deseja colocar fora de circulação o conceito de soberania.

Para entender melhor o posicionamento de Schmitt frente a esses adversários intelectuais, é preciso esclarecer o que ele entende por soberania. A primeira frase de *Teologia política* define seu conceito da seguinte maneira: "Soberano é quem decide acerca (*über*) do estado de exceção". Isso significa que a função primeira daquele que exerce o poder político é decidir quando um momento de crise atinge a "seriedade" suficiente para colocar em risco a integridade da Constituição (a ordem legal) e do corpo político que por ela é ordenado. Em outras palavras, o soberano é aquele que detém o poder político para dizer quando se dá o estado de exceção. Está claro então que para Schmitt a autoridade política é tão mais premente quanto mais se acirram os antagonismos, dentro e fora do corpo político. O soberano, ao decidir acerca do estado de exceção (e dos meios necessários para saná-lo), age de acordo com uma finalidade previamente estabelecida: conservar e proteger a ordem jurídica, que é incapaz (como já dissemos) de retirar de si mesma o princípio de sua efetividade. Podemos ver, assim, que a tarefa do soberano não se restringe a suprir a deficiência constitutiva da ordem jurídica; ele também a defende dos ataques à sua integridade, das lutas políticas que não podem ser pacificadas exclusivamente por intermédio do diálogo.

Como vemos, do ponto de vista de Schmitt, o poder político desempenha uma função conservadora. No entanto, para remeter outra vez à noção de ditadura soberana, o poder político é também capaz de criar uma ordem política substancialmente distinta daquela que a precedia. Como quer que seja, Schmitt não deixa dúvidas acerca do caráter jurídico da atividade política. Nesse sentido, o estado de exceção é mantido em sua negatividade, sendo considerado um momento extraordinário no qual o sistema legal é suspenso para sua própria conservação. Por isso Schmitt afirma que o soberano, embora se coloque fora da ordem jurídica vigente, a ela pertence. No estado de exceção subsiste uma ordem. Não é difícil concluir então que o objetivo do poder político é eminentemente jurídico. Sempre está em questão o estabelecimento da ordem e, nesse contexto preciso, Schmitt se atém à concepção do Direito como *forma* da vida política (ou àquilo que no seu livro sobre a ditadura ele chamava de "direito natural científico").

Ao nos depararmos com a concepção do Direito como forma, podemos enxergar com mais clareza qual a natureza da decisão política. Em primeiro lugar, Schmitt está inteiramente convencido de que o importante não é o conteúdo concreto da decisão do soberano, mas sim que ele decida de modo a evitar a desordem e estabelecer um sistema de normas. A decisão, portanto, não é determinada em seu conteúdo (se o fosse, sua autonomia seria irremediavelmente afetada). Ao visar ao estabelecimento da ordem, e por estar em seu fundamento, ela é irredutível a qualquer princípio normativo que a anteceda. Por essa razão, Schmitt acredita que a decisão, ao se encontrar livre de qualquer vínculo normativo, é absoluta "em sentido real". Mais ainda, Schmitt poderá dizer que, do ponto de vista da norma, a decisão nasce do nada. Mas, como insiste em caracterizar a decisão como um fenômeno jurídico (como vimos, ela visa estabelecer uma ordem), Schmitt se antecipa à previsível acusação de niilismo. Para nossos propósitos, porém, vale a pena nos deter sobre esse "nada".

Ao defender a irredutibilidade da decisão à normatividade (seu caráter absoluto), Schmitt está manifestando sua adesão a uma concepção de lei de matriz hobbesiana. Com efeito, para Hobbes (como vemos no capítulo 26 do *Leviatã*) o fundamento da lei não deve ser buscado na razão, e sim na vontade. Rompendo com a tradição aristotélica e escolástica, que entendia a lei como a expressão do *logos* (humano ou divino), Hobbes, ao menos no que concerne às leis positivas, identifica sua origem na vontade do soberano, esta mesma sendo remetida à vontade dos súditos que erigiram o poder do Estado por meio do pacto, tendo em vista sua proteção. O que especifica a lei, portanto, não é sua racionalidade ou conformidade à ordem natural, mas seu caráter impositivo, que extrai sua força vinculativa do poder absoluto atribuído ao soberano e sua legitimidade do compromisso assumido pelos homens quando ingressam no corpo político. Os súditos se veem obrigados a obedecer à lei não por causa de seu conteúdo, mas por causa de sua origem. É precisamente nesse sentido que a decisão pela ordem vincula sem estar ela mesma vinculada.

Esse vazio normativo que caracteriza a decisão tem ainda uma outra consequência que nos interessa explorar porque irá nos conduzir ao problema da justiça. Trata-se da dimensão epistêmica da norma.

O estado de exceção, como vimos, sinaliza a incapacidade do sistema de normas de subsumir o extraordinário. Ora, essa incapacidade deve também ser compreendida em termos hermenêuticos: o estado de exceção é marcado pela "indecidibilidade" interpretativa, seja pela novidade de um evento (quando as categorias legais e os padrões de interpretação esgotam suas capacidades), seja pelo antagonismo agudo entre formas de interpretação. Em ambos os casos, a decisão é a resposta que se produz para resolver o impasse interpretativo e, vale a pena assinalar, ela é inteiramente autofundada, determinando por si mesma, em toda liberdade, quais princípios e critérios devem ser adotados para se agir no caso concreto.

Embora articule critérios e princípios, essa decisão não pode estar baseada neles; mais uma vez, trata-se exclusivamente da vontade de quem decide o fator definitivo. Assim como Hobbes, Schmitt está ciente de que, em uma sociedade secularizada, na qual uma concepção substancial acerca do bem e do mal, do justo e do injusto, não encontra mais lugar, apenas uma vontade decisória pode resolver o conflito entre as interpretações. À semelhança do que Hobbes havia chamado de "reta razão", a hermenêutica do soberano é a expressão da capacidade de decidir o que deve ser considerado o caso normal e o que deve ser tomado como um caso excepcional. Em uma perspectiva deciosinista como a de Schmitt, a definição do que é justo jamais antecede a ação decisória; pelo contrário. Na impossibilidade da justiça revelar-se a si mesma de forma inequívoca para todos os homens, a decisão soberana deverá definir o que poderá ser aceito como justo em uma determinada situação. O conceito metafísico de justiça cede lugar ao conceito de justiça "em situação", o mesmo valendo para o conceito de direito.

Podemos concluir que Schmitt politiza fortemente o problema da justiça, colocando-o sob a égide da decisão soberana, assim como Hobbes havia apresentado uma concepção política da lei ao referi-la à autoridade. O dito hobbesiano, que Schmitt reproduz em *Teologia política* — *auc-*

*toritas non veritas facit legem* (a autoridade, não a verdade, faz a lei) —, exprime com perfeição o que está em jogo: a condição finita da vida humana (entenda-se: os inerradicáveis antagonismos entre os homens) requer a presença de um poder político que contenha os conflitos dentro de limites jurídicos. Em uma perspectiva hermenêutica, isso significa que o soberano é a autoridade que diz o sentido da lei.

### Referências bibliográficas

DOTTI, Jorge E. "Some Remarks on Carl Schmitt's Notion of 'Exception'". In: *Kriterion*, nº 94, dezembro de 1996, pp. 24-35.

FRANCO DE SÁ, Alexandre. *O poder pelo poder. Ficção e ordem no combate de Carl Schmitt em torno do poder.* Lisboa: Centro de Filosofia da Universidade de Lisboa, 2009.

HOBBES, Thomas. *Leviatã.* Tradução de Maria Beatriz N. da Silva e João Paulo Monteiro. São Paulo: Martins Fontes, 2008 (2ª edição).

HOFMANN, Hasso. *Legittimità contro Legalità. La filosofia politica di Carl Schmitt.* Trad. de Roberto Miccú. Nápoles: Edizioni Scientifiche Italiane, 1999.

SCHMITT, Carl. *Politische Theologie.* Berlim: Dunkler & Humblot, 2004 (8ª edição).

_____. *Die Diktatur.* Berlim: Dunkler & Humblot, 1994 (6ª edição).

# Positivismo jurídico

*Marcelo Campos Galuppo*

O termo *positivismo jurídico* designa uma metodologia jurídica desenvolvida ao longo da modernidade, sobretudo nos últimos 150 anos, e representa uma das propostas epistemológicas mais consistentes de abordagem formal do Direito estatal, constituindo-se ao mesmo tempo em uma ideologia ligada à emergência do estado contemporâneo. No entanto, ao contrário do que geralmente se pensa, o termo positivismo jurídico não designa uma veneração pelo Direito produzido pelo Estado, ainda que tenha se desenvolvido em torno desse Direito. Um exemplo disso é o fato de vários juspositivistas afirmarem que mesmo a Constituição (conjunto de normas jurídicas que constitui o fundamento de validade de normas contidas em outras espécies normativas, como as leis e os decretos, e que é o fundamento jurídico da organização do poder estatal) pode ter sua validade revogada por normas sociais, mais precisamente por aquilo que se chama de costumes jurídicos. Esse é o caso, por exemplo, de Hans Kelsen.

Por outro lado, quando se contrapõe o juspositivismo ao jusnaturalismo, outro equívoco consiste em afirmar que a diferença entre eles estaria em que, enquanto o jusnaturalismo defenderia a aplicação de um direito não estatal, o Direito natural, o juspositivismo defenderia a aplicação apenas do Direito estatal. Essa ideia é falsa, uma vez que ambas as teorias tentam apenas determinar qual é o fundamento do Direito positivo, ou seja, por que motivo se aplicam as normas do Direito positivo. Para os jusnaturalistas, o fundamento do direito criado pelo Estado é outro direito, que vale independentemente da manifestação de uma autoridade e inclusive contra ela, que pode ser universalmente reconhecido e que deriva seja da própria natureza, como, por exemplo, em Aristóteles e Santo Tomás de Aquino, seja da razão, como em Immanuel Kant ou John Rawls. Já o juspositivismo afirma que o único fundamento do Direito estatal é a própria autoridade instituída no Estado, e que, portanto, o Direito vale apenas porque é comandado, como um ato de vontade, enquanto os jusnaturalistas afirmam que o Direito estatal é comandado porque é intrinsecamente válido, ou seja, seu fundamento é a justiça de suas normas.

Para melhor compreendermos o ponto de vista juspositivista de fundamentação da aplicação do Direito estatal, precisamos primeiramente diferenciar o próprio Direito positivo do juspositivismo. O termo "Direito positivo" deriva do latim *Jus Positum*, significando o Direito criado pela autoridade estatal ou, como se diz em Direito, o Direito positivado pela autoridade estatal. Já o termo juspositivismo designa uma teoria (ou, melhor dizendo, um paradigma teórico) que pretende fundamentar a supremacia desse Direito positivo, criação da vontade humana, sobre todas as outras manifestações do Direito, afirmando não haver na fundamentação do Direito nenhuma autoridade para além da autoridade estatal (ou política), tal como uma autoridade moral ou religiosa.

O positivismo jurídico, enquanto metodologia e ideologia, surgiu da necessidade de se atribuir a uma única autoridade central o domínio sobre todo o Direito, necessidade essa inerente ao desenvolvimento dos Estados Nacionais e, sobretudo, das Revoluções Burguesas. Seu marco inicial é a edição do *Código Napoleão*, em 1804, código que regulava a vida civil na França e estabelecia os parâmetros para os contratos, a responsabilidade civil, a aquisição, a preservação e a extinção da propriedade, a família e o casamento e a sucessão em caso de morte. Uma das marcas da Revolução Francesa, que se consolidou sob o império de Napoleão, era a ideia de que o povo, cuja vontade se exprime através do poder estatal, seria o próprio autor das normas jurídicas que o vinculariam. Em outros termos, isso significa que o antigo regime, em que a aristocracia e o clero elaboravam leis que vinculavam o povo, havia sido superado: o povo era agora *autônomo*. O termo positivismo jurídico, ou juspositivismo, passou gradualmente a ser empregado para designar uma metodologia jurídica que identificava todo o Direito apenas com o Direito criado, posto pelo homem, pela autoridade política. Essa nova cosmovisão implicava uma grande desconfiança com relação à atividade exercida pelos juízes, ainda ligados à aristocracia. Seriam eles confiáveis ao aplicar o Direito criado pelo povo? A forma encontrada à época pelos juristas para se garantir a confiabilidade dos juízes foi a criação de uma ideologia que era, ao mesmo tempo, uma metodologia, e que foi defendida inicialmente pela Escola da Exegese. Segundo essa corrente, o juiz é apenas a boca da lei, e não lhe compete criar o Direito, mas apenas aplicá-lo, não lhe cabendo nem mesmo interpretá-lo quando esse fosse claro.

Coincidentemente, neste período surgiu na França uma corrente filosófica que se autointitulou positivismo. Auguste Comte, seu criador, acreditava que, ao longo da história da humanidade, o homem se esforçara em interpretar a natureza, quando lhe caberia apenas descrevê-la. Ao descrevê-la, o homem seria capaz de dominá-la. "Ordem e progresso" era o lema do positivismo. A ideia de que só caberia ao conhecimento científico descrever os fatos veio ao encontro das pretensões ideológicas, epistemológicas e metodológicas do positivismo jurídico, e daí a identificação entre ambas as formas do positivismo (o jurídico e o filosófico).

Hans Kelsen, por exemplo, certamente um dos teóricos mais influentes da Teoria do Direito dos primeiros sessenta anos do século XX, afirmou que caberia à Ciência do Direito apenas a tarefa de descrever o seu próprio objeto, que, em sua opinião, seriam apenas as normas jurídicas. Sua principal obra, intitulada *Teoria Pura do direito,* representou um avanço epistemológico indiscutível na metodologia jurídica, e ainda é amplamente empregada em todo o mundo, inclusive no Brasil. Antes de Kelsen, era objeto de discussão constante entre os juristas qual seria o objeto da Ciência do Direito e como ele deveria ser metodologicamente abordado. Kelsen, apropriando-se do método das ciências naturais, afirmou que o Direito é criado pelo Estado, e não pelo jurista (o "cientista" do Direito), que, assim como um botânico procede em relação a uma flor, apenas o descreve, independentemente de seus próprios valores. Em outros termos, a questão era se tais normas poderiam ser objetivamente descritas pelo jurista. É evidente, pensava Kelsen, que as normas jurídicas continham valores. Mas a questão era não se elas conteriam ou não valores, mas quais valores: o do legislador (e, em alguns casos, o do juiz) ou o do cientista do Direito? A resposta de Kelsen é que apenas os primeiros constituem as normas jurídicas. Essa concepção levou o autor a chamar sua teoria de teoria pura do Direito. Por "pureza", Kelsen queria dizer que a Ciência do Direito deveria se ater apenas à descrição de seu objeto específico, as normas jurídicas, e que não lhe competiria verificar a justiça (um valor moral, em sua opinião) ou a oportunidade e a racionalidade (valores políticos, em sua opinião) dessas normas. Com isso, Kelsen logrou separar definitivamente o Direito da moral, da política e da economia. Essa separação ocorre apenas no momento de conhecimento das normas jurídicas pelo jurista, e não na ocasião de sua produção (uma vez que o legislador é obviamente influenciado por valores, sejam eles morais, sejam eles políticos).

O sucesso da abordagem kelseniana explica por que, a partir do século XX, disciplinas não jurídicas (Ética e Ciência Política), que antes eram constitutivas dos cursos de Direito, perderam importância na formação do jurista. A partir do positivismo jurídico, os cursos jurídicos passaram a se ater preponderantemente à descrição do significado dos enunciados contidos nas normas jurídicas, fossem elas as leis, fossem as decisões judiciais.

Na década de 1970, o inglês John H. L. Hart publicou outra obra muito importante no desenvolvimento do positivismo jurídico, intitulada *O conceito do Direito*. Nesse volume, Hart partia de um problema para reconstruir o positivismo jurídico: como diferenciar uma mera ameaça de uma norma jurídica? Hart tomou então um exemplo que se tornou célebre a partir de então. Considere um assalto a um banco. Imagine, então, que o líder de uma quadrilha dê a seguinte ordem ao caixa do banco: "Entregue-me o dinheiro!", e a seguinte ordem a um de seus comparsas: "Vigie a rua para ver se a polícia não chega!". A primeira ordem é obviamente respaldada por uma ameaça, ainda que implícita ("...senão, eu lhe mato"). A segunda dificilmente pode ser entendida como respaldada por uma ameaça. No entanto, qualquer um de nós tenderia a identificar o Direito mais com a segunda ordem do que com a primeira (que só é cumprida por causa da ameaça, da força exercida sobre alguém). A diferença, no entanto, não está no aspecto externo da sanção. Exatamente por isso, diz Hart, não é possível distinguir o que é Direito do que não é Direito atendo-se à perspectiva externa do observador. O ato de a vítima entregar dinheiro ao assaltante e o ato de um contribuinte pagar um imposto implicam, em ambos os casos, a transferência compulsória de uma quantia de dinheiro de uma pessoa para outra. No entanto, dizemos que o primeiro é um ato antijurídico, e o segundo, um ato jurídico. Para Hart, só podemos compreender bem o que é o Direito se considerarmos o ponto de vista do próprio jurista, a perspectiva interna ao Direito.

Hart diz que, para compreendermos esse ponto de vista, precisamos reconhecer que, para além das regras jurídicas que ele chama de *primárias*, que prescrevem comportamentos para seus destinatários (por exemplo, pagar um imposto), existem outras regras, que ele chama de *secundárias*. Para compreendermos o funcionamento dessas últimas, precisamos comparar o Direito com, por exemplo, as regras da etiqueta (ou da moral, ou ainda da religião). Três diferenças emergem entre elas. A primeira, é que, quando uma regra jurídica (primária, de obrigação) é violada, outras regras jurídicas prescrevem o que o Estado deve fazer, identificando com precisão não só o procedimento, mas também quem é responsável por realizar esse procedimento (por exemplo: o juiz determina a penhora de um bem do contribuinte que não pagou o imposto). Mas a quem compete aplicar a sanção no caso do descumprimento de uma regra de etiqueta? A segunda diferença é que as próprias regras jurídicas preveem os procedimentos através dos quais regras primárias podem ser criadas, extintas ou alteradas (por exemplo, o processo legislativo de criação de novas leis, previsto na Constituição e no regimento do Congresso Nacional), mas as regras de etiqueta não preveem uma autoridade capaz de alterar suas regras primárias. E a terceira, e certamente mais importante diferença entre elas, é que há regras jurídicas que permitem identificar quais regras são juridicamente válidas (por exemplo: a lei identifica regras jurídicas na sentença do juiz e a Constituição identifica regras jurídicas nas leis), mas não há regras precisas (de etiqueta) que permitam diferenciar se uma determinada regra de comportamento social vale ou não. Em outros termos, o Direito não se compõe apenas de regras primárias, de comportamentos que seus destinatários devem cumprir, mas também de regras secundárias (que determinam o reconhecimento da autoridade competente para aplicar as sanções, as mudanças das regras primárias e o reconhecimento dessas regras: regras de adjudicação, de câmbio e de reconhecimento). O que é mais impressionante é que, muitas vezes, tais regras secundárias (diferentemente das regras primárias) são implícitas, e até pressupostas.

Isso tudo revela que tanto Kelsen quanto Hart dificilmente podem ser acusados de reduzir o Direito positivo a um conjunto de regras emanado pela autoridade estatal, ainda que suas teorias tenham por objetivo descrever tal conjunto de regras. Ambos precisam extrapolar as normas emanadas pela autoridade estatal para explicar como funciona o Direito estatal.

O positivismo, no entanto, não se esgotou com o final do século XX. Mais recentemente, Norbert Hoerster publicou um texto polêmico na Alemanha, intitulado *Em defesa do positivismo jurídico*. Para o autor, o que confere unidade às diferentes teorias do juspositivismo, como por exemplo as teorias da Escola da Exegese, de Kelsen e de Hart, é que todas elas defendem duas teses, praticamente inofensivas na sua opinião: a tese do subjetivismo e a tese da neutralidade. A tese do subjetivismo significa que todas as concepções acerca do que é o justo são subjetivas, individuais. Não há nenhum elemento natural, fático ou objetivo que permita diferenciar, em sua opinião, o que é justo do que não o é, ao contrário do Direito positivo, que pode ser objetivamente (ou seja, independentemente do sujeito) reconhecido nas normas jurídicas. O fato de que as concepções sobre o que é o justo são subjetivas, variando de pessoa para pessoa, leva por sua vez os positivistas a adotarem a tese da neutralidade: como não há uma concepção de justiça (um valor) que valha objetivamente em si mesmo (pois todos os valores valem para alguém), o Direito (positivo) deve ser descrito de forma neutra pelo intérprete, independentemente de seus próprios valores (morais, religiosos ou políticos). Para Hoerster, isso só é possível, em sua opinião, se a definição do que é o Direito (e o que são as normas jurídicas) for realizada apenas com base em critérios formais, e não com base em critérios materiais. A "justiça" ou "injustiça" de uma norma não é, assim, um critério que possa identificar e descrever adequadamente uma norma jurídica, em primeiro lugar porque aquilo que eu considero justo pode não coincidir com aquilo que outra pessoa considera justo. Se quisermos identificar e descrever adequadamente o Direito positivo, precisamos nos ater, então, à estrutura das normas e do ordenamento jurídico. Por exemplo: norma jurídica é aquela emanada de uma autoridade constitucionalmente competente para criar direito. Tais critérios são, em sua opinião, neutros em relação ao conteúdo (a justiça ou a injustiça) da norma. Por isso Hoerster fala em teses "praticamente inofensivas": o jurista deveria tratar o Direito de modo neutro e, sobretudo em uma sociedade democrática, essa abordagem não teria qualquer consequência positiva ou negativa para a política ou para a moral. O que teria consequências nesses âmbitos seria não o Direito, mas a própria moral e a própria política (no momento em que as normas são criadas). A posição de Hoerster, e sobretudo sua ideia sobre a tese de neutralidade, evidencia o ponto mais decisivo na caracterização do positivismo jurídico: a separação entre o Direito (as normas jurídicas positivas) e a moral (a justiça ou a injustiça de uma ordem jurídica). Justiça e injustiça são termos mais propriamente morais e políticos do que jurídicos, do ponto de vista do juspositivismo, já que a definição do que é ou não direito se faz sem referência a eles.

Podemos agora avaliar a proposta do juspositivismo, e verificar quais foram as vantagens e os prejuízos ideológicos que a adoção da metodologia juspositivista implicou para o Direito. Em primeiro lugar, devemos observar que foi apenas com o positivismo jurídico que uma metodologia consistente de abordagem do conhecimento jurídico se desenvolveu e se autonomizou em relação às demais Ciências Sociais. Uma das consequências disso foi a possibilidade de se avaliar e controlar a implantação de políticas públicas e de se conceberem os direitos civis como uma resistência legítima (e juridicamente válida) contra políticas que poderiam ser danosas, sobretudo para determinadas minorias. A tese da neutralidade é fundamental para se oporem as normas jurídicas estatais às políticas determinadas pelo poder público, constituindo tais normas uma proteção contra tais políticas.

No entanto, essa autonomização do Direito pode ser danosa quando as normas jurídicas estatais são evidentemente injustas, como no caso do apartheid, na África do Sul de quinze anos atrás, e do nazismo, na Alemanha de setenta anos atrás. Exatamente por isso, a partir do final da Segunda Guerra Mundial, os juristas alemães se insurgiram contra a adoção estrita do juspositivismo e, mais precisamente, contra aquilo que Ralf Dreier chamou de "tese da separação entre o Direito e a moral". A primeira reação expressiva ocorreu por parte de um ex-juspositivista, Gustav Radbruch, para quem o problema do conflito entre a moral e o Direito toca o problema do conflito entre a justiça e a certeza jurídica. A certeza jurídica é uma condição para a funcionalidade autoritativa do Direito estatal moderno, e por isso o conflito entre o Direito positivo e a justiça se resolveria em favor do Direito. No entanto, como a igualdade é o princípio formal que estrutura o Direito moderno, toda vez que o conflito entre a justiça e a certeza for tão insuportável a ponto de comprometer a própria igualdade, não haveria propriamente um conflito entre Direito (positivo) e justiça, mas entre uma lei antijurídica (que viola a própria essência do Direito) e a justiça e o Direito.

Essa equação, conhecida como Fórmula de Radbruch, serviu de inspiração para todas as reações contemporâneas ao rigorismo do positivismo jurídico. Dentre essas reações, podemos destacar o conceito de força normativa da Constituição de Konrad Hesse (para quem, se excluirmos da definição do Direito o conceito de justiça, o reduziríamos à força política), Ralf Dreier (que acredita que o conflito entre Direito e moral não é, como pensam os positivistas, um problema estritamente moral, cuja solução ficaria restrita à consciência individual de cada um, mas também um conflito entre duas concepções jurídicas e, assim, uma tensão propriamente jurídica) e Robert Alexy (para quem os sistemas jurídicos pressupõem uma concepção de justiça socialmente estabelecida, decorrente do modo através do qual a igualdade e a liberdade conformam a produção das normas jurídicas, razão pela qual um Direito injusto se autocontradiria).

### Referências bibliográficas

AFONSO, Elza Maria Miranda. *O positivismo jurídico na epistemologia de Hans Kelsen*. Belo Horizonte: Faculdade de Direito da UFMG, 1984.
ALEXY, Robert. *Conceito e validade do Direito*. São Paulo: Martins Fontes, 2009.
BOBBIO, Norberto. *O positivismo jurídico: Lições de Filosofia do Direito*. São Paulo: Ícone, 1995.
BONNECASE, J. *La escuela de la exegeses em derecho civil*. Puebla: Porrua, 1941.
DIMOULIS, Dimitri. *Positivismo jurídico: Introdução a uma Teoria do Direito e defesa do pragmatismo jurídico-político*. São Paulo: Método, 2006.
DREIER, Ralf. *Derecho y justicia*. Bogotá: Temis, 1994.
FERRAZ Jr., Tércio Sampaio. *Introdução ao estudo do Direito: Técnica, decisão, dominação*. São Paulo: Atlas, 2008 (6ª edição).
GALUPPO, Marcelo Campos. "A epistemologia jurídica entre o positivismo e o pós-positivismo". In: *Revista do Instituto de Hermenêutica Jurídica*. Porto Alegre, vol. 1, nº 3, 2005, pp. 195-206.
_____. "O Direito civil no contexto da superação do positivismo jurídico: a questão do sistema". In: FIUZA, César Augusto de Castro; SÁ, Maria de Fátima Freire de; NAVES, Bruno Torquato de Oliveira (orgs.). *Direito civil: atualidades*. Belo Horizonte: Del Rey, 2003, pp. 159-183.
HART, John. H. L. *O conceito do Direito*. São Paulo: Martins Fontes, 2009.
HESSE, Konrad. *A força normativa da Constituição*. Porto Alegre: Sérgio Fabris, 1991.
HOERSTER, Norbert. *En defensa del positivismo jurídico*. Barcelona: Gedisa, 1992.
KELSEN, Hans. *Teoria pura do Direito*. São Paulo: Martins Fontes, 2009 (8ª edição).
RADBRUCH, Gustav. *Filosofia do Direito*. São Paulo: Martins Fontes, 2010 (2ª edição).

# Teoria dos Sistemas

*Juliana Neuenschwander Magalhães*

A noção de sistema é uma ferramenta que acompanha a reflexão filosófica e científica, e isso desde Kant até as teorias de Talcott Parsons e, depois, Niklas Luhmann, passando pelo pensamento jurídico oitocentista, pela Biologia de Ludwig von Bertalanffy, pela Teoria Cibernética de Heinz von Foerster ou pela Teoria das Organizações de Herbert Simon, para citar apenas alguns contextos teóricos.

Na Sociologia, o influxo da noção de sistema rendeu para a disciplina, nos anos 1940 e 1950 do século passado, a possibilidade de se avançar teoricamente na busca de uma alternativa aos chamados clássicos da Sociologia (Marx, Durkheim, Weber). Aquelas teorias eram marcadas pela unilateralidade, que resultava numa redução da Sociologia a uma espécie de "ontologia dos fenômenos sociais". O rótulo "fato social" carregava essa ideia, mas não era capaz de abarcar o fato de que a Sociologia é, ela mesma, um "fato social". Dessa forma, a Sociologia seria uma ciência capaz de explicar todos os fatos sociais, com exceção de si mesma. A objetividade dos fatos sociais foi substituída, mais tarde, pela subjetividade das ações sociais. A referência à ação social permitiu a Weber, mais uma vez, externalizar (no indivíduo e na sua racionalidade) os problemas da autoimplicação da teoria naquilo que ela descreve, promovendo o descolamento entre sujeito (indivíduo) e sociedade (ação).

Mas a autoimplicação é, novamente, evidente: se são indivíduos que agem, a diferença entre indivíduo e sociedade novamente se dilui, assim como aquela entre Sociologia e sociedade.

Em Talcott Parsons (1902-1979), a ação social deixa de ser atribuída diretamente ao indivíduo — *action is system*, recita Parsons, desde *The Structure of Social Action* (1937) até *Social Systems* (1951). Recolhendo elementos de Durkheim (sistema) e Weber (ação), Parsons estabelece que as ações sociais são as operações com base nas quais se constroem os sistemas sociais. A ação é, dessa forma, descrita como uma "propriedade emergente" da realidade social, que se concretiza a partir de quatro componentes básicos, a saber, adaptação, manutenção das estruturas latentes, obtenção de fins e integração. Parsons apresenta esse esquema teórico (denominado AGIL) na forma de diagramas, o que demonstra uma grande capacidade de análise e abstração e, por isso mesmo, um forte descolamento da referência à realidade social.

Desse esquema teórico resulta, portanto, uma sociologia que Parsons mesmo qualificou de "funcionalismo estrutural", já que se centra na necessidade de preservação das estruturas sociais. As estruturas sistêmicas eram, nesse quadro, compreendidas em sua fixidez e rigidez, o que vai trazer à teoria sistêmica de matriz parsoniana um evidente viés conservador. Os desvios, os acontecimentos não estruturalmente orientados, e mesmo os processos de renovação e revolução, escapavam a uma sociologia centrada na invariabilidade das estruturas sociais (aprisionadas pelo esquema AGIL). Nem mesmo a noção de sistemas abertos, adotada por Parsons em consonância com os desenvolvimentos de uma Teoria Geral dos Sistemas na década de 1950, permitia um certo grau de variabilidade das estruturas sistêmicas. A contrário, a abertura sistêmica respondia, mediante o modelo de *inputs* e *outputs*, pelo equilíbrio sistêmico e, portanto, pela preservação das estruturas do sistema. Além disso, a ênfase na conservação das estruturas no mínimo relegava como secundária a pergunta relativa à função dessas.

Niklas Luhmann (1927-1998), ex-aluno de Parsons em Harvard, construiu entre os anos 1960 e 1990 uma nova Teoria dos Sistemas que, ao mesmo tempo que radicaliza alguns aspectos, se afasta em muitos outros daquela de seu professor. Sobre a base de uma planta teórica interdisciplinar, Luhmann assume o problema da autoimplicação da teoria como central, do que resulta assumir uma postura "construtivista radical". De acordo com as premissas construtivistas, a Sociologia não é apenas parte daquilo que descreve, como também constrói aquilo que descreve (e, portanto, a si mesma). Tal fato implica se negar uma concepção de conhecimento pautada na linearidade da relação sujeito/objeto. No lugar da tradicional acepção "sujeito cognoscente", Niklas Luhmann fala em "observador". E enquanto as teorias tradicionais buscavam isolar "objetos", Luhmann aponta a necessidade de observar "diferenças". Mais ainda, a relação entre o observador e aquilo que é observado (as diferenças ou formas) é de autoimplicação, de circularidade, na qual aquilo que é observado não constitui uma realidade anterior ao processo de observação, mas é uma construção desse. A realidade permanece, sempre, sendo aquilo que é. Mas, uma vez observada, ela é sempre a construção de um observador, que, ao observar, a conhece mediante distinções.

O ponto de partida da Teoria dos Sistemas, portanto, não é uma identidade, uma unidade, um objeto, seja ele o indivíduo ou o sistema. Luhmann toma como seu ponto de partida uma diferença, qual seja, aquela entre sistema e ambiente. Enquanto mesmo a tradição do pensamento sistêmico referia-se ao sistema como uma unidade, Luhmann desloca seu olhar para a diferença que se produz entre sistema e ambiente. Um sistema diferencia-se de seu ambiente traçando uma fronteira, uma diferença entre estes dois lados, sistema e ambiente. Todo sistema, diz Luhmann, "é a unidade de uma diferença: a diferença entre sistema e ambiente". E, já que um lado da diferença existe em dependência do outro, posto que não há ambiente sem sistema e não há sistema sem ambiente, o que é relevante do ponto de vista do autor é observar como se produz essa diferença. Uma distinção se constitui no plano das operações: algo acontece no sistema e não no ambiente. Desde esse ponto de vista, os sistemas são autopoieticamente fechados, pois produzem a si mesmos, produzindo seus próprios elementos na rede recursiva de suas operações. O fechamento operacional constitui aquela diferença;

ao mesmo tempo, é a condição da abertura do sistema em relação ao ambiente. Desse modo, o sistema, a cada operação, é capaz de observar o ambiente, mas sempre mediante suas próprias operações.

Operações são, portanto, eventos. Assim, podemos descrever um sistema vivo como aquele que opera com base na vida, um sistema psíquico como aquele que produz consciência e, finalmente, o sistema social como o âmbito em que acontecem as comunicações. Sociedade é comunicação, produção de sociedade é produção de comunicação. Onde há comunicação, há sociedade. Distanciando-se de forma radical da tradição sociológica e daquilo que essa herdou do Iluminismo filosófico, Luhmann exclui a ideia de que a comunicação seja uma ação. Como operação social, a comunicação pressupõe o agir dos indivíduos (o falar, o escrever, o representar), mas não pode ser a esses atribuída. Como única operação genuinamente social, a comunicação é complexa, dando-se em três etapas: o ato de comunicar, a informação e a compreensão daquilo que foi comunicado. Dessa forma, não se pode atribuir a totalidade do processo comunicativo a nenhum dos partícipes da comunicação. Ao contrário, cada partícipe, enquanto posição comunicativa, é a um só tempo ele mesmo (ego) e aqueles com quem se comunica (alter), já que toda comunicação pressupõe expectativas recíprocas nas ações comunicativas e nas compreensões daquilo que foi comunicado. Desta forma, e aqui se pode vislumbrar a radicalidade da teoria, os indivíduos não comunicam, embora sejam pressupostos necessários à produção de comunicação: consequência de tal fato, os indivíduos são ambiente em relação à sociedade (o que implica na necessidade de se "levar a sério" a humanidade do homem).

A sociedade, como sistema social, é uma rede de comunicações das quais os indivíduos participam. Inclusão social é, assim, uma expressão que adquire contornos dramáticos: a existência dos indivíduos, como pessoas, na sociedade, é algo que depende exclusivamente das operações que essa realiza, e não da natureza daqueles. A sociedade, e nela os sistemas sociais que se especificam, realiza a todo tempo operações de inclusão e exclusão. O drama da sociedade moderna, funcionalmente diferenciada, encontra-se no fato de que nela não existe uma fórmula universal da inclusão. Nas sociedades estratificadas, a religião traduzia o vértice a partir do qual se garantia a inclusão (e a correlata exclusão) dos indivíduos na sociedade. Ocorre que, na modernidade, a estrutura social é orientada primariamente pela diferenciação funcional, com a especificação de sistemas sociais voltados para a solução de determinados problemas sociais. Essa combinação torna-se possível na medida em que a comunicação passa a se especializar, utilizando um código binário (direito/não direito, por exemplo) para a realização de uma função social. Isso porque a comunicação social, duplamente contingente, é também altamente improvável — daí que é necessário criar, socialmente, chances de sucesso para essa comunicação social. A sociedade é complexa porque, na rede das comunicações, há um excesso de possibilidades e, em face deste, reduzidas chances de consenso. Os meios da comunicação, tanto aqueles de difusão (a imprensa etc.) quanto aqueles simbolicamente generalizados (amor, verdade, dinheiro, poder e direito), criam chances de consenso nessa situação que lhes é tão adversa. Alguns desses meios operacionalizam códigos de comunicação, otimizando a redução da complexidade. Assim o código do poder/contrapoder, utilizado para a produção de comunicações especificamente políticas, produz decisões (isto é, comunicações) capazes de vincular uma coletividade. Ou então o Direito, que desde o recurso à codificação direito/não direito (*Recht/Unrecht*), consegue reduzir a complexidade das comunicações na dimensão temporal do sentido, criando vínculos com o futuro. Ou ainda a arte, que teria por função criar uma representação do mundo no mundo.

O enfoque sistêmico, no campo das reflexões política e jurídica, tem apresentado interessantes influxos. Uma teoria política de matriz sistêmica não se surpreende com o fato, por exemplo, de hoje a sociedade ser descrita como "globalizada". Para além do discurso da globalização, a Sociologia Sistêmica compreende o sistema político como um sistema-mundo, que abarca todas as comunicações políticas — e isso vale tanto para as decisões políticas produzidas no âmbito das organizações político-estatais, quanto para as várias formas de produção de comunicações políticas, para além e para aquém do Estado. O Estado, nessa perspectiva, não é visto como uma forma necessária, mas como a contingente forma prevalecente de organização da política na modernidade. Da mesma forma, noções como a de soberania adquirem, desta perspectiva, a dimensão de uma modalidade contingente da descrição da fundação dos Estados modernos, ou seja, trata-se de uma construção das teorias, e não de uma realidade da política.

No contexto do Direito, ao qual Luhmann dedicou diversos livros, o influxo da Teoria dos Sistemas permite a superação tanto das abordagens clássicas da Sociologia do Direito quanto do ponto de vista normativista, caro à tradição da Teoria do Direito. O direito, para Luhmann, é, antes de mais nada, um meio da comunicação social simbolicamente generalizado. Sobre a base desse meio, diferencia-se um sistema social, voltado para a solução de problemas sociais específicos, quais sejam, aqueles relativos à improbabilidade da comunicação. No caso do sistema jurídico, sua função é criar chances de sucesso para a comunicação na dimensão temporal do sentido. O sistema jurídico opera na redução da complexidade gerada pela incerteza em relação ao futuro. O futuro é (e permanece sendo) incerto, entretanto o Direito é capaz de criar vínculos com o futuro. Ou seja, o Direito não torna o futuro certo, mas é capaz de fazer desse presente, atualizando, no presente, expectativas em relação a um futuro que, como tal, permanece incerto. A realização de tal função encontra apoio no código de comunicação direito (*Recht*)/não direito (*Unrecht*), ao qual o sistema jurídico, a cada operação, se refere.

Com base na premissa de que o Direito, como sistema social, é uma forma diferenciada de comunicação social voltada para a criação de vínculos com o futuro, Niklas Luhmann propôs uma teoria sociológica do direito. Dessa perspectiva, a normatividade jurídica é explicada, sociologicamente, como uma rede de expectativas socialmente construídas, ou seja, como um evento comunicativo. As expectativas às quais Luhmann se refere são socialmente generalizadas e, portanto, socialmente estabelecidas, não podendo ser atribuídas à racionalidade ou à intencionalidade dos indivíduos. Desse modo, a positividade do Direito não pode ser atribuída à "pena do legislador", já que essa última tão somente daria chancela legal a uma expectativa normativa. Essa perspectiva certamente afasta uma visão exclusivamente estatal do Direito, admitindo que a produção de comunicação jurídica pode se dar fora do contexto político-estatal. Entretanto, não cabe, a partir desse contexto teórico, descrever tal situação sob o rótulo de "pluralismo jurídico", a exemplo de Gunther Teubner, já que todos os eventos comunicativos do Direito se referem, como comunicações que sempre pressupõem comunicações, ao próprio sistema jurídico. A referência "sistema", aqui, é radicalmente distinta de "ordenamento jurídico". Na sociedade, só existe um sistema jurídico.

Uma tal abordagem da positividade e da juridicidade do Direito reverbera na reflexão que Luhmann apresenta sobre a posição dos tribunais no Direito moderno. Contrariando a teoria tipicamente kelseniana de que o juiz é o único intérprete autêntico do Direito (o que justificou em grande medida o chamado controle judicial de constitucionalidade das leis), Luhmann afirma que a centralidade dos tribunais não é um reflexo de sua supremacia, mas sim uma consequência da cláusula do *non liquet*, ou seja, da obrigatoriedade da decisão. A proibição da denegação de justiça é o que constringe os tribunais a ocuparem uma posição central. Mas isso não implica entender que os juízes tenham de fato a capacidade, por suas qualidades hermenêuticas e suas convicções morais, de exercerem uma espécie de "juízo divino" nos chamados *hard cases*. Os chamados princípios jurídicos forjam essa ilusão de que o Direito tem fundamentos que podem, naqueles casos difíceis, em que as decisões parecem impossíveis, ser invocados como fundamento dessas. O recurso aos princípios (que não estão no sistema, mas entram no sistema para produzirem decisões) oculta o fato de que os tribunais produzem a todo tempo decisões, e só podem fazer isso, não obstante essas sejam desprovidas de qualquer fundamento.

O processo decisório, nesse quadro, é também observado diversamente. Enquanto na tradição do pensamento jurídico a decisão é determinada pelo passado (pela razão, por uma lei, por um caso anterior ou um princípio, pelo procedimento em geral adotado), Luhmann salienta o fato de que toda decisão é uma construção do presente que pretende, quase sempre, planejar o futuro. E como o futuro é incerto e as consequências das decisões, portanto, não podem ser conhecidas no presente, que é quando se decide, a Ciência do Direito apoiou-se na ilusão de que a decisão presente já estava dada no passado. A decisão é um paradoxo que não se pode tematizar, disse Luhmann, mas apenas mistificar — por exemplo, na forma dos chamados princípios do Direito.

Finalmente, é no campo do debate sobre Direito e democracia que o enfoque sistêmico irá aproximar e, ao mesmo tempo, marcar as diferenças entre as teorias de Niklas Luhmann e Jurgen Habermas, tratadas desde muito como antagônicas. A fórmula "Estado Democrático de Direito" não é capaz de anular as diferenças entre Direito e política, ou seja, de fazer desses um sistema unitário. Isso porque o princípio democrático é passível de ser interpretado diferentemente por esses dois sistemas sociais, funcionalmente diferenciados. A democracia encontra apoio no Direito, e mais precisamente no procedimento jurídico, mas permanece sendo, sempre, um princípio político. Isso porque o problema da política não é produzir decisões jurídicas, mas sim controlar sua própria complexidade, mantendo aberto o horizonte da tomada de decisões políticas. Nessa perspectiva, a ideia de que o procedimento jurídico democrático possa oferecer garantias à democracia é, portanto, perfeitamente tautológica e circular: a democracia cria o Direito, que limita a democracia. Ou ainda, o Direito legitima a democracia, que lhe serve de fundamento. Essa tautologia oculta o fato de que, na verdade, é o Direito que produz o Direito, assim como é a política que, mediante o apelo à democracia, legitima suas próprias decisões. Para Niklas Luhmann, política e Direito, como sistemas funcionalmente diferenciados, podem especificar-se cada um desde sua função, podendo ainda diferenciar-se tomando por base essa função, ou mesmo operar sem fundamento, exatamente porque possuem uma fundação paradoxal.

Em que pese a evidente disparidade de seus propósitos teóricos — Habermas convergindo os aspectos prescritivos da teoria na forma de uma teoria discursiva do Direito e da democracia, e Luhmann apostando na Sociologia como "observação de segunda ordem", capaz de conhecer e descrever os paradoxos da modernidade —, os instrumentos de análise em muito aproximam esses autores, inevitáveis referências no pensamento jurídico e político da atualidade. Sistema, função, código de linguagem, "meio da comunicação", tais conceitos constituem o aparato teórico que se tornou indispensável para a compreensão da literatura sociológica atual, que deles vem fazendo um uso bastante criativo.

## Referências bibliográficas

BARALDI, Cláudio; CORSI, Giancarlo; ESPOSITO, Elena. *GLU. Glossario dei Termini della Teoria dei Sistemi di Niklas Luhmann*. Urbino: Editrice Montefeltro, 1989.

DE GIORGI, Raffaele. *Direito, democracia e risco. Vínculos com o futuro*. Porto Alegre: Sérgio Antônio Fabris Editor, 1998.

_____. *Direito, tempo e memória*. São Paulo: Editora Quartier Latin do Brasil, 2006.

KING, Michael; THORNHILL, Chris (orgs.). *Luhmann on Law and Politics. Critical Appraisals and Applications*. Portland: Hart Publishing, 2006.

LUHMANN, Niklas. Tradução de Gustavo Bayer. *Sociologia do Direito I*. Rio de Janeiro: Tempo Brasileiro, 1983.

_____. *Sistemi Sociali*. Bologna: Società Editrice Il Mulino, 1984.

_____. *La differenziazione del diritto*. Bologna: Società Editrice Il Mulino, 1990.

_____. *Law as Social System*. Oxford/Nova York: Oxford University Press, 2004.

_____. *La Sociedad de la Sociedad*. Cidade do Mexico: Herder/Universidad Iberoamericana, 2007.

_____. *Die Politik der Gesellschaft*. Frankfurt: Suhrkamp, 2000.

_____. *Introdução à Teoria dos Sistemas*. Petrópolis: Vozes, 2009.

_____; DE GIORGI, Raffaele. *Teoria della Società*. Milão: FrancoAngeli, 1993.

PARSONS, Talcott. *O sistema das sociedades modernas*. São Paulo: Pioneira, 1974.

TEUBNER, Gunther. *O Direito como sistema autopoiético*. Lisboa: Fundação Calouste Gulbenkian, 1993.

_____. (org.). *Global Law Without a State*. Aldershot: Dartmouth, 1997.

# A justiça como procedimento
*Thomas da Rosa de Bustamante*

Os defensores do procedimentalismo partem da premissa comum de que em uma sociedade pluralista e dessacralizada já não é mais possível contar com uma ética material que seja apta a revelar princípios morais dotados de um conteúdo objetivo e predeterminado, capaz de prover um critério seguro para a distribuição dos bens e encargos sociais em cada comunidade concreta. A pretensão neotomista de autores como Max Scheler, que pretende fundamentar uma teoria dos valores em um *a priori* constituído não apenas por proposições formais, como advogava Kant, mas também por princípios materiais que constituem uma realidade axiológica prévia ao conhecimento, é rechaçada por não conseguir explicar o pluralismo de cosmovisões e pontos de vista morais característico das sociedades contemporâneas. Nessas sociedades, classificadas por Habermas como pós-metafísicas, não parece admissível para as teorias da justiça ou a filosofia prática tomar partido nas disputas entre as diversas concepções de mundo que competem umas com as outras.

Não obstante, os defensores de uma moralidade procedimental universalista também não se dão por satisfeitos com o não cognitivismo ético relativista, que só atribui valor a um saber científico incontroverso e desconfia de qualquer intento de fundamentação racional de normas, juízos e decisões políticas ou individuais. Para essas teorias, que rejeitam a ideia de uma "razão prática" e renunciam à pretensão de uma fundamentação racional de princípios morais, a distinção de Hume entre *normas* e *fatos*, de sorte que as primeiras não podem derivar-se dos últimos, parece implicar uma disjunção entre, de um lado, a objetividade científica isenta de valores e, de outro, a moral particular subjetiva, que é vista como o resultado de meras intuições ou preferências subjetivas incapazes de qualquer tipo de "validação intersubjetiva" através de um discurso racional (Apel, 2000).

Busca-se, portanto, o meio-termo de uma ética procedimental universalista, que pretende resgatar uma concepção de racionalidade prática (ou, no caso de Habermas, de racionalidade comunicativa) de corte kantiano, que pretende se diferenciar das concepções aristotélicas e hobbesianas. Como exemplo das vertentes aristotélicas, pode-se mencionar a ética de MacIntyre, para quem o projeto iluminista simplesmente fracassou e todas as modalidades do individualismo liberal devem ser rechaçadas. Nessa perspectiva, a moral individualista seria ilusória e a noção correlata de "direitos humanos" equipara-se à crença em fadas, bruxas ou unicórnios. Assim, restaria tão somente o caminho de uma vida boa vinculada ao local e ao especial. Por outro lado, a vertente hobbesiana, que tem como representantes Buchanan e Gauthier, entre outros, funda-se na ideia weberiana de racionalidade instrumental, que é adaptada para o contexto da maximização da utilidade individual. Essa perspectiva oferece uma nova concepção das teorias contratualistas clássicas em que as normas sociais se apresentam como o resultado de um processo de eleição racional (pressupondo-se uma racionalidade instrumental que identifica relações entre meios e fins) fundado em compromissos e negociações motivadas por interesses egoístas.

Ao optar por uma vertente kantiana, busca-se uma fundamentação racional da moral e da ética não em um procedimento de *negociação*, como acontece nas concepções hobbesianas, mas em um procedimento de *argumentação* diante de um auditório universal, onde cada interlocutor assume para si o ônus de obter o reconhecimento discursivo das pretensões de validade para as normas que ele pretende fundamentar. Nesse cenário, duas tentativas de fundamentação de uma moral procedimental universalista merecem destaque: a Teoria da Justiça de Rawls e a Ética do Discurso de Habermas e Apel.

A Teoria da Justiça de Rawls considera a justiça como a virtude primordial das instituições sociais e políticas, sendo de capital importância para fundamentar a estrutura básica de cada sociedade e para garantir a própria estabilidade da comunidade política. O conteúdo da ideia de justiça é, para o autor, determinado fundamentalmente, ainda que de não de forma completa, por dois princípios basilares. Esses princípios estão ordenados de modo lexical, de sorte que o primeiro não pode ser violado com vistas a promover o segundo. O primeiro princípio concerne à distribuição das liberdades fundamentais e demanda um sistema constitucionalmente assegurado de iguais liberdades básicas, que seja completamente adequado aos interesses fundamentais dos cidadãos enquanto membros livres e iguais de uma comunidade política. O segundo princípio, por sua vez, refere-se primeiramente à distribuição das oportunidades de acesso a cargos e posições de autoridade e, em segundo lugar, à distribuição da riqueza e da renda. Esse princípio deve ser assegurado pela legislação e demanda que as leis e as políticas públicas que possam dar ensejo a desigualdades sociais e econômicas satisfaçam a duas condições: inicialmente, elas devem ser compatíveis como a exigência moral de igualdade de oportunidades; em segundo lugar, o status social e econômico mais desfavorecido deve ser mais elevado que, primeiramente, o status de que todos iriam gozar se estivessem reunidos sob um sistema de leis e políticas públicas que assegurasse a igualdade econômica e social, e, por derradeiro, o mais baixo status econômico e social permitido por qualquer outro sistema imaginário que estabeleça desigualdades. Esses dois princípios, considerados conjuntamente, expressam uma concepção mais geral de justiça, que pode ser enunciada da seguinte maneira: "Todos os valores sociais — liberdade e oportunidade, renda e riqueza, e as bases sociais da autoestima — devem ser distribuídos igualitariamente, a não ser que uma distribuição desigual de um ou de todos esses valores traga vantagens *para todos*" (Ralws, 1997, grifos nossos).

Os dois princípios da justiça, segundo Rawls, podem ser intersubjetivamente validados com recurso ao argumento da "posição original". Ao sustentar tal argumento, Rawls recorre à ideia contrafática de uma situação puramente hipotética em que os fundadores de uma comunidade política se achem na condição de coautores livres e iguais do sistema de cooperação social institucionalizado que constitui a estrutura básica dessa comunidade política. Rawls imagina a hipótese de uma deliberação racional sobre a distribuição dos bens sociais primários em que cada indivíduo esteja encoberto por um "véu de ignorância" acerca das posições sociais que irá desempenhar na sociedade. Para Rawls, entre as características essenciais dessa situação hipotética está o fato de que ninguém conhece seu lugar na sociedade e a sua sorte na "distribuição dos dotes e habilidades naturais, sua inteligência, força e coisas semelhantes" (Rawls, 1997). Apenas por meio de uma deliberação racional sob o véu da ignorância é que os princípios fundamentais da justiça poderiam ser fundamentados, de modo que a posição social de cada indivíduo que venha a tomar partido no contrato social firmado na posição originária é tida como moralmente irrelevante.

A concepção de justiça proposta por Rawls se autodenomina "justiça como equidade (ou correção)" — *justice as fairness* — porque pretende fundamentar os princípios basilares da justiça política em uma espécie de justiça procedimental pura. Ao se reportar a essa ideia, o autor se refere ao uso de um procedimento equânime ou correto (*fair*) para alcançar um juízo substantivo e determinado em casos em que não dispomos de outro standard ou critério para determinar o que é exigido pela ideia de justiça. Segundo uma concepção de justiça procedimental pura, se a equidade ou correção (*fairness*) do procedimento é garantida, temos razão suficiente para sustentar também a justiça dos resultados do emprego de tal procedimento. É por essa via que Rawls fundamenta, portanto, seus dois princípios basilares da justiça. O argumento da posição original, com o seu véu de ignorância, é, portanto, uma instância de justiça procedimental pura, na medida em que, na falta de um método claro e incontroverso para identificar a estrutura básica de uma sociedade justa, nós somos levados a aceitar, por meio de um jogo argumentativo hipotético, um procedimento equânime para alocar os benefícios de cada indivíduo. A ideia regulativa da posição original funciona assim como um procedimento equânime para selecionar as concepções de justiça que se apresentem como candidatas a regular a nossa comunidade política.

A possibilidade de fundamentação de princípios por meio do recurso a uma justiça procedimental pura é, no entanto, duplamente limitada. Por um lado, os dois princípios basilares, que podem ser fundamentados pela via de uma justiça procedimental pura, permitem fundamentar apenas a estrutura básica de uma comunidade política, considerada sob uma perspectiva global. Eles não se aplicam, portanto, à alocação das vantagens e dos ônus para cada indivíduo que forme parte da comunidade política. Por outro lado, por vezes a equidade ou a correção do procedimento é insuficiente para estabelecer a justiça dos seus resultados, mas suficiente apenas para estabelecer um standard normativo menos exigente, como a legitimidade da autoridade política. Tendo em vista essas últimas limitações, Rawls propõe descrever o processo legislativo democrático de uma comunidade política que tenha a sua estrutura básica informada pelos dois princípios basilares de justiça como uma espécie de justiça procedimental quase pura. Embora o procedimento democrático em sociedades bem ordenadas talvez seja insuficiente para garantir, em todos os casos, uma decisão justa, ele é suficiente ao menos para assegurar a legitimidade de tais decisões. A legitimidade é, portanto, um standard menos forte do que a justiça, mas no mais das vezes ela é suficiente para fundamentar uma determinada política pública instituída ou proposta para um caso concreto.

Sem embargo, não é qualquer decisão respaldada pelo processo legislativo democrático que pode ser considerada objetivamente justificável em uma comunidade política bem ordenada. Para tanto, é necessário que haja um equilíbrio reflexivo entre, de um lado, os princípios morais que nos são passados e convencionalmente estabelecidos e, de outro, os juízos que formulamos provisoriamente em face de novas situações que paulatinamente vão se apresentando diante de nós e que nos convidam, em certos casos, a modificar nossos juízos anteriores e conformá-los a novos princípios. Há um equilíbrio reflexivo entre os princípios morais que nos são passados e os juízos que realizamos para ajustá-los a novas situações concretas quando nossas reinterpretações dos fatos e das normas postas diante de nós expressam pressuposições razoáveis e produzem princípios que combinam nossas convicções devidamente apuradas e ajustadas. Como explica Rawls, "trata-se de um equilíbrio porque finalmente nossos princípios e opiniões coincidem; e é reflexivo porque sabemos com quais princípios nossos julgamentos se conformam e conhecemos as premissas das quais derivam" (Rawls, 1997). A justificação e a objetividade de nossos juízos sobre normas e princípios morais é alcançada em uma comunidade política, portanto, quando caminhamos em direção a um equilíbrio reflexivo geral — quer dizer, a um equilíbrio reflexivo entre cidadãos que convergem publicamente em torno de uma única concepção de justiça — ou completo —, isto é, obtido quando uma concepção alcançada em um equilíbrio reflexivo geral é também consistente e coerente com todos os julgamentos que esses cidadãos geralmente fazem. Finalmente, Rawls sustenta ainda que uma concepção de justiça (ou uma valoração concreta sobre a justiça de alguma política pública em particular) estará bem fundamentada quando puder ser objeto de um consenso sobreposto entre cidadãos capazes de afirmar publicamente e honrar voluntariamente uma única concepção de moralidade política, que seja reconhecida e aplicada por meio de uma "razão pública" exercida livremente em um processo democrático equânime.

A Teoria do Discurso de Habermas, por sua vez, também sustenta que um enunciado normativo será correto somente se puder ser o resultado de um procedimento comunicativo capaz de lhe conferir um grau satisfatório de racionalidade. Desenvolve-se, assim, uma teoria crítica que se insere numa redescoberta da filosofia prática, orientando-se pela pergunta: "O que devo (devemos) fazer?". A solução para esse problema depende da construção de um espaço público alicerçado democraticamente e pautado por um procedimento formal, guiado pela ideia kantiana de universalidade. Na ética do discurso, busca-se analisar os discursos práticos como o *locus* de uma interação mediada pela linguagem e voltada para o entendimento mútuo dos seus participantes, que buscam um consenso racionalmente motivado acerca de normas universais. Um dos aspectos mais marcantes da teoria habermasiana é o conceito de *verdade*, que está muito mais próximo da ideia de *consenso* do que da mera correspondência entre enunciados e fatos. Para Habermas, só posso atribuir um predicado a um objeto se qualquer um que pudesse entrar em discussão comigo atribuísse o mesmo predicado ao mesmo objeto. O conceito habermasiano de verdade se distancia do nível semântico (a verdade se referindo ao sentido das proposições ou normas) para se colocar numa perspectiva pragmática (a verdade passa a se referir aos atos que se realizam ao dizer algo), de modo que a base da teoria de Habermas é uma "pragmática universal", que tenta reconstruir os pressupostos racionais, implícitos no uso da linguagem.

Para que possamos compreender o que o autor quer dizer, é vital levarmos em conta as funções que, em sua teoria, desempenham o conceito de entendimento e a noção de atos ilocucionários. Para Habermas, as ações linguísticas possuem uma importância maior que as não linguísticas porque um ato de fala pode revelar a intenção do agente, ao passo que dos atos que se realizam fora de contextos comunicacionais não podemos inferir os fins que se pretende alcançar com eles. As ações linguísticas possuem uma estrutura autorreferencial, de modo que "o componente ilocucionário determina o sentido da aplicação do que é dito através de uma espécie de comentário pragmático". Para Habermas, a Teoria dos Atos Ilocucionários de Austin, segundo a qual ao dizermos algo, também fazemos algo, implica a recíproca: "ao realizarmos uma ação de fala dizemos também o que realizamos" (Habermas, 1990). Há, portanto, um sentido performativo nas ações de fala, que só pode ser captado por um ouvinte potencial com o qual o falante busca um entendimento alcançado por meio da cooperação. Desse modo, os processos de interação por meio de atos de fala são fonte de racionalidade para as decisões através deles obtidas, na medida em que se orientam para o entendimento, que tem como fins subalternos a compreensão, por parte do ouvinte, do significado expresso pela fala e o reconhecimento do proferido como verdadeiro.

Os atos que se destinam a realizar determinados objetivos através de simples arranjos entre meios e fins apoiam-se numa estrutura causal que não se vê naqueles outros que, por meio do uso da língua, visam ao entendimento com o interlocutor. Aos primeiros Habermas denomina *agir estratégico*, aos segundos, *agir comunicativo*. Na ação estratégica, a racionalidade age em busca de um fim eficiente do ponto de vista causal, enquanto na ação comunicativa a racionalidade dos processos de entendimento mede-se por pretensões de validez que se manifestam através dos atos de fala e por razões que objetivam o resgate discursivo dessas pretensões (Habermas, 1990). Essas pretensões de validade estão também presentes nos enunciados normativos, devendo, nesse caso, ser confirmadas ou negadas através do teste estabelecido pelo princípio U, que será analisado nas linhas que se seguem.

A Teoria do Discurso habermasiana, portanto, lança suas bases sobre a ideia de um entendimento entre interlocutores, fundamentado única e exclusivamente na força racionalmente motivadora dos argumentos construídos e resgatados comunicativamente. Os debates devem, assim, estar livres de componentes estratégicos que possam influenciar a solução que os agentes do discurso encontrariam caso estivessem completamente isentos de qualquer forma de coação externa ou violência. Uma teorização sobre a argumentação é parte substancial nesse sofisticado esquema teórico para distinguir, selecionar e estruturar os argumentos (e pretensões de validade a eles subjacentes, em especial quando se lançam enunciados normativos) que são utilizados para se chegar ao nível do entendimento. Faz-se necessário, nesse aspecto, estabelecer critérios formais (ou procedimentais). A especialidade da Teoria do Discurso de Habermas, quanto a esses critérios, diz respeito à inclusão (no discurso) de todos os possíveis afetados pelas interações mediadas comunicativamente e pressupõe uma *estrutura dialógica* do procedimento de fundamentação dos enunciados normativos. Tendo em vista que o processo discursivo pode se achar sujeito à interferência de fatores externos ao discurso, bem como o fato de que existem coações decorrentes da própria estrutura de comunicação, Habermas lança mão da ideia reguladora de "situação ideal de fala", que "exclui as distorções sistemáticas da comunicação". Tal construção teórica, que guarda nítida semelhança com o conceito perelmaniano de "auditório universal", permite construir discursos (os quais devem estar abertos à participação dos interessados) articulados em consonância com as exigências de *igualdade* e *liberdade* ínsitas à concepção teórico-discursiva da razão prática. Habermas formula, nesse sentido, uma versão do princípio kantiano da universalidade, que pode ser enunciada da seguinte maneira: (U): "Toda norma válida deve satisfazer à condição de que as consequências e efeitos colaterais que previsivelmente resultarem, para a satisfação dos interesses de cada um dos indivíduos — do fato de ser ela universalmente seguida —, possam ser aceitos por todos os concernidos."

Esse princípio funciona, em síntese, como uma regra de argumentação que nos permite identificar as normas morais que podem ser corretamente fundamentadas por meio de um discurso ideal, funcionando, à semelhança do imperativo categórico kantiano, como um teste para as máximas que possamos estabelecer como guias para a ação prática.

Essas breves palavras sobre a Teoria da Justiça de Rawls e a Ética do Discurso de Habermas parecem suficientes para oferecer uma introdução do procedimentalismo no discurso contemporâneo sobre a justiça. É relevante observar, porém, antes de concluir esses breves comentários, que tanto a concepção de Rawls quanto a de Habermas têm exercido enorme influência sobre a Teoria do Direito e sobre a própria prática jurídica, na medida em que dois dos mais importantes juristas contemporâneos utilizam tais teorias como marcos teóricos para construção de suas teorias da decisão judicial e da argumentação jurídica. Por um lado, Dworkin erige sua concepção de "Direito como integridade" sobre a base da Teoria da Justiça de Rawls, replicando conceitos como os de "estrutura básica" da comunidade — que corresponde aos princípios fundamentais da moralidade política que subjazem ao Direito positivo — e de "equilíbrio reflexivo" — que corresponde, *grosso modo*, à própria noção dworkiniana de integridade. Segundo Dworkin, os juízes e demais aplicadores do Direito têm a "responsabilidade política" de construir suas interpretações do Direito positivo a partir dos princípios fundamentais da moralidade política pressupostos na estrutura básica da comunidade. Por outro lado, Alexy é ainda mais explícito ao revelar a influência de Habermas em sua Teoria da Argumentação Jurídica. Pode-se dizer sem exagero que a teoria de Alexy nada mais é do que uma reinterpretação da Teoria do Discurso de Habermas e uma extensão de tal teoria para o campo específico do Direito (Atienza, 2000). Com efeito, Alexy sustenta que o discurso jurídico seria um "caso especial" do discurso prático, caracterizado pelo fato de que os seus participantes erigem uma pretensão de correção para as normas que eles pretendem fundamentar. A única diferença entre o discurso jurídico e o discurso prático "geral" parece residir no fato de que o primeiro inclui não apenas uma exigência de decidir de acordo com uma moralidade procedimentalmente correta, mas também a exigência de obediência ao próprio Direito positivo.

As teorias procedimentais da justiça e da validação de preceitos morais universais parecem, portanto, desempenhar de forma promissora a tarefa de fundamentar tanto uma ética e uma concepção de justiça quanto uma teoria jurídica capaz de ajustar a interpretação e a aplicação do Direito às exigências de fundamentação e legitimação impostas pelas constituições dos Estados democráticos de Direito no atual estágio de desenvolvimento da civilização ocidental.

### Referências bibliográficas

APEL, Karl-Otto. *Transformação da Filosofia, vol. 2: O a priori da comunidade de comunicação*. Tradução de Paulo Astor Soethe. São Paulo: Loyola, 2000.

ALEXY, Robert. *Teoría de la argumentación jurídica*. Tradução de Manuel Atienza e Isabel Espejo. Madri: Centro de Estudios Políticos y Constitucionales, 1997.

DWORKIN, Ronald. *Law's Empire*. Cambridge: Belknap, 1986.

HABERMAS, Jürgen. *The Theory of Communicative Action, vol. 1 — Reason and the Rationalization of Society*. Tradução de Thomas McCarthy. Boston: Beacon Press, 1984.

_____. *Pensamento pós-metafísico*. Tradução de Flávio Beno Siebeneichler. Rio de Janeiro: Tempo Brasileiro, 1990.

_____. "Teorías de la Verdad". In: *Teoría de la Acción Comunicativa: Complementos y Estudios previos*. Tradução de Manuel Jiménez Redondo. Madri: Cátedra, 1997, pp. 113-58.

_____. "What is Universal Pragmatics?". In: *On the Pragmatics of Communication*. Reimpressão. Cambridge: Polity Press, 2003, pp. 21-103.

_____. *Facticidad y Validez: Sobre el derecho y el Estado democrático de derecho en términos de teoría del discurso*. Tradução de Manuel Jiménez Redondo. Madri: Trotta, 2005 (4ª edição).

RAWLS, John. *Uma teoria da justiça*. Tradução de Almiro Pisetta e Lenita M. R. Esteves. São Paulo: Martins Fontes, 1997.

_____. *Liberalismo político*. Tradução de Dinah de Abreu Azevedo. São Paulo: Ática, 2000.

REIDY, David. "Rawls, John". In: *IVR Encyclopaedia of Jurisprudence, Legal Theory and Philosophy of Law*. Disponível em: <http://ivrenc.info/index.php?title=Main_Page>.

WENAR, Leif. "John Rawls". In: *Stanford Encyclopedia of Philosophy*. Disponível em: <http://plato/stanford.edu/entries/rawls>.

# Reconhecimento

*Ricardo Fabrino de Mendonça*

"Reconhecimento" tornou-se um termo recorrente em diversas tentativas contemporâneas de definição do significado de justiça. Seja no campo teórico, seja no campo da prática política, a palavra viu-se profusamente mobilizada para a promoção e a compreensão de lutas contra práticas opressivas. Adquirindo múltiplos sentidos e adaptando-se a situações variadas, a noção viu-se no foco de um amplo debate no seio da teoria crítica.

É no intuito de mapear diferentes acepções assumidas pelo termo e delinear suas interfaces com a noção de justiça que este artigo se apresenta. Nesse sentido, o texto encontra-se dividido em cinco seções. Nelas, buscamos apresentar diferentes abordagens do conceito: I) Reconhecimento como forma de autorrealização; II) Reconhecimento como tolerância; III) Reconhecimento como base da paridade de participação; IV) Reconhecimento como luta afirmativa; V) Reconhecimento como consideração do interlocutor. Exploradas essas abordagens, concluímos com breves menções a aspectos que compõem a agenda atual em torno do conceito.

## Reconhecimento como forma de autorrealização

Os dois autores mais frequentemente associados à noção de reconhecimento advogam, por trilhas distintas, que a ideia de autorrealização é fundamental à promoção da justiça. Para Charles Taylor e Axel Honneth, o conceito de reconhecimento é fundamental à compreensão de processos sociais que visam à superação de situações desrespeitosas, na medida em que oferece um horizonte normativo para pensar o justo. Apoiando-se em bases hegelianas, ambos os autores partem da premissa de que *selves* são construções intersubjetivas, forjadas no permanente contato com o outro. Nesse processo, os sujeitos deparam-se, frequentemente, com práticas e sentidos que podem estigmatizá-los e humilhá-los, cerceando suas possibilidades de autorrealização. Tais processos, em certas circunstâncias, podem ser tematizados como injustos, levando a tentativas de transformação dos padrões interacionais em voga.

Taylor explora os alicerces da noção de reconhecimento em *As fontes do self*, obra em que busca mapear as matrizes que sustentam os pilares da constituição identitária no mundo ocidental contemporâneo. De acordo com o autor (1997), o desenvolvimento dos valores ocidentais, expressos em teorias e práticas de diversas naturezas, levou a uma apreciação simultânea de princípios associados às noções de igualdade e diferença. Com base nessa ideia, em uma célebre palestra proferida no Princeton University's Center for Human Values, Taylor (1994) defende uma política do reconhecimento que seja atenta tanto aos valores universais, assentados na ideia de igualdade, como à busca hodierna por elementos diferenciadores, capazes de preservar o princípio da autenticidade. A autorrealização requereria igualdade e diferença simultaneamente, sendo promovida através de um processo continuado, capaz de suscitar "fusões de horizontes". Justo, na visão de Taylor, seria um mundo que garantisse aos sujeitos a possibilidade de se autorrealizarem.

O foco na autorrealização também impulsiona a proposta de Axel Honneth, que mobiliza elementos do pragmatismo de Mead e Dewey para reinterpretar a preocupação hegeliana com o reconhecimento intersubjetivo. Para Honneth (2003a), a autorrealização se constrói ao longo dos processos de interação social, os quais permitem, ou negam, aos sujeitos o desenvolvimento de uma autorrelação saudável. De acordo com o autor, nas sociedades ocidentais contemporâneas três dimensões, historicamente construídas, seriam centrais à autorrealização: o amor, os direitos e a estima social. A primeira delas se baseia em vínculos afetivos fortes, que são essenciais ao surgimento da autoconfiança. A segunda se pauta pelo princípio de uma igualdade universal, merecida por todos os seres humanos por conta de sua condição humana, dela dependendo a experiência do autorrespeito. A terceira envolveria uma simetria da possibilidade de vir a ser estimado por eventuais contribuições à realização de objetivos sociais — tal dimensão seria fundamental tanto à promoção da autoestima, como ao fortalecimento de uma solidariedade social mais ampla. Essas três dimensões alicerçariam, assim, formas distintas de reconhecimento que serviriam de base para avaliar as condições de autorrealização.

Ainda de acordo com Axel Honneth (2003a), há basicamente três formas de desrespeito capazes de cercear a autorrealização: (1) violências físicas que impedem que os indivíduos disponham livremente de seus corpos; (2) denegação de direitos que evidenciam os limites da igualdade universal; e (3) a depreciação apriorística de indivíduos. O interessante na abordagem do filósofo alemão é que tais práticas desrespeitosas sejam percebidas como capazes de impulsionar lutas por reconhecimento.

Muitos conflitos sociais são propelidos pelo sentimento de indignação moral que pode advir da percepção de que planos e expectativas de ação são frustrados pela ruptura de normas pressupostas como válidas. É preciso salientar, como o faz Honneth (2003a), que tais rupturas não implicam necessariamente a emersão de conflitos sociais. Isso só ocorre se três condições básicas forem atendidas: (1) se os sujeitos não percebem tal ruptura como fruto de suas próprias ações — o que pode gerar culpa, em vez de indignação; (2) se as condições sociopolíticas e culturais são propensas à interpretação das rupturas promovidas por outrem como injustas; e (3) se as experiências de desrespeito são tomadas como típicas de um grupo inteiro. Dadas essas condições, o desrespeito pode ser concebido como importante força propulsora de conflitos sociais. E é a contínua luta por autorrealização que permitiria a evolução moral da sociedade, assegurando a progressiva inclusão dos sujeitos e a progressiva complexificação do significado dessa inclusão.

Em textos ulteriores, escritos em diálogo com uma série de críticos, Honneth faz questão de salientar que essas lutas por reconhecimento não significam conflitos pela valorização cultural de identidades grupais (Honneth, 2001; 2003b; 2003c; Hartmann & Honneth, 2006).[1] Lutas intersubjetivas por autorrealização não significam conflitos pós-materialistas em torno da apreciação de modos de vida. A questão material é tida como aspecto fundamental da possibilidade de autorrealização, podendo ser pensada em suas interfaces com as três dimensões fundamentais à autorrealização. A base da abordagem honnethiana reside no resgate da dimensão moral a alicerçar os conflitos sociais, em um esforço teórico que busca combinar o universalismo da moralidade kantiana com a processualidade contextual da ética hegeliana (Alexander & Lara, 1996). Tal empreitada tê-lo-ia levado ao conceito de reconhecimento, que define a justiça a partir da autorrealização.

Reconhecimento como tolerância

A segunda abordagem a ser aqui explorada tem sido menos trabalhada na apropriação da academia brasileira sobre o conceito de reconhecimento. Trata-se do esforço de Anna Elisabeta Galeotti (2002) para redefinir a ideia de tolerância em uma chave interpretativa que não a do liberalismo. A autora constata que os Estados liberais foram edificados sobre a base da tolerância, entendendo-a como uma espécie de esforço individual para suportar diferenças experienciadas privadamente.

Ao advogar uma compreensão da tolerância como reconhecimento, Galeotti propõe uma "dupla extensão da noção liberal: primeiro, uma extensão espacial do domínio privado ao público, e, segundo, uma ex-

---

[1] A esse respeito, ver também Thompson (2006) e Mendonça (2009; 2011a). (*N. A.*)

tensão semântica do sentido negativo de não interferência ao sentido positivo de aceitação e reconhecimento" (2002, p. 10).

De acordo com a filósofa italiana, a tolerância se revela fundamental quando grupos minoritários são alvo de preconceitos que minam as bases do autorrespeito e da autoestima. "A tolerância se faz necessária quando certos grupos são 'diferentes' de modos que são rejeitados pela maioria em uma sociedade" (Galeotti, 2002, p. 88). Na visão de Galeotti (2002), indivíduos estigmatizados devem questionar as tradições existentes a partir do ideal da justiça social. Essa luta pode promover uma tolerância pública que tem um sentido simbólico, garantindo o reconhecimento da diferença. Reconhecimento esse que vai além da não interferência que se deseja cega à diferença.

A compreensão da tolerância como reconhecimento faria parte de uma política da identidade que afirma publicamente identidades coletivas de grupos excluídos, assegurando-lhes apoio e proteção. "Ao admitir o comportamento diferente no domínio público, a tolerância afirma simbolicamente a legitimidade daquele comportamento e da identidade que lhe é correspondente no domínio público" (Galeotti, 2002, p. 101). Com isso, Galeotti não postula que as diferenças devam ser reconhecidas por seus valores internos, mas pelo valor que têm para aqueles que as "portam". Nesse sentido, a tolerância repararia injustiças existentes, garantindo um mundo mais respeitoso e distribuindo os benefícios da inclusão cidadã. Nos termos da autora:

> A concepção de tolerância como reconhecimento partilha com a concepção padrão do liberalismo neutro a visão de que a tolerância é uma questão de justiça. Mas, nesse caso, a questão não está primeiramente preocupada com igual liberdade, mas com iguais termos de inclusão. Inclusão é tida aqui não apenas no sentido formal de posse de direitos iguais, mas em termos substantivos de apreciação do *status* de completa *membership* na sociedade (Galeotti, 2002, p. 193).

Ainda que apresente semelhanças com a concepção de Taylor e Honneth, o conceito de reconhecimento ganha novos contornos em Galeotti.

A luta por justiça não se faz na tentativa de reorganização das gramáticas morais no sentido de assegurar a autorrealização, mas na busca por uma tolerância pública à diferença que requereria uma espécie de afirmação coletiva. O foco no conflito entre minorias e maiorias e a redução do reconhecimento a uma política de identidade acabam por fortalecer algumas das críticas frequentemente dirigidas ao reconhecimento. Esse contexto ajuda a entender as tentativas de reconceituação propostas por autores como Nancy Fraser e Patchen Markell, a quem nos voltamos nas próximas seções.

### Reconhecimento como condição para a paridade de participação

Nancy Fraser busca pensar o reconhecimento a partir de uma chave interpretativa não marcada pela autorrealização ou pela política da identidade. Inserindo-se nesse debate a partir de meados da década de 1990, Fraser sempre receou que o foco na ideia de reconhecimento levasse a uma supervalorização das lutas pós-materialistas e a uma negligência das profundas assimetrias distributivas que marcam as sociedades contemporâneas. Em um argumento que assume formatos diferentes em fases que se sucedem, Fraser procurou entender o reconhecimento como uma dimensão fundamental da justiça. Para ela, o reconhecimento deve ser pensado como uma condição intersubjetiva para a promoção da *paridade de participação*, que é vista como o critério normativo a reger a ideia de justiça.

O trajeto de Fraser teve início em um texto originalmente publicado em 1995, no qual a autora buscou chamar a atenção para a insuficiência do conceito de reconhecimento na promoção da justiça. Entendendo que as lutas por reconhecimento se oporiam às injustiças simbólicas enraizadas em padrões depreciativos de representação e comunicação, Fraser (1997) ressalta a necessidade de lutas atentas às várias formas de exploração, marginalização econômica e privação que marcam a existência de grupos oprimidos. De acordo com ela, a necessidade de lutar simultaneamente por igualdade e por diferença promoveria uma esquizofrenia filosófica, que só poderia ser ultrapassada por meio de políticas transformativas, capazes de endereçar as raízes e estruturas das injustiças.

A aparente dualidade entre economia e cultura que perpassa o texto original de Fraser foi alvo de ampla controvérsia (cf. Young, 1997; Honneth, 2003b), o que a leva a desenvolver filosoficamente sua abordagem (Fraser, 2000; 2001). Em 2003, em um livro de debate com Honneth, Fraser sistematiza suas ideias e defende que a justiça deve se orientar por princípios morais universais e não por atributos éticos expressos em ideais de autorrealização. Nessa matriz, a injustiça não deve ser pensada como uma distorção na construção da autorrelação positiva. Injusta é a negação do status de membros em interações sociais de diversas naturezas.

Em seu percurso filosófico, Fraser (2003) procura negar o foco de Honneth na dimensão da estima social, afirmando que a justiça não pode ser configurada a partir de impressões subjetivas de indivíduos que se consideram oprimidos. Para ela, reconhecimento e redistribuição seriam fundamentais não para garantir a autorrealização, mas para contestar padrões institucionalizados de desvalorização cultural e de marginalização econômica. A promoção da justiça requereria, pois, a superação da subordinação social.

O foco de Fraser nas dimensões da cultura e da economia gerou mais algumas críticas. Diversos autores apregoam que não há sentido em reduzir o amplo espectro de injustiças existentes às dimensões culturais e materiais da opressão (Feldman, 2002; Honneth, 2003b; Forst, 2007; Thompson, 2006). A garantia da justiça seria mais complexa do que aquela prevista no dualismo perspectivo de Fraser. Tais críticas corroboram uma intuição inicial de Fraser (2003, p. 68) segundo quem seria possível pensar em uma dimensão política da justiça. A ausência de voz e de representação implicaria um tipo de exclusão não inteiramente abarcado pelas dimensões culturais e econômicas, embora em relação com elas.

Tal pressuposto vem marcando os escritos mais recentes de Fraser (2000a; 2009b), sobretudo na medida em que a filósofa norte-americana se volta à compreensão da justiça em um contexto transnacional. De acordo com ela, "as teorias da justiça devem-se tornar tridimensionais, incorporando a dimensão política da representação ao lado da dimensão econômica da distribuição e da dimensão cultural do reconhecimento" (Fraser, 2009b, p. 17). Nessa definição tridimensional, a noção de reconhecimento permanece ligada à natureza cultural dos conflitos sociais, configurando-se como uma condição intersubjetiva para a paridade de participação.

Reconhecimento como luta afirmativa

A quarta abordagem para tratar do reconhecimento o faz sob uma perspectiva crítica. Não se trata da defesa do reconhecimento como afirmação identitária, mas do temor de que a adoção do conceito venha a promover um tipo de conflito que acirre certas competições entre grupos sociais. De certo modo, as premissas de tal crítica já perpassam a recusa de Fraser em vincular a ideia de reconhecimento ao paradigma identitário. É com Markell (2003), contudo, que esse argumento ganha uma formatação mais consistente.

Markell avança o argumento de que as lutas por reconhecimento portariam um desejo de tornar conhecidos fatores identitários preexistentes. De acordo com o autor, a própria etimologia do termo reconhecimento implica "dar a conhecer novamente", ou revelar, algo já existente. Para o autor, "em grande parte da teoria política contemporânea, 'reconhecimento' é tomado como uma espécie de bem, um objeto de aspiração ética e política, capaz de emancipar-nos dos efeitos destrutivos da ignorância e do prejuízo" (2003, p. 62).

De acordo com o autor, esse ideal só contribuiria para enrijecer as formas estabelecidas de autocompreensão, além de alimentar uma lógica competitiva, em que se busca a soberania na definição do eu e, consequentemente, na relação com os outros. Destacando a importância da contingência e da transformação processual de identidades, Markell recorre a Hannah Arendt, a Sófocles e a uma releitura de Hegel para advogar que a identidade não precede a ação. Esse ponto foi bem destacado por Aristóteles, para quem o enredo e a ação teriam prioridade sobre os personagens (Markell, 2003, p. 69). As identidades se conformam ao longo da ação, sendo alteradas por ela.

Nesse contexto, Markell defende que a política mais eficiente na promoção da justiça não seria aquela calcada na aspiração à soberania, mas a que tem por lastro a admissão (*acknowledgment*) da finitude humana e da impossibilidade de maestria sobre o mundo. Tal política poderia iluminar a compreensão das "estruturas subjacentes do desejo que animam relações sistemáticas de desigualdade" (Markell, 2003, p. 89). A política do *acknowledgement* descortinaria a condição ontológica de fragilidade dos seres humanos diante de um futuro imprevisível e produzido relacionalmente.

> Essa interpretação de justiça não consegue, em si mesma, resolver controvérsias políticas ou prescrever cursos de ação. Mas ela pode ter outros efeitos mais sutis. Ela pode mudar nossa visão da natureza dos problemas que enfrentamos; pode alterar nossa compreensão dos cursos de ação a nós abertos; pode nos levar a ver perigos até então não notados em algumas opções políticas e a descobrir promessas não apreciadas em outras (Markell, 2003, p. 178).

Em síntese, a compreensão do autor sobre o conceito de reconhecimento evidencia o temor de um engessamento identitário que negue a processualidade e a contingência dos conflitos sociais. Cautelas semelhantes no manuseio do conceito de reconhecimento aparecem nos escritos de Lois McNay (2008), que se focam nas ideias de narrativa e agência para criticar o tratamento de identidades promovido pelo conceito, que também seria pouco atento à abordagem sociológica das relações de poder. Ao analisar a centralidade das lutas por estima no quadro teórico delineado por Honneth, autores como Seglow (2009) e McBride (2009) também manifestam receio em relação à possibilidade de uma luta por amor-próprio que alimente uma compulsão hierarquizante. Tal pulsão não promoveria a justiça, mas a competição desenfreada entre grupos. O que se vê, em síntese, é o mesmo anseio de que as lutas por reconhecimento gerem uma perigosa tentativa de autoafirmação identitária.

## Reconhecimento como consideração do interlocutor

A quinta e última abordagem a ser aqui retomada poderia ser definida como uma concepção dialógica. Nessa visão, o reconhecimento se configura como um processo travado no intercâmbio linguageiro, por meio do qual se constroem definições e políticas justas. O essencial nessa abordagem é a consideração do outro em uma troca discursiva que possibilite a construção conjunta de um contexto mais propício à configuração de normas, valores e decisões considerados justos. Nessa concepção, o próprio conceito de reconhecimento permanece como significante aberto, passível de lutas e conflitos interpretativos. É isso o que transparece, por exemplo, na afirmação de Kompridis (2007), de acordo com quem a definição de reconhecimento é tecida ao longo dos processos por meio dos quais certos atores lutam por ele.

O principal defensor de uma abordagem dialógica do reconhecimento é James Tully (2000; 2004), que afirma que as lutas por reconhecimento devem ser dialógicas porque são processuais, sendo que as identidades se transformam ao longo dos processos de luta. Na visão de Tully (2004, p. 87), ainda que muitos autores adotem enfoques monológicos, lutas acerca do reconhecimento são, por definição, dialógicas, na medida em que se voltam à reestruturação de normas intersubjetivas que guiam as interações sociais — "Uma luta acerca de reconhecimento irrompe quando quer que alguns indivíduos ou grupos sujeitos às normas existentes de reconhecimento mútuo as experienciam como insuportáveis" (Tully, 2004, p. 89). A reestruturação dessas normas tidas como insuportáveis só pode ser feita em operações conjuntas, que permitem o deslocamento mútuo de sentidos e gramáticas interacionais.

O diálogo emerge, aqui, como mecanismo capaz de assegurar essa operação conjunta, mantendo aberta a possibilidade de uma revisão permanente das decisões tomadas e dos padrões interativos em vigor. Para Tully, "qualquer resolução precisa ser trabalhada tanto quanto possível por meio de diálogos entre aqueles que são sujeitos às normas contestadas de reconhecimento mútuo" (2004, p. 91). Normas são sempre revisáveis, devendo "permanecer abertas ao questionamento público, de modo que as razões sejam ouvidas e consideradas" (p. 98). A política do reconhecimento requer, em suma, e antes de tudo, o reconhecimento dos outros como interlocutores para que as normas e medidas sejam coletiva e dialogicamente delineadas.

Premissas similares aparecem na ênfase que Rainer Forst (2007) dá ao princípio de justificação quando busca definir o sentido do reconhecimento no interior da Teoria da Justiça. De acordo com ele, as relações sociais e políticas devem ser reciprocamente justificadas para todos os que se inserem nelas.

> Justiça, de acordo com essa visão, não é primeiramente sobre o que um tem (ou não tem), mas, em vez disso, [...] sobre como você é tratado. Justiça não é uma noção teleológica, primeiro, porque ela está assentada em deveres deontológicos que as pessoas devem umas às outras em um contexto de justiça e, segundo, sua parte crítica não é sobre as pessoas *carecerem* de algo que seria bom que tivessem, mas, em vez disso, de *serem privadas* de algo que eles têm, recíproca e amplamente, razões não rejeitáveis para demandar (Forst, 2007, p. 195).

A defesa de Forst do *a priori* da justificação evidencia a centralidade de trocas dialógicas entre sujeitos. Nessa perspectiva, o reconhecimento deve assegurar a possibilidade da reciprocidade. A "teoria crítica da (in)justiça tem que ser, primeiro e antes de tudo, uma crítica das *relações* existentes *de justificação* (ou do 'poder justificatório')" (Forst, 2007, p. 299).

Ainda no interior dessa abordagem discursiva, convém mencionar mais alguns trabalhos. Maeve Cooke (2009) advoga que as lutas por reconhecimento, na medida em que são processuais, devem acomodar uma visão processual de valor ético, em que julgamentos e ações "devem ser trabalhados cooperativamente por uma pluralidade de *selves* em processos de contestação pública e resposta" (Cooke, 2009, p. 88). Também nessa direção, os trabalhos de Ayirtman (2007), Mendonça & Ayirtman (2007), Mendonça & Maia (2009) e Mendonça (2011b) ressaltam que um viés dialógico pode oferecer importantes contribuições à teoria do reconhecimento, oferecendo mecanismos para a resolução de disputas e permitindo a abertura de uma revisibilidade permanente em torno da definição de justiça. Ao definir o reconhecimento em termos da consideração do interlocutor, a abordagem discursiva ainda oferece a vantagem de permitir a realização de análises de situações negligenciadas pelos primeiros escritos sobre reconhecimento, incluindo lutas ambientais e questões relativas a conflitos transnacionais.

### Considerações finais: a agenda do reconhecimento

Delineadas as cinco abordagens supra-apresentadas, faz-se preciso, agora, pontuar muito brevemente alguns aspectos das agendas de pesquisa atuais em torno da noção de reconhecimento. Não se trata, obviamente, de um panorama exaustivo, mas simplesmente de um apontamento de algumas questões de interesse para os pesquisadores que lidam com tal conceito.

Um dos pontos fundamentais para tais pesquisadores diz respeito à operacionalização empírica da noção de reconhecimento. A densidade filosófica do conceito ainda se encontra em fase de tradução metodológica, sendo que a maioria dos trabalhos contenta-se com o tratamento conceitual da questão ou com a citação de casos ilustrativos. A realização de pesquisas empíricas sistemáticas nesse campo é de suma relevância.

Outro aspecto relevante diz respeito às dimensões das lutas por reconhecimento. Para aqueles que trabalham na trilha de Honneth, os domínios do amor, dos direitos e da estima social têm alimentado indagações muito ricas, valendo mencionar alguns exemplos: (1) e se os domínios do reconhecimento se chocarem? (Mendonça, 2011b); (2) e se as lutas por estima social alimentarem novas formas de injustiça? (McBride, 2009; Seglow, 2009); (3) o progresso moral da sociedade poderia conduzir à consolidação de novas dimensões de autorrealização? (Honneth, 2003c); (4) de que maneira os conflitos redistributivos perpassam os domínios do reconhecimento? (Honneth, 2003b; Tully, 2004).

Para os que operam na matriz de Fraser, faz-se fundamental explorar as dimensões constitutivas da justiça, sendo que a própria autora migrou do dualismo perspectivo para um modelo triádico que reconhece a centralidade da representação política.

Um terceiro eixo a ser mencionado refere-se à definição mais precisa da ideia de não reconhecimento. Muito embora a definição de reconhecimento sempre tenha envolvido sua contraparte, nota-se um movimento recente em direção à exploração mais acurada desta. Esse movimento emerge, por exemplo, no livro organizado por Simon Thompson & Majid Yar (2011), que enfoca casos específicos de *misrecognition*.

Como já mencionado, os três aspectos ressaltados nessas considerações finais não visam a esgotar a profícua agenda que tem se configurado em torno da noção de reconhecimento, pretendendo apenas levantar alguns pontos interessantes que atravessam os debates contemporâneos da filosofia política. Debates esses que, muitas vezes, operam com definições distintas de reconhecimento. O mapeamento dessas definições realizado no presente artigo buscou oferecer uma interpretação desse controverso campo de disputas acadêmicas e práticas para o qual têm se voltado muitos pesquisadores e atores preocupados com a promoção da justiça.

## Referências bibliográficas

ALEXANDER, Jeffrey C.; LARA, Maria Pia. "Honneth's New Critical Theory of Recognition". In: *New Left Review*, nº I/220, pp. 126-136, 1996.

AYIRTMAN, Selen. "Recognition Through Deliberation: Towards Deliberative Accommmodation of Cultural Diversity". Texto apresentado na Australasian Political Studies Association Annual Conference. Melbourne: Monash University, 24-26 setembro, 2007.

COOKE, Maeve. "Beyond Dignity and Difference: Revisiting the Politics of Recognition". In: *European Journal of Political Theory*, vol. 8, nº 1, pp. 76-95, 2009.

FELDMAN, Leonard C. "Redistribution, Recognition, and the State: The Irreducibly Political Dimension of Injustice". In: *Political Theory*, vol. 30, nº 3, pp. 410-440, 2002.

FORST, Rainer. "First Things First — Redistribution, Recognition and Justification". In: *European Journal of Political Theory*, vol. 6, nº 3, pp. 291-304, 2007.

FRASER, N. "From Distribution to Recognition? Dilemmas of Justice in a 'Postsocialist' Age". In: _____. *Justice Interruptus — Critical Reflections on the 'Postsocialist' Condition*. Londres: Routledge, pp. 11-39, 1997.

_____. "Rethinking Recognition". In: *New Left Review* (II), 3, pp. 107-120, 2000.

_____. "Recognition Without Ethics?". In: *Theory, Culture & Society*. Londres/Thousand Oaks/Nova Delhi, vol. 18, n° 2-3: pp. 21-42, 2001.

_____. "Social Justice in the Age of Identity Politics: Redistribution, Recognition, and Participation". In: FRASER, N.; HONNETH, A. *Redistribution or Recognition? A Political-Philosophical Exchange*. Londres/Nova York: Verso, pp. 07-109, 2003.

_____. *Scales of Justice: Reimagining Political Space in a Globalizing World*. Nova York: Columbia University Press, 2009a.

_____. "Reenquadrando a justiça em um mundo globalizado". In: *Lua Nova*. São Paulo, n° 77, pp. 11-39, 2009b.

GALEOTTI, Anna Elisabetta. *Toleration as Recognition*. Cambridge/Nova York: Cambridge University Press, 2002.

HARTMANN, Martin; HONNETH, Axel. "Paradoxes of Capitalism". In: *Constellations*, vol. 13, n° 1, pp. 41-58, 2006.

HONNETH, A. "Recognition or Redistribution? Changing Perspectives on the Moral Order of Society". In: *Theory, Culture & Society*. Londres, vol. 18, n° 2-3, pp. 43-55, 2001.

_____. *Luta por reconhecimento: a gramática moral dos conflitos sociais*. São Paulo: Ed. 34, 2003a.

_____. "Redistribution as Recognition: A Response to Nancy Fraser". In: FRASER, N.; HONNETH, A. *Redistribution or Recognition? A Political-Philosophical Exchange*. Londres/Nova York: Verso, pp. 110-197, 2003b.

_____. "The Point of Recognition: A Rejoinder to the Rejoinder". In: FRASER, N.; HONNETH, A. *Redistribution or Recognition? A Political-Philosophical Exchange*. Londres/Nova York: Verso, pp. 237-267, 2003c.

KOMPRIDIS, Nikolas. "Struggling over the Meaning of Recognition: A Matter of Identity, Justice or Freedom?". In: *European Journal of Political Theory*, vol. 6, n° 3, pp. 277-289, 2007.

MARKELL, Patchen. *Bound by Recognition*. Princeton: Princeton University Press, 2003.

MCBRIDE, Cillian. "Demanding Recognition: Equality, Respect, and Esteem". In: *European Journal of Political Theory*, vol. 8, n° 1, pp. 96-108, 2009.

MCNAY, Lois. *Against Recognition*. Cambridge/Malden: Polity Press, 2008.

MENDONÇA, Ricardo F.; AYIRTMAN, Selen. "Discourses of Recognition in Contemporary Politics". Trabalho apresentado em New Horizons in Political Philosophy, Australian National University, Canberra, 6-7 de dezembro de 2007.

_____. "A dimensão intersubjetiva da autorrealização: em defesa da teoria do reconhecimento". In: *Revista Brasileira de Ciências Sociais*, vol. 24, n° 70, pp. 143-154, 2009.

_____. "Recognition and Social Esteem: A Case Study of the Struggles of People Affected by Leprosy". In: *Political Studies*, pp. 1-19, 2011a.

_____. "Contradictions of Recognition: The Struggles of People Affected by Leprosy in Brazil". Trabalho apresentado na 61st Political Studies Association Annual Conference, Londres, 19-21 de abril de 2011b.

_____; MAIA, R. C. M. "Poderia a deliberação enriquecer o reconhecimento?". In: *Revista Famecos*, vol. 1, n° 39, pp. 70-77, 2009.

SEGLOW, Jonathan. "Rights, Contribution, Achievement and the World: Some Thoughts on Honneth's Recognitive Ideal". In: *European Journal of Political Theory*, vol. 8, n° 1, pp. 61-75, 2009.

TAYLOR, Charles. *As fontes do self*. São Paulo: Edições Loyola, 1997.

_____. "The Politics of Recognition". In: GUTMANN, Amy (ed.). *Multiculturalism: Examining the Politics of Recognition*. Princeton: Princeton University Press, pp. 25-73, 1994.

THOMPSON, Simon. *The Political Theory of Recognition: A Critical Introduction*. Cambridge/Malden: Polity, 2006.

_____; YAR, Majid. *The Politics of Misrecognition*. Farnham: Ashgate, 2011.

TULLY, James. "Struggles over Recognition and Distribution". In: *Constellations*, vol. 7, n° 4, pp. 469-482, 2000.

_____. "Recognition and Dialogue: The Emergence of a New Field". In: *Critical Review of International Social and Political Philosophy*, vol. 7, n° 3, pp. 84-106, outono de 2004.

YOUNG, Iris M. "Unruly Categories: A Critique of Nancy Fraser's Dual Systems Theory". In: *New Left Review*, n° 222, pp. 147-60, 1997.

# Democracia deliberativa e Justiça

*Cláudia Feres Faria*

A pesquisa em políticas públicas foi, segundo Chambers (2003), uma das primeiras áreas na Ciência Política a aderir ao modelo deliberativo de democracia, retratando uma mudança na própria subárea, outrora centrada na valorização do papel dos experts no processo de discussão e definição das políticas públicas. A passagem dessa visão para uma perspectiva que valoriza a inclusão dos cidadãos comuns e de setores marginalizados nesse mesmo processo pode assumir, ainda segundo a autora, aspectos procedimentais e/ou substantivos (p. 316). Políticas públicas orientadas procedimentalmente abrangem um conjunto de discussões sobre o desenho de arenas para a escolha e o desenvolvimento de diretrizes políticas, ao passo que aquelas políticas públicas orientadas substantivamente preocupam-se com o conteúdo dos seus resultados.

Dependendo da orientação em questão, a proposição de tais arenas deliberativas é feita levando em conta um conjunto de princípios e não outro, cujas consequências incidem diretamente sobre o desenho, o desempenho e os resultados das mesmas.

## O debate em torno dos princípios da deliberação: procedimento e/ou substância

Gutmann e Thompson (2004), assim como Cohen (1996), ao contrário dos "procedimentalistas puros"[1], que afirmam que os princípios democráticos devem ser aplicados somente ao processo de tomada de decisão política e não devem prescrever a substância da mesma, discordam de tal proposição e defendem princípios substantivos como liberdade básica e oportunidade justa, além da reciprocidade, do respeito mútuo e da justiça.

Cohen (1996; 2007) atribui ao pluralismo, próprio das sociedades complexas, a responsabilidade de derivar a legitimidade da democracia somente dos processos segundo os quais são tomadas as decisões coletivas e dos valores associados a tais processos, como as chances e oportunidades iguais de apresentar alternativas e considerá-las imparcialmente. Segundo o autor, a explicação para uma visão puramente procedimental da democracia advém

> do fato do pluralismo razoável[2] [que] parece exigir uma concepção procedimental porque nos desobriga a considerar um pano de fundo de premissas morais ou religiosas compartilhadas que pode determinar o conteúdo da autorização popular ou restringir a substância de escolhas genuinamente coletivas.

A combinação de ambos — princípios procedimentais e substantivos — é assegurada pelos autores supracitados não só em função do fato de acreditarem que procedimentos puros podem produzir resultados injustos — discriminação contra minorias, por exemplo —, mas por conta do caráter provisório de tais princípios e da possibilidade de contestação dos mesmos durante o processo deliberativo (Gutmann & Thompson, 2004,

---

[1] Os principais autores citados como procedimentalistas puros são Habermas (1993), Sustein (1999) e Young (1999), dentre outros. (N. A.)

[2] Definido pelo autor como "o fato de que há concepções de valor distintas, incompatíveis, cada uma razoável, segundo as quais as pessoas se sentem sob condições favoráveis para o exercício de sua razão prática" (Cohen, 2007, p. 117). (N. A.)

p. 95). Assume-se que, se a deliberação requer justificação mútua para as leis e as decisões que vinculam uma coletividade, resultados injustos não poderão ser justificados (idem, p. 24).

É nesse sentido que a *reciprocidade* constitui, para Gutmann & Thompson, o primeiro princípio da democracia deliberativa.[3] Tal princípio assegura que os cidadãos devem justificativas mútuas para as leis e políticas que os vinculam. Justificação mútua, neste caso, não significa apenas apresentar razões que as pessoas podem aceitar. O conteúdo da razão apresentada importa e, por isso, passa a ser determinado substantivamente.

Em seu diálogo com Habermas, Cohen ([1996], 2007) postula o princípio da inclusão deliberativa através do qual se assegura que, mais do que uma mera inclusão igualitária dos interesses de todos os cidadãos, a democracia exige que se encontrem "razões aceitáveis politicamente — razões que são aceitáveis para os outros — dado o pano de fundo de diferenças de convicções" (Cohen, 2007, p. 126). Tal princípio requer que o processo deliberativo não exclua o exercício das liberdades de crença religiosa, por exemplo, que implicaria a descaracterização dos participantes, de modo a afastá-los da própria deliberação e retirar-lhes a condição de igualdade.

A deliberação requer justificação mútua exatamente por acreditar que as pessoas não devem ser tratadas como objetos das decisões. Nesse sentido, a deliberação requer o respeito mútuo que deriva do reconhecimento do "mérito moral presente nas exigências dos oponentes". Não se trata, portanto, de compatibilizar valores incompatíveis, mas de ajudar os partícipes a reconhecerem o valor contido nas pretensões dos outros (Gutmann & Thompson, 2004, p. 17). Consequentemente, não se espera a formação de um consenso, mas de uma relação pautada pelo respeito mútuo.

A justificação deve ser pública em um duplo sentido: ela deve ocorrer em público e ser acessível. Tal exigência ajuda a mostrar como a deliberação pode produzir simultaneamente publicidade e inclusividade. Esta

---

[3] Embora a reciprocidade seja um valor importante na teoria deliberativa, ela não possui o mesmo papel que os primeiros princípios assumem em teorias morais como o utilitarismo, o liberalismo, o igualitarismo liberal ou o comunitarismo. A reciprocidade é, segundo os autores, apenas um princípio regulatório que requer outros princípios (pp. 98-99). (N. A.)

última assegurada através da demanda de que todos os envolvidos sejam capazes de tomar parte do processo em curso, dado que o conteúdo das discussões será acessível a todos eles(as). Ainda que o entendimento sobre as questões em pauta não seja completo, presume-se que a deliberação possa induzir uma compreensão individual e coletiva maior, em função da disseminação pública de informações acerca do problema em debate. Portanto, o caráter público da deliberação é mais uma vez justificado, colocando em questão a cultura dos experts.

Por fim, o controle público deriva também da exigência de justificação das ações para o público envolvido. Segundo Bohman (1996), todas as vezes em que as expectativas e/ou a coordenação da ação se quebram, espera-se uma justificação pública e uma prestação de contas, caso se queira reconstituir a relação em desenvolvimento. Mas não basta só prestar contas — a justificação pública precisa ser inteligível e capaz de responder às objeções dos outros; do contrário, o espaço público corre o risco de se esvaziar (Bohman, 1996, p. 50).

A partir dos princípios defendidos pelos autores, vale a pena perguntar por que esperar que a solução por eles apresentada — e não outras versões da teoria democrática — produza resultados políticos justos.[4]

### Deliberação ou agregação?

Segundo Cohen ([1996], 2007), a versão deliberativa da democracia nos possibilita combinar, mais do que sua versão agregativa, o pressuposto do pluralismo razoável com princípios mais substantivos da democracia, em função do ideal de justificação pública para as decisões coletivas que ela pressupõe.

A versão agregativa da democracia institucionaliza, segundo esse mesmo autor, um princípio que exige consideração igual para todos os interesses junto à "suposição da autonomia pessoal" (p. 120). Os métodos para atribuir essa consideração são a regra da maioria ou a barganha

---

[4] Esta questão foi inspirada na formulação de Álvaro de Vita (2004, p. 121). (*N. A.*)

entre grupos, ou seja, formas de escolha coletiva que atribuem pesos iguais aos interesses dos cidadãos. Entretanto, tal versão não pressupõe qualquer justificativa para esses interesses, apresentando somente um método para combiná-los de forma eficiente e satisfatória.

Algumas preferências podem ser rejeitadas sempre que não produzirem resultados eficientes. A preocupação com a qualidade dos resultados emerge sempre que os mesmos prejudicarem as pessoas — discriminando-as, por exemplo. Nesses casos, eles são recusados porque se torna evidente que o procedimento não atribui pesos iguais aos interesses de cada um (Cohen [1996], 2007, p. 120).

A versão deliberativa da democracia, assim sendo, leva em conta não só o método de tomada de decisão, mas os motivos apresentados pelos cidadãos e por seus representantes para a defesa de seus interesses. As preferências, assim como os processos de tomada de decisão, não precisam assumir uma única forma, desde que as formas assumidas — voto, barganha ou deliberação — sejam publicamente justificadas.

Ao considerar as preferências como dadas, a versão agregativa da democracia acaba ainda por reforçar a distribuição de poder existente na sociedade. Tal distribuição pode até ser justa, mas a versão agregativa não oferece nenhum processo através do qual os pontos de vista dos cidadãos sobre esse aspecto podem ser alterados e nenhuma ferramenta por meio da qual os cidadãos possam questionar o próprio método utilizado (Gutmann & Thompson, 2004).

A concepção de democracia deliberativa, assentada em um procedimento ideal de deliberação política, além de atribuir peso igual aos seus participantes, espera que os mesmos defendam e critiquem as instituições e os programas, as políticas públicas e as instituições que as implementam, tendo como critérios as considerações que os outros possam aceitar com bases em razões. Que razões? Aquelas que constrangem os outros, considerados iguais e cientes de que possuem compromissos razoáveis alternativos (morais ou religiosos) que lhes impõem obrigações tomadas como importantes (Cohen, [1996], 2007, p. 123).

Por isso, ainda segundo o autor, a concepção deliberativa oferece uma versão mais consistente da ideia democrática fundamental — a concepção de que as decisões sobre o exercício do poder do Estado são decisões coletivas — do que a versão agregativa. Para que assim o seja, é necessário ofertar razões que os outros possam aceitar e considerar os interesses dos participantes perpetuamente, não apenas no momento decisório. Dessa forma, a ideia de autorização popular não se reflete somente no processo de tomada de decisões, mas também na forma e no conteúdo da própria razão pública (p. 123). A concepção deliberativa de democracia exige, portanto, mais do que atribuir pesos iguais aos interesses dos cidadãos; ela demanda razões aceitáveis politicamente.

Assim, o princípio da justificação requerido por essa versão da democracia incide também na justiça. Ao publicizar situações de injustiça, acredita-se que a deliberação pode constranger as ações dos grupos socialmente dominantes, ao passo que outras formas de comunicação, como a barganha, por exemplo, tendem a reproduzir as desigualdades em jogo (Dryzek, 2001).

## Limites inclusivos e justiça na democracia deliberativa

Segundo Young (1999), uma vez que as normas da deliberação, tais quais explicitadas por Gutmann & Thompson (2004), constrangem os(as) participantes a justificarem suas ações com base em apelos morais, e não somente a partir de interesses e preferências, a versão deliberativa da democracia oferece uma chance maior para se superar a influência do status no processo político. Ao instituir, ainda, constrangimentos sobre a natureza das pretensões, das razões e dos fóruns nas quais elas são ofertadas pode tornar os participantes da deliberação socialmente desiguais, mais iguais politicamente, possibilitando, assim, que se alcance maior justiça. Não obstante, falta ainda a essa teoria, segundo a autora e os demais democratas da diferença, um princípio adicional, qual seja, o princípio da inclusão.

Tal princípio, que incidirá sobre o procedimento deliberativo, assegura que tal procedimento só será legítimo se "todos os interesses, opiniões e perspectivas presentes na política forem incluídos na deliberação" (p. 154). Dessa forma, uma lei e/ou uma política pública só serão legítimas na medida em que resultarem da deliberação pública balizada pelos princípios da reciprocidade, da publicidade, do *accountability* e da inclusão.

As razões para tornar a inclusão um princípio claro na teoria deliberativa são justificadas pela autora com os seguintes argumentos: (1) a inclusão não é automaticamente pressuposta pelos princípios defendidos por Gutmann & Thompson; (2) trata-se de um princípio diferente dos demais, na medida em que questiona quem terá oportunidade de participar e levantar pretensões, assim como quem ouvirá tais pretensões e responderá a elas de forma *accountable*; (3) reforçar tal princípio na versão deliberativa é importante, dado que, em geral, as democracias liberais são pouco atentas a ele; e, finalmente, a autora defende (4) a necessidade de uma ação positiva para se promover a inclusão das pessoas e das perspectivas quando certos segmentos tendem a excluí-las ou marginalizá-las. Os deliberativos precisam, portanto, se preocupar com o tempo, a localização e a estrutura dos eventos deliberativos, de forma a maximizar as vozes sociais, além de organizar as bases sociais desorganizadas (pp. 155-157).

A legitimidade moral convergirá, portanto, com a justiça na democracia deliberativa quando os participantes da deliberação colocarem em prática, segundo a autora, os princípios da reciprocidade, da publicidade, do *accountability* e da inclusão.

Assim como Young, a preocupação com a inclusão na prática deliberativa faz parte da agenda dos principais proponentes dessa teoria. Desde as primeiras formulações de Habermas sobre o tema, a questão da inclusão aparece quando o autor assegura que a deliberação deve envolver, dentre outras características, a "publicidade e a inclusão", ou seja, "todos aqueles que são possivelmente afetados pelas decisões devem ter chances iguais de tomarem parte de sua elaboração" (1997, pp. 305).

Cohen ([1996], 2007) responde igualmente aos problemas levantados por Young ao propor um princípio de participação política que reprove qualquer restrição que afaste os participantes do direito de participar das decisões políticas, sejam elas de ordem econômica, política ou religiosa.

Nesse sentido, o princípio da inclusão compõe o conjunto de princípios já analisados cuja presença ou ausência nos permite aferir em que medida a legitimidade dos resultados das políticas produzidas nas arenas deliberativas deriva da "força do melhor argumento" ou da "razão que todos(as) podem aceitar". Isso é, trata-se de uma prática social baseada não em hierarquias sociais e políticas dadas, mas na contestação de um público organizado em bases sociais mais amplas do que aquelas promovidas pela força do dinheiro e do poder.

## Referências bibliográficas

CHAMBERS, S. "Deliberative Democratic Theory". In: *Annual Review of Political Science*, vol. 6, pp. 307-326, 2003.

COHEN, J. "Procedimento e substância na democracia deliberativa". In: WERLE, D. L.; MELO, R. S. (orgs.). *Democracia deliberativa*. São Paulo: Editora Singular, 2007.

_____. "Deliberation and Democratic Legitimacy". In: BOHMAN, J.; REHG, W. (orgs.). *Deliberative Democracy. Essays on Reason and Politics*. Cambridge: MIT University Press, 1997.

_____. "Reflections on Habermas on Democracy". In: *Ratios Juris*, vol. 12, n° 4, pp. 385-416, 1999.

COOKE, M. "Five Arguments for Deliberative Democracy". In: *Political Studies*, vol. 48, pp. 947-969, 2000.

FUNG, A. "Deliberation Before the Revolution: Toward an Ethics of Deliberative Democracy in an Unjust World". In: *Political Theory*, vol. 33, n° 2, pp. 397-419, 2005.

GUTMANN, A.; THOMPSON, D. *Why Deliberative Democracy?* Princeton: Princeton University Press, 2004.

_____; _____. "Democratic Disagreement". In: MACEDO, S. (ed.). *Deliberative Politics. Essays on Democracy and Disagreement*. Oxford: Oxford University Press, 1999.

HABERMAS, Jürgen. *Between Facts and Norms*. Londres: Polity Press, 1997.

VITA, A. de. "Democracia deliberativa ou igualdade de oportunidades políticas?". In: COELHO, V. S. P.; NOBRE, M. (orgs.). *Participação e deliberação: teoria democrática e experiências institucionais no Brasil contemporâneo*. São Paulo: Editora 34, 2004.

YOUNG, I. "Justice, Inclusion and Deliberative Democracy". In: MACEDO, S. (ed.). *Deliberative Politics. Essays on Democracy and Disagreement*. Oxford: Oxford University Press, 1999.

# Feminismo e teorias da Justiça

*Marlise Matos*

Não existe um único movimento feminista; entende-se o feminismo como uma força transformadora, social e politicamente, que teve/tem múltiplas facetas, tradições, correntes e perspectivas. Importa igualmente ressaltar que esse pode ser considerado o movimento social mais importante da Era Moderna (Hobsbawn, 1995). Assim, os vários feminismos existentes diferem tanto em conteúdo e temática quanto em métodos e técnicas de compreensão e explicação da realidade. Aquilo que resulta das diferentes perspectivas é, efetivamente, muito díspar segundo os distintos feminismos consultados: o liberal, o marxista-materialista, o radical, o socialista, o pós-estruturalista, o pós-colonial, o da igualdade, o da diferença etc. Contudo, tanto os feminismos mais clássicos quanto aqueles que se encontram na cena contemporânea, de origens tão diversificadas e plurais, se unificam em sua oposição e crítica às diferentes dimensões das opressões experimentadas pelas mulheres no mundo. Ou seja, nesse cenário, torna-se indiscutível a constatação/convicção de que, seja por qualquer uma das correntes ou vertentes que se mire, os arranjos sociais, políticos, econômicos e culturais moldaram a vida das mulheres em um formato historicamente injusto. Nesse sentido, a justiça representa no feminismo, para além de um projeto político central, uma tradição argumentativa e analítica muito cara: frise-se que, ao longo do último e breve século XX, as argumentações e críticas em torno do conceito de justiça social produziram alguns dos debates mais vivos, acirrados e férteis do feminismo contemporâneo.

Ademais de um movimento social que desconstruiu concepções culturais, comportamentos e práticas historicamente arraigadas, desnaturalizando o modo como eram estabelecidas as relações entre homens e mulheres (e também entre mulheres brancas e negras, as de classe média e as pobres, as hetero e homossexuais, as mulheres do ambiente rural e aquelas do meio urbano, apenas para mencionar alguns dos principais marcadores das diferenças dentro da diferença), em distintas sociedades, o feminismo pode ser entendido igualmente como uma visão de mundo.

Manteremos, contudo, o foco em um aspecto específico do processo de institucionalização de tal visão de mundo em permanente condição de movimento social: a da crítica feminista contemporânea. A proposta moderna acabou por constituir uma espécie endeusada de moral e padrão universal, a um só tempo objetivo e hegemônico, conduzido por um ideal de imparcialidade/neutralidade que, como as críticas feministas têm demonstrado, é a redução forçada da heterogeneidade, do pluralismo social e político, da particularidade e das diferenças a uma falsa condição de unidade. A crítica feminista da modernidade contribuiu (e ainda contribui) intensamente para um processo de transição paradigmática, que vem imprimindo novas agendas de discussão epistemológica, teórica e filosófica, desta vez propriamente feministas, no âmbito das ciências, e que propõem, entre outros elementos, outra geometria para a (re)formulação de categorias analíticas num formato que venha a ser a um só tempo antibinário, antidicotômico, antiessencialista, antinaturalizante e pós-dialético. Assim, para entendermos como algumas teorias sociais e políticas feministas estabeleceram críticas profundas às teorias da justiça correntes (do liberalismo, mesmo o igualitário, às concepções vinculadas ao comunitarismo e ao republicanismo), torna-se necessário recompor alguns elementos do mosaico e pano de fundo daquelas que são as principais críticas feministas às correntes hegemônicas das ciências, incluindo-se aqui as da ciência e teoria propriamente políticas.

Dentre as várias correntes do feminismo foi a do socialismo que propôs, de modo mais decisivo, a reconstrução da realidade a partir do ponto de vista das mulheres como necessária para uma transformação total da nossa sociedade e de nós mesmos. No entanto, entendendo a necessidade de um enfrentamento social e político hoje no campo das teorias críticas, que se dá em uma arena de debates francamente pós-socialista, considera-se também que as teóricas feministas (e suas críticas) aqui apresentadas estão para além da perspectiva do feminismo socialista. Elas estão delimitando, em meu entender, aspectos das teorias da justiça no que designo por *campo feminista de gênero* onde é a consciência crítica feminista uma forma peculiar de existência reflexiva do ser (mulher e homem), que vêm rearranjar, reinterpretar, ressignificar as teorias dentro do novo campo de forma a alocá-las numa dimensão que se apresenta paradoxal, repondo igualdade e diferença na simultaneidade e na complexidade (Matos, 2008).

A contribuição pós-socialista (e pós-dialética) do feminismo crítico dá ênfase a processos de ressignificação em pelo menos seis dimensões:

1) a crítica ao "realismo metafísico", ou mesmo às proposições "idealistas" — passando-se a afirmar a incerteza, a complexidade, o fluxo e a multiplicação dos pontos de vista contingentes e historicamente situados, portanto pautado num realismo real potencialmente transformador da práxis humana;

2) a crítica aos lugares do "objetivismo" e da "utopia da síntese" — tendo-se a afirmação da reflexividade crítica, de uma forma de pensamento relacionante e relacional, construído e construtor, que aborda sim a objetividade mas do lugar da perspectiva social (Young, 2006), incluindo processos de auto-organização e de pensamento criativo e recusando o abstracionismo estéril;

3) a crítica ao "individualismo metodológico" — sendo proposta a afirmação da perspectiva multidimensional e, em alguns pontos, multicultural, focada em processos e processualidades dependentes de redes complexas e interdisciplinares de conversações, cooperações e diálogos agonísticos;

4) a crítica ao "viés racionalista" — suplementada por uma afirmação da ciência (assim como da empiria e teorias) como "mais um" dos muitos

discursos de verdade sobre o mundo. Ciências (empirias e teorias) que necessitam se rever constantemente para (re)incorporar outras dimensões éticas e estéticas de conhecimentos outros múltiplos, complexos com a necessária inclusão da maior participação democrática e de um pluralismo social e multicultural possível;

5) a crítica ao aspecto de "neutralidade axiomática" — oferecendo-se a afirmação da contingência e também a produção de um conhecimento transitivo, permeável, praxiológico, que só se torna possível através da (con)centração na percepção da pluralidade dos sentidos e significados que compõem complexamente todos os indivíduos/coletivos (inclusive e sobretudo os e as cientistas) que emitem enunciados com pretensões à verdade;

6) a crítica ao "fundamentalismo" científico — para o qual é oferecida a ênfase sobre o pluralismo, o multiculturalismo emancipatório das ciências, a prudência do conhecimento consequente, a diversidade, a complexidade e a multiplicidade dos estilos como alternativas, permanentemente em aberto, de sua própria ressignificação.

Trata-se então de um conjunto de críticas que está fundamentado em outra epistemologia, diferente da que se hegemonizou com o cânone científico ocidental: aquela radicalmente baseada no *standpoint* (Harding, 1986; 1998), reafirmando o privilégio do conhecimento situado a partir dos contextos de uma prática científica cotidiana, que se incumbe em produzir "objetos praxiológicos". Trata-se de uma espécie de sintetização que resulta em totalizações provisórias, mas que rejeita o relativismo absoluto ou indiscriminado, bem como aquela espécie de universalismo cego às diferenças, buscando uma maior habilidade para encontrar alguma objetividade na contingência; aquela que se organiza através da especificidade de seu ângulo, derivado da posição de subordinação ou inferiorização experimentada, no nosso caso aqui, nas relações de gênero e nas críticas alavancadas pelo feminismo. Nesse contexto, o debate acerca do conceito de gênero (Rubin, 1975; Scott, 1988; Haraway, 2002) e campo de gênero (Machado, 1994; Matos, 2008), a contribuição da virada pós-estruturalista aos estudos feministas (Fraser, 1989; 1997a), as críticas pós-marxistas (Young, 1990), além do debate por e pela teoria crítica (Fraser, 1987), são fatores que colaboraram para uma (re)visão ampliada e igualmente generificada da noção de justiça social. E foi através da propositura de uma lógica paradoxal, rompendo com a economia mental-cognitiva baseada em juízos sintéticos que imperava (ou que ainda impera), nas ciências ocidentais, que o feminismo também foi endereçar seu olhar crítico sobre as teorias da justiça.

A justiça é tradicionalmente concebida como uma "virtude" ou "norma" através da qual todos recebem (ou deveriam receber) aquilo que merecem. Para além das especificidades teóricas, praticamente todas as teorias da justiça preconizam uma distribuição moralmente apropriada e normativamente orientada dos benefícios e custos sociais, das recompensas e punições, do status e da voz (Kiss, 2000) em distintos contextos sociais. Nesse sentido, a contribuição do feminismo foi a de ressaltar o fato de que a o status/condição das mulheres traz questões cruciais aos debates sobre justiça, sendo imprescindível a politização das diferenças sexuais. Assim, a condição de subordinação não seria um destino natural da condição feminina, mas o resultado de uma hierarquia socialmente institucionalizada, que também podemos compreender a partir do campo de gênero (Okin, 1989).

Ainda que as feministas concordem que as hierarquias tradicionais vinculadas a gênero sejam material e moralmente injustas para com as mulheres, elas vão nos oferecer um conjunto multiplicado de possibilidades de análises e de reflexões explicativas sobre o fenômeno. Algumas feministas verão a condição de subordinação das mulheres emergindo da divisão primária associada ao trabalho social (uma divisão que se constitui em sexual muito antes mesmo de ser social), focando esforços de compreensão/explicação particularmente sobre a temática do trabalho doméstico não remunerado (Okin, 1989; Delphy, 1984) e suas consequências sobre as vidas femininas. Outras vão se debruçar sobre o construto estrutural/estruturante da dominação sexual patriarcal (branca, masculina e heteronormativa) e da experimentação da violência como fenômenos explicativos da opressão de gênero (Pateman, 1988; MacKinnon, 1989). É importante destacar, contudo, que os esforços iniciais para identificar um único processo, uma única variável explicativa para as diversificadas experiências de subordinação e injustiças de gênero foram (e são) infrutíferos, pois refletem apenas o imperativo de parcimônia teórica muito pouco sensível à diversidade das experiências das mulheres. Há também feministas que argumentam que para restaurar padrões efetivos de justiça seria urgente e necessária a intervenção estatal (Okin, 1989), sendo que outras perspectivas vão considerar esse tipo de "remédio" muito pior do que a própria "doença", recusando a exigência de intervenções estatais neste sentido (Elshtain, 1979). De qualquer modo, cumpre destacar que há um consenso possível entre posições tão distintas: o da constatação de que, *numa sociedade justa, mulheres e homens ocupam uma mesma posição de status, exigindo-se igual tratamento e consideração, igual potencial de participação e representação, independentemente do sexo.*

Entretanto, a maior parte das teorias clássicas (e mesmo as contemporâneas) sobre a justiça social pode ser entendida como ostensivamente antifeminista, ou no mínimo cega às diferenças de gênero (Elshtain, 1990; Okin, 1989; 1992). Tais teorias tendem ainda a ser concebidas de forma: a) extremamente abstrata (Benhabib, 1992); b) vinculada a noções de imparcialidade e universalidade que aqui já criticamos; c) focalizada de modo muito reducionista sobre questões (re)distributivas e materiais (Young, 1990; Fraser, 1995). Uma porta recorrente de entrada na discussão recuperou o tema da "ética do cuidado" (Gilligan, 1982) por oposição a uma "ética da justiça", justamente por compreender que essa última seria enviesada na perspectiva de gênero e pouco permeável às aspirações de transformação das mulheres. Não vou me estender aqui neste debate, mas importa salientar a importância a ser atribuída a valores como o cuidado, a empatia e a confiança enquanto capacidades e disposições morais que têm sim um vínculo com a promoção da justiça social, constituindo bens imateriais e que têm, igualmente, um caráter altamente generificado nas sociedades em que vivemos.

No viés de crítica, justamente, aos três pontos aqui apresentados, encontramos os esforços de situar uma nova noção de justiça social materializados no debate estabelecido entre Iris Young (1990; 1997; 2000; 2007) e Nancy Fraser (1987; 1997a; 1997b; 2001; 2005a; 2005b;

2006; 2007), lembrando, contudo, que outras feministas também tiveram importantes parcelas de contribuição no debate. Na atualidade, se tornou urgente às propostas dos feminismos justamente pensar a justiça social a partir do modo como os grupos sociais — em suas mais diversas dimensões e perspectivas (gênero, raça, sexualidade, etnia, geração, nacionalidades etc.) — experimentam (ou não) as estruturas institucionais e reais de oportunidades e liberdades que, em nossa conjuntura atual, deveriam ser apresentadas e difundidas pelo Estado. Tratar do tema da justiça ignorando a configuração e a dinâmica concretas das sociedades contemporâneas, desconhecendo as articulações necessárias com suas experiências e demandas, apresentar-se-ia como uma consequência inevitável da produção quando se trata de enfatizar: a) um sistema teórico fechado em si mesmo (fundamentalmente abstrato e irrelevante para a análise da vida política na prática, sobretudo dos grupos minoritários politicamente); b) um formato de Estado e de gestão pública (e em suas diferentes instituições) refratários, distanciados das demandas societárias concretas. Tem sido assim que o reconhecimento simbólico dos grupos minoritários e a ampliação e consolidação de seus respectivos direitos humanos vêm se tornando dimensões relevantes na busca efetiva pela justiça social nos Estados contemporâneos. E gostaria de enfatizar também que, além da promoção das políticas distributivas, é crucial fazer valer as demandas por políticas mais incisivas e afirmativas de reconhecimento simbólico-cultural e de representação política como formas para se alcançar maior justiça social. Esse debate é sintetizado a seguir.

O diálogo que se apresentou em Fraser a partir da crítica sobre as ontologias nesse novo campo do saber feminista e da construção de uma teoria dos sistemas duais — paradigma bidimensional: redistribuição e reconhecimento — foi alvo inicial, provocativamente, de críticas por parte de Young. Definindo a "justiça social como eliminação da opressão e da dominação social institucionalizadas", Young (2000) recusou-se à adoção de um modelo exclusivamente redistributivo/simbólico, que pensaria a justiça em termos de bens materiais e posições sociais simbólicas, ignorando os meandros das estruturas sociais que, por sua vez, geram diferenciados padrões distributivos/simbólicos. Pensando a justiça em termos de processos e relações, a autora aborda os temas do Direito, do poder, das capacidades, das oportunidades e do autorrespeito também como questões fundamentais de justiça. Em seu livro *Justice and the Politics of Difference* (1990), Young estabelece então as bases da sua crítica a Rawls — e a outras concepções liberais de justiça pautadas na exclusividade do paradigma da (re)distribuição econômica. Para a autora se, por um lado, esse paradigma levaria a um reducionismo que deixa de lado aspectos importantes da sociedade, por outro, mesmo quando ele leva em consideração o conjunto dos bens não materiais (citados acima), tais bens são abordados sob a mesma ótica distributiva, o que promove mais desentendimentos do que compreensão. Young problematiza tal formato insistindo que há bens não materiais que não são mensuráveis quantitativamente e, por consequência, não podem ser compreendidos e remediados dentro de tal lógica distributiva, o que implica, então, sérias limitações à compreensão de como surgem e podem ser combatidas as desigualdades que definem esses outros tipos de injustiça.

Para Young, promover efetivamente a justiça social significaria eliminar formas perenes, continuadas de dominação (aquelas dimensões que podem impedir que as pessoas determinem suas próprias ações) e também formas de opressão institucionalizadas (dimensões que podem criar constrangimentos ao desenvolvimento de capacidades e habilidades necessárias à participação em espaços públicos, onde os indivíduos e grupos expõem opiniões e perspectivas acerca da vida social de modo a serem ouvidos pelos outros), e ambas dependeriam fortemente de como estão organizadas as estruturas institucionais existentes. Para a autora, a justiça referir-se-ia

> à promoção das condições necessárias para que todos pudessem não só exercer em plenitude e livres de constrangimentos suas capacidades, como expressar as suas experiências publicamente, participando ativamente dos processos de tomada de decisão, que têm papel fundamental na estruturação da sociedade em que vivem (Young, 1990:45).

Para Young, insistir em tais "outras" dimensões associadas à justiça contemporaneamente não significaria dizer que as questões distributivas não fossem importantes aspectos da justiça, mas sim que o escopo do debate deveria ser ampliado de modo a ir além delas e abarcar igualmente o político e a própria organização institucional. O contexto institucional é compreendido pela autora como um dos responsáveis pela reprodução e pela manutenção das desigualdades materiais e dos constrangimentos injustos que afetam via de regra os indivíduos (sobretudo as mulheres), causando a opressão e dominação.

Nancy Fraser (1997b), de sua parte, vai insistir no argumento de que, apesar de Young não se dirigir diretamente ao tema do reconhecimento em suas críticas, o centro da sua discussão seria esse mesmo, mas desta vez entendido como uma das formas de se abordarem as injustiças sociais ligadas "a padrões sociais de representação, interpretação e comunicação", hierarquizando indivíduos e grupos de forma a criar desigualdades. Os tipos de injustiça que nasceriam de tais desigualdades seriam aqueles tipicamente denunciados pelos movimentos sociais de esquerda. Esses grupos se caracterizam, entre outros aspectos, pela luta por reconhecimento de suas identidades politicamente subalternizadas. Young tentou mostrar seu comprometimento com tais movimentos, buscando desenvolver uma teoria da justiça que estivesse implícita na prática política desses. Ademais, aquilo que os distinguiria seria a forma como compreenderiam a cultura dominante: um *loccus* de opressão (reivindicando sua transformação através das políticas da diferença), rejeitando então o ideal assimilacionista e, finalmente, reconhecendo as diferenças como um potencial (entendidas não como "desvios" dos padrões gerais da sociedade, mas como ricas variações dentro de uma mesma cultura) político-social, e não como um problema.

Na tentativa de conciliar os dois paradigmas — redistribuição e reconhecimento — Fraser (1997a; 2001; 2002) se lançou ao debate das teorias da justiça. Apesar de acreditar que, na prática social, as questões econômicas não podem ser efetivamente compreendidas separadamente das questões culturais, apenas para fins analíticos, Fraser as coloca em lados opostos; para que possam ser, ao final, rearticuladas dentro de um projeto de transformação e emancipação social que promova relações mais equânimes entre os indivíduos e os grupos.

O dilema redistribuição/reconhecimento, como ficou amplamente conhecida a tese de Fraser, teve no contexto do final dos anos 1990 o papel de trazer de volta à cena dos debates a dimensão político-econômica das desigualdades, naquele momento relegada a segundo plano seja pelos movimentos, seja pelos teóricos do reconhecimento (onde Fraser enquadraria inclusive a contribuição Young), que, preocupados com as injustiças advindas do não reconhecimento das diferenças, a deixaram de lado. A desvalorização da questão econômica, no entender de Fraser, obscureceria o paradoxo que se esconde no dilema: demandas por reconhecimento têm o intuito de afirmar a diferença, enquanto lutas por redistribuição envolveriam a homogeneização dos grupos culturais, ao reivindicar uma redistribuição de bens equânime na sociedade. Assim, mesmo se pudéssemos distinguir as coletividades que defendem a redistribuição daquelas que demandam o reconhecimento, haveria ainda as coletividades ambivalentes — como aquelas fortemente associadas à raça e ao gênero —, que denunciariam os dois tipos de injustiça simultaneamente e demandariam tanto redistribuição quanto reconhecimento, expondo esse paradoxo.

No seu contra-argumento, Young afirma que a dicotomia de Fraser entre economia política e cultura seria resultado da maneira com que ela, erroneamente, representa alguns movimentos sociais: marcando-os pela forma que suas lutas por reconhecimento (como um fim em si mesmo) se estabeleceram, ao invés de entender o reconhecimento cultural como referido à dimensão da justiça política e econômica que seria, esta sim, a maneira como ela abordaria o tema. A crítica subsequente de Young planeja denunciar então o binarismo empobrecedor do dilema criado por Fraser, afirmando que o fim da analítica por dicotomias sempre foi uma das reivindicações mais importantes das teorias feministas, inclusive para a própria Fraser em outros momentos de sua trajetória (1987; 1992; 1997). Ela mesma já teria se incumbido de descrever bem a forma como uma série de dicotomias/binarismos acabam por invisibilizar aspectos importantes da vida social agindo — conscientemente ou não — para reforçar injustiças encontradas na sociedade. Para Young, pluralizar as categorias, por mais que isso pareça pouco relevante para o resultado final de uma teorização, diminui o risco de serem deixados de lado aspectos — como a dimensão política — que, segundo a autora, Fraser negligenciaria. Young entende essa última dimensão política como fundamental, pois trata das tomadas de decisões, referindo-se às instituições políticas constituídas, aos processos legislativos, à cidadania, à administração e à participação política: aspectos que não estariam sendo contemplados no modelo binário proposto por Fraser. Para Young, a crítica feita à ausência de articulação entre os polos da dicotomia seria falsa porque, no trabalho da autora, esse tipo de dicotomia não existiria. Foi mesmo a partir do diálogo e do confronto com Young que surgiu a crítica da imposição arbitrária de apenas duas categorias focais para se conceber a justiça social. Segundo Young: "[...] essa categorização parece não deixar espaço para um terceiro aspecto, político, da realidade social, relativo às instituições e práticas do Direito, da cidadania, da administração e da participação política." (2009 [1997], p. 199)

Em desenvolvimentos posteriores, especialmente após a morte de Young (em 2001), Fraser (2003; 2005a; 2005b) vai incorporar suas críticas, e em especial a necessidade de trazer à luz a importância dos processos políticos nas questões da justiça — seu problema passando a ser recolocado de forma a exigir um monismo normativo para a justiça que seria eminentemente político: o da paridade de participação. Recentemente (2005a; 2005b; 2007a; 2007b; 2008), a autora passou a incorporar uma terceira perspectiva especificamente política em seu paradigma bidimensional, passando a considerar como terceira dimensão da justiça social a representação política. Através do recurso teórico a uma suposta virada "pós-nacional", ela se ancora e se justifica para utilizar a nova categoria da representação, o que vai lhe permitir problematizar as estruturas do governo, bem como os processos de tomada de decisão, afirmando "que pelas lentes das disputas por democratização, a justiça inclui uma dimensão política, enraizada na constituição política da sociedade e que a injustiça correlata é a representação distorcida ou a afonia política" (2005a, pp. 128-129, tradução nossa). O problema dos limites, segundo a autora, referir-se-ia então à necessidade de uma teoria da justiça para que um mundo globalizado deva se apresentar, no mínimo como tridimensional, incorporando a dimensão política da representação, lado a lado com as dimensões econômica da distribuição e a cultural, referindo-se ao reconhecimento.

Podemos resumir então a nova proposta de reorganização do paradigma da justiça social em Fraser, destacando: a) que a dimensão da *redistribuição* se referiria aos obstáculos fornecidos pelas estruturas econômicas à participação igual de todos neste sistema de trocas materiais/econômicas; b) o *reconhecimento* referirir-se-ia aos obstáculos promovidos por hierarquias simbólico-culturais institucionalizadas, que criariam os requisitos legitimados para essa participação (ou não); c) a dimensão do *político na forma da representação* se subdividiria em dois níveis de injustiça: a representação política ordinária (*ordinary-political misrepresentation*), que é aquela representação efetivada nas instituições políticas (sendo que as correções das desigualdades nesse nível geralmente envolveriam a discussão acerca de cotas, reserva de assentos ou outros mecanismos que promovam a inclusão democrática de grupos sub-representados na política institucional e nas instâncias participativas da sociedade), e o problema do mau enquadramento (*misframing*), que aconteceria quando as questões de justiça são colocadas de forma a excluir alguns grupos de suas considerações.

Desse confronto, podemos ter a medida do refinamento que circunscreve as contribuições às teorias da justiça promovidas pelo feminismo contemporâneo: as feministas desempenham um papel central nos esforços de articular princípios e práticas de justiça social em um mundo crescentemente desigual e de destaque político às diferenças. Cabe destacar que uma "justiça feminista", uma "justiça de gênero" ou mesmo a potencialidade das teorias feministas da justiça permanecem como trabalhos em andamento, não finalizados. Contudo, o paradigma tridimensional aqui alcançado tem um estatuto de totalização parcial e provisória, uma síntese transdisciplinar e praxiológica cara ao novo paradigma do conhecimento como enunciado pelas críticas epistemológicas feministas que iniciaram este verbete.

No refinamento teórico-analítico desse paradigma caberiam ainda algumas críticas que permanecem na proposta de uma agenda inacabada a respeito dessa discussão. Eu destacaria então, ao menos, três pontos:

a) a ênfase sobre o eixo político/representação da justiça ainda se encontra pouco explorado: parece-me urgente e necessário um esforço maior de discussão, sobretudo, das institucionalidades postas, especialmente do papel do Estado (em seus três poderes constitucionais), nesse processo de construção de maior justiça;

b) os três eixos do paradigma da justiça estão ainda operando em um grau muito elevado de abstração teórica: falta fornecer e identificar elos de aproximação com a própria realidade, o vivido concreto das injustiças e das opressões na forma como essas são experimentadas, para se poder avançar de um modo muito mais significativo na sua compreensão e difusão;

c) parece-me igualmente urgente se pensar, por oposição ao monismo normativo da paridade da participação, num pluralismo normativo que venha a orientar, por sua vez, um paradigma de fato multidimensional da justiça social com um viés feminista.

Impossível, portanto, não reconhecer o esforço das teorias da justiça social defendidas pelo feminismo contemporâneo em recolocar o debate na chave de um conhecimento que esteja a serviço da transformação e emancipação sociais e, assim, necessariamente distanciado da produção de um tipo de conhecimento descorporificado, desencarnado e certamente caduco das urgências e emergências das nossas sociedades, ainda profundamente desiguais e injustas.

### Referências bibliográficas

BENHABIB, S. *Situating the self Gender, Community and Postmodernism in Contemporary Ethics*. Nova York: Routledge, 1992.

BUTLER, Judith. "Reescinificación de lo universal: hegemonia y limites del formalismo". In: BUTLER, Judith; LACLAU, Ernesto; ZIZEK, Slavoj. *Contingencia, hegemonía y universalidad*. Buenos Aires: Fondo de Cultura Econômica de Argentina, pp. 17-48, 2003.

DE LAURETIS, Teresa (ed.). *Feminist Studies/Critical Studies*. Bloomington: Indiana University Press, 1986.

DELPHY, C. *Close to Home: A Materialist Analysis of Women's Oppression*. Amherst: University of Massachusetts Press, 1984.

ELSHTAIN, Z. *Capitalist Patriarchy and the Case for Socialist Feminism*. Nova York: Monthly Review Press, 1979.

_____. "Specifying US Femism in the Nineties: The Problem of Namimg". In: *Socialist Review*, 20:2 1990, pp. 45-56.

FRASER, N. "O que é crítico na teoria crítica? O argumento de Habermas e gênero 1987". Tradução de Nathanael da Costa Caixeiro. In: BENHABIB, S.; CORNELL, D. (eds.). *Feminismo como crítica da modernidade: releitura dos pensadores contemporâneos do ponto de vista da mulher*. Rio de Janeiro: Editora Rosa dos Tempos, 1995.

_____. "Repensando la esfera pública: una contribución a la crítica de la democracia actualmente existente". In: *Revista Ecuador Debate*, n° 46, 1999.

_____. "Da redistribuição ao reconhecimento? Dilemas da justiça na era pós-socialista, 1997". Tradução de Márcia Prates. In: SOUZA, J. (org.). *Democracia hoje: novos desafios para a teoria democrática contemporânea*. Brasília: Editora UnB, 2001.

_____. *Reframing Justice*. Amsterdam: Royal Van Gorcum, 2005a.

_____. *Reframing Justice in a Globalizing World*. Londres: New Left Review, n° 36, pp. 69-88, 2005b.

_____. "Abnormal Justice". In: APPIAH, K. A. et al. *Justice, Governance, Cosmopolitanism, and Thepolitics of Difference: Reconfigurations in a Transnational World*. Berlim: Der Präsident der Humboldt-Universität zu Berlin, 2007.

_____. "Mapeando a imaginação feminista: da redistribuição ao reconhecimento e à representação". In: *Revista Estudos Feministas*, Florianópolis, vol. 15, n° 2, pp. 291-308, 2007.

_____. *Scales of Justice: Reimagining Political Space in a Globalizing World (New Directions in Critical Theory)*. Nova York: Columbia University Press, 2008.

_____. *Feminism, Capitalism and the Cunning of History*. Londres: New Left Review, n° 56, pp. 97-117, 2009a.

_____. "Reenquadrando a justiça em um mundo globalizado". In: *Lua Nova*, n° 77, pp. 11-39, 2009b.

GILLIGAN, C. *In a Different Voice: Psychological Theory and Woman's Development*. Cambridge: Harvard University Press, 1982.

HARDING, Sandra. *The Science Question in Feminism*. Ithaca: Cornell University Press, 1986.

_____. *Is Science Multicultural? Postcolonialisms, Feminisms and Epistemologies*. Bloomington: Indiana University, 1998.

HOBSBAWN, E. *A era dos extremos*. São Paulo: Companhia das Letras, 1995.

KISS, Elizabeth. "Justice". In: JAGGAR, Alisson M.; YOUNG, Iris M. (eds.) *A Companion to Feminist Philosophy*. Malden: Blackwell Publishers Inc., 2000, pp. 487-499.

MACHADO, Lia Zanota. *Campo intelectual e feminismo: alteridade e subjetividade nos estudos de gênero*. Brasília: UnB, 1994. (Série Antropologia, n° 170).

MACKINNON, C. *Toward a Feminist Theory of the State*. Cambridge: Harvard University Press, 1989.

MATOS, Marlise. "Teorias de gênero e teorias e gênero? Se e como os estudos de gênero e feministas se transformaram em um campo novo para as ciências". In: *Revista Estudos Feministas*, Florianópolis, 16(2): 440, pp. 333-357, mai./ago., 2008.

OKIN, Susan M. *Justice, Gender and the Family*. Nova York: Basic Books, 1989.

_____. *Women in the Western Political Thought*. Princeton: Princeton University Press, 2nd End, 1992.

_____. "Gender, the Public and the Private". In: HELD, D. (org.). *Political Theory Today*. Cambridge: Polity Press, 1995.

PATEMAN, C. *O contrato sexual*. Rio de Janeiro: Paz e Terra, 1988.

RUBIN, Gayle. *O tráfico de mulheres: notas sobre a economia política dos sexos*. Tradução de Christine Rufino Dabat. Recife: SOS Corpo — Gênero e Cidadania, 1975.

SCOTT, Joan. "Gender: Useful Category of Historical Analysis". In: *American Historical Review*, vol. 91, n° 5, pp. 1.053-1.975, dez. 1986.

_____. "O enigma da igualdade". In: *Revista Estudos Feministas*, vol. 13, n° 1, pp. 11-30, 2005.

YOUNG, Iris M. *Justice and the Politics of Difference*. Princeton: Princeton University Press, 1990.

_____. "Communication and the Other: Beyond Deliberative Democracy". In: BENHABIB, S. (org.). *Democracy and difference: Contesting the Boundaries of the Political*. Princeton: Princeton Universiy Press, 1996.

_____. "Unruly Categories: A Critique of Nancy Fraser's Dual Systems Theory". In: *New Left Review*, n° 222 (março/abril), pp. 147-60, 1997.

_____. *Inclusion and Democracy*. Oxford: Oxford University Press, 2000a.

_____. *La justicia y la política de la diferencia*. Tradução de Silvina Álvarez. Madri: Ediciones Cátedra, 2000b.

_____. *Global Challenges: War, Self Determination and Responsibility for Justice*. Cambridge: Polity, 2007.

_____. "Representação política, identidade e minorías". In: *Lua Nova*, n° 67, São Paulo, pp. 139-190, 2006.

_____. "Categorias desajustadas: uma crítica à teoria dual de sistemas de Nancy Fraser". In: *Revista Brasileira de Ciência Política*, vol. 1, n° 2, Brasília, pp. 193-214, 2009.

PARTE II  Justiça e política

# Revolução Inglesa e constitucionalismo
*Alberto de Barros*

A expressão Revolução Inglesa tem sido normalmente utilizada para designar os conflitos envolvendo as tropas do rei e do Parlamento, entre 1642 e 1648, que resultaram na execução de Carlos I e no estabelecimento da república em 1649; e depois, com a restauração da monarquia em 1660, os conflitos entre 1688 e 1689, que resultaram na deposição de Jaime II e na instituição de uma monarquia regulada pelo Parlamento, que será a marca distintiva do regime político inglês na modernidade.

Antes e no decorrer desses confrontos armados, ocorreu também um intenso debate teórico, no qual o termo constituição adquiriu o seu sentido moderno. Até o início do século XVII, a palavra de origem latina (*constitutio*) aparecia geralmente no plural (*constitutiones*) e designava os decretos dos monarcas ingleses: as Constituições de Clarendon (1164), por exemplo, referiam-se aos decretos de Henrique II (1154-1189). Elas mantinham assim o seu uso original: nomear os editos do imperador romano que adquiriam valor legal (*Institutas 1, 2, 6*).

Acompanhar o debate em que surgiu a noção moderna de constituição e a reivindicação de um governo constitucional, no sentido de um governo de acordo com a estrutura e os princípios que estabelecem a comunidade política, pode ajudar a compreender melhor o constitucionalismo: doutrina jurídica que defende a necessidade de assegurar as liberdades e os direitos do cidadão contra possíveis violações por parte do Estado. Entre os meios concebidos nesse debate para garantir as liberdades e os direitos dos ingleses, estavam o princípio do governo limitado pela lei, que impediria o exercício arbitrário do poder político, e o princípio da participação no poder político dos vários segmentos da sociedade, que impossibilitaria a manifestação de um poder absoluto.

O debate entre partidários do rei e do Parlamento tornou-se mais efetivo na dinastia Stuart (1603-1689). Ao suceder Elizabeth I, que não havia deixado herdeiros, o rei escocês Jaime Stuart recebia um reino unificado, centralizado e submetido à autoridade real, mas que não dispunha de um exército permanente com soldados profissionais, autonomia financeira ou um corpo de funcionários vinculados e fiéis à Coroa. Herdava também um Parlamento fortalecido e ampliado, que ele teve de reunir com frequência, para solicitar a elevação e restauração de taxas, a criação de monopólios comerciais e outras medidas tributárias, em razão dos graves problemas financeiros da Coroa.

Os parlamentos convocados por Jaime I se opuseram persistentemente às demandas reais, exigindo o reconhecimento de suas antigas prerrogativas, garantidas desde o reinado de Eduardo I (1239-1307), na formulação das políticas fiscal e comercial do reino. Diante das tentativas de imposição de tributos sem o consentimento parlamentar, várias petições foram redigidas a fim de recordar ao monarca inglês a necessidade da autorização do Parlamento.

Os parlamentares se julgavam guardiães das liberdades e dos direitos dos ingleses, ameaçados pela considerada arbitrariedade do rei no campo tributário. Eles sustentavam que as liberdades dos ingleses, oriundas de um contrato recíproco entre rei e súditos, deviam ser tratadas como direitos fundamentais, uma vez que elas estavam declaradas e confirmadas em vários documentos históricos, como a *Magna Carta* (1125). Não podiam ser assim consideradas concessões do rei, mas direitos legais, estabelecidos pela antiga constituição do reino. Para os parlamentares, a sua defesa estava intrinsecamente ligada à manutenção de privilégios que eram inerentes ao próprio Parlamento, garantidos por uma lei que se encontrava acima da vontade do rei, a *common law*, uma lei de equidade e razão, fundada nos costumes, princípios e regras imemoriais. Sem um documento escrito que catalogasse tais privilégios, os mais tradicionalmente mencionados eram: a liberdade de expressão, discussão e votação; a segurança de não ser preso nem ter seus servidores encarcerados no período do Parlamento; o acesso ao rei em todas as ocasiões que fossem necessárias; e a promessa real do acolhimento benévolo das proposições e decisões dos parlamentares. Afinal, e este era o principal argumento, se fosse permitido ao monarca remover os parlamentares durante as seções, banir do debate matérias que considerasse inadequadas ou controlar a agenda das discussões, os membros do Parlamento não teriam a tranquilidade necessária para se dedicar aos assuntos de interesse do reino.

Já para o rei, esses privilégios provinham de sua permissão, assim como também as liberdades e os direitos dos súditos, sendo concedidos com a condição de que todos se mantivessem nos limites da lealdade e da obediência. Como detentor da supremacia política no reino, seja por direito divino, seja por direito de eleição ou de conquista, o monarca inglês não se considerava sujeito a limitações humanas e exigia certas prerrogativas para exercer de maneira exclusiva e discricionária a autoridade política. Entre essas prerrogativas, algumas eram ordinárias e envolviam a condução do governo, como o direito de decretar guerra e paz, cunhar moeda, apontar ministros e conselheiros, reunir e dissolver os Parlamentos; e outras eram absolutas, como o poder de dar a lei e não estar submetido a ela. Para o monarca, ele só tinha de prestar contas de suas ações diante de Deus, sendo ilegítima qualquer forma de desobediência aos seus comandos. Afinal, todos os direitos e liberdades dos ingleses derivavam diretamente de sua vontade e eram exercidos sob sua autoridade.

O debate entre os partidários do rei e do Parlamento acentuou-se ainda mais depois da ascensão ao trono de Carlos I, em 1625. O novo monarca iniciou seu governo com medidas discricionárias e autocráticas. Quando suas solicitações, em geral por aumento de impostos, foram recusadas, ele dissolveu os Parlamentos e recorreu a empréstimos compulsórios, encarcerando os que se recusavam a pagá-los. Em 1628, convocou um Parlamento a fim de obter os recursos necessários para custear os gastos de uma guerra contra a França. As primeiras seções foram utilizadas para discutir o conjunto de liberdades que deviam ser protegidas da ação do rei. Uma das queixas dos parlamentares era de que as liberdades e os direitos dos ingleses estavam sendo violadas pelo exercício indiscriminado das prerrogativas reais.

Os parlamentares impuseram como condição de aceitação das demandas reais a *Petição de Direito (Petition of Right)*. Entre outras prescrições, ela declarava ilegais a prisão arbitrária sem causa manifesta, a convocação obrigatória para o exército, o uso da lei marcial contra pessoas que podiam ser julgadas pela *common law* e a imposição de tributos sem o consentimento parlamentar. Carlos I aceitou a *Petição de Direito* com a expectativa da aprovação dos tributos requisitados até o final de seu reinado. Mas a Casa dos Comuns recusou-se a autorizar taxas fixas e vitalícias. O Parlamento foi então dissolvido e a *Petição de Direito* ignorada pelo rei.

Depois de onze anos sem convocar Parlamentos, Carlos I teve de fazê-lo em 1640, em razão da extrema necessidade de recursos financeiros. Centrada na Casa dos Comuns, a oposição parlamentar impôs uma série de medidas: as cortes privilegiadas, que sustentavam a política real, foram abolidas; os tributos que haviam sido instituídos sem a aprovação parlamentar foram revogados; a política tributária passou a ser controlada pelo Parlamento; os principais assessores do rei foram depostos — alguns foram aprisionados e outros executados; os bispos foram excluídos da Casa dos Lordes; o rei foi proibido de manter um exército permanente; e, para assegurar sua própria independência, o Parlamento aprovou um ato que tornava automática a sua convocação caso o monarca não o fizesse no prazo de três anos, e também um ato contra a sua dissolução sem o seu próprio consentimento. Sem forças para reagir, o rei precisou assentir com as conquistas parlamentares que pareciam irrevogáveis.

Cisões internas, porém, começaram a se manifestar. No final de novembro de 1641, após a aprovação da convocação de um exército para conter uma rebelião católica, na Irlanda, iniciou-se um longo debate sobre a atribuição de seu comando, já que o rei não abria mão do direito reconhecido de ser o comandante em chefe. Os principais líderes da Casa dos Comuns temiam que esse comando fosse utilizado contra o Parlamento e redigiram um violento protesto, que foi aprovado por apenas onze votos, revelando a falta de unidade parlamentar. Seis semanas depois, em janeiro de 1642, Carlos I entrou no Parlamento e exigiu a prisão desses líderes, que se refugiaram em Londres e reuniram milícias urbanas para se defender. Frustrado em sua tentativa e sem apoio parlamentar para enfrentar os revoltosos, o rei transferiu sua corte para Oxford. Durante os meses seguintes, os dois lados acusaram seu oponente de agir contra a antiga constituição do reino.

Em 1º de junho de 1642, o Parlamento apresentou um documento intitulado *As Dezenove Proposições* em que demandava, entre outras atribuições, o controle do exército, a efetiva participação na reforma da Igreja Anglicana e a nomeação dos juízes, dos ministros e dos conselheiros do rei. No âmbito legislativo, exigia-se o fim da prerrogativa real da voz negativa, isto é, o direito do rei de dar ou não seu assentimento a uma proposta legislativa do Parlamento. Evocando a tradicional figura do rei-no-Parlamento, o documento sustentava que a monarquia inglesa era tanto limitada, em razão de uma ordem legal constituída pela *common law*, que estabelecia a regra do governo, quanto mista, já que a principal atividade do governo, que era a legislação, competia igualmente ao rei, lordes e comuns quando se encontravam reunidos no Parlamento. Essa limitação legal e partilha no Poder Legislativo era justamente o que protegia os súditos contra o possível perigo de um governo arbitrário e absoluto.

Em 18 de junho, foi publicada a *Resposta de sua Majestade às Dezenove Proposições,* escrita por dois assessores do rei, John Colepeper e Lucius Cary. Antes de responder às proposições, numa espécie de preâmbulo, os autores enfatizavam a característica mista da monarquia inglesa. Depois de lembrar as três formas simples de governo — monarquia, aristocracia e democracia —, afirmavam que o melhor governo era aquele em que os três estados — rei, lordes e comuns — estavam combinados. Essa admirável fusão era precisamente a marca distintiva da monarquia inglesa, que evitava os inconvenientes de cada uma das formas simples e mantinha o que havia de melhor em cada uma delas.

Os autores ainda enfatizavam a igual participação e colaboração entre os três estados na elaboração das leis e descreviam os poderes específicos de cada um no governo do reino.

O principal objetivo da resposta era restabelecer o poder de veto real como parte do processo legislativo. O resultado, no entanto, foi a admissão de que o rei não estava acima dos lordes e dos comuns, mas participava junto com eles do governo. Reconhecia também que o rei possuía um poder legalmente limitado, pois estava preso pelo seu juramento de coroação para governar de acordo com a *common law* e suas ações só seriam legais quando realizadas por meio de canais institucionais e de acordo com formas legais prescritas. Apesar de posteriores retratações (o preâmbulo foi excluído das edições seguintes, a noção de participação foi minimizada e a supremacia real nas funções de governo foi enfatizada), ganhavam ainda mais força os argumentos dos partidários do Parlamento.

O debate continuou depois do início das guerras civis em agosto de 1642, mas sem novos elementos significativos. No início de 1646, o exército parlamentar tomou a cidade de Oxford e o rei foi preso no final do mesmo ano. O Parlamento encontrava-se então dividido em duas forças políticas de natureza religiosa: os presbiterianos, que controlavam a Casa dos Lordes e eram maioria na Casa dos Comuns, defendiam um acordo com o rei para o estabelecimento de uma monarquia mais limitada; os puritanos, que mantinham o controle do exército, desejavam a exclusão dos realistas e a formação de um novo governo. Temendo o avanço dos puritanos mais radicais e visando um retorno à estabilidade, os presbiterianos entraram em negociação com o rei e aprovaram a dissolução do exército parlamentar em maio de 1647. Em reação, os soldados e oficiais formaram um Conselho Geral do Exército, que se reuniu pela primeira vez em 28 de outubro de 1647, para debater os rumos da rebelião. No dia seguinte, foi apresentado um manifesto redigido pelos principais líderes dos *levellers*, na forma de uma proposta constitucional, o *Acordo do Povo* (*Agreement of the People*).

Os *levellers* representavam um dos principais movimentos políticos, formado no decorrer da guerra civil em torno de alguns princípios, como tolerância religiosa, liberdade de consciência, de expressão e de reunião. Nos seus panfletos, afirmavam que todo poder residia no povo, representado na Casa dos Comuns, e só poderia ser exercido com seu consentimento, expresso pelo livre sufrágio. Eles sustentavam que os comuns haviam sido escolhidos pelo povo para exercer um poder em confiança com o propósito de cuidar do bem-estar do povo e quando não o fizessem, deveriam ser substituídos. Por ser incompatível com o bem-estar do povo, os *levellers* defendiam a abolição da monarquia e da Casa dos Lordes, além da dissolução da atual Casa dos Comuns e da convocação de eleições anuais para seus membros. O *Acordo do Povo* proposto ao Conselho do Exército como a nova constituição mantinha esses mesmos princípios.

As discussões em torno dessa proposta constitucional foram logo interrompidas, no início de novembro, com a fuga do rei, que conseguiu reorganizar suas tropas, dando início a mais um conflito armado. A segunda fase do confronto terminou com uma nova vitória do exército parlamentar e prisão de Carlos I, no final de 1648. Os oficiais forçaram desta vez o julgamento do rei, instaurado pelo Parlamento em 6 de janeiro de 1649. Condenado por traição, o rei foi executado em 30 de janeiro. A Câmara dos Lordes foi extinta em 6 de fevereiro. Em 17 de março, o ofício real foi abolido, qualificado de desnecessário e perigoso. Em 19 de maio, a Inglaterra foi declarada uma república (*The Commonwealth of England*) e passou a ser governada por um Conselho de Estado, formado por parlamentares e oficiais.

A experiência republicana foi relativamente curta. Em dezembro de 1653, o Conselho de Estado aprovou uma constituição, o *Instrumento de Governo (Instrument of Government)*, que estabelecia o ofício de *Lord Protector*, uma espécie de elemento monárquico reintroduzido no governo, e o atribuiu a Oliver Cromwell. Com a morte de Cromwell e a falta de habilidade política de seu filho Richard, o Protetorado foi abolido. Após sucessivos governos temporários, o Parlamento restaurou a monarquia em maio de 1660, com a promessa de Carlos II de manter a tolerância em relação às diversas igrejas protestantes e de respeitar as decisões do Parlamento. Apesar da oposição de republicanos exilados, que defendiam a luta armada contra o novo monarca, ele governou as primeiras décadas com pouca resistência por parte do Parlamento.

No final da década de 1670, a política inglesa foi agitada novamente pelo debate em torno da sucessão de Carlos II, cuja saúde parecia cada vez mais frágil. Seu irmão declaradamente católico, Jaime, sofria forte resistência entre parlamentares que temiam um futuro governo papista e absolutista. Eles passaram a sustentar que a antiga constituição inglesa permitia ao Parlamento excluir Jaime do processo sucessório e escolher outro sucessor ao trono, impondo-lhe limitações no exercício do poder. Mas Jaime II assumiu o trono, em 1685.

A crença de que a lei limitava o poder real continuava a ser proclamada pelos parlamentares, mas enfraquecia-se a ideia de que a lei por sua própria natureza podia proporcionar uma efetiva limitação, sendo suficiente para assegurar as liberdades e os direitos dos ingleses. A solução proposta era um controle político mais concreto por parte do Parlamento. Como legítimo representante do povo, que era a fonte e origem de todo poder político, os parlamentares reivindicavam um poder mais efetivo para limitar e controlar as ações do rei.

Na sua luta contra Jaime II, o Parlamento conseguiu o apoio de Guilherme de Orange, príncipe holandês casado com a filha mais velha do rei, Maria Stuart. Em 5 de novembro de 1688, Guilherme desembarcou com suas tropas em Brixham e marchou em direção a Londres. O exército real desertou e o rei fugiu para a França. O Parlamento considerou essa fuga uma forma de abdicação e declarou o trono inglês vago, oferecendo-o a Guilherme, sob a condição de que o novo monarca aceitasse exercer o poder sob o controle do Parlamento. Com a coroação de Guilherme III, em 1689, terminava a chamada Revolução Gloriosa, que pôs fim à dinastia Stuart e estabeleceu uma monarquia parlamentar.

O novo monarca sinalizou como seria seu governo, acatando os primeiros atos do Parlamento, como o *Ato de Tolerância*, que declarava a liberdade religiosa a todos os cristãos, exceto aos católicos, e a *Declaração de Direitos (Bill of Rights)*, que estabelecia eleições parlamentares regulares, a impossibilidade de o rei vetar propostas legislativas do Parlamento, o controle dos gastos reais e do tesouro público por parte do Parlamento, o direito de todo cidadão a um julgamento com a presença de um júri, o repúdio a punições violentas ou multas abusivas por delitos, entre outras medidas que visavam proteger as liberdades e os direitos dos ingleses.

Estavam dadas assim as bases do constitucionalismo moderno.

### Referências bibliográficas

HEXTER, J. H. (ed.) *Parliament and Liberty: From the Reign of Elizabeth to the English Civil War*. Stanford: Stanford University Press, 1992.

MALCOLM, Joyce (ed.). *The Struggle for Sovereignty: Seventh-century English Political Tracts*. Indianapolis: Liberty Fund., 1990.

MORRILL, John (ed.) *Revolution and Restoration*. Londres: Collins & Brown Limited, 1992.

WOOLRYCH, Austin. *Britain in Revolution*. Oxford: Oxford University Press, 2002.

WOOTON, David (ed.). *Divine Right and Democracy. An Anthology of Political Writing in Stuart England*. Londres: Penguin Books, 1986.

WORDEN, Blair. *The English Civil Wars*. Londres: Weidenfeld & Nicolson, 2009.

WORMUTH, Francis D. *The Origins of Modern Constitutionalism*. Nova York: Harper & Brothers, 1949.

# Revolução Americana e constitucionalismo

*Leonardo Avritzer*

O movimento político institucional conhecido como Revolução Americana possui especificidades que tornam único o emprego do termo revolução nesse contexto. Na tradição do pensamento político, as revoluções são conhecidas como rupturas violentas da ordem política que anulam a forma de governo existente e instauram um princípio substantivo de organização, seja ele liberdade, igualdade e solidariedade, seja ele o governo da classe trabalhadora. Esse foi o caso das revoluções francesa e russa que consagraram o uso do termo revolução no pensamento político. Diferentemente dessa tradição, porém, o movimento político conhecido como Revolução Americana não implicou na destruição de uma forma de governo. Pelo contrário, a Revolução Americana representou o culminar do princípio arendtiano do "novo começo", que foi instituído no pacto entre os peregrinos, celebrado ainda durante a travessia do Atlântico. Assim, a Revolução Americana foi a consolidação de uma tradição de horizontalidade e de soberania nas relações políticas que tem origem nas práticas políticas introduzidas em algumas das 13 colônias, em particular naquelas localizadas na Nova Inglaterra, durante os cem anos anteriores. Eis, portanto, o sentido que o termo "revolução" tem nesse episódio histórico particular.

O processo conhecido como Revolução Americana teve dois momentos principais: um primeiro, fortemente soberano, que levou à constituição dos artigos da Federação e que reforçou a soberania local. Nesse primeiro momento, a discussão fundamental que ocorreu nos Estados Unidos foi como manter uma tradição de forte identidade e soberania no nível local no processo de independência em relação à Coroa inglesa (Rehfeld, 2005). A relação entre as ex-colônias é entendida como uma relação pautada pelo direito natural e é negada a concepção de um governo nacional que tenha qualquer capacidade de interferir com os governos locais. Uma tradição local forte se desenvolve com algumas constituições estabelecendo importantes princípios de soberania local, como foi o caso da constituição da Pensilvânia. Nesse caso, a principal preocupação do legislador foi a de estabelecer uma intensa conexão entre os representantes e a população, através da diminuição do tempo de mandato para um ano e a formação de um conselho para avaliar o funcionamento da constituição (Gargarella, 2000). Essa tradição de radicalismo democrático com governos locais fortes e um governo nacional fraco entra em crise ainda na sua primeira década, devido à fraqueza econômica e política do governo nacional. Alexander Hamilton, em nome do estado de Nova York, em conjunto com outros líderes como James Madison, representando o estado da Virgínia, colocam a necessidade de uma nova convenção constitucional para formar um governo nacional que tivesse capacidade de formulação de uma agenda política para o país como um todo. Como afirmou Madison em carta a Thomas Jefferson: "É objeto de concordância geral que a União não pode ser assegurada no princípio da confederação de estados soberanos. Uma observação voluntária da legislação federal pelos estados não será nunca alcançada" (Ackerman, 1993, p. 193). Formou-se, portanto, um consenso entre as 13 ex-colônias acerca da necessidade de um governo nacional.

O processo de formação de uma constituição e de um governo nacional nos Estados Unidos foi muito menos consensual que aquilo que alguns autores clássicos — entre os quais vale destacar Hannah Arendt — argumentaram. A convenção constitucional se organizou sobre a sombra de três diferentes concepções de constitucionalismo:

uma defendida por Paine, uma defendida por Jefferson, e outra, pelos federalistas. A concepção defendida por Paine era a da Constituição como um consenso dos vivos. A ideia aqui é de que apenas os reinos dirigidos pela nobreza podem ter o passado enquanto fundamento do presente, ao passo que nas repúblicas democráticas, o presente é determinado pela opinião dos homens vivos. A concepção defendida por Jefferson era um pouco diferente da defendida por Paine e sustentava a necessidade de uma carta de direitos e defendia a ideia de que a forma de governo poderia estar além da vontade de gerações específicas, mas a Constituição deveria responder à vontade das diferentes gerações. Para Jefferson: "Uma geração é para a outra o que uma nação independente é para outra" (*apud* Holmes, 1988, p. 204). Ou seja, a ideia de perpetuação da vontade política é para Jefferson moralmente repugnante. Mas foi a ideia de Madison sobre o pluralismo e os limites do governo que prevaleceu no momento da elaboração constitucional americana. Para Madison o majoritarianismo de uma geração não constitui elemento suficiente para a revisão constitucional. Pelo contrário, segundo o autor, não deixa de ser útil para as gerações futuras o fato de elas já estarem pré-comprometidas com um certo arranjo constitucional (Holmes, 1988). O arcabouço madisoniano não só dificulta ao extremo o processo de revisão constitucional, tal como ele se materializou no artigo V da Constituição dos Estados Unidos, como também justifica tais limitações ao entender o pluralismo mais como uma ameaça do que como uma possibilidade de construção política.

Madison (Hamilton et al, 1963.) lança essa ideia com bastante clareza no assim chamado *Federalista número 10*, em que afirma que "a capacidade desigual de adquirir propriedades" e as "diferentes opiniões relativas à religião e ao governo" supõem uma pluralidade que pode levar os indivíduos a tentarem oprimir uns aos outros. O argumento do pluralismo na sua versão madisoniana não leva ao argumento do governo, mas sim ao argumento do constitucionalismo como pré-comprometimento das diversas gerações. Esse argumento que se tornou majoritário no processo de elaboração constitucional norte-americano supõe que é improdutivo e frequentemente, conflituoso, pedir a cada geração que revise os elementos consensuais na área dos direitos e do governo estabelecidos pelas gerações anteriores. Sendo assim, o modelo americano optou, inicialmente, por um governo nacional forte nas questões não limitadas pelo próprio constitucionalismo. Duas consequências principais se seguiram à elaboração do pré-comprometimento geracional imposto pela Constituição.

A primeira delas foi um processo muito difícil de geração de emendas constitucionais que fez com que o texto constitucional norte-americano fosse muito pouco mudado nos últimos duzentos anos. A Constituição norte-americana sofreu, em sua existência, vinte emendas, o que estabelece uma média de uma emenda a cada onze anos. Nesse sentido, é possível dizer que o modelo resultante da Revolução Americana é um modelo de "soberania autoextinguível", isto é, o povo é soberano para elaborar a Constituição, mas deixa de sê-lo no momento em que ela é promulgada. A extensão dos comprometimentos desse modelo apenas nos dias de hoje está sendo entendida plenamente.

Há ainda uma segunda consequência muito forte do processo de elaboração constitucional norte-americano: a geração de um processo de revisão constitucional. No mesmo momento em que se elaborou a Constituição norte-americana, emergiu o problema de como estabelecer uma relação de subordinação entre a legislação constitucional e a legislação ordinária, uma vez que, no processo cotidiano de legislação, um conjunto de questões acaba se relacionando com as determinações da Constituição. Esse problema teve origem ainda durante o debate entre os Federalistas, a partir de um texto de Hamilton a favor da revisão constitucional, mas se consolidou, de fato, nos primeiros anos do século XIX, durante a gestão de Marshall na Suprema Corte. A consolidação do processo de revisão constitucional foi consequência direta do conhecido caso Marbury *versus* Madison.

Nesse caso, relatado pelo próprio Marshall, a petição de William Marbury foi negada pela Suprema Corte, que considerou o estatuto no qual ele se baseava inconstitucional. Esse foi o primeiro caso no qual uma ação julgada pela Suprema Corte declarou inconstitucional um ato de outro braço ou ramo do governo e com isso estabeleceu um princípio de revisão dos atos do governo pelo Poder Judiciário (Ely, 1980, p. 8). Os dois princípios elaborados anteriormente, o da Constituição quase imutável e o da revisão constitucional declarando nulos atos do governo, estabelecem aquilo que podemos chamar do primeiro resultado da Revolução Americana. Uma Constituição quase imutável associada a um processo de revisão constitucional que estabelece, no entender de alguns autores, um processo de supremacia do Poder Judiciário. Essa é uma das interpretações possíveis, que, no entanto, não leva em conta um segundo momento do processo de formação dos Estados Unidos que foi a Guerra de Secessão, sem o qual não é possível entender os resultados da Revolução Americana.

A Guerra de Secessão constitui um episódio claro de crise constitucional, tanto da perspectiva da relação entre os poderes, quanto da perspectiva da relação entre o governo nacional e os estados. Da perspectiva da relação entre os diferentes ramos do governo, a Guerra de Secessão demonstra claramente os problemas de um processo constitucional que não facilita a revisão do documento e oferece poderes demasiados a órgãos não constituídos pela soberania popular. A decisão da Suprema Corte dos Estados Unidos conhecida como Dred-Scott expressa todos os problema da soberania limitada. Nela, a Suprema Corte impõe contra a soberania popular dois fatos: nega o pedido do demandante de origem negra de ter liberdade em estados onde não havia escravidão — refutando, portanto, a ideia de que indivíduos da raça negra tivessem direitos em quaisquer estados; e declara inconstitucional a legislação do Congresso conhecida como *Missouri Compromise*, que diferenciava estados escravocratas e não escravocratas determinando a supremacia do poder judicial nesse aspecto. Assim, a resolução Dred-Scott parece ser a efetivação mais problemática do modelo oriundo da Revolução Americana e, não por acaso, é considerado um precipitador da guerra civil nos Estados Unidos. Ao final da Guerra de Secessão foi então promulgada a emenda 14 da Constituição americana, sem a qual não é possível interpretar plenamente a Revolução Americana e o constitucionalismo nos Estados Unidos. Em seu artigo primeiro (que é conhecido como a "Cláusula da proteção igualitária"), a emenda 14 decreta que todas as pessoas nascidas nos Estados Unidos são cidadãos do país, que possuem imunidade e que não podem perder sua liberdade sem o devido processo legal. Assim, não só as legislações estaduais anteriores são declaradas nulas como também as decisões da Suprema Corte, em particular aquela conhecida como Dred-Scott. Não é possível entender o processo de formação constitucional norte-americana sem entender esse momento a partir do qual passou a haver proteção igual dos direitos dos cidadãos nos Estados Unidos. Só a partir daí é possível falar em constitucionalismo no seu sentido contemporâneo.

Não é difícil perceber que duas conclusões são possíveis em relação à Revolução Americana.

A primeira delas refere-se ao seu resultado como um arranjo constitucional que começa com a convenção da Filadélfia e termina com a decisão do caso Marbury. Nesse caso, os dois elementos fundamentais da formação do governo nos Estados Unidos seriam: o artigo V da Constituição, dificultando a elaboração de emendas e diminuindo fortemente a soberania popular; e a decisão da Suprema Corte ao estabelecer o princípio da revisão constitucional, consolidando, assim, a visão de Alexander Hamilton sobre a importância do Poder Judiciário na revisão dos atos legislativos. Essa é uma interpretação possível dos resultados da Revolução Americana que aponta na direção do interesse por um processo revolucionário cujo resultado consistiu em uma forte redução da soberania popular.

Há, no entanto, uma segunda interpretação possível que faz parte da chamada tese dualista defendida por Ackerman. De acordo com essa segunda perspectiva, está presente na Revolução Americana um processo dualista de relação entre os poderes. Para o autor, quando a Suprema Corte declara uma lei ou estatuto inconstitucional, o que ela faz na verdade é chamar a atenção dos indivíduos privados para o fato de que uma nova questão está posta para aquela geração e que cabe a ela redefinir a identidade coletiva dos cidadãos americanos (Ackerman, 1988, p. 192). Assim, o que teria ocorrido durante o período da Guerra de Secessão e durante o New Deal não teria sido uma ruptura com a Revolução Americana, mas sim a reinterpretação da própria revolução.

O resultado dessa reinterpretação é que tanto as gerações passadas quanto as gerações presentes têm direito à palavra no arranjo constitucional norte-americano. Pode-se, assim, dizer que, ao final da Revolução Americana, prevaleceram tanto a posição madisoniana, quanto a jeffersoniana, no sentido de que não só a interpretação da Constituição continua em aberto, mas também a iniciativa das novas gerações de proporem um "novo começo" tanto no seu sentido jeffersoniano quanto no seu sentido arendtiano.

### Referências bibliográficas

ACKERMAN, Bruce. "Neo-federalism". In: *In Elster and Slagstadt. Constitutionalism and Democracy.* Cambridge: Cambridge University Press, 1988.

_____. *We, the people.* Cambridge: The Belknap Press of Harvard University Press, 1993.

ELY, John. *Democracy and Distrust.* Cambridge: Harvard University Press, 1990.

GARGARELLA, Roberto. *The Legal Foundations of Inequality.* Cambridge: Cambridge University Press, 2010.

HAMILTON, et al. *The Federalists.* Nova York: New American Library, 1963.

HOLMES, Stephen. "Precomitment and the Paradox of Democracy". In: ELSTER & SLAGSTADT. *Constitutionalism and Democracy.* Cambridge: Cambridge University Press, 1988.

REHFELD, Andrew. *The Concept of Constituency.* Cambridge: Cambridge University Press, 2005.

# Revolução Francesa e constitucionalismo

*Newton Bignotto*

Quando os representantes dos diversos estratos sociais, vindos de todos os cantos da França, se reuniram na primavera de 1789 em Versalhes, para apresentar ao rei Luís XVI as reivindicações que haviam sido reunidas nos famosos *Cahiers de doléances*, eles não tinham ideia de que estavam prestes a participar de uma revolução que iria mudar para sempre não apenas a política da modernidade, mas também o pensamento jurídico. Assim, quando explodiram os acontecimentos que iriam abalar as estruturas do *Ancien Régime*, poucos sabiam medir o alcance do que estava acontecendo e a consequência de seus atos. Cabe lembrar que no momento de sua constituição a Assembleia não tinha por função reorganizar a vida institucional do país e representava muito mais o retrato das profundas divisões sociais que atravessavam a nação francesa que um corpo unido em torno de um projeto. O movimento que mudaria a história do Ocidente, que começara com queda da Bastilha, teve na noite do 4 de agosto de 1789 um ponto de inflexão quando a Assembleia Nacional Constituinte votou o fim dos privilégios seculares da nobreza e do clero e afirmou ser a nação constituída por indivíduos livres e iguais. Essa afirmação do caráter unitário da nação e o vislumbre de uma era de liberdade e igualdade não se dava, no entanto, em um terreno seguro e sem contradições. Se os deputados foram unânimes em apontar para o nascimento de um novo tempo com a destruição da sociedade feudal, a maneira de conduzir essas transformações, o aparato conceitual que deveria ser usado para orientá-los nessa tarefa, e mesmo que tipo de sociedade desejavam construir, foi uma fonte contínua de conflitos e tensões.

Na trajetória inicial do constitucionalismo francês podemos identificar pelo menos três momentos que serão decisivos para a criação de uma nova matriz jurídica no Ocidente.

O primeiro é aquele surgido com a Revolução de 1789 na Assembleia Nacional Constituinte. Palco de grandes debates sobre a criação da nova Constituição, e pela introdução de temas que farão parte da identidade do pensamento constitucional francês, ele foi marcado pela tentativa de dotar a França de uma Carta constitucional, que conservasse a monarquia e ao mesmo tempo afirmasse o princípio da soberania popular.

O segundo momento será aquele posterior à fuga do rei e ao fracasso da Constituição que fora promulgada em 1791, quando o desafio passou a ser o de escrever uma Carta adequada à república nascente. Tratava-se então de transcrever nas leis os novos valores defendidos pelos revolucionários e de reorganizar a vida da nação sem a figura unificadora do rei. Esse momento encontrará seus limites na experiência do Terror e vai se soldar pelo fracasso da tentativa de promulgar uma nova Constituição, fosse aquela apoiada pelos girondinos, fosse a redigida pelos jacobinos. Em 1794, ficou clara a dificuldade em se combinarem os desideratos do direito e aqueles da política na cena pública francesa, mas um longo percurso de ideias já havia sido feito e ele deixará uma herança coerente e fecunda para as futuras gerações.

O terceiro momento será aquele posterior ao *Thermidor*, quando a França terá finalmente uma Constituição que, no entanto, será devorada pelo aparecimento de Napoleão e de seu Império conquistador.

Nos três momentos citados observamos que o entrelace entre política e direito foi fundamental. Se podemos dizer que essa relação íntima entre as duas esferas determinou o fracasso francês em dotar o país de instituições estáveis nos anos posteriores à Revolução, podemos também observar que essa peculiaridade desvelou aos olhos da modernidade a verdadeira face do processo constitucional. Longe de se constituir num mero esforço técnico de transcrição de ideias na forma da lei, ele espelha a história viva de um povo e, por isso, não pode escapar da indeterminação própria à política.

Como não é possível refazer o longo caminho da formação do processo constitucional francês a partir da Revolução, ou mesmo antes dela, vamos procurar apontar os tempos fortes de cada um dos momentos referidos. É claro que estamos falando do início de um processo, que será acompanhado nos séculos seguintes por aportes teóricos e práticos de grande alcance, mas podemos dizer que os momentos iniciais do moderno constitucionalismo francês deixou marcas indeléveis na história jurídica de nosso tempo.

A Assembleia Constituinte foi palco de grandes debates e marcou o aparecimento na cena pública francesa de oradores e de homens políticos notáveis. Sieyès, Mirabeau, Camus, Barnave, Salle e tantos outros foram os atores de um momento revolucionário que tinha no horizonte a construção de uma nova forma política, mas também de uma forma de governo estável, que permitisse à França enfrentar os graves problemas que a atormentavam. Como já observou Timothy Tackett, os deputados eram originalmente ligados muito mais por sua identidade regional, e pelo fato de pertencerem a um dos estamentos representados na Assembleia, que por ideias comuns em torno da construção da nação. Nesse ambiente, no qual se misturavam crenças e convicções religiosas diferentes, alguns referenciais teóricos chamavam a atenção, embora seja enganoso imaginar que eles eram compartilhados por todos. O mais importante deles eram as ideias formuladas pelos pensadores iluministas como Montesquieu e Voltaire, e por filósofos como Rousseau.

De Montesquieu retinha-se sua teoria da balança dos poderes e seus elogios ao regime inglês, que aos olhos de muitos deputados era o modelo a ser seguido. Com Voltaire, aprendia-se o espírito de tolerância e a necessidade de se evitar o contágio do corpo político pelas disputas sem fim entre convicções religiosas diversas. Num momento rico de ideias e esperanças, Rousseau foi a grande referência conceitual para os deputados que deviam propor uma nova forma política para a França.

Embora seja exagerado supor, como mostrou Tackett, que todos tinham lido o pensador de Genebra ou estivessem de acordo com suas ideias, é certo que ele influenciou as mais diversas correntes de pensamento representadas na Assembleia Constituinte e ajudou a formular, em termos inovadores, os muitos problemas que atormentavam deputados que até então tinham como referência sua própria realidade regional e um conjunto de preconceitos que, na maior parte das vezes, apenas recordava suas origens sociais.

Nesse terreno aberto a muitas interrogações, o conceito de vontade geral teve um papel determinante. Desde o começo da vida da Assembleia Constituinte o problema da origem da lei e dos limites da soberania ocuparam o centro da cena política, sobretudo diante do fato de que a presença do rei criara um curioso problema para seus membros, que deveriam criar uma monarquia que já possuía um rei, como observou Marcel Gauchet, referindo-se a uma frase de um constituinte. A questão da origem da lei trazia junto com ela aquela da natureza da representação e da legitimidade do grupo de deputados encarregados de redigir as leis fundamentais da nação. Rousseau era para muitos o guia num momento no qual a tradição jurídica inteira do *Ancien Régime* parecia entrar em colapso. Essa presença se nota até mesmo no corpo das primeiras tentativas de encontrar uma redação apropriada para a *Declaração dos Direitos do Homem*, que em seu sexto artigo afirmava: "A Lei é a expressão da vontade geral." Entre o modelo defendido por deputados como Mounier, que acreditava que a nova Constituição nada mais deveria ser do que a reafirmação do poder do monarca contrabalançado pelo Poder Legislativo, e o modelo defendido por Sieyès, que afirmava a novidade radical da Constituição, mas insistia no papel dos representantes na formulação das leis fundamentais, acabou prevalecendo o modelo que Baker qualificou de rousseauista, que tinha no princípio da soberania da nação e na submissão do executivo à Constituição sua base de justificação.

Cabe lembrar que dentre os que se serviram do pensamento do genebrino, sem que estivesse de acordo com todos os pontos de sua doutrina, se encontrava Sieyès. O deputado, que se destacara no ano anterior à

Revolução por seu panfleto *O que é o terceiro estado,* no qual defendia a ideia de que a representação dos membros de um estado não podia estar calcada exclusivamente em critérios econômicos, ou em privilégios sem sentido, mas deveria levar em conta os interesses reais do estamento majoritário, foi também um ardoroso defensor da ideia de que a nação era um corpo unitário, constituído pela vontade de seus membros e que não tinha de reconhecer nenhuma instituição anterior ao momento de sua criação por meio da promulgação de um texto constitucional.

Embora não tenha sido capaz de dissolver os nós conceituais e práticos presentes no momento da redação da primeira Constituição francesa, a distinção feita por Sieyès entre o poder constituinte e o poder constituído ajudou a clarear a natureza do ato revolucionário, que pretendia estar na origem de uma nova forma política. Para o deputado, apenas o povo deveria guiar o poder constituinte, o que terminava por apontar para o aspecto controverso da representação, quando ela quer ser o ponto de partida de uma democracia. Essa contradição, que fora apontada por Rousseau, naturalmente desaparece quando se trata de analisar os poderes resultantes de um pacto original. Nesse caso, o poder é sempre derivado do ato primeiro e, por isso, admite várias formas de organização. Sieyès, porém, também soube reconhecer o impasse gerado pela associação entre vontade geral e democracia direta. Levada ao extremo, essa maneira de colocar o problema acabaria, segundo ele, por negar a possibilidade de que uma assembleia de representantes pudesse redigir uma Constituição em um país com a extensão territorial da França. Mesmo não tendo sido seguido por seus colegas, ele foi uma voz poderosa na primeira fase da Revolução e contribuiu de maneira decisiva para o pensamento constitucional francês.

Outra contribuição fundamental para a criação do pensamento constitucional francês foi o lugar atribuído aos direitos humanos. Ao longo dos primeiros anos da Revolução, os franceses foram confrontados a pelo menos três versões da *Declaração dos Direitos do Homem,* mas foi sem dúvida aquela votada em 26 de agosto de 1789 que forneceu a referência mais importante para o pensamento político. Desde os primeiros debates, ficou claro para muitos deputados que era preciso encontrar um assento para a nova ordem que nascia. A essa necessidade alguns, como La Fayette, recomendaram que os olhos se voltassem para a América e sua declaração dos direitos; outros, como Malouet, alertaram para o fato de que a história francesa era completamente diferente daquela dos povos novos e que seria impossível começar do zero. Ora, eram exatamente os fundamentos desse novo edifício que buscavam aqueles que, como Sieyès, souberam ver que na atitude dos monarquistas e dos conservadores se escondia a rejeição de aspectos fundamentais da Revolução. Num certo sentido, pouco importava o fato de que o caminho para a aprovação da primeira versão da *Declaração* tivesse sido sinuoso e que a versão final tenha refletido a divisão que atravessava a Assembleia Constituinte. Colocar no preâmbulo do texto constitucional uma declaração dos direitos e dos deveres dos cidadãos significava apontar para fundamentos da lei maior da nação que nada deviam ao direito divino ou mesmo ao direito consuetudinário. Reconhecer nos direitos humanos o ponto de partida de toda obra constitucional representou uma virada importante da modernidade cujo significado ainda não se esgotou.

O fracasso da Constituição de 1791, precedido pela fuga do rei, que mostrou claramente por seus atos que não pretendia de fato governar com as limitações que lhe foram impostas pelo texto redigido pela Assembleia Constituinte, mostrou, de um lado, a dificuldade do pensamento constitucional francês em conciliar as noções de vontade geral e de representação, e, de outro, a necessidade de se redigir um texto que preterisse a monarquia e afirmasse o regime republicano. Esse desafio foi, é claro, fruto dos acontecimentos, mas também o resultado de um processo que empurrou o povo francês para um terreno que muitos nem mesmo supunham existir, quando começaram os debates constitucionais em 1789.

O segundo momento da história constitucional moderna francesa encontrou em Condorcet um ator ao mesmo tempo bem informado e entusiasmado. Quando, na segunda metade do ano de 1792, ele se dedicou, junto com outros membros da *Convenção,* à árdua tarefa de redigir o texto da primeira Constituição republicana, já dedicara muitos estudos para esclarecer por meio do uso da matemática a dinâmica dos votos em sociedades democráticas e fizera grandes incursões, com a ajuda de Thomas Paine, na história da Revolução Americana. O texto, porém, que veio ser conhecido de forma um pouco incorreta como a Constituição girondina continha muito mais do que a memória do complexo processo de formação do pensamento político do pensador iluminista.

A proposta foi apresentada, no dia 15 de fevereiro de 1793, à *Convenção* por Condorcet. Acolhido de forma fria e até mesmo hostil, o projeto revelava em sua intricada redação o núcleo da concepção política de seu principal redator, baseada numa crença sem falhas no poder da razão. Escrita com grande rigor e dominada pela ambição de completude, ela esbarrou no fato de que naquele momento as lutas entre as facções já haviam contaminado inteiramente a cena pública francesa colocando as paixões no centro da arena política. No projeto de Constituição e em seus preâmbulos estão presentes elementos resgatados dos debates de 1789, como o elogio do sufrágio universal e também a afirmação do princípio de igualdade política entre todos os cidadãos. O pensador mostra que a liberdade política deve ser ao mesmo tempo uma proteção das liberdades individuais e uma garantia do direito de resistência em caso de violação dos direitos humanos. Condorcet mistura, em seu projeto, a crença na unidade da nação com a afirmação de que todo país ganha com a pluralidade de crença e de origem de seus habitantes. Por isso, toda república deve se erigir tendo a tolerância como referência para suas leis.

Dentre os muitos problemas tratados pelo pensador, merece destaque sua preocupação com a questão da revisão constitucional. Como mostrou Baker, a Constituição de 1791 encontrou seus limites em agosto de 1792 quando, não podendo ser revista em acordo com suas próprias determinações, viu-se em descompasso com a vontade popular, que optou por reabrir a brecha entre a Constituição e a Revolução. Condorcet afirma, no artigo 23 da Declaração preliminar de seu projeto, que: "um povo tem sempre o direito de reformar e de mudar sua Constituição. Uma geração não tem o direito de sujeitar às suas leis as gerações futuras" Do ponto de vista prático, ele sugeria que o texto constitucional deveria ser revisto a cada vinte anos. Confiante na razão e na perfectibilidade da natureza humana, ele sempre acreditou que não era necessário recorrer aos excessos revolucionários para conservar vivo o espírito que havia tornado possível a Revolução de 1789.

Os jacobinos escreveram uma página terrível da história constitucional francesa quando, ao criticarem violentamente a proposta de Condorcet e proporem uma nova Constituição, deixaram de lado o casamento necessário entre o direito e a política, para afirmarem a absoluta prioridade da ação revolucionária. Ao se negar a colocar em vigor uma Constituição (escrita por deputados ligados a eles para demonstrarem a incapacidade dos girondinos de interpretarem corretamente a vontade do povo francês), eles acabaram por negar a ligação entre Revolução e Constituição, que parecia para muitos atores revolucionários o único caminho para se concluir a obra revolucionária. Ao apelar para o povo como instância última de legitimação de todos os atos, eles acabaram deixando de lado a transcrição da vontade geral na forma das leis, para se lançarem na vertigem da revolução permanente, que só existia por meio das lutas contínuas entre os diversos grupos que reivindicavam o privilégio de falar em nome do povo.

O *Thermidor* pôs fim à loucura do Terror, que dominou a cena política francesa entre 1793 e 1794, mas deixou a França órfã de seus homens e de suas ideias. Alguns dos que sobreviveram, Madame de Stael dentre eles, compreenderam rapidamente que para evitar que o país regredisse ao estado anterior à Revolução era necessário dotá-lo de um texto constitucional, que consolidasse o muito que fora feito nos últimos anos para livrar a França de seu passado feudal, mas que evitasse os riscos decorrentes do estabelecimento de uma ditadura. Por isso, os membros da Convenção, que em 22 de agosto de 1795 promulgaram a Constituição, trataram de estabelecer uma rígida separação entre o Poder Executivo consubstanciado no Diretório de cinco membros e o Poder Legislativo, dividido em duas Câmaras. Ao mesmo tempo trataram de reintroduzir o voto censitário, que na prática privava do direito de participar minimamente da vida pública uma parte importante da população francesa. Na ânsia de fugir dos perigos representados pelo Terror, os convencionais acabaram retirando da Constituição muito de seus elementos mais inovadores. Assim não consta da declaração de direitos que precede o texto de 377 artigos, nem o direito ao sufrágio universal, nem o direito à insurreição, nem mesmo uma menção à soberania nacional. Na tentativa de evitar o pior, eles acabaram criando uma obra constitucional que em sua moderação e rigidez se mostrou uma presa fácil para um poder que despontava no horizonte e iria abrir um novo capítulo na história francesa.

### Referências bibliográficas

BACZKO, Bronislaw. *Politiques de la Révolution Française.* Paris: Gallimard, 2008.
BADINTER, Elisabeth; BADINTER, Robert. *Condorcet. Un Intellectuel en politique.* Paris: Fayard, 1988.
CONDORCET. *Mathématique et société.* Paris: Hermann, 1976.
COUTEL, Charles (org.). *Politique de Condorcet.* Paris: Payot, 1996.
FURET, François; HALEVI, Ran (orgs.). *Orateurs de la Révolution Française.* Paris: Gallimard, 1989.
FURET, François; OZOUF, Monas. *Dictionnaire critique de la Révolution Française.* Paris: Flammarion, 1992, 4 vols.
GAUCHET, Marcel. *La Révolution des pouvoirs.* Paris: Gallimard, 1995.
GUENIFFEY, Patrice. *La Politique de la Terreur.* Paris: Gallimard, 2000.
ROSANVALLON, Pierre. *Le Sacre du citoyen.* Paris: Gallimard, 1992.
SIEYÈS, Emmanuel-Joseph. *Écrits politiques.* Paris: Éditions des Archives contemporaines, 1994.
TACKETT, Timothy. *Par La Volonté du peuple.* Paris: Albin Michel, 1997.
VOVELLE, Michel. *Jacobinos e jacobinismo.* Bauru: Editora da Universidade do Sagrado Coração, 2000.

# Constitucionalismo latino-americano

*José Maurício Domingues*

É comum pensar-se a modernidade aportando à América Latina como mera reprodução, cópia, imperfeita imitação, daquilo que ocorria na Europa e nos Estados Unidos, no Ocidente, em suma. Não há dúvida de que este subcontinente surgiu no processo de expansão daquelas formações sociais, que desdobravam processos históricos de longa duração que vieram a desaguar na civilização moderna, e que seu impacto sobre as Américas do Sul e Central é muito superior ao que ocorre em sentido inverso. Esses continentes participam desde o início da aventura da modernidade, com contribuições próprias, diretas ou indiretas, a seu desenvolvimento.

Isso é evidente na discussão do constitucionalismo, em que o subcontinente se faz presente coetaneamente ou até mesmo de modo pioneiro em relação ao Ocidente. Isso se patenteia em sua participação no que Aguilar Rivera chamou de "experimento constitucional atlântico", na virada do século XIX para o XX, bem como no surgimento das "constituições sociais" do século XX, das quais a mexicana de 1917 foi absolutamente pioneira. Isso é verdade também no que se refere a uma inflexão segundo a qual as particularidades, sobretudo dos "povos originários", porém também de populações afrodescendentes da região, foram reconhecidas constitucionalmente, em consonância com o que se passava em outras áreas do mundo, na virada do século XX para o século XXI. Ao mesmo tempo, os elementos daquelas duas primeiras fases do constitucionalismo foram retidos — ainda que um tanto transformados — em articulação estreita com a questão da cidadania e de sua ampliação, não obstante uma ofensiva neoliberal tenha sido deslanchada no mesmo período. Alguns desses últimos textos manifestam ademais uma atenção específica para a relação da sociedade com a natureza. Esse processo em seu conjunto relaciona-se à sucessão de três fases que marca a evolução da modernidade.

As independências, ocorrendo no espírito da época — do Iluminismo, da independência dos Estados Unidos, a Revolução Francesa, a ascensão constitucional na Espanha, com as cortes reunidas em Cádiz —, não poderiam senão responder aos impulsos intelectuais e políticos que se destacavam no novo imaginário, os quais tinham internamente seus próprios representantes. Esses não eram, entretanto, homogêneos, indo do republicanismo radical, por vezes realmente democrático, a formas conservadoras monárquicas, ainda que de modo geral todas as suas correntes fossem constitucionalistas, salvo exceções e uma prática bem mais matizada, ao arrepio dos textos constitucionais, visando a garantir ordens variadas e com frequência opostas que servissem aos diversos setores em luta.

As primeiras cartas promulgadas, na Venezuela, em Nova Granada e no Chile, (1811-1812) eram basicamente liberais, com a separação de poderes e a garantia em princípio dos direitos civis individuais, com destaque para a propriedade privada, e políticos (via de regra, restritos censitariamente). Introduziram assim o que se pode chamar de "abstrações reais" na conformação da instituição individualista básica sobre as quais descansa o Estado moderno, a cidadania. Buscavam também enfraquecer o Poder Executivo. Essas cartas foram derrotadas pelos conflitos internos nesses novos países, fenômeno que de resto se repetiria e contribuiria, na ausência de mecanismos institucionais adequados à resolução de conflitos, para a implosão do sistema constitucional, polarizado, é claro, por interesses e entendimentos distintos do que seria um projeto de construção da nação. A decisão pelo centralismo ou pelo federalismo foi um dilema que acossou todas essas experiência ao longo dos anos. Se inicialmente o segundo triunfou na prática, ao fim, foi o primeiro modelo que acabou por ser consolidado. A Constituição de Cádiz, que visava, nos quadros de um sistema centralizado, a limitar o poder constitucional do monarca, teve grande influência na maioria dos experimentos que se seguiram aos anos iniciais da independência, com sentido contrário, contudo, uma vez que visava a fortalecer o executivo, em detrimento das tendências centrípetas do período anterior. Isso ocorreu da Argentina ao México ao longo dos anos de 1820 e 1840. Poderes extraordinários eram, porém, em geral conferidos ao presidente, com a justificativa do enfrentamento de crises graves, o que dava espaço a uma ruptura com os princípios liberais que essas cartas consagravam.

A inclinação de Bolívar pelo modelo napoleônico de constituição não se traduziu em experiência vitoriosa, a despeito de algumas tentativas na região andina entre as décadas de 1820 e 1840, talvez porque lembrasse demais a própria ideia de monarquia, com presidentes poderosíssimos e senados vitalícios, que o liberalismo das independências e de boa parte dos núcleos dirigentes locais havia de modo geral recusado. Em contrapartida, a província argentina de Santa Fé elaborou e implantou uma constituição, em 1819, que pioneiramente instituiu o princípio do sufrágio universal, configurando um projeto republicano federativo que reagia, entre outras coisas, à constituição unitária promulgada em Buenos Aires naquele mesmo ano.

Algumas correntes de fato propugnaram monarquias constitucionais, a serem chefiadas por príncipes europeus, na Argentina (1814-1818) e no Chile (1818), e tardiamente no México (1864-1867), único lugar onde o projeto fora levado de fato à prática e definitivamente desmoralizado. A exceção à regra no subcontinente é dada, obviamente, pelo Brasil, cuja unidade foi mantida e onde, a despeito de movimentos republicanos e separatistas importantes na área da antiga colônia portuguesa — em particular a Confederação do Equador (1824) —, uma continuidade com a família real se verificou: após dissolver a Assembleia Constituinte de 1823, Dom Pedro I outorgou a Constituição de 1824, que seria vigente até o fim do Império. Concretiza-se aí, sob a inspiração de Benjamin

Constant, um mecanismo que também aquelas constituições hispano-americanas perseguiam: a instauração do "poder moderador", a ser desempenhado pelo monarca. Em 1889, o Brasil proclamava sua república, juntando-se aos outros países latino-americanos no que dizia respeito às formas de governo e às renovadas tensões, camufladas no período anterior, entre o centro político e as demais regiões do país.

De uma forma ou de outra, essas constituições, que faziam parte de um experimento moderno de alcance mais amplo, corresponderam ao que se pode classificar como a primeira fase da modernidade. Essa era liberal, mas restrita, no Ocidente, fazendo-se ainda mais restrita na América Latina, uma vez que o acesso à cidadania era extremamente limitado e a própria vida social, que em muitas partes incluía a escravidão e de forma geral calcava-se em formas de dominação pessoal, pouco tinha de liberal. Nesse cenário, a Igreja católica (excetuadas algumas situações marcadas por movimentos fortemente anticlericais em países como o México, por exemplo) foi reconhecida por esses textos constitucionais como religião de Estado, embora a liberdade de culto fosse também declarada — no Brasil imperial, optou-se pela manutenção do sistema do padroado de origem colonial. Por outro lado, essas constituições presidiram, com longevidade variada, o desdobramento da modernidade e seu enraizamento social em todo o subcontinente latino-americano, com o avanço do mercado e uma maior (ainda que incompleta) secularização do Estado, sob a crescente influência do ideal positivista.

Politicamente, o século XX se inicia na América Latina com a Revolução Mexicana de 1911. Ela dará origem a um documento constitucional mais uma vez extremamente inovador, anterior inclusive à Constituição da República de Weimar de 1919. Inaugurava-se, em um pioneirismo de escala mundial, o que se convencionou chamar de "constitucionalismo social", cujas demandas já impulsionavam a derrota da Revolução Europeia de 1848. Assim, a Constituição mexicana de 1917 incluiu direitos trabalhistas e sociais inéditos em todo o mundo, introduzindo dispositivos voltados especificamente para a realização da reforma agrária, em termos constitucionais, com uma relativização do direito absoluto à propriedade privada (ademais de ser anticlerical). Ao longo de boa parte do século XX, as cartas latino-americanas incluíram esses direitos e assumiram a face do constitucionalismo social, embora a questão agrária seguisse muito mais controversa. Todas elas, a começar pelo México, incluíram fortes elementos nacionalistas, em especial no que tange aos recursos naturais e ao subsolo. A Argentina realizou ampla reforma constitucional nesse sentido, promovida por Perón em 1949, ao passo que o Brasil já abraçara aquela variante com sua democrática Constituição de 1934, com a ditatorial, "outorgada" por Vargas em 1937, e mais uma vez com a redemocratizadora Constituição de 1946. Esses dois novos traços constitucionais se incluíam nos quadros de uma intervenção muito mais intensa do Estado na vida social e econômica de cada país, com o que se caracterizava a segunda fase da modernidade. Ela se cristalizou em todo o mundo como estatalmente organizada, salientando-se ainda a ampliação de direitos e uma maior integração social, o que assumiu características próprias na América Latina.

Foi a Constituição de 1934, no Brasil, que experimentou diretamente novas formas de representação, vinculadas então ao corporativismo. A representação profissional e sindical ganhava assim um caráter coletivo, em paralelo à manutenção do voto individual em representantes diretamente eleitos. Tratava-se de uma inovação e de uma experiência também inédita internacionalmente, que pouco durou e que é hoje em dia criticada, embora o tema marcasse de modo geral o período — pelo menos tanto quanto se caracterizava como herança colonial ibérica neotomista, como querem alguns. Se a Constituição de 1937 previa tais arranjos mais limitadamente (que, aliás, nunca se concretizaram), com a Constituição de 1946, incluía-se a representação dos trabalhadores somente naquilo que especificamente dizia respeito ao funcionamento dos institutos trabalhista e previdenciário. Nos outros países latino-americanos o corporativismo manteve-se preso à legislação infraconstitucional (processo que vem retornando tênue e informalmente a partir dos anos 2000).

A Constituição cubana de 1976 é uma exceção na região, sendo seu único exemplar socialista real, e consagrando o constitucionalismo social, o socialismo estatal e o nacionalismo, bem como o papel diretor do Partido Comunista e a centralização do poder. Trata-se de uma expressão radicalizada do estatismo da segunda fase da modernidade. É importante lembrar que o documento foi reformado, em 1992, abrindo espaço para certos tipos de propriedade privada.

Já a virada do século XX para o século XXI testemunhou novas alterações nas formas constitucionais, ou ao menos acréscimos aos elementos já contidos nas cartas anteriores. A Colômbia, com seu sistema liberal estiolado, acabou cedendo a um novo processo constituinte. De forma mais ampla, foram as sucessivas derrotas das ditaduras militares, que assolaram a região, o que levou, em particular no Cone Sul, à produção de novas constituições, impulsionando um movimento mais amplo e abarcando toda a região andina, onde os povos originários afirmaram-se politicamente e imprimiram suas marcas em novas cartas magnas. Se bem que cada um desses processos tenha suas próprias características e dinâmicas, todos eles se incluem na "revolução molecular democrática", que implicou mudanças na forma de pensar, fazer e institucionalizar a política na América Latina, assim como deu expressão a uma crescente complexidade e a um pluralismo social. Se o Chile teve de conviver com e simplesmente reformar a Constituição de 1981, outorgada pelo general Pinochet, da qual ainda restam entulhos autoritários, a Constituição democrática de 1988, no Brasil, de tipo "inspiracional", ou seja, que projeta para o futuro muitos dos direitos e garantias contidas em seu texto, encontra símiles em toda a região. Isso é verdade, por exemplo, no que tange à Constituição bolivariana promulgada na Venezuela, em 1999, ainda mais nacionalista, presidencialista e centrada no Estado (que o próprio Chávez quis radicalizar, ademais aumentando seus poderes, sem sucesso, uma década depois). As três gerações de direitos mais conhecidas — civis, políticos e sociais — são asseguradas em todas elas, inclusive naqueles países que meramente restauraram suas antigas constituições ou mais uma vez as reformaram, caso da Argentina, em que a democratização reinstitucionalizou em sua plenitude a Constituição de 1853. Isso se fez contra a ofensiva transformista neoliberal, que gostaria de impedir que certos direitos sociais vingassem — na prática, frustrando sua concretização que se conformou em objeto de disputa desde então. Novas formas de representação, baseadas em conselhos, surgiram também na Constituição de 1988, no Brasil. A face emancipatória da modernidade se afirmou nesse processo de longa duração, que se desdobrou desde os anos 1970.

Em função, em particular, de processos internos de pluralização do tecido social — implicando identidades novas e múltiplas — conjugados a outros, que atravessam as fronteiras nacionais mediante mobilizações políticas e a circulação de informações e elementos imaginários, simbólicos, uma nova configuração se estabeleceu nos quadros da terceira fase da modernidade. Processos de longo prazo, que encontraram expressão política em movimentos sociais indígenas e de afrodescendentes, introduziram nas Cartas brasileira (1988), colombiana (1991) e, sobretudo, equatoriana (2008) e boliviana (2009) direitos coletivos atinentes a descendentes de quilombolas, negros em situações diversas e, especialmente, comunidades indígenas originárias, além de trazerem a questão do meio ambiente para o âmbito do debate e dos arranjos constitucionais, implicando com isso novas gerações de direitos — ainda difusos, no caso do último tema mencionado. É correto ver nisso fundamentalmente uma "atenuação do liberalismo", que, entretanto, se mantém sobejamente hegemônico. Outros querem detectar, em especial no caso do Equador, com fortes esperanças, mas ainda de todo modo com poucas consequências práticas, uma institucionalização de formas de pensar que iriam além do "multiculturalismo" — presente em todas as Américas e no mundo como um todo, inclusive nas políticas neoliberais do Banco Mundial e em processos como os que levaram às reformas da Constituição boliviana em 1994. Mover-nos-íamos assim rumo a uma concepção "intercultural" em que as visões de mundo dos povos originários atravessam a nova carta constitucional, expressando-se em especial numa ideia de "bem viver" que romperia com o racionalismo explorador da natureza, que estaria nas raízes da civilização moderna ocidental. Em outros países, modificações semelhantes tiveram lugar, mantendo-se, contudo, por vezes no plano da legislação infraconstitucional. Some-se a isso que, ainda quando certos países tiveram seus processos de democratização bloqueados, como se trata por antonomásia do caso do México, o papel das supremas cortes de justiça ampliou-se sobremaneira dentro dos quadros da judicialização geral da política e da vida social que o subcontinente compartilha com outras regiões do mundo, em particular o próprio Ocidente.

Vimos, portanto, a América Latina solidária e contemporânea nos processos sociais e constitucionais nas diversas fases da modernidade. Vimos também que, malgrado modificações por vezes decisivas, com certos traços emprestando a cada época sua tonalidade dominante, os sucessivos elementos que os agentes sociais vão constitucionalizando se somam e imbricam, com uma dinâmica própria, bem como em diálogo com o Ocidente. Originalidade e universalidade claramente se manifestam na participação da América Latina no empreendimento constitucional moderno.

## Referências bibliográficas

AGUILAR RIVERA, José Antonio. *En pos de la quimera. Reflexiones sobre el experimento constitucional atlántico*. México: Fondo de Cultura Económica e CIDE, 2000.

CONSTITUTIONS/CONSTITUCIONES POLÍTICAS. http://pdba.georgetown.edu.

DOMINGUES, José Maurício. *A América Latina e a modernidade contemporânea. Uma interpretação sociológica*. Belo Horizonte: Editora UFMG, 2009.

MOTA, Aurea. "A Nova Constituição Política do Estado boliviano. Antecedentes históricos, conteúdo e proposta analítica". In: DOMINGUES, José Maurício et al. (org.). *A Bolívia no espelho do futuro*. Belo Horizonte: Editora UFMG, 2009.

GARCÍA VILLEGAS, Maurício. "El derecho como esperanza: constitucionalismo y cambio social en América Latina, con algunas ilustraciones a partir de Colombia". In: UPRIMMY, Rodrigo et al. (org.). *¿Justicia para todos? Sistema judicial, derechos sociales y democracia en Colombia*. Bogotá: Norma, 2006.

OLIVEN, Ruben George et al. *A Constituição de 1988 na vida brasileira*. São Paulo: Hucitec, 2008.

SAFFORD, Frank. "Política, ideologia e sociedade na América Espanhola do pós-independência". In: BETHELL, Leslie (org.). *História da América Latina. Da independência até 1870*. São Paulo: Edusp, 2004.

SAYEG HELÚ, Jorge (org.). *El constitucionalismo social mexicano. La integración constitucional de México (1808-1988)*. México: Fondo de Cultura Económica, 1991.

WALSH, Catherine. O interculturalizar da nova Constituição equatoriana. *Revista de Doutrina da 4ª. Região*, nº 31, 2009.

# Cortes constitucionais

*Rogério Bastos Arantes*

Democracias que não confiam plenamente no governo do povo contam com mecanismos extraparlamentares de revisão e controle das leis e atos normativos governamentais. Cortes constitucionais representam o mais importante mecanismo contramajoritário de fiscalização e controle nas modernas democracias constitucionais. Se nos primórdios do Estado liberal, a Suprema Corte dos Estados Unidos era um exemplo isolado na paisagem política, hoje a maioria dos regimes democráticos conta com alguma forma de controle externo ou de revisão judicial das leis.

O controle das leis por uma corte constitucional supõe a superioridade da Constituição em relação à legislação produzida pelo Parlamento e aos atos normativos dos demais poderes. Tome-se como exemplo a Inglaterra, onde a ausência de um documento formal de caráter superior digno do nome de constituição torna absolutamente sem sentido a existência de uma corte constitucional. De fato, por lá, a supremacia é do Parlamento, e não há forma de controle externo das leis produzidas no palácio de Westminster.

Todavia, a Inglaterra pode ser considerada uma ilha de democracia majoritária circundada de democracias constitucionalizadas e dotadas de mecanismos de revisão das leis. O declínio do princípio da soberania parlamentar e a ascensão do constitucionalismo e da ideia do governo limitado caracterizaram as reformas políticas do século XX (Ginsburg, 2003)[1]. De acordo com Hirschl (2004), foram seis as grandes fases ou cenários de constitucionalização de regimes políticos e de incorporação da revisão constitucional ou judicial das leis no período posterior à Segunda Guerra Mundial. A primeira ocorreu em meio à "onda da reconstrução" dos países derrotados, quando Japão, Itália e Alemanha foram instados a adotar novas constituições e a criarem cortes constitucionais como formas de assegurar a democracia liberal e de evitar futuras recaídas autoritárias. No processo de descolonização que também se seguiu à Segunda Guerra, tivemos o segundo cenário no qual a independência de países como a Índia veio acompanhada da adoção daqueles mesmos mecanismos. Países africanos independentes como Ghana (1957), Nigéria (1959) e Kenya (1960) foram estimulados a incorporar dispositivos da European Convention on Human Rights (1950) ao estabelecerem seus novos sistemas legais e políticos. O terceiro cenário é chamado por Hirschl de "transição singular", pela qual países autoritários ou quase democráticos estabeleceram novas democracias a partir dos anos 1970 — no sul da Europa: Grécia (1975), Portugal (1976), Espanha (1978); na América Latina: Nicarágua (1987), Brasil (1988), Colômbia (1991), Peru (1993), Bolívia (1994); e na África do Sul houve a inclusão de uma "Bill of Rights" como parte integrante de novas constituições, assim como o estabelecimento de alguma forma de revisão judicial e de controle constitucional das leis. O quarto cenário é representado pelos países pós-comunistas nos quais houve uma "transição dual", de regime político e de sistema econômico. As mudanças rumo a um modelo ocidental de democracia e de economia de mercado incluíram a criação de cortes constitucionais na Polônia (1986), na Hungria (1989-90), na Rússia (1991) e a introdução da revisão judicial das leis nas repúblicas Checa e Eslováquia (1993). O quinto cenário está ligado à "incorporação" de padrões internacionais ou transnacionais de direitos humanos pelo ordenamento jurídico doméstico em democracias consolidadas. Os casos mais importantes destacados

---

[1] Segundo Ginsburg (2003), 72 países que transitaram para a democracia a partir dos anos 1980 adotaram alguma forma de revisão judicial ou de corte constitucional. (N. A.)

por Hirschl — Dinamarca, em 1993, Suécia, em 1995, e o Reino Unido, em 1998 — foram aqueles que incorporaram, mesmo que tardiamente, elementos da European Convention on Human Rights. Por fim, o autor reúne exemplos residuais sob a rubrica de "transição não aparente", isto é, não precedida ou acompanhada de mudanças fundamentais no regime político ou econômico: a Suécia adotou a revisão judicial das leis, em 1979, e o México, em 1994; Canadá, Nova Zelândia e Israel, também exemplos de democracias apoiadas em parlamentos fortes, adotaram cartas de direitos em 1982, 1990 e 1992, respectivamente, reforçando sobremaneira a possibilidade de controle constitucional das leis.

Essa extraordinária e massiva transferência de autoridade das instituições políticas representativas para o Judiciário e/ou cortes constitucionais pode ser interpretada de duas maneiras básicas. A primeira, de caráter mais normativo, atribui sentido positivo a essa transferência, associando-a à descentralização e domesticação do poder político, seja em novas democracias, seja em democracias consolidadas. Constitucionalizar direitos e criar/fortalecer mecanismos de controle constitucional seriam formas de aperfeiçoamento da democracia contra a velha tendência de tirania das maiorias legislativas e/ou de poderes executivos hipertrofiados. A segunda maneira, própria de uma ciência política de orientação realista, questiona por que os políticos teriam interesse em transferir a autoridade para instâncias não parlamentares e não executivas de poder, como as cortes constitucionais, e também em reduzir sua discricionariedade por meio da constitucionalização de direitos. Diferentemente da primeira abordagem, essa segunda apela para o caráter estratégico do comportamento das elites políticas e busca construir explicações baseadas na ideia de delegação de poder motivada por interesse próprio.

Para autores dessa segunda perspectiva, a decisão de constitucionalizar direitos e de transferir autoridade a cortes constitucionais guarda relação com o quadro de forças políticas do momento constituinte e com as expectativas dos diversos partidos em relação ao futuro. Para Ginsburg (2003), processos de elaboração constitucional caracterizados por fragmentação política levarão os atores a adotarem um sistema de controle constitucional forte e acessível, o qual ele denomina de *insurance model*.

Transferir poder a juízes e tribunais representa um custo para as elites políticas, mas elas preferirão esse tipo de "seguro" se os custos prováveis de perdas eleitorais futuras lhes parecerem maiores. De fato, o momento constituinte representa uma oportunidade excepcional de barganha entre atores, envolvendo não apenas seus interesses imediatos, mas também suas projeções sobre sua condição política futura. A constitucionalização de preferências e a adoção de uma corte constitucional para a sua salvaguarda futura podem facilitar a negociação e a aprovação da nova Constituição em contextos de fragmentação política. Knight (2001) desenvolveu um modelo teórico muito convincente, capaz de demonstrar como as expectativas políticas em relação ao futuro são capazes de induzir no presente as escolhas dos *constitution-makers* sobre: o grau de detalhamento a que deve chegar um texto constitucional; a maior ou menor dificuldade de emendamento constitucional; e o escopo e o grau de acesso da revisão judicial das leis. Voltando mais uma vez a Hirschl (2004), talvez o mais radical dos autores realistas, o fenômeno da *juristocracy* em países como Canadá, Israel, Nova Zelândia e África do Sul não seria reflexo de uma transformação genuína e positiva da política, mas produto do jogo estratégico de elites políticas, econômicas e judiciais interessadas em assegurar sua hegemonia, preservar direitos de propriedade e aumentar seu poder de influência na esfera nacional e até mesmo internacional.

Em poucas palavras, a ampla transferência de autoridade para o Judiciário e para cortes constitucionais não deve ser tomada facilmente como um natural e progressivo desenvolvimento da democracia, mas deve ser examinada também à luz da interação estratégica entre elites interessadas em se proteger da incerteza futura que a própria política democrática acarreta.

## Sistemas comparados

Revisão judicial e controle constitucional das leis não são a mesma coisa e remontam a experiências históricas e a sistemas institucionais bastante distintos. A primeira tem origem nos Estados Unidos, país que confiou ao Judiciário a missão da *judicial review*. O segundo tem origem no continente europeu e afasta-se da solução judicial, entregando a missão de controle das leis a uma corte constitucional quase sempre situada num ponto independente dos três poderes.

O sistema americano é chamado de *difuso*, uma vez que todos os juízes que integram o Poder Judiciário têm capacidade para revisar a constitucionalidade de leis e atos normativos, no julgamento de casos judiciais concretos. Em contrapartida, os efeitos da decisão judicial recaem apenas sobre as partes que figuram no processo. Nesse sistema, também conhecido como *descentralizado*, a lei não é objeto de decisão judicial nem é examinada abstratamente. O Judiciário não tem essa prerrogativa tão ampla e seu papel se restringe a preservar ou promover direitos no julgamento de casos individuais. Eventuais conflitos entre a lei e a Constituição não são levados diretamente à última instância do Judiciário, mas lá apenas ingressam pela via dos recursos oriundos das instâncias inferiores. Não há, portanto, um mecanismo de ação direta de inconstitucionalidade nesse sistema. Os Estados Unidos constituem o exemplo paradigmático deste modelo. A Suprema Corte americana só se destaca como guardiã da Constituição graças à força vinculante de sua jurisprudência e ao caráter terminativo prático de suas decisões, mas é importante destacar que ela não pode ser acionada diretamente por atores políticos e não detém o monopólio da interpretação constitucional das leis, dividindo-o com as diversas instâncias do Judiciário.

Se a experiência americana refletiu historicamente o receio da "tirania da maioria" legislativa, a experiência de países da Europa ocidental foi marcada pelo receio do "governo dos juízes" e por isso ali o Judiciário não adquiriu o papel de *judicial review*. Por outro lado, o sistema europeu é mais explícito ao reconhecer a necessidade de uma instância capaz de controlar a constitucionalidade das leis e não apenas revisá-la judicialmente no julgamento de casos individuais. Assim, o controle constitucional é monopólio da corte constitucional e por isso esse sistema é chamado de concentrado. Ao contrário do modelo difuso, a corte tem competência para julgar a própria lei, provocada por ação direta de inconstitucionalidade. Nessa forma de controle abstrato, a decisão tem efeito *erga omnes* (contra todos). Na maior parte do continente, os juízes não podem invalidar ou se recusar a aplicar as leis. Certas constituições estabelecem expressamente essa proibição e há códigos penais que preveem o crime de prevaricação para magistrados que a transgredirem. Em poucas palavras, nesse sistema a magistratura comum não detém qualquer jurisdição sobre a Constituição e o direito constitucional está apartado da hierarquia das leis que os juízes estão obrigados a aplicar (Stone Sweet, 2000). A formulação inicial do modelo concentrado foi feita pelo renomado jurista Hans Kelsen e aplicada pela primeira vez na Áustria (em 1920), seguida posteriormente pela Alemanha e pela Itália, logo após a Segunda Guerra Mundial. Dentre os países da "terceira onda da democratização", Portugal e Espanha seguiram o mesmo caminho e, mais recentemente, também as novas democracias do leste europeu. É importante destacar que as cortes constitucionais não integram necessariamente a estrutura judiciária nem se confundem com os tribunais de última instância do Judiciário, a forma de indicação de seus ministros é mais politizada e seus integrantes costumam ter mandatos fixos, apesar de mais alongados do que os mandatos eletivos.

Revisão judicial e controle constitucional num só lugar: Brasil

A Constituição de 1988 nos legou um amplo e acessível sistema de *judicial review* e de controle constitucional das leis. As origens de nosso sistema remontam à primeira Constituição republicana de 1891 que, inspirada no modelo americano, acolheu o princípio da revisão judicial das leis pelo Judiciário. Em outros trabalhos (Arantes 1997; 2005; 2007) demonstrei como as constituições posteriores vieram, pouco a pouco, combinando elementos dos modelos *difuso* e *concentrado* até que a Carta de 1988 consolidou um sistema *híbrido,* bastante singular no quadro da política comparada. Nosso sistema não é apenas difuso porque contamos com mecanismos de ação direta perante o Supremo Tribunal Federal (STF), capazes de acionar o controle abstrato de leis e atos normativos. Desse ponto de vista, o STF é quase uma corte constitucional.

O sistema também não é apenas concentrado porque o STF não detém o monopólio da declaração de (in)constitucionalidade, dividindo essa competência com os juízes e tribunais inferiores de todo o país, que, se não chegam a anular a lei por meio de suas decisões, podem afastar sua aplicação em casos concretos. Recursos extraordinários podem levar a questão constitucional até o STF, que, nesse caso, atuará como órgão de cúpula do Judiciário e suas decisões valerão apenas para as partes concretamente envolvidas. O mais curioso do caso brasileiro é que até a reforma constitucional do Judiciário em 2004, as decisões do STF — diretas ou na forma de recurso — não tinham força vinculante sobre as instâncias inferiores do Judiciário. A Emenda Constitucional nº 45/2004 veio corrigir parcialmente essa característica leporina do sistema brasileiro ao facultar ao STF a edição de súmulas de efeito vinculante sobre as demais instâncias do Judiciário e sobre a administração pública.

Além da descentralização própria do modelo difuso, o sistema híbrido brasileiro tornou-se extremamente acessível também pela via direta, na medida em que a Constituinte de 1987-88 ampliou de um para nove os tipos de agentes legitimados a fazer uso da Ação Direta de Inconstitucionalidade (ADI) perante o STF[2]. Antes restrita ao procurador-geral da República, a lista de agentes legitimados a propor ação direta tornou-se uma das mais amplas do mundo, o que está de acordo com as hipóteses de Knight (2001) e de Ginsburg (2003) sobre a adoção de mecanismos de *judicial review* e de controle constitucional com amplo escopo e alto grau de acessibilidade em contextos constituintes marcados por dispersão de poder e por alta fragmentação política, como foi o brasileiro de 1987-88.

A ampliação do acesso ao STF e o fortalecimento do papel político do Judiciário, em 1988, foram comemorados como medidas democratizantes, ao lado da promulgação de uma constituição pródiga em direitos e marcada pelo signo da cidadania (Vianna et al., 1999; Vianna

---

[2]Segundo o art. 103 da CF/88, em versão atualizada pela EC nº 45/2004, são eles: I — o presidente da República; II — a mesa do Senado Federal; III — a mesa da Câmara dos Deputados; IV — a mesa da Assembleia Legislativa ou da Câmara Legislativa do Distrito Federal; V — o governador de estado ou do Distrito Federal; VI — o procurador-geral da República; VII — o Conselho Federal da Ordem dos Advogados do Brasil; VIII — partido político com representação no Congresso Nacional; IX — Confederação sindical ou entidade de classe de âmbito nacional (*N. do A.*).

# DIMENSÕES POLÍTICAS DA JUSTIÇA

**Principais Autores (% de cada um no total de ADIs)**

## Atores políticos e da sociedade

### Quadrante superior esquerdo — Competição Política (12%)

*Políticas mais questionadas:*
- Administração Pública (49,5%)
- Competição Política (12%)
- Política Tributária (10,2%)

*Alvos preferenciais:*
- Executivo Federal (32,7%)
- Legislativo Federal (23,8%)
- Legislativo Estadual (26,5%)

**Partidos políticos (19,8%)**

### Quadrante superior direito — Regulação da Sociedade Civil (11,2%)

*Políticas mais questionadas:*
- Política Social (3,3%)
- Regulação da Sociedade Civil (11,2%)
- Administração Pública (66,1%)

*Alvos preferenciais:*
- Executivo Estadual (3,3%)
- Legislativos Estaduais (86,6%)
- Política Tributária (13,9%)
- Legislativo Federal (2,7%)
- Regulação Econômica (4,1%)

**Governadores de Estado (26,0%)**

### Regulação da Sociedade Civil (9,1%) / Regulação Econômica (11,7)

## Atores estatais

### Quadrante inferior esquerdo — Regulação Econômica (6,9%)

*Alvos preferenciais:*
- Legislativo Estadual (39,4%)
- Executivo Federal (20,7%)

*Políticas mais questionadas:*
- Administração Pública (43,7%)
- Política Tributária (18,3%)
- Relações de Trabalho (5,9%)
- Regulação da Sociedade Civil (19,6%)
- Regulação Econômica (6,9%)
- Legislativo Federal (27%)

**Confederações Sindicais e Entidades de Classe (24,9%)**

### Quadrante inferior direito

*Alvos preferenciais:*
- Legislativo Federal (11,2%)
- Legislativos Estaduais (66,7%)
- Judiciários estaduais (13,2%)

*Políticas mais questionadas:*
- Regulação Econômica (1,6%)
- Política Tributária (6,1%)
- Administração Pública (79,5%)
- Regulação da Sociedade Civil (9,6%)
- Política Social (1,7%)

**Procurador-Geral da República (22,2)**

et al., 2007). Nessa visão otimista, o desenvolvimento progressivo da democracia brasileira decorreria do fato de a constituinte ter operado sob a égide de um "constitucionalismo democrático" (Cittadino, 2002) e o de ter aberto o texto constitucional a uma nova "comunidade de intérpretes", especialmente os legitimados a provocarem diretamente o controle constitucional pelo STF (Vianna, 2008). Entretanto, em diversos estudos orientados por uma perspectiva realista (Taylor, 2008; Taylor e Da Ros, 2008; Machado, 2009) revela-se que o papel exercido pelo STF tem sido antes de tudo complexo, atravessado pelo jogo e pela interação estratégica de atores políticos e institucionais.

Se a intenção dos constituintes de 1988 era obter proteção contra o governo de maiorias futuras, pode-se dizer que a ideia prosperou, pois o sistema de controle tem sido utilizado à exaustão. Foram mais de 4 mil ADIs desde 1988, numa média de uma a cada dois dias. Dentre as ações dos quatro legitimados mais ativos, alguns padrões principais (mas não exaustivos) podem ser identificados, como demonstra o quadro 1. Dois atores estatais (governadores de estados e procurador-geral da República) e dois atores políticos e sociais (partidos políticos e confederações sindicais e entidades de classe) são responsáveis, em conjunto, por mais de 90% das ADIs no período. Os governadores têm recorrido ao tribunal principalmente para reverterem a produção legal de suas respectivas assembleias legislativas. Partindo da União, mas indo também em direção aos estados, o procurador-geral da República tem se notabilizado igualmente por pedir a intervenção do STF na produção legal das unidades subnacionais. Nos dois casos, portanto, os atores estatais têm desafiado o STF a exercer importante papel de tribunal da federação (Oliveira, 2009). As confederações sindicais e entidades de classe de âmbito nacional são responsáveis por um quarto das ADIs. Em tese, estariam legitimadas a defender a Constituição federal em face de quaisquer leis, mas as primeiras decisões do STF trataram de limitar sua legitimidade à defesa de interesses *pertinentes* à sua definição organizacional e institucional. De fato, essa questão nos remete a um paradoxo. O controle constitucional assenta-se em três premissas logicamente encadeadas: (1) a Constituição guarda o interesse geral; (2)

as maiorias políticas podem agir de modo faccioso contra o interesse geral, legislando em benefício de seus interesses particularistas; e (3) o controle constitucional existe para recompor o interesse geral a partir da provocação de algum agente capaz de expressá-lo. A questão, portanto, é: se o constituinte brasileiro imaginou que confederações sindicais e entidades de classe expressariam interesses gerais antes que corporativos, na prática, a decisão do STF de restringir o uso de ADIs por essas instituições revela o entendimento oposto. Todavia, o paradoxo permanece: pode o interesse geral da Constituição ser recomposto a partir de uma ação pertinente a interesses específicos das confederações sindicais e entidades de classe? Ou ainda: é a ADI um instrumento de representação do interesse particular ou do interesse geral? Em que medida o interesse pertinente de uma confederação ou entidade de classe seria mais geral e menos particularista do que o interesse pertinente a ato normativo editado por uma maioria política? Quanto aos partidos políticos, eles utilizam majoritariamente o recurso da ADI para judicializar conflitos políticos. Como se vê pelo quadro I, os partidos diversificam um tanto mais seus alvos preferenciais, se comparados aos atores estatais. Taylor (2008) demonstrou que as ADIs patrocinadas por partidos não são as mais eficazes do ponto de vista jurídico, mas o fracasso em obter vitórias legais não quer dizer que não obtenham ganhos políticos. De acordo com o autor, as ações dos partidos podem embaraçar a implementação de políticas por meio de pelo menos um de quatro Ds: *delay, disable, discredit* e *declare opposition* (Taylor, 2008, p. 93). A contestação judicial orientada por uma ou mais dessas estratégias permite ao partido político fazer oposição às políticas adotadas pelo governo, mobilizar a sociedade, alavancar negociações políticas no curso de sua implementação ou até mesmo angariar peso político junto a grupos afetados pelas medidas, mas que não têm acesso direto ao STF. Note-se também que a segunda área de políticas mais questionadas pelos partidos é a da "competição política", isto é, das regras que presidem eleições, participação no fundo partidário, fidelidade partidária e outros temas que têm sido objeto de judicialização da competição eleitoral nos últimos anos (Marchetti, 2008).

Em resumo, provocado por partidos políticos, governadores e assembleias legislativas de estados, corporações dos mais diversos tipos, atores do próprio meio jurídico como Ministério Público e OAB, o STF tem enfrentado o desafio de lidar com uma pletora de particularismos organizados, como mostra o quadro I. Embora se possa dizer que nesse processo o STF avulta como grande tribunal da federação, árbitro dos conflitos entre governo e oposição, fixador de regras para administração pública e juiz dos conflitos de interesses que emergem do meio forense e de grupos organizados da sociedade civil e residentes no próprio estado, ainda não dispomos de uma visão sistemática e coerente acerca do trabalho da corte.

Em grande medida, isso se deve à própria forma do processo decisório do tribunal, que se caracteriza por significativa personalização dos votos dos 11 ministros e pela dificuldade de se encontrar a *ratio decidendi* do Tribunal em cada decisão, como bem demonstraram Vojvodic et al. (2009). De acordo com as autoras, a fragmentação e a individualização do processo decisório no STF são de tal ordem que os ministros podem identificar diferentes objetos de julgamento numa mesma ação, sem que haja necessidade de entendimento coletivo prévio sobre o que se vai decidir. Os votos, igualmente, caracterizam-se por uma profusão de argumentos, pois cada ministro se esforça por desenvolver sua própria linha de argumentação. O resultado final, entretanto, é extraído por meio da mera soma dos votos individuais dos ministros, tomados segundo uma lógica binária ("procedente" e "improcedente"). A despeito do peso que o voto do relator tem no processo (Oliveira, 2002), a decisão não recebe uma síntese qualitativa dos argumentos proferidos, capaz de informar qual seria a *ratio* do tribunal, em sentido coletivo e institucional. Com isso, a fixação de precedentes e a construção da jurisprudência ficam prejudicadas, comprometendo a atuação de destaque que o próprio STF vem tendo nos últimos anos.

### Referências bibliográficas

ARANTES, R. B. *Judiciário e política no Brasil*. São Paulo: Idesp/Sumaré; Educ, 1997.

_____. "Constitutionalism, the Expansion of Justice and the Judicialization of Politics in Brazil". In: Rachel Sieder et al. (orgs.). *The Judicialization of Politics in Latin America*. Nova York: Palgrave Macmillan, 2005.

ARANTES, R. B. "Judiciário: entre a Justiça e a Política". In: Lúcia Avelar e Antonio Octavio Cintra (orgs.). *Sistema político brasileiro: uma introdução.* Rio de Janeiro; São Paulo: F. Konrad Adenauer; Editora Unesp, 2007.

CITTADINO, G. "Judicialização da Política, constitucionalismo democrático e separação de poderes." In: Vianna, L. W. (org.). *A democracia e os três poderes no Brasil.* Belo Horizonte: Editora UFMG; Rio de Janeiro: Iuperj/Faperj, 2002.

GINSBURG, T. *Judicial Review in New Democracies. Constitutional Courts in Asian Cases.* Cambridge: Cambridge University Press, 2003.

HIRSCHL, R. *Towards Juristocracy: The Origins and Consequences of The New Constitutionalism.* Cambridge: Harvard University Press, 2004.

KNIGHT, J. "Institutionalizing Constitutional Interpretation". In: Ferejohn, J. et al. (eds.). *Constitutional Culture and Democratic Rule.* Cambridge: Cambridge University Press, 2001.

MACHADO, I. S. "A Constituição de 1988 e a judicialização da política: o caso do controle de constitucionalidade exercido pelo STF." In: Carvalho, M. A. R. et al. *A Constituição de 1988. Passado e futuro.* São Paulo: Hucitec, 2009.

MARCHETTI, V. E. *Poder Judiciário e competição política no Brasil: uma análise das decisões do TSE e do STF sobre as regras eleitorais.* Tese de doutorado em Ciências Sociais. PUC, São Paulo, 2008.

OLIVEIRA, F. L. "Os ministros do Supremo Tribunal Federal no Pós-Constituição de 1988: Profissionais versus políticos". *Teoria & Pesquisa*, São Carlos: (40-41), 183-205, 2002.

OLIVEIRA, V. E. "Poder judiciário: árbitro dos conflitos constitucionais entre estados e união". *Revista Lua Nova*, n º 78, São Paulo, 2009.

STONE SWEET, A. *Governing with Judges. Constitutional Politics in Europe.* Oxford: Oxforfd University Press, 2000.

TAYLOR, M. *Judging policy. Courts and Policy Reform in Democratic Brazil.* Stanford: Stanford University Press, 2008.

TAYLOR, M. e DA ROS, L. "Os partidos dentro e fora do poder: a judicialização como resultado contingente da estratégia política". *Dados* 51 (4), Rio de Janeiro, 825-864, 2008.

VIANNA, L. W. "O Terceiro Poder na Carta de 1988 e a tradição republicana: mudança e conservação". In: Oliven, R. G.; Ridenti, M.; Brandão, G. M. (orgs.). *A Constituição de 1988 na vida brasileira.* São Paulo: Hucitec, 2008.

VIANNA, L. W. et al. *A judicialização da política e das relações sociais no Brasil.* Rio de Janeiro: Revan, 1999.

_____. "Dezessete anos de judicialização da política". In: *Tempo Social, Revista de Sociologia da USP,* v. 19, n. 2, 39-85, 2007.

VOJVODIC, A. et al. "Escrevendo um romance, primeiro capítulo: precedentes e processo decisório no STF". In: *Revista Direito GV*, São Paulo, (9), 21-44, 1999.

# A judicialização da política

*Luiz Werneck Vianna*

Em sentido estrito, tem-se chamado de judicialização da política o exercício por parte de tribunais ou de cortes de justiça, sempre por provocação da sociedade, do controle de constitucionalidade das leis e dos atos do Poder Executivo. Esse processo, que hoje se afirma nos sistemas políticos ocidentais, tem importado uma efetiva mutação institucional na cena republicana, na medida em que afeta as relações entre os poderes Executivo, Legislativo e Judiciário, e o cânon republicano quanto ao império da vontade da maioria. As duas grandes famílias jurídicas — a da *civil law* e a da *common law* — o admitem, no caso da segunda desde 1803, no célebre caso *Marbury versus Madison*, quando a Suprema Corte americana fixou jurisprudência em favor do *judicial review* para os casos em que a lei atentasse contra a Constituição, e, no da primeira, a partir da Segunda Guerra Mundial, com a Declaração dos Direitos do Homem, em 1948, e com o ciclo das constituições democráticas subsequentes, entre as quais as da Alemanha e da Itália, recém-saídas de regimes nazistas e fascistas, embora somente tenham adquirido forma e substância somente nas décadas seguintes, em particular nos anos 1970.

No constitucionalismo democrático a expressão da vontade resultante do princípio majoritário não pode se sobrepor à vontade geral que estaria manifesta nos princípios e valores constitucionalmente assegurados.

Diante dele, persistiria como que um núcleo dogmático — os direitos à liberdade e à autonomia de todos, nas versões fracas dessa práxis constitucional — que se imporia, segundo a interpretação de tribunais dotados do poder de julgar sobre a constitucionalidade das leis, como um limite àquele princípio.

Tal núcleo dogmático, como registra a história do constitucionalismo democrático, em particular nas últimas cartas constitucionais que vieram à luz a partir de movimentos sociais e políticos que se insurgiram contra regimes autocráticos, como nos países ibéricos em meados dos anos 1970 e, na década seguinte, na América Latina, deixou de se referir apenas a temas procedimentais, incluindo em seu elenco uma agenda substantiva — a sua modalidade "forte" —, os chamados direitos sociais, também inacessíveis a tentativas de remoção por parte do legislador ordinário.

Esse efeito de ampliação do sentido do núcleo dogmático trouxe consigo repercussões que ainda robusteceram mais a imersão do Judiciário no campo da política. A experiência constitucional brasileira recente foi e tem sido fértil nessa direção, inclusive na orientação da sua jurisprudência. Por sua obra, implantaram-se aqui novos institutos, entre os quais o mandado de injunção, a ação civil pública — na origem, uma inovação americana, as *class actions*, que logo ganhou mundo —, concedeu-se um novo estatuto ao Ministério Público e se fixou a Defensoria Pública como nova figura constitucional.

Por meio deles, a sociedade passou a dispor de recursos institucionais a fim de concretizar seus direitos na arena judicial. No caso, vale ressaltar o ineditismo da sua legislação, em termos do Direito comparado, que veio recriar, pelo artigo 127 da sua nova Carta, a figura do Ministério Público entre nós, destinando-o "à defesa da ordem jurídica, do regime democrático e dos interesses sociais indisponíveis". Com esse mandato, contando ou não com a provocação da sociedade, essa agência foi credenciada a agir, na intermediação entre sociedade e Poder Judiciário, como instrumento de tradução das políticas e dos valores constitucionais em matérias tão diversificadas quanto, entre outras, as do mundo do trabalho, do ambiente, da educação e da saúde.

Em sentido amplo, a judicialização tem se generalizado como linguagem e meio de comunicação no espaço dos ramos da administração pública, que internaliza seus procedimentos e rituais no exame dos contenciosos com que se defronta. Sintomaticamente, um dos seus movimentos mais usuais na cena brasileira se dá no interior do próprio Poder Legislativo, nas comissões parlamentares de inquérito, instrumento de largo prestígio na opinião pública e entre parlamentares, principalmente nas bancadas de representação minoritária, que chegam a recorrer a instâncias judiciais quando a maioria congressual se recusa a instalá-las.

Contudo, essa relação direta entre política e Direito de que trata o tema da judicialização da política, envolvendo complexas questões sobre o atual cenário republicano, em especial no que se refere à independência dos poderes entre si e ao sensível tema da soberania popular — o juiz não estaria ungido pela representação democrática —, apresenta apenas um dos lados da lua. Pois, desde Weber, em fins da década de 1920, a teoria do Direito consignou o fato capital, nos países de capitalismo maduro, de que a dimensão material da vida social tendia a invadir a seara do Direito formal, tal como já se patenteava na legislação social, que logo se institucionalizaria no ramo emergente do Direito do Trabalho.

O Direito do Trabalho veio a instalar no campo do Direito "os patéticos postulados de justiça", nos termos da denúncia formulada por Weber quanto aos riscos que ameaçavam o paradigma do Direito formal, sobre o qual se assentava a previsibilidade e a certeza jurídica, base fundamental da moderna ordem burguesa. A criação desse Direito novo, resultado das lutas dos movimentos sindicais e operários, repercutirá na revisão dos pressupostos que informavam a ordem liberal, implicando a publicização da esfera privada, evidente na contratação coletiva dos termos das relações de trabalho entre empregadores e empregados e na invasão da regulação pela lei do mundo do trabalho.

Tal movimento expansivo do Direito — a legislação *welfariana*, na expressão do clássico Mauro Cappelletti —, portanto, tem sua raiz na sociedade civil e vai encontrar sua institucionalização na ação parlamentar, não derivando, é bom frisar, de veleidades ativistas originárias do poder judicial. Ele procede do coração da ordem capitalista e se faz consagrar pela vontade majoritária da representação política do parlamento. Igualmente, foram processos internos à ordem liberal-burguesa, em especial no curso da crise econômico-financeira dos anos 1930, que tornaram necessários a legislação keynesiana orientada para o dirigismo econômico e o planejamento social, tal como no *New Deal* de F. D. Roosevelt. A afirmação do Estado do Bem-Estar incidirá em profundas transformações nas relações entre Direito, economia e política, entre outras poderosas razões, pelo fato de subverter a concepção do tempo no Direito liberal. O paradigma liberal, inclusive por imperativos comandados pelo princípio da certeza jurídica, está referido ao tempo passado, enquanto a legislação do *welfare*, por força da sua natureza programática, se remete ao tempo futuro, à medida que é da sua vocação planejar racionalmente a economia e a dimensão do social. Em uma expressão, seu objetivo é estabelecer os fundamentos para um "capitalismo organizado".

Por definição, a legislação nessa forma de Estado, diante dos desafios de regular uma realidade em permanente modificação e de estar vocacionada para a administração do futuro, onde reina a incerteza dos prognósticos, admite, necessariamente, a inserção de cláusulas gerais, as referências em branco e os conceitos jurídicos indeterminados. O seu tempo e os seus temas passam, assim, a ser identificados com os da política, que, por natureza, remete ao presente e ao futuro. O legislador, incapaz de antecipar os resultados de processos ainda em curso, mas sobre os quais é dever impor sua regulação, produz leis de caráter temporário e com cláusulas abertas. Nessas condições, confia-se ao Judiciário o papel de "legislador implícito", uma vez que a ele, diante do caso concreto, cabe completar o sentido da lei.

O compromisso da fórmula keynesiana, hegemônica na configuração do Estado do Bem-Estar, impunha ao Estado os papéis de regulador em geral da economia e da administração do social, indo de programas de emprego e saúde a projetos habitacionais, matérias que em sua quase totalidade dependiam de leis de alcance específico. O Direito se investe, então, de uma relevância particular nessa forma de Estado, que dele necessita não só a fim de cumprir seus programas econômicos e sociais, como também para estabelecer as relações entre os aparatos da sua administração, pela precisa razão de estar dotado do caráter técnico que o credencia a se comportar como um meio de comunicação simbolicamente generalizado entre eles. Assim, a própria administração se judicializa.

Pode-se, então, sustentar: no capitalismo moderno, a atual invasão por parte do Direito na vida política e social vem na esteira de um largo processo de democratização, escorado por movimentos sociais — como, por exemplo, os feministas e os de defesa do meio ambiente, os mais recentes — que demandam por uma legislação que reconheça seus direitos; a ampliação do poder do Judiciário a domínios antes reservados a outras forças tem sido o resultado de sucessivas delegações feitas a ele pelo poder político, quando expressamente lhe confere competência a fim de dirimir conflitos políticos e sociais, como os político-eleitorais, os do mundo do trabalho etc., em uma rede que não cessa de se expandir. Na raiz, portanto, da sua nova presença na cena republicana se encontra a afirmação da agenda da igualdade, e não um pretenso ativismo do Poder Judiciário, fenômeno de extração diversa, que deve ser objeto de um verbete próprio.

A experiência da República brasileira, um dos casos mais fortes de judicialização da política no contexto do Direito comparado, merece ser singularizada. A modernização burguesa que nos veio da Revolução de 1930 encontrou no Direito, nas suas instituições e nos seus procedimentos, uma de suas principais escoras para a realização dos fins de mudança econômica e social, pondo sob sua jurisdição duas dimensões cruciais da vida social: a do "mercado" político e a do mercado de trabalho, para cuja regulação foram criados tribunais especiais, o da Justiça Eleitoral e o da Justiça do Trabalho. Aqui, pois, a judicialização nasce a partir de um processo de modernização imposto assimetricamente à sociedade pelo Estado, então formatado segundo uma modelagem corporativa, exercendo funções de tutela e controle social da vida associativa dos trabalhadores.

Com a democratização do país, o legislador constituinte de 1988 inverte o sentido dessa relação entre Direito e sociedade. Mais do que erradicar a cultura política autoritária presente em nossas instituições, como nas que exerciam jurisdição sobre o mundo trabalho, mobiliza o Direito como um *médium* estratégico para o cumprimento do seu programa, pondo à disposição da sociedade instrumentos com os quais possa demandar judicialmente a sua efetivação. Promulgada a Constituição, o legislador ordinário deu sequência ao espírito da sua obra, ampliando a cobertura da vida social pelo Direito. Do seu empenho legislativo resultou, nas décadas de 1980-90, a produção de um conjunto relevante de leis, entre tantas a que trata dos deficientes físicos, dos idosos, o Estatuto da Criança e do Adolescente, a do Estatuto da Cidade, o Código de Defesa do Consumidor (1990), este último responsável pela massificação das ações civis públicas e pelo adensamento do papel institucional do Ministério Público.

Outro momento desse ativismo legislativo, e que abre caminho para a judicialização dos mais variados interesses metaindividuais, se expressa nas leis da Improbidade Administrativa, de 1992, e da Responsabilidade Fiscal, de 2000. Com isso, o controle da administração pública fica incorporado ao sistema de proteção dos interesses difusos e coletivos, tanto podendo ser acionado pela via da ação civil pública — admitida a legitimidade ativa do Ministério Público — quanto pelas ações populares.

A judicialização da política, segundo a caracterização aqui feita, longe de consistir em uma patologia das modernas repúblicas, inclusive da brasileira, corresponde, de fato, a uma nova relação entre os poderes, em que já se fazem presentes elementos de cooperação. Por trás do movimento expansivo do Direito nas modernas democracias está o poder político, que o favorece tanto nas Constituições que elabora quanto em suas leis ordinárias, quando age responsivamente às demandas e pressões que lhe vêm da sociedade, inclusive ao franquear o acesso da cidadania, como nas ações civis públicas e nas ações diretas de inconstitucionalidade das leis, ao próprio processo de produção do Direito.

## Referências bibliográficas

BADINTER, Robert; BREYER, Stephen. *Les Entretiens de Provence — Le juge dans la sociétte contemporaine*. Paris: Fayard, 2003; edição em língua inglesa: *Judges in Contemporary Democracy*. Londres/Nova York: New York University Press, 2004.

BARROSO, Luís Roberto. *Constituição, democracia e supremacia judicial: Direito e política no Brasil contemporâneo*. p. 5 Disponível em: www.luisrobertobarroso.com.br.page_id=39. Acesso em 01/11/2011.

_____. "Judicialização, ativismo judicial e legitimidade democrática". In: *Justiça Constitucional no Brasil: política e Direito*, 2010.

DUARTE, Fernanda; KOERNER, Andrei (orgs.). *Revista da Escola da Magistratura Regional Federal*. Rio de Janeiro. Regional Federal, Tribunal: Escola da Magistratura Federal da 2ª Região, dezembro de 2010.

CAPPELLETTI, Mauro. *Juízes legisladores?* Porto Alegre: Sergio Antonio Fabris Editor, 1993.

CASAGRANDE, Cássio. *Ministério Público e a judicialização da política*. Porto Alegre: Sergio Antonio Fabris Editor, 2008.

CITADINO, Gisele. "Judicialização da política, constitucionalismo democrático e separação de poderes". In: WERNECK VIANNA, Luiz (org.). *A democracia e os Três Poderes no Brasil*. Belo Horizonte: Editora UFMG, 2002.

EISENBERG, José. "Pragmatismo, Direito reflexivo e judicialização da política". In: WERNECK VIANNA, Luiz (org.). *A democracia e os Três Poderes no Brasil*. Belo Horizonte: Editora UFMG, 2002.

GARAPON, Antoine. *O juiz e a democracia: o guardião das promessas*. Rio de Janeiro: Editora Revan, 1999.

MELLO, Manuel Palacios Cunha. "A Suprema Corte dos EUA e a judicialização da política". In: WERNECK VIANNA, Luiz (org.). *A democracia e os Três Poderes no Brasil*. Belo Horizonte: Editora UFMG, 2002.

MERRYMAN, John Henry; PÉREZ-PERDOMO, Rogelio. *A tradição da Civil Law — uma introdução aos sistemas jurídicos da Europa e da América Latina*. Porto Alegre: Sergio Antonio Fabris Editor, 2009.

NONET, Philippe; SELZNICK, Philip. *Direito e sociedade — a transição ao sistema jurídico responsivo*. Rio de Janeiro: Editora Revan, 2010.

ROSANVALLON, Pierre. *La Démocracie inachevée*. Paris: Éditions Gallimard, 2000.

TATE, C. Neal; TORBJÖRN, Vallinder. *The Global Expansion of Judicial Power*. Nova York/Londres: New York University Press, 1995.

WERNECK VIANNA, Luiz et al. *A judicialização da política e das relações sociais no Brasil*. Rio de Janeiro: Editora Revan, 1999.

_____. "Entre princípios e regras: cinco estudos de caso de ação pública". In: *Dados Revista de Ciências Sociais*, vol. 48, n° 4. Rio de Janeiro: IUPERJ, 2005.

_____; BURGOS, Marcelo. "Revolução processual do Direito e democracia progressiva". In: WERNECK VIANNA, Luiz (org.). *A democracia e os Três Poderes no Brasil*. Belo Horizonte: Editora UFMG, 2002.

_____; BURGOS, Marcelo; SALLES, Paula. "Dezessete anos de judicialização da política". In: *Tempo Social — revista de Sociologia da USP*, vol. 12, n° 2. Departamento de Sociologia/FFLCH/USP, 2007.

_____. *A Constituição da Legislação do Trabalho no Brasil*. Brasília: Fundação Astrojildo Pereira, 2010.

WEBER, Max. *Economia e sociedade*, vol. 2, capítulo VII. Brasília: Editora da UnB, 1999.

# Judicialização da política e equilíbrio de poderes no Brasil
*Leonardo Avritzer*

O conceito de judicialização tem uma origem comum aos principais sistemas de governo apesar de possuir uma forma específica de operação em um conjunto de casos fora dos Estados Unidos, e também no caso brasileiro. A origem comum dos processos de judicialização está ligada à tradição de governo misto e ao debate entre federalistas e antifederalistas. No federalista número 78 Alexander Hamilton lançou as bases daquilo que nós conhecemos como revisão judicial ao afirmar que o papel dos tribunais de justiça "...é o de declarar nulos atos contra a Constituição". Mas foi na célebre decisão da Suprema Corte dos Estados Unidos, conhecida como *Marbury versus Madison*, de 1803, que o juiz Marshall lançou os fundamentos do que viria a ser posteriormente conhecido como revisão judicial, ao anular uma decisão do Poder Executivo por considerá-la contrária à Constituição. Esse constituiu o fundamento da revisão constitucional que passou a reger a interpretação da Constituição e a tomada de decisões por meio legal. No entanto, essa é apenas uma dimensão daquilo que nós denominamos de judicialização. Segundo Tate & Vallinder, o processo de judicialização tem dois componentes: o primeiro deles e provavelmente o mais importante é a expansão do poder dos juízes em detrimento daquele dos políticos e administradores, e o segundo é a expansão de métodos jurídicos de decisão para além do domínio do Poder Judiciário (1995, p. 13). Ambos os atos têm a sua origem nos Estados Unidos e experimentaram recentemente uma expansão para um conjunto de países com tradição mais forte de hegemonia do Poder Executivo (Cappelletti & Garth, 1999). Neste pequeno ensaio, pretendemos recuperar as duas dimensões do conceito para avaliar aquilo que tem sido o processo de judicialização no Brasil contemporâneo.

Entendemos o processo de judicialização como tendo dois elementos, um político e um jurídico. O elemento político tem sua origem tanto na obra de Montesquieu quanto no próprio processo de implementação da Constituição dos Estados Unidos, no qual o principal objetivo dos fundadores constituiu o estabelecimento do governo misto. Por governo misto deve-se, necessariamente, entender a possibilidade de um poder ser limitado por um outro. Assim, não há na decisão da Suprema Corte de 1803 nenhum fundamento para a superioridade do Poder Judiciário ou para que esse viesse a se outorgar qualquer papel decisório em última instância. A própria história dos Estados Unidos aponta claramente nessa direção quando pensamos tanto nos conflitos entre os poderes Judiciário e Executivo, que conduziram à guerra civil, quanto na reformatação da Suprema Corte durante o período do *New Deal*. Em ambos os casos a Suprema Corte se outorgou o papel de árbitro em última instância da extensão dos direitos civis, no primeiro caso, e dos direitos sociais no segundo. Em ambas as situações, a posição do Executivo prevaleceu, não no sentido do tomador de decisões em última instância, mas sim, tal como bem mostrou Bruce Ackerman, como estruturador de mudanças que vão ao encontro da soberania popular expressa pelos poderes Executivo e Legislativo simultaneamente (Ackerman, 1988, p. 172). Nesse sentido, é importante distinguir as duas dimensões do recente processo de judicialização, mostrando que a dimensão da revisão constitucional que tem se fortalecido em todas as democracias contemporâneas, inclusive nas europeias (Cappelletti & Garth, 1999), não se sobrepõe à dimensão da soberania popular.

O processo de judicialização brasileiro é recente, mas fortemente significativo. A tradição brasileira, diferentemente da norte-americana, não implicou de saída nem uma estrutura de equilíbrio de poderes, nem em um sistema de revisão constitucional. O Supremo Tribunal Federal, tal como o conhecemos, é parte da institucionalidade criada com a proclamação da República, já que não podemos falar em governo misto durante o período do Império. No entanto, o STF demorou muito a assumir as prerrogativas de autonomia entre os poderes previstas na Constituição de 1891. Emília Viotti da Costa, em seu livro sobre a história do STF, nos lembra do episódio posterior à proclamação da República do conflito entre Floriano Peixoto e o STF acerca da emissão de *habeas corpus* para os revoltosos de Santa Catarina, quando Floriano teria perguntado a quem caberia emitir um *habeas corpus* para os membros do Supremo (Costa, 2006). Episódio similar ocorreu no julgamento pelo STF sobre a constitucionalidade da prerrogativa de intervenção do Ministério do Trabalho nos sindicatos, no qual o Supremo preferiu não se pronunciar sobre a violação do artigo da Constituição de 1934 que garantia a liberdade sindical (Vianna, 1978). Em suma, a tradição brasileira anterior a 1988 é de fraca autonomia do Judiciário que, ao longo dos primeiros cem anos de República, diferentemente do caso norte-americano, não instituiu uma tradição de revisão dos atos do Executivo a partir da revisão constitucional. O Executivo na tradição política brasileira até 1988 é o poder mais ativo que atua sem um processo de equilíbrio das suas prerrogativas.

Esse panorama é mudado a partir da Constituição de 1988. A Constituição cidadã, por meio dos artigos 102 e 103, inovou fortemente no que diz respeito às prerrogativas do Poder Judiciário. O artigo 102 instituiu a revisão constitucional como princípio, ancorando-a firmemente na tradição política brasileira. O artigo 103 passou a permitir que, além dos atores tradicionais do processo constitucional, a OAB e as entidades da sociedade civil passassem a ser autoras das ADIs. Da mesma forma, o inciso 58 do artigo 5º, que define a ação popular, garante a qualquer cidadão brasileiro ser parte legítima contra o Estado, na defesa da moralidade, do patrimônio histórico e cultural e do meio ambiente. Esse constituiu o primeiro elemento de fortalecimento do Poder Judiciário depois de 1988, através do qual um conjunto de atores da sociedade civil passa a poder arguir a inconstitucionalidade de atos dos poderes

Executivo e Legislativo. Uma pesquisa coordenada pelo Observatório da Justiça Brasileira e executada pela Sociedade Brasileira de Direito Público mostrou que de pouco mais de 800 das ADIs mais de 300 têm origem nas seguintes entidades da sociedade civil: associações civis e sindicatos (Sunfield, 2011). Assim, podemos afirmar com certeza a mudança de patamar no Brasil pós-88, que aponta na direção de uma situação de equilíbrio de poderes, na qual o Supremo Tribunal Federal tem efetivamente exercido o papel de equilibrar a estrutura de poderes, impondo limites importantes às ações de outros poderes, especialmente nas matérias constitucionais.

Há, no entanto, um segundo aspecto do processo recente de judicialização que também se encontra na definição de Tate & Vallinder e que precisa ser examinado com mais cautela: trata-se da expansão do poder dos juízes para além do campo constitucional, em detrimento dos políticos e dos administradores. É possível ver essa dimensão em forte expansão no Brasil hoje, seja por meio de decisões do Supremo Tribunal Federal, seja por conta de decisões em outras instâncias do Poder Judiciário. Devido a seu caráter simultâneo de corte constitucional e corte revisora, o Supremo teve seu papel fortemente intensificado no período pós-88. Esse aumento se articula com uma má utilização do artigo 103 da Constituição, especialmente pelos partidos políticos, que têm levado discussões tipicamente congressuais para o âmbito do Poder Judiciário. A judicialização da relação entre o Legislativo e a opinião pública tem como origem o abuso na utilização de ADIs pelos partidos políticos. Em pesquisa executada pela Sociedade Brasileira de Direito Público para o Observatório da Justiça Brasileira, mostrou-se que os partidos políticos acionaram o Supremo em 344 casos desde 1988 (Sunfield, 2011, p. 28). O importante em relação às ADIs movidas por partidos políticos é que elas frequentemente são extintas por perda de objeto e constituem frequentemente apenas parte da estratégia midiática dos partidos de oposição.

Essa constitui a dimensão mais problemática do processo de judicialização, que tem provocado uma perda forte de prerrogativas por parte do Congresso Nacional. Questões que, em princípio, seriam tipicamente da alçada do Legislativo, tais como a reforma política, em especial o problema da cláusula de barreira e da disciplina partidária, ou até mesmo questões procedimentais internas ao Congresso Nacional, têm sido decididas pelo Supremo. Em todas essas questões o Supremo Tribunal Federal tomou decisões que podem, eventualmente, gerar um desequilíbrio na estrutura de equilíbrio de poderes no Brasil. A decisão do Supremo, anulando a cláusula de barreira, apesar da existência de uma legislação nessa direção desde 1995, constituiu um forte enfraquecimento das prerrogativas do Congresso Nacional. O mesmo pode-se dizer das decisões do Supremo relativas ao julgamento do presidente do Senado pela Comissão de Ética. Independentemente do conteúdo da decisão, com a qual estamos absolutamente de acordo, o resultado implicou um forte desequilíbrio entre os três poderes, já que o Senado não possui poderes semelhantes em relação aos juízes do Supremo, tal como ocorre nos Estados Unidos.

Todas essas questões parecem apontar para um fato que é de vital importância: o Congresso Nacional precisa reassumir suas prerrogativas no que diz respeito à organização da expressão da soberania popular. Para isso, é necessário organizar uma reforma política que restabeleça a credibilidade dos parlamentares e do sistema de representação em sua relação com os atores da sociedade civil. O Poder Legislativo não pode continuar deslegitimado da forma como se encontra no país, sob o risco de afetar o processo de equilíbrio entre os poderes. Ao mesmo tempo, independentemente da deslegitimação em curso do Poder Legislativo, o Poder Judiciário tampouco pode assumir o papel de legislador, como tem feito sistematicamente em um conjunto de decisões, como a recente legalização da união homoafetiva. Por mais que concordemos com a decisão do Supremo nessa questão, era fundamental que ela tivesse sua origem no Poder Legislativo. Assim, é possível afirmar que o Brasil avançou enormemente no que diz respeito ao aumento das prerrogativas do Poder Judiciário e que a tradição de revisão constitucional, o assim chamado "controle concentrado de constitucionalidade", está definitivamente instituída no país. Todavia, ainda não alcançamos o equilíbrio desejável devido ao enfraquecimento das prerrogativas do Poder Legislativo no país. O alcance de um equilíbrio desejável requer a recuperação das prerrogativas de soberania pelo Congresso Nacional, que, no entanto, só conseguirá fazê-lo se for capaz de se autorreformar sem que o Poder Judiciário interfira naquilo que são os seus poderes administrativos e legislativos próprios, que decorrem da tradição do governo misto.

Referências bibliográficas

CAPPELLETTI, Mauro; GARTH, Bryant. *Acesso à justiça*. Porto Alegre: Sérgio Fabris Editor, 1988.
COSTA, Emília Viotti da. *O Supremo Tribunal Federal e a construção da cidadania*. São Paulo: UNESP, 2006.
SUNFIELD, Carlos Ari et al. *Controle de Constitucionalidade e judicialização: o STF frente à sociedade e aos Poderes*. Belo Horizonte: Observatório da Justiça Brasileira, 2010.
TATE, C. Neal; TORBJÖRN, Vallinder. *The Global Expansion of Judicial Power*. Nova York/Londres: New York University Press, 1995.
VIANNA, Luiz Werneck. *Liberalismo e Sindicato no Brasil*. São Paulo: Paz e Terra, 1978.

## Os direitos humanos e a soberania nacional

*Fausto Brito*

Os direitos humanos tornaram-se fundamentais na história moderna desde as revoluções Americana e Francesa, anunciados, respectivamente, através da Declaração de Independência dos Estados Unidos, em 1776, e da Declaração dos Direitos do Homem e do Cidadão, em 1789. As grandes novidades históricas dessas declarações fizeram do homem a fonte do Direito, assim como portador de direitos fundamentais inalienáveis, que não dependem de sua posição na sociedade e na política, mas são decorrentes da própria natureza humana.

Essas declarações revolucionárias do final do século XVIII serviram de fundamento para a política moderna: o absoluto deixava de ser um deus ou um rei e passava a ser o indivíduo com seus direitos essenciais. O Estado, resultado do contrato social efetivado na Constituição, tinha o dever de garantir os direitos naturais dos indivíduos.

Quais são esses direitos proclamados pelas revoluções Americana e Francesa? A Declaração de Independência dos Estados Unidos traz no seu preâmbulo, como verdades evidentes por si mesmas, que todos os homens são criados iguais e dotados pelo criador de certos direitos inalienáveis, entre eles os direitos à vida, à liberdade e à busca da felicidade. Para garantir esses direitos são instituídos entre os homens governos, que derivam os seus justos poderes do consentimento dos governados. Se uma forma de governo não obedecer a esses fins, cabe ao povo o direito de alterá-la ou aboli-la e instituir um novo governo. Além dos direitos inalienáveis e da soberania popular, o preâmbulo da declaração afirma o direito de rebelião, no caso particular, contra o sistema colonial imposto pela Grã-Bretanha, cuja tirania se demonstrava imprópria a um povo que desejava ser livre, afirmando, portanto, o direito a ir à guerra pela independência.

Trata-se de um preâmbulo, cuja redação é atribuída a Thomas Jefferson (1743-1826), com uma dimensão política revolucionária, mas inconsistente com a realidade social norte-americana, onde os escravos, as mulheres e os católicos estavam excluídos desses direitos que, por serem naturais, deveriam pertencer a todos.

A declaração francesa de 1789 considera, também no seu preâmbulo, que a ignorância, a negligência ou o menosprezo pelos direitos dos homens são as grandes causas dos males públicos e da corrupção governamental. As grandes novidades proclamadas pelos franceses estão nos três primeiros artigos. No primeiro, reconhece-se que os homens nascem e permanecem livres e iguais em direitos sagrados e inalienáveis. No segundo, enuncia-se que o objetivo do contrato social, ou da associação política, é a conservação dos direitos naturais e imprescritíveis dos homens, tais como a liberdade, a propriedade, a segurança e a resistência à opressão. E no terceiro artigo afirma-se que o princípio de soberania reside na nação e não em ordens ou estamentos.

São muitas as semelhanças entre as duas declarações, porém o contexto histórico de cada uma delas é diferente, acentuando as suas especificidades. A Revolução Francesa não foi uma guerra de independência, como nas colônias americanas, mas a destruição revolucionária do antigo regime, ancorado nas relações feudais que garantiam o Absolutismo Monárquico. Deixava-se para trás, na história, um corpo político cindido pelos estamentos, cuja unidade só se realizava pela imposição da autoridade monárquica, e introduzia-se na cena política a unidade da nação construída pelo poder soberano do povo.

A semelhança maior é que ambas têm uma forte influência dos filósofos contratualistas, em especial de John Locke (1632-1704) e de

Jean-Jacques Rousseau (1712-79). Em Locke, como nas declarações revolucionárias, os homens nascem livres e iguais segundo o direito natural. Entretanto, sem a criação de uma sociedade política, o exercício da liberdade natural, direito humano fundamental, coloca em risco a conservação da própria vida e das posses de cada um. Agindo em benefício próprio, os indivíduos, em acirrada competição, confrontam-se e corrompem as relações sociais. No limite, chegam ao estado de guerra, que compromete até mesmo o direito à própria vida.

Somente a sociedade política, consequência do contrato social, é capaz de garantir os direitos naturais. A liberdade natural é indispensável para a sua construção, pois a adesão ao contrato depende da vontade individual. Todavia, ela desaparece no espaço público ou da política, quando o contrato se efetiva. Para Locke, os direitos individuais se subordinam às leis consentidas, elaboradas pelo Poder Legislativo, que transformam a liberdade natural em liberdade civil e a posse em propriedade. A liberdade natural recolhe-se aos espaços sociais privados, que a lei não alcança. Porém, existem limites ao consentimento legal, tal como se observa na declaração norte-americana, de inegável influência lockiana. Os indivíduos têm o direito de resistir à tirania, pois ela coloca em risco a liberdade essencial, definida pela lei e indispensável à preservação da vida e da propriedade.

Em Rousseau, a liberdade natural, assim como os direitos dos indivíduos, intrínsecos à natureza humana, depois da fundação da sociedade política subordinam-se à vontade geral. Como em Locke, a adesão ao contrato social pressupõe a negação da liberdade natural em favor da liberdade civil, e os indivíduos passam a ser simultaneamente cidadãos e súditos, isto é, parte do poder soberano que elabora as leis da sociedade política, ou do Estado e, ao mesmo tempo, plenamente subordinados a essas leis.

Nas declarações americana e francesa, assim como em Locke e Rousseau, aflora um paradoxo fundamental: os direitos humanos, resultado do direito natural, são inerentes à pessoa humana, contudo só se efetivam, de fato, no âmbito da sociedade política, cristalizados nas leis do Estado. Os direitos humanos se confundem com os direitos dos cidadãos em cada Estado-nação. A não adesão ao contrato implica, como em Rousseau, que o indivíduo seja considerado um "estrangeiro".

A criação de uma sociedade política não se diferencia, segundo Rousseau, da criação de uma sociedade de cidadãos e súditos que aderiram ao contrato e que residem em um determinado território. Assim, os direitos humanos passam a ser os direitos dos cidadãos, especificamente dos cidadãos nacionais. Ao extremo, os direitos humanos podem até mesmo ser considerados um privilégio dos nacionais de etnias semelhantes.

A história dos direitos humanos no mundo contemporâneo foi fortemente condicionada por esse paradoxo fundamental, ficando à mercê do seu reconhecimento pelos Estados nacionais. No período entre as duas grandes guerras, com as experiências totalitárias do nazismo e do stalinismo, cristalizou-se a ruptura radical dos direitos humanos, segundo a tradição construída desde as Revoluções Americana e Francesa. Uma sociedade de campos de trabalho e de concentração, uma barbárie sem precedentes históricos, criou uma massa de homens supérfluos em função de sua etnia, sua posição social ou sua ideologia, excluídos politicamente e despidos de qualquer direito tradicionalmente reconhecido como intrínseco à natureza humana.

Logo após a Segunda Guerra Mundial havia um clamor por uma alternativa política que tornasse inviável a emergência de um novo desastre humanitário. A criação da Organização das Nações Unidas, com o objetivo de superar as limitações da antiga Liga das Nações, foi a alternativa proposta pelas potências vitoriosas, os Estados Unidos, a União Soviética, a Inglaterra e a França. Na introdução de sua carta de fundação, de 1945, mencionava-se a necessidade do respeito universal aos direitos humanos e às liberdades essenciais. E advogava-se, no artigo 1.3, a importância da cooperação internacional para encorajar o respeito aos direitos humanos. O mais importante é que no capítulo X, artigo 68, a Carta previa que o seu Conselho Econômico e Social teria como um de seus objetivos a criação de uma Comissão de Direitos Humanos.

Em 1947, essa comissão iniciou as suas atividades, dirigida pela ex-primeira dama dos Estados Unidos, Eleanor Roosevelt, com a pretensão de elaborar mais do que uma declaração — um tratado que vinculasse as obrigações legais dos países-membros. Em dezembro de 1948 foi aprovada pela Assembleia Geral das Nações Unidas a Declaração Universal dos Direitos Humanos com os votos favoráveis de 48 países, sem nenhum voto contra. Ocorreram oito abstenções — Arábia Saudita, África do Sul e os seis países do bloco soviético. Tratava-se somente de uma declaração, evidentemente com uma grande força moral, mas distante de um tratado com obrigações legais por parte dos países-membros, como era a intenção preliminar da comissão.

No seu preâmbulo, a declaração manifesta "que o reconhecimento da dignidade inerente a todos os membros da família humana e de seus direitos iguais e inalienáveis é o fundamento da liberdade, da justiça e da paz no mundo". Referindo-se ao passado recente, ela reconhece

> que o desrespeito e o desprezo pelos direitos humanos tem resultado em atos bárbaros, que ofenderam a consciência da humanidade, e que o advento de um mundo em que seres humanos tenham a liberdade de viver sem medo e privações foi proclamado como a aspiração mais elementar do homem comum.

Torna-se, então, fundamental que "os direitos humanos sejam protegidos pelo Estado de direito, para que o homem não seja compelido a recorrer, em última instância, à rebelião contra a tirania e a opressão".

O compromisso com os direitos humanos por parte dos países-membros das Nações Unidas, explicitado na declaração, é amenizado ainda no mesmo preâmbulo: "A Assembleia Geral proclama esta Declaração Universal dos Direitos Humanos como um ideal comum a ser alcançado por todos os povos e todas as nações." Por ser somente um ideal comum a ser alcançado, a declaração não veio acompanhada de nenhum mecanismo que garantisse, com a força de um tratado, a adesão por todos os países-membros. As particularidades da declaração refletem a situação da ONU, que não tinha legitimidade política e jurídica para se sobrepor à soberania de cada um dos seus membros, a não ser que esse fosse o desejo do seu Conselho de Segurança, no qual tinham assento com poder de veto os Estados Unidos, a União Soviética, a Inglaterra, a França e a República da China.

Permanecia, desse modo, o mesmo paradoxo já evidenciado pelos filósofos contratualistas e nas declarações americana e francesa: apesar da sua pretensão à universalidade, os direitos humanos estavam limitados à soberania de cada país. Ainda que inerente a todos os membros da família humana, a sua efetivação política dependia de sua incorporação à legislação de cada um dos países-membros. O contexto internacional do pós-guerra, de polarização entre as duas grandes potências, os Estados Unidos e a União Soviética, com as suas respectivas áreas de influência, só agravava essa situação. O poder político-militar de cada uma delas condicionava a implementação dos direitos humanos nos países em sua órbita de influência.

Essas limitações, contudo, não devem minimizar o significado da Declaração Universal dos Direitos do Homem. Ela abriu caminho no Direito internacional, colocando no seu horizonte a possibilidade de uma revolução, quando o indivíduo, e não o Estado, seria o sujeito.

Na Declaração Universal dos Direitos do Homem, os artigos terceiro a vigésimo primeiro referem-se aos direitos humanos chamados de primeira geração. São aqueles direitos considerados inerentes à pessoa humana, constitutivos das declarações revolucionárias da segunda metade do século XVIII. Eles são também chamados direitos-liberdade, pois, segundo as tradições revolucionárias americana e francesa, visavam a limitar o poder do Estado em face do indivíduo. São eles os direitos à vida, à liberdade, à segurança pessoal, ao casamento, à privacidade e à propriedade. Consagram-se também as liberdades de pensamento, opinião, consciência, religião, expressão, reunião, associação e participação política. A escravidão e o tráfico de escravos, assim como a tortura, são condenados, garantindo-se a presunção de inocência e a igualdade perante a lei. Os pressupostos das declarações de 1776 e 1789, relativas ao poder soberano do povo, são também incorporados, enfatizando que a vontade do povo deve ser a vontade do governo.

Os direitos de segunda geração aparecem como deveres do Estado, responsável pelo bem-estar dos indivíduos. Ele é um sujeito passivo, pois o titular do direito continua sendo o indivíduo, como nos direitos-liberdade. Os direitos de primeira geração têm como meta limitar o poder soberano do Estado e ampliar a democracia política, enquanto os de segunda geração têm como objetivo fortalecer as atividades do Estado e ampliar a democracia social. Os três últimos artigos da declaração propõem que a ordem social e internacional assegure que os direitos e a liberdade possam ser plenamente realizados e que os seres humanos estejam sujeitos apenas às restrições postas pela lei, que não deve contrariar os propósitos e princípios da ONU.

No que se refere à mobilidade da população, grave problema vivido durante a Segunda Guerra Mundial e nas experiências totalitárias, o maior avanço da declaração foi o direito à nacionalidade. Ninguém pode ser destituído dela e fica garantido o direito de mudá-la, se assim o indivíduo desejar. O grave problema dos apátridas, das minorias, e mesmo de alguns imigrantes internacionais, estaria resolvido. O indivíduo teria o direito, segundo a declaração, de não ser destituído de sua nacionalidade em seu país de origem, assim como de requerer outra nacionalidade no país escolhido como destino.

O grande problema continua sendo a não superação do paradoxo entre a universalidade dos direitos humanos e a sua real efetivação na legislação de cada país. A nacionalidade, dos pontos de vista político e jurídico, dependeria menos dos direitos reconhecidos pela declaração e mais da decisão de cada Estado-nação. O indivíduo, em tese, detém titularidade dos seus direitos, mas a sua realização no plano internacional se subordina à soberania de cada país, que é o principal titular no Direito público internacional.

A insuficiência da Declaração de 1948 levou as Nações Unidas a elaborarem um conjunto de convenções que pudessem complementá-la. Não se pode omitir uma das respostas dada pela Assembleia Geral aos horrores da Segunda Grande Guerra, essa sim sob a forma de uma convenção, considerando o genocídio crime sob o Direito Penal internacional. A Convenção para a Prevenção e a Punição do Crime de Genocídio, aprovada em 9 de dezembro de 1948, responsabiliza penalmente não o Estado, mas as pessoas que cometeram o crime, sejam governantes, funcionários ou particulares.

A importância dos direitos humanos na política internacional levou as Nações Unidas à convocação de uma conferência específica para discuti-los em Viena, no ano de 1993. Ela proclamou dois grandes avanços que merecem ser mencionados: a criação do Alto Comissariado dos Direitos Humanos e a implementação de um Tribunal Penal Internacional para julgar os crimes contra os direitos humanos. Esse último só se efetivou, de fato, em 1998, com o Tratado de Roma, para julgar os crimes de genocídio, guerra e agressão. Por princípio, assim como na convenção sobre os crimes de genocídio, a sua finalidade não é julgar a conduta de países em relação aos direitos humanos, mas o delito de indivíduos contra o Direito internacional.

A construção de um sistema internacional de direitos humanos não é independente da estrutura de poder que rege as relações entre as nações. O período da guerra fria acabou desdobrando a Declaração de 1948 em dois pactos aprovados pela Assembleia Geral em 1966, mas que só entraram em vigor dez anos depois. A existência de dois pactos, um sobre direitos civis e políticos e outro sobre direitos econômicos, sociais e culturais, foi resultante dos conflitos de prioridades entre os países ocidentais, defensores dos primeiros, e os socialistas, defensores do segundo.

Mesmo com as suas enormes dificuldades, é inegável a importância histórica da Comissão de Direitos Humanos, abrindo brechas na inércia da bipolaridade política refletida no Conselho de Segurança das Nações Unidas, lutando contra o racismo, o colonialismo e os regimes ditatoriais, inclusive os da América Latina.

Superado o contexto da guerra fria com as mudanças nos regimes socialistas articulados à União Soviética, na Conferência Mundial sobre os Direitos Humanos, patrocinada pela Organização das Nações Unidas, em Viena, no ano de 1993, o sistema internacional de direitos humanos foi novamente ameaçado pela visão relativista defendida por muitos países asiáticos, inclusive a China, e também pelos países islâmicos. Foi notável a vitória da visão universalista dos direitos humanos contra o relativismo, que muitas vezes escondia argumentos favoráveis a alguns Estados historicamente autoritários. Um novo sopro de otimismo alimentou novas esperanças quanto ao sistema internacional de direitos humanos.

Contudo, ao otimismo se sucedeu uma apreensão quanto à atuação futura das Nações Unidas. A Comissão de Direitos Humanos da ONU foi substituída em 2006, sessenta anos depois da sua criação, pelo Conselho de Direitos Humanos ligado diretamente à Assembleia Geral. Essa mudança faz parte da tentativa de reforma das Nações Unidas e o seu objetivo seria corrigir as ingerências políticas nas decisões da antiga comissão. As possibilidades de êxito do novo conselho dependem, por um lado, da importância política que será concedida à ONU no contexto da política internacional contemporânea, e por outro, da sua capacidade de superar, efetivamente, o obstáculo que a antiga comissão sempre encontrou: a submissão do sistema internacional de direitos humanos à soberania dos Estados nacionais.

A história mostra que a tutela dos direitos humanos pelo sistema internacional da Organização das Nações Unidas, mesmo com todos os progressos após a Segunda Grande Guerra, não assegurou o que a filósofa Hannah Arendt (1906-1975) chamava de "direito a ter direitos independentes das fronteiras nacionais". Essa possibilidade está relacionada à existência de um espaço político internacional, onde o direito a ter direitos é uma consequência do mero pertencimento à humanidade, não se dissolvendo nos limites de cada nação. Contudo, o conceito arendtiano é de grande valor heurístico para a compreensão das democracias liberais contemporâneas, que estabeleceram limites territoriais, sociais e políticos para o pleno exercício dos direitos humanos. O direito a ter direito é não só a negação do totalitarismo, nas suas formas clássicas do nazismo e do stalinismo, mas é também a negação dos seus resíduos que ainda prevalecem nas democracias resistentes a uma verdadeira tutela internacional dos direitos humanos.

## Referências bibliográficas

ARENDT, Hannah. *Origens do totalitarismo: antissemitismo, imperialismo e totalitarismo*. Rio de Janeiro: Companhia das Letras, 2004.

ARMITAGE, David. *Declaração da Independência, uma história global*. Rio de Janeiro: Companhia da Letras, 2011.

BIGNOTTO, Newton. *As aventuras da virtude: as ideias republicanas na França do século XVIII*. Rio de Janeiro: Companhia das Letras, 2010.

FERRY, Luc; RENAUT, Alain. *Filosofia política: De los derechos del hombre a la idea republicana*. V. III. México: Fondo de la cultura econômica, 1997.

HOBBES, Thomas. *Leviatã ou a matéria, forma e poder de uma república eclesiástica e civil*. Rio de Janeiro: Martins Fontes, 2003.

HUNTY, Lynn. *A invenção dos direitos humanos, uma história*. Rio de Janeiro: Companhia das Letras, 2009.

ISHAY, Micheline R. *Direitos humanos: uma antologia*. São Paulo: Edusp, 2006.

LAFER, Celso. *A reconstrução dos direitos humanos, um diálogo com o pensamento de Hannah Arendt*. Rio de Janeiro: Companhia das Letras, 2006.

LOCKE, John. *Dois tratados sobre o governo*. Rio de Janeiro: Martins Fontes, 2005.

ROUSSEAU, J-J. *O contrato social, princípios do Direito político*. Rio de Janeiro: Martins Fontes, 2000.

# Ação afirmativa e Justiça

*João Feres Jr.*
*Verônica Toste Daflon*
*Luiz Augusto Campos*

O tema ação afirmativa e justiça é extremamente amplo e pode ser abordado sob várias perspectivas, desde a mais abstrata e normativa à mais prática, que diz respeito às decisões judiciais que têm políticas dessa natureza como objeto. Neste texto, com a finalidade de mantermos o tratamento do objeto dentro dos limites acordados, vamos selecionar as seguintes abordagens: primeiro trataremos da questão no plano mais abstrato da teoria moral e política, e depois comentaremos a dimensão constitucional da ação afirmativa no Brasil, tendo como base a discussão teórica. Dessa maneira poderemos cobrir, ainda que de maneira ligeira, questões-chave que dizem respeito ao tópico.

Primeiramente, é importante precisar o conceito de ação afirmativa, a fim de conferir maior foco e clareza à análise subsequente. A despeito das conceituações amplas e complexas que circulam na bibliografia especializada,[1] entendemos que uma definição adequada de ação afirmativa deve ser parcimoniosa o suficiente para abarcar as diversas políticas

---

[1] Ver, por exemplo, a longa definição apresentada por Joaquim Barbosa Gomes (Gomes, 2001). (N. A.)

assim denominadas. Isso posto, é possível considerar ação afirmativa todo programa ou iniciativa, pública ou privada, que tem por objetivo conferir recursos ou direitos especiais para membros de um grupo social específico, com vista a um bem coletivo.

Desde já cabe notar que tal definição não se restringe à ação afirmativa de cunho étnico-racial, pois o critério para definição do grupo de beneficiários pode ou não ser dessa natureza. A rigor, o primeiro registro oficial da expressão *affirmative action*, a ordem executiva 10925 redigida pelo governo John Kennedy em 1961, não se limitava apenas aos grupos étnico-raciais (Skrentny, 1996, p. 7; Guimarães, 1999). Nesse sentido, a reserva de vagas em universidades para alunos oriundos de escolas públicas ou de baixa renda, ou para pessoas com deficiência, o programa de leite gratuito para crianças carentes, os descontos no transporte público para idosos, todos são programas de ação afirmativa que têm como critério categorias sociais outras que não as étnicas ou raciais.

Antes de se restringirem a políticas de beneficiamento de minorias étnico-raciais, as políticas afirmativas estão historicamente associadas à concepção de Estado de Bem-Estar (Fraser, 2001, p. 268). Na verdade, muitas políticas importantes de governo encaixam-se nessa definição e podem, assim, ser consideradas também variedades de ação afirmativa. Um exemplo importante são os programas de incentivo do Banco Nacional do Desenvolvimento (BNDES), que conferem empréstimos a juros abaixo de valores de mercado a setores específicos da atividade econômica. Ora, cada setor da economia (indústria de papel, vinhos, microempresários etc.) constitui um grupo social de empresários ou produtores. Aos membros do grupo é garantido, através de uma política do banco, acesso privilegiado a certos recursos. A justificativa fundamental para que tal política exista é a de que ela produz um bem para toda a sociedade — por exemplo, crescimento econômico ou mais justiça social.

Em suma, o caso do uso de categorias étnico-raciais para identificar beneficiários é somente uma entre várias modalidades de ação afirmativa, ainda que essa seja de longe a variedade que mais tem sido objeto de debate público. Na verdade, as categorias usadas em cada política de ação afirmativa, sejam elas sociais, culturais ou raciais, não são todas equivalentes, ou igualmente justificáveis. Um programa público para conferir descontos no imposto de renda para as pessoas que têm renda superior a 10 milhões por ano dificilmente seria considerado justo. Por outro lado, se aceitarmos como justas as políticas de incentivo do BNDES ou os descontos para idosos no transporte público, não podemos descartar como injusta uma política de ação afirmativa para pretos e pardos pelo simples fato de ela constituir uma distribuição assimétrica de recursos públicos, que privilegia um determinado grupo social. Isso porque o princípio de todas essas medidas é o mesmo. Só resta fazer objeção, no caso, ao uso da categoria racial como critério.

Ainda no que tange o aspecto conceitual da ação afirmativa, é crucial entender a distinção entre discriminação positiva, aquela que tem por fim a promoção de um maior bem-estar do grupo discriminado, e discriminação negativa, aquela que tem por objetivo sua miséria e ruína (Castel, 2007, p. 12). Aqui a palavra discriminação é tomada no sentido puramente cognitivo, de distinção, reconhecimento cognitivo de diferença, e não de distinção associada a uma ação ou julgamento negativo, como muitas vezes é utilizada na linguagem comum. No debate público sobre ação afirmativa, é muito comum encontrarmos pessoas que confundem as duas coisas, ou mesmo reduzem a discriminação à sua modalidade negativa. Tal operação tem consequências morais profundas e, assim, deve ser evitada. Para beneficiar de forma específica deficientes físicos, idosos, pobres ou empresários, o Estado democrático é obrigado a discriminar tais grupos no sentido cognitivo, diferenciando-os dos demais, de modo a identificá-los. Ao considerar todas as modalidades de discriminação entre grupos como intrinsecamente negativas, nos tornamos incapazes de fazer uma distinção moral entre os assassinatos em massa promovidos pelos nazistas na Segunda Guerra Mundial e uma política que visar a aumentar o número de pretos e pardos na universidade pública.

As políticas de ação afirmativa de cunho étnico-racial são empregadas hoje em dia em muitos países mundo afora. Os Estados Unidos são certamente o exemplo mais citado, pelo menos no debate midiático, mas o primeiro país a adotar tais políticas foi na verdade a Índia, já em sua Constituição de 1950, homologada logo após a independência do país. Lá as ações afirmativas, conhecidas como "políticas de reserva" (*reservation policies*) assumiram a forma de cotas de representação nas legislaturas provinciais e nacionais, vagas no serviço público e na educação para os grupos mais marginalizados pelo sistema de castas: as *Scheduled Castes* (termo legal para os *dalits*) e as *Scheduled Tribes* (grupos tribais, conhecidos como *Adivasis* — Weisskopf, 2004). Outros países adotam tais políticas, como, por exemplo, África do Sul, Grã-Bretanha, Canadá, China, Japão, Malásia, Irlanda do Norte, Finlândia, Macedônia, Romênia e Eslováquia (Darity, 2005). No Brasil tais políticas começaram a ser adotadas somente em 2002, nas universidades estaduais do Rio de Janeiro e na Universidade Estadual da Bahia — Uneb.

Há três argumentos básicos de justificação da ação afirmativa. São eles: reparação, justiça social e diversidade (Feres Júnior, 2007). Onde quer que ela tenha sido adotada, um desses argumentos, ou uma combinação deles, estrutura sua justificação pública. A reparação coloca a ação afirmativa como uma maneira de compensar o dano causado a um grupo social por crimes cometidos contra ele no passado — são exemplos: escravidão, segregação sistemática, leis discriminatórias etc. A justiça social é promovida através da retificação de práticas presentes de produção de desigualdades. Por fim, a promoção da diversidade se justifica por contribuir para a melhora das relações sociais, assim como da qualidade de instituições e serviços.

Cabe notar que no âmbito da teoria moral esses argumentos não são equivalentes. Na verdade, enquanto a reparação e a justiça social são argumentos de cunho propriamente moral, a diversidade é na maioria das vezes um argumento de natureza utilitária, ou seja, puramente expediente. Em outras palavras, enquanto os dois primeiros argumentos, uma vez aceitas suas condições (a existência de crimes do passado ou de mecanismos sociais de discriminação sistemática), tornam-se imperativos morais (algo deve ser feito para corrigir a situação), a diversidade só se justifica se atingir o fim proposto. Uma vez constatado que, por exemplo, turmas escolares mais homogêneas produzem melhores profissionais, então o argumento todo é colocado em questão. Pelo menos no plano teórico, a reparação e a justiça social se justificam a despeito de sua expediência.

Os argumentos da reparação e da justiça social pertencem a famílias diferentes dentro da teoria moral. Enquanto o primeiro é mais bem explicado por uma concepção comunitarista, o segundo é bem mais afeito a concepções liberal-igualitárias, como a de John Rawls (1993 [1971]), entre outros. Essas filiações são produtivas do ponto de vista heurístico, ainda que não sejam muito exploradas pela literatura sobre o tema. Tomemos a reparação. Para fundamentar esse argumento é preciso identificar eventos e processos sociais traumáticos do passado. Mas isso não é tudo, é preciso também que esses eventos traumáticos sejam integrados a uma narrativa de comunidade, de nação, que abarque tanto os grupos agredidos como os agressores. É somente por meio do diagnóstico de que o trauma do passado constitui uma doença crônica para o corpo da nação que se justificam medidas de reparação. Ainda nessa metáfora biológica, tão apropriada à concepção comunitarista, a reparação funciona como um remédio para os males oriundos de traumas do passado.

Em *Public Philosohpy* (2005), o teórico comunitarista Michael Sandel evidencia a afinidade eletiva entre o comunitarismo e o argumento da reparação. Sandel acredita que a maior parte da resistência à ação afirmativa racial nos Estados Unidos se fia ao "mito sagrado americano que defende que conseguir um emprego ou ser calouro numa universidade é um prêmio que alguém recebe graças unicamente aos seus próprios esforços" (Sandel, 2005, p. 102). Contra essa interpretação, Sandel acredita ser preciso entender "a admissão [nas universidades] menos como uma recompensa para o beneficiado do que como meio de avançar numa meta socialmente mais valiosa" (idem), a saber, a integração dos negros depois de séculos de marginalização (Sandel, 2005, p. 103).

Constitui uma certa curiosidade teórica o fato de Robert Nozick, o campeão do liberalismo libertário, ter proposto medidas de reparação para dirimir crimes do passado como consequência lógica de sua teoria da "justiça das possessões" (*justice in holdings*) (Nozick, 1974), uma teoria liberal que se abre para questões de interpretação do passado. O tratamento dado à questão pelo autor, contudo, é tão ligeiro e superficial que fica difícil derivar qualquer conclusão no tocante à ação afirmativa.[2]

---

[2] Para uma discussão da relação entre a teoria de Nozick e a ação afirmativa, cf. Valls, 1999. (N. A.)

A justiça social é um argumento de natureza diversa. Seu foco é o presente. A teoria da justiça como equidade de Rawls fornece um bom referencial teórico aqui, ainda que o autor não tenha se manifestado sobre o assunto em seus textos (Nagel, 2003). O tratamento discriminatório sistemático de qualquer grupo social constitui em si uma injustiça, qualquer que seja a história daquela sociedade. Isso porque as características que determinam as percepções de pertença de grupo, sejam elas produto de hetero ou autoidentificação (caracteres fenotípicos, cultura paterna etc.), são moralmente arbitrárias e, portanto, não podem constituir razão justa para a distribuição desigual de bens e prestígio. Daí conclui-se que políticas de igualdade de oportunidade são necessárias para dirimir tal discriminação social injusta. O uso de categorias étnico-raciais nessas políticas não é obrigatório, mas também não é proscrito pela teoria.

O tipo de justificação adotado tem consequências diretas sobre as categorias de beneficiários que podem ser alvo das políticas de ação afirmativa. No caso da reparação, os beneficiários precisam ser "construídos" como descendentes daqueles que foram vitimados pelo crime do passado e, portanto, como ainda sofredores dos males oriundos daquele evento (Valls, 1999). A concepção comunitária não é somente histórica, ela é também culturalista. Ela subsume a existência de um ente nacional, a comunidade, dotado de história e de um conjunto de valores e práticas (culturais), mas ela também tende a reproduzir a mesma lógica para a compreensão de grupos sociais mais ou menos integrados. Dessa forma, essa ideia projeta sobre cada grupo a metáfora biológica da unidade orgânica, de uma identidade de grupo, com história e cultura próprias. No caso das políticas de ação afirmativa no Brasil, tal concepção leva à construção dos beneficiários como afrodescendentes, ou negros, no sentido politizado emprestado ao termo pelo Movimento Negro: pessoa que desenvolveu uma consciência de si como membro de um grupo historicamente oprimido pelo racismo dos brancos.

Já o argumento da justiça social não é de cunho culturalista, pelo menos não de maneira tão profunda quanto o da reparação. Não importa, em última instância, se o indivíduo constrói sua identidade dentro da narrativa de um grupo oprimido. Basta apenas que ele possa ser identificado como pertencente a um grupo que tem suas oportunidades sistematicamente reduzidas em relação a outros. A diferença aqui pode parecer sutil, mas ela é de fato significativa. Identidades sociais não são igualmente culturalizadas ou historicizadas.[3] O exemplo dos Estados Unidos é esclarecedor. Lá a retórica da reparação histórica foi muito usada pelo movimento dos direitos civis, e inclusive adotada pelo presidente Lyndon Johnson, emergindo, por exemplo, em seu famoso discurso na Universidade de Howard (Anderson, 2004). Em discursos como esse os negros são identificados como o grupo que merece políticas de igualdade de oportunidade com a finalidade de reparar os danos feitos pela escravidão e pela longa história de discriminação legal e de fato. Contudo, se tomarmos os textos das Ordens Executivas 10925 e 11246, de 1961 e 1965, respectivamente, constatamos que lá a igualdade de oportunidades já é estendida para grupos de raça, cor, gênero e origem nacional que sejam vítimas de discriminação. Em outras palavras, enquanto o discurso político operava com a lógica da reparação, o texto legal foi pautado pela perspectiva da justiça social.

No Brasil as coisas são um pouco diferentes. No debate público sobre ação afirmativa, aqueles que são favoráveis à iniciativa utilizam frequentemente o argumento da reparação, de maneira similar à abordagem comum nos Estados Unidos. Mas o discurso legal no Brasil parece mais permeável ao argumento da reparação que nos Estados Unidos, pelo menos no campo constitucional. A Constituição norte-americana tem mais de dois séculos, é curta e, portanto, muito genérica, garantindo em seus parcos sete artigos e 27 emendas somente direitos básicos.[4] Ou

---

[3]Tomando o exemplo do Brasil, mais de 40% da população do país identifica-se perante as pesquisas do IBGE como parda. O termo sequer constitui uma categoria nativa muito empregada, ainda que sirva como síntese de outras categorias nativas populares, como mostram alguns trabalhos (Schwartzman, 1999). Ou seja, pardo não é uma categoria culturalizada ou fortemente inserida em narrativas históricas nacionais ou grupais. Contudo, tal categoria tem um importante valor heurístico, pois demarca um abismo socioeconômico entre esse grupo e aqueles autodenominados brancos, como inúmeros estudos demonstram desde a década de 1980 (Hasenbalg & Silva, 1988). (N. A.)

[4]Na verdade, a maior parte dos direitos não está contida nos sete artigos do texto original, mas nas emendas, particularmente nas dez primeiras que levam o nome coletivo de Bill of Rights. (N. A.)

seja, a noção de igualdade de oportunidades e a justificação de políticas de ação afirmativa só poderiam provir de interpretações mais ou menos elaboradas desses princípios básicos. Já no Brasil, a Constituição de 1988, escrita em um contexto histórico onde direitos civis, políticos e sociais já eram realidades em muitos países, é pautada por uma concepção de ativismo estatal (ação afirmativa) e contém justificativas de tom comunitarista que apontam para a reparação, como o Artigo 215, § 1º, no qual se lê que "O Estado protegerá as manifestações das culturas populares, indígenas e afro-brasileiras, e as de outros grupos participantes do processo civilizatório nacional". Ou o Artigo 216, que acrescenta: "[...] constituem patrimônio cultural brasileiro os bens de natureza material e imaterial, tomados individualmente ou em conjunto, portadores de referência à identidade, à ação, à memória dos diferentes grupos formadores da sociedade brasileira, nos quais se incluem:...".

Essas referências ao "processo civilizatório nacional" e aos "diferentes grupos formadores da sociedade brasileira" são traços claros de uma concepção comunitarista de justiça, segundo a qual merecem especial atenção por parte do Estado aqueles grupos cuja história se insere de maneira significativa em uma suposta narrativa de construção nacional.

A correta compreensão dos pressupostos teóricos de justificação da ação afirmativa nos permite também lançar luz ao debate legal e constitucional hoje em curso no Brasil. Por exemplo, em artigo já publicado (Feres Júnior, Daflon & Campos, 2010), mostramos que a Ação de Descumprimento de Preceito Fundamental (ADPF 186), impetrada pelo partido Democratas e julgada pelo STF em 2012, baseia-se em cinco pilares argumentativos: a releitura histórica e moral da escravidão, a reinterpretação das desigualdades sociais brasileiras, a crítica do conceito de raça, a comparação entre as relações raciais do Brasil e aquelas dos Estados Unidos, e a ação afirmativa como instrumento de promoção da racialização da sociedade e do aumento do conflito racial.

A ADPF tentou provar que a escravidão não constituiu um crime de brancos contra negros, recorrendo ao trabalho de historiadores que afirmaram que alguns negros também adquiriram escravos quando libertos (ADPF 186, pp. 32-9). Tal argumento incide diretamente sobre a justificação via reparação, não tentando falsificar seu princípio, mas sim as condições empíricas que o tornam passível de ser aplicado: se não houve crime, não há o que ser expiado.

A crítica do conceito de raça e a reinterpretação das desigualdades sociais brasileiras, por sua vez, incidem mais sobre o argumento da justiça social (ADPF 186, p. 30). Novamente, o que a ADPF buscou não foi a falsificação do princípio, mas desbancar as bases empíricas que justificariam sua aplicação. Se o conceito de raça não tem qualquer consistência, argumenta o texto, então sua aplicação em políticas de igualdade de oportunidades não pode ser justificada. De maneira similar, se a variável raça não serve para explicar as desigualdades sociais brasileiras, como quer o texto da ADPF, então não se pode justificar medidas de combate à desigualdade que utilizem tal variável.

A comparação entre os padrões de relações raciais do Brasil com aqueles observados nos Estados Unidos é outra estratégia retórica que mistura um ataque aos dois argumentos de justificação. No tocante à reparação, o texto diz que o Brasil, ao contrário dos Estados Unidos, não é um país de cultura segregacionista e não praticou a discriminação legal após a abolição, portanto aqui não há crime a ser reparado (ADPF, p. 40). Ao mesmo tempo, é sugerido que o padrão de relações raciais brasileiro, marcado pela miscigenação, em contraposição ao segregacionismo norte-americano, criou uma sociedade em que as desigualdades não seguem linhas raciais, replicando assim a estocada contra a justificação da ação afirmativa como medida de promoção da justiça social.

Por fim, o quinto argumento da ADPF, aquele que acusou a ação afirmativa de promover a racialização e o aumento do conflito racial na sociedade brasileira, a despeito de partilhar elementos com os outros argumentos contrários, não pertence ao âmbito propriamente legal, mas sim ao espaço sociológico. É o prognóstico sociológico de catástrofe que pretende induzir a um julgamento moral de rejeição da ação afirmativa, e não propriamente a um argumento contrário a seus princípios de justificação.

Chegamos ao ponto final de nossa análise, que é ao mesmo tempo uma sugestão de recomeço para investigações futuras. A filosofia moral e a teoria constitucional ajudam a esclarecer os elos entre ação afirmativa e justiça, mas elas não dão conta de tudo. O debate público sobre a ação afirmativa, aquele que se dá nas páginas dos jornais diários, nos programas de TV, nos seminários e nas palestras país afora, está repleto de argumentos de natureza sociológica e antropológica acerca da ação afirmativa, envolvendo aspectos das relações raciais, identidade de grupos, relações sociais discriminatórias etc. Tais argumentos, muitos deles sem qualquer consistência acadêmica, são frequentemente apropriados pelo discurso legal de advogados e juízes. A própria ADPF recorreu a "evidências empíricas" cujas fontes são artigos de jornal e revistas em que tais argumentos são apresentados como verdades científicas, a terem recebido certo tratamento sistemático por parte da academia.

Em suma, no plano prático das decisões da justiça sobre a constitucionalidade e legalidade da ação afirmativa misturam-se questões de cunho mais abstrato e filosófico com interpretações de dados empíricos acerca da sociedade em questão. Aqui pretendemos dar conta, ainda que de maneira ligeira, do primeiro conjunto de questões.

### Referências bibliográficas

ANDERSON, Terry H. *The Pursuit of Fairness: A History of Affirmative Action*. Oxford: Oxford University Press, 2004.
CASTEL, Robert. *La Discrimination Negative: citoyens ou indigènes?* Paris: Seuil, 2007.
DARITY, William. "Affirmative Action in Comparative Perspective: Strategies to Combat Ethnic and Racial Exclusion Internationally". Working paper, University of North Carolina, Department of Economics, 2005.
FERES JÚNIOR, João. "Comparando justificações das políticas de ação afirmativa: Estados Unidos e Brasil". In: *Estudos Afro-Asiáticos*, vol. 29, pp. 63-84, 2007.
_____; DAFLON, Verônica Toste; CAMPOS, Luiz Augusto. "Cotas no STF: os argumentos como eles são". In: *Insight Inteligência,* Rio de Janeiro, vol. 49, pp. 124-136, 2010.
FRASER, Nancy. "Da redistribuição ao reconhecimento? Dilemas da justiça na era pós-socialista". In: SOUZA, Jessé. *Democracia hoje: novos desafios para a teoria democrática contemporânea*. Brasília: Editora UnB, 2001.

GUIMARÃES, Antônio Sérgio. *Racismo e antirracismo no Brasil*. São Paulo: Editora 34, 1999.
HASENBALG, Carlos; SILVA, Nelson. *Estrutura social, mobilidade e raça*. São Paulo: Vértice, 1988.
NAGEL, Thomas. "John Rawls and Affirmative Action". In: *Journal of Blacks in Higher Education*, vol. 39, pp. 82-4, 2003.
SANDEL, Michael. *Public Philosophy: Essays on Morality in Politics*. Cambridge: Harvard University Press, 2005.
SCHWARTZMAN, Simon. "Fora de foco: diversidade e identidades étnicas no Brasil". In: *Novos Estudos Cebrap*, nº 55, pp. 83-96, 1999.
SKRENTNY, John David. *The Ironies of Affirmative Action: Politics, Culture and Justice*. Chicago: University Chicago Press, 1996.
VALLS, Andrew. "The Libertarian Case for Affirmative Action". In: *Social Theory and Practice*, vol. 25, nº 2, pp. 299-323, 1999.
WEISSKOPF, Thomas E. *Affirmative Action in the United States and India*. Londres: Routledge, 2004.

# Justiça Internacional
*Luciana Ballestrin*

O século XXI possui vários desafios em relação à edificação teórica e processual da Justiça Internacional. Diversos modelos normativos de democracia e de governança globais estão em disputa para a construção de bases mais justas, representativas, deliberativas e participativas do sistema internacional. Isso porque, ao contrário do que o termo semanticamente supõe em sua pretensão universal e homogênea, a globalização se mostrou profundamente assimétrica em termos de ritmo, intensidade e abrangência, produzindo desigualdades e injustiças que acentuaram as diferenças entre o Norte e o Sul. Pelos aeroportos das cidades globais não circulam apenas turistas a passeio ou executivos a negócios, mas também uma imensa massa de refugiados políticos, trabalhadores escravos e imigrantes ilegais.

O caráter transnacional dos riscos — nucleares, militares, econômicos, ambientais, populacionais, epidêmicos, biogenéticos — atingiu todas as populações do globo e impôs aos Estados nacionais dilemas de coordenação e cooperação. Esses foram perdendo sua capacidade de contenção e controle em determinadas áreas, tornando seu escopo de ação cada vez mais vulnerável e dependente da ação de outros atores privados, internacionais e não eleitos. Com a globalização neoliberal, o Estado ajudou a regulamentar sua própria desregulamentação, sendo essa mesma não regulação uma nova forma de hegemonia global.

O questionamento do paradigma estadocêntrico, a transnacionalização do campo político e os novos arranjos da governança global colocaram dois problemas para a Teoria da Democracia, e logo, para a Teoria da Justiça: a validade dos princípios democráticos nos contextos internos globalizados — especialmente autodeterminação, soberania popular, consentimento e legitimidade — e a necessidade de reinventar ambas as teorias para o plano global.

É nesse contexto que se inserem as novas propostas sobre Justiça Internacional. A tendência em transpor o pensamento democrático em busca de um padrão de justiça e cidadanias globais tem acompanhado a evolução do pensamento de vários autores cujas preocupações iniciais tinham como referência o nacionalismo metodológico. O alcance das ações políticas, no que pese sua ocorrência, determinação e decisão, fora ampliado para além do espaço nacional, dos partidos políticos e do lócus parlamentar. O alargamento do campo político tradicional foi observado com o surgimento de novas esferas públicas informais, virtuais e supranacionais e através de novos repertórios de ação coletiva, atores, temas, agendas, identidades e subjetividades políticas.

Alguns autores apostam na capacidade e no potencial da sociedade civil global de promover a Justiça Internacional. Especialmente a partir da década de 1990, a consideração de seu embrião foi sugerida pelos episódios envolvendo as vozes da selva de Lacandona (México) e o uso estratégico e pioneiro da internet pelos zapatistas; as campanhas mundiais para pressionar os Estados-nação, como a suspensão do Acordo Multilateral de Investimentos em 1998, a adoção do Protocolo de Kyoto (1997), o Tratado de Ottawa (1997) e o Tribunal Penal Internacional (1998); os movimentos altermundialistas; os protestos antiglobalização econômica — em Seattle (1999), Praga (2000) e Gênova (2001) —; os encontros anuais do Fórum Social Mundial desde 2001; a intensificação da participação das ONGs (organizações não governamentais internacionais) nas conferências mundiais promovidas pelas Nações Unidas; a criação das chamadas Conferências Paralelas, os dias de Ação

Global e a articulação transnacional de movimentos sociais nacionais. Diferentemente das mobilizações episódicas como aquelas que envolveram os protestos contra a Guerra do Vietnã, esse cenário indicou uma recorrência, uma articulação e uma coerência nas esferas de expressão, participação, intervenção e pressão pública global, bem como a emergência de uma possível "autoconsciência internacionalista", posta em prática por "cidadãos peregrinos".

No final da década de 1990, Keck & Sikkink demonstraram como as redes transnacionais de advocacia — compostas por ONGs, movimentos sociais, indivíduos, parlamentares, organizações intergovernamentais, entre outros — obtiveram êxito em áreas como Direitos Humanos e Meio Ambiente. Graças à sua proximidade com o poder global, a união desses atores em campanhas transnacionais conseguiu surtir os efeitos do padrão bumerangue, isto é, a rede de influência que pode ser criada quando organizações da sociedade civil nacional se aliam a atores internacionais para pressionar de fora ou do alto seus próprios Estados. São quatro os tipos de tática que tais redes utilizam em seus esforços de persuasão, socialização e pressão: informação política, política simbólica, *accountability* política e influência política. Esta última pode ser dada em cinco direções: formação de tema e agenda; interferência nos discursos estatais e das organizações internacionais; nos procedimentos institucionais; na política de atores alvos; e no comportamento de Estados.

Em vertente similar, Tarrow procurou pensar sobre o novo ativismo transnacional que mobiliza a estrutura das oportunidades políticas devido à sua antiga filiação à teoria dos processos políticos aplicada aos movimentos sociais. Tomando de empréstimo o conceito de "cosmopolitas enraizados", Tarrow pretendeu agrupar pessoas e associações que utilizam recursos e aproveitam as oportunidades internacionais e domésticas para reivindicar em nome de atores externos objetivos comuns com aliados transnacionais. O conceito não inclui somente ativistas transnacionais, mas também executivos, advogados e funcionários nacionais e internacionais. Por sua vez, os ativistas transnacionais são um subgrupo dos cosmopolitas enraizados — ou patriotas cosmopolitas —, definidos como indivíduos e grupos que possuem raízes em seus

Estados, mas que se engajam em atividades políticas através das redes transnacionais de contato e conflito. O autor projetou quatro tipos de interação nacional e transnacional promovidas por atores não estatais a partir da temática dos Direitos Humanos: (I) internalização das normas internacionais — campanhas locais ou nacionais em torno de questões externas; (II) externalização de atores domésticos — quando atores não estatais ativam instrumentos/instituições supranacionais para ações nacionais; (III) transnacionalização da ação coletiva; e (IV) formação de uma coalizão dos *insiders* e *outsiders*. Em uma argumentação semelhante, Sérgio Costa explorou a ideia de contextos transnacionais de ação, ilustrada pela luta antirracista que atravessa os "dois Atlânticos".

O papel da sociedade civil global na busca de um mundo mais justo internacionalmente também é acentuado nas novas teorias cosmopolitas da Democracia Liberal e da Governança Global. O manuscrito kantiano *À paz perpétua*, de 1795, foi recuperado para justificar moral e eticamente uma refundação mais pacífica e democrática do sistema internacional, contrapondo-se ao paradigma dominante da *realpolitik*. A Justiça Internacional baseada no cosmopolitismo filosófico enfatiza a necessidade da universalidade dos direitos humanos, de reformas dentro do sistema ONU e da criação de um constitucionalismo global interventor e vinculante aos âmbitos nacionais. Hoje não somente Estados, mas também grupos e indivíduos são sujeitos do Direito internacional. Indivíduos isolados podem denunciar e processar seu soberano em instâncias jurídicas supranacionais, como por exemplo a Corte Interamericana de Direitos Humanos.

Foi David Held quem primeiramente sistematizou as distorções que o processo de globalização impôs ao funcionamento das democracias representativas liberais nacionais. Ao desafiar a validade dos princípios constitutivos do Estado moderno — soberania, autonomia, legalidade, territorialidade — e da aplicação da Teoria da Democracia nos contextos domésticos, a globalização gerou um descompasso estrutural entre o consentimento fundado na soberania popular e as decisões políticas tomadas por instituições governamentais, intergovernamentais, econômicas e blocos regionais. Partindo da constatação de que decisões importantes são tomadas em unidades políticas que carecem de autorização e participação populares, o autor percebeu a inoperância do princípio da regra da maioria nos contextos nacionalmente globalizados. Isso gera injustiça, na medida em que o vínculo e a articulação entre território e nação deixaram de ser paulatinamente as referências para a inclusão ou exclusão dos indivíduos em instâncias decisórias, protagonizadas cada vez mais por atores e esferas externas impermeáveis à aplicação da soberania popular. Held elaborou assim o Modelo Cosmopolita de Democracia Autônoma, propondo várias reformas e inovações institucionais para que, em um real exercício democrático mundial, prevaleçam os princípios da autonomia individual e da autodeterminação coletiva que inspiram as "legítimas" democracias nacionais. O autor propõe um conjunto de reformas a curto e longo prazos: nova Carta de Direitos e Deveres Internacional, criação de um Parlamento Global, autonomia da sociedade civil, controle do capital, desmilitarização, uma Corte Criminal Internacional, a realização de referendos regionais, a reforma da Assembleia Geral da ONU ou criação de outra complementar. A arquitetura do sistema ONU, pensada há mais de cinquenta anos, reflete, segundo o autor, uma engenharia de preocupações e estratégias caducas; daí que a reforma do Conselho de Segurança é imprescindível para um grande número de outros autores. Para Held, o grande problema da ONU, apesar de suas "boas intenções", é que ela não pode ser considerada um ator autônomo e independente devido à vulnerabilidade de suas agendas aos interesses e pressões dos países que projetam a assimetria das correlações de poder e força no sistema internacional. Embora reconheça a utopia contida no seu projeto, ponto alvo para o acúmulo de críticas, sua teoria se tornou indispensável para vários interlocutores preocupados com a transposição da teoria democrática e da justiça ao plano transnacional.

Jürgen Habermas, por sua vez, acumulou nos últimos anos escritos sobre a "constelação pós-nacional" que ampliaram suas preocupações antigas, presentes na Teoria da Ação Comunicativa e na Teoria Discursiva da Democracia. Segundo ele, o Estado-Nação não é mais capaz de fornecer uma base adequada para o exercício da cidadania. À semelhança de Held, Habermas se preocupou com a sucumbência do princípio da soberania popular frente aos impulsos modernizantes da globalização. Entretanto, Habermas voltou-se para o Estado-Nação europeu em particular — assim como primeiramente o havia feito Held —, construindo sua nova argumentação a partir da relativização dos aspectos circundantes ao mundo da vida, no que pese a contingência histórica das identidades produzidas pelo Estado. Mesmo com um profundo déficit democrático, Habermas acredita que a União Europeia é um lócus privilegiado de reação à globalização, onde se verifica a unificação da comunidade política através de um sentimento comum de pertença continental. Isso levou o autor a crer que uma esfera pública europeia está em vias de constituição, do que se deduz a formação de uma sociedade civil também europeia. Transcender as lealdades nacionais que vincavam as comunidades imaginadas seria então historicamente factível. Com efeito, Habermas mobilizou o argumento da transitoriedade do Estado-Nação como substrato da organização política. E é assim, desapegado de qualquer tipo de particularismo, que o autor se pronuncia em favor de uma ordem cosmopolita e democrática, baseada no respeito aos direitos humanos universais. Para essa tarefa ele incumbe os atores da sociedade civil global, como movimentos sociais e organizações governamentais que atuam além das fronteiras nacionais. Aos governos caberia a vinculação de uma política interna mundial, obrigados a cooperarem com uma sociedade de Estados comprometida com o cosmopolitismo, este sendo um sucessor do nacionalismo.

Entretanto, essa preocupação privilegiada com a situação europeia permitiu que os críticos de Habermas acusassem seu cosmopolitismo de regionalismo etnocêntrico, de sorte que o mesmo acabaria albergando um sentimento paternalista das relações Norte-Sul. Segundo Sérgio Costa, o pensamento cosmopolita abriga uma limitação inerente porque contém hierarquias culturais de vanguarda, postas como exemplos de desenvolvimento para as outras. O autor propõe assim um "cosmopolitismo pós-colonial", que não admitiria um centro único e privilegiaria narrativas e experiências minoritárias em uma perspectiva descentrada. O "cosmopolitismo subalterno e insurgente" de Boaventura de Sousa

Santos percorre também o mesmo caminho, incluído no paradigma da "globalização contra-hegemônica" que comporta "as lutas contra a exclusão social".

Outra contribuição oriunda da Teoria Crítica é aquela fornecida por Nancy Fraser. Para ela, a principal injustiça que se observa no mundo hoje é resultado de um "mau enquadramento", isto é, do fato de que a globalização, ao mudar os parâmetros de se pensar a Justiça, comprometeu a validade do modelo tradicional westfaliano-keynesiano (Fraser, 2009). Avançando no seu argumento de obras anteriores, a autora acredita que as demandas por reconhecimento cultural, redistribuição econômica e representação política devem ser reivindicadas para além do modelo do Estado-Nação de Bem-Estar Social. A autora está preocupada com o que e quem serão objetos e sujeitos da Justiça Internacional, ensaiando os primeiros passos rumo a uma teoria "pós-westfaliana da justiça democrática", já prefigurada em algumas ações da sociedade civil global.

Em suma, os principais desafios para a construção da Justiça Internacional em tempos de globalização são: o fortalecimento da sociedade civil global, a democratização do sistema de governança global, a criação de fóruns alternativos de Justiça, o pensamento de compatibilidades vinculantes entre leis nacionais e internacionais e o fortalecimento da plataforma dos direitos humanos baseada em um universalismo não etnocêntrico.

## Referências bibliográficas

AVRITZER, Leonardo. "Globalização e espaços públicos: a não regulação como estratégia de hegemonia global". In: *Revista Crítica de Ciências Sociais*, nº 63, outubro, 2002.

BENHABIB. Seyla. *The Claims of Culture: Equality and Diversity in the Global Era*. Princeton: Princeton University Press, 2002.

COSTA, Sérgio. *Dois Atlânticos: teoria social, antirracismo, cosmopolitismo*. Belo Horizonte: Editora UFMG, 2006.

FRASER, Nancy. "Reenquadrando a justiça em um mundo globalizado". In: *Lua Nova Revista de Cultura e Política*, São Paulo, nº 77, 2009.

HABERMAS, Jürgen. "O Estado-Nação europeu frente aos desafios da globalização". In: *Novos Estudos Cebrap*, n° 43, 1995.

_____. *A constelação pós-nacional: ensaios políticos*. São Paulo: Littera Mundi, 2001.

HELD, David. *Democracy and the Global Order: From the Modern State to Cosmopolitan Governance*. Stanford: California, 1995.

KECK, Margaret; SIKKINK, Kathryn. *Activists Beyond Borders: Advocacy Networks in International Politics*. Ithaca: Cornell University Press, 1998.

PUREZA, José Manuel. "Para um internacionalismo pós-westefaliano". In: SANTOS, Boaventura (org.). *Globalização: fatalidade ou utopia?* Porto: Afrontamento, 2001.

SANTOS, Boaventura de Sousa. *A gramática do tempo: para uma nova cultura política*. Porto: Afrontamento, 2006.

TARROW, Sidney. *The New Transnational Activism*. Cambridge: Cambridge University Press, 2005.

_____. Outsiders inside e insiders outside: *entre a ação pública nacional e transnacional em prol dos Direitos Humanos*. In: *Caderno CRH, Salvador*, vol. 22, n° 55, jan.-abr., 2009.

# Administração da Justiça

*Conceição Gomes*

Nas últimas décadas, por conta de diferentes fatores, os sistemas judiciais têm vindo a confrontar-se com um crescente protagonismo social e político. A Justiça, que até meados do século passado era uma área do governo socialmente distante, com fraco peso político e a suscitar pouco interesse académico, vive hoje uma situação radicalmente diferente, evidenciando-se a sua importância política na consolidação dos regimes democráticos. Em diferentes países de todo o mundo, a Justiça é uma das áreas no centro do debate social e político e objecto de interesse crescente de estudos académicos, embora a complexidade da sua organização e funcionamento dificulte não só a pesquisa académica, mas também a acção política, desde logo porque comporta vários subsistemas e interfaces (advogados, funcionários, juízes, promotores públicos, serviços prisionais etc.) com modos de organização e interesses específicos. São inúmeras as perspectivas analíticas quando o tema é a Justiça. Pela sua abrangência e impacto geral na administração da Justiça, saliento as seguintes.

A primeira diz respeito ao actual contexto social, económico e político da acção da Justiça. As sociedades contemporâneas vivem um processo de profundas transformações com impacto na administração da Justiça. As várias globalizações, as migrações, as mudanças profundas nas novas tecnologias de informação e de comunicação, o avanço da tecnologia e da ciência, o aumento das desigualdades sociais, a deterioração do Estado social, a perda e a precarização de direitos sociais, as crises financeiras são factores, entre outros, que vieram mudar radicalmente o contexto do desempenho funcional das instituições judiciárias. Todos os dias, órgãos judiciais de diferentes países são confrontados com fenómenos de criminalidade grave de carácter transnacional (crimes económicos, de tráfico de pessoas, de órgãos, de armas, de droga etc.), de corrupção e de cooptação de sectores e de interesses do Estado por interesses privados, com novos riscos públicos, seja nos domínios do ambiente, da segurança alimentar ou da medicina, com a crescente mediatização da Justiça ou com uma nova ou mais frequente procura de cidadãos pelo reconhecimento de direitos constitucionalizados.

A vulnerabilidade social e política, associada à crise económica e financeira que muitos países atravessam, em especial aqueles com um Estado social fraco, demanda, ainda, dos tribunais uma especial atenção à tutela dos direitos humanos e de cidadania para a protecção dos cidadãos em condições de maior fragilidade: imigrantes, crianças, trabalhadores sem emprego e sem segurança social, acidentados sem protecção. Esta nova situação social de crise e de aumento das vulnerabilidades convoca os tribunais para leituras metajurídicas, fora do espartilho da lei ordinária, apelando à Constituição, aos princípios gerais do Direito, às convenções internacionais, ao bom senso, à equidade, à cidadania e à democracia, de forma a responderem às urgências e às precariedades sociais com justiça social. A sua legitimidade social será tanto maior quanto maior for a sua capacidade de compreender e de responder a esta nova procura.

Também a economia pressiona os tribunais, pedindo-lhes eficiência e celeridade na resolução dos problemas, eles também crescentemente mais complexos e globais, num contexto de forte concorrência e de crise económica e financeira. Neste campo, economia e cidadania tendem a unir-se na mesma reivindicação: combate eficaz à corrupção, ao tráfico de influências, ao abuso de poder, que afectam, quer a cidadania, quer a economia porque distorcem as condições de concorrência.

Àqueles factores acresce um outro com forte impacto no sistema de Justiça, que, embora com intensidade diferente, afecta a qualidade da democracia na generalidade dos países, independentemente da sua posição no sistema mundo. A crescente deslegitimação social de um poder político incapaz de responder às expectativas dos seus cidadãos por um futuro melhor, que vêem cada vez mais precarizado e minado por graves problemas de corrupção e de criminalidade económica, está a levar à transferência para o campo do judiciário de muitos dos conflitos típicos da acção governativa, agravando a politização da Justiça.

I) As sociedades conferem, assim, às instituições da Justiça um papel fundamental na resolução da conflitualidade e no controlo social, na protecção e efectivação de direitos, no desenvolvimento social e económico e no funcionamento e consolidação dos regimes democráticos. O problema é que, em geral, os sistemas de Justiça não têm sabido responder, com eficiência e qualidade, a este novo contexto e a estes novos desafios. Daí que a análise e o debate sobre o protagonismo judicial não podem deixar de incluir as seguintes subquestões: o sistema judicial está ou não a desempenhar um papel activo no aprofundamento da democracia? Em que circunstâncias e em que condições o pode fazer? Como podem os juízes contribuir para o aprofundamento da democracia, sem que eles próprios se tornem uma espécie de guardiães da própria democracia, "a última instituição"?

II) Que condições devem existir numa dada sociedade e que tipo de medidas devem integrar a agenda de reforma para que tal ocorra?

Os estudos sociojurídicos sobre a aplicação do Direito e, em geral, sobre o sistema judicial são cruciais para as respostas àquelas perguntas. A disseminação do conhecimento científico sobre a estrutura e funcionamento do Judiciário e sobre os vários subsistemas e interfaces que o compõem e/ou com a quais se articula possibilita um debate devidamente informado, conferindo ferramentas que permitem, quer aos operadores do sistema, quer aos decisores políticos, uma melhor definição das políticas e execução de reformas.

Uma segunda perspectiva do debate a assinalar diz respeito à crise com que generalizadamente se confrontam os sistemas judiciais. Sendo global a natureza da crise, alguns dos seus factores (corrupção do judiciário, debilidade dos princípios de autonomia e independência, ineficiência etc.) podem salientar-se mais em alguns países que em outros. O tempo da Justiça é uma das vertentes mais significativas do debate sobre a crise da Justiça. Em geral, considera-se que os atrasos dos tribunais são endémicos e altamente perniciosos, não só para o exercício efectivo dos direitos, da pacificação social, do funcionamento das organizações e do desenvolvimento social e económico, mas também para a qualidade da democracia. Quando a ineficiência e a morosidade dos tribunais atingem níveis excessivamente distantes do tempo social, consolida-se a ideia de que os sistemas judiciais não são capazes de responder positivamente às exigências da sociedade, com fortes repercussões negativas nas estratégias da sua mobilização e na sua legitimidade social. A percepção de que a lentidão dos processos aumenta os riscos da impunidade e/ou a absolvição indevida de arguidos agrava o cepticismo sobre o recurso aos tribunais, colocando em causa componentes fundamentais das bases simbólicas e materiais do Estado de direito democrático. O novo contexto social e político da acção da Justiça coloca, assim, especiais desafios aos poderes político e judicial no desenvolvimento de estratégias de combate à ineficiência e à morosidade dos tribunais judiciais, na resposta ao volume da procura que lhes é dirigida, ainda que seja uma procura de baixa complexidade, dominada por acções para a cobrança de dívidas ou de criminalidade de pequena e média gravidades.

Uma terceira vertente do debate sobre a Justiça prende-se com a própria definição da agenda de reforma. A complexidade do sistema de Justiça coloca, com especial acuidade, o problema da definição das políticas públicas de Justiça. A pressão social sobre os poderes, político e judicial, para a resolução da crise da Justiça, reclamando mais acesso, mais eficiência, mais qualidade e mais celeridade do sistema judicial, trouxe a Justiça para o centro das políticas públicas. Ora, se é verdade que o movimento de reformas da Justiça é global, o seu conteúdo pode ser muito divergente, dependendo de inúmeras variáveis, como sejam a cultura judiciária dos órgãos que mais contribuem para a sua definição, do tipo de diagnósticos que estão no seu lastro (diagnósticos políticos, dos operadores ou mesmo diagnósticos sociológicos), dos custos públicos e dos meios ao dispor, entre outros. Considerando os objectivos e a economia deste texto, saliento três temáticas no centro do debate sobre as reformas da Justiça em muitos países: a expansão ou contracção do papel dos tribunais judiciais; a organização e gestão dos tribunais; e o recrutamento e formação de magistrados.

A primeira é uma questão com vários subcampos, como por exemplo, a relação entre a centralidade da lei nas sociedades contemporâneas e a relevância dos tribunais, ou, dito de outro modo, entre *judicialização* e *legalização* ou o movimento de criminalização/descriminalização de condutas. Um dos subcampos mais destacado deste debate prende-se com a distribuição do trabalho de resolução de conflitos entre os tribunais judiciais e outros meios alternativos de resolução de conflitos (os chamados ADR). Nas sociedades contemporâneas, a mobilização dos tribunais judiciais, mesmo naquelas onde eles constituem a principal instância de resolução de litígios, ocorre num campo institucional alargado, em que pontificam outros meios alternativos de resolução de conflitos, criados pelo Estado ou pela sociedade, como, por exemplo, tribunais arbitrais, serviços de mediação, tribunais comunitários etc. A divisão do trabalho de resolução de conflitos entre as várias organizações de Justiça é uma questão complexa, cujo modo de concretização em cada sociedade pode ser muito diverso, dependendo do contexto social, cultural e político. Nos países ocidentais, o alargamento dos ADR teve especial impulso a partir da década de 1980 sobretudo em resposta ao congestionamento e à morosidade dos tribunais judiciais. O aumento exponencial de litígios provocou enorme pressão sobre os tribunais, incentivando o aparecimento, ao lado da Justiça formal, de outras instâncias de resolução de conflitos, menos formais, socialmente mais próximas dos cidadãos e mais rápidas, substituindo ou complementando, em áreas ou tipos de conflitos determinados, a administração da Justiça pelos tribunais judiciais. Além das funções de resolução de conflitos e de controlo social aos tribunais judiciais, podem ainda ser conferidas funções de certificação (por exemplo, sobre o estado das pessoas ou de bens) ou funções simbólicas várias. O papel futuro dos tribunais numa dada sociedade depende dos consensos sobre as funções essenciais que eles devem desempenhar no conjunto da acção do Estado e no quadro da divisão institucional do trabalho judicial. Mas o curso deste debate depende ainda dos princípios estratégicos sobre a Justiça que lhe subjaz: a eficiência e a produtividade ou a promoção da cidadania e a qualidade da Justiça.

A crise da Justiça e o reconhecimento do fracasso das reformas de natureza processual levou a um crescente enfoque analítico sobre a governação e gestão dos tribunais, destacando-se, neste debate, as análises que reflectem sobre os tribunais numa perspectiva sistémica. O défice de organização, gestão e planeamento do sistema de Justiça é considerado responsável por grande parte da ineficiência do seu desempenho funcional. Defende-se, por isso, a introdução de medidas que visem à alteração de métodos de trabalho, mais eficácia na gestão de recursos humanos, materiais e dos processos e uma melhor articulação dos diferentes subsistemas ou interfaces da Justiça entre si e, em geral, com outras instâncias do Estado ou da sociedade de promoção do acesso ou de prevenção e de resolução de conflitos. A análise da experiência comparada permite distinguir vários modelos em que as diferentes componentes relacionadas com a gestão e administração dos tribunais, incluindo a gestão processual, podem ter soluções distintas, embora seja comum a tendência para uma maior atenção às políticas gestionárias que incorporem uma maior descentralização da acção administrativa e da gestão dos recursos. A organização interna dos tribunais judiciais assume, neste debate, especial relevância. Discussão antiga nos países da *common law*, começa a ser alvo de reflexão também nos países de tradição jurídica continental. Importa assegurar uma divisão racional do trabalho que permita atribuir tarefas mais qualificadas a pessoal mais qualificado e uma maior eficiência e flexibilidade das unidades orgânicas. Pontuam neste debate questões como liderança, formação, introdução de novas tecnologias de informação e de comunicação, avaliação de desempenho e adequado planeamento estratégico.

Esta é reconhecidamente uma reforma muito complexa, que depende da configuração do poder judicial e dos princípios que o sustentam e, sobretudo, da distribuição de competências entre poder judicial e poder político na governação do sistema judicial. Daí que se considere este um campo de tensão entre os vários poderes do Estado. Mas a complexidade advém igualmente do facto de os tribunais judiciais serem organizações abertas, cujo desempenho funcional depende em grande medida da articulação com muitas outras organizações externas, e de estarmos perante uma organização em que intervêm agentes com estatutos profissionais e papéis muito diferenciados.

Uma terceira área de debate está relacionada com políticas de recrutamento e de formação de magistrados. Esta é uma área que tem vindo a assumir, em muitos países, especial importância no debate sobre a reforma da Justiça. De um ponto de vista da qualidade e da eficiência da justiça, a nova procura judicial, mais complexa do ponto de vista técnico, social e político, confronta os agentes judiciais com a necessidade de adquirirem novos conhecimentos técnico-jurídicos (por exemplo, de Direito internacional, de novos instrumentos internacionais de cooperação judiciária e de combate à criminalidade ou no âmbito dos chamados novos direitos, no campo da bioética, da medicina etc.), mas também de adquirirem competências que lhes permitam uma melhor compreensão dos fenómenos sociais, sem a qual dificilmente poderão fazer uma correcta e cabal avaliação sociojurídica do caso concreto. À complexidade legal acresce, assim, a pressão e a expectativa de que os magistrados devem compreender os fenómenos sociais que estão no lastro das reformas legais, da discussão jurídica do caso concreto ou dos novos direitos, nos seus diferentes contextos. Também a disseminação das novas tecnologias de informação e de comunicação no campo da justiça e o crescente fenómeno da mediatização da Justiça, em especial induzida pela criminalidade cometida por pessoas política e economicamente poderosas, impõem uma especial preparação dos agentes judiciais para lidarem com este novo fenómeno das sociedades contemporâneas.

A mediatização da Justiça trouxe, ainda, uma maior pressão social sobre os tribunais, agora mais sujeitos ao escrutínio da opinião pública, que reivindica do poder judicial mais transparência, mais prestação de contas, mais proximidade, mais cidadania, em suma, mais democracia.

Neste processo, a formação contínua deve merecer especial atenção. As transformações acima enunciadas, a complexidade de alguns fenómenos sociais, as dinâmicas das reformas legais, são factores que tornam rapidamente desactualizada a aprendizagem inicial, exigindo um especial esforço de actualização. E esta actualização está longe de se circunscrever à componente técnico-jurídica. Tal como ocorre na formação inicial, os magistrados precisam de compreender o fenómeno social que está no lastro das reformas legais nos seus diferentes contextos. Esta perspectiva atinge, sobretudo, determinadas situações com alguma especificidade social, como, por exemplo, o caso do abuso de crianças, a violência contra mulheres ou idosos, mas, também, no domínio da economia (propriedade industrial, concorrência, direito das sociedades etc.) e tudo isto torna difícil a actualização legislativa e a compreensão dos fenómenos sem ajuda para tal. Hoje, está ultrapassada a ideia de que o processo de formação dos magistrados se extingue com o ingresso na profissão, ideia cada vez mais rejeitada pelos próprios magistrados.

Mas a formação é ainda crucial pela seguinte razão. As reformas não resolvem os problemas se não houver uma cultura judiciária que as sustente. Não é possível a reforma estrutural do sistema de Justiça se essa reforma não envolver uma nova cultura judiciária que sustente os processos de reforma, só possível de alcançar através da formação. Reside nesta ausência muitos dos fracassos dos processos de reforma, em especial, daqueles que procuram a inovação. Ora, a criação de uma nova cultura judiciária, que suporte as reformas estruturais, exige um especial esforço de mudança dos conteúdos curriculares e das metodologias formativas, quer das faculdades de direito, quer dos organismos responsáveis pela formação dos operadores judiciários. A formação, quer a formação inicial, quer a formação contínua, assume, assim, um papel central, não só tendo em vista o aumento da eficiência do sistema, mas também da melhoria da qualidade da Justiça e da criação de uma nova cultura judiciária, mais progressista, orientada para a cidadania que sustente os processos de mudança, mas também que os reivindique, que seja capaz de reinventar o direito na procura da Justiça.

## Referências bibliográficas

FIX-FIERRO, Hector. *Courts Justice and Efficiency: A Socio-Legal Study of Economic Racionality in Adjudication*. Oxford: Hart Publishing, 2003.

GOMES, Conceição. *Os atrasos da Justiça*. Lisboa: Fundação Francisco Manuel dos Santos, 2011.

_____ (org.). *Para um novo Judiciário: qualidade e eficiência na gestão dos processos cíveis*. Coimbra: Centro de Estudos Sociais da Universidade de Coimbra/ Observatório Permanente da Justiça Portuguesa, 2010.

_____ (org.). *A gestão nos tribunais. Um olhar sobre a experiência das comarcas-piloto*. Coimbra: Centro de Estudos Sociais da Universidade de Coimbra/ Observatório Permanente da Justiça Portuguesa, 2008.

SANTOS, Boaventura de Sousa; GOMES, Conceição (orgs.). *O Sistema Judicial e os desafios da complexidade social. Novos caminhos para o recrutamento e a formação de magistrados*. Coimbra: Centro de Estudos Sociais da Universidade de Coimbra/ Observatório Permanente da Justiça Portuguesa, 2011.

_____. *Para uma revolução democrática da Justiça*. São Paulo: Editora Cortez, 2007.

_____. "Os tribunais e as novas tecnologias de comunicação e de informação". In: *Sociologias*, n° 13, 2005.

_____. "Poderá o Direito ser emancipatório?". In: *Revista Crítica de Ciências Sociais*, n° 65, pp. 13-76, 2003.

_____; MARQUES, Maria Manuel Leitão; PEDROSO, João; FERREIRA, Pedro Lopes. *Os tribunais nas sociedades contemporâneas: o caso português*. Porto: Afrontamento, 1996.

ZUCKERMAN, A. A.; CRANSTON, Ross (eds.). *Reform of Civil Procedure. Essays on "Access to Justice"*. Oxford: Clarendon Press, 1995.

# *Accountability* e Justiça

Fernando Filgueiras

Tornou-se uma espécie de lugar comum nas democracias liberais a defesa do princípio de independência do Poder Judiciário, enquanto instituição, e dos juízes, individualmente, para que a justiça possa se concretizar. O princípio da independência judicial surgiu ao longo do século XVIII, no contexto anglo-saxão de fortalecimento do pensamento liberal. Desde Montesquieu (1973), configurou-se a ideia de que a liberdade política depende da independência dos juízes para proferir vereditos justos, uma vez que o Poder Judiciário deveria ser um poder neutro e despolitizado frente aos poderes Executivo e Legislativo. O juiz seria apenas *la bouche de la loi* e suas decisões seriam corretas à medida que não expressassem ou reproduzissem interesses privados.

Simbolicamente, criou-se a imagem da Justiça como a deusa cega que segura uma balança como símbolo da prudência e do equilíbrio. Em sociedades em que os interesses são díspares e os valores plurais, a imagem da independência dos juízes frente ao público solidifica-se e é desejável, uma vez que o magistrado não deve relacionar o interesse público a ambições particulares e julgar os diferentes casos de forma isenta e precisa. Essa concepção de independência judicial é válida se compreendermos o Direito como distinto da Justiça, sendo entendido como uma técnica para solução de conflitos com base na existência de leis positivas postas pelo Estado. Se o Direito for compreendido como as regras postas pelo Estado, ele demanda uma metodologia científica positiva e isenta de valores para solidificar uma concepção neutra de justiça (Kelsen, 2000). Nessa concepção positivista de Direito, o juiz deve respeitar um processo estabelecido, que lhe assegura independência frente aos interesses (Hart, 2000). Dessa forma, o juiz não é responsável diante da sociedade, mas somente diante da lei.

A imagem da independência dos juízes e do Judiciário, entretanto, foi se esvaecendo ao longo do século XX, seja por conta do aprofundamento da vida democrática, seja em razão da crescente demanda ao Poder Judiciário de questões que envolvem decisões sobre princípios. A imagem de independência e isenção se esvai à medida que os juízes são conclamados a decidir sobre questões de princípio, que colocam em causa problemas que são fundamentalmente políticos. O avanço do Direito e sua crescente politização, de um lado, e a judicialização da política e das relações sociais, de outro, demandam dos juízes posicionamentos sobre questões que envolvem princípios. O Direito não se resume à aplicação de regras por meio do uso de técnicas interpretativas da lei e sua literalidade. O Direito refere-se, para além das regras, aos princípios normativos que organizam determinada sociedade com base em suas concepções de valores e que tem uma natureza política válida (Dworkin, 2001). Ao juiz não cabe decidir os diferentes casos com base na mera aplicação de regras prescritas apenas em textos legais. Cabe a ele também a aplicação de normas que se fundamentam em concepções mais amplas de justiça, com o objetivo da realização moral de determinado princípio fundamental à vida em sociedade. Ou seja, o juiz e o Judiciário representam a política democrática, uma vez que decidem para o conjunto da sociedade questões que envolvem suas concepções de bem.

Especialmente em sociedades democráticas e plurais quanto aos valores que os cidadãos podem defender, os juízes são convocados a decidir sobre questões relativas a princípios e, por meio de sua autoridade, realizar escolhas com base em concepções de justiça razoáveis do ponto de vista dos afetados pelo Direito. Ou seja, em sociedades democráticas, os juízes são delegados a exercer sua autoridade em favor de concepções razoáveis de justiça, o que demanda, por si só, processos de justificação pública que legitimem as posições individuais que os magistrados tomam em relação a casos concretos. O Judiciário, nesses termos, compõe, de acordo com Rawls, um fórum da razão pública, em que princípios de justiça são deliberados e publicamente validados à luz de valores com os quais os cidadãos possam concordar (Rawls, 2002). Como fórum da razão pública, o Judiciário, especialmente nas cortes constitucionais, torna-se uma instituição política por definição.

Essa concepção que relaciona justiça e Direito demanda uma noção mais aberta do conceito de normas e uma ideia mais ampla de Judiciário enquanto instituição democrática fundamental. Não se pode negar, nessa direção, que o Judiciário não é uma simples instituição burocrática, mas, antes de tudo, uma instituição política fundamental, sem a qual não é possível falar em democracia e república. E, além disso, não é possível pensar o juiz como mera "boca da lei", mas como agente político com atuação representativa. A independência dos juízes, portanto, não se refere apenas à sua posição como bocas da lei. A independência do juiz refere-se, também, à sua capacidade de decidir publicamente sobre valores que diferentes cidadãos possam considerar válidos à luz de suas concepções de bem. É o que está em jogo em discussões jurídicas complexas, tais como aquelas que gravitam em torno de tópicos como aborto, direitos de minorias, direitos relativos à proteção da vida, eutanásia etc. Em casos complexos, nos quais estão em jogo princípios normativos fortes, o juiz, individualmente, é delegado a escolher pela prevalência de um princípio em relação a outro e o Judiciário, institucionalmente, vem a ser o fórum onde esses princípios serão debatidos e deliberados. O juiz, portanto, decide politicamente.

É premente, assim sendo, que a independência do juiz e do Judiciário não decorra do fato de o primeiro ser a boca da lei, e o segundo, uma instituição despolitizada. A independência decorre da capacidade institucional do Judiciário de ser uma arena de debate público, em que questões controversas que envolvem valores fundamentais são debatidas e decisões são publicamente justificadas. Logo, ao contrário de uma concepção positivista, o juiz deve ser responsável diante da sociedade, que lhe delega o poder para escolher entre princípios que estão em litígio. Como o juiz tem a delegação da sociedade para realizar tal escolha, ele deve prestar contas de seus atos ao público. Ou seja, uma concepção de *accountability* é válida tanto para o juiz, individualmente, quanto para o Judiciário, institucionalmente, porquanto estejam inseridos em um processo democrático de delegação.

A *accountability* refere-se aos processos políticos e institucionais que configuram a prestação de contas como princípio fundamental para a publicidade da ação de agentes e instituições frente à cidadania (Philp, 2009; Dowdle, 2006). Ou seja, trata-se da construção política da publicidade com base em processos de representação política. Se estamos considerando que juízes podem fazer escolhas de princípios para a sociedade, parte-se da premissa de que o Judiciário tem uma natureza política e, enquanto tal, está vinculado à autoridade da cidadania. A *accountability* é, sobretudo, um princípio fundamental à legitimidade política em democracias representativas e liberais, sem o qual não é possível configurar um princípio de autoridade baseado na existência da participação da cidadania (Barnard, 2001).

Uma vez que os juízes, individualmente, e o Judiciário, institucionalmente, estão investidos dessa delegação para representar o interesse da sociedade, é fundamental para a legitimidade da ação política dos tribunais que o princípio da *accountability* seja tomado como fundamento de sua ação na sociedade. Se a autoridade, em uma democracia, reside na sociedade, e se o juiz faz escolhas representando a sociedade, é uma questão de justiça política que o Judiciário, assim como o Executivo e o Legislativo, cumpra o dever de prestar contas ao público e assegurar condições para que esse exerça sua autoridade sobre aquele. A legitimidade da ação de juízes e do Judiciário depende que as decisões tomadas respeitem as leis, os procedimentos e sejam publicamente referidas, sem haver a hipótese de segredo. O segredo será permitido apenas no caso de questões em que para a maior eficiência de uma política ou decisão ele seja demandado. Nesse caso, a legitimidade do segredo dependerá de uma publicidade de segunda ordem, em que a decisão de criar o segredo em alguns processos jurídicos seja publicamente realizada (Thompson,

1999). A legitimidade da ação do Judiciário dependerá do quanto o princípio da *accountability* possa ser implementado, em detrimento de uma concepção positivista do juiz como boca da lei. O princípio da *accountability* exige que o juiz seja também a boca dos interesses da sociedade, na medida em que ele representa o interesse público e tem a obrigação de protegê-lo.

Nesse caso, a *accountability*, na dimensão do Poder Judiciário, deve envolver duas ordens de questões: uma primeira, que se refere ao processo de decisão em si e à participação da sociedade; e uma segunda, que diz respeito aos processos de gestão do Judiciário.

No que diz respeito à primeira ordem de questões, é fundamental que as decisões do Poder Judiciário, principalmente aquelas que dizem respeito aos princípios, ocorram em um contexto ampliado de publicidade. Como representante do interesse público, não defendemos que a independência do Judiciário ocorra por um marco de legalidade que institua o juiz como mera "boca da lei". O juiz deve responder à autoridade que lhe foi conferida pelo público para decidir questões de Justiça em seu nome. Essas decisões não devem se basear na vontade da maioria, e o juiz individual não deve se responsabilizar perante o cidadão. A autoridade do juiz é investida de uma delegação pública baseada na lei e é, algumas vezes, contramajoritária. Sendo assim, é fundamental que se observe a racionalidade judicial e o modo de acordo através do qual a responsabilidade do juiz se dirige ao processo.

Para isso, é fundamental, no entanto, que o juiz esteja investido do poder público e tenha a confiança dos cidadãos para que possa decidir com base nos critérios de justiça pactuados. A possibilidade da decisão contramajoritária só é possível se o juiz estiver investido de autoridade. Para tanto, essa autoridade deve ser conferida pelo público por meio de uma Constituição. A publicidade das decisões judiciais ocorre à medida que se configura um consenso a respeito da capacidade da magistratura de tomar decisões que, muitas vezes, afetarão a todos. O consenso em torno da instituição do Judiciário deve prevalecer sobre os casos individuais e essa deve ser uma decisão tomada publicamente. O juiz e o

Judiciário não devem ser responsivos à sociedade, porque isso poderia infringir a cláusula de decisão movida por princípios. Um Judiciário democrático decide com base em uma Constituição criada e endossada pelo público. A *accountability* no aspecto da decisão, portanto, não incide sobre a atuação do juiz individualmente, mas mantém relação direta com o texto constitucional e a capacidade de a sociedade se ver representada no Judiciário.

Uma vez que decida de acordo com uma Constituição, o juiz estará tomando essa decisão publicamente se houver institucionalização de sua ação no interior da sociedade. E as decisões devem ser tomadas à luz de normas que, por sua vez, demandam para sua aplicação um processo de justificação pública. A *accountability* e sua relação com a Justiça ocorrem uma vez que se trate de uma questão política da Justiça a estabelecer um laço com a sociedade. As decisões devem ser abertas ao público e matéria de controvérsia nos termos de um processo institucionalizado de decisão pública. Não se trata de vincular a decisão a uma vontade da maioria da sociedade, mas da construção de decisões justas à luz de valores e normas com os quais todos possam concordar e que estejam no rol de princípios expressos por uma Constituição. A *accountability* ocorrerá à medida que as decisões sejam justificadas publicamente e se exponham como matéria de interesse público.

A segunda ordem de questões refere-se à gestão do Poder Judiciário. É preciso, aqui, distinguir o processo de decisão do processo de gestão do Judiciário, que deve seguir os mesmos preceitos burocráticos dos demais poderes em uma democracia. No que diz respeito à gestão do Poder Judiciário, é fundamental que se estabeleçam metas de gestão, se pactuem mudanças e aprimoramentos organizacionais e se estruturem modelos de gestão voltados a resultados. É preciso estabelecer, portanto, parâmetros de eficiência e de controle da gestão do Poder Judiciário, de maneira que o serviço prestado ao público ocorra nos melhores padrões de eficácia.

A consolidação da *accountability* na dimensão da eficiência do Judiciário demanda o aprimoramento dos mecanismos de controle. Tais mecanismos, por sua vez, requerem um processo de institucionalização que se configure pela gestão das políticas, tendo em vista o arranjo de instituições responsáveis pelo monitoramento, pela vigilância e pela sanção de agentes que se desviem dos parâmetros pactuados no processo de decisão. A consolidação da *accountability* e o respeito ao princípio da publicidade exigem a diferenciação de instituições que cuidem da gestão do Judiciário, de maneira a estabelecer regras e procedimentos capazes de proporcionar o acompanhamento das políticas e a sanção a atos de improbidade praticados por agentes públicos e privados. Nesse sentido, deve-se sedimentar uma perspectiva de controle interno e externo do Poder Judiciário, com o objetivo de assegurar que sua gestão seja eficiente.

Dessa maneira, é fundamental estabelecer formas de controle interno e externo ao Poder Judiciário, com o objetivo de aprofundar os elementos de sua governança democrática. O controle interno é aquele que a organização — Poder Judiciário — faz sobre si mesma, tendo em vista os resultados alcançados e os objetivos pactuados. O controle externo, por outro lado, refere-se às atividades de vigilância e monitoramento desenvolvidas por instituições externas à organização. O controle externo deve arranjar, institucionalmente, o controle sobre as atividades de gestão do Judiciário, como a atuação dos tribunais de contas, e a análise dos resultados alcançados com a possibilidade de participação da sociedade. O objetivo é que o Judiciário, enquanto um dos poderes republicanos, cumpra o dever de prestar contas ao público de suas ações e atividades de gestão. No caso do Judiciário, além da prestação de contas de sua gestão interna, é necessário que as decisões políticas tomadas em seu âmbito ocorram em um marco de publicidade, através do qual se garanta não apenas que o juiz exerça o poder de Hércules para tomar decisões corretas, mas se assegure ainda que essas decisões também sejam democráticas porquanto referidas aos marcos de autoridade da democracia e da Constituição.

## Referências bibliográficas

BARNARD, Frederick M. *Democratic Legitimacy. Plural Values and Political Power.* Montreal: McGill-Queen's University Press, 2001.

DOWDLE, Michael W. "Public Accountability: Conceptual, Historical and Epistemic Mappings". In: *Public Accountability. Designs, Dilemmas and Experiences.* Cambridge: Cambridge University Press, 2006.

DWORKIN, Ronald. *Uma questão de princípio.* São Paulo: Martins Fontes, 2001.

HART, Herbert. *O conceito de Direito.* Lisboa: Fundação Calouste Gulbenkian, 2007.

PHILP, Mark. "Delimiting Democratic Accountability". In: *Political Studies,* vol. 57, nº 2, 2009.

RAWLS, John. *O liberalismo político.* São Paulo: Ática, 2002.

THOMPSON, Dennis. *Democratic Secrecy.* In: *Political Science Quartely,* nº 114 (2), 1999.

PARTE III  Justiça, Direito e política no Brasil

# Abolição e Justiça no Brasil

*Wlamyra Ribeiro de Albuquerque*

No Brasil, ainda se vivia o desfecho das lutas pela emancipação política do domínio português, conquistada em 1822-23, e a escravidão já ocupava a pauta da configuração jurídica da nova nação que surgia. O fim do domínio português não provocou uma ruptura na estrutura social e econômica do país sustentada através do trabalho dos africanos escravizados. Ao contrário. Uma vez livre da dominação lusitana, o Brasil consumiu ainda mais as cargas humanas que saíam dos portos africanos e cruzavam o oceano Atlântico em direção às Américas. O vigor da antiga ordem escravista na jovem nação moldou o Estado que então se formava.

Com uma das maiores populações de cativos das Américas podemos dizer que a sociedade escravista imprimiu suas marcas na constituição do Direito brasileiro. Concepções de liberdade, cidadania, direitos civis e políticos não podiam escapar da trama escravista; não era possível ignorar os limites e as especificidades dos direitos numa sociedade alicerçada na propriedade de uns sobre outros. As definições sobre o justo, o legal e o legítimo estavam impregnadas da lógica social que diferenciava os indivíduos a partir da condição de livres, libertandos, libertos, africanos livres ou cativos.

Ainda em 1823, durante os trabalhos da Assembleia Constituinte, os legisladores estavam às voltas com a definição de cidadania numa sociedade escravista. Era ponto pacífico que os africanos — fossem eles escravos, livres ou libertos —, por serem estrangeiros, não poderiam usufruir das prerrogativas de cidadãos brasileiros, mas o que fazer com os cativos nascidos no país? Uma vez alforriados, teriam eles os mesmos direitos daqueles nascidos livres?

Os constituintes, após longos debates, definiram como cidadão brasileiro todo homem livre nascido no país ou naturalizado, assegurando-lhes direitos civis, mas reservando a alguns os direitos políticos. Só poderia ser cidadão ativo, apto a votar e ser votado, quem possuísse renda superior a 200 mil-réis, em bens de raiz, indústria, comércio ou emprego, e tivesse nascido livre. Prevalecia assim o princípio da propriedade e excluíam-se os libertos, ainda que nascidos no Brasil, da categoria de plenos cidadãos. A escravidão foi, portanto, na primeira Constituição do Estado brasileiro, uma questão espinhosa contornada pelo alinhavo entre princípios liberais que previam igualdade entre os homens, mas resguardavam os direitos dos senhores nascidos livres.

A historiadora Keila Grinberg também sinaliza para o peso da escravidão sobre a legislação brasileira. Segundo a autora, ao longo de todo século XIX e até 1917, a ausência incômoda de um código civil, dentre outras razões, vinculou-se à vigência do escravismo no Brasil.

Sem um código civil, cabia aos representantes da Justiça deliberar sobre contendas entre cativos e senhores tendo por base o direito costumeiro, as ordenações filipinas, leis e decretos herdados do período colonial. E não foram poucas as demandas levadas às instâncias da justiça em torno da legitimidade da propriedade escrava, das condições de vida dos cativos, dos direitos dos libertos, do destino dos africanos apreendidos no tráfico ilegal, das obrigações do Estado para os emancipados e dos direitos civis desta população.

Vasculhando a documentação judicial os historiadores têm colecionado casos, por exemplo, em que escravizados diziam "viver sobre si", numa alusão ao pouco ou nenhum controle do senhor sobre o seu cotidiano. Ao evidenciar a frouxidão das relações de subordinação que costumeiramente definiam o cativeiro, homens e mulheres escravizados recorreram à Justiça por se julgarem no direito de serem alforriados ou para continuarem a usufruir da autonomia já conquistada. Tal argumento foi usado com astúcia por representantes legais de cativos. Por outro lado, também não faltam histórias nas quais senhores ou seus herdeiros recorreram à Justiça para tentar reduzir ao cativeiro pessoas libertas e/ou seus descendentes. Como o Direito costumeiro previa a revogação da alforria, alguns senhores não titubearam em levar aos tribunais as chamadas ações de reescravização, que podiam anular alforrias já concedidas. Muitas delas tinham início quando os libertos rompiam laços de dominação pessoal que os ligavam aos seus ex-senhores, frustrando-lhes as expectativas de manutenção de vínculos de dependência depois da alforria.

É interessante sinalizar que, à medida que a escravidão perdia legitimidade, especialmente a partir da década de 1850, as tentativas legais de reescravização foram rareando; mesmo as que foram levadas à Justiça tinham grandes chances de serem negadas. Tamanha indisposição demonstra que advogados, promotores, juízes e jurisconsultos, ao analisarem e encaminharem suas considerações sobre os mais diversos casos, expunham mais que a simples aplicação das leis; explicitavam concepções de Direito e dos direitos cabíveis aos diferentes sujeitos sociais da época; redesenhavam projetos políticos e planos para o futuro nacional.

A lei que aboliu a escravidão aconteceu em 1888, mas antes dela as leis de 1850, 1871 e 1885 trataram da chamada questão servil. Se privilegiarmos olhar em retrospectiva a partir de 1888, corremos o risco de perceber a abolição como o resultado bem acabado de um plano gradual, pautado na legislação, desejado por todos aqueles que viam na escravidão um empecilho à marcha brasileira em direção ao progresso sem que fosse comprometida a ordem social. Em 1850, extinguiu-se o tráfico; em 1871, libertou-se o ventre escravo, garantindo-se que não nasceriam mais escravos no Brasil; em 1885, libertaram-se os sexagenários; e, por fim, em 1888, o cativeiro foi extinto. Entretanto, entender essa sequência de leis como um plano coerente, previsível e realizado em etapas é um engano. Em certa medida tal embuste se deve a interpretações que buscaram ressaltar a forma ordeira com que o Brasil se desfez do escravismo. Tal viés interpretativo não tem resistido à investigação histórica pautada na pesquisa documental.

Nesse sentido, ao esquadrinharmos o lento e tortuoso processo de desmonte do escravismo no Brasil à luz dos procedimentos e deliberações no âmbito da Justiça nos deparamos com a dubiedade das leis, com a longevidade de antigos dispositivos legais — a exemplo das ordenações filipinas —; com os propósitos políticos que fizeram pender a balança da Justiça, ora a favor da causa da liberdade, ora a reafirmar a ordem escravista. Considerar a imprecisão desse percurso, os avanços e reveses da jornada emancipacionista diante dos tribunais é também reconhecer a complexidade e a pluralidade das ideias que compuseram o campo do Direito no Brasil oitocentista. Neste sentido, o desmantelamento gradual do escravismo na sociedade brasileira deve ser considerado um projeto político impreciso, sinuoso, que teve nas arenas da Justiça um campo decisivo.

A extinção da escravidão no Brasil em 1888 foi o desfecho de um processo longo, mas nada coerente. A Abolição resultou de um movimento conturbado, marcado por debates e embates calorosos que, em certos momentos, colocaram legisladores, juízes e proprietários de escravos em campos distintos, noutros os irmanaram. A Justiça brasileira foi então teatro político, no qual rivalizaram magistrados de variadas matizes partidárias e filiações ideológicas.

A hesitação do Estado brasileiro frente à questão servil já estava posta em 1831, quando se extinguiu o tráfico atlântico de escravos. Fruto de intensa pressão internacional, a lei de 1831, imortalizada pela expressão "para inglês ver", pouco impactou o lucrativo comércio de pessoas. Cientes do apoio de políticos importantes e contando com conivência muda da Justiça, os traficantes incrementaram ainda mais os seus negócios depois da lei de 1831. Na contabilidade dos especialistas, entre 1830 e 1856 cerca de 760 mil africanos foram ilegalmente importados para o Brasil. A compreensão de que o fim da escravidão arruinaria a economia brasileira explicava o apoio explícito de uns e a conivência silenciosa de outros. Em 1850, novamente proibiu-se a importação de escravizados para o Brasil.

É verdade que, àquela altura do século XIX, não existia qualquer consenso em torno do fim da escravidão. Houve mesmo quem considerasse a extinção do cativeiro coisa impossível de se concretizar no Brasil, dado o quanto dela dependia a economia nacional. Entretanto, as revoltas escravas, que deixavam em sobressalto população e autoridades, somadas ao medo do "perigo africano" — como os contemporâneos denominavam o predomínio numérico não só de escravizados, mas também de libertos e negros nascidos livres no Brasil —, ajudaram a pôr a extinção do tráfico na pauta da Justiça.

Os estudiosos do tema têm observado que mesmo depois de 1850 os africanos continuaram a ser clandestinamente introduzidos no Brasil, mas também acentuam o fato de que o Estado brasileiro estava muito mais empenhado a fazer valer a lei. A ação enérgica de Nabuco de Araújo, ministro da Justiça entre 1853-57, afastando desembargadores coniventes ou omissos e punindo comerciantes e compradores de escravizados ilegalmente traficados, explicitava a determinação do Estado Imperial em fazer valer a lei.

O fim do tráfico em 1850 e a guerra contra o Paraguai compõem o contexto em que a extinção da escravidão servil foi publicamente abordada pela Coroa. Um dos sinais dessa movimentação palaciana foi a resposta de Pedro II à Junta Francesa de Emancipação, em 1866, que havia endereçado ao Brasil um apelo pelo fim da escravidão. Após declarar que a emancipação era uma questão de forma e oportunidade, o imperador delegou a Pimenta Bueno a tarefa de elaborar um projeto a esse respeito. Submetido ao Conselho de Estado em 1867, a solução da questão servil foi adiada com o argumento de que, dada "a perturbação do momento", provocada pela guerra contra o Paraguai, não seria prudente tratar de assunto tão explosivo e controverso.

A tentativa do Conselho de Estado de adiar o debate revelava o principal desafio das autoridades: promover o desmonte do escravismo sem comprometer os direitos dos senhores. Perdigão Malheiros, importante jurista, expôs, em *A escravidão no Brasil (1866-67)*, a encruzilhada jurídica que perpassava a sociedade da época. Ele avaliava ser a escravidão amoral e juridicamente ilegítima, entretanto reconhecia o legítimo direito de propriedade dos senhores de escravos.

Quando, em setembro de 1871, o visconde de Rio Branco encaminhou à Câmara o projeto acerca do "elemento servil" encontrou em Perdigão Malheiros e nos demais representantes dos cafeicultores do Rio de Janeiro, de São Paulo e de Minas Gerais forte oposição. Foram quatro meses de longos debates. Entre os que o defendiam, apelava-se para a necessidade de garantir ao governo imperial a condução de questão tão delicada quanto o era o fim da escravidão. No mais, com a derrota do sul escravista nos Estados Unidos, o Brasil ostentava, junto com Cuba, o vergonhoso posto de nação escravista. A aprovação do projeto seria, portanto, uma demonstração do interesse nacional em se livrar do escravismo. Já os contrários ao projeto alegavam a precipitação da iniciativa do governo, enfatizando ainda o risco de insubordinação dos escravos, já que a lei reconhecia estratégias para aquisição de alforria, mesmo à revelia da vontade senhorial.

A lei foi aprovada no dia 28 de setembro, sob aplausos entusiasmados de uns e ameaças de outros. A lei nº 2.040, mais conhecida como lei "do ventre livre", avalizou os núcleos familiares dos cativos como espaço para conquista da alforria. No seu primeiro artigo foi estabelecida a condição de *ingênuo* para designar toda criança nascida de ventre escravo a partir daquela data. Já no artigo quarto proibiu-se a separação por parte dos senhores de cônjuges, assim como a de crianças menores de doze anos de seus pais. Assim sendo, em caso de partilha de herança, por exemplo, não se poderia mais desfazer os vínculos familiares dos escravos.

Para além desse reconhecimento do direito de os escravos constituírem e viverem em família, a historiografia contemporânea tem enfatizado outros dispositivos previstos na lei para a aquisição de alforria. Um deles garantia ao cativo o direito de acumular pecúlio, quando destinado à compra de sua carta de alforria. Caso o senhor não concordasse com o valor, cabia ao Estado promover o arbitramento, de modo a assegurar o direito à liberdade. Ainda assim, a lentidão na aplicação da lei e mesmo da concretização da alforria a partir dela foi, pouco a pouco, sendo evidenciada. A morosidade da lei comprometia a força da causa da liberdade e dava aos proprietários fôlego e esperanças de que a escravidão fosse se desfazendo amiúde e mansamente.

Os desdobramentos políticos e sociais da lei de 1871 têm levado os historiadores a considerá-la um importante marco do processo emancipacionista. Contudo, também não lhes tem escapado que ao fazer prevalecer a indenização, ou ainda ao colocar os ingênuos sob o "poder e autoridade" do senhor de sua mãe pelo menos até os oito anos de idade, o Estado Imperial reconhecia a propriedade escrava e a autoridade senhorial. Nesse sentido, o aparato legal então constituído tentava o tenso equilíbrio entre o plano emancipacionista e a garantia de privilégios dos senhores e ex-senhores de escravos.

Ainda assim, ao longo das décadas de 1870 e 1880, até as vésperas da Abolição, os escravos foram à Justiça para fazer valer os seus direitos lançando mão da legislação em vigor. Os tribunais de todo o país, cada vez mais, foram levados a deliberar sobre as ações de liberdade. Eram os cativos e representantes por eles constituídos acionando a Justiça para defender a causa da liberdade. A "questão servil" passou a ser insistente e ardorosamente discutida na imprensa, na literatura, nas delegacias de polícia e, principalmente, nas ruas das principais cidades da época. O desmonte do escravismo parecia enfim ter entrado na agenda da sociedade brasileira, e a propaganda abolicionista ganhava a adesão de acadêmicos, jornalistas, jovens advogados e mesmo de magistrados mais graduados.

Mesmo a lei de 1831 não foi de todo esquecida. Os cativos, por meio de seus representantes legais, começaram a cobrar a conta da conivência silenciosa do Estado com o negócio dos traficantes depois de 1831. Ainda na década de 1860, Luís Gama foi um personagem singular e decisivo nessa seara jurídica. Seu argumento era que, uma vez provado que o indivíduo havia sido "importado" depois da proibição do tráfico, a sua escravização era ilegal, cessando o direito de propriedade sobre ele. Sendo ele mesmo um ex-escravo, Luis Gama traduziu como poucos as pressões e aspirações de liberdade da população cativa para a arena dos tribunais. Fosse defendendo gratuitamente escravos que cometiam crimes contra seus senhores, fosse escrevendo na imprensa abolicionista, Gama era uma das vozes mais exaltadas contra o lento plano emancipacionista. A bandeira nas ruas e nos foros da Justiça era a abolição imediata e sem qualquer indenização.

Na década de 1880, a crise do escravismo era tão flagrante que mesmo os proprietários declaravam predileção pela sociedade do "trabalho livre", mas não abriam mão da indenização, do ritmo arrastado do emancipacionismo nem de ações governamentais voltadas à disciplinarização do liberto para o trabalho. Enquanto isso, a agitação de escravos, libertos e abolicionistas se transfigurava sob as lentes de políticos e senhores em iminente crise social. Tentando mais uma vez resolver a questão servil sem menosprezar os interesses senhoriais, o governo imperial encaminhou entre 1884-85 um novo projeto de lei.

Aprovada depois de graves dissensões partidárias e acordos políticos bem arquitetados pela Coroa, a lei 3.270 tratava da matrícula dos escravos, das formas de alforria e das obrigações dos libertos. Promulgada em 28 de setembro de 1885, quatorze anos depois da lei de 1871, a nova lei manteve a agenda — pretendia manter o passo lento do processo emancipacionista e fazia prevalecer o domínio dos senhores sobre os libertos.

No parágrafo 10 da seção "Das alforrias e dos libertos" previu-se a alforria ao maior de sessenta anos, desde que o seu senhor fosse indenizado ao longo de três anos, por meio de prestação de serviços. Dessa maneira, cabia aos sexagenários pagar a conta por sua alforria e, mais ainda, prolongar vínculos de subordinação com seus antigos senhores. A lei de 1885 pretendia fixar os libertos em estabelecimentos agrícolas, para tanto obrigando quem conseguisse a alforria pelo fundo de emancipação, exceto os das capitais, a permanecer no mesmo município por pelo menos cinco anos. Caso infringisse tal determinação, o indivíduo seria considerado vagabundo e poderia ser aprendido pela polícia e conduzido a colônias agrícolas. Isso quer dizer que o Estado buscava alicerçar-se em dispositivos legais para garantir a força de trabalho dos libertos, afastando-os das grandes cidades. Menos evidente, mas de grande relevância, é o que tal artifício significava para as relações escravistas. Garantindo a autoridade do ex-senhor sobre o liberto, se pretendia preservar a deferência e a subordinação de uns a outros. Desse modo, a liberdade dos ex-escravos esbarrava nos limites da cidadania que lhes era conferida.

Como bem sabemos, o fim da escravidão aconteceu em 1888, gerando uma grave crise política e social que comprometeu mortalmente a Monarquia. Uma vez feita a Abolição, persistiam velhas preocupações a respeito dos direitos e deveres cabíveis aos libertos e a seus descendentes. Enquanto escravocratas mais empedernidos continuavam a reclamar por indenização ou relutavam em aceitar a alforria dos seus ex-cativos, abolicionistas, políticos e autoridades policiais tentavam fazer prevalecer a ordem. O que se viu foram tempos de tensão social, ainda que em 1887 apenas 5% da população brasileira fosse formada por cativos.

As demonstrações de insubordinação e as expressões de autonomia dos libertos marcaram as semanas que sucederem o treze de maio de 1888 e deixaram alguns ex-senhores apreensivos. Outros, mais previdentes e dependentes dessa mão de obra, tentaram negociar condições para manter os trabalhadores em suas propriedades. Nem todos tiveram sucesso. Pesquisas recentes têm demonstrado que os ex-cativos pressionaram as autoridades de muitas maneiras para fazer valer os significados por eles atribuídos à condição de pessoa livre. A tensão entre o controle desejado pelos ex-senhores e as prerrogativas da liberdade almejadas pelos ex-escravos mantinha a definição da cidadania dessa população numa área de litígio. Se muitos ex-senhores tentaram reeditar vínculos escravistas, os libertos tratavam de firmar acordos que os afastassem de seu passado escravista.

Com a Proclamação da República em 1889, o novo regime tentou, ao seu modo, equacionar a manutenção da ordem social e as mudanças advindas do fim da escravidão. Ao tentar assegurar matrículas de trabalhadores, coibir o trânsito de "pessoas de cor", ampliar as funções da polícia, dentre tantas outras ações, o Estado republicano deu continuidade à política de controle e limitação dos direitos sociais e políticos da população egressa do cativeiro. Tentando fazer transbordar para o pós-Abolição relações pautadas na longa experiência escravista brasileira, os republicanos buscaram preservar velhas hierarquias sociais. Nesse sentido, as próprias definições de cidadania e de liberdade para a população negra na sociedade republicana continuaram, e ainda continuam, em um campo de conflito e interesses.

## Referências bibliográficas

AZEVEDO, Elciene. *Orfeu de carapinha — a trajetória de Luiz Gama na imperial cidade de São Paulo*. Campinas: Editora da Unicamp, 1999.

CARVALHO, José Murilo de. *A construção da ordem — teatro de sombras*. Rio de Janeiro: Civilização Brasileira, 2003.

CHALHOUB, Sidney. *Machado de Assis, historiador*. São Paulo: Companhia das Letras, 2003.

FLORENTINO, Manolo. *Em Costas Negras — uma história do tráfico de escravos entre a África e o Rio de Janeiro*. São Paulo: Companhia. das Letras, 1997.

FONER, Eric. *Nada além da liberdade — a emancipação e seu legado*. Rio de Janeiro: Paz e Terra; Brasília: CNPQ, 1988.

GRINBERG, Keila. *Código Civil e cidadania*. Rio de Janeiro: Jorge Zahar, 2001.

_____. *O fiador dos brasileiros — cidadania, escravidão e Direito civil no tempo de Antônio Pereira Rebouças*. Rio de Janeiro: Civilização Brasileira, 2002.

LARA, Sílvia H.; MENDONÇA, Joseli Maria M. (orgs.). *Direitos e justiças no Brasil*. Campinas: Editora da Unicamp, 2006.

MATTOS, Hebe Maria. *Escravidão e cidadania no Brasil monárquico*. Rio de Janeiro: Jorge Zahar, 2000.

MENDONÇA, Joseli Nunes. *Entre a mão e os anéis — a lei dos sexagenários e os caminhos da abolição no Brasil*. Campinas: Editora da Unicamp, 1999.

PENA, Eduardo Spiller. *Pajens da casa imperial — jurisconsultos e escravidão no Brasil do século XIX*. Campinas: Editora da Unicamp, 2001.

RODRIGUES, Jaime. *O infame comércio — propostas e experiências no final do tráfico de africanos para o Brasil (1800-1850)*. Campinas: Editora da Unicamp, 2000.

# Tenda dos milagres

*Lilia Schwarcz*

"Mestre Archanjo sabe muito, tem um armazém de ipsilones na cabeça e nos pedaços de papel." Mas o que ele sabe não é coisa de se perder em trova de tostão, é passaladagem de muita substância, enredos de que pouca gente ouviu falar". O trecho retirado do livro de Jorge Amado, *Tenda dos milagres,* descreve esse herói mestiço, mestre das ruas e dos saberes da população pobre de Salvador. Publicado pela primeira vez em 1969, a obra fazia jus a um "novo" Jorge Amado, liberto dos desmandos do Partido Comunista; um literato tropicalista que redescobria as vicissitudes da Bahia inscritas no seu clima, alimentos, temperos, costumes, religiões, cores, cheiros e gentes; a gente da Bahia. O momento era de "fechamento", com a ditadura militar e AI5 restringindo liberdades civis e políticas; mas também de "abertura", com os meninos baianos — Caetano Veloso, Gilberto Gil, mas ainda Torquato Neto e Tom Zé — encabeçando um novo movimento pop, que ganharia o nome de Tropicália.

É nesse contexto que, mais baiano do que nunca, Jorge Amado termina esse romance, diante do qual nunca disfarçou predileção. O nome vinha de uma espécie de universidade popular e informal de Salvador, que teria ganho força e evidência no início do século XX. Na Ladeira do Tabuão nº 60 ficava a Tenda dos Milagres, lugar onde o tipógrafo e pintor Lídio Corró desenhava seus milagres, movendo sombras mágicas, e seu amigo, Pedro Archanjo, ouvia mas também dava aulas sobre candomblé, capoeira e acerca desse universo afro-baiano, que imperava nessas paragens da cidade.

Archanjo era, ele próprio, afamado capoeirista, violeiro, líder de afoxés, homem do candomblé, exímio amante, conhecedor dos prazeres da mesa e da bebida, e, ainda mais, um tipo de intelectual orgânico do povo: daqueles que coleta saberes e dá a eles novos sentidos. Conhecido como Ojuobá, os olhos de Xangô, Archanjo fazia filhos e os soltava no mundo. Era igualmente profundo erudito desse mundo, o que fez dele um mestre autodidata a combater o racismo em voga na Bahia. A publicação de um pequeno livro, sobre as genealogias das famílias locais — no qual defendia que a mestiçagem se espraiasse pelo país e, em especial, estivesse presente no Estado —, custara-lhe caro. Perdera o emprego de bedel na Faculdade de Medicina da Bahia, mas não o orgulho e a liderança.

A narrativa se desenvolve de maneira pouco previsível. Avança no ano de 1968, quando um intelectual americano chega para conhecer as teorias de Archanjo, a essas alturas já falecido. Mas o literato também recua aos tempos em que o herói reinava solto. Aí destaca-se a destreza do bardo Jorge, que descreve o ambiente do Pelourinho, ou desfila personagens locais, humanos em suas aspirações, modelos e desejos em tudo diversos da elite baiana, que busca ares mais cosmopolitas e civilizados.

Mas o coração da narrativa está no embate entre o professor catedrático de Medicina Nilo Argolo — adepto das teorias deterministas raciais e crítico confesso da mestiçagem — e Pedro Archanjo, bedel na mesma instituição, mas mestre consagrado na Tenda dos Milagres. Ambas as instituições têm assento no Terreiro de Jesus e nas duas se ensina a curar doenças e tratar dos enfermos. Também nos dois locais vai-se "da retórica ao soneto" e veiculam-se "suspeitas teorias".

No centro da contenda está Pedro Archanjo, nascido em 18 de dezembro de 1868, na cidade de Salvador, filho de Noêmia de Tal, mais conhecida como Noca de Logum Edé e de um pai que só se sabe ter sido recruta na Guerra do Paraguai. Morreu na travessia do Chaco, deixando a companheira grávida de Pedro. Archanjo fez tudo sozinho: criou-se, aprendeu a ler, frequentou o Liceu de Artes e Ofícios, estudou português, antropologia, etnologia e sociologia, assim como dominou, como quem, o francês, o inglês e o espanhol. Autor de vários livros sobre cultura, costumes e famílias baianas, o mulato famoso entre os seus faleceria em 1943, com 75 anos de idade, pobre como veio ao mundo.

Já Argolo era em tudo oposto, em sendo muito parecido e paralelo. Catedrático de Medicina Legal, era inflamado crítico da mestiçagem e das práticas "bárbaras desses grupos", nomeadamente o candomblé. Teria escrito "A degenerescência psíquica e mental dos povos mestiços"; "A criminalidade negra", "Mestiçagem, crime e degenerescência"; "A degeneração psíquica e mental dos povos mestiços nos países tropicais"; "As raças humanas e a responsabilidade penal no Brasil; "Antropologia patológica — Os mestiços". Aí temos, pois, dois contendores de alguma maneira igualados na proeminência: ambos sabiam muito de cura; um a praticava na universidade dos brancos, o outro na do povo.

Não é preciso ser oráculo para entender a inspiração de Jorge Amado. Nilo Argolo é Nina Rodrigues, médico nascido no Maranhão, mas radicado na Bahia, líder da — assim chamada — escola tropical da Faculdade de Medicina, localizada em Salvador, e especializada em crime e loucura. Grande adepto das teorias da Antropologia Criminal italiana de Lombroso, dos atavismos e dos determinismos culturais, foi figura paradoxal ao fazer um amplo levantamento dos terreiros existentes na Bahia — em *Africanos no Brasil* —, mas também por sua batalha para o predomínio médico no Código Penal brasileiro. Segundo ele, a mestiçagem existente entre nós era sinal de fracasso e degeneração, e seria preciso combatê-la assim como se elide os organismos contrários ao bom funcionamento do organismo. Se o paralelo não tiver convencido, os títulos das obras de autoria de Nina Rodrigues já se encarregarão de fazê-lo. Só para ficarmos com os exemplos mais óbvios, Nina publica: "Os mestiços brasileiros", em 1890; "As raças humanas e a responsabilidade penal no Brasil", em 1989; "Métissage, dégénérescence et crime", também nesse ano. Não há, pois, engano acerca dos títulos das obras, e do acerto da homenagem ao revés.

Já Pedro Archanjo foi francamente inspirado, e segundo o próprio Jorge Amado, em muitos personagens: foi "a soma de muita gente misturada". De um lado, Manuel Querino (1851-1923), ativista negro das ruas de Salvador que escreveu *A arte culinária na Bahia,* da mesma maneira como Archanjo redigiu obra dedicada ao tema. Em 1916, Querino publica *A raça africana e seus costumes no Brasil*; já Archanjo, em 1918, lança *Influências africanas nos costumes da Bahia.* Enfim, coincidência pouca é bobagem e os limites entre ficção e não ficção ficam evidentemente borrados com esses exemplos que mostram como muitas vezes a realidade vira metáfora, assim como o contrário também sucede. A outra fonte de inspiração é Miguel Archanjo Barradas Santiago de Santana (1896-1974), descendente de avós ibéricos e africanos. Miguel foi um próspero homem de negócios, o que não o identificaria a Archanjo. Mas, como o herói, era conhecido mulherengo e mantinha alto posto de obá Aré no terreiro de Axé Opô Afonjá. O lado sedutor de Archanjo teria saído pois de Miguel, já o perfil de militante e defensor da causa negra viria de Querino — conhecido abolicionista, professor de desenho, sindicalista e estudioso de história e cultura do negro da Bahia.

É fácil notar, assim, como há um embate anunciado entre duas dimensões da Justiça. De um lado, uma concepção científica do mundo e de sua ordem; o suposto de que existiria um rebatimento entre a desigualdade econômica e social inscrita na realidade; o que determinava um receituário determinista e racial, estabelecendo uma hierarquia rígida entre as raças. A seguir essa versão, o que explicaria as vicissitudes da cidade da negra, Salvador, em seu destino mais ou menos alentador, seria o branqueamento da população e a higienização de suas raças. Nina Rodrigues ou Nilo Argolo defendiam esse tipo de concepção, com a ressalva que Rodrigues não perseguia ou mandava fechar terreiros de candomblé; ao contrário, era personagem bem mais complexa e, na verdade, fez o primeiro levantamento nesse sentido. De outro lado estariam os simpáticos Archanjo, Querino e Archanjo Barradas para quem a mestiçagem era um ganho, não veneno. Dizia o herói ficcional, encarnando o espírito de Gilberto Freyre, que "se o Brasil concorreu com alguma coisa válida para o enriquecimento da cultura universal foi com a miscigenação — ela marca nossa presença no acervo do humanismo, é a nossa contribuição maior para a humanidade".

Há, assim, duas maneiras de ordenar a danada da realidade. Frente à diferença de grupos, culturas e visões de mundo, ora se aponta para a exclusão ou para a inclusão social. Esse é também o grande impasse experimentado pela Primeira República brasileira, que nasceu propalando ideais de igualdade e de cidadania republicana, mas acabou se entregando a projetos autoritários e de intervenção. É certo que o contexto viu nascer processos de institucionalização política, mas isso se fez por sobre as diferenças, e sempre em nome da universalidade da civilização.

Foi Norbert Elias quem, em *O processo civilizador*, mostrou como o século XVIII nos legou dois conceitos de alguma maneira opostos entre si. Enquanto a noção de "cultura" guardava projetos diferentes e não suprimidos por modelos anteriores ou superiores de sociabilidade, a concepção de "civilização" padecia do suposto contrário — preconizava de que só havia uma sociedade, superior, e que essa haveria de se impor sobre as demais. Não por acaso, a noção de cultura supõe sempre o plural —- muitas culturas igualadas em suas projeções —, e a de civilização, o singular, uma vez que sua vigência como que abole as demais. Por fim, e nesse mesmo contexto, a única civilização possível seria a francesa, por oposição à concepção de *kultur*, que teria partido da experiência alemã, de divisão entre tantos principados e valores.

É, portanto, um debate denso esse que opõe Argolo a Archanjo; Nina a Querino. Trata-se de elevar a cultura de cada um, sempre indelével em sua lógica; ou de submetê-la a uma ordem mais geral, dada pela ciência a braços dados com a civilização e imiscuída em um processo evolutivo igual e obrigatório para todos.

Mas há outros debates em jogo. Foi Hannah Arendt quem chamou atenção em *Origens do totalitarismo,* como racismo e liberalismo são concepções opostas, a conviver no mesmo contexto e circunstância. Se o liberalismo anuncia o apogeu do indivíduo virtuoso em seu livre-arbítrio; já as teorias raciais são modelos pautados no grupo e em suas potencialidades. Segundo essas últimas, o indivíduo não passaria de um exemplo de seu grupo, a soma de seus estigmas; sinais fatídicos a vinculá-lo às qualidades ou aos defeitos de sua origem. Por isso, esses eram modelos deterministas, uma vez que consideravam que não se escapava dos limites dados pela raça; aqui entendida como uma essência, um dado ontológico. Se hoje sabemos que raça não se sustenta como conceito biológico, se apoiamos a ideia de que ela não passa de uma construção social; já nesse momento ela surgia como um dado objetivo da realidade. Defender, pois, posições distintas como essas não significa apenas assumir mera postura de simpatia, mas antes apoiar visões e projetos distintos sobre a agenda política e suas possibilidades.

No entanto, se tais teorias são opostas em suas decorrências, seu aparecimento conjunto não é fortuito. Como demonstrou Louis Dumont, em *Homo hierarquicus,* a imposição do modelo igualitário da Revolução Francesa, em sociedades por definição hierarquizadas de maneira rígida, criou a moda das teorias raciais que permitiam justificar a desigualdade em termos científicos e naturais. E era isso que acontecia em Salvador, que, nesse caso, funcionava como laboratório diminuto de uma experiência mais ampla e nacional. Sabemos que o Brasil foi o último país do Ocidente a abolir a escravidão e o fez apenas em 1888. O final da escravidão não acabaria, porém, com hierarquias rígidas que separavam senhores de cativos; homens livres daqueles submetidos a regimes de trabalho compulsório. Assim, se não havia mais a escravidão, a jurídica e histórica a separar os homens; agora era a biologia (e a natureza) que comprovavam cientificamente as diferenças. O próprio Nina Rodrigues iria aos jornais em 1889 para comprovar que "os homens não nascem iguais. Os homens de lei supõem a igualdade, até para sobreviverem. Mas nós, homens de ciência, sabemos: os homens são profundamente diferentes".

É certo que só a dicotomia de ideias pouco explicaria a teoria e seu impacto na realidade. Como vimos, Nina Rodrigues agiu em muitas frentes, inclusive advogando a "relatividade do crime". Ou seja, segundo ele, não se poderia julgar igualmente os homens de diferentes culturas, uma vez que eles carregavam concepções variadas de crime. O problema de Nina não era, dessa maneira, de "diagnóstico", mas antes de "medicamentalização". O que se faz frente "à diferença"? Melhor eliminá-la. Era assim que pensava Argolo na sua ode contra o candomblé e seus costumes ou na sua atuação constante contra o bedel Archanjo. Ambivalente, Nina Rodrigues foi, sim, algoz dos negros em sua condenação ao que considerou ser a "inferioridade racial negra e a degenerescência da mestiçagem", mas foi igualmente o seu primeiro pesquisador e, à sua maneira, um intelectual empenhado em "preservar" seus costumes.

O mesmo ocorre em *Tenda dos milagres*. Archanjo foi mestre de sua gente, e fez dos cultos afro motivo de orgulho e galhardia. Mas não evitou, nem procurou evitar, que um de seus filhos diletos — Tadeu Canhoto — estudasse engenharia, partisse para o Rio de Janeiro e fosse trabalhar com Paulo de Frontin, membro da equipe de Pereira Passos, que transformou o Rio de Janeiro num cartão-postal e expulsou a pobreza para a fronteira afastada do seu território. Constituiu-se assim uma nova geografia simbólica, onde agora se separavam, de maneira cartesiana, civilização e barbárie; costumes ocidentais e práticas retrógradas associadas a nosso passado africano. "Mulato escuro bem queimado no moreno", Tadeu partiu física e espiritualmente da Bahia. Casou-se com uma menina branca de cachos aloirados e foi para Paris estudar e trabalhar, mas também para que a capital da cultura mundial ajudasse o casal a finalmente fertilizar um herdeiro e o futuro do país mestiço. Se não esqueceu de Archanjo, Tadeu abandonou a Tenda dos Milagres e se aproximou de outro tipo de universidade.

O próprio Jorge Amado seria acusado de diluir as contradições da formação brasileira. A mestiçagem atenuaria processos violentos formadores de nossa nacionalidade e, de certa forma, acabaria com a discussão sobre a discriminação racial, que mal se anunciava entre nós. Mas essa talvez seja uma interpretação muito informada pela ideia de que as relações raciais no Brasil são apenas preto no branco; branco no preto; soma de dois mais dois. Ao contrário, no país o tema sempre foi palco e expressão para muita ambiguidade e ambivalência. Por aqui, inclusão cultural convive com exclusão social, numa equação difícil de concluir ou chegar a resultado certo e fechado. Se o país mantém índices de discriminação nas mais diferentes áreas — no lazer, na justiça, no trabalho, nas taxas de nascimento, de morte, na distribuição de emprego —, é também por aqui que percebemos uma mistura extremada na música, no esporte, nas festas e até no cotidiano.

Sem serem contraditos, inclusão e exclusão social muitas vezes convivem naturalizadas não mais por teorias científicas, mas pelo poderoso discurso do senso comum. E quem afinal seria Jorge Amado? É certo que por simpatia e identificação ele queria mesmo ser Pedro Archanjo. Mas era, quem sabe, Fraga Neto, professor da mesma faculdade, marxista e muito motivado pelo povo em suas manifestações culturais. Afinal, não se desconhece como Amado era o principal líder, agregador e carismático, da Academia dos Rebeldes que, nos anos 1930, se opôs à Academia Baiana de Letras: ao seu formalismo e conservadorismo político. Seus membros eram a favor de uma literatura oral, próxima do povo e do seu folclore. Junto com Edson Carneiro, Amado arranjaria um casamento complexo entre marxismo e folclore, união essa que em outros locais daria em separação litigiosa. Boa projeção para um autor que abandonava o Partido para se devotar à novela.

Afirma Roland Barthes, em *Lição*, que a literatura não diz que sabe; mas sabe muito das gentes e das coisas. *Tenda dos milagres* trata de um caso particular, de um evento singular, de um só herói. Mas isso tudo bem poderia ser muito mais, iluminando uma paisagem inteira: um continente inscrito nesse país chamado Brasil. Como diz Jorge: "uma vida inteira, um segundo apenas".

### Referências bibliográficas

ARENDT, Hannah. *Origens do totalitarismo*. São Paulo: Companhia das Letras, 2002.
BARTHES, Roland. *Lições*. São Paulo: Martins Fontes. 1983.
ELIAS, Norbert. *O processo civilizador*. Rio de Janeiro: Jorge Zahar Editor, 1997.
RODRIGUES, Nina. "Os mestiços brasileiros". In: *Brazil Medico*. Rio de Janeiro: S.E., 1890.
_____. "As raças humanas e a responsabilidade penal no Brasil". In: *Gazeta Médica da Bahia*, Progresso (1ª ed. 1933), 1959.
_____. "Métissage, dégénérescence et crime". In: *Archives d'Anthropologie Criminelle*. Lion, 1889.
_____. *Os africanos no Brasil*. Brasília: Editora UnB, 1988. (7ª edição).
SCHWARCZ, Lilia Moritz. *O espetáculo das raças*. São Paulo: Companhia das Letras, 1997.

# Capitu e a sanção simbólica

*José Raimundo Maia Neto*

Capitolina Pádua, senhora Santiago, é a protagonista feminina do romance *Dom Casmurro* de Machado de Assis. Embora sua caracterização, diferentemente da de Sofia de *Quincas Borba* ou da de Fidélia do *Memorial de Aires*, não acentue especialmente a beleza, Capitu é a grande personagem feminina machadiana por reunir em alto grau características que se fazem frequentemente presentes nas mulheres da ficção de Machado: vivacidade, graça, movimento, paradoxo, pragmatismo, ambição, poder de sedução e sensualidade.

Contribui fortemente para a grandeza de Capitu o fato de protagonizar um enredo intrigante, narrado por Bento Santiago, seu vizinho e amigo da infância, amor juvenil e posteriormente marido. Após a morte da ex-mulher, Bento, retirado num subúrbio carioca e alcunhado "Dom Casmurro", narra as suas memórias centradas em Capitu, única e grande paixão de sua vida. Narra a descoberta e a vivência do amor idílico da adolescência quando, cúmplices, tiveram que contornar a promessa da mãe de Bento, Dona Glória, de fazê-lo padre. Vencido o obstáculo e trocada a carreira de Bento do sacerdócio para a advocacia, podem finalmente se casar e viver uma felicidade entremeada pelas crises de ciúme de Bento. Os ciúmes, somados à (ou seriam causadores da?) percepção de uma grande semelhança física entre o filho do casal e o grande amigo de Bento, Escobar, geram no narrador a convicção do adultério da esposa. Em uma época em que o casamento era regulado pelo direito canônico (o romance é ambientado no Segundo Reinado), portanto indissolúvel, a sanção que Bento aplica a Capitu e ao filho que não crê ser seu é o exílio na Suíça.

Como o romance é narrado em primeira pessoa pelo próprio Bento, não há como extrair da narrativa qualquer evidência decisiva a respeito do suposto adultério. Capitu aparece para Bento como opaca, ambígua, sensual, misteriosa, com "olhos de ressaca" que tragam o homem seduzido. Tanto a forma do romance como a caracterização da personagem fizeram com que Capitu adquirisse uma dimensão na cultura brasileira que extrapola a da criação machadiana. Capitu tornou-se uma espécie de ícone da feminilidade e da mulher brasileira. A personagem ganhou vida própria, tendo sido recriada em produções literárias, operísticas, teatrais, musicais, cinematográficas e televisivas. Algumas dessas recriações são ficcionalmente relacionadas à personagem de *Dom Casmurro*, outras exploram aspectos ou visões do símbolo.

O "caso Capitu" é frequentemente debatido por estudantes em escolas de ensino fundamental e médio e até por juristas e críticos literários em tribunais. Tanto a simbologia representada pela personagem na cultura brasileira como as sentenças dos julgamentos simulados apresentam uma tendência que reflete a evolução da situação da mulher na cultura e do direito civil na sociedade brasileira. Capitu já evoluiu de símbolo da mulher adúltera a símbolo da mulher feminista. Um estudo estatístico das sentenças dos julgamentos da personagem ao longo do tempo mostraria que a condenação por adultério vai sendo paulatinamente substituída pela absolvição. Entretanto, como a genialidade do romance machadiano consiste justamente na impossibilidade de um juízo definitivo, há quem a veja ainda hoje como adúltera (por exemplo, Otto Lara Resende), como já havia no ano seguinte ao da publicação do romance quem suspeitava poder ter sido ela vítima do ciúme excessivo de Bento (José Veríssimo).

A crítica do romance, até o estudo de Helen Caldwell de 1960, tendia a se identificar com a convicção de Bento do adultério e com a justeza da sanção a ela imposta por seu delito. Caldwell, influenciada por correntes feministas norte-americanas, inverte a leitura, fazendo de Bento não a vítima, mas o algoz de Capitu. A narrativa de Bento passa a ser vista como um libelo que busca justificar — para o leitor e para si mesmo — o arbítrio injustificado do juízo do adultério, motivado exclusivamente pelo ciúme doentio. A crítica contemporânea é mais cautelosa quanto ao que Capitu efetivamente fez ou não fez. Entretanto, há quase um consenso de que o foco do romance é uma patologia psico e/ou sociológica de Bento Santiago, sendo Capitu e o filho as grandes vítimas do narrador casmurro. As leituras psicanalíticas destacam os problemas de personalidade de Bento resultantes de fatores familiares. Órfão de pai e filho único, Bento foi criado por uma mãe dominadora e possessiva que ele idolatra como uma santa. Essa condição familiar é citada também como uma das causas de suas supostas tendências homossexuais. Segundo Luiz Alberto Pinheiro de Freitas, por exemplo, o ciúme doentio que Bento sentia por Capitu, — em particular suspeitando da mulher com Escobar — resultaria da projeção que faz em Capitu dos sentimentos amorosos inconfessáveis que ele sentia pelo amigo.

Muito em voga também são as leituras sociológicas do romance, propostas sobretudo por John Gledson e Roberto Schwarz. Tais leituras enfatizam as condições sociais diversas de Bento e Capitu, cujas relações refletem a desigualdade e injustiça social da sociedade patrimonialista brasileira da época. Capitu encarna o individualismo burguês moderno, empreendedor e livre, em busca de ascensão social, ao passo que Bento pertence à aristocracia débil e decadente do Brasil do Segundo Reinado (o pai era um grande proprietário rural, mas a viúva e o filho vivem da renda gerada pelo aluguel de casas na cidade, adquiridas com a venda da propriedade). Na leitura de Schwarz, a máscara liberal burguesa de Bento — marcante em seu amor e cumplicidade juvenil com a vizinha pobre, "semiagregada" — cai com o casamento, quando passa a exercer o autoritarismo próprio de sua classe. A condenação de Capitu por Bento é, nesta leitura sociológica, a representação simbólica do arbítrio da classe dominante, da ausência de justiça na sociedade brasileira da época, em clara contradição com a ideologia europeia moderna adotada pela elite. Se antes de Caldwell predominava a visão de um ingênuo Bento ludibriado, no dizer de Agripino Grieco, pela grande "maquiavela" da literatura brasileira, a interpretação sociológica contemporânea tende a ver Bentinho como o monarquista reacionário antiquado e Capitu como a republicana vanguardista moderna. O nome da personagem, Capitolina, é citado como uma indicação do autor real (Machado) do republicanismo representado pela personagem.

Eugênio Gomes e, sobretudo, Silviano Santiago destacaram um tema central do romance: a questão da verossimilhança. Santiago, também adepto da interpretação sociológica, vê a narrativa de Bento como construída de tal modo a convencer o leitor da culpabilidade da ex-mulher. Destaca o fato de Bento ser advogado e argumentar como tal, utilizando os artifícios da retórica para persuadir o júri (leitor) — como num tribunal — da verdade de sua convicção e da justeza de sua sanção. Isso se daria através de uma artificiosa retórica, que busca conferir verossimilhança a um fato cuja veracidade não pode (na ausência dos testes de DNA) ser estabelecido de forma conclusiva. Silviano Santiago lembra também o primeiro romance de Machado, *Ressurreição*, visto desde Caldwell como uma espécie de primeiro esboço de *Dom Casmurro*. Com efeito, neste romance em que o narrador onisciente afirma a verdade da inocência de Lívia, caluniada por Luis Batista, Félix, seu noivo ciumento, mesmo convencido da falsidade da denúncia, rompe o noivado por causa da verossimilhança da traição. Outro aspecto destacado por Santiago é a influência da casuística seiscentista no romance. Na caracterização negativa satírica do casuísta feita por Pascal (um dos autores favoritos de Machado) nas *Cartas a um provincial* (livro que Machado possuía em sua biblioteca), trata-se de uma espécie de advogado no campo da religião que busca dar verossimilhança (ou probabilidade, como diziam) moral/religiosa positiva a ações imorais.

A questão da verossimilhança precisa ser explorada fora do paradigma de descrédito do narrador que prepondera na crítica atual. Com efeito, se é fato que o foco na verossimilhança avança consideravelmente o entendimento de *Dom Casmurro*, este avanço tem sido limitado pela desconfiança excessiva que os críticos têm do seu narrador. Assim se entende a reação a essa abordagem encetada por José Maia Neto, Alfredo Bosi e Abel Barros Baptista. Tanto a leitura psicanalítica como a sociológica apontam uma verdade oculta ou implícita por trás da verossimilhança da narrativa de Bento, que é tomada como falsa, enganadora ou sintomática. Mais adequado para a compreensão do romance seria tomar a verossimilhança em seu sentido filosófico original, dado pelo cético acadêmico Carnéades, não como mascaramento retórico da verdade, mas como aparência subjetiva que se impõe como crença determinada antropologicamente (pela limitada condição humana), e não epistemologicamente (por um suposto exame racional da questão). O verossímil ou provável (traduções alternativas que Cícero faz do *pithanon* de Carnéades) refere-se ao caráter vivo da impressão que suscita adesão (o que é convincente ou crível), mas que nada diz a respeito da verdade ou falsidade da coisa de que é impressão. A verdade ou falsidade de Capitu permanece oculta. Como bem coloca a crítica recente, o romance não é diretamente sobre Capitu, mas sobre Bento. Mais precisamente, o romance é o relato do próprio Bento de como é impressionado por Capitu. A implicação é que não há acesso à "coisa em si" (no caso, Capitu), somente a impressões, sempre e necessariamente mediadas pelo corpo (sentidos e paixões) do observador, seus valores, interesses e uma diversidade de circunstâncias contingentes (relações sociais e familiares, lugares como a casa de Matacavalos e a casa da Glória etc.).

Abandonado o paradigma da leitura ingênua do Bento vítima de Capitu, é necessário evitar o paradigma contrário, do Bento advogado da própria causa/acusador de Capitu. Um bom paradigma é o de juiz, mas juiz-penitente, não por ter sido vítima de Capitu (como diria a velha crítica), nem por sentir remorso da injustiça que cometeu (como diria a nova crítica). Penitente porque, em primeiro lugar, punir Capitu significou punir a si mesmo, pois toda a felicidade que tinha e podia ter era com ela. Mas a pena mais interessante exibida no romance é a do juiz que não pode julgar. Essa ideia pode ser mais bem compreendida se pensamos na representação da Justiça como cega.

No clímax do romance, Bento pronuncia a sua sentença a Capitu: culpada de adultério. Nesse momento, desiste da sanção que havia decidido infligir a si mesmo, o suicídio, decidindo pelo exílio (que é o da mulher e da criança, mas também, embora em menor medida, o dele mesmo, à medida que passa a viver retirado). Na mesma ocasião, considera a vantagem da nova decisão. Não sendo a pena capital, não exclui a possibilidade de sua reversão em função de uma eventual mudança de juízo, resultante de novos fatos, circunstâncias ou considerações. No capítulo 140 precisa: "Não disse *perdão*, mas *reparação*, isto é, justiça" (ênfases do narrador). Bento tem total consciência que o seu juízo não pode ser definitivo — e como poderia, se mudou tantas vezes e pelas "razões" as mais fortuitas? A imagem do juiz imparcial, pressuposta em toda pretensão à verdade, foi bastante empregada pelos céticos antigos para mostrar que não há tal figura na filosofia, onde argumentos e juízos são condicionados por outros argumentos e juízos prévios, num regresso ao infinito ou círculo sem fim. Esse é um outro sentido da justiça cega: não o sentido tradicional da imparcialidade, mas o de não poder ver a verdade dos fatos por estar necessariamente presa ao véu das próprias impressões. O drama de Bento não é ter cometido uma injustiça, é não poder fazer justiça. É saber que sentença alguma, discurso algum, possui o *status* de *veredicto*, de verdade.

## Referências bibliográficas

BAPTISTA, Abel Barros. *Autobibliografias: solicitação do livro na ficção de Machado de Assis*. Campinas: Editora da Unicamp, 2003.
BOSI, Alfredo. *O enigma do olhar*. São Paulo: Ática, 1999.
CALDWELL, Helen. *O Otelo brasileiro de Machado de Assis*. São Paulo: Ateliê, 2002.
FREITAS, Luiz Alberto Pinheiro de. "*Eu* não amo; é *ela* que o ama!". In: SCHPREJER, A. (org.). *Quem é Capitu?* Rio de Janeiro: Nova Fronteira, 2008, pp. 127-138.
GLEDSON, John. *Machado de Assis: impostura e Realismo*. São Paulo: Companhia das Letras, 1991.
GOMES, Eugênio. *O enigma de Capitu*. Rio de Janeiro: José Olympio, 1967.
GRIECO, Agripino. *Machado de Assis*. Rio de Janeiro: José Olympio, 1959.
KEHL, Maria Rita. "Machado de Assis colocou o enigma do lado de Capitu". In: RODRIGUES, E. M.; BERNARDO, G. et al. *Capitu*. Rio de Janeiro: Casa da Palavra, 2008.

MAIA NETO, José R. *O ceticismo na obra de Machado de Assis*. São Paulo: Annablume, 2007.
RESENDE, Otto Lara. "Não traiam Machado". In: SCHPREJER, A. (org.). *Quem é Capitu?* Rio de Janeiro: Nova Fronteira, 2008, pp. 113-114.
SANTIAGO, Silviano. "A retórica da verossimilhança". In: _____. *Uma literatura dos trópicos*. Rio de Janeiro: Rocco, 1978, pp. 27-46.
SCHWARZ, Roberto. "A prosa envenenada de Dom Casmurro". In: _____. *Duas meninas*. São Paulo: Editora Schwarz, 1997, pp. 9-41.
VERÍSSIMO, José. "Novo livro do sr. Machado de Assis". In: *Jornal do Comércio*, Rio de Janeiro, 19 de março de 1900; republicado em ASSIS, Machado de. *Obra completa em quatro volumes*, vol. 1, pp. 23-27. Rio de Janeiro: Nova Aguilar, 2008.

# Justiça do Trabalho no Brasil

*Mauricio Godinho Delgado*
*Gabriela Neves Delgado*

Introdução

O Poder Judiciário, de maneira geral, cumpre essencialmente duas principais funções na sociedade democrática constitucionalizada: dirimir conflitos por meio da aplicação da ordem jurídica e, ao mesmo tempo, estabelecer clareza e efetividade quanto ao sentido dessa ordem jurídica nos planos do Estado e da sociedade civil. Essas duas funções primordiais são, naturalmente, também cumpridas pela Justiça Trabalhista, segmento do Judiciário que é especializado no exame de litígios decorrentes do mundo do trabalho e das relações que lhe são próprias.

Seja na esfera das questões contratuais entre trabalhadores e empregadores ou tomadores de serviço, seja na esfera das questões coletivas entre trabalhadores e suas entidades sindicais em face dos entes coletivos no plano empresarial, a Justiça do Trabalho consiste em importante veículo de solução de conflitos, assim como é também o estuário principal de interpretação da ordem jurídica trabalhista na sociedade brasileira.

O que singulariza a Justiça do Trabalho em comparação com os demais segmentos judiciais é particularmente a circunstância de compor um amplo sistema de proteção jurídica em direção à desmercantilização da força de trabalho no contexto econômico e social.

São distintos os sistemas de desmercantilização do trabalho gerados na história ocidental. No interior desses sistemas, o segmento judicial pode cumprir um papel relevante. A Justiça do Trabalho, onde existe, é parte desse sistema complexo de desmercantilização.

No Brasil, sua existência data das décadas de 1930 e 1940, mantendo-se hígida e até mesmo se expandindo nos setenta anos subsequentes. A Constituição de 1988, finalmente, confere a esse segmento do Poder Judiciário novo padrão, não somente em face de sua amplitude nacional então concretizada, como também em decorrência da sedimentação de seu papel desmercantilizador classicamente assentado décadas atrás.

Sistemas de desmercantilização do trabalho
no capitalismo e na democracia

"O trabalho não é uma mercadoria" — proclama o primeiro dos princípios fundamentais da Organização Internacional do Trabalho (OIT), em conformidade com a Declaração Relativa aos Fins e Objetivos da OIT, firmada na Filadélfia, EUA, em 10 de maio de 1944 ("Declaração de Filadélfia — Anexo").[1] Esse simples e abrangente enunciado da OIT, entidade criada em 1919 pelo Tratado de Versalhes, sintetiza a diretriz central de atuação dos movimentos sociais trabalhistas desde meados do século XIX, na Europa Ocidental, descortinando a essência da direção normativa do Direito do Trabalho desde sua origem, há mais de um século e meio, até a atualidade.

De fato, os sistemas jurídicos surgidos no mundo ocidental de 1848 em diante, voltados a estruturar e reger as relações trabalhistas no capitalismo, notadamente sob o marco do advento e avanço da democracia nos

---

[1] A respeito, consultar os textos de Gabriela Neves Delgado, "Princípios Internacionais do Direito do Trabalho e do Direito Previdenciário", e Arnaldo Süssekind, *Direito Internacional do Trabalho* e *Convenções da OIT e outros tratados*. (N. A.)

países europeus e das Américas, são sistemas que, em maior ou menor grau, buscam concretizar a grande diretriz explicitada posteriormente pelo princípio da OIT, ou seja, desmercantilizar ao máximo o trabalho nos marcos da sociedade capitalista.[2]

*Grosso modo*, são dois os padrões de estruturação institucional e normativa dos sistemas jurídicos trabalhistas, a partir das experiências matrizes ocidentais, considerados os marcos da sociedade democrática· o "modelo de normatização autônoma e privatística" (ou "modelo negociado", segundo expressão mais corrente hoje) e o modelo de "normatização privatística mas subordinada" (ou "modelo legislado", segundo a linguagem dos dias atuais).

Ambos os modelos são plenamente compatíveis com experiências democráticas de organização e regência da sociedade política e da sociedade civil; ambos também são claramente interventivos nos contratos de trabalho, embora no primeiro a intervenção se faça mediante poderosa atuação sindical, ao passo que no segundo a imperatividade da norma estatal trabalhista cumpre destacado papel jurídico (papel maior ou menor, segundo a peculiaridade de cada país). Ambos criam uma estruturação complexa de regras jurídicas voltadas a diminuir e controlar o poder empresarial nos âmbitos dos contratos de emprego e da gestão trabalhista: no primeiro caso, por meio de instrumentos coletivos negociados e instituições representativas sólidas, com participação decisiva das entidades sindicais obreiras, dotadas de significativas prerrogativas jurídicas e institucionais em sua estruturação e vivência; no segundo, através de instrumentos coletivos sindicais negociados, mas também de uma relevante legislação trabalhista estatal.

O segundo modelo, é verdade, conheceu uma variante autoritária durante a primeira metade do século XX, em que se exacerbaram suas características intervencionistas e publicistas, dando origem a sistemas trabalhistas quase que estritamente legislados, sem qualquer espaço real

---

[2]Sobre o papel do Direito do Trabalho como instrumento de desmercantilização (desmercadorização) do trabalho na sociedade econômica, consultar a historiadora Valéria Marques Lobo, em *Fronteiras da cidadania: sindicatos e (des)mercantilização do trabalho no Brasil (1950-2000)*. (N. A.)

para a livre organização e atuação das entidades sindicais dos trabalhadores, e muito menos para a negociação coletiva trabalhista. Tratava-se dos experimentos fascistas e nazistas, que vicejaram da década de 1920 até o final da Segunda Guerra Mundial, com reflexos em países latino-americanos, inclusive no Brasil.

Porém essa variante autoritária (modelo de normatização estatal subordinada) não invalida ou obscurece a importância histórica do modelo legislado democrático, que se mostrou ao longo de décadas notavelmente ajustado e partícipe da construção democrática no Ocidente, respeitadas suas feições peculiares em cada realidade nacional. Hoje, a propósito, o modelo legislado é claramente dominante em importantes países europeus notoriamente democráticos (são exemplos a França e, de certo modo, a Alemanha) e em países latino-americanos de destaque, como Brasil, México e Argentina.

É inegável que o processo de efetiva e ampla desmercantilização do trabalho realizado pelo modelo de normatização autônoma e privatística (modelo negociado) supõe o respeito profundo à atuação sindical, com o reconhecimento às entidades sindicais de prerrogativas e poderes até mesmo inimagináveis nas ordens jurídicas de Direito legislado — por exemplo, os impressionantes poderes das cláusulas *closed shop* e *union shop*, por mais de um século presentes no sistema sindical da Inglaterra.[3] Tais enormes poderes conferidos aos sindicatos tornaram menos relevante a existência de uma regra legal imperativa do Estado na direção da desmercantilização do trabalho, uma vez que essa já despontava garantida no próprio plano da sociedade civil.

Com o advento, entretanto, da hegemonia neoliberal no Ocidente, desde finais dos anos 1970, o modelo negociado clássico perdeu parte importante de sua eficiência desmercantilizadora em face dos significativos assédios e restrições direcionados aos sindicatos desde então nos países matrizes desse modelo, com destaque para a Inglaterra e os EUA.

---

[3] Tais cláusulas, guardadas suas peculiaridades, conferiam verdadeiro monopólio aos sindicatos no tocante à contratação de trabalhadores pelas respectivas empresas. Nos sistemas constitucionais de Direito legislado, tais cláusulas têm sido, tradicionalmente, consideradas inválidas. (N. A.)

## Desmercantilização do trabalho e sistemas judiciais

Em qualquer sociedade democrática constitucionalizada, o Poder Judiciário cumpre, essencialmente, duas funções: a) dirimir conflitos despontados na sociedade civil, no interior do Estado ou entre essas esferas e/ou seus integrantes; b) conferir clareza e efetividade à própria ordem jurídica imperante nessa sociedade civil e nesse Estado. Essa duplicidade de funções comparece, de maneira geral, nas atribuições da Justiça do Trabalho ou do segmento judicial congênere existente.

Nem todos os países construíram ramos especializados do Judiciário para dirimir conflitos trabalhistas (Justiça do Trabalho) e nem todas as construções existentes são parecidas. Porém, os diversos exemplos históricos demonstram a possibilidade da existência de órgãos judiciais trabalhistas especializados em quaisquer dos sistemas jurídicos padrão, sejam os negociados, sejam os legislados. Naturalmente, é mais comum a presença de um segmento judicial trabalhista especializado nos sistemas de normatização privatística mas subordinada (os ditos sistemas legislados), embora haja alguns exemplos concretos relativos a típicos sistemas negociados.

Entre os exemplos existentes, é mais comum a presença de um sistema judicial de primeiro grau especializado em matéria trabalhista, usualmente composto por órgão tripartite (uma autoridade estatal e dois representantes paritários de empregadores e empregados). Esse é o modelo dos *Conseils de Prud'hommes*, órgão pioneiro da França da primeira metade do século XIX. Observe-se também o modelo judicial alemão da Constituição de Weimar (1919-1933),

> em que as cortes de primeira instância se compunham de um presidente e um vice-presidente (juízes togados), apontados pela administração de justiça do Estado, e dois juízes leigos representando empregadores e empregados, cada um desses últimos escolhido pelo presidente da corte distrital ordinária a partir de uma lista de candidatos preparada por sindicatos de trabalhadores e associações patronais. (Silva, 2010, p. 66)

A propósito, a Alemanha, subsequentemente à Segunda Guerra Mundial, instituiu um sistema judicial muito semelhante ao brasileiro, com três níveis de organização institucional e de competência decisória dentro da mesma instituição judicial especializada (Justiça do Trabalho): os tribunais do trabalho, de primeiro grau, com composição paritária leiga, ao lado do juiz togado (composição similar à das antigas Juntas de Conciliação de Julgamento brasileiras, extintas pela Emenda Constitucional nº 24/1999); os tribunais especiais do trabalho, que têm âmbito regional; e, finalmente, o Tribunal Federal do Trabalho, um dos cinco tribunais superiores da República da Alemanha.

Há casos, mais raros, em que a Justiça do Trabalho exerceu, concomitantemente às duas funções judiciais clássicas mencionadas, uma terceira função, específica do âmbito do Direito Coletivo do Trabalho: a de fixar normas e condições de trabalho para trabalhadores e empregadores de certa empresa ou de certo segmento empresarial. Trata-se da singular prerrogativa de criar regras jurídicas para incidir sobre certa comunidade trabalhista, em exercício de atuação mais próprio ao Poder Legislativo ou, no plano da sociedade civil, próprio à negociação coletiva trabalhista. Consiste no poder normativo (assim denominado no caso brasileiro) ou no poder arbitral (mais próximo às experiências da Austrália e da Nova Zelândia, por exemplo) conferido por essas ordens jurídicas aos tribunais do trabalho.

Esse poder legiferante anômalo, de caráter normativo ou arbitral, surgiu inicialmente nas experiências da Austrália e da Nova Zelândia (nos primeiros anos do século XX), constando também, posteriormente, do sistema corporativista autoritário italiano, criado no período do fascismo (décadas de 1920 a 1940). Com a instalação da Justiça do Trabalho no Brasil, em 1941, iria também caracterizar esse sistema jurídico nacional.

É, contudo, um padrão que não se generalizou em distintas experiências nacionais do Ocidente, provavelmente pela circunstância de constituir forte concorrente normativo à negociação coletiva sindical, traduzindo, ademais, uma intervenção desproporcional do Estado no âmbito de matéria e dinâmica próprias à atuação dos sindicatos e da negociação coletiva trabalhista. Afinal, não se trata de efetivo poder jurisdicional — próprio ao Judiciário, aplicando normas já existentes aos casos concretos —, mas de poder legiferante, criador de normas jurídicas.

## A Justiça do Trabalho e a desmercantilização do trabalho no Brasil

A instauração de um sistema de desmercantilização do trabalho na economia e na sociedade brasileiras teve como marcos, nas décadas de 1930 e 1940, três importantes fatores: I) a estruturação do Direito do Trabalho, em seu ramo individual, com objetivo de regular, de modo imperativo, a relação de emprego, principal forma de conexão do trabalhador ao sistema socioeconômico (Direito Individual do Trabalho); II) a generalização da inspeção administrativa trabalhista no país, como instrumento de busca da efetividade desse ramo jurídico instituído (fiscalização pelo Estado das relações de trabalho no âmbito empresarial); III) a estruturação de um segmento do Judiciário especializado na matéria trabalhista, como mecanismo de solução de conflitos individuais e coletivos, além de meio de sedimentação das regras e dos princípios componentes do Direito que lhe cabia aplicar (Justiça do Trabalho).[4]

A índole autoritária existente no processo de estruturação desse sistema desmercantilizador comprometeu, em boa medida, uma de suas importantes dimensões, a do Direito Coletivo do Trabalho, seja por restringir significativamente a liberdade e a autonomia dos sindicatos na época, seja por controlar e diminuir os cenários e os instrumentos propícios à negociação coletiva trabalhista, ou ainda por instituir e exacerbar o poder normativo estatal conferido à Justiça do Trabalho.

---

[4] Não se está tratando aqui da política trabalhista geral do período Vargas (1930-1945), que envolve, também, de modo correlato, três aspectos altamente autoritários, não inclusivos e sem relação necessária com os pontos desmercantilizantes enfocados neste artigo: de um lado, uma estratégia de repressão aos sindicatos livres e a criação de uma estrutura sindical vinculada ao Estado; de outro lado, o consequente comprometimento da negociação coletiva trabalhista; finalmente, a organização e o direcionamento do Ministério do Trabalho (na época, Ministério do Trabalho, Indústria e Comércio) como órgão controlador e repressor do sindicalismo. Está-se enfatizando, neste artigo, somente o sentido includente e desmercantilizador de parte do sistema trabalhista estruturado naquelas duas décadas da primeira metade do século XX no Brasil. (N. A.)

A dimensão autoritária presente na origem do sistema, nas décadas de 1930 e 1940, não teve o condão, entretanto, de eliminar ou restringir o significativo papel desmercantilizador e includente do sistema trabalhista então sedimentado. Claro que essa dimensão poderia suplantar-se nos anos de experimentação democrática subsequentes a 1945; porém, conforme se sabe, tal experimentação foi de curto período, não atingindo duas décadas, sendo logo a seguir inviabilizada pelo Golpe de Estado de 1964.

Tal faceta autoritária foi diluída tempos depois através da promulgação da Constituição Federal de 1988, que em seus dispositivos assegurou a liberdade de associação e a autonomia aos sindicatos, além de produzir fortes incentivos à negociação coletiva trabalhista. Apesar de a Constituição ter mantido a estrutura do poder normativo da Justiça do Trabalho, iria atenuar, por meio da Emenda Constitucional nº 45/2004, a tradicional amplitude de atuação desse poder.

Com a nova Constituição, portanto, o sistema trabalhista brasileiro de desmercantilização do trabalho ganhou três novos pilares, além dos três oriundos das décadas precedentes: um sistema sindical com maior liberdade de organização e atuação (embora os sindicatos tenham passado por uma crise inegável nesse período, parcialmente provocada pela inadequação das regras legais de sua estruturação ainda vigentes); uma dinâmica de negociação coletiva mais generalizada do que em qualquer época no passado; o destaque alcançado pelo Ministério Público do Trabalho, entidade também promotora da efetividade do Direito do Trabalho, dotada de novo perfil após 1988. Esse sistema de desmercantilização favoreceu a afirmação do trabalho ao estabelecer regras de proteção trabalhista superiores aos simples imperativos do mercado, destinadas à concretização do marco constitucional de proteção trabalhista, expresso pela afirmação dos direitos fundamentais.

## Estruturação e desenvolvimento da Justiça do Trabalho no Brasil — uma síntese

### Criação da Justiça do Trabalho

A Justiça do Trabalho foi instituída e estruturada por meio do Decreto-lei nº 1.237, de 1º de maio de 1939, sendo instalada e entrando em efetivo funcionamento em todo o país em 1º de maio de 1941.

Inicialmente com caráter administrativo, possuía órgãos em três níveis: o então chamado Conselho Nacional do Trabalho — CNT —, com sede na capital da República (Rio de Janeiro). Em seguida, os então denominados Conselhos Regionais do Trabalho — CRTs —, distribuídos em oito grandes regiões, que eram centralizadas nos maiores estados brasileiros, do ponto de vista populacional, com sede nas respectivas capitais do estado matriz. As regiões originais abrangiam, naturalmente, outros estados e territórios pátrios, de modo a englobar toda a federação.

As regiões pioneiras foram: 1ª: Rio de Janeiro, com sede na então capital da República; 2ª: São Paulo, com sede na capital do estado, São Paulo; 3ª: Minas Gerais, com sede em Belo Horizonte; 4ª: Rio Grande do Sul, com sede em Porto Alegre; 5ª: Bahia, sediada em Salvador; 6ª: Pernambuco, com sede em Recife; 7ª: Ceará, sediada em Fortaleza; 8ª: Pará, com sede em Belém.

Em 1º grau, havia as Juntas de Conciliação e Julgamento, que, à época da inauguração, representavam poucas dezenas em todo o Brasil. Em 1945, por exemplo, havia somente 31 Juntas de Conciliação e Julgamento no país, que passariam a 39 em 1947. Ou seja, inicialmente, portanto, a Justiça do Trabalho estava presente em apenas algumas poucas grandes cidades brasileiras.[5]

Embora tendo jurisdição por largos espaços geográficos, as Juntas de Conciliação e Julgamento não abrangiam, como visto, todos os municípios brasileiros, razão pela qual se tornou necessária a extensão da jurisdição trabalhista aos Juízes de Direito, relativamente aos locais não

---

[5] *Fonte:* Tribunal Superior do Trabalho — Coordenadoria de Estatística e Pesquisa — 2011. (N. A.)

abrangidos por JCJs — medida já determinada pelo próprio Decreto-lei nº 1.237/39.

Com a democratização do país em 1945-46, os debates constituintes direcionaram-se no sentido de incorporar a Justiça do Trabalho ao Poder Judiciário, suplantando sua origem administrativa. Nesse contexto, dias antes da promulgação da nova Carta Magna, o Decreto-lei nº 9.777, de 9/9/1946, preparou os termos do processo de incorporação do novo ramo ao sistema judicial. A nova Constituição, promulgada em 18 de setembro daquele ano, constitucionalizou a existência da Justiça do Trabalho, com sua plena integração ao Poder Judiciário brasileiro, inclusive no tocante às garantias clássicas asseguradas à magistratura.

Deixou a Justiça do Trabalho o âmbito do Poder Executivo, onde surgira. Nesse novo quadro institucional, os CRTs receberam uma nova designação — Tribunais Regionais do Trabalho —, passando o CNT a ser denominado Tribunal Superior do Trabalho.

Apesar de sua integração ao Judiciário, a Justiça do Trabalho manteve sua peculiaridade de ser constituída por órgãos paritários, com a presença de juízes togados ao lado *da representação classista*, composta por representantes de empregadores e empregados. Em primeiro grau, as JCJs eram integradas por um juiz do Trabalho e dois representantes leigos, o vogal representante dos empregadores e o vogal representante dos empregados. A paridade estava presente também nos TRTs e, até mesmo, no Tribunal Superior do Trabalho.

### Evolução no período democrático de 1946 a 1964

A Carta de 1946 conferiu status constitucional à Justiça do Trabalho, integrando-a, com todos os poderes e prerrogativas, ao Poder Judiciário Federal. A partir de então, ela rapidamente destacou-se no cenário institucional e social do país.

No plano institucional, o destaque se deu por despontar como único segmento efetivamente célere e eficaz do Judiciário, conferindo resposta pronta e efetiva aos litígios postos a seu exame. Por décadas, o processo do trabalho e seus magistrados aprofundaram a especificidade e a eficiência de seu *modus operandi* processual, quer no plano das lides individuais, quer no plano das lides coletivas, demarcando a existência de um inquestionável novo paradigma no tocante ao funcionamento do Judiciário.

No plano social, o destaque se deu por despontar como segmento judicial dotado de notável reconhecimento da comunidade, que rapidamente se integrou às dinâmicas mais importantes dos conflitos individuais e coletivos trabalhistas.

Ao longo dos 18 anos de democracia entre 1946 e 1964, a Justiça do Trabalho aprofundaria sua inserção na sociedade urbana e industrial brasileira, seja em face das disputas individuais levadas a seu exame, ou no tocante aos processos de dissídios coletivos, que se tornaram extremamente importantes nessa fase.

O segredo do rápido sucesso público da Justiça do Trabalho reside no fato de ela conferir efetividade a uma ordem jurídica nova, especialmente dirigida a regular as relações de emprego características do sistema capitalista em expansão no Brasil. Profundamente diverso do clássico Direito Civil — notoriamente individualista e não intervencionista, moldado para reger essencialmente relações entre seres iguais —, o jovem Direito do Trabalho era, ao revés, economicamente distributivista, intervencionista no contrato de emprego e com forte senso coletivo em sua diretriz geral. Em razão dessas características, o novo segmento jurídico decididamente deflagrava um significativo e ágil processo de inclusão social, cultural e econômica das incontáveis levas de trabalhadores que chegavam às cidades em crescimento em diversas partes do país.

Naturalmente estamos falando, entre 1945 e 1964, de um segmento judicial que ainda não penetrava todo o interior da sociedade e do território brasileiros, ficando circunscrito às capitais e grandes cidades do país. A Justiça do Trabalho, tal como o Direito Trabalhista à época, nos limites do pacto político informalmente estabelecido nas décadas de 1930 a 1945, não chegara ao campo, mantendo uma estrutura urbana não muito distinta daquela que lhe fora conferida em 1º de maio de 1941. Ilustrativamente, não se criaram quaisquer novos Tribunais Regionais do Trabalho entre 1946 e 1964, nem se disseminaram as Juntas de Conciliação e Julgamento pelas cidades brasileiras, embora tivesse ocorrido um crescimento no número de JCJs na época, até atingir 137 no ano de 1964. Mas, seguramente, não se pode considerar alcançada a real interiorização da Justiça do Trabalho no período.[6]

Esse relativo isolamento da Justiça do Trabalho nos maiores centros urbanos respondia também à circunstância de não ser ainda o Direito do Trabalho aplicável às relações empregatícias rurais, omissão que propiciava um irreprimível exercício do poder oligárquico rural sobre os trabalhadores do campo. Tal pacto político de exclusão das áreas rurais brasileiras da influência da nova ordem jurídica trabalhista, expresso no primitivo art. 7º, "b", da CLT, apenas começou a ser suplantado em 2 de junho de 1963, quando entrou em vigor o Estatuto do Trabalhador Rural (Lei nº 4.214 de 1963), revogando, tacitamente, o excludente art. 7º, "b", da Consolidação e estendendo direitos trabalhistas aos rurícolas.

## O período autoritário de 1964 a 1985

As duas décadas do período ditatorial iniciado em 1964 propiciaram o surgimento de uma fase curiosa com respeito à Justiça do Trabalho: é que, apesar de o novo regime ser manifestamente refratário aos movimentos sociais e coletivos trabalhistas, não se propôs a desconstruir o sistema judicial trabalhista, até mesmo possibilitando certa ampliação e interiorização de sua estrutura no território e na sociedade brasileiros.

No período de cerca de duas décadas foram criados quatro Tribunais Regionais do Trabalho, a saber: 9ª Região, com sede em Curitiba (Lei

---

[6]Naturalmente, houve um processo de criação paulatina de novas Juntas de Conciliação e Julgamento entre 1946 e 1964, mas sem permitir a efetiva interiorização da Justiça do Trabalho no largo território brasileiro. De 1945 a 1964, ilustrativamente, o número de JCJs passou de 31 para 137, um crescimento expressivo, porém incapaz de ultrapassar a zona urbana e desenvolvida da sociedade e economia do Brasil. Quanto aos TRTs, a primeira criação em seguida a 1946 somente ocorreu quase trinta anos depois, em 1975, com o Tribunal Regional do Trabalho da 9ª Região, com sede em Curitiba-PR. (*Fonte*: Tribunal Superior do Trabalho — Coordenadoria de Estatística e Pesquisa — 2011). (*N. A.*)

nº 6.241, de 1975); 10ª Região, com sede em Brasília (Lei nº 6.927, de 1981); 11ª Região, com sede em Manaus (Lei nº 6.915, de 1981) e 12ª Região, com sede em Florianópolis (Lei nº 6.928, de 1981).

Foram também inauguradas novas Juntas de Conciliação e Julgamento na época, em continuidade ao processo de disseminação da Justiça do Trabalho no território brasileiro. O número de JCJs passou de 137, em 1964, para 382, em 1984.[7]

No plano do Direito Coletivo do Trabalho, a ordem jurídica buscou restringir a atuação dos tribunais do trabalho, em especial no tocante à fixação de reajustamentos de salários. Não obstante, em face do refluxo operário e da repressão ao movimento sindical, os dissídios coletivos mantiveram-se como importante canal de veiculação de reivindicações coletivas no sistema jurídico trabalhista brasileiro.

## A Constituição de 1988 e o papel da Justiça do Trabalho

O período descortinado pela Constituição de 1988 é de notável importância na história da Justiça do Trabalho. Corresponde à fase de sua plena consagração como lídimo segmento concretizador da justiça social no campo do Judiciário.

O novo período constitucional foi precedido por quase quatro anos da Nova República, fase iniciada em março de 1985, com a superação do regime militar. Essa fase imediatamente anterior à Constituição já hauria as fortes orientações sociais que iriam se consumar em princípios e regras explícitos na Carta promulgada em 5/10/1988.

Nesse quadro de novos ventos democráticos e socialmente inclusivos, acelerou-se o processo de generalização da estrutura da Justiça do Trabalho no Brasil, criando-se, em apenas três anos e meio, quatro novos Tribunais Regionais no território nacional: 13ª Região, com sede em João Pessoa (Lei nº 7.324, de 1985); 14ª Região, com sede em Porto

---

[7](*Fonte*: Tribunal Superior do Trabalho — Coordenadoria de Estatística e Pesquisa — 2011). (*N. A.*)

Velho (Lei n° 7.523, de 1986); 15ª Região, com sede em Campinas (Lei n° 7.520, de 1986); e 16ª Região, com sede em São Luís (Lei n° 7.671, de 1988). A Constituição de 1988, entretanto, é que iria ter notável clareza quanto ao papel inclusivo e democrático da Justiça do Trabalho no sistema institucional brasileiro, compreendida como decisivo vértice da noção de justiça social no país.

Assim, determinou a Carta Magna, em seu texto original de 1988, a extensão dos tribunais do trabalho aos distintos estados da federação. Nesse quadro, oito tribunais regionais foram criados desde a nova Constituição: 17ª Região, com sede em Vitória (Lei n° 7.872/89); 18ª Região, com sede em Goiânia (Lei n° 7.873/89); 19ª Região, com sede em Maceió (Lei n° 8.219/91); 20ª Região, com sede em Aracaju (Lei n° 8.233/91); 21ª Região, com sede em Natal (Lei n° 8.215/91); 22ª Região, com sede em Teresina (Lei n° 8.221/91); 23ª Região, com sede em Cuiabá (Lei n° 8.430/92); 24ª Região, com sede em Campo Grande (Lei n° 8.431/92).[8]

A Constituição também direcionou um forte incremento na rede de juízos de primeira instância nas diversas localidades dos estados brasileiros. Um número expressivo de juízos de primeiro grau foram criados desde 5/10/1988, ultrapassando o montante de mais de 850 novas Varas Trabalhistas (antigas Juntas de Conciliação e Julgamento), além de se ter ampliado o número de Juízes do Trabalho por unidade judicial.[9] Hoje o país possui mais de 1.370 Varas do Trabalho, com mais de 2.300 Juí-

---

[8] O art. 112 da Constituição de 1988 determinava a existência de, pelo menos, um TRT em cada Estado e no Distrito Federal. Teve sua redação alterada, contudo, pela Emenda Constitucional n° 45/2004, suprimindo-se esse comando institucional à União. No entanto, em 2004, data da Emenda Constitucional n° 45, praticamente já se cumprira a determinação essencial do preceito constitucional primitivo, uma vez que todos os grandes estados federais sediavam cortes regionais trabalhistas (na verdade, em 2010, todos os estados federais com mais de 2 milhões de habitantes já possuíam TRS). Não havia TRTs, na época (e até hoje, julho de 2011), somente nos estados mais escassamente populosos, quais sejam, Roraima (cerca de 450 mil habitantes em 2010), Amapá (cerca de 670 mil habitantes em 2010), Acre (cerca de 730 mil habitantes em 2010) e Tocantins (cerca de 1.380 mil habitantes em 2010). Todos os demais estados e o DF passaram a sediar pelo menos um TRT (São Paulo, com mais de 40 milhões de habitantes em 2010, possui dois TRTs, o da 2ª Região e o da 15ª Região). (N. A.)

[9] A partir da Emenda Constitucional n° 24, de 1999, com a extinção da representação classista, as Juntas de Conciliação e Julgamento desapareceram, passando a existir, em seu lugar, as Varas do Trabalho, sob direção do Juiz do Trabalho. (N. A.)

zes do Trabalho de 1ª instância em todo o Brasil, de modo a assegurar uma significativa presença da Justiça Trabalhista em todo o território nacional, mesmo nas áreas interioranas e preponderantemente rurais.[10]

No contexto criado pela Constituição, um novo avanço relevante ocorreu em 1999, com a extirpação da representação classista no Judiciário Trabalhista, por meio da Emenda Constitucional nº 24, de 1999. Com isso, a Justiça do Trabalho pôde aperfeiçoar sua feição técnico-jurídica, criando condições para a mais nítida melhoria no exercício da prestação jurisdicional.[11]

Ainda nesse mesmo contexto cultural desponta a Emenda Constitucional nº 45, de dezembro de 2004, que alargou a competência da Justiça do Trabalho para relações de trabalho não empregatícias, lides intersindicais e litígios entre empregadores e a União, em face dos atos praticados pela auditoria fiscal trabalhista (nova redação do art. 114 e incisos da Carta Magna). Além disso, o novo texto reformado eliminou dúvidas reiteradas da jurisprudência acerca da competência judicial especializada.[12]

A Constituição de 1988 se revelou, pois, um terreno fértil a propiciar a expansão da estrutura da Justiça do Trabalho, tanto em relação às varas do trabalho, como no tocante aos tribunais regionais.

Para além do incentivo à ampliação do quadro estrutural da Justiça Trabalhista propiciado pelo período democrático pós-1988, a Carta Constitucional também revigorou a tese de compreensão da Justiça do

---

[10] Considerado o período entre o fim do regime militar (março de 1985) e o ano de 2011, em torno de mil novas Varas do Trabalho (ex-JCJs) foram criadas, passando de 382 a mais de 1.370, um crescimento de cerca de 258% em 26 anos. (N. A.)

[11] A extinção da representação classista, ademais, eliminou um dos mais impressionantes mecanismos de vinculação da estrutura sindical ao aparelho de Estado no Brasil. Sua manutenção por onze anos após 1988 representava, na verdade, uma inquestionável contradição com os princípios da liberdade de associação e, em especial, de autonomia dos sindicatos enfatizados pela mesma Constituição de 1988 e fundamentais para qualquer construção e consolidação democráticas. Nessa medida, a Emenda Constitucional nº 24/1999 afirmou o melhor espírito da própria Constituição da República. (N. A.)

[12] Entre as dúvidas eliminadas situam-se as relativas ao exercício do direito de greve e as concernentes às indenizações por dano moral e material. Por outro lado, a amplitude da expressão *relação de trabalho* tem propiciado dissidências interpretativas no âmbito da doutrina e jurisprudência dos últimos anos. (N. A.)

Trabalho enquanto instrumento de justiça social; instrumento de desmercantilização do trabalho e de democratização das relações trabalhistas no Brasil. Portanto, a Constituição de 1988 fortaleceu ainda o sentido axiológico atribuído à Justiça do Trabalho, fundado e ancorado no valor da justiça social, e que deve vincular a interpretação e a aplicação do Direito, no marco do Estado democrático. Ou seja, a Justiça do Trabalho é considerada um dos mais sólidos e democráticos instrumentos jurídicos e institucionais para a concretização da dignidade do ser humano e dos direitos fundamentais nos conflitos de interesse.

Conclusão

A Justiça do Trabalho, estruturada há mais de setenta anos no Brasil, cumpre, naturalmente, as funções clássicas dos segmentos do Poder Judiciário, quais sejam, solucionar controvérsias trazidas a seu exame no âmbito de sua competência e, cumulativamente, interpretar a ordem jurídica, assegurando-lhe sentido e abrangência universais no território brasileiro. Cumpre também à Justiça Trabalhista a função particularizada de se integrar a um sistema institucional amplo, que visa garantir certa desmercantilização do trabalho humano na vida social e econômica.

Embora tenha iniciado sua história como um experimento aparentemente datado, mera parte das políticas sociais elaboradas nas décadas de 1930 a 1945, a Justiça do Trabalho firmou sua identidade e seu papel social, econômico e jurídico no período democrático subsequente (1945-64), preservando-se e se impondo também na regressão autoritária de 1964 a 1985.

Com a democratização do país, em 1985, e a subsequente promulgação da Constituição da República de 1988, essa vertente do Judiciário encontrou seu inteiro papel como a justiça social da República brasileira, contribuindo, decisivamente, para a realização da essencial função de desmercantilizar o trabalho humano no moinho incessante da economia e da sociedade.

Na verdade, a promulgação da Constituição Federal de 1988 é um marco no debate em torno desse processo de desmercantilização por elaborar fundamentos mais sistematizados de proteção ao trabalho. Notadamente, o elenco de direitos fundamentais previstos na Carta Constitucional unifica o sentido de proteção ao trabalho e, em certa medida, direciona o sentido de atuação da Justiça do Trabalho.

Em uma sociedade civil e um Estado fundados na dignidade da pessoa humana, na valorização do trabalho, e especialmente do emprego, na submissão da propriedade à sua função social e ambiental — em conformidade com o que determina a Constituição —, é imprescindível a existência de uma sólida e universalizada estrutura dirigida à efetividade do Direito do Trabalho na vida econômica e social, inclusive com um segmento especializado, célere e eficiente de acesso ao Judiciário e de efetivação da ordem jurídica. Nesse sistema, cumpre papel decisivo a Justiça do Trabalho na democracia brasileira.

### Referência bibliográfica

SILVA, Fernando Teixeira da. "Justiça do Trabalho brasileira e magistratura *Del Lavoro* italiana: apontamentos comparativos". In: CAIXETA, Maria Cristina Diniz et al. (org.). *IV Encontro Nacional da Memória da Justiça do Trabalho — cidadania: o trabalho da memória*. São Paulo: LTr, 2010.

# Justiça Eleitoral

*Teresa Cristina de Souza Cardoso Vale*

A Justiça Eleitoral vem exercendo um papel fundamental, sobrevivendo e se fortalecendo ao longo de um período que teve quatro mudanças de marco constitucional e se tornando um dos principais instrumentos de manutenção da ordem democrática. Essa sua importância pôde ser observada mesmo durante o regime autoritário, quando funcionou como elemento regulador de pleitos municipais, estaduais e federais, ainda que com restrições. Pretendemos demonstrar, sucintamente, além da sua consolidação enquanto instrumento de regulação político-social e sua dinâmica jurisdicional e administrativa, sua trajetória, sua atuação e seu desenvolvimento sob o prisma político — isto é, enquanto instituição basilar da ordem democrática e mantenedora da ocorrência regular de eleições. Para tanto, este verbete foi subdividido nas seções em que abordaremos a "pré-história" da Justiça Eleitoral, a sua criação, a sua legalidade e alguns exemplos de suas ações que tiveram impacto transformador na política.

## A "pré-história" da Justiça Eleitoral

Até o Império, os juízes tiveram participação crescente no processo eleitoral, mas ainda pequena se comparada à participação da Justiça Eleitoral. Em 1824 passou a ser obrigatória a presença de um juiz na mesa receptora; posteriormente, o magistrado ganhou o direito de ser o presidente dessa. A gradual participação dos magistrados deveu-se às sucessivas tentativas de inibir as fraudes. Ao longo da República Velha se encontram diversas leis, decretos e instruções com o objetivo de erradicá-las. Embora em números haja um acervo vasto de legislação eleitoral, ele não trouxe modificações substantivas que inibissem essas infrações. As falsificações das atas eleitorais, um dos mais graves e delicados problemas do sistema eleitoral brasileiro, permaneceram. Havia ainda outros tipos de fraude, como a "degola", além do uso dos cabalistas, capangas ou capoeiras. Também era bastante comum agrupar eleitores no "curral eleitoral" para a distribuição de cédulas já lacradas a fim de serem depositadas diretamente na urna (Gomes, Pandolfi & Albert, 2002).

Com o surgimento da República, mesmo a representação passando a ser o fio condutor desta, o processo eleitoral não recebeu um tratamento adequado. E isso permitiu aos estudiosos, como Leal (1978), Lessa (1988), Barreto & Paim (1989), entenderem esse período como um retrocesso na questão eleitoral, se comparado ao Império. Sua organização e estrutura eram bastante precárias, o que permitia a permanência das fraudes. Várias leis foram implementadas na tentativa de inibi-las, mas nenhuma obteve resultados relevantes. Isso porque as fraudes tinham um significado importante nessa fase da República: elas garantiam a política dos governantes e, consequentemente, mantinham a estrutura oligárquica de poder inabalada.

O período viu diversas discussões, tanto na Câmara quanto no Senado, sobre soluções que inibissem tais fraudes eleitorais. Essas soluções traziam a ideia de atribuir à Justiça o controle do processo eleitoral. Havia políticos que acreditavam que a retidão dos juízes acabaria por contaminar os processos eleitorais, evitando as fraudes. Mas havia também aqueles que pensavam o contrário: os juízes se contaminariam com a "politicagem". Independente do posicionamento dos deputados e senadores em relação ao controle do processo eleitoral, dificilmente se encontrava um político que duvidasse da integridade moral dos juízes.

Sob o impasse de quem controlaria o processo eleitoral, três momentos apresentam-se com maior relevância: a) as discussões de 1903 (período da elaboração da Lei Rosa e Silva); b) as discussões de 1914; c) as discussões de 1916 (Holanda, 2007). Embora essas discussões não tenham trazido, de fato, o Judiciário para o controle do processo, elas demonstram uma preocupação, bem como o amadurecimento da ideia entre os políticos de então.

## A criação da Justiça Eleitoral

Será através do Decreto nº 21.076, de fevereiro de 1932 — o primeiro Código Eleitoral do país —, que se dará a criação da Justiça Eleitoral, fruto do lema "representação e justiça" da Aliança Liberal. Suas responsabilidades eram preparar, realizar e apurar as eleições, além de reconhecer os eleitos, ou seja, essa vertente do Judiciário era responsável por todo o processo eleitoral, o que a difere, em muito, dos projetos apresentados ao Congresso e mencionados anteriormente.

É importante ressaltar aqui que o amplo direito ao voto, em condições iguais (isto é, com a redução das fraudes), se deu durante um breve período autoritário, quando se encaminharam as reformas políticas, como, por exemplo, a institucionalização da Justiça Eleitoral. Melhor dizendo, foi necessário um golpe, seguido da posse provisória de Getúlio Vargas para que as transformações em direção a uma democracia política pudessem ser implementadas. Para isso, era necessário o fim das milícias estaduais e, consequentemente, o esvaziamento do coronelismo e do poder oligárquico. Essa ação fortaleceu o poder central, permitindo-lhe operar reformas de maior profundidade política e social, muitas delas advindas da nascente e crescente classe média.

As reformas políticas, no que se refere à questão eleitoral, prometidas pela Aliança Liberal foram todas cumpridas nos primeiros anos do governo Vargas. Não há dúvidas de que o país avançou no que se refere à transparência dos procedimentos, à correção e ao clima de liberdade durante o período eleitoral. No entanto, isso não significa que as fraudes foram extintas com a criação da Justiça Eleitoral. A instituição dessa área do Judiciário mostrou-se mais consistente que as tentativas anteriores nessa direção, mesmo que ainda houvesse (e ainda há) muitos pontos a alcançar. O fato é que, ao retomarmos as eleições em 1945, após sua extinção em 1937, a Justiça Eleitoral reapareceu como foi proposta pela subcomissão encabeçada por Assis Brasil em 1932, com apenas algumas poucas alterações.

## A legalidade da Justiça Eleitoral

De 1932 aos dias atuais, o país viu a elaboração de cinco códigos eleitorais:

1) o código de 1932 atribuiu à Justiça Eleitoral as responsabilidades de preparar, realizar e apurar as eleições, além de reconhecer os eleitos. Esse código subdividia-se em cinco partes: introdução, estruturação da instituição, alistamento, eleição e disposições várias;

2) o código de 1935 previa correções ao primeiro para facilitar a operacionalização das leis eleitorais e foi redigido pelos membros do então Tribunal Superior de Justiça Eleitoral (TSJE), mas nunca chegou a ser utilizado;

3) o código de 1945, conhecido como Lei Agamenon (Decreto-Lei nº 7.586/1945), não foi aceito unanimemente como um código eleitoral e passava a responsabilidade da Justiça Eleitoral para o Supremo Tribunal Federal (STF);

4) o código de 1950 (Lei nº 1.164, de 24/07/1950), foi elaborado em 1946 pelo senador Ivo de Aquino. As principais alterações foram: extinção do alistamento *ex-officio* e extinção da repartição das cadeiras não alocadas na primeira distribuição (as sobras) entre os partidos que tivessem maior número de votos, respeitando a ordem de votação nominal. Esse código, por apresentar dificuldades de interpretação, fez

com que em 1955 o então presidente do TSE, Edgar Costa, redigisse duas emendas ao mesmo. O objetivo era inibir as fraudes com a criação da cédula oficial e evitar a utilização de título eleitoral falso obtido de modo doloso através de 2ª via; e

5) o código de 1965 (Lei nº 4.737, de 15/07/1965) foi redigido a pedido de Castelo Branco pelos membros do TSE. Em fins de 1964, o ministro Cândido Mota Filho (então presidente do TSE) entregou os dois anteprojetos apontando suas inovações (Porto, 2000): Código Eleitoral e Estatuto dos Partidos. Das sugestões aceitas pelo governo militar, a mais importante aqui foi a de fortalecer a influência da Justiça Eleitoral, evitando consagrar o caráter normativo de suas decisões. O código de 1965 foi aprovado pela Lei nº 4.737, de 15/07/1965, e vige até hoje. O Tribunal Superior Eleitoral expedia e expede instruções para sua fiel execução, respeitando a Constituição vigente. Dentre os códigos brasileiros, o de 1965 possui mais detalhes, é mais rígido, maior, mais técnico e específico.

Nesses, não foi modificada a hierarquia e a estrutura dos órgãos da Justiça Eleitoral. Ou seja, desde o código de 1945 compõem a Justiça Eleitoral: o TSE, os TREs, as Juntas Eleitorais (que não existiam no código de 1932) e os juízes eleitorais. A composição do TSE e dos TREs também não sofreu alteração. As competências do TSE mantiveram-se todas, com apenas algumas ampliações, tais como: organizar e divulgar súmula; enviar lista tríplice ao presidente da República; entre outras. Nenhuma alteração foi feita sobre as funções normativas do Judiciário Eleitoral.

O código de 1965 é considerado pelos juristas a nossa melhor lei eleitoral do ponto de vista técnico-legislativo. No entanto, há aqueles que o acham um verdadeiro "entulho da ditadura". Esse teve inúmeras modificações, na sua grande maioria de caráter casuístico, permitindo afirmar que, apesar de tantos códigos e de tantas alterações, permanece até os dias de hoje o sistema inicial, criado em 1932. Interessante notar que os títulos e capítulos não se alteraram, inclusive a sequência. Poucos artigos foram modificados: houve supressão e inclusão de artigos iguais entre os códigos, mas sem grandes alterações, ou melhor, sem alterações que pudessem modificar substantivamente o papel da Justiça Eleitoral. Pareceu ser como um experimento até chegar em 1965.

Diante de vários golpes tentados, e da instabilidade política do período de 1945-64, a Justiça Eleitoral resistiu; além disso, absorveu bem as demandas de representação e justiça. Nesse período, e até mesmo no período posterior, a questão das fraudes deixou de ser prioridade do Congresso, sendo resolvida, quando necessário, pelo próprio TSE, com suas resoluções e acórdãos — há de se ter em conta a força demonstrada no âmbito político desse Judiciário especial ao redigir um código e duas emendas elaboradas por Edgar Costa, então presidente do TSE, e promulgadas pelo Congresso.

## As ações políticas da Justiça Eleitoral

Desde sua criação, a Justiça Eleitoral assumiu funções administrativas, consultivas, jurisdicionais e normativas. Também encarregou-se de responsabilidades para além de um poder judiciário ao redigir um código e emendas a outro. Tais ações demonstram sua força diante do cenário político. Mas há outras ações, algumas inclusive polêmicas, que definiram os rumos políticos do país. Algumas delas são:

1) a cassação do PCB (1947): sob várias suspeitas, sendo a principal delas a existência de dois estatutos, um deles contrário aos princípios democráticos, o PCB foi levado a julgamento pelo TSE. Mesmo havendo um parecer do Ministério Público favorável à manutenção deste, o partido teve seu registro e seus representantes no Legislativo cassados. Na Câmara dos Deputados foram cassados os 15 deputados federais e, no Senado, o senador Luis Carlos Prestes (segundo senador mais votado no país, atrás apenas de Getúlio Vargas), todos eleitos em dezembro de 1945. Com tais cassações, houve a intervenção em vários sindicatos e o fechamento da Confederação Geral dos Trabalhadores no Brasil, feitas pelo Ministério do Trabalho. Esse fato histórico, considerado muito polêmico, levou à desarticulação do maior partido com projeção nacional. Por conta disso, acredita-se que essa cassação ocorreu por interesses de

uma elite política (oligárquica) que se via ameaçada pelo crescimento do comunismo no país. Mesmo sugerindo uma arbitrariedade do Judiciário Eleitoral, a leitura das 212 páginas da Resolução nº 1.841, de 7 de maio de 1947, demonstra coerência jurídica, apoiando-se nas brechas encontradas para tal ato;

2) a eleição de Tancredo Neves (1984): os líderes do PDS tentaram obrigar seus membros que tinham assento no colégio eleitoral, através de uma ata de reunião do Diretório Nacional registrada no TSE, a votar no candidato Paulo Maluf na abertura política. O curioso desse fato é que havia regularização da fidelidade partidária pela Emenda Constitucional nº 1, de 1969. No entanto, o TSE entendeu que o Diretório Nacional não possuía poder para estabelecer diretrizes para os membros do partido, mas sim para fazer com que eles cumprissem as diretrizes estabelecidas pela Convenção Nacional, como rege o próprio estatuto do partido. Outro motivo dado pelo TSE foi que o arquivamento de uma diretriz partidária não fazia parte dos procedimentos administrativos e cartorários, sendo um ato de jurisdição eleitoral de feição não contenciosa. Em outras palavras, pertencia ao mundo eleitoral, mas não demandava discussão em juízo. Tal ação garantiu a competitividade das eleições por meio da Resolução nº 12.028/1984, ao recusar o pedido da direção do PDS de arquivar uma cópia da ata da reunião do seu Diretório Nacional, realizada em 21 de novembro de 1984;

3) a proibição da candidatura de Silvio Santos (1989): ao tentar apresentar-se como candidato do PMB a quinze dias da eleição para presidente da República, o sr. Abravanel (o empresário e comunicador Silvio Santos) foi impedido pela Justiça Eleitoral. O julgamento do caso Silvio Santos encontra-se descrito na Resolução nº 15.900/1989. Nas suas 57 páginas, encontramos o voto dos ministros do TSE (incluindo o de seu presidente, Rezek, que em realidade só era obrigado a votar se houvesse empate), marcando uma decisão por unanimidade. Ali estão registrados ainda os motivos da impugnação da candidatura: não ter havido desincompatibilização mínima de três meses do candidato em relação aos meios de comunicação e irregularidades do partido, que

não realizou convenções em nove estados da federação. O caso teve uma repercussão tão grande na sociedade, sobretudo na mídia, que o Judiciário Eleitoral ficou em evidência. Em toda a história brasileira, nunca a vida pessoal dos juízes foi tão exposta com o objetivo de tentar descobrir antecipadamente o conteúdo dos seus votos. Mas, ao término do julgamento, a Justiça Eleitoral saiu mais fortalecida, sendo reafirmada sua integridade e imparcialidade. Encerrado o episódio, a Justiça Eleitoral teve sua credibilidade aumentada, pois seus ministros demonstraram agir como magistrados (e não políticos), guardiães da lei e equidistantes das partes em disputa; e

4) a verticalização das coligações (2002): a Resolução n° 20.993/2002, também conhecida como Instrução n° 55, dispõe sobre a escolha e o registro dos candidatos para as eleições de 2002. Nessa resolução, ao tratar dos partidos políticos e das coligações, a Justiça Eleitoral interpretou o art. 6° da Lei n° 9.504/1997, deixando dúvidas que se transformaram em consulta ao Tribunal. Em sua resposta, o TSE clareou a questão ao dizer, em sua Resolução n° 21.002/2002, não serem permitidas coligações estaduais e federais entre partidos adversários à presidência. Essa resposta negativa foi dada a quatro deputados federais (Miro Texeira, José Roberto Batochio, Fernando Coruja e Pompeo de Mattos) e ficou conhecida como verticalização das coligações. Do ano de 2002 ao ano de 2009, com base nessa resolução, mais onze pronunciamentos foram feitos pelo TSE em resoluções e acórdãos mencionando a verticalização das coligações. Essa postura do TSE tinha como principal objetivo fortalecer o caráter nacional dos partidos, como prevê a Constituição de 1988. Cabe lembrar que, como as eleições são regidas por um código anterior a essa Constituição e temos um acervo grande de leis posteriores para atualizá-lo, coube ao TSE a função de interpretar as entrelinhas de uma e outra e, a partir da resolução, determinar o que deve ser ou não feito. Diversas foram as discussões e embates entre os poderes Judiciário e Legislativo. A repercussão desse caso foi tamanha que duas ADINs foram ajuizadas no STF, que decidiu pela constitucionalidade da decisão do TSE. Em resposta, o Congresso aprovou a Emenda Constitucional

nº 52 (aprovada somente em 2006) para garantir a autonomia dos partidos para adotar os critérios de escolha e o regime de suas coligações eleitorais. No ano de 2006, o TSE manteve a regra de verticalização das coligações adotadas em 2002, mesmo com a Emenda Constitucional nº 52, o que causou nova polêmica. Novamente o STF foi demandado, ao que respondeu através da ADIN nº 3.685, aplicando inconstitucionalidade à emenda, que não respeitou o princípio previsto no art. 16 da Constituição Federal. Com tal decisão, as regras encontradas na Emenda Constitucional nº 52 só puderam ser aplicadas nas eleições de 2010.

Como se vê, a criação da Justiça Eleitoral em 1932 permitiu o surgimento de um judiciário especial, propício a um ativismo jurídico. Suas intervenções, sempre em busca do bom cumprimento da lei maior e de sua integridade, fizeram desse judiciário um poder diferenciado e forte. As redações do código de 1935, das emendas de 1955 e dos códigos de 1945 e 1965 mostram a respeitabilidade que esse braço do sistema jurídico brasileiro adquiriu precocemente. A cassação do PCB também mostra a força ativa do Judiciário Eleitoral, mantendo a Justiça Eleitoral alinhada à elite política. As demais ações enumeradas, ao contrário, demonstram seu distanciamento dessas elites, o que lhe deu maior credibilidade no cenário político.

A Justiça Eleitoral garante a lisura do processo, ainda que algumas dificuldades sejam encontradas em seu caminho. Das soluções propostas ao longo da história brasileira, a Justiça Eleitoral foi a mais eficaz, e sua criação trouxe mais força ao Judiciário, centralizando o poder novamente nas mãos do Estado, e não nas das elites políticas estaduais ou locais. Também no quesito eleitoral e de admissão dos representantes do povo soberano, a Justiça está acima dos demais poderes, pois que ela decide quem pode ou não ser diplomado, ao mesmo tempo que está abaixo, já que é um braço do Judiciário. Ainda que um candidato seja escolhido pelo povo, se a Justiça Eleitoral julgar que ele é inelegível, mesmo que ele obtenha a maioria dos votos não será diplomado se houver crime transitado em julgado (condenação). Com a lei da ficha limpa, as próximas eleições permitirão ainda uma maior atuação do Judiciário.

Da criação aos dias atuais, a Justiça Eleitoral mostra-se uma instituição forte, ainda que sua estrutura organizacional pareça frágil, e nos permite pensar sobre a técnica *versus* a política. Desde o princípio, temos a defesa do corpo técnico, formado por especialistas da área jurídica, como a resposta para os problemas políticos eleitorais. Nessa mesma direção, encontramos a ideia de que o corpo político (o Legislativo e o Executivo) se demonstrou incapaz de controlar o processo eleitoral com a mesma integridade com que o Judiciário o faz. Nesses termos, a técnica sobrepõe a política, permitindo inúmeros estudos e discussões na Ciência Política.

O Judiciário Eleitoral brasileiro mostrou-se, em toda a história aqui contada, um relevante ator para a consolidação da democracia, ao menos no que se refere ao seu âmbito político. Sua atuação permitiu garantir os princípios básicos da democracia representativa, quais sejam, soberania popular, assegurada através de eleições limpas, e resultados seguros, à exceção do caso PCB.

## Referências bibliográficas

BARRETO, V.; PAIM, A. *Evolução do pensamento político brasileiro*. Belo Horizonte: Itatiaia; São Paulo: Editora da USP, 1989.

GOMES, A. C.; PANDOLFI, D. C.; ALBERT, V. *A República no Brasil*. Rio de Janeiro: Nova Fronteira/Cpdoc, 2002.

HOLANDA, C. B. de. "Modos de representação política: o experimento da Primeira República brasileira". Tese de Doutorado em Ciência Política. Rio de Janeiro, Iuperj, 2007.

HOLLANDA, S. B. de; FAUSTO, B. *História Geral da Civilização Brasileira*, vols. 7 a 11. Rio de Janeiro: Bertrand Brasil, 2006.

LEAL, Victor Nunes. *Coronelismo, enxada e voto*. São Paulo: Alfa-Ômega, 1978.

LESSA, R. *A invenção da República: Campos Sales, as bases e a decadência da Primeira República brasileira*. Rio de Janeiro: Iuperj; São Paulo: Vértice, 1988.

MENEGUELLO, R. "Nota preliminar para um estudo da Justiça Eleitoral". In: SADEK, M. T. (org.). *História Eleitoral do Brasil*. São Paulo: Idesp, pp. 101-115, 1989.

PORTO, W. *O voto no Brasil*. Rio de Janeiro: Topbooks Editora, 2002.

_____. *Dicionário do voto*. Brasília: Editora UnB, 2000.

SADEK, M. T. A. *A Justiça Eleitoral e a consolidação da democracia no Brasil*. Rio de Janeiro: Konrad-Adenaure-Stiftung, 1995.

_____. "A Justiça Eleitoral no processo de redemocratização". In: LAMOUNIER, B. (org.). *De Geisel a Collor: o balanço da transição*. São Paulo: Idesp, pp. 153-176, 1990.

SOUZA, Edvaldo Ramos. *A Justiça Eleitoral de 1932 ao voto eletrônico*. TRE-RJ: 1996.

TAYLOR, Matthew. "Justiça Eleitoral". In: AVRITZER, Leonardo e ANASTASIA, Fátima (orgs.). *Reforma política no Brasil*. Belo Horizonte: Editora UFMG, 2007.

# Jurisdição penal

*Rodrigo Ghiringhelli de Azevedo*

Redemocratização, violência e seletividade penal

No período que vai de 1980 a 2003, a taxa de mortalidade por homicídio no país subiu de 11,4 homicídios/100 mil habitantes para 29,1 homicídios/100 mil habitantes, acumulando mais de 1 milhão de mortes por homicídio doloso nas três últimas décadas.[1] A ampla maioria dos mortos era de baixa renda, com baixa escolaridade, jovem, do sexo masculino, negra e residente na periferia dos grandes centros urbanos. Em números absolutos, o pico das taxas de homicídio ocorreu em 2003, com 51.043 assassinatos no ano, iniciando-se a partir de 2004 uma trajetória descendente (para uma análise das taxas de homicídio no Brasil, cf. Waiselfisz, 2007, pp. 119-138).

Há hoje uma consciência crescente de que a lei e os direitos ainda desempenham um papel menor na determinação do comportamento dos indivíduos e instituições no Brasil e na América Latina como um todo. De acordo com o Relatório do Latinobarômetro 2005, há uma grande desconfiança na capacidade do Estado de implementar sua legislação

---

[1] *Fonte*: http://www2.camara.gov.br/comissoes/cdhm/redeparlamentarndh/homicidiodoloso, acesso em 10/01/2009. (N. A.)

imparcialmente, e apenas 21% dos brasileiros afirmam respeitar as leis (Vilhena, 2007, p. 42).

Para O'Donnell, a maioria dos países da América Latina não foi capaz de consolidar sistemas de Estado de Direito depois da transição para a democracia. Segundo ele, a desigualdade extrema na região é um dos maiores empecilhos para uma implementação mais imparcial do Estado de Direito. O Brasil, como um dos mais desiguais países do continente, pode ser caracterizado como um sistema de "Não Estado de Direito" (O'Donnell, 2000, p. 346).

É possível inclusive sustentar que o sistema penal acentua a desigualdade social por sua dinâmica seletiva: além da imensurável cifra oculta de delitos praticados, uma pequena parcela dos casos que chegam até a polícia judiciária é transformada em processo penal, explicitando a incapacidade institucional para apurar a maior parte dos eventos criminais (Zaluar, 2007, pp. 43-44).

Em decorrência disso, o processo penal, que é instaurado em relativamente poucos casos, passa a ser utilizado como um mecanismo de punição antecipada, já que a prisão imediata e todos os demais ritos processuais podem oferecer uma falsa sensação de eficácia do poder punitivo do Estado (Vasconcellos & Azevedo, 2008).

Apesar de existirem previsões constitucionais que enfatizam expressamente representações igualitárias e individualistas, implicitamente a cultura jurídica produz e é reproduzida por meio de práticas, discursos e instituições que realizam uma representação hierárquica da sociedade, como numa pirâmide. O espaço público, nesse modelo, é o local controlado pela autoridade, por vezes identificada com o Estado, que possui o conhecimento necessário e a quem compete ordenar essas desigualdades que ali se encontram, explicitando a hierarquia através da aplicação de regras que são sempre gerais, válidas para toda a pirâmide. Se essas regras são gerais, e os sujeitos a quem elas se aplicam possuem direitos e obrigações desiguais, faz-se necessário que sejam interpretadas conforme a pessoa a quem estão sendo aplicadas e, em razão disso, são vistas sempre como exteriores aos sujeitos e oriundas da "autoridade" que as interpreta (Kant de Lima, 2001).

Se as partes em conflito são concebidas como desiguais, não é justo colocá-las em oposição para que resolvam por si o conflito — o Estado, a autoridade, deve atuar para compensar essa desigualdade, tomando para si a função de dar uma resposta ao conflito, incorporando a desigualdade na fórmula jurídica de administração dos conflitos em público. O modelo para a resolução de conflitos enfatiza o caráter inquisitorial, a descoberta da verdade, devendo as disputas ser administradas através da compensação das desigualdades e da reafirmação da ordem vigente para administrá-las, havendo uma presunção de culpa que transcende o princípio da presunção de inocência (Kant de Lima, 2000).

Demanda punitiva e sistema penal

Em uma sociedade hierárquica e desigual como a brasileira, em que as relações sociais são muitas vezes pautadas não pelo princípio da igualdade, mas por relações de clientelismo e compadrio, o criminoso é visto sempre como o "outro", aquele que não está ao abrigo da lei e do Direito e deve ser submetido ao arbítrio e à violência que a própria sociedade exige dos agentes do sistema. No entanto, ao mesmo tempo que aprova as ações da polícia contra supostos criminosos, a maioria das pessoas tem medo da violência policial e reconhece que a polícia pratica atos de discriminação contra pobres e minorias.

Segundo o Relatório Anual da Human Rights Watch, publicado em janeiro de 2009, a violência policial permanece um problema crônico no Brasil — incluindo o uso excessivo da força, as execuções extrajudiciais, a tortura e outras formas de maus-tratos. No primeiro semestre de 2008, a polícia do Rio de Janeiro foi responsável por um em cada seis assassinatos no estado — até junho daquele ano, 757 mortes foram causadas por policiais. A polícia alega que as mortes ocorrem em confronto e as registra como "autos de resistência". O número de assassinatos ocorridos quando os policiais não estão em serviço também é preocupante. Em Pernambuco, embora a taxa de elucidação dos homicídios seja baixa, estimativas apontam para o fato de que 70% deles são cometidos pelos chamados "esquadrões da morte", que contam com policiais entre os seus membros (Alston, 2008).

O fenômeno criminal, e em particular o aumento da criminalidade violenta no Brasil nas últimas décadas, tem sido pouco afetado pelas políticas de encarceramento massivo implementadas a partir da edição da Lei nº 8.072/90 (Lei dos Crimes Hediondos), que impediu a progressão de regime e, com isso, ampliou sobremaneira a população carcerária desde então,[2] sem que tenha ocorrido redução da tendência de crescimento desses delitos.

Em que pese o fato de que há um déficit de eficácia da legislação nas mais diversas áreas, isso não impede que avance a hipertrofia ou inflação de normas penais, que invadem campos da vida social anteriormente não regulados por sanções penais. O remédio penal é utilizado pelas instâncias de poder político como resposta para quase todos os tipos de conflitos e problemas sociais. A resposta penal se converte, assim, em resposta simbólica oferecida pelo Estado frente às demandas de segurança e penalização da sociedade, sem relação direta com a verificação de sua eficácia instrumental como meio de prevenção ao delito (sobre a produção legislativa em matéria penal no Brasil, cf. Campos, 2010).

Embora tenha crescido nos últimos anos o número de processos contra criminosos de colarinho branco, a expansão penal não produziu alterações significativas no perfil da população carcerária, que continua sendo caracterizada por indivíduos com baixo grau de instrução e renda, tendo sido encarcerados em sua grande maioria por conta da prática de crimes contra o patrimônio (roubo) ou do tráfico de drogas, e que no interior do sistema penitenciário vão ser integrados de forma permanente às redes de gerenciamento das ilegalidades.

Observando as taxas de encarceramento no Brasil, verificamos o enorme crescimento ocorrido na última década, que faz com que te-

---

[2]Sobre o impacto da Lei dos Crimes Hediondos nas taxas de criminalidade e na administração carcerária, vide o relatório de pesquisa do ILANUD, "A Lei de Crimes Hediondos como Instrumento de Política Criminal", São Paulo, julho de 2005. (N. A.)

nhamos hoje nos cárceres brasileiros mais de 500 mil presos[3] (no final dos anos 1990, a população carcerária no Brasil estava em torno de 150 mil presos). Levando em conta os dados gerais do sistema carcerário, o que mais cresce é a utilização da prisão preventiva, ou seja, trata-se de pessoas que estão presas sem uma condenação criminal, e que representam hoje quase 43% do total de presos no país.[4] O aumento das taxas de encarceramento, derivado de uma demanda punitiva que encontra respaldo no parlamento (criminalização primária), na atuação dos órgãos de segurança pública e Justiça Criminal (criminalização secundária), não surtiu o efeito esperado de queda da criminalidade, uma vez que a atuação do sistema penal é seletiva, atingindo apenas a base da cadeia criminal e reunindo nas prisões indivíduos que, por conta de sua vulnerabilidade social, são presas fáceis das facções criminais, que comandam o mercado das ilegalidades dentro e fora das prisões.

### Tendências e desafios para a democratização da Justiça Penal

Para além de questões relacionadas à estrutura desigual da sociedade brasileira e ao tratamento diferenciado que se constitui no padrão de atuação das agências de controle punitivo, é preciso reconhecer que o aperfeiçoamento gerencial e institucional, embora necessário, não é tão simples, porque há diferenças de concepção que atravessam o campo do controle do crime no Brasil. De um lado está o discurso republicano da garantia dos direitos humanos com segurança pública, mas de outro há uma concepção, que se conecta a parcelas importantes da opinião pública no Brasil, no sentido do endurecimento penal, de mais prisões, de presos em condições precárias, sem garantias individuais básicas,

---

[3] Em dezembro de 2010 o Ministério da Justiça já anunciava um efetivo prisional da ordem de 496.251 presos no Brasil. Disponível em: <http://portal.mj.gov.br/senasp/data/Pages/MJD574E-9CEITEMIDC37B2AE94C6840068B1624D28407509CPTBRNN.htm>. Acesso em 20 de junho de 2011. (N. A.)
[4] Como informava o Conselho Nacional de Justiça em fevereiro de 2009. Disponível em: <http://www.cnj.jus.br/images/imprensa/apres_dr_erivaldo.pdf>. Acesso em 20 de junho de 2011.

como forma de dissuasão e contenção da criminalidade. Discurso que se manifesta muitas vezes pela defesa da pena de morte, da redução da idade penal, dos direitos humanos só para "humanos direitos", do livre acesso às armas para esses últimos etc.

Para o criminólogo britânico Stanley Cohen, a história do controle social pode ser contada de várias formas, e uma delas seria descrevê-la como uma escolha entre exclusão e inclusão, ciclos, reações periódicas e contrarreações, mudanças de ênfase e abandono de direções (Cohen, 1985, p. 266). Para o autor, as características originais dos primeiros sistemas de controle do século XIX (centralização estatal, classificação e segregação institucional) vinculavam-se a grandes projetos de exclusão. De outro lado, o período do pós-guerra — e especialmente a década de 1960 — foi um momento em que o impulso inclusivo pareceu dominar, com políticas como: o movimento de integração na comunidade contra a segregação nas instituições; descentralização; enfraquecimento ou diversificação dos vários sistemas de exclusão, classificação e controle. Segundo Cohen, "excluir menos, incluir mais" poderia ter sido o slogan desse movimento (p. 267).

Para além do âmbito discursivo, objetivamente o período atual é caracterizado, não apenas no Brasil, por uma expansão das penas de prisão e de serviços comunitários para certas categorias de desviantes, paralelamente à implementação de estratégias de controle social que não são genuinamente excludentes, pois não envolvem segregação ou expulsão, o que leva Roger Matthews a afirmar que as formas de intervenção tendem cada vez mais a focar o controle severo da conduta ou a envolver. Em contraste, observa-se um baixo nível de acompanhamento, objetivando dissuadir os desviantes em potencial através do uso crescente da vigilância, da implantação da segurança privada ou mesmo da prevenção do crime através do desenho ambiental (Matthews, 2003, p. 326).

Trata-se de uma dupla via, de expansão da pena de prisão para os delitos considerados mais graves e de penas não detentivas para os delitos tidos como leves, caracterizando uma dinâmica de dispersão das formas de intervenção, o que gera um aumento das chamadas sanções intermediárias, com diversas formas de acompanhamento e supervisão.

Manuel Calvo Garcia vincula as tendências recentes de controle punitivo à crise da racionalidade legal moderna e ao crescente intervencionismo que caracteriza o chamado Estado Regulativo. Para Calvo Garcia,

> o intervencionismo crescente dos poderes públicos na vida social determinou que o Direito deixou de ter o ar clássico de um sistema normativo formal composto por regras cujo objetivo é assegurar negativamente a liberdade dos membros de uma comunidade e proporcionar modelos de relação social. Diante dos postulados da ideologia jurídica liberal, hoje assistimos a um crescente destaque do que se denominaram *funções promocionais do Direito* (Bobbio, 1980, p. 367 ss.; Aubert, 1986, p. 28 ss.). Cada vez mais são os preceitos que não apenas buscam proteger ou garantir mediante normas proibitivas as regras "espontâneas" do jogo social e, desdobrando uma lógica normativa nova, procuram fomentar, promover e assegurar certos valores e interesses sociais mediante o estabelecimento de obrigações para os poderes públicos e a legalização das relações sociais (2007, p. 8).

Citando Nonet & Selznick, Calvo Garcia vai afirmar que esse modelo, caracterizado pela orientação substantiva do Direito para fins regulativos e resultados práticos (*responsive Law*), iria se diferenciar dos dois modelos anteriores — o Direito "repressivo", característico do início da modernidade, e o Direito "autônomo", apoiado no princípio da legalidade e no formalismo jurídico —, configurando-se como um novo paradigma evolutivo. Por outro lado, uma das consequências desse fenômeno é que, no âmbito dos mecanismos institucionais de controle social de comportamentos (sistemas jurídicos de controle), além da ampliação dos mecanismos penais ou sancionadores tradicionais, são acrescidos mecanismos de intervenção preventiva, buscando atuar sobre as causas geradoras de riscos sociais. Nas palavras de Calvo Garcia,

> as políticas de segurança atuais seguem conservando ou, dizendo de outra forma, ampliando os pressupostos do sistema de controle tradicional. Mas também avançam consideravelmente no desdobramento de novos instrumentos regulativos de controle, positivo e negativo, vinculados a uma lógica de intervenção preventiva que se articula sobre definições difusas de situações de "risco" para a ordem social e a segurança cidadã.

O endurecimento ou a ampliação dos espaços de controle tradicional costuma apoiar-se em situações de alarme social — reais ou fictícias —, nas quais obtém sua fonte de legitimação. No caso espanhol, inicialmente, foi o terrorismo. Posteriormente, a droga e as políticas de imigração jogaram um papel equivalente na construção de "riscos sociais" orientados a legitimar o endurecimento das políticas de segurança e controle social que, pouco a pouco, tendem a se generalizar e a se separar das causas que justificaram seu excepcional desdobramento (2007, p. 11).

Essa nova forma de racionalidade jurídica substantiva implica mudanças importantes nas dinâmicas jurídicas, com uma clara tendência de encaminhamento dos conflitos judicializados para o âmbito de um Direito administrativo e o deslocamento da dinâmica jurídica adjudicatória para a realização de políticas regulativas, introduzindo no sistema jurídico a flexibilidade característica das formas modernas de organização, com o enfraquecimento da autoridade e da rigidez formal das normas em favor de um incremento da discricionariedade e da abertura do Direito para todo tipo de pressões sociais e políticas e a critérios de oportunidade. No âmbito penal, a dissolução da autonomia do campo jurídico, a confusão dos âmbitos do Direito privado e do Direito público ou a perda de generalidade das normas jurídicas vêm acompanhadas de processos que preocupam, pois colocam sobre a mesa o enfraquecimento das garantias individuais e coletivas, e acentuam as diferentes intensidades de aplicação do Direito no Brasil (Sinhoretto, 2010, pp. 109-124).

Fato é que todas essas tendências e desafios dizem respeito à necessidade de uma revolução democrática da Justiça no Brasil, que redirecione a estrutura e os esforços de milhares de operadores dos sistemas de segurança pública e Justiça Criminal para objetivos diversos do foco, até agora direcionado para a "manutenção da ordem pública". Uma estrutura policial profissionalizada e capaz de estabelecer vínculos com a comunidade e atuar na resolução de conflitos cotidianos, além de realizar a investigação e a repressão qualificada da criminalidade violenta, e um sistema de Justiça capaz de colocar-se perante a sociedade enquanto um canal legítimo e adequado para a mediação dos conflitos sociais, produzindo decisões judiciais mais próximas de critérios universais de justiça e incorporando a moderna doutrina penal constitucional ao cotidiano das salas de audiência, são exigências colocadas para que possamos avançar no sentido da redução da violência e da garantia da segurança pública no Brasil.

## Referências bibliográficas

ALSTON, Philip. "Relatório do relator especial sobre execuções extrajudiciais, sumárias ou arbitrárias, em 14/05/2008". Disponível em www.nevusp.org/downloads/relatoriophilip.doc, acesso em 15/01/2009.

CALVO GARCÍA, Manuel. *Transformações do Estado e do Direito*. Porto Alegre: Dom Quixote, 2007.

CAMPOS, Marcelo da Silveira. *Crime e Congresso Nacional: uma análise da política criminal aprovada de 1989 a 2006*. São Paulo: IBCCRIM, 2010.

COHEN, Stanley. *Visions of Social Control*. Cambridge: Polity Press, 1985.

KANT DE LIMA, Roberto. "Espaço público, sistemas de controle social e práticas policiais: o caso brasileiro em uma perspectiva comparada". In: NOVAES, Regina. (org.). *Direitos Humanos: Temas e Perspectivas*. Rio de Janeiro: Mauad, 2001.

_____. "Carnavais, malandros e heróis: o dilema brasileiro do espaço público". In: GOMES, Laura Grasiela; BARBOSA, Lívia; DRUMMOND, José Augusto (orgs.). *O Brasil não é para principiantes*. Rio de Janeiro: FGV Editora, 2000.

MATTHEWS, Roger. *Pagando tiempo: una introducción a la Sociología del Encarcelamiento*. Barcelona: Bellaterra, 2003.

O'DONNELL, Guillermo. "Poliarquias e a (in)efetividade da lei na América Latina: uma conclusão parcial". In: MÉNDEZ, Juan; O'DONNELL, Guillermo; PINHEIRO, Paulo Sérgio (orgs.). *Democracia, violência e injustiça — o Não Estado de Direito na América Latina*. São Paulo: Paz e Terra, 2000.

SINHORETTO, Jacqueline. "Campo estatal de administração de conflitos: múltiplas intensidades da Justiça". In: Anuário Antropológico 2009 II, Tempo Brasileiro, pp. 109-124, dezembro de 2010.

VARELA, Thiago. "Violência policial é problema crônico no Brasil". Disponível em http://noticias.uol.com.br/ultnot/internacional/2009/01/14/ult1859u587.jhtm, acesso em 14/01/2009.

VASCONCELLOS, Fernanda Bestetti de; AZEVEDO, Rodrigo Ghiringhelli de. "A prisão preventiva como mecanismo de controle punitivo: análise das decisões do TJ-RS nos anos de 2005 e 2006". In: Anais do 32º Encontro Anual da Anpocs, Caxambu-MG, 2008.

VILHENA, Oscar. *A desigualdade e a subversão do Estado de Direito*. In: *Revista SUR*, n° 6, ano 4, 2007.

WAISELFISZ, Julio Jacobo. "Mapa das mortes por violência". In: *Revista de Estudos Avançados* n° 21 (61), pp. 119-138, 2007.

ZALUAR, Alba. "Democratização inacabada: fracasso da segurança pública". In: *Revista de Estudos Avançados*. av., vol. 21, n° 61, São Paulo, set./dez. 2007.

# Justiça Criminal e política de segurança no Brasil
*Letícia Godinho*

Recentemente, criminólogos têm chamado a atenção para o fato de que a política de segurança e as estratégias penais a ela associadas, bem como as teorias que as sustentam, têm se revestido de um aspecto crescentemente punitivo, repressivo e discriminatório. Wacquant identifica a substituição do Estado Social por um Estado Penal, enquanto Jock Young identifica um movimento de transição de um "paradigma includente" a um "paradigma excludente". Garland aponta para o crescimento de uma "cultura do controle", na qual se observa uma crescente atenção sobre categorias de pessoas consideradas "potencialmente perigosas" (Wacquant, 2001; Young, 2002; Garland, 2001). Essa nova orientação seria, em tese, oposta ao legado utópico da modernidade; decorreria tanto das mudanças ocorridas na modernidade tardia quanto constituiria uma resposta ao novo perfil da violência característico da contemporaneidade (Tavares dos Santos, 2005; Wieviorka, 2005). De todo modo, sob um estado em que a mídia de massa institucionaliza a "experiência da criminalidade", fornecendo as bases simbólicas para as percepções da insegurança social e para as pretensões punitivas do sistema político, o debate ainda se encontra longe de se distanciar da metáfora da "guerra contra o crime".

Paralelamente, uma série de estratégias, a princípio de bases contrárias às anteriormente descritas, tem buscado se constituir em formas alternativas de contenção da violência e da criminalidade, compatíveis com o Estado Democrático de Direito e com a afirmação dos valores republicanos. Entender essas duas orientações, a "punitiva" e a "cidadã", concorrentes nos campos da Justiça Criminal e da segurança pública contemporânea — incluindo a brasileira — é crucial para se avançar no debate acerca da Justiça de suas práticas e instituições. Embora todas as análises que busquem realizar um balanço sobre a política pública de segurança e a Justiça Criminal no Brasil desde a redemocratização reconheçam a existência de muitos limites e contradições, os quais ainda persistem contemporaneamente, poucas aprofundaram o argumento de que eles derivam, em grande parte, de seu percurso histórico.

Neste pequeno texto, buscamos seguir essa tese. Abordar historicamente os discursos sobre a Justiça Criminal e a segurança pública traz a importante vantagem de inserir o tema na problemática mais geral da teorização e organização da sociedade nacional. Constrói-se, com isso, um objeto de estudo privilegiado, à medida que as próprias política de segurança e Justiça Criminal passam a ser captadas não apenas como resposta a dados perfis de violência e criminalidade, mas também como representações sociais (Da Matta, 1993). Buscando entender a relação da política com as ideias de seu tempo e tentando desvelar as percepções sobre a ordem pública, o sentido da punição que orienta as práticas desse sistema e seu impacto no longo processo de republicanização do país, essa abordagem ajuda a compreender a ligação entre as referidas práticas e a institucionalização, a universalização e a ampliação dos direitos e da cidadania na sociedade brasileira.

Embora essa componha uma agenda de pesquisa ambiciosa, aqui nos focamos, em linhas bastante gerais, em um dos aspectos persistentes dessa trajetória histórica — a ausência da participação das camadas populares na disputa pelo significado da política. Sempre houve uma visão generalizada por parte das elites políticas, econômicas e institucionais, que figuraram como protagonistas das diferentes definições de ordem pública que fundamentaram as estratégias nesse campo, de que os setores populares não se constituem atores relevantes do campo ou que a participação popular representa, ao contrário, um risco para a política. A despeito de sua permanência ao longo do tempo, essa crença decerto não permanece estanque durante todo o percurso histórico, associando-se a diferentes ideias, conceitos e discursos que se intercambiam em diferentes momentos, constituindo a base para a discussão e formulação da política de segurança.

Assim é que essa crença se reveste de diferentes formas ao longo do tempo: ora ela é consequência da ausência de certos grupos do conjunto da cidadania, ora se expressa enquanto necessidade de "ajuste moral" por parte de certos grupos; é justificada, outrossim, com base no inimigo interno que põe em risco a "segurança nacional"; ou então apela, finalmente, para o fato de o cidadão comum não possuir a *expertise* necessária à compreensão dos complexos temas em jogo.

Quando, ainda no século XIX, o Brasil pós-independente abraça a agenda da reforma penal, assumindo a questão da segurança como objeto de intervenção estatal, essa orientação elitista está presente e não é vista como incompatível com o ideário liberal que inspira esse paradigma. Lembremos que, no contexto internacional, o paradigma da reforma penal acompanha o movimento de republicanização dos Estados que o adotam e designa um conjunto de ideias inspiradas nas tradições liberais europeias e norte-americanas orientadas à reforma dos sistemas penais herdados dos períodos medieval e colonial. Seu objetivo é, pois, "modernizá-los, humanizá-los e racionalizá-los"; orientar os Estados que o adotam, incluindo o brasileiro, a produzir um serviço de segurança "moderno" e realizar sua justa distribuição na sociedade.

Contudo, assim como o liberalismo europeu e o norte-americano, também o brasileiro se constituiu um liberalismo ambivalente, determinando muito das especificidades da reforma penal brasileira (cf., entre outros textos do mesmo autor, Kant de Lima, 1989). Em especial, revela-se em continuidade com a história colonial de opressão e controle das classes populares. O liberalismo da legislação do período, incluindo a Constituição do Império, o Código Penal de 1830 e o Código de Processo Criminal de 1832 não viam como contraditória a existência de tratamentos diferenciados para distintas classes de pessoas. Na prática, isso significou que, para os homens livres, o princípio subjacente à intervenção estatal era de "inspiração iluminista", seus objetivos sendo a exemplaridade e a correção moral. Aos escravos e, por extensão, aos "desclassificados" ou "não localizáveis", as penas tinham por objeto a intimidação e a aniquilação física (Koerner, 2006), características de um sistema de justiça inquisitorial; às mulheres, a manutenção de seu papel dentro da ordem patriarcal (Neder, 2000).

O viés de contenção das classes populares é ainda agravado pelas duas grandes ondas de revoltas, de caráter urbano-popular, ocorridas no período. A Guarda Nacional foi a força paramilitar que se transformou, progressivamente, na principal força pública com a qual o governo central contou para contenção dos motins urbanos (Uricoechea, 1978. Segundo Carvalho, seu contingente compreendia praticamente "toda a população masculina adulta livre e branca", excetuando-se apenas os homens livres pobres e os escravos — Carvalho, 1980). Reformas policiais também foram impulsionadas por ocasião da reforma penal, mas também elas se orientaram para a contenção das revoltas e, com a aproximação do fim do século, dos hábitos populares (Holloway, 1997). A concentração populacional, a precariedade da inserção social da população, a revolta popular nas grandes cidades e a consequente percepção de aumento da desorganização social alimentariam as pressões públicas pela "contenção da ordem". Ao longo da segunda metade do século XIX, há uma significativa ampliação da repressão, como o aumento das prisões em larga escala de "desordeiros, capoeiras, vadios, embriagados e de violadores do toque de recolher". Segundo Holloway, no ano de 1850, mais de um terço das pessoas detidas nas cadeias públicas eram escravos, ex-escravos ou negros livres.[1]

Essas práticas preparam o terreno para a consolidação de um novo momento, de conformação de uma política de segurança e Justiça Criminal baseada no Direito penal como forma de resolução da conflitualidade social. Trata-se da consolidação de um modelo orientado pelo objetivo da "defesa social", cuja preocupação com a discussão estritamente

---

[1] De acordo com Souza (2006), em 1875, apenas 38% das pessoas detidas pela polícia paulista foram encaminhadas para as casas de correção; desses, 60% eram escravos. (N. A.)

criminal problematizou mais amplamente as condições de manutenção da sociedade. Nas grandes metrópoles da época, Rio de Janeiro e São Paulo, a percepção desse problema é reforçada, vez que se somam os efeitos negativos do "avanço da civilização e do progresso" à herança da escravidão e da imigração desordenada, bem como aos costumes "inadequados" da maior parte da população. Se a questão social passa a compreender o problema criminal, ao mesmo tempo se difunde a compreensão de que a "questão social era questão de polícia", tal como preconizara Washington Luís (a respeito desse período histórico, ver Alvarez, 2003).

Mesmo algumas décadas após a Proclamação da República, contava-se ainda com uma população à margem do processo de constituição da cidadania, constituída basicamente por ex-escravos e descendentes e uma massa de homens pobres livres. A Constituição republicana de 1891, de inspiração "liberal", apoiou-se sobre o pacto oligárquico — cuja dinâmica é exemplar do modo como se mesclou o poder do Estado e do particular no governo do social — e permitiu a criação de forças militares estaduais, formando verdadeiros exércitos nos entes subnacionais. No ano de 1890, criava-se o Código Penal da Primeira República, primeiro estatuto do período republicano, promulgado antes mesmo da própria Constituição, dois anos depois da abolição da escravidão e 26 anos antes do Código Civil. A crítica lhe foi implacável, por conta de seu caráter "iluminista" e por esse não ter acompanhado a nova ciência criminológica em formação nos países centrais. Em vista dessas inúmeras críticas, numerosas leis penais extravagantes foram criadas para suprir as "falhas" — levando a que, durante todo o período da República oligárquica e até a criação do novo Código de 1940, o quadro jurídico penal fosse de grande instabilidade, acarretando um vasto prejuízo para o princípio da legalidade e para o funcionamento do regime republicano.

A criminologia positivista da época, que se consolida no Brasil no discurso da "nova escola penal", se tornara conhecida e difundida, dentre outros aspectos, por preconizar o caráter preventivo da intervenção penal. Coloca-se, assim, a necessidade do Estado de estabelecer mecanismos institucionais capazes de intervir sobre — e, se possível, recuperar — os "moralmente anormais". A partir dessa orientação, desenvolvem-se teorias pretensamente científicas que justificam a hierarquização dos indivíduos a partir de estereótipos ligados ao gênero, à classe e, em especial, à raça. Em um contexto pós-abolição, essa discussão protocientífica sobre "raças desejáveis e indesejáveis", além de reforçar o controle da população não branca, criou critérios explícitos de reconhecimento de indivíduos inferiores e superiores por parte da Justiça pública.

Esse momento contempla também outra dimensão da ação penal, voltada para os bairros operários, que, ao mesmo tempo, também passavam por políticas higienistas. O surgimento desses novos focos de movimentos populares promove um gradual deslocamento da perspectiva do sistema: do controle da conduta dos escravos e pobres livres que migravam para o contexto urbano (os "vadios" sem emprego fixo), passando pelos imigrantes estrangeiros ("anarquistas") à população operária. É sobre essa população que se sustenta, mais do que nunca e não sem ambiguidades, o papel protetor e tutelar do Estado diante da questão social e do problema criminal. A grande ambiguidade em torno dos conceitos da "prevenção" ao crime e da "defesa social", a partir do pano de fundo da criminologia positivista, deu ainda sustentação a uma explícita seletividade por parte do sistema de Justiça, que se iniciava já e principalmente em sua ponta, a atuação policial. Dados levantados por algumas pesquisas evidenciam como certos grupos eram, certamente, mais "policializáveis" que outros.[2]

A partir de 1964, a esses princípios sobrepõem-se os da recém-criada "doutrina de segurança nacional". Embora orientada a um "novo" problema, o de um suposto inimigo interno pronto a colocar em risco a segurança nacional, ela começa, paulatinamente, a corromper também as

---

[2]Em levantamento de Souza (2006), o maior número de ocorrências policiais compreendiam anarquistas, ex-escravos, trabalhadores ocasionais, bêbados, prostitutas e pessoas em situação social precária. Fausto (1984) aponta que, no ano de 1899, metade dos detidos pela polícia paulista eram classificados como "italianos". O historiador ainda calcula que o coeficiente médio das prisões durante a Primeira República, na cidade de São Paulo, esteve em torno de 310 por 10.000 habitantes — revelando que a atividade policial nessa cidade foi, de longe, mais intensa do que em Londres (100 a 180 por 10.000).

práticas do sistema de Justiça e segurança orientadas ao enfrentamento do "crime comum".

O movimento de 31 de março de 1964 fora lançado, aparentemente, para "livrar o país da corrupção e do comunismo e restaurar a democracia". As Forças Armadas, nesse contexto, impuseram-se um papel permanente e ativo, tendo por objetivo derrotar o inimigo da "guerra revolucionária", garantindo a segurança e o desenvolvimento da nação. Nascia a "doutrina da segurança nacional" e, pela primeira vez, os militares assumiam o poder com a perspectiva de ali permanecer, instaurando um regime autoritário. O novo regime começou a mudar as instituições do país através dos chamados atos institucionais; já em 1964, o AI-1 suspendeu as imunidades parlamentares, cassou mandatos e suspendeu direitos políticos; eliminou ainda as garantias de vitaliciedade e estabilidade dos servidores públicos (para facilitar seu expurgo); criou também as bases para a instalação dos inquéritos policial-militares (IPMs), a que ficaram sujeitos os responsáveis pela "prática de crime contra o Estado ou seu patrimônio, contra a ordem social e política, ou por atos de guerra revolucionária". Desencadearam-se perseguições aos adversários do regime, envolvendo prisões e torturas, principalmente de estudantes, dirigentes sindicais e integrantes das ligas camponesas. Um clima de medo foi gradativamente se instalando no país, exacerbado com a criação do Serviço Nacional de Informações (SNI), com o objetivo de "coletar e analisar informações pertinentes à Segurança Nacional, à contrainformação e à informação sobre questões de subversão interna". Em 1968, foi decretado o AI-5, em resposta ao crescimento da mobilização social; sem prazo de vigência, o ato estabeleceu a censura aos meios de comunicação; criou a pena de banimento do território nacional, aplicável a todo brasileiro que "se tornasse inconveniente, nocivo ou perigoso à Segurança Nacional"; a tortura passou a fazer parte integrante dos métodos do governo; e estabeleceu-se a pena de morte para casos de "guerra subversiva" — que nunca foi aplicada formalmente, preferindo-se as execuções sumárias ou no correr das torturas.

Nos anos mais repressivos desse período, os grupos armados urbanos chegaram praticamente a desaparecer como resultado da eficácia da repressão, que teve por alvos os ativistas da luta armada e seus simpatizantes. Mas as atrocidades do regime não se concentram apenas sobre os "crimes políticos", estendendo-se também sobre a criminalidade "comum". Nos estados, as chefias de polícia ganham poderes equivalentes aos de ministros, criando órgãos com carta branca para "caçar marginais onde quer que estivessem". Torna-se especialmente conhecido o Serviço de Diligências Especiais (SDE) do Rio de Janeiro, cujos integrantes possuíam autonomia para investigar, julgar e condenar supostos criminosos. Na prática, a polícia instaurou a pena de morte, com o aval de políticos, de boa parte da população civil e da imprensa. O SDE possuía uma força de elite com o objetivo de "limpar" a cidade, grupo composto por doze homens, que ficariam conhecidos como o "Esquadrão da Morte".[3]

O processo de abertura política, iniciado em 1978, foi "lento, gradual e seguro", como bem o definiu o general Geisel; foi controlado, evitando que a oposição chegasse muito cedo ao poder. A partir de 1979, o AI-5 deixou de ter vigência e a tortura nas dependências do DOI-CODI cessou, mas as violências não terminaram. A Lei da Anistia, que foi um passo importante na ampliação das liberdades públicas, fez, ao mesmo tempo, uma importante concessão à "linha dura".

No primeiro governo posterior à redemocratização, o foco político se concentrou na revogação de leis que vinham do regime militar e na eleição de uma Assembleia Constituinte. Reconheceram-se as liberdades públicas, mas não se cortaram todos os elos com o passado. A nova Constituição de 1988 pôs fim aos últimos vestígios *formais* do regime autoritário, mas o processo de transição não colocou na agenda problemas que iam muito além da garantia de direitos políticos. Para muitos autores, o fato de que tenha havido um aparente acordo geral pela democracia facilitou a continuidade de práticas contrárias a uma verdadeira democracia. A desigualdade, a ausência de instituições estatais

---

[3] Sivuca, deputado conhecido pelo bordão "bandido bom é bandido morto", foi um dos primeiros integrantes selecionados. Segundo o próprio Sivuca, "o grupo foi criado para acalmar a imprensa e dar satisfação à sociedade" (ver Ventura, 1995). (N. A.)

confiáveis e abertas aos cidadãos, a corrupção e a questão da segurança pública não foram enfrentadas nesse momento crucial.

A frustração decorrente das expectativas de que a redemocratização iria reverter o amplo quadro de injustiças sobreviventes somou-se aos problemas aflorados na década de 1980 no âmbito da segurança. É nessa década que a criminalidade violenta inicia um aumento progressivo, que somente irá se interromper em meados dos anos 2000.[4] Soma-se a isso o "esquecimento" com relação às instituições policiais, em meio a um processo de transição política em que as instituições e os procedimentos públicos foram revistos. Em certa medida, esse esquecimento foi funcional à perpetuação do modelo de controle da população defendido pelos setores conservadores. A polícia continuou organizada para defender o Estado e não os cidadãos. Ao mesmo tempo, as práticas de violência arbitrária contra pobres e negros, a tortura, a extorsão, a humilhação cotidiana e a ineficácia no enfrentamento do crime continuam sendo reproduzidas por essas organizações.

Se há, por um lado, após a Constituição, uma tentativa de se superarem as práticas derivadas da noção de segurança nacional, substituindo-a pela ideia de "segurança pública", por outro, mantêm-se as mesmas estruturas para os aparatos de segurança e Justiça Criminal desenhadas pelo regime militar, herdeiras de uma política pautada em um Direito penal total. Trata-se daquilo que Dias Neto (2005) caracteriza como a redução da política de segurança à intervenção penal e na qual predomina um ponto de vista de criminalização na interpretação dos conflitos sociais. O próprio termo que passou a ser utilizado no Brasil posteriormente à redemocratização, "segurança pública", é distinto do termo "segurança cidadã", mais comum nos demais países da América Latina. Esse estranhamento é revelador da continuidade sublinhada neste texto: o fato

---

[4] Desde o ano de 1980 ocorreram praticamente um milhão de assassinatos no Brasil. O crescimento médio anual desse número, que possui uma regularidade espantosa, foi de 5,6% (Cerqueira et al., 2005). Em 1980, ocorreram 13.877 homicídios (taxa de 11,7 por 100 mil habitantes), em contraposição a 2003, ano que atingiu o pico no número de pessoas assassinadas, 51.043 (taxa de 31,2 por 100 mil habitantes). Em 2007 (último ano disponível, segundo o SIM/SUS), ocorreram 47.707 assassinatos (taxa de 26,5).

de ainda haver uma notável dissociação entre as noções de cidadania e segurança, como se se tratasse de dois temas diversos ou, não raras vezes, opostos e inconciliáveis (Cano, 2006).

Alguns trabalhos realizam um balanço das políticas de segurança no Brasil a partir do processo de abertura política e redemocratização, reconhecendo a persistência, após mais de duas décadas, de inúmeros entraves e contradições. Ainda se mata e se morre muito no Brasil; praticamente nos transformamos em uma sociedade pautada por uma sociabilidade violenta (Machado da Silva, 2004). A redução da criminalidade violenta em geral, observada na última década, parece ter beneficiado majoritariamente a população branca, visto que continua crescendo a vitimização entre negros e pardos. O enfrentamento da violência doméstica somente há pouco adentrou o debate público, não sem grandes tensões; praticamente não há estratégias (eficazes) orientadas ao enfrentamento do crime organizado, cuja atuação, sabemos, faz vítimas principalmente dentre a população mais vulnerável. Esses tantos e outros problemas que podem ser elencados mantêm a segurança pública e a Justiça Criminal no centro da agenda social e política.

Por outro lado, muitas inovações instituídas desde fins da década de 1990 já conseguiram operar algumas rupturas significativas. Foram criados planos nacionais e estaduais com o objetivo de induzir reformas importantes, havendo um esforço tanto por parte da própria União quanto de alguns estados no sentido de organizar seus sistemas e a própria política pública, dotando-a de planejamento e possibilidades de avaliação; nesse contexto, destaca-se uma busca significativa por melhorar a produção e a gestão das informações, imprescindíveis para sua *accountability*. Criaram-se programas orientados à prevenção da criminalidade, paralelamente às tradicionais medidas repressivas, boa parte devido à entrada dos municípios no cenário da segurança pública; buscou-se melhorar a formação policial, a partir do viés dos direitos humanos, e implementar formas de controle das polícias. No plano da Justiça Criminal, há importantes iniciativas de mediação de conflitos e construção de arenas judiciais com o escopo de ampliar o acesso à Justiça, como os juizados especiais criminais e a implementação de penas alternativas, que tentam romper com uma penalogia da "incapacitação". Por fim, não se pode deixar de dizer que esses avanços foram em muito determinados pelo avanço da própria produção acadêmica nas duas últimas décadas, podendo-se afirmar que o conhecimento acumulado hoje no Brasil constitui uma das principais ferramentas de desvelamento desse poder — que historicamente operou de maneira opaca e voltada à criminalização, à produção de hierarquizações e desigualdades — em direção à construção de alternativas societais e republicanas.[5]

Nesse contexto, um importante movimento se observa, orientado especialmente à participação da população, colocada como central em um paradigma de "segurança cidadã", que se busca implementar principalmente a partir dos anos 2000. Nessa perspectiva, a violência é percebida como um dos fatores que ameaçam o pleno gozo da cidadania. Ganham ênfase as ações preventivas locais, deliberadas e implementadas em conjunto com a população, governos e (em grande parte) polícias, com os seguintes objetivos, entre outros: criar novas formas de relacionamento entre essas instituições e seu público e romper a histórica apartação existente entre os órgãos de segurança e justiça e os setores populares; conferir maior legitimidade à política e criar respostas mais adequadas frente ao aumento da criminalidade e da insegurança.[6] Certamente também não é esse um fenômeno que alcança todo o Brasil e todos os territórios, não se tratando, ainda, de uma visão compartilhada e introjetada por todos os atores. Mas constitui uma dimensão crucial para a construção de uma cultura cidadã, de respeito às normas de convivência e de resolução pacífica e negociada dos conflitos sociais,

---

[5] Dentre os excelentes textos que elaboram balanços da política bem como do campo da segurança pública, destacam-se: Adorno (1999); Kant de Lima, Misse & Miranda (2000); Lima (2010); Adorno & Barreira (2010). (N. A.)

[6] Entra em cena o que se denomina "metodologia de resolução de problemas", em que os cidadãos elegem e deliberam sobre os problemas que julgam importantes para a prevenção da violência. A *expertise* necessária à sua solução passa a ser entendida como um processo dialógico, constituído pelas posições práticas dos diferentes atores sociais e estatais, em um processo que se afina com os princípios da democracia deliberativa e é compatível com a lógica das instituições participativas. (N. A.)

fundamental para o alcance de maior justiça na distribuição do direito à segurança, de maior justiça em suas práticas e de um acesso mais justo ao sistema de Justiça Criminal.

## Referências bibliográficas

ADORNO, S. "A criminalidade urbana violenta no Brasil: um recorte temático". In: *BIB*, nº 35. Rio de Janeiro, 1993.

_____;BARREIRA, C. "A violência na sociedade brasileira". In: MARTINS e MARTINS (orgs.). *Horizontes das Ciências Sociais no Brasil: Sociologia*. São Paulo: Anpocs, 2010.

ALVAREZ, M. *Bacharéis, criminologistas e juristas; saber jurídico e Nova Escola Penal no Brasil*. São Paulo: Método, 2003.

CANO, I. "Políticas de segurança pública no Brasil". In: *SUR*, nº 5. São Paulo, 2006.

CARVALHO, J. M. *A construção da ordem: a elite política imperial*. Rio de Janeiro: Campus, 1980.

DA MATTA, R. *Os discursos da violência no Brasil*. Rio de Janeiro: Rocco, 1993.

DIAS NETO, T. *Segurança urbana: o modelo da nova prevenção*. São Paulo: Editora Revista dos Tribunais, 2005.

FAUSTO, Boris. *Crime e cotidiano. A criminalidade em São Paulo. 1880-1924*. São Paulo: Brasiliense, 1984.

GARLAND, D. *The Culture of Control: Crime and Social Order in Contemporary Society*. Chicago: The University of Chicago Press, 2001.

HOLLOWAY, T. *Polícia no Rio de Janeiro — repressão e resistência numa cidade do século XIX*. Rio de Janeiro: Editora Fundação Getulio Vargas. 1997.

KANT DE LIMA, R. "Cultura jurídica e práticas policiais: a tradição inquisitorial". In: *Revista Brasileira de Ciências Sociais*, nº 10 (04), São Paulo, 1989.

MISSE, Michel; MIRANDA, Ana Paula Mendes. "Violência, criminalidade, segurança pública e justiça criminal no Brasil: uma bibliografia". In: *BIB*, nº 50, 2000.

KOERNER, A. "O impossível tropical-escravista: práticas prisionais, disciplina escravista e discurso penal no Brasil do século XIX". In: *Lua Nova*, nº 68, 2006.

LIMA, R. S. "Mapeamento das conexões teóricas e metodológicas da produção acadêmica brasileira". São Paulo: FBSP, 2008.

MACHADO DA SILVA, Luiz Antonio. "Sociabilidade violenta: por uma interpretação da criminalidade contemporânea no Brasil urbano". In: *Sociedade e Estado*, vol. 19, nº 1. Brasília: jan./jun., 2004.

NEDER, G. *Iluminismo jurídico-penal luso-brasileiro: obediência e submissão.* Rio de Janeiro: Freitas Bastos. ICC, 2000.

SOUZA, L. A. F. *Polícia, poder de polícia e criminalidade numa perspectiva histórica.* In: KOERNER (org.). *História da Justiça Penal no Brasil.* São Paulo: Ibccrim, 2006.

TAVARES DOS SANTOS, José Vicente. "Violências e dilemas do controle social nas sociedades da 'modernidade tardia'". In: *São Paulo em Perspectiva*, n° 18 (1), 2004.

URICOECHEA, F. *O minotauro imperial.* São Paulo, Difel, 1978.

WACQUANT, L. *Os condenados da cidade: estudo sobre marginalidade avançada.* Rio de Janeiro: Revan, 2001.

WIEVIORKA, M. *La Violence.* Paris: Hachette Littérature, 2005.

YOUNG, J. *Crime and Social Exclusion.* Nova York: Oxford University Press, 2002.

ZALUAR, Alba. "Um debate disperso; violência e crime no Brasil da redemocratização". In: *São Paulo em Perspectiva*, n° 13 (3), 1999.

# Defensorias Públicas

*Marjorie Corrêa Marona*

As transformações de ordem política, econômica e social pelas quais as sociedades ocidentais têm passado nas últimas décadas pressionam o sistema judiciário a aceitar novos desafios e assumir novas funções. De fato, o Poder Judiciário tem sido frequentemente invocado para garantir os direitos previstos constitucionalmente, mas não assegurados pelo poder público, dando origem a um fenômeno que se convencionou chamar de "judicialização da política", e que é tomado aqui como o movimento de expansão do sistema judiciário, o fortalecimento de suas instituições e a consequente inserção de seus agentes jurídicos nas esferas do político e do social.

Nesse cenário, o acesso aos tribunais se torna tema relevante, posto que é condição para que o cidadão pleiteie seus direitos por essa via. Para tanto, não raro são necessárias transformações no sistema judiciário que ampliem sua eficiência e qualidade, e que, fundamentalmente, contribuam na sua renovação democrática no sentido de melhor responder aos desafios da sociedade e às expectativas dos cidadãos; mas isso não é tudo. A Defensoria Pública se apresenta, nesse contexto, como a instituição que tem por missão propiciar ao cidadão necessitado, individual ou coletivamente, o acesso à resolução de seus conflitos pela via judicial.

Embora as legislações que, atualmente, tratam da Defensoria Pública continuem a usar a expressão "necessitado" para designar a clientela dessa instituição, não se pode considerar apenas a situação financeira do indivíduo. Nos dias atuais, a ideia de "necessitado" tende a abandonar o conceito individualizado e transpor-se ao terreno da coletividade, onde os indivíduos devem ser encarados como membros de setores postos, muitas vezes à margem da sociedade, de modo que se amplia o conceito para englobar os grupos que são historicamente marginalizados, tais como os sem-terra, os sem-casa, os favelados, os presos, os ex-presidiários, os homossexuais, as prostitutas, os negros, os menores abandonados, os menores infratores, os economicamente fracos, os desempregados, os aposentados, os idosos, os índios, enfim, todos esses que carregam sobre os ombros uma carga de preconceito e sofrem com toda forma de exclusão social.

Essa mais ampla compreensão do termo "necessitado" se faz imprescindível para que a Defensoria Pública, verdadeiramente, atue como a intermediária entre o poder público, o indivíduo e os grupos sociais, capacitando os despossuídos e excluídos a pleitearem seus direitos fundamentais perante os órgãos competentes e a sociedade. Desse modo, a Defensoria Pública é uma instituição fundamental para a promoção e democratização do acesso à Justiça, pois promove não apenas a defesa judicial dos financeiramente hipossuficientes, permitindo que os mais pobres e excluídos tenham acesso aos tribunais, contribuindo também para a emancipação social do povo.

Evidentemente que o acesso à Justiça não se resume à possibilidade de utilização dos tribunais para a resolução do conflito social, representando antes um horizonte muito mais vasto, a vislumbrar uma sociedade mais justa e igualitária. Contudo, o fortalecimento das instituições que compõem o sistema judiciário e, em especial, da Defensoria Pública, é sem dúvida uma diretriz fundamental a ser inscrita em qualquer agenda política comprometida com a promoção e a democratização do acesso à Justiça.

Embora a ideia de uma Defensoria Pública como instituição organizada seja, de certa forma, recente, a consciência de que aos necessitados deve-se garantir o acesso à Justiça e o direito à igualdade, ainda que formal, remonta a tempos mais antigos. Já em Atenas, na Grécia antiga, eram designados anualmente dez advogados para defender os menos favorecidos economicamente diante dos tribunais civis e criminais. Do mesmo modo, em Roma, existiam diversos dispositivos legais que resguardavam os direitos dos mais pobres, sendo diretriz de governo garantir que os cidadãos mantivessem entre si uma certa igualdade perante a lei. No decorrer dos séculos XVIII e XIX, com a formação dos Estados liberais, se positivou, através da Declaração de Direitos do Estado da Virgínia (EUA), em 1776, e da Declaração dos Direitos do Homem e do Cidadão (França), em 1789, o princípio de "direito natural", segundo o qual todos são iguais perante a lei, fundamento da assistência judiciária pública, erigida como dever do Estado.

O mais amplo interesse acerca da efetivação do acesso à Justiça, no quadro em que se insere a institucionalização da Defensoria Pública, resultou, no mundo ocidental, em três ondas de desenvolvimento, iniciadas em 1965, conforme nos ensina Cappelletti (1988): a primeira consistiu na assistência judiciária; a segunda moveu-se em direção à representação jurídica dos interesses difusos e coletivos; e a terceira "centra sua atenção no conjunto geral de instituições e mecanismos, pessoas e procedimentos utilizados para processar e mesmo prevenir disputas nas sociedades modernas" (Cappelletti, 1988, pp. 67-68).

No Brasil, os mais recentes esforços de democratização do acesso à Justiça redundaram, em termos normativos, na promulgação da Emenda Constitucional nº 45, de 2004, genericamente conhecida como Emenda da Reforma do Judiciário. Contudo, longe de propor mudanças no sistema judiciário apenas, essa emenda visou ao fortalecimento institucional de todo o sistema formal de Justiça, possibilitando, em particular, a reestruturação da Defensoria Pública no Brasil, que viria a se completar através da revisão da Lei Orgânica da Defensoria Pública, em 2009.

Em verdade, a evolução da Assistência Judiciária no Brasil, na qual se insere o movimento de institucionalização da Defensoria Pública, acompanha o desenvolvimento mais genérico de ampliação e democratização do acesso à Justiça, nos termos propostos por Cappelletti (1988). Embora as raízes do instituto da assistência jurídica gratuita se encontrem, ainda, nas Ordenações Filipinas (1603), apenas com a proclamação da República surgiram as primeiras regulamentações sobre o patrocínio oficial da assistência judiciária pelo Estado.

De fato, antes da Proclamação da República o ônus da assistência judiciária aos pobres recaía sobre a classe de advogados organizados em torno do Instituto dos Advogados, que acabou por exercer importante papel de catalisador de forças a obrigar o primeiro governo republicano a legislar sobre a assistência judiciária. A primeira Constituição republicana, de 24 de fevereiro de 1891, não elevou a assistência judiciária gratuita à matéria constitucional, mantendo-se omissa sobre o assunto, embora houvesse alusão constitucional a uma plena defesa, que deveria realizar-se com todos os recursos e meios essenciais a ela (CF/1891, art. 72, § 16). Em 1897, finalmente, uma legislação infraconstitucional veio a organizar a assistência judiciária no Distrito Federal (no Rio de Janeiro, à época), a qual serviu de exemplo para algumas outras unidades da federação, tais como Rio Grande do Sul, São Paulo, Minas Gerais e Bahia.

Em 1930 criou-se a Ordem dos Advogados do Brasil, que, a exemplo do que havia ocorrido com o Instituto dos Advogados, assumiu o patrocínio dos necessitados como uma obrigação profissional, agora sujeitando o infrator à pena de multa.

Seguindo o modelo condizente com os primeiros esforços na efetivação de acesso à Justiça, a assistência judiciária se organizou no Brasil com o objetivo de proporcionar serviços jurídicos para os pobres. Embora louvável, uma vez que o auxílio de um advogado é essencial para se acessarem as complexidades da liturgia jurídica, a iniciativa é limita, pois fortemente dependente dos serviços prestados por advogados particulares, sem remuneração ou com parca remuneração dos cofres públicos. As consequências desse sistema são nefastas, já que, em economias de mercado, os advogados, particularmente os mais experientes e altamente competentes, tendem a devotar a maior parte de seu tempo ao trabalho remunerado, em detrimento da assistência judiciária gratuita. Pela mesma razão, não raro os adeptos do programa fixaram estritos limites de habilitação para quem desejasse gozar do benefício.

Ademais, cabia ao usuário reconhecer a causa e procurar auxílio, de modo que esse modelo não encoraja nem permite que o profissional auxilie os pobres a compreenderem seus direitos e identificarem as áreas em que podem se valer de remédios jurídicos. Mais importante: tal modelo trata os pobres na perspectiva individual, negligenciando sua situação como classe ou sua identidade de grupo, não estando preparado para transcender as soluções individuais. Por fim, malgrado a previsão da possibilidade de assistência jurídica prévia, isto é, antes do litígio judicial, na prática a atuação concentrava-se na assistência judiciária, ou seja, nas situações que se desenrolavam perante o tribunal.

A prestação da assistência judiciária tornou-se matéria constitucional no Brasil a partir da Carta Política de 1934, que a incluiu entre os direitos e garantias individuais dos cidadãos (art. 113), trazendo à assistência judiciária importantes inovações, tais como: o estabelecimento da competência concorrente da União e dos estados-membros para a concessão desse préstimo; a criação de órgãos especiais e organizados com a finalidade dessa prestação; e a primeira alusão constitucional à Justiça gratuita, através da "isenção de emolumentos, custas, taxas e selos". Em 1935, cumprindo o que determinava a Constituição, em São Paulo foi criado o primeiro serviço governamental de assistência judiciária do Brasil. Esse órgão contava com advogados assalariados, pagos pelo poder público. Concomitantemente, a Ordem dos Advogados do Brasil permanecia, embora precariamente, prestando assistência judiciária gratuita nas demais unidades da federação, que não possuíam órgãos oficiais para tal fim.

Um novo avanço normativo foi realizado em 1950, com a publicação da Lei Federal nº 1.060, que condensou toda a legislação, antes dispersa, sobre o assunto. De grande importância, essa lei significou um avanço substancial nessa matéria, embora tenha confundido dois conceitos técnicos completamente diferentes: assistência judiciária e Justiça gratuita. É certo que por assistência judiciária devemos entender a faculdade legal concedida àquele com insuficiência de recursos de obter o apoio do poder público, em sua função jurisdicional, nos casos de violação de seus direitos; enquanto por Justiça gratuita, consequência da assistência judiciária, devemos compreender a isenção de custas, taxas, emolumentos e honorários aos "necessitados". A Lei nº 1.060/1950, ainda em vigor em relação à matéria que disciplina a concessão da Justiça gratuita, constituiu um substancial avanço especialmente por ampliar o rol de beneficiários da assistência judiciária, definindo o "necessitado" como "todo aquele cuja situação econômica não lhe permita pagar as custas do processo e os honorários de advogado, sem prejuízo do sustento próprio ou da família" (art. 2º, parágrafo único).

Então, a assistência judiciária foi estabelecida como um direito para todas as pessoas que se enquadrassem nos termos da lei, e advogados particulares eram pagos pelo Estado para proporcionar aos litigantes de baixa renda a mesma representação que teriam se pudessem pagar um advogado. Contudo, na maioria dos casos cabia ainda ao usuário reconhecer a causa e procurar auxílio.

É de se destacar que a preocupação em conscientizar as pessoas carentes de seus direitos, a facilitação do acesso aos escritórios de advocacia, a instauração de uma efetiva assistência jurídica (e não meramente judiciária), capaz de auxiliar os necessitados a reivindicarem seus direitos de modo mais eficiente, tanto dentro quanto fora dos tribunais, e a atuação focada nos problemas jurídicos dos pobres enquanto problemas coletivos, proporcionando não só a criação de novas correntes jurisprudenciais, mas também a transformação ou a reforma do Direito substantivo, foram ganhando espaço ao longo dos anos das décadas de 1970 e 1980 entre os profissionais da área jurídica e os movimentos sociais.

Ao longo dos anos da década de 1970, quatro defensorias foram instaladas, e entre os anos de 1980 e 1985 mais cinco defensorias entraram em funcionamento no Brasil. Até então, pode-se dizer que havia, no Brasil, tão somente o instituto da assistência judiciária como o direito do cidadão sem recursos de obter do Estado a tutela jurisdicional gratuita, o que em geral era assegurado por meio do trabalho de um advogado dativo, mas evoluindo no sentido de uma nova perspectiva de acesso à Justiça, que enfrentasse a questão dos direitos difusos e coletivos, foi que se avançou no sentido de construir um consenso acerca da necessidade de a nova Constituição Federal, que estava por vir, criar expressamente o tão reclamado órgão da Defensoria Pública.

Houve, em verdade, dois momentos em que várias defensorias entraram em funcionamento: entre os anos de 1980 e 1990 e, posteriormente, entre os anos de 1994 e 2003. Metade das Defensorias Públicas no Brasil tem menos de quinze anos de instalação, contudo, comparando-se o tempo de instalação das Defensorias e o nível de IDH dos estados-membros, percebe-se que o momento de instalação da Defensoria independe do nível de IDH, segundo o III Diagnóstico da Defensoria Pública no Brasil, realizado pelo Ministério da Justiça em 2009.

De fato, a partir da Constituição Federal de 1988, inúmeras e importantes inovações foram introduzidas; pode-se mesmo dizer que foi, propriamente, com a Carta Política de 1988 que surgiu a instituição Defensoria Pública no Brasil, essencial à função jurisdicional do Estado e incumbida da orientação jurídica e defesa em todos os graus da comunidade carente, isto é, daquele conjunto de indivíduos que sofre com a exclusão social.

O art. 134 desta carta prevê, sob a forma de direito subjetivo público, a institucionalização da Defensoria Pública na forma do art. 5º, LXXIV, que dispõe que o Estado prestará assistência jurídica integral e gratuita aos que comprovarem insuficiência de recursos. A antiga expressão "assistência judiciária" foi substituída pela nova "assistência jurídica integral", apontando para uma nova forma de se encararem os trabalhos a serem realizados pela Defensoria Púbica.

A "assistência judiciária", que até então se absteve a promover em juízo os direitos dos economicamente hipossuficientes, atuando de modo casuístico, isto é, patrocinando o entendimento individual e descomprometido com a realidade social em que o indivíduo necessitado estava inserido, renova sua índole na expressão "assistência judiciária integral", revelando o fato de que a assistência transcende o juízo (não se contenta em ser judiciária; é jurídica, isto é, efetiva-se onde estiver o direito) e de que é integral, ou seja, não se esgota na parte, na unidade, mas visa integrar as seções e facetas de um todo, objetivando coordenar os diversos grupos sociais, desintegrados do conjunto por conta de sua marginalização.

No âmbito dessa nova percepção, a Defensoria Pública se reposiciona como (co)responsável pela intermediação do Estado e daqueles grupos denominados excluídos, com o intuito de quebrar o hiato existente entre esses setores e, nesse sentido, se coloca como uma instituição essencial à função jurisdicional do Estado, incumbindo-lhe não apenas a defesa, em todos os graus, dos necessitados, mas também a sua orientação jurídica. Ultrapassando o serviço meramente defensivo, atingir-se-ia uma postura de assessoria jurídica pública a atuar não só perante os tribunais, mas muito além deles, através da construção constante de uma verdadeira cidadania popular.

A Constituição conferiu, então, ao defensor prerrogativas e exigências como consequências naturais do novo papel que esse deve ocupar na sociedade, dentre as quais as da inamovibilidade e da vedação ao exercício da advocacia por parte do defensor público fora das atribuições da instituição. O ingresso na carreira de defensor público, prescrito no parágrafo único do art. 134 da Constituição de 1988, se dá mediante concurso público de provas e títulos, após contarem os candidatos com no mínimo dois anos de prática forense. Os defensores públicos são pessoas formadas em Direito, que não necessitam de inscrição na Ordem dos Advogados do Brasil (OAB), pois não se submetem ao regime jurídico da advocacia. Na defesa dos interesses de seus assistidos, os defensores públicos têm atuação em todos os graus de jurisdição, com titularidade e atribuições específicas em razão da matéria a ser examinada. O defensor público é independente em seu mister, litigando em favor dos interesses de seus assistidos em todas as instâncias, independente de quem ocupe o polo contrário da relação processual, seja pessoa física ou jurídica, ou mesmo a administração pública direta ou indireta.

O defensor público não atua somente na seara judicial, ou seja, na possibilidade de demandar do Poder Judiciário a resolução de direitos juridicamente protegidos ou na defesa do cidadão no âmbito de ação penal ou civil, mas também na esfera extrajudicial, possibilitando, de forma ampla, a resolução de conflitos. Destaca-se, portanto, o papel do defensor público na prestação da assistência jurídica, como agente de transformação social, ao permitir que as pessoas possam reconhecer qual a forma mais eficaz de alcançarem os direitos pretendidos, e mesmo ao fomentar a percepção acerca da existência de direitos até então desconhecidos.

A Defensoria Pública não integra formalmente o Executivo — embora dele dependa financeiramente — e possui autonomia funcional e administrativa; presta consultoria jurídica, ou seja, fornece informações sobre os direitos e deveres das pessoas que recebem sua assistência, com base nos quais o assistido pela Defensoria Pública pode decidir melhor como agir em relação ao problema apresentado ao defensor. Com tais parâmetros institucionais, a Defensoria Pública, no Brasil, está tratada constitucionalmente no mesmo plano de importância que a magistratura e o Ministério Público.

O comando para a criação e a organização da Defensoria Pública da União, do Distrito Federal e dos estados-membros foi determinado, também, no mesmo parágrafo único do art. 134 da Constituição de 1988, dependendo de lei complementar federal, que só foi publicada seis anos após a promulgação da Constituição (LC nº 80/1994), assinando, entre outras disposições, o prazo de 180 dias para os estados-membros criarem as suas defensorias públicas nos moldes preconizados.

Até esse momento o Ministério Público, estruturado com o modelo atual já desde a Constituição da República de 1988, e uma rede de advogados autodenominados "advogados populares" estavam mais aptos, dos pontos de vista institucional e organizacional, a promover a ampliação do acesso à Justiça através da tutela não apenas dos direitos individuais mas, essencialmente, a partir da proteção e defesa de direitos e interesses difusos e coletivos e dos movimentos sociais, em juízo e fora dele. O Ministério Público, legitimado preferencial para propor Ação Civil Pública, típico instrumento jurídico de tutela de direitos e interesses desse tipo, estende a assistência jurídica às classes médias, considerando sobretudo os chamados interesses difusos, protagonizados por grupos sociais emergentes cuja titularidade individual é problemática. Por outro lado, os "advogados populares" atuam, essencialmente, com movimentos sociais no apoio a causas políticas judicializadas, mas também com projetos de formação, educação popular e comunicação. No Brasil, advogados populares atuaram e atuam no processo de redemocratização e ampliação democrática do acesso à Justiça, no apoio às práticas jurídicas insurgentes, por meio de serviços jurídicos alternativos.

Atualmente, todos os estados da federação, à exceção de Santa Catarina, possuem uma Defensoria Pública estruturada, nos termos da Constituição e Lei Complementar (Lei Orgânica da Defensoria Pública), a qual possibilitou organizar tanto em nível estrutural como funcional a proteção de direitos individuais, coletivos e difusos dos cidadãos brasileiros, especialmente pela revisão que sofreu em 2009, fruto dos influxos da reforma proposta pela EC nº 45/2004.

Com efeito, a LC nº 132/2009, que alterou a originária Lei Orgânica da Defensoria Pública (LC nº 80/1994), ampliou suas funções institucionais, determinando uma atuação descentralizada e prioritária nas regiões com maiores índices de exclusão social e adensamento populacional, extrajudicial e coletiva, com ênfase em políticas de prevenção e solução alternativa de conflitos. Ademais, a legislação modernizou e democratizou a gestão da Defensoria Pública no Brasil, introduzindo mecanismos de participação e controle social, visando a colocar tal órgão em condições de assumir a função institucional de defesa dos direitos humanos da população desprovida de recursos ou historicamente excluída, na perspectiva da Constituição da República de 1988, em consonância com a terceira onda de acesso à Justiça, ocupada com o conjunto geral de instituições e mecanismos, pessoas e procedimentos utilizados para processar e mesmo prevenir disputas nas sociedades modernas.

Contudo, dadas as características do Brasil, um país de dimensões continentais, além de diferentes níveis socioeconômicos e culturais, com uma população bastante heterogênea e, considerando que a Defensoria Pública, presente em todo o território nacional — seja no âmbito estadual ou trate-se da Defensoria Pública da União — também apresenta grande diversidade, tanto do ponto de vista da sua organização e funcionamento quanto em relação a questões de orçamento e pessoal, ainda são insuficientes as informações de que dispomos sobre sua estrutura, o modo como opera etc. No entanto, o Ministério da Justiça vem engendrando esforços no sentido de produzir diagnósticos que sirvam de instrumento de avaliação dos avanços da instituição e possam mapear os obstáculos a serem enfrentados pela Defensoria Pública na construção de uma sociedade mais justa e igualitária. Especificamente o III Diagnóstico da

Defensoria Pública no Brasil, realizado em 2009, será seguido bem de perto, no que diz respeito aos dados apresentados.

A autonomia funcional e administrativa das Defensórias Públicas nos estados da federação, conforme prevista no § 2º do art. 134 da CF/1988, introduzido pela EC nº 45/2004, e regulamentada pela LC nº 132/09, é aqui concebida como a condição de a instituição tomar suas decisões administrativas e desempenhar suas funções, com base em suas convicções do que é devido, segundo o sistema de fontes do Direito constitucionalmente estabelecido, sem receio das consequências ou represálias advindas de outras instituições públicas ou privadas.

De fato, enquanto princípio institucional, a independência funcional da Defensoria Pública garante sua autonomia perante os demais órgãos estatais, estando imune de qualquer interferência política que afete a sua atuação, de modo que não há subordinação da Defensoria Pública aos demais agentes políticos do Estado, podendo desempenhar suas funções livre de qualquer ingerência. A autonomia administrativa, por outro lado, significa que cabe à instituição organizar sua administração, suas unidades administrativas, praticar atos de gestão, decidir sobre a situação funcional de seu pessoal e estabelecer a política remuneratória, funcionando como pré-requisito para a plena autonomia funcional.

A Lei Orgânica da Defensoria Pública procurou instituir mecanismos que permitissem a efetivação da autonomia funcional e administrativa apregoada pela Constituição Federal, com a modificação introduzida pela EC nº 45/2004, fixando atribuição à Defensoria Pública para abrir concurso público e prover os cargos de suas carreiras e dos serviços auxiliares, organizá-los, praticar atos próprios de gestão, elaborar suas folhas de pagamento e sua proposta orçamentária, encaminhando-as ao Poder Legislativo.

A autonomia funcional é, em grande medida, garantida pelas regras que estabelecem os mecanismos de nomeação e, especialmente, as garantias dos defensores públicos, tais como irredutibilidade de vencimentos, estabilidade e inamovibilidade. Contudo, avançando no plano normativo, percebe-se que a autonomia da Defensoria Pública não foi plenamente estabelecida até o presente momento no Brasil.

De fato, o nível de autonomia administrativa da Defensoria, refletida em grande medida pelo perfil institucional do defensor público geral, em cada uma das unidades federativas do Brasil em que o serviço está em funcionamento, varia consideravelmente, de acordo com a legislação dos estados-membros da federação.

Levando-se em conta suas atribuições, definidoras dos limites de suas prerrogativas, notamos que em apenas seis unidades da federação o defensor público geral pode propor ao Legislativo a criação e extinção de seus cargos. Também em apenas seis estados-membros pode ele propor a fixação e o reajuste dos vencimentos dos seus membros e servidores. Em doze unidades da federação o defensor público geral pode deflagrar concurso público de ingresso de defensores e auxiliares, independentemente de autorização do Executivo, e em 22 pode ele decidir acerca de sanções disciplinares aplicadas a defensores públicos ou servidores.

Na maioria das unidades federativas o defensor público geral não possui controle sobre importantes instrumentos da administração, concepção e implementação de políticas institucionais, como a possibilidade de propor a criação e extinção de cargos e a fixação e o reajuste dos vencimentos de seus membros e servidores. Parece que a única atribuição compartilhada de forma positiva pela grande maioria dos defensores públicos gerais é o poder disciplinar.

Contudo, a depender da forma de escolha do defensor público geral, o poder disciplinar que a quase totalidade deles compartilha poderia se transformar em um mecanismo de controle externo sobre a instituição. Isto é, a forma de escolha do defensor público geral, representante da administração superior da instituição, é um indicativo elementar para se apurar o grau de autonomia da Defensoria Pública e a participação dos integrantes da carreira nas decisões políticas de cunho institucional. Felizmente, em todos os casos o defensor público geral a ser nomeado pelo governador do estado deverá integrar a carreira, e a escolha do chefe do Executivo estadual está condicionada a uma lista tríplice obtida através de eleição realizada entre os integrantes da carreira, o que, em tese, fomenta a participação dos integrantes da instituição e o desenvolvimento de discussões internas baseadas em distintas percepções sobre o órgão e a atividade de defensor público.

A autonomia formal com relação ao Poder Executivo é observada em 92% das instituições: atualmente, somente duas Defensorias Públicas dos estados continuam subordinadas a uma Secretaria de Estado. No entanto, apenas 42,31% das Defensorias Públicas receberam repasse das cotas mensais do orçamento destinado à instituição (duodécimos). Um importante indicador do grau de efetividade da autonomia da Defensoria Pública é, justamente, o respeito, por parte do ente federativo, à obrigatoriedade de repassar as cotas mensais do orçamento destinado à instituição (duodécimos), conforme previsto no artigo 168 da Constituição da República (após a EC nº 45/2004). A maioria dos estados, contudo, depende da captação de recursos através de convênios federais e outras fontes.

Os recursos das defensorias públicas estaduais provêm dos orçamentos gerais dos estados, o que as coloca, de certa forma, em situação subalterna em relação ao Executivo estadual. Ademais, um número expressivo de Defensorias Públicas das unidades da federação deixou de exercer a iniciativa de proposta legislativa orçamentária e, em alguns casos, houve corte da proposta no Executivo antes da remessa do Projeto de Lei ao Legislativo, segundo dados do III Diagnóstico da Defensoria Pública no Brasil.

O orçamento destinado às Defensorias Públicas nas diversas unidades da federação varia bastante e, com o passar do tempo, tem-se observado um aumento significativo no valor total e na média. O aumento da destinação orçamentária é significativo em cada uma das unidades da federação, em especial para os estados com nível de IDH baixo.

Vale observar que alguns estados possuem fundo próprio, destinado ao custeio das defensorias: 15, no total. Contudo, os recursos provenientes do fundo próprio representam um percentual muito pequeno do total da receita das Defensorias na quase totalidade delas. O potencial de captação de recursos varia muito entre as Defensorias Públicas estaduais. Também existe variabilidade entre as unidades da federação no que diz respeito à possibilidade de utilização dos recursos do fundo, mas para a maioria dos estados é permitida a utilização para despesas de custeio em geral — excluídas as despesas com pessoal, que são permitidas apenas em São Paulo — e investimento.

Por outro lado, o nível de democracia interna da instituição, que assinala um avanço do nível de descentralização dos processos de tomada de decisões e gestão da instituição, e pode ser indicado pela existência ou não de um conselho superior, é alto entre as Defensorias Públicas das unidades da federação, pois a quase totalidade delas possui um conselho e a forma usual de composição mescla, em igual número, membros eleitos e natos. Também na maioria das Defensorias Públicas nos estados o conselho possui poder normativo e em pelo menos metade das unidades federativas esse órgão possui competência decisória acerca de sanções disciplinares aplicadas aos defensores públicos, assim como no que diz respeito à eventual destituição do corregedor-geral.

O conselho também possui competência para organizar o concurso para ingresso na carreira em mais da metade das Defensorias Públicas das unidades da federação, e em pelo menos metade delas ao conselho compete criar ou extinguir órgãos de atuação e, ainda, alterar sua competência.

Permanece minoritário o número de Defensorias que possui Ouvidoria, embora seja crescente o movimento no intuito de criá-las. Ademais, mesmo nas Defensorias onde há Ouvidoria instalada, na maioria dos casos o ouvidor-geral é integrante de carreira, em desacordo com o que determina a Lei Orgânica da Defensoria Pública.

As características da Defensoria Pública no país, como estrutura física e de pessoal, distribuição das atribuições, aporte orçamentário e remuneração dos membros, formas e números de atendimentos, ainda são extremamente heterogêneas, por um lado por conta das próprias características do Brasil, suas dimensões continentais e heterogeneidade da população; por outro, pela novidade da legislação, que passou por uma revisão estrutural em 2009.

A Defensoria Pública está em franca expansão: o número de cargos sofreu um aumento de quase 10% nos últimos anos, e também o número de cargos preenchidos aumentou. Como consequência, o número médio do público-alvo por defensor público sofreu um decréscimo em mais da metade.

Entre os anos de 2006 e 2009 foram realizados 25 concursos públicos, sendo dez deles em unidades da federação pertencentes ao grupo que possui IDH mais alto e apenas quatro em unidades da federação que pertencem ao grupo de estado de IDH mais baixo. O critério para a distribuição dos cargos dentro das unidades da federação tem sido em geral o número de varas judiciais, o que pode reforçar a desigualdade e os parâmetros de exclusão social, reforçando barreiras de acesso à Justiça, considerando que a estrutura do Judiciário acompanha a distribuição desigual de riquezas no território.

Talvez por isso as defensorias públicas tenham atendido menos da metade das comarcas no Brasil, metade delas em unidades da federação pertencentes às classes com IDHs baixo e médio baixo. A maioria das Defensorias Públicas atua em todas as áreas, mas as de regularização fundiária, direitos humanos e direitos coletivos possuem um menor número de órgãos atuantes. Esse dado demonstra que a atuação das Defensorias Públicas ainda está atrelada à lógica interindividual e de caráter privatista, embora quase 70% dessas instituições possuam alguma experiência no manejo de ações coletivas.

Em busca da ampliação do contato com a população necessitada, os atendimentos especializados *in loco* têm sido realizados pela grande maioria das Defensorias Públicas — em especial em unidades prisionais e de internação — e o regime de plantão é realizado por 72% delas, sendo que a grande maioria o faz na própria instituição, no prédio do Poder Judiciário ou por acesso remoto. A maioria das Defensorias Públicas possui algum sistema de revisão de indeferimento da assistência jurídica, mas apenas em pouco mais de um terço delas possui sistema informatizado de acompanhamento dos casos de assistência jurídica prestada, o que prejudica, sem dúvida, a eficiência na prestação do serviço, ainda mais se considerarmos que nos últimos anos o aumento no volume de trabalho dos defensores públicos foi significativo.

O número de atendimentos realizados pelas Defensorias Públicas aumentou quase 50% e, com relação ao número de ações ajuizadas ou respondidas, o aumento foi de mais de 60%, com o predomínio das ações na área cível, que correspondem a mais de 80% do total. O número de audiências com a participação de defensores públicos, assim considerados os atos voltados para a instrução de um procedimento judicial ou administrativo, aumentou em mais de 50%; os acordos extrajudiciais que contaram com a participação de defensores públicos tiveram um aumento de mais de 65%; e as prisões em flagrante comunicadas à Defensoria Pública tiveram um aumento de quase 130%. Houve crescimento também no número de *habeas corpus* impetrados ao STJ e ao STF por defensores públicos.

Os quatro núcleos especializados em atividade então no maior número de Defensorias Públicas eram: Infância e Juventude — apuração de ato infracional e execução de medida socioeducativa; Infância e Juventude — execuções penais; Infância e Juventude — área cível; e Direitos do Idoso. Contudo, a maioria das Defensorias Públicas consegue garantir a designação de defensores para a vítima e para o réu nos processos relativos à Lei Maria da Penha e existem projetos, programas ou ações que contemplam formas alternativas de resolução de conflitos em mais de 60% das Defensorias Públicas do país. Em 15 instituições existem programas ou campanhas regulares de educação para a cidadania voltadas diretamente para os usuários dos serviços da Defensoria Pública.

Nesse contexto, observa-se que a estrutura da Defensoria Pública no Brasil caminha para a concretização de uma atuação que ultrapassa os limites da representação individual do necessitado para agir também em defesa dos interesses difusos e coletivos, considerando os direitos dos grupos minoritários — mulheres, pobres, crianças e adolescentes em situação de risco, detentos, dependentes químicos, negros, índios, homossexuais etc. — e efetivando sua missão na prestação de uma assistência jurídica integral e gratuita conforme determinado pela Constituição de 1988.

Contudo, apesar de seu papel tão fundamental na efetivação do acesso à Justiça e, por consequência, na consolidação democrática, a Defensoria

Pública ainda carece de especial atenção. Apesar da recente criação e estruturação da Defensoria Pública no Brasil, medidas paliativas ainda são empregadas em maior nível do que o desejável.

## Referências bibliográficas

ARAÚJO, G. S. *Participação através do Direito: a judicialização da política*. Comunicação para o VIII Congresso Luso-Afro-Brasileiro de Ciências Sociais. Coimbra, 2004.

BRASIL. *Constituição (1988)*. *Constituição da República Federativa do Brasil*. Brasília — DF: Senado, 1988.

_____. *Lei nº 1.060, de 5 de fevereiro de 1950. Estabelece normas para a concessão de assistência judiciária aos necessitados*.

_____. *Lei Complementar nº 80, de 12 de janeiro de 1994. Organiza a Defensoria Pública da União, do Distrito Federal e dos territórios e prescreve normas gerais para sua organização nos Estados, e dá outras providências*. Brasília/DF: Senado, 1994.

_____. *Lei Complementar nº 132, de 7 de outubro 2009. Altera dispositivos da Lei Complementar nº 80, de 12 de janeiro de 1994, que organiza a Defensoria Pública da União, do Distrito Federal e dos Territórios e prescreve normas gerais para sua organização nos Estados, e da Lei nº 1.060, de 5 de fevereiro de 1950, e dá outras providências*. Brasília/DF: Senado, 2009.

_____. *II Pacto Republicano de Estado por um Sistema de Justiça mais acessível, ágil e efetivo, 2009*. Disponível em: <http://www.adperj.com.br/downloads/II_PactoRepublicano.pdf>. Acesso em 26 de setembro de 2011.

_____. *III Diagnóstico Defensoria Pública no Brasil, Ministério da Justiça, 2009*. Disponível em: <http://www.anadep.org.br/wtksite/IIIdiag_DefensoriaP.pdf>. Acesso em 26 de setembro de 2011.

CAPPELLETI, Mauro; GARTH, Bryant. *Acesso à Justiça*. Tradução e revisão: Ellen Gracie Northfleet. Porto Alegre: Sérgio Antônio Fabris, 1988.

RÍOS-FIGUEROA, Julio; TAYLOR, Matthew M. "Institutional Determinants of the Judicialisation of Policy in Brazil and Mexico". In: *Journal of Latin American Studies*, vol. 38, nº 4, pp. 739-766, 2006.

SADEK, Maria Tereza (org.). *O sistema de Justiça*. São Paulo: Sumaré, 1999.

_____. (org.). *O Judiciário em debate*. São Paulo: IDESP/Sumaré, 1995.

SAMPAIO, José Adércio Leite. *O Conselho Nacional de Justiça e a independência do Judiciário*. Belo Horizonte: Del Rey, 2007.

SANTOS, Boaventura de Sousa. *Por uma revolução da Justiça*. São Paulo: Cortez, 2011.

_____. *Sociologia Jurídica Crítica: para un nuevo sentido comun en el Derecho*. Bogotá: ILSA, 2009.

_____. "Introdução à Sociologia da Administração da Justiça". In: *Revista Crítica de Ciências Sociais*, n° 21, pp. 11-37, 1987.

VIANNA, Luiz Werneck. "Poder Judiciário, positivação do direito natural e política". In: *Estudos Históricos*, n° 18, Rio de Janeiro, 1996.

_____. et al. *A judicialização da política e das relações sociais no Brasil*. Rio de Janeiro: Revan, 1999.

_____. (org.). *A democracia e os três poderes no Brasil*. Belo Horizonte: Editora UFMG, 2002.

ZAFFARONI, Eugénio Raúl. *Poder Judiciário: crise, acertos e desacertos*. São Paulo: Revista dos Tribunais, 1995.

# Direitos sociais e Justiça

*Rubens Goyatá Campante*

## Do humanismo antigo ao contemporâneo: direitos naturais, humanos e sociais

"O problema fundamental em relação aos direitos do homem, hoje, não é tanto o de justificá-los, mas o de protegê-los. Trata-se de um problema não filosófico, mas político" (Bobbio, 1992, p. 25). A frase de Norberto Bobbio, ressaltando a distinção entre o reconhecimento teórico e a proteção efetiva aos direitos dos cidadãos na época atual, é uma das mais conhecidas e citadas passagens do pensador. Sua ampla repercussão reflete a relevância da questão da efetivação dos direitos humanos no mundo atual.

A ideia de direitos humanos, isto é, que todo ser humano, independentemente de qualquer condição, detém, de forma irrevogável, prerrogativas que não podem ser desrespeitadas por outros indivíduos e/ou por poderes sociais, políticos ou econômicos, é uma manifestação histórica, caracteristicamente moderna, do postulado de Justiça substantiva e da noção de direito natural. Essa última parte da suposição de um conjunto de normas fundamentais que pode, eventualmente, não se conformar às regras instituídas pelo poder político em determinado tempo e lugar, tendo esse primeiro conjunto de normas uma validade intrínseca, anterior e mesmo superior ao conjunto de regras políticas efetivas, pois estaria lastreado na ideia de uma Justiça substantiva, universal. Tal concepção não surgiu na época moderna. Desde a Antiguidade, passando pela Idade Média, a problemática do direito natural se fez presente. Um direito abordado como lei divina revelada aos homens, ou como normas que o homem racional encontraria dentro de si, ou ainda, como lei divina que poderia ser racionalmente acessada. Malgrado tais matizes, permanecia subjacente a ideia de que nem sempre a justiça da natureza (ou de Deus) e a justiça dos homens (ou dos poderes terrenos) coincidiam.

Pois essa ideia foi o fundamento, também, do jusnaturalismo moderno, mas há diferenças marcantes entre esse e o jusnaturalismo antigo e o medieval. Esse último era orgânico e social, pressupunha que o homem era, antes de tudo, um ser social e que, sendo a natureza uma ordem, a ordem social deveria refletir a natural. As bases dessa ordem social seriam o consenso, não a cisão ou o conflito, e a virtude, não o interesse individual. Consenso e virtude trabalhariam em prol de uma ideia transcendente de bem comum, e o jusnaturalismo preocupava-se com supostas agressões do Direito oficial não propriamente a indivíduos, mas ao corpo social, fixando-se, predominantemente, em discussões teórico-abstratas a respeito da adequação da norma jurídica positiva a considerações teológicas e/ou racionalistas sobre a natureza da Justiça. Havia uma noção forte de pertencimento e inclusão social das pessoas, mas essa inclusão era "naturalmente" desigual, preservando-se as hierarquias sociais, de modo que as afinidades com a liberdade individual, a igualdade ou a democracia eram poucas. Eis por que, sem desmerecer o humanismo antigo e medieval, não se pode considerá-lo exatamente uma doutrina dos direitos humanos — não havia o postulado de que a *todo* ser humano cabia um quinhão básico e igual de direitos e dignidade.

Já o jusnaturalismo de corte moderno, surgido a partir do século XVIII, e que iniciou a discussão política e filosófica a respeito dos direitos humanos, não tratava, como afirma Louis Dumont, de seres sociais, mas de indivíduos, homens que se bastam a si mesmos enquanto feitos à imagem de Deus e enquanto depositários da razão. Daí resulta que [...] os princípios devem ser extraídos, ou deduzidos, das propriedades e qualidades inerentes no homem, considerado como ser autônomo, independentemente de todo e qualquer vínculo social ou político. (Dumont, 1985, p. 87)

A preocupação principal, então, era se o Direito oficial não agredia os interesses do indivíduo. Os poderes políticos não apenas tinham o dever de respeitar os direitos e liberdades individuais, mas existiam justamente para garanti-los, especialmente o direito de propriedade e a liberdade econômica, travados pelo corporativismo orgânico do arranjo pré-burguês. Não se via mais, como os antigos e os medievais, as associações políticas como instituições naturalmente necessárias, mas como artifícios humanos voluntariamente construídos para se evoluir do estágio de natureza para o estágio político e civil. O Estado passa a se justificar por um contrato entre cidadãos e governantes, não mais pelo desígnio natural ou divino.

Para Max Weber, uma das ideias-força do Estado e do capitalismo modernos — e, portanto, da civilização ocidental — foi justamente a doutrina do direito natural. Embora as considerações sobre a "justeza da Justiça" sempre existissem, foi no limiar da época moderna, revolucionária, que elas se manifestaram de forma mais aguda, garante ele. Pois o direito natural seria "a forma específica do ordenamento jurídico *revolucionariamente* criado" (Weber, 1999, p. 640, tradução e grifo nossos), que vem à tona quando decaem a revelação religiosa e a santidade atávica da tradição. O que não significa, absolutamente, que todo direito natural seja revolucionário, mas sim que ideologias revolucionárias tendem a ser jusnaturalistas. Assim, o jusnaturalismo burguês foi, no contexto de sua origem histórica revolucionária, um grande instrumento de eliminação de privilégios e arbitrariedades feudais e patrimoniais, ao impor, sobre uma miríade de legislações particulares, o princípio da supremacia da lei geral, e ao jungir a ação personalista e arbitrária dos governantes aos ditames formais, previsíveis e universalistas dessa lei.

Mas à medida que, ao longo do século XIX, se consolidava uma ordem social burguesa, o formalismo jurídico, que servira como arma na luta contra o particularismo e o arbítrio feudal e patrimonial, convertia-se em esteio de um arranjo institucional que referendava novas formas de dominação e exclusão, ao mesmo tempo que não derruía completamente algumas das antigas. Os direitos políticos não eram universais, condicionados por barreiras de renda e/ou propriedade e educação. O mesmo para os direitos civis, cujo usufruto pleno era negado às mulheres. Além disso, o acesso ao Judiciário era, para a maioria das pessoas, muito mais uma potencialidade teórica que uma realidade palpável.[1]

Acontece que os direitos naturais, expressos na Era Moderna como direitos humanos, são históricos, ou seja, o entendimento a seu respeito muda, e eles têm o potencial de lastrear demandas sociais e objetivos políticos os mais diversos. O humanismo moderno não era apenas o humanismo liberal-burguês, mas também o humanismo republicano de Rousseau, que trazia do humanismo antigo a noção forte de virtude — não só pessoal, mas principalmente política —, relegada pelo liberalismo, mas que ia além do velho jusnaturalismo ao reivindicar não só a virtude, mas a dignidade e a autonomia universais e equânimes e, como corolário, a soberania popular.

Plurissignificativo, portanto, o jusnaturalismo moderno logo serviu, apesar de sua afinidade com o liberalismo burguês, de inspiração para democratas e socialistas que atacavam o absenteísmo do Estado *laissez-faire* e o formalismo de seu Poder Judiciário, tão convenientes à dominação burguesa e tão omissos em relação à exclusão que essa dominação trazia. Além de lutarem pela extensão e pela efetivação dos direitos políticos

---

[1] Segundo Mauro Cappelletti e Bryant Garth, autores da obra clássica *Acesso à Justiça nos Estados liberais burgueses dos séculos XVIII e XIX*, o acesso à Justiça era, sim, tido como um direito natural, mas como os direitos naturais eram considerados anteriores ao Estado, este deveria somente respeitá-los, não os impedindo — mas não seria necessário nem prudente promovê-los diretamente. "O Estado, portanto, permanecia passivo caso uma pessoa não tivesse aptidão para reconhecer e defender, na prática, seus direitos. A Justiça, assim, só poderia ser obtida por quem tivesse meios cognitivos e financeiros para acessá-la, os que não os tivessem eram considerados os únicos responsáveis por sua sorte. O acesso à Justiça, assim como a igualdade, era puramente formal no regime *laissez-faire*" (Cappelletti & Garth, 1988, p. 9). (N. A.)

e civis, as forças democráticas e de esquerda começaram a se bater por uma nova ordem de direitos, chamados "direitos sociais". Tal luta foi não apenas teórica, mas pragmática, especialmente no tocante a um tipo de direito que, pela sua precedência e importância, chegou a ser, por um tempo, quase sinônimo de direito social, o Direito do Trabalho. A luta contra a exploração bruta do labor que caracterizou boa parte da ordem liberal do século XIX gerou, dentre outros resultados, um corpo de normas protetoras do trabalho cada vez mais sistêmicas, que trouxeram novos paradigmas jurídicos, alternativos ou mesmo contrários ao paradigma juscivilista.[2]

Mas não foi só do campo democrático e socialista que partiram as contestações à ordem liberal no século XIX. Algumas ideologias conservadoras que, apesar de suas peculiaridades, tinham o substrato comum de um certo saudosismo do organicismo antigo, em que cada um "sabia o seu lugar na sociedade e se satisfazia com ele", também criticaram e ofereceram alternativas ao "excesso de individualismo" do liberalismo. Destarte, o corporativismo, o positivismo e as doutrinas sociais católicas também propuseram, cada qual à sua maneira, uma mitigação da exploração dos trabalhadores, e um reformismo distributivista, sem nunca, porém, contestar a estrutura e as hierarquias sociais. Incorporando-se cuidadosamente o operariado evitar-se-iam a "agitação" social e política e o crescimento de partidos e ideologias de esquerda.

Dessa maneira, os direitos sociais foram se estabelecendo no mundo ocidental, fosse através da pressão e ação das forças democráticas e de esquerda, como no caso dos vários países europeus ocidentais que começaram a introduzir leis trabalhistas e previdenciárias no início do século XX, fosse por meio da ação de forças conservadoras, como o sistema

---

[2]Talvez os mais importantes tenham sido a suposição da existência, a par dos sujeitos individuais, de sujeitos coletivos de direito, e também a superação do modelo contratual-civilista, que lidava com as questões trabalhistas sob o prisma do contrato de compra e venda, em que duas partes, supostamente livres e em condições equânimes, pactuam como bem entendem a prestação de trabalho. Contrariamente a esse paradigma, um princípio fundamental do Direito do Trabalho é levar em conta as desigualdades de condições entre patrões e empregados. (N. A.)

previdenciário de pensão, assistência médica e seguro contra acidentes de Bismarck, na oligárquica Alemanha imperial de fins do século XIX.

E o coletivismo manifestava-se novamente no seio do direito natural, reagindo aos excessos individualistas. Nessa reação, contudo, também houve excessos coletivistas. Em nome do público, do nacional, do estatal, exagerou-se muitas vezes na defesa de uma homogeneização absoluta, que denegava a legitimidade dos interesses individuais e obstruía o pluralismo político e sociocultural. Em nome da liberdade e da dignidade humana implantaram-se regimes despóticos.

O compromisso, o meio-termo entre individualismo e coletivismo, seria restabelecido pela nova configuração dos direitos humanos que começou a se desenhar no período entre guerras e se consolidou após a Segunda Guerra Mundial. Direitos humanos, agora definitivamente acrescidos dos direitos sociais,[3] intimamente articulados, por sua vez, à implantação do Estado de Bem-Estar Social. Este último fruto de um importante grau de consenso, particularmente na Europa Ocidental, sobre: 1) o fato de que as manifestações políticas mais perigosas do coletivismo exacerbado, o nazi-fascismo e o comunismo, haviam germinado no solo da pobreza e do desespero social; 2) o fato de que as populações europeias, arrasadas por guerras e radicalismos sangrentos, mereciam desfrutar um nível de vida digno. Os objetivos, portanto, eram a estabilidade política e a compensação social, num momento em que muitas nações se encontravam em grandes dificuldades, exauridas pelos conflitos mundiais.[4]

A noção fundamental que perpassa essa nova ordem democrática, e os direitos humanos e sociais que ela porta, combina, depurando-as

---

[3] Dos trinta artigos que compõem a Declaração Universal dos Direitos Humanos feita pela Organização das Nações Unidas, em 1948, seis (os artigos 22 a 27) versam sobre direitos sociais: segurança; trabalho; repouso e lazer; saúde, bem-estar e vida digna; instrução; e, finalmente, cultura.

[4] Note-se que o Estado de Bem-Estar Social não se instalou nos Estados Unidos na mesma dimensão e profundidade com que se deu na maior parte da Europa Ocidental, mesmo após o New Deal de Roosevelt. Ao contrário da Europa, os EUA saíram da guerra com uma economia pujante, recuperada da crise de 1930, e o nazi-fascismo ou o comunismo nunca grassaram por lá. Some-se a isso a força dominante do paradigma liberal-individualista na cultura política do país e o resultado é que os EUA são, dentre os países desenvolvidos, um dos menos avançados em termos de indicadores sociais gerais, apesar de todo poder, riqueza e tecnologia que possuem. (N. A.)

dos excessos, as matrizes do *interesse*, de origem liberal-burguesa e individualista, e do *público*, de origem democrática e social. O resultado é que os direitos humanos são entendidos sob a égide do *interesse público*,[5] que valoriza a esfera individual de cada ser humano, mas a compatibiliza, regulando-a, com a esfera pública — e o grande elo entre o interesse privado e a coisa pública, assim como o grande ponto de referência para o delicado equilíbrio entre conservação e mudança social, é a questão da virtude. Chega-se, portanto, à era dos "direitos naturais contemporâneos", mesclando, por meio da virtude, coletivismo e individualismo.[6]

O estabelecimento do Estado de Bem-Estar Social traz, então, aos textos legais e constitucionais dos Estados, uma série de disposições a respeito dos direitos sociais da população. E, como diz Boaventura Sousa Santos, a ordem política, de garantista, passa a promocional — recorre-se ao Judiciário não apenas para se conservar o que já se tem, mas também para se obter o que se deseja e está contido em promessas políticas, legais ou constitucionais (Santos *apud* Faria, 1990). Isso, obviamente, tem um impacto fundamental no Poder Judiciário: coloca-se a questão crucial do acesso à Justiça para a efetivação de direitos. Não que esse tema inexistisse antes dos conflitos mundiais, mas, como garante Boaventura Sousa Santos, foi no Pós-Guerra, com a consagração constitucional dos direitos sociais e a expansão do Estado-Providência, que essa questão explodiu, transformando o direito ao acesso efetivo à Justiça num direito cuja denegação acarretaria a de todos os demais:

---

[5]Para uma análise da formação, significado e potencialidades do conceito de *interesse público*, conferir o texto homônimo de Juarez Guimarães, no livro *Corrupção: ensaios e críticas*. (N. A.)

[6]Jurgen Habermas, opondo-se aos que consideram o jusnaturalismo ultrapassado ou inviável no mundo moderno, afirma que esse continua a ter um papel fundamental, mesmo na contemporaneidade tecnificada e secularizada. O direito natural sinalizaria justamente a sobrevivência de uma ética de conteúdo universal. O jusnaturalismo, traduzido atualmente no comprometimento com ideais como direitos humanos e soberania popular, representaria uma secularização da moral, que, ao perder o suporte da cosmovisão religiosa e tradicional, não perderia, no entanto, como acreditavam pensadores como Weber, por exemplo, seus predicados coletivos e generalizantes (Habermas, 1996). (N. A.)

> Uma vez destituídos de mecanismos que fizessem impor o seu respeito, os novos direitos sociais e econômicos passariam a meras declarações políticas, de conteúdo e função mistificadores. Daí a constatação de que a organização da Justiça Civil e, em particular, a tramitação processual não podiam ser reduzidas à sua dimensão técnica, socialmente neutra, como era comum serem concebidas pela teoria processualista, devendo investigar-se as funções sociais por elas desempenhadas e, em particular, o modo como as opções técnicas no seu seio veiculavam opções a favor ou contra interesses sociais divergentes ou mesmo antagônicos. (Santos, 1999, pp. 167-168)

Tal investigação da função e do significado social da Justiça e de sua tramitação processual foi o objetivo do chamado Projeto Florença — um amplo estudo, coordenado na década de 1970 pelos juristas Mauro Cappelletti e Bryant Garth, que, a partir da Universidade de Florença, Itália, coletou dados de diversos países a respeito de problemas e soluções para melhorar a prestação jurisdicional do Estado. Os resultados, sintetizados na obra já citada aqui,[7] apontaram dois tipos básicos de obstáculos para a expansão do acesso à Justiça, os de ordem econômica e os de ordem cognitivo-educacional. Muitos cidadãos desconheciam seus direitos, ou, mesmo tendo algum conhecimento, não sabiam como ou não se dispunham a mobilizar a Justiça para defendê-los — isso valia para todos os direitos, mas particularmente para os sociais. Mesmo que tivessem tal conhecimento e disposição, o custo financeiro da litigância judicial era geralmente alto, especialmente por conta dos altos honorários advocatícios[8] e da morosidade na tramitação dos processos. E as pequenas causas e os humildes e eventuais litigantes, lembram os autores, costumavam ser os mais prejudicados pela barreira dos custos. Os litigantes habituais, organizacionais e de grande porte levavam clara vantagem sobre o simples cidadão.

---

[7] Conferir nota 4 anteriormente. (N. A.)

[8] Em certos países, segundo os autores, as custas judiciais e os gastos para a obtenção e apresentação de provas, documentos e perícias também se constituíam em itens que acarretavam despesas razoáveis, mas realmente o que pesava, na ampla maioria dos países, eram os altos honorários dos advogados — pois o Direito, cada vez mais, se tornava uma ciência complexa e especializada, exigindo um alto investimento em termos de estudo e dedicação de seus profissionais. (N. A.)

As soluções propostas pelos autores incluíam algum tipo de assistência judiciária estatal aos necessitados e contemplavam a representação e defesa dos interesses coletivos e grupais, os chamados interesses difusos, através do Ministério Público. Já nos anos 1960 e 1970 vários países haviam tomado tais providências, mas os resultados, embora expressivos, não resolveram satisfatoriamente a questão do acesso à Justiça. Assim, o que os autores propuseram foi um enfoque mais sistêmico, abrangente, que não abandonasse a assistência judiciária pública e a atuação do Ministério Público, mas que fosse além, "questionando o conjunto de instituições, procedimentos e pessoas que caracterizam nossos sistemas judiciários" (Cappelletti & Garth, 1988, p. 165). Esse enfoque sistêmico não se deteria somente na estrutura do Poder Judiciário, mas consideraria sua relação com o Direito e os outros poderes.

Tais questionamentos envolvem, obviamente, uma boa dose de conhecimento técnico, mas possuem, também, componentes inarredavelmente políticos. Isso significa que a questão do acesso à Justiça e, mais particularmente, a da efetivação dos direitos sociais são problemáticas sistêmicas, estruturais, ou seja, algo complexo, ao mesmo tempo institucional e cultural.

## Direitos sociais no Brasil: uma questão política

A situação brasileira, no tocante aos direitos sociais e sua articulação com o Poder Judiciário, representa bem o foco de nossa argumentação. Seria errado afirmar que inexistem direitos sociais no Brasil. Nosso país tem uma pesadíssima herança histórica de exploração econômica, exclusão social e conteúdo patrimonial — ou seja, privado e oligárquico — do Estado e do poder político. Mesmo assim, já se avançou em relação aos direitos sociais. Nos âmbitos trabalhista e previdenciário, por exemplo, importantes e tradicionais direitos sociais, temos já uma tradição de regulação pública, implantada pelo governo Vargas nas décadas de 1930 e 1940. Tal regulação, mesmo apresentando insuficiências, problemas e defeitos estruturais marcantes, já está sedimentada na cultura política de nossa população⁹ e tem contribuído para um feito notável, embora ainda incompleto, da sociedade brasileira, ao qual se presta pouca atenção: a recuperação, no relativamente curto espaço histórico de um século, do valor social do trabalho, frente a um legado de escravidão e desvalorização cultural do mesmo. Não obstante as dificuldades que enfrentam, os brasileiros hoje são um povo trabalhador — e que se orgulha de sê-lo.

Também nos campos da saúde e da educação não estamos na estaca zero. Mais uma vez, a herança histórica é problemática. Nos primeiros anos da República, no início do século XX, o analfabetismo vitimava mais de 65% da população e a esperança média de vida era de 31,2 anos (IBGE, 2011). Sobre essa base extremamente ruim, os índices sociais brasileiros experimentaram, do início do século XX até hoje, um padrão contínuo de melhoras. O desenvolvimento dos indicadores sociais, porém, não se deu na mesma proporção do desenvolvimento econômico. O resultado é que o país ficou, em termos gerais, menos pobre, porém mais desigual. Tomando-se por referência tais indicadores sociais básicos,

---

[9] A implantação das instituições trabalhistas e previdenciárias brasileiras deu-se sob a égide de forças políticas inspiradas por ideais orgânicos e consensuais de sociedade. Tais forças constatavam, com razoável pertinência, nossa falta de cultura cívica e respeito à coisa pública, mas receitavam, de forma equivocada, que a solução seria o autoritarismo estatal. Em prol da coletividade, criticavam o individualismo liberal. Em prol da hierarquia social, combatiam ferozmente o igualitarismo esquerdista. Foi em nome da coletividade, e não dos interesses individuais, que o que se chamava na época de "leis sociais" foram instituídas. Dizia Vargas: "O Estado não conhece direitos de indivíduos contra a coletividade. Os indivíduos não têm direitos, têm deveres! Os direitos pertencem à coletividade. O Estado, sobrepondo-se à luta de interesses, garante só os direitos da coletividade e faz cumprir os deveres para com ela. O Estado não quer, não reconhece luta de classes. As leis trabalhistas são leis de harmonia social." (Vargas *apud* Vianna, 1999, p. 266). Em nome dessa harmonia social, o Estado passou a controlar rigidamente os sindicatos de trabalhadores — não ocorrendo o mesmo com as associações patronais, evidenciando que, apesar do discurso coletivista e das veleidades tuteladoras do Estado, certos interesses conseguiam manter seu espaço. Entretanto, a despeito dessa busca autoritária por consenso, tais forças políticas portavam, também, um ideal distributivista voltado à inclusão social dos trabalhadores, que, apesar de limitado pela manutenção das hierarquias sociais, trouxe a esses ganhos inequívocos. Assim, estabeleceu-se uma estrutura sindical manietada e centralizada e, por outro lado, normas de proteção laboral progressistas, que contavam inclusive com instituições dedicadas a sua fiscalização e seu cumprimento, como o Ministério e a Justiça do Trabalho. Essa arquitetura ambígua foi magistralmente sintetizada por Alfredo Bosi, quando declarou que no Direito Trabalhista brasileiro "há um duplo registro, que punge como uma contradição mal resolvida: a lei, aberta aos direitos do operário, enquanto trabalhador, fechou-se a seus direitos enquanto cidadão" (Bosi, 1992, p. 297). (N. A.)

como o analfabetismo e a esperança média de vida, nota-se que seus períodos de melhoria mais significativa foram os de maior crescimento da economia do país, as décadas de 1950 e 1970 (idem) — o que talvez signifique que o desenvolvimento social é de certa forma condicionado pelo crescimento econômico, mas, como se dá em níveis sempre menores, é como se recebesse as "sobras" desse último. O que, por sua vez, remete a uma (não diríamos ausência) timidez e deficiência de esforços propriamente públicos, estatais, para se melhorarem os índices sociais. Portanto, apesar do progresso experimentado, nossos indicadores sociais ainda não são satisfatórios. E os direitos sociais, firmemente estabelecidos pela Constituição democrática de 1988, não se revelam miragens, mas padecem ainda de insuficiência e falta de efetividade.

Para se construir essa efetividade dos direitos sociais, para que se implante, realmente, um Estado de Bem-Estar em nosso país, tem-se demandado, cada vez mais, uma mudança no Poder Judiciário, que o torne mais acessível e responsivo às demandas sociais. A questão do acesso à Justiça, que já motivara o pensamento democrático ocidental anos atrás, coloca-se agora de forma premente no Brasil.

Não há dúvida de que, sem facilitar o acesso de toda a população à prestação jurisdicional efetiva e razoavelmente rápida, a cidadania e os direitos sociais no Brasil ficam travados. E o Poder Judiciário brasileiro mostra, realmente, sérios problemas estruturais e culturais que o impedem de ser mais responsivo às demandas da sociedade. De um modo geral, a Justiça brasileira é lenta, elitista e insulada.[10] E boa parte dos problemas que Cappelletti diagnosticou como comprometedores do acesso à Justiça nos sistemas judiciários dos países ocidentais repete-se aqui. Entretanto, como o autor também concluiu, a solução para essa questão — e para o problema correlato da efetivação dos direitos sociais —, sendo política, é inerentemente complexa e sistêmica, e não pontual.

---

[10] E em alguns setores, como no caso da segurança pública, inscrita no artigo 6º da Constituição Federal no rol dos direitos sociais, as respostas do Judiciário e do aparato policial brasileiros ao problema crescente da violência são tremendamente ineficazes.

O reclamo por um maior ativismo do Poder Judiciário, por exemplo, é legítimo e pertinente, mas não se deve esquecer que, num sistema republicano democrático, tão importante quanto a repartição dos três poderes e a diligência de cada um no cumprimento de suas funções é o sistema de "freios e contrapesos", isto é, de controle democrático entre todos. O ativismo judiciário nem sempre é, necessariamente, democrático e social, especialmente quando não submetido ao controle democrático dos outros poderes.[11]

Além da necessidade de que se perfaça num sentido democrático, o ativismo judiciário — embora absolutamente importante em nosso país, repita-se — não é, em si, uma panaceia. Por óbvio que seja, vale lembrar que a efetivação dos direitos sociais, por exemplo, não passa *apenas* pela necessária oxigenação do Poder Judiciário, mas requer que o Poder Legislativo cumpra sua função institucional de regulamentar diversos dispositivos constitucionais referentes a tais direitos. E demanda, principalmente, que o Poder Executivo contorne os constrangimentos que lhe dificultam investir mais e melhor em políticas de proteção social. Constrangimentos econômicos e fiscais, que priorizam a agenda financeira em detrimento da agenda social do Estado; constrangimentos federativos, com as dificuldades de repartição dos recursos e responsabilidades em relação a programas sociais entre os entes federados; e, finalmente, constrangimentos gerados pela ineficiência burocrática e pela vulnerabilidade à corrupção que (sem generalizar, é claro) marca nosso poder público.

---

[11]Não há dúvidas de que a neutralidade do Judiciário beneficia o *status quo*, e que este, no Brasil, precisa ser mudado, já que beneficia a desigualdade e a injustiça social. Entretanto, a "desneutralização" do mesmo em países de Direito romano-germânico, como o Brasil, costuma ocorrer num contexto em que faltam instituições de contraponto a ele. Gera-se o risco de se produzir um resultado perverso, em que a sociedade entrega boa parte de seus destinos a uma elite, supostamente intérprete não apenas dos conflitos interpartes, mas da própria coisa pública, do próprio conteúdo do governo. Há exemplos positivos de ativismo judicial, como o caso italiano, em que a magistratura ocupou o vácuo de poder e legitimidade deixado por um sistema político comprometido pela corrupção e conseguiu resultados expressivos na luta legal contra o crime organizado e o terrorismo político. Mas também os há negativos, como a resistência da Suprema Corte americana ao New Deal de Roosevelt, nos anos 1930, e o boicote da Suprema Corte chilena, nos anos 1970, às políticas sociais do governo de Salvador Allende. (*N. A.*)

A questão do acesso à Justiça não vai se resolver se o Poder Legislativo não modificar a absurda e anacrônica legislação processual brasileira, com seus infindáveis recursos e uma presunção de inocência garantida além dos limites razoáveis e democráticos por tais recursos, que tramitam por quatro instâncias judiciais. E o Judiciário poderia ser bem mais célere se certos órgãos da administração pública direta e indireta não descumprissem sistematicamente as leis do país ou litigassem judicialmente de forma abusiva como o fazem.

A efetivação dos direitos humanos — e, portanto, dos direitos sociais — é o mais importante problema político de nossa época, já dizia Bobbio. Pois um problema político é algo complexo, sistêmico. E tal questão remete, em última análise, à luta, no seio de uma sociedade, pela noção hegemônica do que seja justo — noção que é histórica, ou seja, construída e aberta, sujeita a mudanças. Em boa parte dos países ocidentais essa noção tem se equacionado, até agora, em uma composição dos elementos individualista e coletivista dos direitos naturais e da tradição humanista. Estamos, em nossa sociedade ainda em formação, no processo de construção de nossos direitos sociais. Resta-nos tentar fazê-lo a partir dessa composição mais equilibrada entre interesses individuais e virtude republicana.

## Referências bibliográficas

AVRITZER, L.; BIGNOTTO, N.; GUIMARÃES, J.; STARLING, H. *Corrupção: ensaios e críticas*. Belo Horizonte: Ed. UFMG, 2008.

BOBBIO, N. *A era dos direitos*. Rio de Janeiro: Campus, 1992.

BOSI, Alfredo. *Dialética da colonização*. São Paulo: Companhia das Letras, 1992.

CAPPELLETTI, Mauro; GARTH, Bryant. *Acesso à Justiça*. Porto Alegre: Sergio Antonio Fabris Editor, 1988.

DUMONT, Louis. *O individualismo: uma perspectiva antropológica da ideologia moderna*. Rio de Janeiro: Rocco, 1985.

FARIA, José Eduardo de (org.). *Direito e Justiça: a função social do Judiciário*. São Paulo: Ática, 1990.

HABERMAS, Jurgen. *Between Facts and Norms: Contributions to a Discourse Theory of Law and Democracy*. Cambridge: The MIT Press, 1996.

INSTITUTO BRASILEIRO DE GEOGRAFIA E ESTATÍSTICA. *Censos demográficos de 1900, 1920, 1940, 1950, 1960, 1970, 1980, 1991, 2000 e 2010 (resultados preliminares)*. Rio de Janeiro: IBGE, 2011.

SANTOS, Boaventura Sousa. *Pela mão de Alice: o social e o político na pós-modernidade*. São Paulo: Cortez, 1999.

_____. "Introdução à Sociologia da Administração da Justiça". In: FARIA, José Eduardo de (org.). *Direito e Justiça: a função social do Judiciário*. São Paulo: Ática, 1990.

VIANNA, Luiz Werneck. *Liberalismo e sindicato no Brasil*. Belo Horizonte: Ed. UFMG, 1999.

WEBER, Max. *Economia y sociedad*. Buenos Aires: Fondo de Cultura Econômica de Argentina, 1999.

# Direito e povos indígenas no Brasil

*Fernando Antonio de Carvalho Dantas*

A edição, em 29 de maio de 1537, da bula *Veritatis Ipsa* pelo papa Paulo III, declarando serem os índios homens e que, como tal, tinham alma, reforçou o entendimento geral, no início da colonização brasileira, de que a bestialidade, ou seja, a negação da humanidade, era a característica dominante que o imaginário colonizador, tanto dos espanhóis como dos portugueses, atribuía às pessoas indígenas. A necessidade da declaração papal, defendida pelo frei Bartolomé de Las Casas, já confirma isso.

O percurso da história dos povos indígenas no Brasil é marcado por diferentes processos e formas de injustiças e violências institucionalizadas. Começa pela negação da humanidade, transita um longo tempo pela negação da cultura e chega aos dias atuais marcado pelo limite ao exercício de direitos e, consequentemente, da cidadania.

Esses processos podem ser enquadrados contemporaneamente, nos contextos orientados pelos direitos humanos, naquilo que conhecemos como práticas genocidas, etnocidas e epistemicidas. Descortinar a violência desses processos, de modo bastante simplificado em razão dos limites deste verbete, constitui o objeto das elaborações a seguir.

O preconceito contra os povos indígenas reside, segundo Thomas Georg (1982, p. 20), em três fatores ligados às características culturais dos povos indígenas brasileiros, que influíram na formação de uma mentalidade duvidosa nos colonizadores com relação à "humanidade" dos índios: I) a antropofagia, tratada como o caráter de uma raça perversa e degenerada; II) a inimizade constante entre os grupos, que se apresentava como uma expressão ulterior da degeneração; III) e a "impressão" de que essas sociedades não possuíam qualquer instituição social, jurídica ou política, logo, sendo formadas por gente "sem fé, sem lei e sem rei".

Por outro lado, Etxeberría (1997, p. 99), com base nos adjetivos empregados pelos colonizadores espanhóis para qualificar negativamente os povos indígenas (tais como: homens naturais sem cultura; bestas; homens iníquos e bestiais que devem ser escravos), atribui a essa construção semântica inferiorizadora o preconceito e a destruição das diferenças.

No Brasil não foi diferente: os documentos e discursos oficiais também desqualificaram as pessoas indígenas, valendo-se de nomenclaturas depreciativas, como *selvagem, gentio, aborígine, negro da terra, bugre, caboclo, bronco, ocioso, errante, incivilizado, bárbaro, indolente*. Do mesmo modo, ao se referirem aos povos indígenas, os tratavam como *hordas selvagens, povos incultos, aborígines*, membros de uma *raça vencida, tribos hostis*, entre outros.

O poder negativo dessas palavras procurava legitimar as práticas "civilizatórias" no modelo ocidental, uma vez que a negação da humanidade e do estatuto do ser diferente e, consequentemente, do viver diferente, impunha o processo de catequização, tendo em vista os interesses coloniais de aproveitamento da mão de obra indígena, apossamento das terras e conversão na fé cristã.

Esse processo implicou transformações no modo de vida indígena, impondo uma radical desarticulação do espaço social, como é o caso dos aldeamentos, cuja finalidade era atrair os índios para aldeias/missões situadas nas cercanias das fazendas que necessitavam de mão de obra, tendo como principal consequência imediata a perda territorial.

Os modos de ser, fazer e viver dos povos indígenas incomodavam o pensamento colonial porque traziam em si a marca da diferença, da alteridade, como se observa no relato a seguir, sobre os tikuna e sua ideia da simbiose entre os seres humanos e a natureza, trazido por Abel Julião:

> Nos tempos antigos, as pessoas se reuniam uma vez por ano e andavam até a árvore chamada "tchauparane", a árvore dos terçados e dos facões. Aí ficavam esperando que caíssem no chão. Quando eles caíam, as pessoas ouviam: "terutchipetu cuyaru! terutchipetu cuyaru!". Assim surgiu o nome do Cujaru, um lugar perto do rio Jucurapá onde essa árvore existia. (2007, p. 15)

O relato acima revela as representações simbólicas, histórico-míticas do povo tikuna, a maior sociedade indígena brasileira, habitante do extremo oeste da Amazônia, nos espaços transnacionais da tríplice fronteira entre Brasil, Colômbia e Peru. Durante séculos, a racionalidade cartesiana norteadora dos ideários social e político-estatal no Brasil guiou-se pelo olhar míope do etnocentrismo colonizador. Dessa forma, não encontrou nas ações, nas narrativas, nos modos de vida, enfim, no pensar das pessoas e dos povos originários algo importante, com qualidades epistêmicas ou humanas para assim desqualificar, de modo a, após negar os traços humanos por irracionais ou folclóricos, negar também a complexidade das formas de vida e organização social, das relações com a natureza desses povos.

Diante disso, a história da relação dos povos indígenas brasileiros com o Estado e o Direito pode ser dividida em dois momentos significativos: o primeiro, caracterizado pela negação, estende-se do início do processo de colonização à promulgação da Constituição Federal de 1988, quando se inicia o período de reconhecimento, com o rompimento da antiga ordem.

A negação da humanidade dos índios, que significa a negação das ações, do trabalho transformador da natureza — elemento de configuração de titularidades e garantia de espaços de atuação política e exercício das ações da vida —, constituiu a primeira violência institucionalizada para com aqueles povos. Nesse sentido, os raciocínios explicativos da realidade dessas diferenças nos mostram as histórias desses povos como parte essencial de suas vidas, contextualizadas nos diversos momentos das suas existências e especificadas em narrativas e imagens particulares, que configuram a vida concreta dos índios.

Para Souza Lima (1995, p. 197), a negação da humanidade e da cultura, aliada à escravização, aos aldeamentos e a evangelização configura um processo de "guerras de conquista" empreendidas pelo Estado no intuito de "pacificar" os povos indígenas. Essas guerras se desenvolveram por meio de estratégias, táticas e ações coordenadas, sendo a distribuição de brindes uma das principais ações impulsionadoras da atração dos povos indígenas ao convívio "pacífico" com os não índios.

*Tchauparane*, a árvore dos facões, carrega em si os mecanismos simbólicos da história do contato, numa espécie de solução idealizada, mitificada e, ao mesmo tempo, materializada e prática, para a violência, os traumas e as alegrias do confronto com o colonizador, em sua forma cultural específica de adaptação do raciocínio indígena sobre o meio — no caso, a floresta —, provedor das necessidades materiais básicas, ao contexto de relação com a sociedade brasileira, suas tecnologias e formas de vida.

Esse fato, e muitos outros, como as violências da assimilação forçada que descaracterizaram muitos povos indígenas no Brasil, demonstram como, ao longo da história, os povos indígenas, a sociodiversidade e a formação pluriétnica da sociedade brasileira foram abordadas com simplicidade. Em primeiro lugar, socialmente, através do ocultamento da diversidade, a exemplo de como os índios eram tratados nos livros didáticos, até recentemente — como *tupis*, que falavam tupi, acreditavam no deus Tupã, viviam em ocas, cujo conjunto formava uma taba. Em segundo, na regulação jurídica passada, marcada pelo viés da invisibilidade e da negação de direitos.

Apesar da histórica e institucionalizada violência jurídica, estampada nos aldeamentos, na evangelização e na assimilação forçada, os povos indígenas sobreviveram e hoje são parte integrante da realidade social brasileira. Entretanto, ao longo da história, bem como na contemporaneidade, em razão de uma persistente racionalidade colonial, tais comunidades passaram e passam por diversas ocasiões de confrontos, em casos concretos afetos ao Direito e à Justiça, subjugados ao domínio da razão colonial/moderna em detrimento de toda a riqueza cultural própria, singular a cada povo.

Comecemos, em primeiro lugar, pelo campo da territorialidade imposta. Os aldeamentos constituíram uma dupla violência ao negarem aos índios o direito de utilização cultural do seu espaço vivido, ao mesmo tempo que impunham um novo modo de ordenação desse espaço ao estilo europeu. Ao tratar das formas de representação do ideário estético-espacial europeu no novo mundo, Janice Theodoro (1992, p. 57) afirma que as colonizações portuguesa e espanhola transplantaram para o outro lado do oceano seus modos de organização do espaço, centrados na propriedade privada, como forma de colonizar ao Novo Mundo. Além disso, a conversão à fé cristã através da evangelização e a transformação do modo de vida relacionada à reordenação espacial dos povos indígenas por meio do sistema de aldeamentos, calcado na apropriação privada, constituíram processos materiais de implantação do ideário colonial que perpassou os cinco séculos de dominação da cultura e racionalidade ocidental sobre as racionalidades indígenas no continente americano.

Outro aspecto da violência institucionalizada se manifestou na redução tupinizante, fundada no trinômio índios tupi, língua tupi, deus Tupã, como visto anteriormente. Esse aspecto ajudou a configurar tipos de dominação que tiveram a língua geral, o *nhengatu*, como instrumento de conquista, estruturados em padrões da gramática latina transposta para o ambiente dos seus falantes — de acordo com Dal'igna Rodrigues (2003).

Esse é, sem dúvida, um traço importante no bojo da política de "civilização", uma vez que a língua constitui um espaço privilegiado para a inculcação de valores de uma cultura sobre outra — no caso, os valores ocidentais da cultura moderna europeia.

Assim, a desumanização, a escravização, os aldeamentos com as perdas territoriais, a depreciação semântica generalizante e a tentativa de redução linguística constituíram ideais e formas políticas violentas de negação das diferenças, além de práticas históricas de invisibilidade, caracterizadas çomo o que Sousa Santos (2003, p. 157) denomina como *conhecimento-regulação*, *modus operandi* característico da ciência e do pensar modernos.

Essa ideia encontra similitude prática em algumas ações desencadeadas pelo governo colonial do Brasil, especialmente no Pará e no Maranhão, na segunda metade do século XVIII, formalizadas na lei conhecida como *Diretório que se deve observar nas povoações do Pará e Maranhão*, editada em 3 de maio de 1757. Essa lei foi tornada geral e, portanto, eficaz em todo o território brasileiro, através do alvará de 17 de agosto de 1758, que instituiu legalmente o processo civilizatório.

O *Diretório*, segundo Almeida (1997, p. 19), "exprime uma visão de mundo, propõe uma transformação social, é o instrumento legal que dirige a execução de um projeto de civilização dos índios articulados ao da colonização". Saliente-se que as determinações da lei, com a proibição de se falar a língua materna, substituindo-a pelo uso exclusivo da língua portuguesa, o estímulo ao casamento entre índios e não índios, o convívio social nas novas povoações ou nas antigas missões — elevadas à categoria de vilas —, reguladas pelas leis civis do Reino, atingiram em cheio os índios, provocando transfigurações culturais.

Por que essas instruções foram de capital relevância para o fundamento das práticas dominantes de negação? A reduzida possibilidade de resposta para esse questionamento, dada a complexidade do contexto sociocultural plural em que a pergunta é formulada, se constitui em permanente desafio para as ciências sociais e humanas, e, especialmente, para o Direito. Do ponto de vista ideológico, essas medidas possibilitaram as heteroadscrições, que vão desde a nominação com termos estranhos à cultura dos povos indígenas ao registro histórico do discurso colonizador, e deste somente, sobre as sociedades indígenas e seus modos de vida. Do ponto de vista prático, essas regras possibilitaram a manutenção do ambiente de dominação, em vista da suposta inferioridade cultural dos índios.

Nesse projeto de cunho eminentemente civilizatório, a violência institucional é manifesta. As suas instruções, com caráter de norma, quando projetadas no tempo e no espaço, demonstram o quanto as bases da política colonialista em relação aos índios foram traçadas segundo a possibilidade de extermínio das sociedades indígenas, por meio da destruição física ou da transformação de suas culturas. Essa ideia perpassou a história, fundamentando as políticas, quando não de morte física, de morte simbólica pela assimilação e pela integração (no sentido colonial de descaracterização) dos povos indígenas a uma homogênea e hegemônica sociedade colonial e posterior comunidade nacional. Além disso, ressalta-se o caráter relacional entre as questões indígenas e a pretensão de se demarcar o domínio territorial do Estado.

Com a Constituição brasileira de 1988, seu alcance e suas projeções no tempo presente, aquela invisibilidade, aquele silêncio, tanto no Direito como na história, dão lugar ao reconhecimento e à ação emancipatória. A nossa Constituição reconhece os direitos fundamentais das pessoas e dos povos indígenas ao reconhecer tanto as identidades diferenciadas de pessoas e grupos, os direitos culturais, os modos de ser, fazer e viver, as línguas, os costumes, as crenças e tradições, a educação diferenciada, quanto a história das línguas e culturas, aliada sempre aos territórios e às possibilidades concretas de sobrevivência física e cultural dos povos indígenas. Admite, também, a capacidade dos índios de construírem sua realidade social, decidirem e participarem das decisões sobre seu futuro, assim como postularem, em todos os âmbitos, a defesa dos seus direitos.

Mas nem sempre foi assim. Ao longo da historia do Direito e, especialmente, no antigo Código Civil brasileiro, ao conceituar os povos indígenas como selvagens na figura dos silvícolas, o legislador consagrou e colocou os valores da cultura branca ocidental hegemônica e dominante na sociedade brasileira em patamar superior, assumindo uma postura eminentemente etnocêntrica. Desse modo, deu-se continuidade ao processo colonial de invisibilização dos povos indígenas. Não somente invisibilização, como também punição, porque se trata de uma postura carregada de violência simbólica, posto que encerra um preceito normatizado.

Toda a sociodiversidade indígena foi, assim, reduzida à categoria de selvagem, que deveria passar à civilização. Esse estado de passagem, da barbárie à civilização, concretizou uma natureza de pessoa genérica, abstrata e, portanto, inexistente no mundo real, o indivíduo em transição. Aplica-se, dessa forma, o trânsito necessário da pessoa indígena pelos patamares de categorização vigente no século XIX: o selvagem que, em contato amistoso com a sociedade envolvente, se torna doméstico e, por fim, quando amansado pelo processo civilizatório, na modernidade tardia do século XX brasileiro, transforma-se em cidadão comum, integrado no estrato mais baixo da comunhão nacional e, consequentemente, com direitos iguais e meramente formais.

O freio a esse processo colonial permanentemente renovado veio com a Constituição Federal brasileira de 1988, que reconheceu, em seus artigos 231 e 232, os direitos poliétnicos dos povos indígenas brasileiros, aliados ao reconhecimento das pessoas como sujeitos diferenciados, partícipes de organizações sociais, territórios, línguas, culturas e tradições específicos. Esses direitos, de natureza constitucional, portanto no patamar mais alto nas normas do nosso país, encontram-se em perspectiva com os direitos humanos, especialmente com a Convenção nº 169 da Organização Internacional do Trabalho — OIT e a Declaração dos Direitos dos Povos Indígenas, da União das Nações Unidas — ONU.

A Constituição Federal de 1988, reafirma-se, dedicou todo um capítulo à questão indígena, desvelando temas cruciais em relação ao reconhecimento das pessoas e suas sociedades: o direito à diversidade cultural, o direito à terra e aos recursos naturais, com as implicações de ordem pública em razão de sua natureza jurídica; reconhecendo, por último, legitimidade processual às comunidades indígenas para atuar em juízo.

Consideramos fundamental apresentar todo o conjunto dos direitos constitucionais indígenas. Entretanto, abordaremos com maior detalhamento o disposto no art. 231, que trata do conceito de pessoa relacionado ao conceito de sociedade indígena e das características que a definição constitucional nos traz, integrando-os com o disposto no § 2º do art. 210, que efetiva o reconhecimento das culturas diferenciadas ao mandar que se utilizem as línguas maternas indígenas nos processos da educação formal.

O art. 231 da Constituição Federal dispõe que são reconhecidos aos índios sua organização social, seus costumes, línguas, crenças e tradições, assim como os direitos originários sobre as terras que tradicionalmente habitam, ao mesmo tempo que determina à União o dever de proteger e fazer respeitar todos os bens desses povos, assim como o de demarcar suas terras, o que configura uma atuação positiva do Estado.

A simples, rápida ou isolada leitura do dispositivo constitucional pode deixar despercebido o sentido e o alcance do seu conteúdo, se nos limitarmos a interpretá-los no âmbito exclusivo do Direito positivado e suas intrínsecas e herméticas regras de interpretação. Não é essa a intenção. Ousaremos abrir o espectro interpretativo no sentido de mesclar métodos clássicos, como o gramatical, o analógico e o sistemático, aos contemporâneos, da interdisciplinaridade e do processo legislativo, para extrair do enunciado não um único conceito de pessoa e sociedade indígena, senão uma complexidade tão grande e aberta quanto plural é a realidade dos povos indígenas brasileiros.

Além do reconhecimento da diversidade preceituado no art. 231, integrado ao art. 216, inciso II, que trata do patrimônio cultural brasileiro, dos modos de ser, fazer e viver das culturas que construíram e integram esse patrimônio, o realce está configurado na vinculação dos índios à organização social de seu povo, portanto, rompendo o paradigma de segmentação — índio e sociedade indígena — constante do Estatuto do Índio. Por organização social, segundo Bonte et al. (1996, p. 541), entenda-se todo o complexo de representações simbólicas relacionadas à atividade social de um povo. As sociedades indígenas organizam-se não como meras coleções de indivíduos, podendo se distinguir internamente unidades sociais mais ou menos permanentes, institucionalizadas, que mantêm entre si relações integradas, ao mesmo tempo estruturais e funcionais.

O complexo de unidades sociais que compõem a organização social inclui as relações políticas de poder, a religião, o Direito, o território, as regras de parentesco, enfim, todo o aparato conceitual que determina as práticas sociais. Assim, ao reconhecer os índios, no plural, e suas correlativas organizações sociais, a Constituição está reconhecendo todo o conjunto de representações coletivas e práticas sociais delas decorrentes. Por outro lado, não se pode falar em cultura indígena como termo unificador, e sim em identidades étnicas, culturas indígenas e organizações sociais, porque não existe uma só cultura indígena no Brasil.

A pessoa indígena, vislumbrada a partir do conceito constitucional, é o sujeito em relação, o sujeito contextualizado, construído a partir da cultura. As sociedades indígenas, assim como as tradicionais, elaboram a noção de pessoa mediante pressupostos simbólicos internos e particulares; essas pessoas vinculam-se ao corpo social, ocupando e pertencendo em um determinado lugar. Assim, a margem de autonomia individual é significativamente pequena, limitando-se a casos de "renunciantes" que geram situações muito específicas de poder religioso, como é o caso dos xamãs, por exemplo.

Em tais sociedades, o homem não ocupa um lugar central, como ocorre nas sociedades modernas; ele está em relação com a natureza, com a sua sociedade. É o que revela Sousa Santos (1998, p. 203) ao criticar o inatismo e o universalismo característicos dos direitos humanos — leia-se do Direito moderno — estampados no individualismo e no predomínio da razão.

A acertada definição constitucional põe fim, no que concerne aos povos indígenas, ao individualismo característico do Direito moderno vigente no Brasil e, por consequência, à tutela especial que se "justificava" no contexto passado, em que vigorava o ideal de integração (assimilação) dos índios à sociedade nacional.

A partir dessas explicações, pelo menos duas questões são muito importantes e devem obrigatoriamente ser consideradas. A primeira diz respeito à definição de quem são os componentes dessa pluralidade indígena e quais são os índios e suas sociedades, quais são os aspectos culturais que configuram a identidade e de que modo a pessoa é construída internamente, quais são os valores e representações simbólicas que carrega; a segunda é saber se a Constituição reconheceu o Direito interno dessas sociedades, bem assim a jurisdição indígena para a resolução dos conflitos no âmbito interno de cada sociedade.

A Constituição brasileira de 1988 é taxativa. Reconhece os índios e suas organizações sociais, esse é o princípio. Quem são esses índios? Quais são suas organizações sociais? Trata-se de perguntas complexas, cujas possibilidades de resposta são amplas. Os índios podem ser tikuna, guarani, rankomkamekra, pankararu, ou qualquer dos aproximadamente 235 povos atualmente conhecidos, que integram uma população de 817.963 pessoas, que vivem em 677 terras indígenas e falam em torno de 180 línguas diferentes, segundo dados do Instituto Brasileiro de Geografia e Estatística divulgados pelo Instituto Socioambiental (2011). Desvendar suas organizações sociais depende de suas presenças e falas, de estudos etnográficos, antropológicos e históricos aprofundados e contínuos, em face da dinâmica da cultura, da inter-relação desses grupos com a sociedade nacional e dos processos institucionalizados de dominação capitaneados pelo Estado moderno e seu Direito moderno.

O Direito estatal, positivado na Constituição de 1988, como resultado do democrático processo instituinte das bases do Estado brasileiro pós-ditadura militar, consagrou os direitos indígenas como múltiplos e diferenciados, e assim devem ser vistos e interpretados, já que essa foi a vontade política do constituinte.

Entretanto, muito embora os debates ocorridos na Assembleia Nacional Constituinte tenham rechaçado do texto constitucional os termos povos ou nações para aludir aos povos indígenas, como indicavam algumas propostas apresentadas aos legisladores, a evidência de que as sociedades indígenas configuram autênticas nações, minoritárias, inseridas no âmbito do Estado brasileiro — por enquanto, sem o determinismo histórico de se transformarem em Estados autônomos — está demonstrada em Mancini, Silva & Lopes. O conceito de nação de Mancini pode bem aplicar-se ao texto constitucional: trata-se da "reunião em sociedade de homens, na qual há unidade de território, de origem, de costumes, de língua e a comunhão de vida e consciência social" Mancine *apud* Ferreira (1995, p. 444). A língua é um fator significativo na formação de uma nação, de uma comunidade nacional. Por isso José Afonso da Silva (1990, p. 175) afirma que "se pode falar em nações indígenas, na medida em que a comunidade linguística as identifica".

Nesse sentido, Souza Filho é enfático ao afirmar que, ao ser assim, "a constituição abre as portas para o reconhecimento da jurisdição indígena, quer dizer, ao reconhecimento das normas internas que regem as sociedades indígenas" (1998, p. 162).

Por outro lado, a capacidade dos índios, em consonância com os princípios constitucionais, é plena e diferenciada. Entretanto, isso não ocorre se a tomarmos pelo viés da igualdade formal, igualando-os aos demais cidadãos brasileiros como mandam os princípios do Direito moderno, pois, como salienta Sousa Santos, um dos pressupostos básicos para o diálogo intercultural é ter em mente a complexidade que envolve a igualdade e a diferença, uma vez que "temos direito a ser iguais quando a diferença nos faz inferiores, porém, temos direito a ser diferentes quando a igualdade nos descaracteriza" (1998, p. 210).

A violência jurídica para com os índios se manifesta agora na renitência do Estado em fazer efetivos esses direitos, não se aparelhando em configurações institucionais heterogêneas que possibilitem âmbitos públicos plurais que concretizem uma justiça cotidiana para com os povos indígenas.

## Referências bibliográficas

ALMEIDA, Rita Heloísa de. *O Diretório dos Índios: um projeto de civilização no Brasil do século XVIII*. Brasília: Editora UnB, 1997.
ANAYA, James S. *Los pueblos indígenas en el derecho internacional*. Madri: Trotta, 2004.
ANDRADE, Mário de. *Macunaíma*. Belo Horizonte/Rio de Janeiro: Livraria Garnier, 2001.
BONTE, Pierre; IZARD, Michel; ABÉLÈS, Marion; DESCOLÁ, Philippe; DIGARD, Jean-Pierre; DUBY, Catherine; GALEY, Jean-Claude; JAMIN, Jean; LENCLUD, Gérard. *Diccionario de etnología y antropología*. Madri: Ediciones Akal, 1996.
"Bula do Papa Paulo II reconhece a humanidade dos índios". In: *Archivo General de Índias. Bulas e Breves* n<sup>os</sup> 22 e 23, Sevilha, Espanha.
CARNEIRO DA CUNHA, Maria Manuela. "De amigos formais a pessoas: de companheiros, espelhos e identidades". In: *Boletim do Museu Nacional*, nº 32, Rio de Janeiro, maio de 1979.
DANTAS, Fernando Antonio de Carvalho. "Humanismo latino: o Estado brasileiro e a questão indígena". In: MEZZAROBA, Orides (org.). *Humanismo latino e Estado no Brasil*. Florianópolis: Fundação Boiteux/Fundazione Cassamarca, 2003.
ETXEBERRÍA, Xabier. *Ética de la diferencia en el marco de la Antropología Cultural*. Bilbao: Universidad de Deusto, 1997.

FERREIRA, Abel Julião et al. *O livro das árvores*. Benjamin Constant: Organização Geral dos Professores Ticuna Bilíngues, 1997.

FERREIRA, Pinto. *Comentários à Constituição brasileira*, vol. 7. São Paulo: Saraiva, 1995.

GAMBINI, Roberto. *O espelho índio: os jesuítas e a destruição da alma indígena*. Rio de Janeiro: Espaço e Tempo, 1988.

GEORG, Thomas. *Política indigenista dos portugueses no Brasil – 1500-1640*. São Paulo: Loyola, 1982.

INSTITUTO SOCIOAMBIENTAL. *Povos indígenas no Brasil*. Brasília, 2011. Disponível em: http://pib.socioambiental.org/pt/c/no-brasil-atual/quem-sao/povos-indigenas

LIMA, Antonio Carlos de Souza. *Um grande cerco de paz. Poder tutelar, indianidade e formação do Estado no Brasil*. Petrópolis: Vozes, 1995.

RODRIGUES, Aryon D. "As línguas gerais sul-americanas". Artigo disponível na página web do Laboratório de Línguas Indígenas da Universidade de Brasília: <www.unb.br/il/lali/lingerais.htm>

_____. "As línguas gerais sul-americanas". Artigo disponível na página web do Laboratório de Línguas Indígenas da Universidade de Brasília: <http://www.unb.br/il/lali/lingerais.htm>.

ROMANO, Ruggiero. *Mecanismos da conquista colonial*. São Paulo: Perspectiva, 1973.

SOUZA FILHO, Carlos Frederico Marés de. *O renascer dos povos indígenas para o Direito*. Curitiba: Editora Juruá, 1998.

SOUSA SANTOS, Boaventura. *La globalización del derecho; los nuevos caminos de la regulación y la emacipación*. Bogotá: Universidad Nacional de Colômbia/ILSA — Instituto Latinoamericano de Servicios Legales Alternativos, 1998.

_____. "Pluralismo jurídico y jurisdicción especial indígena". In: *Del olvido surgimos para traer nuevas esperanzas. La jurisdicción especial indígena*. Bogotá: Anais do Primer Seminario Nacional sobre Jurisdicción Indígena y autonomía territorial.

THEODORO, Janice. *América Barroca: temas e variações*. São Paulo: Edusp/Nova Fronteira, 1992.

# Direito e questão racial

*Lilian Gomes*

O tema da Justiça e das relações raciais deve ser discutido tendo em vista o contexto de cada país. Não há uma definição genérica, capaz de estabelecer a relação entre Justiça e raça, uma vez que essa última é uma construção social que só pode ser compreendida dentro de cada contexto sócio-histórico, econômico e cultural (Guimarães, 1999, p. 22). O debate sobre a questão do Direito e das relações raciais no Brasil passa pela necessidade de entendimento de que os três grupos formadores do processo civilizatório nacional — indígenas, brancos e negros — ocupam posições assimétricas na hierarquia social desde o início do processo de colonização. Essa desigualdade inicial, fruto do próprio processo de colonização, que coloca em posição de mando os colonizadores e em posição de subalternidade os colonizados, não teve fim no período pós-Abolição da Escravatura (1888). A ordem iníqua e racista foi aprofundada nos anos posteriores, chegando até o século XXI com extensos patamares de desigualdades socioeconômicas de viés racial (Hasenbalg, 2005; Soares, 2008).

Mediante a pressão dos movimentos sociais, sobretudo a partir da década de 1970, denunciando as diversas formas de desigualdades que atingem os não brancos, há o reconhecimento por parte do Estado brasileiro de que o racismo está presente como prática no Brasil. Esse reconhecimento ganha maior relevância com a Constituição de 1988, tendo os governos posteriores investido em políticas públicas como forma de corrigir as desigualdades de cunho racial (Silva; Luiz; Jaccoud; Silva, 2009, pp. 432 ss.). Em razão desse longo período sem o reconhecimento de modo mais extensivo da existência do racismo e das desigualdades de cunho racial, o que se questiona é: por que o Estado brasileiro demorou tanto tempo para legislar e criar políticas públicas voltadas para o combate ao racismo e às desigualdades de cunho racial? A explicação pode ser encontrada em um conjunto de aspectos relacionados: 1) às ações do Estado e das elites econômicas e políticas; 2) ao papel desempenhado por intérpretes das relações raciais no Brasil; e 3) à atuação dos movimentos sociais negros ao longo da história. Esses aspectos não serão tratados aqui de modo isolado, já que no plano das relações sociais e políticas eles estão imbricados. O objetivo deste texto é indicar o porquê de no Brasil o tema do Direito e das relações raciais ter especificidades próprias que só podem ser compreendidas dentro do contexto sócio-histórico, econômico e cultural do país. A seguir apresentam-se três momentos-chave no período pós-Abolição da Escravatura nos quais ocorre a racialização do debate. Eles ajudam a explicar a complexidade do tema e as nuances das formas como a questão da raça foi tratada no Brasil.

 O primeiro momento do debate, que será intitulado "racialização para assimilação", ocorre no final do século XIX, momento em que, com a Abolição da Escravatura e a Proclamação da República, há crescente necessidade de modernização. Dentre as questões que caíram sobre os ombros dos formuladores do pensamento social brasileiro estava aquela relativa à raça (Costa, 2006, p. 152). Com a Abolição, figuras multifacetadas de diferentes etnias passaram a circular pelos espaços urbanos, nas ruas, nas praças públicas e nos mercados, ocupando as moradias coletivas e os cortiços, naquele momento liberados de tutelas diretas (Marins, 1998, p. 132). Havia um mal-estar das elites com a presença dessas figuras sociais populares, constrangimento esse acompanhado pela necessidade de filiação às nações civilizadas. Por outro lado, os não brancos foram progressivamente compreendendo que o estabelecimento da modalidade livre nas relações de trabalho, estendida a todos, bem como a eclosão do regime político republicano não significaram mudanças no modo de percepção desses grupos no cenário nacional. Em decorrência disso, as formas de luta e resistência negra adentraram o século XX, embora, conforme indica Florestan Fernandes, diversos mecanismos sociais tenham impedido a constituição de uma opinião pública favorável aos movimentos de protesto negro (Fernandes, 1972, p. 275). Um exemplo é a aprovação, em 1890, do Código Penal que considerava a capoeiragem crime e fixava a idade penal em nove anos. Isso foi celebrado por Nina Rodrigues, visto que, de acordo com ele, a puberdade chega mais cedo para as raças inferiores, e o menino negro é precoce (Silva Jr., 2000, p. 364). Essas formas de exclusão somam-se à própria política imigracionista adotada a partir de 1871, que se constituía, também, em uma resposta concreta ao interesse das elites políticas e econômicas no branqueamento como alternativa para a filiação do Brasil às nações desenvolvidas.

As ideias de autores como, por exemplo, Arthur de Gobineau (1816-82) e Henry Thomas Buckle (1921-62) eram introduzidas no Brasil e readaptadas ao contexto local. Para a insatisfação das elites econômicas, políticas e intelectuais já não era possível, no final do século XIX, conter a miscigenação, uma vez que essa já estava integrada ao processo de formação nacional brasileiro. Sendo assim, era inviável a introdução de sistemas tais como o adotado nos Estados Unidos, com uma segregação estrita, que dividia as raças em linhas birraciais: "superior" e "inferior". Isso levou os pensadores sociais brasileiros a se debruçarem sobre a mistura racial como um problema a ser resolvido. Três principais escolas de teorias racistas influenciaram na construção de um pensamento próprio no Brasil. A primeira foi a escola etnológico-biológica; a segunda, a escola histórica — que tem como uma de suas teses o culto ao arianismo —; e a terceira, o darwinismo social (Skidmore, 1976, p. 65). O desafio de construir uma nação civilizada fez com que diversos autores brasileiros enfrentassem nesse momento a tarefa de fazer uma leitura própria, à luz dessas teorias, da realidade brasileira a partir da colocação do branco no topo da hierarquia racial. Esse processo passa pela articulação de uma gramática discursiva própria de diversos autores brasileiros. Citamos dois: Sílvio Romero (1851-1914) e Oliveira Viana (1883-1951). Embora com algumas diferenças, esses autores possuem interpretações semelhantes sobre a questão da raça no Brasil, visto que ambos partiam da premissa de que o destino das raças inferiores era permanecer sob o regime de domínio das raças superiores, algo naturalmente determinado. Tais autores apresentam muitas diferenças nos objetos de estudo e em argumentos diversos, mas partilham a concepção de que o branqueamento é o melhor caminho para civilizar o Brasil, sendo o homem branco naturalmente vocacionado para fazer com que o país atinja essa meta (Romero, 1979, p. 86; Viana, 1938, p. 75). Nesse sentido, Evaristo de Moraes Filho, na apresentação da reedição do livro de Sílvio Romero, *Realidades e ilusões no Brasil*, diz que Oliveira Viana é o legítimo, imediato e confessado herdeiro de Sílvio Romero (Moraes Filho, 1979, p. 53).

Sílvio Romero era um ferrenho crítico literário e intérprete do processo cultural brasileiro, cujo desejo era renovar o país e colocá-lo finalmente na marcha da civilização. Ele empenhou com afinco a tarefa primordial de enfrentar o povo brasileiro na sua complexidade de mestiço, manifestando profundo interesse pelo folclore e pela questão cultural, o que pode ser comprovado por sua obra *Estudos sobre a poesia popular do Brasil* (1977). Contudo, Sílvio Romero não tinha uma atitude coerente ao tratar da mestiçagem: ora a considerava um bem, pois de outro modo não haveria adaptação do branco ao trópico; ora, com mais pessimismo, julgava-a um mal inevitável, quase humilhante (Candido, 2006a, p. 169). Não deixava, contudo, dúvidas de que a assimilação dos elementos de cor deveria permitir a vitória do branco, o que possibilitaria o surgimento de um tipo novo (Romero, 1977, p. 267).

O mérito do esforço intelectual de Oliveira Viana, por sua vez, é ter como um dos pontos centrais de seu pensamento o enraizamento na tradição brasileira, e não na estrangeira (Carvalho, 1980, p. 50). Esse último elemento, associado ao seu profundo conhecimento sobre as condições locais, os hábitos e costumes, permite que se diga que ele é um clássico do pensamento social brasileiro, manifestando a ansiedade de buscar um caminho original para o Brasil. No entanto, os elementos que ele mobilizava para pensar a construção desse caminho se faziam sob bases conservadoras: apresentava um conhecimento sobre as "três raças" do Brasil, mas as analisava com base no "índice de eugenismo dos indivíduos" (Viana, 1938, p. 177).

Para os dois autores, portanto, embora com asserções muito distintas, a solução para a questão racial brasileira era o branqueamento. Esse pode ser considerado um primeiro marco na compreensão original da questão das relações raciais no pós-Abolição: há uma racialização do debate, valendo-se do reforço de teorias racistas que pretendiam que a população brasileira viesse a se branquear em poucas gerações. Esse primeiro momento, que predominou do final do século XIX até a década de 1930, constitui-se, assim, numa "racialização para assimilação". Tomando-se os censos de 1890 e 1940, nota-se que essas aspirações de assimilação tiveram algum impacto, uma vez que o censo de 1890 apontava que 56% da população brasileira era de negros, e o de 1940 mostrava que 35,8% da população era negra (Soares, 2008, p. 101), o que indica que a política imigracionista surtiu efeitos na direção do objetivo das elites políticas, econômicas e intelectuais conservadoras: o processo de branqueamento da população.

O segundo momento do debate que tem impacto sobre o modo como as relações raciais são tematizadas no Brasil pode ser intitulado "racialização para a inclusão cultural". Esse é o momento no qual a mestiçagem deixa de ser vergonha e passa a ser orgulho nacional. Tanto os modernistas na década de 1920 quanto Gilberto Freyre, a partir da década de 1930, desempenharam papel central nessa virada em relação à percepção das relações raciais. Os modernistas, entre eles Oswald e Mário de Andrade, ao estabelecerem um diálogo com o pensamento social da época, apresentavam, no momento histórico em que viviam, argumentos suficientemente fortes e capazes de estabelecer um rompimento com o modo de percepção da relação racial, não apenas em seu viés cultural, mas também nos âmbitos sociopolítico e econômico. Brookshaw (1983) indica que se a Escola Antropófaga era essencialmente indianista em sua inspiração, por outro lado, era em seus propósitos — conforme assinalava Roger Bastide — semelhante à ética da Negritude de Aimeé

Césaire. Tais propósitos dos modernistas constituíam-se em um desejo de rejeitar totalmente o intelecto ocidental e a cultura importada da Europa (Brookshaw, 1983, p. 83). Os modernistas tiveram como motor a rearticulação da diferença e assumiram a hibridez como valor. No entanto, não conseguiram um rompimento com o aristocratismo de sua formação (Andrade, 1990 [1942], p. 36), de forma que suas contribuições foram mais assimiladas no âmbito da cultura.

Na década de 1930, Gilberto Freyre reforça essa valorização da diferença e do valor da mestiçagem como a nossa maior originalidade, estabelecendo um parâmetro central para a compreensão das relações raciais no país. É difícil encontrar estudos no Brasil, pós-Freyre, que tratem da questão racial e que não mencionem suas formulações. Ele estudou Antropologia com Franz Boas na Universidade de Columbia, nos Estados Unidos, no começo dos anos 1920, o que se tornou referência fundamental para a introdução de outros marcos na análise da sociedade brasileira. Ao romper com uma matriz naturalizante de pensamento pautada no racismo científico, Gilberto Freyre reafirma outra concepção no modo de representação da sociedade brasileira e percebe na mestiçagem uma singularidade que gera um povo único, ou seja, o brasileiro. Assim, as diferenças étnicas presentes na composição do povo brasileiro passam a ser vistas como um orgulho nacional, tendo sua obra a genialidade de desfazer a vergonha e a repulsa aos não brancos deixadas pelo ideal do branqueamento.

Desse modo, o pensamento de Gilberto Freyre tem impacto para o debate da identidade nacional. Entretanto, nesse autor, essa identidade se afirma a partir da naturalização das relações de poder e isso contribuiu para a consolidação de uma hierarquização social na qual o branco estava no topo da pirâmide. A análise da obra do sociólogo permite afirmar que seu pensamento consolida a tendência de compreender a nação com base em critérios que hierarquizam a sociedade, ficando os não brancos na base da pirâmide, o que pode ser verificado em *Casa grande & senzala* (2006a [1933]) e *Sobrados e mucambos* (2006b [1936]). Dois aspectos recorrentes na obra de Gilberto Freyre permitem que se faça essa afirmação. O primeiro liga-se ao fato de que, em seus ensaios, as relações íntimas entre senhores, escravos e escravas naturalizam o despotismo e o autoritarismo das relações raciais e sexuais, apresentados como parte do modo como se constituiu o Brasil. Há, assim, uma desumanização do colonizado e a naturalização de uma subalternidade da mulher/negra/índia diante do colonizador. O público e o privado parecem compor um quadro harmônico, no qual o luxo e o ócio eram amplamente vividos pelo senhor (Freyre, 2006a [1933], pp. 515-516). O segundo aspecto está associado à sua visão do público e do privado. Em *Casa grande & senzala* é possível perceber que a vida pública do comércio e dos negócios é espaço para o branco, isto é, fica nítida a separação entre espaço privado e espaço público, mesmo que um tenha influência sobre o outro. Aos não brancos estava reservado o espaço das relações privadas, e quiçá íntimas, e não necessariamente do "prazer", já que o luxo e o ócio estão ligados ao senhor branco e heterossexual. Mais que isso: mantém-se implícita a associação entre raça branca e masculinidade e a ideia de construção de nação como heterossexualidade (Miskolci, 2007), o que contribuiu para o estabelecimento de processos sociais de regulação e controle, colocando em situação de opressão e inferioridade aqueles que não correspondem a esse padrão. Sendo assim, a ordem social expressa não apenas elementos das desigualdades étnico-raciais, mas também daquelas de cunho sexual.

Assim, a concepção política em Freyre é patriarcal, estando a dimensão política subsumida ao poder do grande proprietário. Ele não faz a passagem para uma compreensão de política como dimensão a ser partilhada em condições de igualdade por todos os indivíduos pertencentes à nação. A cena pública, do mercado e da política, aparece como vocação natural para os senhores, chegando o autor até a associar a sede do poder político à casa-grande ou sobrado (Freyre, 2006b [1936], p. 57).

Desse modo, nesse segundo momento-chave do processo de tematização das relações raciais, há a valorização da miscigenação como elemento cultural formador da nação, mas os não brancos se mantêm associados ao foro íntimo, sem a tematização dos direitos desses sujeitos, agora valorizados por sua contribuição na configuração de uma cultura repleta de originalidade. Essa valorização tem consequências desastrosas, pois, ao naturalizar a redução do espaço dos não brancos à esfera privada, repleta de relações paternalistas e pessoais, impede a detecção do racismo como prática cotidiana, dificultando seu debate no espaço público, o que possibilita que tais atitudes escapem à lei (Schwarcz, 1998, p. 209).

Os estudos das décadas de 1940 a 1960 dão densidade ao volume de questões debatidas sobre as relações raciais, trazendo a problemática para a arena acadêmica. No entanto, é apenas com o fervilhar dos anos 1970, momento no qual há um forte revigoramento da sociedade civil no Brasil (Avritzer, 2010), que se demarca o momento no qual o movimento negro alcança o espaço público nacional e tematiza a necessidade de extensão dos direitos com cunho racial. Em 18 de junho de 1978, a partir de uma forte articulação de estudantes, atletas, esportistas e artistas negros, decidiu-se criar o Movimento Unificado Contra a Discriminação Racial (MUCDR), que realizou um histórico protesto no dia 7 de julho nas escadarias do Teatro Municipal em São Paulo contra a violência policial dirigida aos negros (Cardoso, 2002, p. 40). O MUCDR foi rebatizado em 23 de julho do mesmo ano como Movimento Negro Unificado Contra a Discriminação Racial (MNUCDR). Em dezembro de 1979, no I Congresso realizado no Rio de Janeiro, passa então a chamar-se Movimento Negro Unificado (MNU). Esse pode ser considerado o ato fundador do terceiro momento-chave do debate, a "racialização pela igualdade étnico racial".

A partir desse ponto, a discussão sobre as relações raciais no Brasil passa a ser feita na perspectiva antirracista e ganha o espaço público nacional: Abdias do Nascimento, militante das causas negras desde a década de 1930, publica *O quilombismo*, no qual propõe um projeto coletivo de organização sociopolítica fundado na justiça, na igualdade e na liberdade (Nascimento, 1980, p. 262); o movimento das mulheres negras ganha visibilidade no "combate às diversas manifestações de racismo, sexismo e exclusão social" (Carneiro, 2002, p. 182; Ratts; Rios, 2010; Baldi, 2010); e as comunidades negras de quilombos, organizadas até então em movimentos locais, reivindicam o reconhecimento jurídico estatal de suas formas tradicionais de ocupação e uso dos recursos naturais (Almeida, 2008, p. 19). Essas são apenas algumas das reivindicações negras que ganham o espaço público nacional e que são parte de um amplo leque de demandas reprimidas. Assim, delineia-se um cenário no qual o princípio liberal da igualdade (formal) se mostra insuficiente em uma sociedade na qual a diferença fenotípica transforma-se em uma marca que é simultaneamente utilizada como status de classe (ou grupo) e poder político e econômico (Silvério, 2002, p. 226). Instaura-se, assim, um debate sobre a necessidade de um combate mais sistemático ao racismo e às desigualdades de cunho racial com a adoção, mesmo que de modo parcial e temporário, de políticas e ações afirmativas.

Os legisladores constituintes, ao introduzirem artigos voltados para a questão étnico-racial na Constituição de 1988, reconhecem como legítima a necessidade de reparação de injustiças históricas contra o status de subordinação dos não brancos no Brasil. Essa preocupação manifesta-se, por exemplo, no artigo V, inciso XLII, que determina que a "prática do racismo constitui crime inafiançável e imprescritível sujeito à pena de reclusão nos termos da lei"; nos arts. 215 e 216, que reconhecem a necessidade de preservação do patrimônio histórico e cultural proveniente da cultura indígena e afro-brasileira como participantes do processo civilizatório nacional; e no art. 68 do Ato das Disposições Constitucionais Transitórias (ADCT), admitindo o direito das comunidades quilombolas ao território.

A partir da década de 1990, o debate ganha progressivamente caráter institucional. O governo Fernando Henrique Cardoso (PSDB, 1995-2002) institui, no Ministério da Justiça (MJ), o Grupo de Trabalho Interministerial (GTI) com função de formular e promover políticas de valorização da população negra e combate à discriminação racial. A Conferência de Durban (2001) dá um incremento nesse processo: o Brasil, sendo signatário da Declaração e Programa de Ação de Durban, assume, na cena pública nacional e internacional, a necessidade de combate ao racismo, à xenofobia e a formas correlatas de discriminação. Essa tarefa passa a ser cobrada com mais urgência pelo movimento negro, por intelectuais e por outros aliados da luta antirracista após a divulgação do Relatório do IPEA sobre as desigualdades raciais, elaborado por Ricardo Henriques em julho de 2001. Esse estudo aponta que a pobreza no Brasil não está democraticamente distribuída entre as raças: os negros são sobrerrepresentados na pobreza e na indigência, atravessando a distribuição etária, assim como a regional e a de gênero. A pesquisa analisou as estruturas socioeconômicas de renda, escolaridade, trabalho infantil, mercado de trabalho, condições habitacionais e consumo de bens duráveis (Henriques, 2001, p. 46).

As medidas voltadas para a correção dessas injustiças ganham maior concretude no governo de Luis Inácio Lula da Silva (PT, 2003-2010), que, dentre outras medidas, cria a Secretaria de Políticas de Promoção da Igualdade Racial (Seppir) e promulga o Decreto nº 4.887/2003, que estabelece os procedimentos administrativos para a identificação, o reconhecimento, a delimitação, a demarcação e a titulação da propriedade definitiva das terras ocupadas por remanescentes das comunidades dos quilombos. Além dessas medidas, há uma ênfase na questão da educação, incluindo-se as "ações afirmativas como medidas de reparação e promoção da igualdade racial" (Gomes, 2009, p. 50). A aprovação da Lei nº 10.639/2003, tornando obrigatória, nas escolas públicas e privadas de Educação Básica, a inclusão da História da África e das culturas afro-brasileiras, tem como objetivo permitir o conhecimento da diversidade cultural existente no Brasil, com potencialidades para gerar o debate sobre diferentes perspectivas de vida. Em 2010, foi aprovado o Estatuto da Igualdade Racial (12.288/2010), destinado a garantir para a população negra a efetivação da igualdade de oportunidades, a defesa dos direitos étnicos individuais, coletivos e difusos e o combate à discriminação e às demais formas de intolerância étnica.

Esse processo de luta por ações afirmativas de cunho compensatório e distributivo não ocorre sem que haja uma forte oposição daqueles que são contrários ao uso da raça como critério para a definição de políticas públicas, embora, conforme salientado neste texto, tal categoria estivesse comumente presente entre os formuladores do pensamento político social brasileiro na conformação de um padrão racial nacional. Assim, a sociedade brasileira se vê diante de um embate fundamental para o processo de aprofundamento democrático com potencialidade não apenas de repensar o modo através do qual se tematizou a formação nacional, mas também com capacidade de construir patamares mais justos, criando condições para que todos os grupos participantes do "processo civilizatório nacional" alcancem todas as dimensões da justiça e o pleno desenvolvimento dos diferentes projetos de vida, em condições de igualdade.

Referências bibliográficas

ALMEIDA, Alfredo Berno de. *Terras de quilombo, terras indígenas, "babaçuais livres", "castanhais do povo", faxinais e fundos de pasto: terras tradicionalmente ocupadas*. Manaus: PPGSCA-UFAM, 2ª ed., 2008.
ANDRADE, Mário de. "O movimento modernista". In: BERRIEL, Carlos Eduardo (org.). *Mário de Andrade hoje*. São Paulo: Ensaio, 1990 [1942]. (Cadernos Ensaio. Grande Formato, nº 4).
AVRITZER, Leonardo. "Sociedade civil e participação no Brasil democrático". In: AVRITZER, Leonardo; MATOS, Kleber Gesteira (orgs.). *Experiências nacionais de participação social*. São Paulo: Cortez, 2010a.
BALDI, Cesar. "Racismo, consciência negra e direitos humanos". In: *Consultor Jurídico*, 2010. Disponível em: <http://www.conjur.com.br/2010-dez-30/constitucionalismo-intercultural-reconhecer-questao-diversidade>. Acesso em 20 de março de 2011.
BROOKSHAW, David. *Raça & cor na literatura brasileira*. Porto Alegre: Mercado Aberto, 1983.
CANDIDO, Antônio. *O método crítico de Sílvio Romero*. Rio de Janeiro: Ouro sobre Azul, 2006.
CARDOSO, Marcos Antônio. *O movimento negro em Belo Horizonte: 1978-1998*. Belo Horizonte: Mazza Edições, 2002.
CARNEIRO, Sueli. "Gênero e raça". In: BRUSCHINI, Cristina; UNBEHAUM, Sandra G. (orgs.). *Gênero, democracia e sociedade brasileira*. São Paulo: Fundação Carlos Chagas/Ed. 34, pp. 167-194, 2002.
CARVALHO, José Murilo. "A utopia de Oliveira Viana". In: *Revista de Estudos Históricos*. Rio de Janeiro, vol. 4, nº 7, pp. 82-99, 1991.
COSTA, Sérgio. *Dois Atlânticos: teoria social, antirracismo, cosmopolitismo*. Belo Horizonte: Ed. UFMG, 2006.
FERNANDES, Florestan. *O negro no mundo dos brancos*. São Paulo: Difusão Europeia do Livro, 1972.

FREYRE, Gilberto. *Casa-grande & senzala: formação da família brasileira sob o regime da economia patriarcal.* 51ª ed. rev. São Paulo: Global, 2006a [1933].

_____. *Sobrados e mucambos: decadência do patriarcado rural e desenvolvimento do urbano.* 16ª ed. São Paulo: Global, 2006b [1936].

GUIMARÃES, Antônio Sérgio Alfredo. *Racismo e antirracismo no Brasil.* São Paulo: Fundação de Apoio à Universidade de São Paulo/Ed. 34, 2005 [1999].

GOMES, Nilma. "Limites e possibilidades da implementação da Lei 10.639/03 no contexto das políticas públicas em educação". In: PAULA, Marilena de; HERINGER, Rosana (orgs.). *Caminhos convergentes: Estado e sociedade na superação das desigualdades raciais no Brasil.* Rio de Janeiro: Fundação Heinrich Boll, ActionAid, 2008.

HASENBALG, Carlos. *Discriminação e desigualdades raciais no Brasil.* Belo Horizonte: Ed. UFMG, 2005 [1979].

HENRIQUES, Ricardo. *Desigualdade racial no Brasil: evolução das condições de vida na década de 1990.* Rio de Janeiro: IPEA, 2001.

MARINS, Paulo César G. "Habitação e vizinhança: limites da privacidade das metrópoles brasileiras". In: SEVCENKO, Nicolau (org.). *República: da Belle Époque à Era do Rádio.* São Paulo: Companhia das Letras, pp. 131-214, 1998. (Coleção da vida privada no Brasil, nº 3.)

MISKOLCI, Richard. *A Teoria Queer e a questão das diferenças: por uma analítica da normalização.* Anais do Congresso de Leitura do Brasil, 2007. Disponível em: <http://alb.com.br/arquivo-morto/edicoes_anteriores/anais16/prog_pdf/prog03_01.pdf> Acesso em 20 de abril 2011.

MORAES FILHO, Evaristo de. "O pensamento político-social de Silvio Romero". In: ROMERO, Silvio. *Realidades e ilusões no Brasil: parlamentarismo e presidencialismo e outros ensaios.* Petrópolis: Vozes; Aracaju: Governo do Estado de Sergipe, pp. 29-53, 1979 [1906].

NASCIMENTO, Abdias do. *O quilombismo: documentos de uma militância panafricanista.* Petrópolis: Vozes, 1980.

RATTS, Alex; RIOS, Flávia. *Lélia Gonzalez.* São Paulo: Selo Negro, 2010.

ROMERO, Silvio. *Estudos sobre a poesia popular do Brasil.* Petrópolis: Vozes; Aracaju: Governo do Estado de Sergipe, 1977 [1888].

_____. *Realidades e ilusões no Brasil: parlamentarismo e presidencialismo e outros ensaios.* Petrópolis: Vozes; Aracaju: Governo do Estado de Sergipe, 1979 [1906].

SCHWARCZ, Lilia M. "Nem preto, nem branco, muito pelo contrário: cor e raça na intimidade". In: NOVAIS; SCHWARZ (orgs.). *História da vida privada no Brasil: contrastes da intimidade contemporânea,* vol. 4. São Paulo: Companhia das Letras, pp. 173-244, 1998.

SILVA, Adailton; LUIZ, Cristiana; JACCOUD, Luciana; SILVA, Waldemir. "Entre o racismo e a desigualdade: da Constituição à promoção de uma política de igualdade racial (1988-2008)". In: JACCOUD, Luciana (org.). *A construção de uma política de promoção da igualdade racial: uma análise dos últimos 20 anos*. Brasília: IPEA, 2009.

SILVA JR., Hédio. "Do racismo legal ao princípio da ação afirmativa: a lei como obstáculo e como instrumento dos direitos e interesses do povo negro". In: LYNN, Huntley; GUIMARÃES, Antônio Sérgio Alfredo (orgs.). *Tirando a máscara: ensaios sobre o racismo no Brasil*. São Paulo: Paz e Terra, pp. 359-387, 2000.

SILVÉRIO, Valter Roberto. "Ação afirmativa e o combate ao racismo institucional no Brasil". In: *Cadernos de Pesquisa*, n° 117, pp. 219-246, novembro, 2002.

SKIDMORE, Thomas E. *Preto no branco: raça e nacionalidade no pensamento brasileiro*. Rio de Janeiro: Paz e Terra, 1976 [1974].

SOARES, Sergei. "A trajetória da desigualdade: a evolução da renda relativa aos negros no Brasil". In: THEODORO, Mário (org.). *As políticas públicas e a desigualdade racial no Brasil 120 anos após a Abolição*. Brasília: IPEA, 2008.

VIANA, Oliveira. *Evolução do povo brasileiro*. São Paulo; Rio de Janeiro; Recife; Porto Alegre: Companhia Editora Nacional, 1938 [1922].

# Direito e empresariado

*Renato Raul Boschi*
*Jeferson Mariano Silva*

O Direito é dimensão fundamental da atividade empresarial, posto que a legitimidade da propriedade privada, assegurada pela norma jurídica, é condição primordial para a própria existência das relações de produção capitalistas. A regulação da atividade empresarial é, nesse sentido, um viés privilegiado das relações entre Estado e sociedade. Essa relação específica, expressa pela norma jurídica, abrange diversos aspectos da vida empresarial, incidindo, por um lado, sobre temas predominantemente econômicos, como o direito de propriedade, as práticas anticoncorrenciais, a tributação das empresas, o estímulo ao desenvolvimento e, por outro lado, sobre questões mais propriamente políticas, como a representação de interesses, o associativismo e as relações da classe empresarial com o Estado e com a classe trabalhadora.

Os tipos possíveis de regulação empresarial variam conforme o contexto político e econômico no qual eles são formulados. Assim, o modelo de desenvolvimento historicamente verificado influencia decisivamente as relações jurídicas do Estado com a classe empresarial, sobretudo no que tange à maior ou menor presença do Estado frente ao mercado.

Do ponto de vista econômico, os modos possíveis de regulação podem variar desde a orientação do conjunto das forças produtivas para a consecução de um objetivo político específico, por meio da atuação do próprio Estado como agente econômico, até a regulação estatal indireta, autônoma, pontual, mínima, pretensamente técnica e preocupada em garantir a observância de acordos privados e sanar "falhas de mercado".

Por sua vez, a regulação de caráter predominantemente político pode variar desde um arranjo estritamente corporativo, unificado e compulsório, em que a representação do empresariado é obrigatória e só pode ser desempenhada no interior de determinadas instituições com organização prescrita em lei, até arranjos pluralistas, nos quais a representação empresarial é pulverizada pelos mais diversos tipos de organização associativa num ambiente de competição e filiação voluntária.

No Brasil, a regulação da atividade empresarial é a combinação histórica de duas matrizes institucionais distintas e características de diferentes padrões de desenvolvimento. A regulação econômica é feita tanto por agências autônomas como por órgãos estatais responsáveis por políticas de desenvolvimento. De outro lado, a regulação correspondente à representação de interesses é formada por duas estruturas jurídicas distintas: a sindical (ou corporativa) e a associativa (ou extracorporativa).

Na regulação econômica indireta, destaca-se o CADE (Conselho Administrativo de Defesa Econômica), que, em 1994 (Lei nº 8.884/94), foi transformado em autarquia com competência para prevenir e reprimir infrações contra a ordem econômica. As decisões do CADE são administrativamente irrecorríveis, podendo ser revistas apenas judicialmente. Também compõem o sistema de defesa da concorrência a Seae (Secretaria de Acompanhamento Econômico), do Ministério da Fazenda, e a SDE (Secretaria de Direito Econômico), do Ministério da Justiça. Esses órgãos atuam como agências autônomas de caráter geral em defesa da competição e do consumidor. Para a regulação de setores específicos, foram criadas, desde 1997, diversas agências: Aneel (Agência Nacional de Energia Elétrica), Anatel (Agência Nacional de Telecomunicações) e ANP (Agência Nacional do Petróleo) inauguraram a expansão desse modelo para outros setores, como vigilância sanitária, distribuição de água e transportes. Assim, a influência do Estado sobre os níveis de preço, lucro, qualidade e entrada e saída de empresas passou a ser mediada por órgãos públicos autônomos.

A intervenção estatal direta na economia é feita de diversas formas, mas se destaca o papel do BNDES (Banco Nacional de Desenvolvimento Econômico e Social), uma agência pública ligada ao Ministério de Desenvolvimento, Indústria e Comércio Exterior, criada na década de 1950 para fomentar o desenvolvimento. Atualmente, o BNDES é o principal instrumento de execução da política de investimento do governo (Decreto nº 4.418/02). Seu objetivo primordial consiste em apoiar programas, projetos, obras e serviços que se relacionem com o desenvolvimento econômico e social do país. Em tempos recentes, o volume de desembolsos do BNDES variou de cerca de R$ 10 bilhões, em 1996 (1,15% do PIB), para quase R$ 40 bilhões, em 2002 (2,58% do PIB). E, em 2009, o volume de desembolsos alcançou quase R$ 140 bilhões, o que equivale a 4,37% do PIB (Além & Gambiagi, 2010). Essa expressiva variação indica a capacidade de coordenação econômica do Estado e a centralidade do BNDES, mesmo após as reformas liberalizantes dos anos 1990, como a instituição articuladora do regime produtivo brasileiro.

De outra parte, no caso da regulação da representação de interesses, a estrutura sindical é composta por entidades que representam empregadores de uma mesma categoria econômica, não podendo haver, na mesma unidade territorial, mais de uma organização por categoria (CF, art. 8º, II). Em virtude dessas restrições, forma-se, na base da estrutura, um sindicato único por categoria, como o são o Sifesp (Sindicato da Indústria de Fundição do Estado de São Paulo) e o Sindimaq (Sindicato Nacional da Indústria de Máquinas). Da reunião de cinco sindicatos de uma mesma categoria resulta a federação sindical (CLT, art. 534), como é o caso da FIEMG (Federação das Indústrias do Estado de Minas Gerais) e de outras federações estaduais da indústria. Por sua vez, a conjugação de três federações de uma mesma categoria forma a confederação sindical (CLT, art. 535) que, no caso, é a CNI (Confederação Nacional da Indústria).

Finalmente, as entidades associativas representam o empresariado livremente, sendo vedada a interferência estatal em seu funcionamento (CF, art. 5º, XVIII). Todavia, o alcance da representação por parte das associações é restrito: nas relações privadas com os empregados, não lhes cabe representação; e nas relações jurídicas com o Estado reconhece-lhes apenas uma prerrogativa relativamente limitada. Assim, as associações representam o empresariado preferencialmente em suas relações políticas com o Estado e junto à opinião pública. São exemplos de organizações da estrutura associativa a ABIT (Associação Brasileira da Indústria Têxtil) e a APEOP (Associação Paulista dos Empreiteiros de Obras Públicas), a ABDIB (Associação Brasileira para o Desenvolvimento das Indústrias de Base) e tantas outras.

A sucessão das diferentes fases do desenvolvimento nacional permite compreender as raízes históricas dessas matrizes institucionais, bem como sua combinação nos dias atuais. Adotando-se uma perspectiva histórica sobre o processo de desenvolvimento e formação da classe empresarial, é possível entender tanto a permanência quanto a mudança institucional nas relações jurídicas entre Estado e empresariado (Diniz & Boschi, 2004).

Entre os anos 1930 e 1950, a industrialização por substituição de importações constituiu o modelo brasileiro de desenvolvimento. No campo econômico, isso significou a associação de investimentos públicos em setores estruturais (estradas, combustíveis, energia e siderurgia) com políticas fiscais e creditícias de estímulo à indústria nacional. Portanto, vislumbra-se um papel decisivo do Estado, seja como agente econômico ou como regulador direto. No campo político, consolidou-se, também nesse período, a estrutura sindical de representação de interesses. Favorecidas pela indiferenciação interna da estrutura produtiva, a CNI (Confederação Nacional da Indústria) e a FIESP (Federação das Indústrias do Estado de São Paulo) se tornaram, então, as principais representantes da classe empresarial.

Dos anos 1950 a 1980, somou-se às características básicas do modelo de desenvolvimento anterior a expansão do capital internacional como sócio do desenvolvimento nacional nos setores líderes. Nesse contexto de crescimento, a inflação se tornou crônica, motivando a criação da Sunab (Superintendência Nacional de Abastecimento) e do CIP (Conselho Interministerial de Preços), responsáveis pela política de fixação de preços (Boschi, 1979). Em termos de regulação política, ocorreram mudanças significativas. A modernização e a diversificação industrial provocaram um duplo processo de adaptação institucional: os sindicatos passaram a se concentrar em temas trabalhistas e políticos gerais, ao passo que as associações adotaram uma atuação mais pragmática e comprometida com as especificidades de cada setor. Assim, enquanto os setores mais tradicionais mantiveram uma organização corporativa, os segmentos mais modernos optaram pela atuação conjunta de associações e sindicatos. Nesse sentido, é expressivo o crescimento do número de associações empresariais fundadas de 1950 até a década de 1980, quando o crescimento atingiu seu auge (Boschi, 2010).

No fim da década de 1980 e, sobretudo, ao longo dos anos 1990, a abertura comercial e as privatizações alteraram o modelo de desenvolvimento brasileiro, deslocando os investimentos públicos e privados nacionais em favor do capital estrangeiro. As reformas pró-mercado implicaram, no que concerne à regulação econômica, a criação de diversas agências, incumbidas de fiscalizar setores específicos, cabendo ao sistema de defesa da concorrência a fiscalização mais geral. No que concerne à estrutura de representação de interesses, a inflexão no padrão de desenvolvimento, por um lado, estancou o ritmo de criação de sindicatos e associações e, por outro, aglutinou importantes segmentos empresariais em torno do restabelecimento de uma agenda desenvolvimentista (Diniz & Boschi, 2004; 2007).

Assim, de um cenário em que predominavam a intervenção estatal direta e uma estrutura corporativa de organização de interesses, vislumbra-se, atualmente, um quadro de regulação indireta e de pluralismo associativo, cuja concretização é feita através da convivência de agências regulatórias com empresas públicas e de sindicatos com associações.

## Empresariado e Direito

Se, como visto, as relações do Estado com a classe empresarial se expressam de maneira privilegiada pela regulação jurídica da atividade econômica e política do empresariado, deve-se considerar, por outro lado, que essas mesmas normas constituem o objeto primordial da ação coletiva dos empresários. Nesse sentido, é central a atuação dos representantes da classe empresarial para alterar as normas que incidem sobre os próprios empresários. Com a abertura política e a redemocratização do Estado, vem crescendo a importância do Congresso Nacional e do Poder Judiciário como áreas de influência política. As legislações tributária e trabalhista são o alvo principal da mobilização empresarial. No primeiro caso, os recursos políticos do empresariado junto ao Legislativo e ao Judiciário, além dos tradicionais canais de acesso ao Executivo, são mobilizados no sentido de se buscar algum tipo de alteração ou reforma. Já no segundo caso, a mobilização política busca ou a manutenção de uma ordem que é mais favorável ao empresariado do que aos trabalhadores, ou a desregulamentação da proteção jurídica herdada de fases anteriores do desenvolvimento brasileiro. Ambos os temas demonstram a importância do legado institucional para a questão da permanência ou mudança das relações jurídicas entre Estado e empresariado.

Com a democratização, a atividade de lobby empresarial junto ao Congresso se tornou uma modalidade rotineira de pressão, envolvendo profissionais especializados e vultosos recursos. Ao contrário dos Estados Unidos, onde essa atividade é regulada, no Brasil o lobbying não é objeto específico de regulação, ocorrendo de maneira mais espontânea e, portanto, ao sabor dos interesses em jogo (Boschi, Diniz & Santos, 2000). Diversas entidades mantêm escritórios de lobby, ou "relações governamentais". São expressivas desse movimento a criação do Coal (Conselho de Assuntos Legislativos) pela CNI, bem como a fundação da Ação Empresarial, uma organização informal com o objetivo específico de influir sobre determinadas votações legislativas (Diniz & Boschi, 2004). O método de acompanhamento legislativo utilizado pela CNI, por meio do periódico *Agenda Legislativa*, exemplifica a complexidade da atividade: as matérias de interesse empresarial no Congresso Nacional são monitoradas, seu conteúdo e suas alterações são analisados, é retirado um posicionamento sobre cada item para orientar as entidades vinculadas à CNI e, por fim, passa-se à pressão política no sentido de barrar, aprovar ou alterar os projetos sob monitoramento (Mancuso, 2007).

Embora mais lentamente, também o Judiciário vem se tornando uma arena política estratégica para a atuação do empresariado. Em contraste com o Legislativo, porém, a representação jurídica do empresariado reforça a estrutura sindical, uma vez que os órgãos de cúpula do Judiciário tendem a não reconhecer legitimidade às associações para representar os empresários judicialmente. O controle concentrado de constitucionalidade das leis empreendido pelo Supremo Tribunal Federal (STF) constitui um exemplo marcante tanto do crescente papel político desempenhado pelo Judiciário como das dificuldades colocadas às associações nesse âmbito.

Por meio do principal instrumento do controle de constitucionalidade — a Ação Direta de Inconstitucionalidade (ADI) —, o STF pode ser provocado a declarar sem efeitos os dispositivos normativos produzidos pelos poderes Legislativo e Executivo (CF, art. 102, I, "a"). Entre 1988 e 2010, foram propostas 4.470 ADIs ao juízo do STF, perfazendo uma média de pouco mais de duzentas ações por ano. As entidades empresariais respondem por cerca de 10% desse total, uma porção significativa dentro do rol de possíveis autores (CF, art. 103).

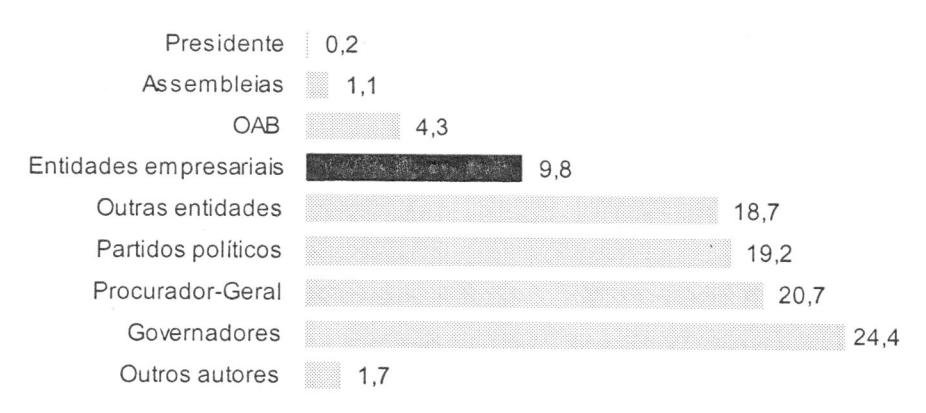

### ADIs propostas ao STF, por autor (1988-2010)

| Autor | % |
|---|---|
| Presidente | 0,2 |
| Assembleias | 1,1 |
| OAB | 4,3 |
| Entidades empresariais | 9,8 |
| Outras entidades | 18,7 |
| Partidos políticos | 19,2 |
| Procurador-Geral | 20,7 |
| Governadores | 24,4 |
| Outros autores | 1,7 |

*Fonte:* Elaboração própria a partir de www.stf.jus.br

Embora 117 entidades empresariais tenham proposto ao menos uma ADI no período, quase dois terços do total de 439 ações empresariais foram apresentadas por apenas oito entidades — precisamente as confederações sindicais. Em ordem decrescente, CNC (Confederação Nacional do Comércio), CNI, CNT (Confederação Nacional do Transporte), Confenen (Confederação Nacional dos Estabelecimentos de Ensino), CNA (Confederação Nacional da Agricultura e Pecuária), CNS (Confederação Nacional da Saúde), Consif (Confederação Nacional do Sistema Financeiro) e CNDL (Confederação Nacional dos Dirigentes Lojistas). Por essa via judicial, a CNI, por exemplo, conseguiu provocar alterações em dispositivos das normas federais sobre administração tributária (Lei nº 7.711/88), processo administrativo fiscal (Lei nº 10.522/02), discussão judicial de débitos previdenciários (Lei nº 8.870/94), licenciamento ambiental (Lei nº 9.985/00), entre outros.

Parte importante do lobby e das ADIs oriundos de entidades empresariais se dirige à alteração da legislação tributária, reconhecidamente obsoleta, regressiva e complexa. Todavia, apesar da presença constante desse tema na agenda política, as iniciativas concretas de reforma têm tido pouco sucesso. O paradoxo aparente é elucidado se considerarmos o legado institucional deixado pelas fases anteriores do desenvolvimento nacional. A permanência de incentivos fiscais setorizados, concedidos em um contexto de proteção de determinados setores industriais, dificulta a concentração de ações coletivas no sentido de mudanças abrangentes. Assim, mesmo em um cenário de abertura comercial e incentivo à competitividade, ao contrário de uma reforma ampla, tendem a se aprofundar, por conta de um mecanismo de dependência de trajetória, alterações pontuais em matéria tributária (Maciel, 2009).

No caso das relações entre empresários e trabalhadores, os resultados das negociações sindicais podem se revestir de três modalidades jurídicas, cuja validade é garantida pelo Estado: a) os acordos coletivos, através dos quais uma empresa e a representação dos trabalhadores chegam a um consenso autonomamente; b) a convenção coletiva, também resultante de um acordo autônomo, mas negociado entre um sindicato patronal e um sindicato de trabalhadores; e c) os dissídios coletivos, nos quais, por causa da ausência de um acordo autônomo, intervém a Justiça do Trabalho a fim arbitrar o conflito. A presença de tais elementos jurídicos, típicos de uma ordem corporativista, não significa, no entanto, que as relações do empresariado com os trabalhadores tenham permanecido inalteradas desde a Era Vargas. Ao contrário, essas relações vêm se renovando, mesmo sob uma legislação corporativa.

O surto de criação de sindicatos ocorrido durante a abertura política, principalmente sob patrocínio da CUT (Central Única dos Trabalhadores) e da Força Sindical, promoveu algum grau de coordenação à fragmentação típica da estrutura sindical. Além disso, os trabalhadores alteraram, por meio de um processo adaptativo, o significado institucional da própria fragmentação do sindicalismo, fazendo dessa fragilidade um eficiente meio de penetração em uma estrutura produtiva tão desigual, heterogênea e excludente como a brasileira. Por fim, o papel do Estado na solução das negociações classistas, atualmente, é bastante restrito, uma vez que a Justiça do Trabalho é primordialmente acionada como mediadora dessas relações e já não mais como seu árbitro (Cardoso, 1999).

Assim como no caso das relações trabalhistas, a importância decisiva do legado institucional para a determinação dos efeitos da ação política é evidenciada pelos processos de permanência ou mudança dos marcos institucionais que regulam e expressam juridicamente as relações entre Estado e sociedade. E, justamente por isso, a norma jurídica adquire um significado mais profundo para a classe empresarial: ao definir seus próprios limites de alteração, o Direito confere legitimidade ao conjunto das relações de propriedade, assegurando, no limite, a própria existência das relações de produção capitalistas.

### Referências bibliográficas

ALÉM, Ana Cláudia; GAMBIAGI, Fabio (orgs.). *Apêndices. O BNDES em um Brasil em transição*. Rio de Janeiro: BNDES, pp. 453-459, 2010.

BOSCHI, Renato Raul. *Elites industriais e democracia: hegemonia burguesa e mudança política no Brasil*. Rio de Janeiro: Edições Graal, 1979.

_____. "Corporativismo societal: a democratização do Estado e as bases social-democratas do capitalismo brasileiro". In: Insight *Inteligência*. Rio de Janeiro, janeiro-março, pp. 84-103, 2010.

_____; DINIZ, Eli; SANTOS, Fabiano. *Elites políticas e econômicas no Brasil contemporâneo: a desconstrução da ordem corporativa e o papel do Legislativo no cenário pós-reformas*. São Paulo: Fundação Konrad Adenauer, 2000.

CARDOSO, Adalberto Moreira. *Sindicatos, trabalhadores e a coqueluche neoliberal: a Era Vargas acabou?* Rio de Janeiro: Editora Fundação Getulio Vargas, 1999.

_____. "Da promessa integradora à insegurança socioecomômica". In: *Insight Inteligência*. Rio de janeiro, outubro-dezembro, pp. 114-125, 2003.

DINIZ, Eli; BOSCHI, Renato Raul. *Empresários, interesses e mercado: dilemas do desenvolvimento no Brasil*. Belo Horizonte: Editora UFMG; Rio de Janeiro: IUPERJ, 2004.

_____. *A difícil rota do desenvolvimento: empresários e a agenda pós-neoliberal*. Belo Horizonte: Editora UFMG; Rio de Janeiro: IUPERJ, 2007.

GHEVENTER, Alexandre. *Autonomia versus controle: origens do novo marco regulatório antitruste na América Latina e seus efeitos sobre a democracia*. Rio de Janeiro: IUPERJ; Belo Horizonte: Editora UFMG, 2004.

GOMES, Eduardo R.; VELOSO, Leticia; VALLE, Bárbara de Souza. "A responsabilidade social e as entidades corporativas". In: *Sinais sociais*, vol. 5, n° 14. Rio de Janeiro: setembro-dezembro, 2010.

MACIEL, Marcelo Sobreiro. *Dependência de trajetória nos incentivos fiscais: fragmentação do empresariado na reforma tributária*. Dissertação de Mestrado. Brasília: CEFOR; Rio de Janeiro: IUPERJ, 2009.

MANCUSO, Wagner Pralon. *O lobby da indústria no Congresso Nacional: empresariado e política no Brasil contemporâneo*. São Paulo: Edusp, 2007.

SANTOS, Manoel Leonardo W. D. *O parlamento sob influência: o lobby da indústria na Câmara dos Deputados*. Tese de Doutorado. Recife: UFPE, 2011.

# Justiça Militar

*Jorge Zaverucha*
*Hugo Melo Filho*

Introdução

É possível dividir os países em quatro categorias, refletindo os graus de jurisdição militar sobre a sociedade civil: a) países onde os tribunais militares só possuem jurisdição durante o período de guerra (Áustria, Dinamarca, Finlândia, Alemanha, Noruega e Suécia); b) países onde os tribunais militares possuem jurisdição tanto em tempo de guerra quanto em tempo de paz, mas não podem julgar civis (Inglaterra e EUA); c) países que permitem que civis sejam julgados por tribunais militares, mas somente se tiverem cometido crimes contra a segurança externa do país ou das forças armadas (França, Itália, Argentina e Uruguai), ou durante estado de sítio (Colômbia), ou ainda em casos de crime de terrorismo (Peru); d) países que adotam uma ampla jurisdição militar sobre civis em tempo de paz (Espanha de Franco; Chile de Pinochet; Filipinas de Marcos durante a lei marcial de 1974-81 e o Brasil, mesmo após a Constituição "cidadã' de 1988 — Zaverucha, 1999).

Como os regimes de Franco, Marcos e Pinochet já não existem, o Brasil passa a ser o exemplo de país onde códigos penais militares determinam que civis devam ser julgados por tribunais militares, mesmo que tenham cometido crime que, por suas características, não devesse ser considerado militar.

Um dos indicadores de uma relação civil-militar democrática é a existência de uma clara linha institucional de separação entre as jurisdições civil e militar (Rice, 1992). Stepan (1988) sugeriu que países que conseguiram reduzir a jurisdição militar antes da emergência de regimes autoritários, onde civis não estão sujeitos a julgamentos em tribunais militares, conseguiram fazer a democracia avançar. Por isso mesmo, as justiças militares de países democráticos não julgam civis em tempo de paz e só julgam os militares que cometeram crimes propriamente militares.

Mas o que vem a ser um crime militar? Existe uma tendência nos países democráticos a considerar crime militar em tempo de paz aquele que somente o militar pode cometer. Por exemplo: inobservância do dever militar (espécie em que se compreende o sono em sentinela ou vedeta), deserção, abandono de posto, covardia, motim, insubordinação contra autoridade militar, espionagem, além dos já previstos em tempo de guerra. Há o caso dos EUA, onde crimes comuns como roubo, estupro, assassinato etc. cometidos dentro de instalação militar são julgados por corte militar. Se o militar comete, todavia, esse mesmo tipo de crime fora de área militar ele é passível de ser julgado por corte comum pelo crime específico e por corte militar por má conduta militar. Ou seja, há uma preocupação em se delimitar a esfera de competência da Justiça Militar.

No Brasil, todavia, a definição de crime militar é extremamente abrangente, haja vista as normas que tratam do tema terem sido feitas para proteger os militares que participavam da repressão política e, simultaneamente, intimidar civis. Isso contribui para tornar a competência jurisdicional da Justiça Militar brasileira deveras ampla.

Há a ideia de que a jurisdição militar é uma criação social e, portanto, faz-se necessário assegurar que a mesma seja socialmente aplicada e controlada. O Judiciário Militar só poderá conquistar legitimidade democrática caso os conflitos de interesse sejam dirimidos por regras, procedimentos e competência aceitos pela sociedade. Infelizmente, não é esse o caso da Justiça Militar brasileira. Até mesmo o Código Penal Militar e o Código de Processo Penal Militar, leis básicas usadas na composição das lides penais militares, redigidos no auge da repressão do regime militar (1969), continuam praticamente intactos.

## A legislação penal e processual penal militar no Brasil

No ano de 1891 foi elaborado o primeiro Código Militar, que entraria em vigor em 1899, por força da Lei n° 617, de 29 de setembro de 1899, ao qual foi dado o título de Código Penal da Armada. A Constituição de 1934, em seu artigo 63, institucionalizou os juízes e tribunais militares como órgãos do Poder Judiciário, retirando-lhes o caráter administrativo que até então possuíam. Em 24 de janeiro de 1944, portanto ainda durante a ditadura de Getúlio Vargas, era concebido e promulgado o Código Penal Militar (CPM).

Forças Armadas, Polícia Militar (PM) e Justiça Militar são instituições ligadas à segurança pública. Elas contribuem para revelar a natureza sociopolítica do país. Prática comum em regimes autoritários, com o advento do regime militar brasileiro em 1964, o alcance da legislação militar cresceu significativamente, com um propósito triplo: I) proteger os membros das forças repressoras, ao dificultar ou até mesmo impedir que tribunais comuns julguem os militares da ativa; II) fazer com que civis pudessem ser julgados por cortes militares, inclusive por terem cometido crimes comuns ou políticos, elevando, via intimidação, os custos de engajamento numa ação coletiva de oposição; c) legitimar a violência estatal aos olhos do cidadão, induzindo-o a aceitar as normas da ordem estabelecida.

Em 27 de outubro de 1965, o Ato Institucional n° 2 (AI-2) reformulou o escopo da Justiça Militar estabelecido pela Constituição de 1946. O artigo 8° do AI-2 fez com que os parágrafos do artigo 108 da Constituição de 1946 passassem a vigorar com a seguinte redação:

> Parágrafo 1º. Esse foro especial poderá estender-se aos civis, nos casos expressos em lei para repressão dos crimes previstos na lei 1.802, de 5 de janeiro de 1953.
> Parágrafo 2º. A competência da Justiça Militar nos crimes referidos no parágrafo anterior, com as penas aos mesmos atribuídas, prevalecerá sobre qualquer outra atribuída em leis ordinárias, ainda que tais crimes tenham igual definição nestas leis.
> Parágrafo 3º. Compete originariamente ao Superior Tribunal Militar processar e julgar os governadores de Estados e seus secretários nos crimes referidos no parágrafo primeiro, e aos Conselhos de Justiça nos demais casos.

Civis, portanto, passaram a ser mais facilmente julgados por cortes militares. A competência da Justiça Militar prevaleceu sobre a da Justiça comum e o foro para julgamento de governadores e secretários de Estado ficou sendo o militar. A Constituição de 1967 e a Emenda Constitucional nº 1, de 17 de outubro de 1969 (Constituição de 1969), incorporaram à Carta Magna os princípios adotados pelos atos institucionais. O que era ato de exceção transformou-se em cláusula constitucional. A Constituição de 1967 assim definiu a competência da Justiça Militar:

> Art. 122. À Justiça Militar compete processar e julgar, nos crimes militares definidos em lei, os militares e as pessoas que lhes são assemelhadas.
> Parágrafo 1º. Esse foro especial poderá estender-se aos civis, nos casos expressos em lei para repressão de crimes contra a segurança nacional ou as instituições militares, com recurso ordinário para o Supremo Tribunal Federal.
> Parágrafo 2º. Compete originariamente ao Superior Tribunal Militar processar e julgar os Governadores de Estado e seus Secretários, nos crimes referidos no parágrafo 1º.
> Parágrafo 3º. A lei regulará a aplicação das penas da legislação militar em tempo de guerra.

O art. 129 da Constituição de 1969 repete o art. 122 da Constituição de 1967, com duas importantes exceções: a) no parágrafo 1º desaparece a possibilidade de haver recurso ordinário para o Supremo Tribunal Federal; b) elimina-se a expressão "em tempo de guerra" do parágrafo 3º, ou seja, a lei regulará a aplicação das penas da legislação militar subentendendo-se que seja em tempo de paz e/ou de guerra. Por conseguinte, a Constituição de 1969 reflete o clima de crescente autoritarismo no país, já que ficam vedados os recursos de civis à instância civil e uma lei tipifica crimes militares não apenas para períodos de guerra, mas também para os de paz.

Para complementar a Constituição de 1969, a Junta Militar, que governou o país devido ao impedimento do general-presidente Artur da Costa e Silva, emitiu os Decretos-leis nºs. 1.001, 1.002 e 1.003, todos de 21 de outubro de 1969, que regulamentaram, respectivamente, o Código Penal Militar (CPM), o Código de Processo Penal Militar (CPPM) e a Lei de Organização Judiciária Militar. Esses diplomas legais, redigidos no auge da repressão política, continuam válidos até os dias de hoje. Ocorre que leis que servem tanto aos interesses de um regime autoritário como a uma ordem dita democrática são leis incapazes de regulamentar grandes transformações políticas.

Havia um nítido interesse por parte do regime autoritário em militarizar as leis do país. Afinal, a lei faz parte do aparato ideológico de qualquer regime, seja ele democrático ou autoritário. Por isso mesmo, a produção normativa será utilizada para dar aparente base legal ao exercício da violência e da repressão física. Ou seja, há uma ideologia que legitima a violência. No caso da democracia, seria a dominação com consentimento dos subordinados. No autoritarismo, a dominação se dá sem tal consentimento, redundando no uso sistemático da repressão política.

O próprio ministro da Justiça, Luiz Antônio da Gama Filho, na exposição de motivos do novo Código de Processo Penal Militar, declarou que pretendeu tornar os militares mais imunes à regulamentação ordinária, afirmando que procurou o projeto realizar uma codificação que abrangesse toda a matéria relativa ao processo penal militar, sem ter o seu aplicador a necessidade, a não ser em casos especialíssimos, sempre imprevisíveis, de recorrer à legislação penal comum, como acontece atualmente, com frequência, por motivo das omissões do Código da Justiça Militar vigente. Teve, igualmente, em vista, traduzir em preceitos positivos, a tradição e os usos e costumes militares, resguardando os princípios de hierarquia e disciplina que regem as Forças Armadas. Assim, desde a investigação policial militar e a instrução criminal até o julgamento, estão aqueles princípios meticulosamente preceituados. (Alves, 1994, pp. 147-148)

A Constituição de 1988, de origem indiscutivelmente democrática, terminou por inovar para pior:

> Art. 124. À Justiça Militar compete processar e julgar os crimes militares definidos em lei.
> Parágrafo único. A lei disporá sobre a organização, o funcionamento e competência da Justiça Militar.

Em vez de caber à Justiça Militar o papel de julgar, primordialmente, militares que tenham cometido crimes estritamente militares, restringindo ao máximo o julgamento de civis, o referido artigo estipulou caber à Justiça Militar julgar os crimes militares definidos em lei ordinária. Como a matéria não foi regulamentada por nova lei, o diploma legal que determina o que é crime militar continua sendo o Código Penal Militar de 1969.

A inovação só teria sido proveitosa se estivesse vindo acompanhada de uma lei ordinária que apontasse com precisão a definição de crime militar, e aceitasse somente em condições muito especiais, ou até mesmo impedisse, o julgamento de civis por Corte Militar, além de estipular que militares da ativa poderiam ser julgados por tribunais comuns. Portanto, a Constituição Federal de 1988, saudada como um marco jurídico de uma nova era política, não alterou democraticamente os princípios que nortearam a Justiça Militar durante o regime autoritário.

## A estrutura da Justiça Militar

Ainda que se admita a necessidade da existência da Justiça Militar, o que justifica que essa integre o Poder Judiciário e seus órgãos sejam formados majoritariamente por militares?

No Brasil, há a Justiça Militar da União e a Justiça Militar nos estados. O órgão de cúpula, no âmbito da União, é o Superior Tribunal Militar. A Constituição de 1988, em seu artigo 123, manteve a composição do STM em quinze membros, sendo três dentre oficiais-generais da Marinha, quatro dentre oficiais-generais do Exército e três dentre oficiais-generais da Aeronáutica, que ocupem o posto mais elevado da carreira e estejam na ativa, e cinco dentre civis. Dentre os civis, três serão advogados de notório saber jurídico e reputação ilibada, com mais de dez anos de carreira, e dois, observada a paridade, serão selecionados do rol de juízes-auditores e membros do Ministério Público da Justiça Militar. Aos civis, exige-se que sejam maiores de 35 anos. Como se vê, a Constituição democrática de 1988 não promoveu alteração significativa na composição da Justiça Militar, no seu funcionamento, nem nos critérios de escolha dos seus magistrados.

Quanto à organização dos órgãos de primeira instância, no âmbito da União, a lei institui vinte auditorias, além de conselhos de Justiça, nas doze circunscrições judiciárias militares existentes. Em cada auditoria haverá um juiz-auditor e um juiz-auditor substituto, admitidos por concurso público de provas e títulos. Os conselhos serão formados pelo juiz-auditor e quatro juízes militares e presididos pelo oficial de posto mais elevado, todos escolhidos por sorteio dentre os oficiais das três Armas.

Pode-se argumentar que só um juiz militar conhece as idiossincrasias da carreira das Armas. Essa posição é semelhante à utilizada pelos defensores da representação classista para justificar sua permanência nos órgãos da Justiça do Trabalho. Nada mais equivocado. A aplicação da hipótese legal aos fatos não pressupõe o conhecimento prévio desses pelo julgador, nem uma hierarquia entre julgador e jurisdicionado. Se assim fosse, os crimes cometidos por padres teriam de ser julgados pelo bispo; por funcionários públicos, pelo chefe da repartição; por agentes da Polícia Civil, pelo delegado.

No caso dos militares, se lhes sobra conhecimento da realidade da caserna, faltam-lhes, por completo, saberes jurídicos e preparo técnico, esses sim essenciais. No Superior Tribunal Militar (STM), os ministros militares em geral não possuem formação jurídica. Tanto é que os pareceres técnicos são preparados por suas assessorias, compostas por bacharéis em Direito.

Prova da prescindibilidade da participação de militares no julgamento dos crimes militares encontra-se na órbita da Justiça Militar estadual. Se na primeira instância os órgãos julgadores são formados por integrantes das polícias militares, o segundo grau de jurisdição é exercido, na maioria das unidades da Federação, pelo Tribunal de Justiça. Apenas nos estados de Minas Gerais, Rio Grande do Sul e São Paulo, onde o efetivo das polícias militares supera os vinte mil homens, há tribunais militares. Nos demais, é o próprio Tribunal de Justiça que julga, em grau de recurso, os crimes militares. Não há militares entre os julgadores e não consta que haja qualquer desvirtuamento — nem poderia haver — nos pronunciamentos jurisdicionais. A Corte Civil aplica, sem problemas, a legislação penal militar (Zaverucha & Melo Filho, 2004).

A verdade é que o modo de funcionamento da Justiça Militar no Brasil, em particular o da União, constitui-se em injustificável exceção. Nela, disciplina e hierarquia militares transcendem os limites dos quartéis para terem assento no Poder Judiciário, que, via de regra, deveria estar adstrito aos limites do justo.

### Referências bibliográficas

ALVES, Luiz Cláudio. *Manual de Legislação Penal Militar*. Rio de Janeiro: Destaque, 1994.

PEREIRA, Anthony. "O monstro algemado?: violência do Estado e repressão legal no Brasil, 1964-97". In: Jorge Zaverucha (Ed), *Democracia e Instituições Políticas Brasileiras no Final do Século Vinte*. Recife: Bagaço, 1998, pp. 13-61.

RICE, Condoleezza. "The Military under Democracy". In: *Journal of Democracy*, vol. 3, nº 2, abril, 1992.

STEPAN, Alfred. *Rethinking Military Politics: Brazil and the Southern Cone*. Princeton: Princeton University, 1988.

TILLY, Charles. *From Mobilization to Revolution*. Massachusetts: Adinson-Wesley, 1978.

ZAVERUCHA, Jorge. "Military Justice in the State of Pernambuco after the Military Regime: An Authoritarian Legacy". In: *Latin American Research Review*, vol. 34, n° 2, 1999.

_____; MELO FILHO, Hugo. "Superior Tribunal Militar: entre o autoritarismo e a democracia". In: *Dados*, vol. 47, n° 4, pp. 763-797, 2004.

# Direito e conflitos agrários

*Silvia Helena Rigatto*

Os conflitos agrários surgem sob diversas dimensões e aspectos políticos, culturais, sociais, econômicos e jurídicos e, devido a suas diferentes origens e causas, devem ser considerados sua complexidade e os agentes envolvidos. Todavia, dois traços são marcadamente relevantes para a compreensão da permanente tensão no campo: o conflito entre indivíduos que disputam interesses relacionados a um mesmo espaço territorial e a insuficiência do sistema criminal e de segurança pública para intermediar e prevenir os conflitos no meio rural.

Os conflitos de terra no Brasil envolvem questões ligadas a população indígena, quilombolas, pequenos agricultores e trabalhadores rurais em conflito com o interesse e poder de grandes proprietários de terra, complexos agroindustriais e, mais recentemente, de madeireiras e mineradoras. Essa conflituosa relação entre indivíduos e/ou entre indivíduos e grupos chega à esfera jurídica porque há direitos violados ou supostamente violados em nome de uma ordem jurídica que prima pelos interesses particulares em detrimento do interesse coletivo, da função social da propriedade e da aplicação do texto constitucional. Os paradigmas legalistas e privatistas utilizam a estrita aplicação e interpretação semântica da lei e concedem primazia ao direito privado, carecem de legitimidade e são incapazes de resolver satisfatoriamente os conflitos sociais, pois não correspondem às dinâmicas e demandas sociais do seu tempo. Nesse contexto, a violência é percebida como violação de direitos individuais — lesão corporal, crimes contra o patrimônio, violação de domicílio, invasão de terras etc. — e o cidadão entende que o Estado deve aparelhar e instrumentalizar a polícia cada vez mais a fim de garantir-lhe a segurança através de táticas ostensivas de repressão à violência. Por essa perspectiva os cidadãos atribuem ao Estado a responsabilidade de resolver o problema da violência e dos conflitos no campo e a questão agrária passa a ser uma questão de polícia e de segurança pública. E o Estado, que deveria primar pela ordem jurídica, configura como um dos mais importantes agentes produtores de violência e repressão de indivíduos ou grupos que legitimamente disputam por seu espaço no cenário agrário brasileiro.

O conflito entre indivíduos que têm interesses sobre um mesmo espaço territorial e a insuficiência do sistema criminal e de segurança pública para intermediar e prevenir os conflitos no campo somente podem ser sanados através do Direito, considerando que a questão agrária foi e tem sido negligenciada na dimensão política ao longo da história do Brasil. E as razões pelas quais ainda não chegamos a soluções efetivas nesse âmbito, sob a ótica da dimensão jurídica, ligam-se ao fato de que o conflito agrário encontra problemas e contradições que emergem da ausência de domínio das terras devolutas pelo Estado, da ocupação arbitrária e desordenada do espaço territorial, das ambiguidades e divergências de interpretação dos textos jurídicos que regularam o acesso à terra e da primazia do instituto jurídico da propriedade privada da terra sobre o instituto da posse.

Por essas razões, os conflitos agrários no Brasil somente podem ser compreendidos a partir de uma reflexão crítica dos aspectos interdisciplinares que envolvem a questão agrária e da interpretação do complexo normativo agrário sob a perspectiva da crise do legalismo (Hespanha, 1993), que considera diversos fatores que condicionam a eficácia do Direito e obsta a efetivação da justiça social e democrática.

## A Lei de Terras

A ausência de domínio das terras devolutas pelo Estado se revelou a causa das ocupações arbitrárias e desordenadas por posseiros e agricultores.

As situações jurídicas existentes com relação à estrutura fundiária no Brasil no século XIX, antes da Lei de Terras, eram as mais diversas. Havia terras públicas ociosas, nunca concedidas (terras devolutas); havia terras públicas utilizadas para fins públicos que constituíam as vilas e os conselhos; existiam ainda terras públicas pertencentes à Coroa, fruto da perda da concessão de sesmarias por particulares que não preenchiam as condições expressas nas cartas e forais — sesmarias em que os concessionários tinham apenas a posse, e não o domínio; havia terras públicas ocupadas sem título ou ocupadas com título em comisso; e eram encontradas poucas terras particulares regularizadas pelo sistema de concessão de sesmarias. Ou seja, não existia no ordenamento jurídico brasileiro nenhuma regulamentação que definisse quem era proprietário de terras e quais eram os requisitos para o reconhecimento de sua propriedade. Assim, os conflitos e tensões no campo se mostravam cada vez mais acirrados. Outro fator conflituoso que compõe esse cenário é que havia por parte dos integrantes da Assembleia Constituinte de 1823 o interesse em criar o Estado Nacional. Isso implicava definir quais eram as áreas pertencentes ao país como parte de um processo político de integração territorial das diversas províncias existentes e, ainda, de criação de um código de terras que pudesse regularizar a situação fundiária no Brasil. O estabelecimento dos limites territoriais era a base da integração do território para a fundação de uma nação.

A Lei de Terras — Lei nº 601, de 18 de setembro de 1850 — tinha como objetivo regular a estrutura agrária fundiária, caracterizada pela ocupação desordenada, e a forma de utilização do solo, mas teve como consequência impedir o acesso à terra através da posse pelas camadas mais pobres da população porque estabeleceu a compra como a única forma de acesso à terra, abolindo a sesmarias. Determinou, ainda, que fossem medidas e demarcadas as terras possuídas por título de sesmaria sem preenchimento das condições legais. A Lei de Terras trouxe um prejuízo ao Estado brasileiro porque, ao definir terras devolutas a partir das terras restantes, por exclusão das terras de propriedade de sesmarias e de ocupação em virtude do pleno direito de uso, consagrou a ausência de domínio do Estado sobre o seu próprio território. Assim, a lei de 1850 não atingiu um dos seus objetivos básicos, que era o de promover a demarcação das terras devolutas ou, como se dizia na época, a discriminação das terras públicas e privadas, primeiro requisito para a consolidação e formação de um Estado-nação. Além do mais, endossou a apropriação indevida por pessoas com grande poder político local, acirrando os conflitos de terra porque o domínio das terras devolutas passou para o controle dos Estados-membros, o que reforçou o problema das relações políticas entre os poderes local e nacional, com ênfase nas práticas de mandonismo, coronelismo e clientelismo (Carvalho, 1998). Tal fato originou um problema que permanece até os dias atuais no âmbito jurídico, qual seja, nas lides sobre conflitos de posse e titularidade de terra entre posseiros ou grileiros contra o Estado a questão é se o ônus da prova caberia ou não ao Estado. A jurisprudência já pacificou a discussão, dispondo que nas ações discriminatórias compete ao particular provar que o imóvel sobre o qual alega ter a propriedade foi desmembrado do patrimônio público por título legítimo e reconhecido por lei, o chamado "justo título" — entendendo que o título originário de propriedade sobre o território brasileiro pertencia ao Reino de Portugal e que passou ao Estado brasileiro quando da proclamação da Independência.

Não há propriedade imóvel privada no Brasil que não seja originária do desmembramento do patrimônio público. Em decorrência dos problemas das relações políticas entre os poderes local e nacional a demarcação de terras continua a ser um problema enfrentado pelo Estado brasileiro. E, devido à resistência do poder local, contrapondo-se à cidadania, permanece a dificuldade do resgate dessas áreas para sua destinação à reforma agrária, perpetuando os conflitos agrários. A ausência de controle sobre as terras públicas possibilitou ocupações ilegais, cuja titularidade da propriedade pode ser questionada quando, a partir do estudo da cadeia dominial, comprova-se que muitas propriedades não obedeceram às exigências legais para sua legitimação ou regularização

— o que, consequentemente, suscita a questão sobre se são realmente devidas as indenizações oriundas da desapropriação para fins de reforma agrária, uma vez que se questiona a legitimidade da propriedade.

Com relação às ambiguidades e aos conflitos de interpretação dos textos jurídicos que regulam o acesso à terra é importante considerar que os proprietários de terras não formavam um grupo coeso em torno dos interesses sobre a questão agrária e a propriedade privada de suas terras. Devido ao poder econômico que detinham, eles buscavam no cenário político ou por meio de mandatos políticos preservarem perante as instâncias decisórias os seus próprios interesses.

A Lei de Terras foi um dos estatutos responsáveis pela consolidação dos latifúndios no Brasil, decorrendo daí o fechamento da fronteira agrícola e a exclusão do acesso à terra por parte de negros, mulatos e imigrantes brancos pobres. Além do fechamento das fronteiras agrícolas, os pequenos proprietários passaram a ter, gradativamente, suas terras espoliadas pelo latifúndio no processo de grilagem. As terras devolutas foram sendo apropriadas por meio de falsificação de documentos, suborno dos responsáveis pela regularização fundiária e assassinato de posseiros. A Lei de Terras atendia à necessidade de organizar a situação dos registros de terras doadas no período colonial e legalizava as ocupadas sem autorização, para depois reconhecer as chamadas "terras devolutas" pertencentes ao Estado. O problema é que tal lei suscitou várias e ambíguas interpretações jurídicas, ocasionando o acirramento dos conflitos entre os proprietários de terras, em vista das situações e características existentes com relação à estrutura fundiária na época de sua regularização.

A Lei de Terras foi o mecanismo político-jurídico utilizado para instituir a propriedade privada através da compra e como mecanismo de bloqueio do acesso à propriedade da terra. Essa lei atendia aos interesses ditados pela dinâmica econômica mundial através da instituição da propriedade privada, ao interesse político em delimitar o território brasileiro para a instituição do Estado-nação e aos interesses pessoais dos senhores de terra em bloquear acesso à propriedade privada através da posse por parte dos homens livres. Todos esses fatores influenciaram a transição do domínio pela posse em propriedade privada através do aparato legal da Lei de Terras de 1850. A partir da Lei de Terras o domínio passou a configurar na forma de propriedade privada cujo acesso se dava apenas através da compra. Somente os antigos sesmeiros possuidores de grande extensão de áreas e produtividade é que teriam condições econômicas e acesso à propriedade privada através da compra. A propriedade privada era o elemento que faltava para consolidar a soberania dos senhores de terra, o que significou a extensão de seu domínio político e econômico na esfera pública. A importância de se destacarem esses aspectos está no fato de que eles refletiram os pressupostos do sistema capitalista com relação à terra: a propriedade privada absoluta e a possibilidade de sua mercantilização. Daí a importância também de limitar as áreas de terras de propriedade particular e de definir o que e quais eram as terras devolutas. A Lei de Terras consolidou a relação entre terra, poder e dominação fundamentada no poder e na soberania da lei.

Posse e propriedade

O poder e a soberania da propriedade privada da Lei de Terras foram transpostos para a Constituição de 1891, que reconheceu o direito ilimitado à propriedade privada, influenciado pelos ideais liberais ingleses, que inspiraram os constituintes e a Constituição da época. Ocorre que a origem e a instituição da propriedade privada na Inglaterra têm seus históricos e ideais conexos com o direito natural e a relação entre propriedade e liberdade está diretamente ligada aos fatores sociais e políticos que assim a consagraram. O fato de a Coroa inglesa que sucedeu a monarquia ter confiscado todas as propriedades e tê-las tornado propriedades do Estado transformou o sentido de propriedade privada. Tal fato fez com que os indivíduos vislumbrassem todos os seus objetos materiais como uma parte do direito natural de propriedade, resgatando a concepção da propriedade privada oriunda da Idade Média — tudo que pertence ao homem em virtude de seu direito natural, compreendido entre os bens terrestres, sua vida e sua liberdade. A compreensão de propriedade privada *suum cuique tribure* contida no texto de Platão, popularizada por Cícero e citada por Tomás de Aquino, foi resgata por Thomas Hobbes, que no século XVII utilizou a expressão "dar a cada um o que é de seu", traduzindo o termo *suum* como propriedade. Hobbes também compreendeu a propriedade como direito natural do homem, assim como tudo aquilo que fosse fruto de seu trabalho seria extensão de sua propriedade, tendo o indivíduo o direito de defender a liberdade à propriedade privada perante o Estado. Daí o sentido de direito absoluto à propriedade privada.

Essa concepção da teoria inglesa sobre a propriedade privada foi trazida para o Direito brasileiro não considerando a realidade do país que tem a história e as tradições da organização da estrutura agrária fundiária fundamentada no domínio através da posse. E ainda, consolidou no Direito brasileiro a tradição de propriedade privada dentro de uma perspectiva objetiva, qual seja, a propriedade privada e a posse não se confundem na mesma pessoa, pois para essa teoria dispensa-se o *animus* (intenção de permanecer), bastando existir apenas o *corpus* (titularidade da propriedade). Não estando a posse e a propriedade reunidas na mesma pessoa, a propriedade é a prerrogativa que tem o proprietário de ceder a posse a terceiros. Portanto, não basta apenas o simples poder físico da pessoa sobre a coisa e a vontade de possuir algo, mas a exterioridade da propriedade, só existindo posse onde possa existir propriedade.

Essa concepção foi sedimentada pelo Código Civil brasileiro de 1916, que adotou em matéria possessória a teoria que considera possuidor todo aquele que tem de fato o exercício, pleno ou não, de algum dos poderes inerentes ao domínio ou à propriedade.

A confusão sobre as formas de aquisição da propriedade privada é oriunda da Lei de Terras. No período de sua vigência os conflitos jurídicos havidos entre os senhores de terras e seus colonos ou camponeses ocorriam em torno da discussão de quem era o verdadeiro proprietário: o legítimo possuidor, que tinha intenção de permanecer e produzir e, dessa forma, tornava-se proprietário através da posse, ou aquele que havia se tornado proprietário pela titularidade da propriedade. Daí a necessidade dos registros da propriedade privada para conferir-lhes o título de propriedade. Título esse que, muitas vezes, era objeto de fraudes ou manipulação das instâncias decisórias de poder ao reconhecerem como legítimo proprietário o detentor do título de propriedade.

Se não bastasse esse cenário de exclusão, o acesso à Justiça no Brasil somente era possível às pessoas que detinham condições econômicas para o pagamento de bons defensores e das despesas oriundas do processo, bem como o direito de tornar legítimos os anseios da maior parte da população através da lei também foram obstados pelo voto censitário, pelos valores sociais predominantes na sociedade da época, como o estamento (Vianna, 1974), o corporativismo estatal, o mandonismo, o coronelismo e o poder patriarcal dos senhores de terra.

Ressalta-se, ainda, a adoção do paradigma legalista pelo ordenamento jurídico brasileiro e a consequente hermenêutica fundamentada na neutralidade axiológica; a supremacia do direito privado em detrimento de uma hermenêutica constitucional mais ampla, que pudesse considerar os fatos que influenciaram a legislação e a política agrárias de cada época; a concepção do formalismo jurídico, que concebe a lei como comando normativo geral e abstrato que reflete a vontade geral, que no Brasil não logrou êxito devido aos aspectos e fatos anteriormente mencionados. Em consequência disso há o fato de a sociedade não se reconhecer como sujeito destinatário do comando normativo legal sobre a questão da propriedade, pois que esse não refletiu as características reais da situação agrária fundiária no país.

As formas de dominação social e política ocorridas no Brasil contribuíram para a concretização dos pressupostos de vigência do sistema jurídico adotado, o paradigma legalista. Daí poder-se afirmar que os argumentos jurídicos que fundamentam o direito de propriedade no Brasil são precários para regular as diversas e complexas formas de acesso à terra e de legitimação do direito ao território ocupado e que, devido à estrutura social e à política de dominação, a conjuntura econômica e os eventos legais e de política agrária não acompanham e incorporam no texto legal as reais características da sociedade brasileira concernentes à formação da estrutura agrária fundiária.

A hermenêutica do paradigma legalista não considera os fatores que advêm antes e depois da complexa realidade da elaboração da lei e não leva em conta o caráter provisório das categorias jurídicas, sendo incapaz de responder às dinâmicas dos conflitos agrários e às demandas sociais do seu tempo. Daí afirmar-se que o formalismo jurídico não subsiste em sociedades pluralistas e que a crise do legalismo no Direito do Brasil com relação à questão agrária aponta para a necessidade de sua superação e da superação de tal problemática como um problema de segurança pública e de polícia que deve ser tratado no âmbito do Direito e da hermenêutica constitucional. Deve-se considerar, ainda, que o Direito não é um sistema hermético, mas sim um sistema aberto e em constante criação e transformação, a partir da efetivação da cidadania e da participação popular nas instituições políticas e jurídicas que condicionam a concretização da democracia.

Na tentativa de evitar o conflito agrário, o Estado brasileiro tem interferido na questão agrária, preocupado em implementar políticas públicas que visem ao incentivo e ao incremento da produção e, às vezes, em solucionar os conflitos e obstáculos oriundos da concentração fundiária, que não observam a utilização da terra segundo a função social da propriedade. Em todas essas situações, o aspecto jurídico da problemática da forma de apropriação fundiária fica negligenciado e não se discute a legitimidade do direito de propriedade. Toda a discussão jurídica que tem lugar no Brasil sobre a questão dos conflitos de terras aborda a oposição entre o direito de propriedade exclusivo e o direito ao acesso à terra, a democratização da propriedade de terra e a função social da propriedade. As interpretações sobre os atos e estratégias dos movimentos sociais de luta pela terra apresentam caráter conservador, afirmando que os atos de ocupação de terras são inconstitucionais, pois afrontariam o direito fundamental à propriedade privada. O direito de propriedade se apresenta, então, como indisponível e não negociável pelos grupos hegemônicos representados pelos diferentes tipos de investidores no campo. As ações dos grupos e pessoas que lutam pelo reconhecimento da posse da terra redundam, então, apenas em tentativas de participação no processo decisório, seja no campo político ou no jurídico. Assim, o conflito de terras se perpetua no Brasil, e sua origem está fundamentada na legitimidade precária do instituto jurídico da propriedade privada, apoiada em um direito que se consolidou com base no paradigma legalista. Nesse sentido, aponta-se que a desobediência civil dos atos de ocupação de terras improdutivas sem o uso da força e da violência dos movimentos de luta pela terra deve ser entendida e enquadrada como ato justificável para além das soluções do âmbito jurídico da questão que envolve o Direito e os conflitos agrários.

## A função social da propriedade

A primeira vez que a função social da propriedade apareceu no texto constitucional brasileiro foi na Constituição de 1934, influenciada pela Constituição do México de 1917 e pela Constituição de Weimar de 1919, ambas com amplos aspectos de proteção aos direitos sociais. Essa constituição inseriu princípios em matéria de direitos fundamentais da pessoa humana, ressaltando aspectos sociais não previstos nas Constituições anteriores, superando, assim, a concepção individualista de propriedade em direção a uma perspectiva mais ampla, social e coletiva de sua proteção. A função social de propriedade presente no texto de 1934 expressava valores, interesses e ideais socialistas da época. Esse princípio, como tantos outros de cunho social, não foi concretizado em razão dos aspectos ideológicos e das pressões de interesses contraditórios e hostis e das formas de dominação vigentes na estrutura social daquela época que, perante um povo não emancipado, fizeram enfraquecer a eficácia e a juridicidade dos direitos sociais na esfera objetiva das concretizações. Assim, prevaleceu a hegemonia da propriedade privada em virtude da predominância dos interesses contratualistas e individualistas inaugurados pelo Código Civil, motivo pelo qual a propriedade privada era tratada e interpretada segundo as bases estabelecidas pelo paradigma legalista e privatista vigente.

O princípio da função social da propriedade, subordinado ao interesse social ou coletivo, configurou um dos direitos de proteção especial do

Estado no texto constitucional de 1946, que buscou um pacto que conseguisse conciliar os interesses de uma burguesia capitalista e detentora da propriedade com as aspirações emergentes de uma classe operária que começava a se organizar. Apesar de incluída na Constituição de 1946, a função social da propriedade apenas constou no texto legal como incorporação de direitos oriundos das demandas populares e das forças políticas vigentes no momento de sua formulação, pois, mesmo sob o paradigma do Estado Social, sua concretização foi obstada pela dinâmica de dominação de pequenos grupos políticos.

No período militar, nas Constituições de 1967-69, a desapropriação de terras para fins de reforma agrária foi expressamente permitida mediante pagamento de indenização por títulos da dívida pública. Em seu artigo 160, a Constituição expressava o ideal de promover o desenvolvimento e a justiça social, baseando-se, entre outros princípios, na função social da propriedade. Porém o processo de reforma agrária foi interrompido pelo regime militar e a função social da propriedade rural passou a se enquadrar num conceito constitucional hermético e predeterminado, cuja matriz encontra-se no Estatuto da Terra de 1964 e na concepção tradicional de propriedade privada adotada pelo Código Civil de 1916, ambos norteadores das interpretações e aplicações legais nas decisões sobre os conflitos agrários.

A Constituição de 1988 também se caracterizou pela primazia dos direitos da sociedade sobre o Estado e a função social nela prevista gerou o dever do proprietário de utilizar a propriedade agrária para os fins a que se destina e que estão expressos no texto constitucional em seu artigo 186: aproveitamento racional e adequado do solo rural; utilização adequada dos recursos naturais disponíveis e preservação do meio ambiente; observância das disposições que regulam as relações de trabalho; exploração que favoreça o bem-estar dos proprietários e dos trabalhadores. Esse dispositivo constitucional seria suficiente para desapropriação de um grande número de propriedades agrárias fundiárias, todavia as desapropriações estão obstadas pela indenização prévia e justa devida ao proprietário rural. Ainda que indenizadas com títulos da dívida agrária, é preservado o valor real do imóvel, ou seja, seu valor de mercado, e as benfeitorias úteis e necessárias devem ser indenizadas em dinheiro. Tal fato obsta a reforma agrária, e a desapropriação por interesse social perde sua finalidade, pois a União não dispõe de verbas suficientes para a indenização dos imóveis rurais desapropriados para fins de reforma agrária.

Ressalta-se, ainda, que o princípio da função social da propriedade é confundido com as limitações de polícia, ou seja, meras condições limitativas a fim de que o direito de propriedade não prejudique o interesse social. Tal concepção é dominada pela esfera civilista do Direito, que não considera as profundas transformações com relação à propriedade privada, cuja sede fundamental está assentada nas normas constitucionais. José Afonso da Silva (2011) entende que a função social é elemento da estrutura e do regime jurídico da propriedade, incidindo no conteúdo do direito de propriedade, configurando, portanto, um princípio ordenador e fundamento da atribuição desse direito. Daí o princípio da função social da propriedade rural gerar um dever ao seu proprietário como forma de garantir o seu direito de propriedade de acordo com as modalidades preestabelecidas pela norma constitucional anteriormente citada.

Além do mais, o princípio da função social da propriedade deve ser interpretado e conjugado com os demais princípios norteadores do texto constitucional, com outros elementos jurídicos ou metajurídicos para sua adequada interpretação e fundamentar-se no paradigma do Estado Democrático de Direito. A evolução do constitucionalismo moderno é acompanhada pela ressignificação dos princípios com base na mudança dos paradigmas constitucionais.

## Referências bibliográficas

CANOTILHO, José J. Gomes. *Direito Constitucional*. Coimbra: Almedina, 2010.

CARVALHO, José Murilo de. "Mandonismo, coronelismo, clientelismo: uma discussão conceitual". In: *Pontos e bordados: escritos de história e política*. Belo Horizonte: Ed. UFMG, 1998.

DWORKIN, Ronald. *Uma questão de princípio*. Tradução de Luis Carlos Borges. 2ª ed. São Paulo: Martins Fontes, 2005.

FAORO. Raymundo. *Os donos do poder: formação do patronato político brasileiro*. 10ª ed. São Paulo: Globo/Publifolha, 2000.

FERNANDES, Florestan. *A revolução burguesa no Brasil*. 2ª ed. Rio de Janeiro: Jorge Zahar, 1976.

HÄBERLE, Peter. *Hermenêutica Constitucional. A sociedade aberta dos intérpretes da Constituição: contribuição para a interpretação pluralista e "procedimental" da Constituição*. Tradução de Gilmar Ferreira Mendes. Porto Alegre: Sergio Antonio Fabris Editor, 1997.

HESPANHA, António. *Justiça e litigiosidade: história e prospectiva*. Porto: Fundação Calouste Gulbenkian, 1993.

HOBBES, Thomas. *Leviatã ou matéria, forma e poder de um Estado eclesiástico e civil*. Coleção Os Pensadores. 2ª ed. São Paulo: Abril Cultural, 1979.

LOCKE, John. *Segundo tratado sobre o governo*. Coleção Os Pensadores. 1ª ed. São Paulo: Abril Cultural, 1973.

MOTTA, Márcia Maria Menendes. *Nas fronteiras do poder: conflito de terra e direito à terra no Brasil do século XIX*. Rio de Janeiro: Vício de Leitura/Arquivo Público do Estado do Rio de Janeiro, 1998.

SILVA, José Afonso da. *Curso de Direito Constitucional Positivo*. 34ª ed. rev. e atual. São Paulo: Malheiros Editores, 2011.

VARELA, Laura Beck. *Das sesmarias à propriedade moderna: um estudo de história do Direito brasileiro*. Rio de Janeiro: Renovar, 2005.

VIANNA, Oliveira. *Instituições políticas brasileiras*, vol. 2. 3ª ed. Rio de Janeiro: Record, 1974.

# Conflitos urbanos e Direito no Brasil

*Helena Dolabela Pereira*

O fenômeno da urbanização no Brasil, iniciado nos anos 1930 e intensificado nas décadas subsequentes, tem sido objeto de investigação em diversas áreas do conhecimento, sob os mais diferentes enfoques. Por um lado, admite-se que, principalmente no auge desse processo, a pesquisa urbana crítica contribuiu para a construção de um marco analítico de grau conceitual satisfatório; por outro lado, é levantado o problema da ausência de uma compreensão crítica sobre a dimensão jurídica do fenômeno urbano (Fernandes, 1998).

Os estudos e análises nacionais mais recentes (Rolnik, 1997; Fernandes,1998 e 2001; Maricato, 2000; Fernandes & Alfonsin, 2003; Bassul, 2005), produzidos dentro e fora do universo jurídico, têm assumido, cada vez mais, o papel central do Direito na produção e na conformação do espaço urbano brasileiro. Neste breve texto, partimos desse referencial analítico para abordar o tema da relação entre os conflitos urbanos e o Direito no Brasil. Como pretendemos enfatizar aqui, os avanços conquistados na ordem jurídico-urbanística nacional em mais de três décadas de luta pela reforma urbana no país, bem como os desafios para a sua materialização, devem ser dimensionados a partir desse ponto de partida.

No livro clássico *A cidade e a lei*, Rolnik traça a estreita relação entre o desenvolvimento da ordem jurídico-urbanística municipal e a forma de produção e ocupação do espaço urbano na cidade de São Paulo, principalmente no período entre 1886 e 1936. A autora se refere à legislação urbana como a "invisível e silenciosa teia poderosa" que perpassa as histórias das cidades e que "age como marco delimitador de fronteiras de poder". É a própria legislação urbanística que vai permitir o cenário em que "tudo o que não se adequasse à formula [legal] poderia ocorrer, embora não sob a responsabilidade do Estado":

> A dualidade legal/extralegal permitiu a preservação do território da elite da invasão de usos indesejados e degradantes, visando à manutenção do seu valor de mercado, ao mesmo tempo que acomodou a explosiva demanda por moradia. Durante toda a República Velha esse mecanismo funcionou bem, aliviando possíveis tensões. No entanto, logo essa dualidade se transformaria em campo de investimento da política. Foi o que ocorreu a partir dos anos 1930, quando as massas urbanas entraram pela primeira vez no cenário político da cidade. (Rolnik, 1997, p. 50)

Os conflitos urbanos no Brasil, não apenas em sua dimensão simbólica e espacial, mas também nos âmbitos político e institucional, serão pautados pelas exclusões social e jurídica produzidas pelo padrão de urbanização brasileiro marcadamente elitista. Não apenas na cidade de São Paulo, mas na maioria das grandes cidades brasileiras, a imbricação entre lei, planejamento[1] e mercado imobiliário tornou-se a força motriz do desenvolvimento urbano predatório, excludente e ilegal.

A lógica perversa desse fenômeno vai ser suportada, em grande medida, pela lenta refundação da concepção jurídica de propriedade imobiliária herdada do período pós-colonial no Brasil. Com a entrada em vigor da Lei de Terras no Brasil (1850), intencionalmente fundada para proteger os privilégios fundiários das elites locais (Holston, p. 2006),

---

[1] O mito da falta de planejamento urbano sempre foi amplamente difundido no Brasil. No entanto, como demonstram diversos especialistas, o processo de urbanização no Brasil foi fortemente influenciado pela matriz de planejamento modernista/funcionalista europeia, reproduzindo um padrão ideal distante da realidade brasileira, bem traduzido por Maricato (2000) como as "ideias fora do lugar". (N. A.)

há uma passagem de um regime jurídico centrado na apropriação da terra pela ocupação efetiva e uso produtivo para o de compra e venda e instaura-se no ordenamento jurídico brasileiro o caráter absolutista da propriedade e a sua consequente monetarização. Esses novos referenciais jurídicos da propriedade da terra serão reafirmados no Código Civil brasileiro de 1916, aprovado quando apenas 10% da população brasileira viviam em cidades.[2]

As heranças imperial e republicana de concentração de terras se manterão intocadas sob o prisma jurídico-liberal e individualista mesmo durante o auge do processo de urbanização brasileiro. Se, contudo, no início desse processo os problemas relacionados à questão fundiária se mantinham sob relativo controle, a sua intensificação explicitou o "conflito entre o direito de propriedade e as necessidades da urbanização", traduzido pela crescente demanda por novos espaços geográficos urbanos, sem precedentes na história brasileira.

Nem durante o período de democratização política (1946-64) no Brasil foi implementada uma política fundiária voltada para a democratização do acesso à terra e à moradia urbana. Para o equacionamento da demanda por terras urbanas, o poder público voltou-se para a expansão da escala de produção habitacional, assumindo uma contradição originária que persiste até os dias de hoje[3] — "como se a construção de habitações não fosse, exatamente ela, a maior fonte de demanda de terrenos urbanos e do consequente aumento dos seus preços" (Pessoa, 1981).

Os problemas e desvirtuamentos das políticas federais, sobretudo na área de habitação, já foram amplamente explicitados e analisados pela literatura especializada. Entre outros aspectos, destaca-se o fato de que essas políticas habitacionais não alcançaram o público para o qual foram, ao menos em tese, idealizadas (Brasil, 2011). Para as famílias de

---

[2] O Novo Código Civil brasileiro foi aprovado no início deste século (Lei nº 10.406, de 10 de janeiro de 2002). (N. A.)

[3] Um dos maiores problemas assinalados pelos estudos e análises sobre a implementação do Programa Minha Casa Minha Vida — PMCMV em grandes centros urbanos é a ausência de terrenos urbanos bem localizados e de valor acessível para a produção de habitações para a população na faixa de 0 a 3 salários mínimos. (N. A.)

baixa renda, não atendidas pela política habitacional e completamente fora do mercado imobiliário formal, restou a ocupação ilegal em áreas periféricas e ambientalmente frágeis.

A segregação territorial no Brasil significou, dos pontos de vista material e simbólico, oportunidades desiguais de acesso da população aos bens e serviços urbanos. Por outro lado, do ponto de vista político, reestruturou relações políticas arcaicas por meio de ações clientelísticas que utilizam as adversidades da ilegalidade urbana de forma funcional. Assim sendo,

> os legislativos mantêm com esse universo [da ilegalidade urbana] uma relação muito funcional, já que as anistias periódicas visando à regularização de imóveis são alimento fecundo da relação clientelista. A ilegalidade é portanto funcional — para as relações políticas arcaicas, para o mercado imobiliário restrito e especulativo, para a aplicação arbitrária da lei, de acordo com a relação de favor. (Maricato, 2000)

A tematização da reforma urbana na sociedade brasileira — que tem seus precedentes nos anos 1960 e a sua corporificação nas décadas posteriores — partirá do diagnóstico compartilhado sobre as cidades quanto ao "déficit de inclusividade" do modelo de produção do espaço urbano no Brasil (Brasil, 2011). Esse padrão de desenvolvimento urbano — marcadamente seletivo — irá impulsionar a emergência de conflitos fundiários urbanos e o fortalecimento dos movimentos sociais em favor da reforma urbana.

No decorrer dos anos 1970, os conflitos fundiários urbanos vão começar a adquirir um caráter coletivo mais amplo e estável. Inicialmente identificados pelo seu repertório reivindicativo, as mobilizações visavam assegurar melhorias nas condições de vida urbana e uma melhor distribuição de renda. Em um segundo momento, as ações de mobilização ganham um caráter mais geral, através de demandas sociais por mudanças na forma de condução das ações e da gestão públicas e na adoção de um conjunto de direitos e princípios urbanos universais. Esse segundo momento coincide com a formação do Movimento Nacional de Reforma Urbana (MNRU) na sociedade brasileira na década de 1980.[4]

Como pretendemos enfatizar aqui, as mobilizações sociais que se criaram em torno da plataforma da reforma urbana no Brasil, principalmente a partir do período de abertura política, vão assumir um viés político fortemente direcionado para a promoção de mudanças na ordem jurídico-institucional nacional com foco nos direitos à moradia e à cidade, no princípio da função social da propriedade e na gestão democrática das cidades.

A oportunidade política de mudanças institucionais de caráter democratizante durante o período da Assembleia Constituinte (1987-88) resultará na proposição de uma emenda popular da reforma urbana com mais de 130.000 assinaturas. Apesar dos obstáculos impostos pelas bases parlamentares conservadoras contrárias à proposta popular, pela primeira vez na história brasileira é introduzido um capítulo constitucional da política urbana e a partir de uma plataforma popular.[5]

A Constituição Federal de 1988 representa um marco político e jurídico inovador para a questão fundiária e urbana no Brasil. Ainda que o paradigma da função social da propriedade tenha sido incorporado, sucessivamente, nas Constituições brasileiras desde o ano de 1934, e tenham surgido algumas legislações mais progressistas, como a Lei nº 7.666/1979, sobre o parcelamento do solo urbano na ordem jurídica nacional, é somente no último texto constitucional brasileiro (1988) que esse princípio vai adquirir um caráter conceitual e instrumental mais sólido.

A partir da Constituição Federal de 1988 e, posteriormente, com a incorporação do direito à moradia no rol dos direitos sociais constitucionais (Emenda Constitucional nº 26, de 14 de fevereiro de 2000) e a

---

[4] O MNRU envolveu um conjunto de atores diversificados — a Igreja Católica, a intelectualidade acadêmica, as instituições de pesquisa, as organizações não governamentais e entidades populares — em torno da questão da institucionalização de um novo padrão de política pública no âmbito urbano. (N. A.)

[5] A ala conservadora contrária à emenda popular vai vincular o princípio da função social da propriedade ao plano diretor e ainda remeter a regulamentação dos dispositivos constitucionais a uma legislação complementar. A estratégia clara dos opositores era retirar o caráter de autoaplicabilidade das normas constitucionais. (N. A.)

regulamentação do capítulo constitucional da política urbana pelo Estatuto da Cidade (Lei nº 10.257, de 10 de julho de 2001), consolida-se um novo paradigma jurídico da propriedade urbana e da cidade, conformado por novos princípios e diretrizes, bem como por instrumentos de intervenção urbanística e gestão urbana voltados para a democratização do acesso à terra urbana e à moradia e a universalização do direito à cidade.

Também fruto de um longo processo de disputas em torno do controle jurídico do desenvolvimento urbano (1989-2001), a aprovação do Estatuto da Cidade foi considerada o maior avanço jurídico para a reforma urbana pós-88, uma vez que incorporou as reivindicações legislativas da emenda popular em sua quase totalidade.[6] O único veto do governo federal relacionado à questão da regularização fundiária em área pública — cinco artigos relacionados ao instrumento da concessão de uso especial para fins de moradia — vai ser revisto em poucos meses com algumas pequenas alterações e será editado pela Medida Provisória nº 2.220, de 4 de setembro de 2001.

Entre as várias inovações legais decorrentes da CF/1988, do Estatuto da Cidade e da MP nº 2.220/2001 merece destaque o reconhecimento da regularização fundiária de assentamentos informais consolidados também como direito *subjetivo* dos moradores. Isso quer dizer que, em certas situações definidas pela lei, os próprios moradores podem reivindicar a regularização da situação fundiária dos seus imóveis seja pela via administrativa, seja pela via judicial.[7]

Com a criação do Ministério das Cidades no primeiro dia do governo Lula, esse também fruto de longa reivindicação social, novos esforços legislativos vão ser retomados e resultarão na aprovação de várias legislações federais afinadas com a proposta de reforma urbana e inclusão social. Destacam-se: Lei nº 11.124, de 16 de junho de 2005 — lei de iniciativa popular que cria o Sistema Nacional de Habitação de Interese

---

[6] Ao comparar as proposições legislativas da emenda popular da reforma urbana e a legislação do Estatuto da Cidade, Bassul (2005) demonstra que, em termos quantitativos, 84% da EP vão ser incorporados, parcial ou integralmente, ao texto do estatuto. (N. A.)

[7] Para mais informações sobre o reconhecimento jurídico da regularização fundiária de assentamentos urbanos como direito subjetivo, ver: Fernandes & Pereira (2010). (N. A.)

Social; Lei Federal nº 11.481, de 31 de maio de 2007, que possibilitou a transferência de terras da União para os municípios, com a finalidade de regularizar a situação dos ocupantes; Lei nº 11.977, de 7 de julho de 2009, que criou o programa Minha Casa Minha Vida e traz um capítulo específico com uma série de novidades na matéria de regularização fundiária de assentamentos urbanos consolidados.[8]

Alguns especialistas ressaltam o avanço conceitual trazido pela nova ordem jurídico-urbanística (Fernandes & Alfonsin, 2009). Outros apontam a ampliação dos instrumentos urbanísticos como elemento fundamental para a materialização dessa nova ordem. Finalmente, reconhecendo o Direito como processo, aponta-se a ampliação das competências dos operadores do Direito na defesa da "ordem urbanística" como um dos maiores ganhos institucionais (Fernandes & Pereira, 2009).[9]

Todos esses reconhecidos avanços na ordem jurídico-urbanística nacional vão suscitar questionamentos tanto quanto à efetividade social dessa nova ordem, como no que diz respeito às consequências da ampla "juridicização" dos processos e procedimentos de gestão urbana. Do ponto de vista conceitual, o maior entrave para a materialização da nova ordem jurídico-urbanística decorre do embate de paradigmas — civil e público-urbanístico — quanto à concepção de propriedade imobiliária ainda existente no ordenamento jurídico brasileiro. Em última análise, trata-se de um conflito de interpretação quanto à concepção de propriedade decorrente de uma forte cultura jurídica liberal, influente na formação dos estudantes de Direito e na orientação jurídica dos magistrados brasileiros.

Nesse ponto, não se pode deixar de reconhecer o papel desempenhado por um grupo não muito extenso de juristas especializados na área de Direito Urbanístico que, ao longo do processo de institucionalização

---

[8] Para mais informações sobre os avanços recentes trazidos pela Lei nº 11.977/2009, ver Balbim (2010). (N. A.)
[9] O Estatuto da Cidade inclui no rol das Ações Civis Públicas — Lei nº 7347/1985 — a denominada "ordem urbanística" (art.53), ampliando sobremaneira a possibilidade de atuação dos promotores de Justiça e defensores públicos na defesa da ordem urbanística, seja de forma preventiva, por meio do Termo de Adesão de Conduta (TAC), seja de forma repressiva, pela via judicial.

da nova ordem jurídico-urbanística, participaram de forma direta ou indireta dos debates, bem como tiveram destacado papel na construção de argumentos jurídicos e práticas sociais que buscam enfatizar a mudança de paradigma conceitual a partir da Constituição Federal de 1988 e das legislações urbanísticas posteriores. Incansavelmente, reafirma-se o alcance dessa inovação conceitual para a prática social, política e judicial no âmbito urbano:

> Toda uma nova cultura jurídica foi instaurada em 1988, com o reconhecimento explícito do Direito Urbanístico como sendo o paradigma central de interpretação conceitual para determinação da natureza, das possibilidades e dos limites do controle jurídico dos processos de desenvolvimento, uso e ocupação do solo urbano, bem como dos processos de uso, conservação e preservação de recursos naturais. Novas "regras do jogo" de desenvolvimento urbano foram claramente estabelecidas para regular e dar suporte às novas relações que se têm estabelecido entre o Estado, proprietários e usuários de imóveis, e os setores privado, comunitário e voluntário. Essas são regras de direito público, cuja racionalidade intrínseca requer a adoção de critérios coerentes de interpretação, sobretudo nos casos de conflitos administrativos e judiciais. (Fernandes & Alfonsin, 2009)

Finalmente, do ponto de vista político, a materialização da nova ordem urbanística em suas diversas possibilidades por meio de uma atuação política democrática recai sobre a possibilidade de serem construídos processos sociopolíticos mais democráticos no âmbito urbano e que possam suportar uma reforma jurídica em nível municipal adequada à nova ordem jurídico-urbanística nacional. Nesse ponto, é de fundamental importância a participação dos movimentos sociais na continuação da luta pela reforma urbana e pela inclusão social nas cidades para todos e para todas.

## Referências bibliográficas

ALFONSIN, Betânia; FERNANDES, Edésio. *Direito à moradia e segurança da posse no Estatuto da Cidade: diretrizes, instrumentos e processos de gestão*. Belo Horizonte: Editora Fórum, 2006.

_____; FERNANDES, Edésio. *A lei e a ilegalidade na produção do espaço urbano*. Belo Horizonte: Del Rey, 2003.

BASSUL, José Roberto. *Estatuto da Cidade: quem ganhou? Quem perdeu?* Brasília: Senado Federal, Subsecretaria de Edições Técnicas, 2005.

BRASIL, Flávia. *Democracia e participação social: a construção de avanços democratizantes nas políticas urbanas pós-1980 a partir do Movimento e do Fórum de Reforma Urbana*. Tese de Doutorado em Sociologia. Belo Horizonte: UFMG, 2011.

FERNANDES, Edésio. "Direito e urbanização no Brasil". In: FERNANDES, Edésio (org.). *Direito urbanístico*. São Paulo: Del Rey, 1998.

_____. "Do Código Civil de 1916 ao Estatuto da Cidade: algumas notas sobre a trajetória do Direito Urbanístico no Brasil". In: MATTOS, Liana (org.). *Estatuto da Cidade comentado*. Belo Horizonte: Editora Mandamentos, 2002.

_____; ALFONSIN, Betânia. "Revisitando o Instituto da Desapropriação: uma agenda para reflexão". In: _____; ALFONSIN, Betânia (orgs.). *Revisitando o Instituto da Desapropriação*. Belo Horizonte: Editora Fórum, 2009.

_____; PEREIRA, Helena. "Legalização das favelas: qual é o problema de Belo Horizonte?". In: *Revista Planejamento e Políticas Públicas*, vol. 34, jan./jun., IPEA, 2010.

_____. "O direito à continuidade nas políticas públicas". In: *Revista da Faculdade de Direito da FMP*. Fundação Escola Superior do Ministério Público, n° 04, Belo Horizonte, 2009.

HOLSTON, James. *Legalizando o ilegal: propriedade e usurpação no Brasil*. In: *Revista Brasileira de Ciências Sociais*, n° 21, ano 8, Belo Horizonte, fevereiro de 1993.

MARICATO, Ermínia. "As ideias fora do lugar e o lugar fora das ideias — planejamento urbano no Brasil". In: ARANTES, Otilia. *A cidade do pensamento único — desmanchando consensos*. Petrópolis: Vozes, 2000.

PESSOA, Álvaro. *Nota explicativa. Direito do urbanismo: uma visão sociojurídica*. Rio de Janeiro: Instituto Brasileiro de Administração Municipal, 1981.

ROLNIK, Raquel. *A cidade e a lei. Legislação, política urbana e territórios na cidade de São Paulo*. São Paulo: Fapesp, 1997.

# Direito e meio ambiente no Brasil

*Dione Ferreira Santos*

Desde o final do século XX, a preocupação com o meio ambiente e a continuidade da vida no planeta Terra, causada por problemas graves gerados pelo crescimento econômico sem medidas, pelo abuso na utilização dos recursos naturais e por desastres ambientais levou os dirigentes mundiais a voltarem seus olhos para o meio ambiente e a continuidade da vida.

A publicação do livro *Primavera silenciosa*, em 1962, de Rachel Carson, que alertava para os perigos do DDT, a descoberta acerca dos malefícios da talidomida, o derramamento de petróleo ao longo da costa norte da França, causado pelo navio *S/T Torrey Canyon*, em 1967, a morte de milhares de peixes em lagos da Suécia e a conclusão de que essa tinha sido causada por poluição vinda da Europa Ocidental são exemplos dos acontecimentos que marcaram as discussões iniciais acerca do meio ambiente.

Diante do quadro mundial, em 1972, ocorreu a primeira Conferência das Nações Unidas sobre o Meio Ambiente, convocada pela Organização da Nações Unidas — ONU e realizada na Suécia, em Estocolmo.[1]

---

[1] Chris Wold (2003, p. 7) relata que "apesar de não estabelecer nenhuma regra concreta, essa declaração (de Estocolmo) propiciou a primeira moldura conceitual abrangente para formulação e implementação estruturada do Direito Internacional do Meio Ambiente". (*N. A.*)

A conferência, que contou com a participação de dirigentes de países desenvolvidos e países em desenvolvimento, trouxe a lume o crescimento econômico, gerando grande discussão acerca do modelo a ser adotado e da consequente utilização dos recursos naturais de forma desmedida.

Os países em desenvolvimento criticavam a proposta de crescimento zero dos países desenvolvidos, afirmando que essa era inconciliável com o estado de pobreza de suas populações. A preocupação com o meio ambiente era tida como um luxo dos países desenvolvidos, que não cabia no modelo dos países em desenvolvimento, que afirmavam que primeiro tinham que crescer a qualquer custo, para só depois voltarem suas preocupações à questão do meio ambiente.

Ainda assim a Conferência de Estocolmo, como ficou conhecida, foi altamente produtiva, com a publicação de uma declaração composta por 26 princípios, que consagravam, dentre outros aspectos, o homem como centro do meio ambiente, o direito a um meio ambiente equilibrado e a proteção do meio ambiente como dever do homem. A Conferência também deu origem ao PNUMA — Programa das Nações Unidas para o Meio Ambiente —, que tem por objetivo a proteção do meio ambiente, tanto para esta geração quanto para as gerações futuras.

Os princípios da Conferência de Estocolmo foram reafirmados vinte anos depois na Conferência RIO-92, que deu origem à Declaração do Rio sobre Meio Ambiente e Desenvolvimento, com 27 princípios, dando grande ênfase ao desenvolvimento sustentável.

No Brasil, a preocupação com o meio ambiente vem de longa data. Em 1965 foi sancionado o Código Florestal, Lei nº 4.771. Em 1981 foi sancionada a Lei nº 6.938, que dispõe sobre a política nacional do meio ambiente. E em 1988 a matéria foi alçada à categoria de norma constitucional.

De importância ímpar é o artigo 225 da Constituição da República de 1988, que dispõe:

> Art. 225. Todos têm direito ao meio ambiente ecologicamente equilibrado, bem de uso comum do povo e essencial à sadia qualidade de vida, impondo-se ao Poder Público e à coletividade o dever de defendê-lo e preservá-lo para as presentes e futuras gerações. (Brasil, 1988)

O artigo está inserido no capítulo VI da Carta Constitucional, que trata do meio ambiente e é o núcleo da proteção ambiental brasileira, constituindo-se em direito fundamental, com todas as implicações daí advindas, inclusive amparado pela imutabilidade prevista no artigo 60, parágrafo 4º, da Constituição da República de 1988.[2]

Leite & Ferreira (2010) afirmam que tanto a Constituição da República quanto a já citada Lei nº 6.938/1981 compreendem o meio ambiente de forma integrada, traduzindo-se em proteção ao todo, e não de forma fragmentada, como as legislações anteriores o fizeram.

É que o meio ambiente não se resume à natureza, à fauna ou à flora, aos mares e rios; a legislação que os protege, como o Código Florestal, protege apenas uma parcela, um fragmento do meio ambiente, que compreende os meios ambientes natural, artificial, cultural, do trabalho e, mais modernamente, já se fala mesmo em meio ambiente virtual ou digital, e até genético. Ou seja, quando se discute a questão do meio ambiente deve se ter em mente todo e qualquer ambiente onde haja vida em qualquer de suas formas, seja ele ainda natural, ou já modificado e, portanto, artificial.

É nesse sentido amplo que deve ser entendida a legislação brasileira que dispõe, inclusive constitucionalmente, acerca da proteção do meio ambiente, afirmando que mantê-lo ecologicamente equilibrado é essencial à sadia qualidade de vida e é direito desta e das futuras gerações.

O conceito da expressão "meio ambiente" é encontrado no artigo 3º, inciso I, da Lei de Política Nacional do Meio Ambiente — Lei nº 6.938/1981:

> Art. 3º — Para os fins previstos nesta Lei, entende-se por:
> I — meio ambiente, o conjunto de condições, leis, influências e interações de ordem física, química e biológica, que permite, abriga e rege a vida em todas as suas formas; (Brasil, 1981)

---

[2]"Art. 60 — [...]
§ 4º - Não será objeto de deliberação a proposta de emenda tendente a abolir:
[...]
IV - os direitos e garantias individuais" (Brasil, 1988). (N. A.)

Afirma Paulo Affonso Leme Machado (2010, p. 55) que "a definição federal é ampla, pois vai atingir tudo aquilo que permite a vida, que a abriga e rege".

Conjugando-se os dois textos normativos — artigo 225 da Constituição da República de 1988 e artigo 3º, inciso I, da Lei nº 6.938/1981 —, pode-se perceber a amplitude da proteção que é garantida às presentes e futuras gerações e estendida a todo o conjunto de condições, leis, influências e interações de ordem física, química e biológica que permitem, abrigam e regem a vida em todas as suas formas de modo a garantir o equilíbrio ecológico.

Como direito fundamental, essa proteção pode ser analisada a partir de três feições distintas: a puramente objetiva, a puramente subjetiva e a objetivo-subjetiva. "Pela dimensão objetiva, o direito ao ambiente equilibrado é protegido como instituição" (Leite & Ferreira, 2010, p. 123). Não há a garantia de um direito de caráter subjetivo ao indivíduo, fixando-se a proteção ao meio ambiente como tal. Ou seja, o meio ambiente deve ser protegido por si só, sem que se reconheça a qualquer ser humano a titularidade para sua defesa, como um fim em si mesmo. Lado contrário, a proteção puramente subjetiva concentra sua atenção no homem, aspecto integralmente antropocêntrico, e protege o meio ambiente tão somente para o seu bem-estar, traduzindo uma visão utilitarista do meio ambiente, que apenas está a serviço do homem, e nada mais.

A dimensão objetivo-subjetiva, no dizer de Sampaio (2003, p. 100) é a mais completa que se pode ter. Segundo o autor, essa é a feição que se encontra na Constituição brasileira. Confirmam Leite & Ferreira, ao afirmarem que:

> A dimensão objetivo-subjetiva é a mais avançada e moderna, porquanto repele a proteção ambiental em função do interesse exclusivo do homem para dar lugar à proteção em função da ética antropocêntrica alargada. Pugna essa concepção pelo reconhecimento concomitante de um direito subjetivo do indivíduo e da proteção autônoma do ambiente, independentemente do interesse humano. Trata-se da configuração mais completa. São exemplos dessa conformação as constituições da Colômbia, da Espanha e do Brasil. (2010, p. 124)

Sarlet & Fensterseifer também afirmam:

> Há, portanto, o reconhecimento, pela ordem constitucional, da *dupla funcionalidade* da proteção ambiental no ordenamento jurídico brasileiro, que assume tanto a forma de um *objetivo e tarefa* do Estado quanto de um *direito (e dever) fundamental* do indivíduo e da coletividade, implicando todo um complexo de direitos e deveres fundamentais de cunho ecológico. (2010, p. 33, grifos dos autores)

Não há dúvidas, portanto, de que a proteção dada pela Constituição brasileira ao meio ambiente congrega os dois aspectos — objetivo, havendo a proteção ao meio ambiente em si mesmo e subjetivo, garantindo ao homem o direito ao meio ambiente ecologicamente equilibrado —, constituindo-se na concepção mais moderna acerca dos direitos fundamentais.

É nessa amplitude que se deve entender a proteção dada pelo Código Florestal vigente — Lei nº 4.771/1965 — ou analisar o Projeto de Lei nº 30/2011, que pretende sua revisão.

Qualquer interpretação que destoe do comando constitucional, que anule ou diminua a proteção constitucionalmente garantida, ainda que minimamente, é inconstitucional, daí advindo o princípio da proibição do retrocesso. Tal princípio diz respeito à vedação implícita que existe na Constituição brasileira de que se anule ou restrinja quaisquer aspectos dos direitos fundamentais. Sob outra ótica, vale dizer que o Estado não pode, seja no exercício de suas funções Executiva, Legislativa ou Judiciária, restringir ou anular quaisquer dos direitos fundamentais constitucionalmente garantidos, sendo a proteção ambiental apenas um deles. Nesse sentido, Sarlet & Fensterseifer afirmam que:

> A proibição de retrocesso se expressa a partir da ideia de proteção dos direitos fundamentais, especialmente no que tange ao seu núcleo essencial, na medida em que a tutela e o exercício efetivo de tais direitos só são possíveis onde esteja assegurado um nível mínimo de segurança jurídica e previsibilidade do próprio ordenamento jurídico objetivo, bem como dos direitos subjetivos dos cidadãos. (2010, p. 43)

E, especificamente em relação à proteção ambiental, os autores são categóricos ao afirmarem:

> Assim, no caso especialmente da legislação ambiental que busca dar operatividade ao dever constitucional de proteção do ambiente, há que assegurar sua blindagem contra retrocessos que a tornem menos rigorosa ou flexível, admitindo práticas poluidoras hoje proibidas, assim como buscar sempre um nível mais rigoroso de proteção, considerando especialmente o déficit legado pelo nosso passado e um "ajuste de contas" com o futuro, no sentido de manter um equilíbrio ambiental também para as futuras gerações. (2010, p. 46)

Sob essa ótica é que se pode, com segurança, afirmar que o Projeto de Lei nº 30/2011 não pode, sob nenhuma hipótese, diminuir ou suprimir qualquer nível de proteção dado pelo código atualmente em vigor, Lei nº 4.771/1965.

O Código Florestal, que completou 47 anos no último dia 15 de setembro de 2012 estabeleceu alguns níveis de proteção básicos em relação aos espaços territoriais — a área de preservação permanente (APP) e a reserva legal. A área de preservação permanente tem a função ambiental de preservar os recursos hídricos, a paisagem, a estabilidade geológica, a biodiversidade, o fluxo gênico de fauna e flora, proteger o solo e assegurar o bem-estar das populações humanas, conforme inciso II do parágrafo 2º do artigo 1º do código citado.

A reserva legal diz respeito a uma área localizada no interior de uma propriedade ou posse rural, excetuada a de preservação permanente, necessária ao uso sustentável dos recursos naturais, à conservação e reabilitação dos processos ecológicos, à conservação da biodiversidade e ao abrigo e proteção de fauna e flora nativas conforme inciso III do parágrafo 2º do artigo 1º do código citado.

As polêmicas em relação ao Projeto de Lei nº 30/2011 giram, dentre outros pontos, em torno das alterações pretendidas nas duas proteções em questão — área de preservação permanente e reserva legal. O projeto está em fase de discussão no Senado e foi aprovado no dia 21 de setembro de 2011 na CCJ — Comissão de Constituição e Justiça.

Antes dessa deliberação aconteceu, no dia 13 de setembro de 2011, uma audiência pública com as presenças do ministro do Superior Tribunal de Justiça (STJ), Herman Benjamin, do ex-ministro da Defesa e ex-ministro do Supremo Tribunal Federal (STF), Nelson Jobim, do subprocurador-geral da República, Mário José Gisi, do advogado e doutor em Direito Ambiental, Paulo Affonso Leme Machado, e de Cristina Godoy de Araujo Freitas, promotora de Justiça do Ministério Público de São Paulo.

Para os promotores Cristina Godoy Freitas e Mário José Gisi, "o projeto do novo Código Florestal (PLC nº 30/2011), aprovado na Câmara e que tramita no Senado, fere o direito fundamental ao meio ambiente ecologicamente equilibrado, garantido pela Constituição" (Agência Senado, 2011).

Um dos aspectos preocupantes em relação ao Projeto nº 30/2011 diz respeito à mudança nas faixas de mata ao longo dos rios, que é de preservação permanente e não pode ser utilizada. Ocorre que o atual Código Florestal prevê que a área de preservação permanente seja definida a partir do leito maior do rio, conforme seu artigo 2º, letra "a" e o projeto prevê, em seu artigo 4º, que a mata seja medida a partir da calha regular do rio.

Vale dizer, no Código Florestal em vigor, a APP é medida a partir do ponto que as águas alcançam em tempos de cheia, ou seja, do leito maior, e o projeto prevê a alteração para que a APP seja medida a partir do leito regular, ou seja, de onde as águas alcançam em tempos normais, o que ocorre a maior parte do ano. Em alguns locais do país a alteração é significativa, podendo traduzir a extinção de algumas áreas de preservação permanente em função de certos alagamentos que só ocorrem nos tempos das cheias. Repita-se que a função da APP é a preservação dos recursos hídricos e a estabilidade geológica, dentre outros fatores. Não podem ser esquecidas também as recentes e tristes imagens de desabamentos de morros por falta de estabilidade geológica, que sempre acontecem em épocas de chuvas, mais recentemente no Rio de Janeiro e em São Paulo.

Outra controvérsia diz respeito à competência legislativa suplementar dos estados (ver discussão na reportagem "Estados não poderão ampliar desmatamento permitido em lei federal, dizem juristas" constante da página do Senado Federal — Agência Senado; Koshimizu, 2011). É que, conforme o artigo 24, parágrafo 1º da Constituição da República de 1988, a União tem competência para editar normas gerais, sendo de competência dos estados legislar sobre questões regionais específicas. O temor é de que se abra uma guerra ambiental, semelhante à guerra fiscal, com grave prejuízo ao meio ambiente.

A questão está diretamente ligada ao pacto federativo e às competências constitucionais fixadas pelo legislador constituinte. Forçoso é reconhecer que a competência da União, com fundamento no artigo 24 da Constituição da República de 1988, está condicionada à edição de normas gerais, portanto tudo aquilo que exorbite é inconstitucional.

De outro lado, a legislação dos estados deve respeitar os mínimos legais fixados pela União, bem como ser pautada pelo conteúdo do artigo 225 da Constituição da República de 1988, que determina a proteção e a preservação do meio ambiente ecologicamente equilibrado. Qualquer norma que não cumpra esse pressuposto, seja federal, estadual ou municipal, haverá de ser tida como inconstitucional. Entende-se, segundo essa perspectiva, que o temor é infundado: a legislação deverá ser complementada pelos estados e municípios, no que couber, dado o princípio da predominância do interesse, que distribui competência legislativa ao ente diretamente interessado na resolução da questão.

Outros aspectos também são problemáticos, tais como o artigo 8º, que permite a intervenção ou supressão de vegetação nativa em área de preservação permanente quando houver interesse social ou for caso de utilidade pública, que nos termos do artigo 3º do Projeto de Lei nº 30/2011 assim são compreendidos:

> Art. 3º — [...]
> XVI — utilidade pública:
> a) as atividades de segurança nacional e proteção sanitária;
> b) as obras de infraestrutura destinadas aos serviços públicos de transporte, saneamento, energia, mineração, telecomunicações, radiodifusão, e

*estádios* e demais instalações necessárias à realização de *competições esportivas* municipais, estaduais, nacionais ou internacionais;
c) atividades e obras de defesa civil;
d) demais atividades ou empreendimentos definidos em ato do Chefe do Poder Executivo federal ou estadual.
VXII [*sic*] — interesse social:
[...]
c) a implantação de infraestrutura pública destinada a esportes, lazer e atividades educacionais e culturais ao ar livre em áreas urbanas e rurais consolidadas, observadas as condições estabelecidas nesta Lei;
[...]
f) as demais obras, planos, atividades ou empreendimentos definidos em ato do Chefe do Poder Executivo federal ou estadual. (Brasil, 2011, grifos nossos)

Na prática, trata-se de permissivo legal para supressão de áreas de preservação permanente, de forma a viabilizar construções esportivas, leiam-se obras da Copa do Mundo.

Esses são apenas alguns exemplos dos questionamentos feitos em relação ao Projeto nº 30/2011, e que entram em choque direto com o artigo 225 da Constituição da República de 1988, que obriga o poder público, ou seja, todos os entes da Federação e inclusive a coletividade, a proteger e preservar o meio ambiente ecologicamente equilibrado, para esta e para as futuras gerações.

O certo é que não há consenso: sejam os defensores da proteção ambiental, sejam os ruralistas, ou qualquer outro grupo que nutra certo interesse, todos têm opiniões díspares a respeito das alterações pretendidas pelo Projeto de Lei nº 30/2011. Por outro lado, forçoso é concluir que o texto do Projeto de Lei nº 30/2011, já aprovado na Câmara dos Deputados, não atende aos princípios constitucionais de proteção ambiental, necessitando urgentemente de modificações para que seja compatibilizado com o sistema normativo brasileiro.

Assim, o que se pode afirmar com segurança é que a proteção ambiental, atualmente existente, configurada no artigo 225 da Constituição da

República de 1988 e no Código Florestal em vigor, Lei nº 4.771/1965, bem como nas demais legislações ambientais existentes, não pode ser, de modo algum, diminuída ou suprimida, sob pena de afronta ao princípio da proibição do retrocesso, o que vem sendo feito no projeto em questão.

Para se evitarem as inconstitucionalidades que surgirão se aprovado o texto tal como será levado para discussão no Senado, é necessário que as controvérsias sejam enfrentadas, tendo como ponto de partida a proteção ambiental constitucionalmente existente, que não pode ser diminuída ou suprimida. Caso contrário, o Poder Judiciário deverá ser chamado para resolver as inconstitucionalidades e ser guardião do meio ambiente, tal como é guardião da Constituição da República de 1988.

## Referências bibliográficas

AGÊNCIA SENADO. "Para Ministério Público, projeto do novo Código Florestal fere a Constituição". In: *Correio do Brasil*. Ano XI — número 4.274. Rio de Janeiro, 13 set. 2011 — 14h29. Disponível em: <http://correiodobrasil.com.br/para-ministerio-publico-projeto-do-novo-codigo-florestal-fere-a-constituicao%C2%A0/296584/>. Acesso em 13 de setembro de 2011.

_____; KOSHIMIZU, Ricardo Koiti. "Estados não poderão ampliar desmatamento permitido em lei federal, dizem juristas". In: *Senado Federal/Notícias*. Brasília, 13 set. 2011 — 18h15. Disponível em: <http://www.senado.gov.br/noticias/estados-nao-poderao-ampliar-desmatamento-permitido-em-lei-federal-dizem-juristas.aspx>. Acesso em 13 de setembro de 2011.

BRASIL. *Projeto de lei da Câmara nº 30/2011. Dispõe sobre a proteção da vegetação nativa, altera as Leis nºˢ 6.938, de 31 de agosto de 1981, 9.393, de 19 de dezembro de 1996, e 11.428, de 22 de dezembro de 2006; revoga as Leis nºˢ 4.771, de 15 de setembro de 1965, e 7.754, de 14 de abril de 1989, e a Medida Provisória nº 2.166-1967, de 24 de agosto de 2001; e dá outras providências.* Brasília: Senado Federal, 2011. Disponível em: <http://www.senado.gov.br/atividade/materia/detalhes.asp?p_cod_mate=100475>. Acesso em 13 de setembro de 2011.

_____. *Constituição da República Federativa do Brasil*. Brasília: Senado Federal, 1988. Disponível em: <http://www.planalto.gov.br/ccivil_03/constituicao/_ConstituiçaoCompilado.htm>. Acesso em 5 de setembro de 2011.

_____. *Lei nº 6.938, de 31 de agosto de 1981. Dispõe sobre a Política Nacional do Meio Ambiente, seus fins e mecanismos de formulação e aplicação, e dá outras providências*. Brasília: Senado Federal, 1981. Disponível em: <http://www.planalto gov.br/ccivil_03/leis/L6938compilada.htm>. Acesso em 8 de setembro de 2011.

_____. *Lei nº 4.771, de 15 de setembro de 1965. Institui o novo Código Florestal*. Brasília: Senado Federal, 1965. Disponível em: < http://www.planalto.gov.br/ccivil_03/leis/L4771compilado.htm>. Acesso em 8 de setembro de 2011.

LEITE, José Rubens Morato; FERREIRA, Maria Leonor Paes Cavalcanti. "Estado de Direito Ambiental no Brasil: uma visão evolutiva". In: FARIAS, Talden; COUTINHO, Francisco Seráphico da Nóbrega (orgs.). *Direito ambiental: o meio ambiente e os desafios da contemporaneidade*. Belo Horizonte: Forum, pp. 115-129, 2010.

MACHADO, Paulo Affonso Leme. "Meio ambiente e repartição de competências". In: *Revista Electronica de Derecho Ambiental*, nº 16, septiembre, 2007. Disponível em: <http://huespedes.cica.es/aliens/gimadus/16/01_paulo.html>. Acesso em 5 de setembro de 2011.

_____. Direito Ambiental Brasileiro. 18ª ed. rev., atual. e ampliada. São Paulo: Malheiros, 2010.

NUSDEO, Ana Maria de Oliveira. "Áreas de preservação permanente e reservas legais. Uma análise das motivações para a sua efetiva conservação". In: FIGUEIREDO, Guilherme José Purvin de; SILVA, Lindamir Monteiro da; RODRIGUES, Marcelo Abelha; LEUZINGER, Marcia Dieguez (orgs.). *Código Florestal: 45 anos: estudos e reflexões*. Curitiba: Letra da Lei, 2010.

REDAÇÃO 24 HORAS NEWS. "Senadores reúnem juristas para debater o Código Florestal". In: *24 Horas News*. Cuiabá, 13 set. 2011 — 20h46. Disponível em: <http://www.24horasnews.com.br/index.php?mat=384789>. Acesso em 13 de setembro de 2011.

SAMPAIO, José Adércio Leite; WOLD, Chris; NARDY, Afrânio José Fonseca. *Princípios de Direito Ambiental na dimensão internacional e comparada*. Belo Horizonte: Del Rey, 2003.

SARLET, Ingo Wolfgang; FENSTERSEIFER, Tiago. "Breves considerações sobre os deveres de proteção do Estado e a garantia da proibição de retrocesso em matéria ambiental". In: FIGUEIREDO, Guilherme José Purvin de; SILVA, Lindamir Monteiro da; RODRIGUES, Marcelo Abelha; LEUZINGER, Marcia Dieguez (orgs.). *Código Florestal: 45 anos: estudos e reflexões*. Curitiba: Letra da Lei, 2010.

_____;_____. "Dever de proteção: Código Florestal ultrapassa função legislativa". In: *Revista Consultor Jurídico*, 6 de junho de 2011. Disponível em: <http://www.conjur.com.br/2011-jun-06/codigo-florestal-ultrapassa-limite-funcao-legislativa>. Acesso em 30 de agosto de 2011.

# Drummond e a formação do cidadão brasileiro

*Juarez Guimarães*

A pergunta sobre a relação fundadora entre a poesia de Drummond e a formação do cidadão brasileiro só é pertinente se atribuirmos à condição cidadã, ao modo de Rousseau, uma certa moralidade da liberdade em igualdade, um sentimento de pertencimento ao mundo que elabora a subjetividade de cada um em relação ao outro, ao tornado estranho e até inóspito e uma consciência aguda e dramática do tempo fragmentado entre a permanência opressiva do passado e a esperança de que "tantos pisam este chão que ele talvez/ um dia se humanize".[1]

Advertidos assim do grave erro de reduzir um fenômeno poético de tal espectro a um só rosto político — como se o nascimento dessa poesia já não exibisse por si a unidade da sua vária face humana —, despositivando e submetendo a política à moção incerta e plural da cultura, estabelece-se, ao mesmo tempo, um critério da poesia de Drummond e uma bússola para viajar na aventura da formação da cultura brasileira no século XX.

Pois se todo grande poeta carece de um critério próprio de interpretação, seria arbitrário cindir Drummond a partir de uma poesia do eu e uma poesia do mundo. José Miguel Wisnick vai ao ponto em "Drum-

---

[1] Wisnick, *in:* Novaes (org.), 2005, p. 24.

mond e o mundo", ao afirmar que para o itabirano "o mundo exclui a poesia e a poesia insiste em incluir o mundo". Ou ainda ao apontar que para essa poesia, "se é impossível se abrigar na história, não temos nenhum abrigo fora dela".[2]

Assim, o critério apropriado para receber a poesia de Drummond é entendê-la, ao modo do ensaio seminal de Otto Maria Carpeaux "Fragmentos sobre Carlos Drummond de Andrade" (1943), em uma chave retomada por Antonio Candido em "Inquietudes na poesia de Drummond" (1965), como *poesia pública*. Isto é, não partidária ou engajada, muito menos panfletária. É todo o ser que vai ao mundo e o momento mais público dessa poesia — o maciço poético que vai de *Sentimento do mundo* até *A rosa do povo* — é também de altíssima subjetivação. Com efeito, nesses livros, lê-se que "o tempo dá-se em fragmentos", dramatiza-se a solidão ("solidão, palavra de amor"), reflete-se sobre o enigma da criação poética, farejam-se os rastros da memória, encontra-se e ama-se comovida e postumamente o pai, e no chão se deita, "à maneira dos desesperados", com a morte de Mário de Andrade.

Longe porém de ser um lugar ou um tempo de exceção, essa dimensão pública é a sua gênese, a sua temporalidade de formação, a sua unidade de sentido, de *Alguma poesia* (1930) até a edição póstuma *Farewell* (1996). A ponto de se poder ler esse grande romance de si no mundo, que é a poesia de Drummond, de trás para a frente, da "Zona de Belo Horizonte" à sua plataforma de lançamento, o "Poema de sete faces". Por esse critério unitário de interpretação — a poesia de Drummond como um bem que se faz e se dá ao público — o maciço literário que vai do *Sentimento do mundo* até *A rosa do povo* é um altíssimo mirante de perscrutação de toda a sua poesia, para a frente e para trás.

Ora, se o critério de entendê-la como poesia pública é a chave para interpretá-la em sua unidade de sentido, é possível e necessário imediatamente reconhecer que ela esteve no centro da cultura brasileira, desde 1930, quando veio ao mundo no contexto do modernismo de 1922, abençoada em seu nascimento e formação pelas poéticas já emancipadas

---

[2] Ibidem, p. 46.

de Mário de Andrade (a consciência histórica e social do modernismo) e Manuel Bandeira (a consciência essencializada do modernismo na poesia — "Não quero mais saber do lirismo que não é libertação"). Terá saído desse lugar até o momento do adeus?

Mas o que é isso de ir ao centro de uma cultura ainda em descentralização dinâmica, cultivar para si e para todos uma posição e identidades irreversivelmente *gauches* em uma civilização que apenas iniciou seu trabalho de humanizar-se e organizar-se socialmente?

O fato é que seria arbitrário pretender interpretar a cultura brasileira do século XX sem Drummond. A poesia do autor de "Claro enigma", por sua própria natureza pública, foi sempre dotada de um vastíssimo poder de imantação, de trazer tudo e todos para dentro de sua força expressiva, de, apesar de tudo, dizer, se preciso gritar ou até restituir à palavra "o seu poder de silêncio". O que mesmo de importante aconteceu no mundo e no Brasil, e no transbordamento de nossa condição humana no século XX, que não está na poesia de Drummond? É exatamente por estar no centro que essa poesia é um lugar incontornável de passagem, da nossa recalcada condição provinciana à face anônima da modernidade, de Itabira a Manhattan, e de volta ao inconsútil minério itabirano, das formas clássicas às mais coloquiais da linguagem. Por isso, há nessa poesia abrigo para todos os grandes criadores da literatura brasileira. O que também é um modo de reunir, concentrar, o que está aparentemente disperso.

À centralidade do lugar de Drummond na cultura brasileira do século XX, esse poder de imantação, corresponde igual ou maior poder de irradiação. Quantos grandes criadores brasileiros, não apenas na literatura, mas também de Jobim a Cartola, de Portinari a Niemeyer, não se nutriram dessa poesia?

Os questionamentos sobre a relação dessa poesia pública, que ocupa uma centralidade na cultura brasileira, com a formação do cidadão focalizam-se exatamente na capacidade de esse versejar livre formar uma linguagem comum, ao mesmo tempo reflexiva e cordial, no sentido mesmo do coração, erudita e afeita ao popular. Como pode se formar no tumulto da nossa história a linguagem do cidadão brasileiro? Como ele pode, através de sua experiência de formação, resistir à dilaceração e à desumanização que o cerca, e autocriar-se em liberdade, igualdade e fraternidade? Na poesia de Drummond, lírica porque épica, ou épica enquanto lírica, enquanto abismal experiência no mundo, podemos encontrar um léxico, uma gramática, a expressão do cidadão que podemos vir a ser?

## Humanismo brasileiro

Essa poética, que nasce abandonada e emancipada de Deus, é a criação mais alta do humanismo brasileiro. Nascida existencialmente em uma crise de época, lidando todo o tempo com os materiais de uma experiência de civilização que faz agônica a condição cidadã, a poesia de Drummond é toda porosa à dor, à angústia, à dúvida, à desilusão, à consciência da corrosão do tempo, à autoanálise mais impiedosa. E, por isso mesmo, a sua humanidade e a sua moção de esperança alcançam um irresistível poder de conversão. O impasse, a pedra, José, a máquina do mundo, o claro enigma, a falta que ama: essa é uma poesia da crise. Mas não é, como tantas outras, percebeu Carpeaux, uma poesia do desespero:

> Quero dizê-lo, com toda franqueza, que o encontro com a poesia de Carlos Drummond de Andrade me foi um conforto nas trevas, e que eu, que conhecia todas as poesias do mundo e experimentava todas as desgraças do mundo, compreendo agora o sentido de uma longa viagem.[3]

Nesta poesia de todas as formas, do soneto clássico à moção de rigor de Mallarmé, que exerce plenamente o livre direito à pesquisa estética do modernismo, há uma expansão das nossas possibilidades de expressão, de falar com liberdade, de nomear, de gritar, de ressignificar, de duvidar e de criar pela palavra.

No melhor investimento de pesquisa sobre a artesania poética de

---

[3]Carpeaux, *in:* Brayner (org.), p. 151.

Drummond, Hélcio Martins, em *A rima na poesia de Carlos Drummond de Andrade*, após demonstrar "que há em seus poemas um sem-número de práticas expressivas não arroladas pela retórica tradicional"[4], designa o "anárquico rimário" e o uso mais frequente da rima a partir de *Claro enigma*. Em *Coração partido*, David Arrigucci Jr. nos fala dessa "articulação possível do conflito numa estrutura de tensões equilibradas"[5] que há na poesia de Drummond, a "dança rítmica de sua nova sintaxe".[6] Essa poética que teria "instaurado o pânico na visão tradicional da poesia"[7] fez da linguagem "largo armazém do factível"[8] (como versa o próprio poeta em *Lição de coisas* — 1962). Não há dúvida: o verso livre de Drummond é uma linguagem da liberdade.

Essa palavra livre, que concebe o modernismo não como uma colagem da modernidade, disposta a reproduzir suas cisões, mas exatamente como memória e condensação de todas as tradições literárias ("Dentro de mim, bem no fundo/ há reservas colossais de tempo"[9]), é, simultaneamente, contemporânea e clássica. Por esse viés, versam as duas camadas comunicantes do humanismo de Drummond: é, desde muito cedo e cada vez mais, uma poética do amor e da morte, de Eros e da "carne envilecida"; é, ao mesmo tempo, uma luta permanente com as palavras contra a "mercantil ameaça" e a tutelagem da vida.

A comunicação entre estes dois planos, o subjetivo e a vida social, é permanente na poesia de Drummond. Não há nela lugar para uma felicidade que se privatiza, se resolve, se egotiza e se neurotiza na exclusão do público, da vida em comum. E até a morte, o episódio mais solitário e singular de nossa aventura existencial, é gravada e vincada ao sentimento da solidariedade: "Não dobrem sinos por mim / e se façam apenas os sinais/ por um pobre quando morre."[10]

É verdade, como apontam alguns críticos, que a poesia de Drummond

---

[4]Martins, 2005, p. 115.
[5]Arrigucci Jr., 2002, p. 51.
[6]Ibidem.
[7]Ibidem.
[8]Ibidem.
[9]Andrade, 2002, p. 191.
[10]Andrade, 2002, p. 405.

não raro se torna quase prosa, rotiniza suas conquistas poéticas, faz-se às vezes apenas crônica versificada. É um sinal de sua humanidade, o que não conspira contra a dramaticidade em crescendo de sua poesia à medida dos anos, e muito menos impede a moderna, tardia e agonística expansão da sua criação poética. O "amor natural" é, desde a poesia inaugural de Gregório de Matos, a erótica mais rubra, luxuriosa, penumbrosa e osculante da literatura brasileira. Em *Farewell*, onde se faz um numerário de perdas e se pressente a "última ração do vácuo", na "casa do tempo perdido", "metade hera/ metade cinza", quando o "gelo seco da memória" não mais se evoca, se diz: "Agora vou-me. Ou me vão: Ou é vão ir ou não ir?".[11] Essa poesia arfante, quase irrespirável, de um "homem epilogado" é uma poética dos limites... até o fim!

Nunca repousou também o combate público de Drummond. "Em mim, o que é melhor está lutando"[12], versa em *A rosa do povo*. A opinião disseminada de que, após *Claro enigma*, a poesia de Drummond deixou a cena do público não resiste ao primeiro lance de vista, como anotou Merquior. Em *Versiprosa* (1967), após o famoso "Não prendam Nara Leão", escreve: "O fantasma da república/ circulando entre fardas e decretos";[13] "Somos uma fraternidade, um território, um país/ que começa outra vez no canto do galo do 1º de janeiro/ e desenvolve na luz o seu frágil projeto de felicidade":[14] quem assim espera é o poeta do adeus. "Ai de mim, nunca saí!": a opção pela deserção, pela fuga ou pela ilha definitiva não está na carne dessa poesia que se nutre da falta do amor geral.

## Socialismo democrático

É um mérito do livro *Drummond: da rosa do povo à rosa das trevas*, de Vagner Camilo, ter documentado que *Claro enigma* não é propriamente uma ruptura do poeta com as suas convicções socialistas, mas

---

[11] Ibidem, p. 1.408.
[12] Ibidem, p. 209.
[13] Ibidem, p. 1.427.
[14] Ibidem, ibidem.

uma dobra existencial, um acerto de contas doloroso e corajoso com a desilusão e o desencontro com relação à cultura do stalinismo e, ao mesmo tempo, uma reposição de sua identidade socialista no terreno humanista e livre das utopias. Neste tempo, de "Orfeu, a vagar taciturno,/ entre o talvez e o se"[15], Drummond versa que "esta rosa é definitiva/ ainda que pobre".[16]

Naqueles anos nos quais os historiadores da melhor consciência renovadora comunista já identificaram como os de maior aderência ao stalinismo, que coincide e se agrava com a cassação de seu registro legal, o sectarismo cultural do PCB atinge as raias da interdição e vituperação do que há de melhor na literatura e nas artes. Drummond está no centro do redemoinho: é publicamente caluniado como pró-nazista ou favorável à bomba de Hiroshima, decadente, niilista, vacilante etc. Anota Vagner Camilo:

> O ingresso massivo das teses zdanovistas no Brasil ocorrerá, muito sintomaticamente, no período imediatamente posterior (segundo semestre de 1947) ao congresso de fundação do Kominform, marco do disciplinamento dos PCs pela máquina paramilitar de Stalin. (2001, p. 68)

Drummond defende-se em nome do princípio reflexivo e crítico: "não é vacilação em si aquilo de que se acusa o pequeno-burguês vacilante; mas a vacilação em obedecer a um 'mandamento' transmitido por vontades vacilantes, ondulantes, incoerentes".[17] E em "Reflexões sobre o fanatismo", acusa: "Hoje em dia os concílios não têm mais poder para devorar os homens; mas os partidos, certos partidos, têm."[18]

Drummond, então, antissocialista? Em *Passeios na ilha* (1952), lembra Vagner Camilo, Drummond escreve um ensaio sobre a representação do trabalhador e do trabalho na poesia brasileira e outro sobre as irman-

---

[15] Andrade, 2002, p. 249.
[16] Ibidem, p. 247.
[17] Andrade, 1975, p. 53.
[18] Ibidem, p. 50.

dades dos homens pretos do Brasil Colônia, como a do Rosário, vistas como "um capítulo, a escrever, da história das lutas sociais no Brasil".[19]

Na verdade, a documentação da ruptura de Drummond com o PCB é, de um ponto de vista da cultura brasileira, a ata da fundação do socialismo democrático no Brasil, isto é, de um socialismo que se reconcilia com o princípio da liberdade. Nessa época de "homens partidos", Drummond elabora a sua utopia no chão mesmo da cultura brasileira, através de uma sempre renovada adesão à legião dos humilhados e ofendidos que formam o povo brasileiro em processo de construção de sua liberdade. E é notável que essa imaginação do socialismo, por ser democrática, ao se organizar em um programa, se expresse mais como lírica do que como épica, atenta à individuação e à diferença. Chega a ser desconcertante a semelhança das imaginações utópicas de "Cidade prevista", de Drummond, e "Imagine", de John Lennon, este outro socialista democrático. No poema, se imagina "um jeito só de viver,/ mas nesse jeito e variedade,/ a multiplicidade toda/ que há dentro de cada um".[20]

A poética de Drummond, ao orientar a ruptura modernista de 1922 para a rosa do povo, está, de fato, tradicionalizando-a. Os antiliberalismos de Mário e Oswald de Andrade, revelando uma consciência crítica da modernidade antes mesmo dela aqui se instalar plenamente, fornecem as pistas para Drummond erigir a sua paideia, ao mesmo tempo antitradicionalista e avessa à mercantilização do mundo.

"Melancólicas, mercadorias espreitam-me"; "Onde quer a valia/ valha mais que a vida"; "Caos, essa coleção de objetos do não amor". Na trilha da leitura frankfurtiana de José Miguel Wisnick, que fez até canção dessa sensibilidade a partir de um poema, há na poesia de Drummond vastas configurações adornianas, benjaminianas, blochianas (a esperança quase como uma dimensão ontológica do humano) e — por que não? — inúmeras habermasianas moções poéticas contra a colonização do mundo da vida. Mas em Drummond o mundo não se resolve em cinzas, como se as pulsões de vida provassem ser mais fortes que as pulsões de morte.

---

[19] Ibidem, p. 25.
[20] Idem, 2002, p. 199.

Essa sensibilidade antimercantil leva o sentimento do mundo drummondiano a tornar-se Gaia ("Na morta biosfera/ o fantasma do pássaro"[21]) em *Discurso da primavera e algumas sombras* (1977). Não é um verso incidental: o livro se inicia com o poema "Águas e mágoas do Rio São Francisco", prossegue com o "Planeta enfermo" e os "Kreen-Akarore" e grava o "Triste horizonte", "a brutal Belo Horizonte/ que se empavona sobre o corpo crucificado da primeira".[22] Essa poética, que antecipa a consciência ecológica brasileira, é decerto irmã do princípio crítico de Celso Furtado ao "milagre econômico" do regime militar em *O mito do desenvolvimento econômico* (1974), que funda a Economia Ecológica brasileira.

Esta paideia socialista democrática que sopra e empresta aura à criação de Drummond não é estranha ao feminismo, o que não deixa de ser impressionante para um poeta de sua geração, imerso em uma cultura que recebeu apenas muito tardiamente a moção da emancipação das mulheres. O longo poema "Caso do vestido", inscrito em *A rosa do povo* (1945), é, de fato, uma narrativa a partir do ponto de vista feminino de uma devastadora experiência de assimetria amorosa entre um marido, sua esposa e uma amante. Em *Versiprosa* (1964), se diz: "Ser homem não é vantagem/ mas ser mulher é pior" e, depois, "mas duas vezes escrava/ é a mulher com certeza".[23] E em *Farewell* (1996): "a ambiguidade melancólica do rosto dessa mulher à janela/ que abre para mares impossíveis de liberdade".[24] Pelo caminho real da liberdade amorosa e pela cumplicidade dos Eros livres, a poética de Drummond teria se enriquecido com a figura da mulher em liberdade e plenitude.

Um campo de pesquisa na obra de Drummond seria o de iluminar, por toda ela, a figura de Cristo como arquétipo do princípio universal do amor. Em *Sentimento do mundo* (1940), a figura do operário paradoxalmente caminha sobre as águas. Em *Farewell*, no poema "O rei menino", "Entre Belém e Judá e Wall Street", "o menino, apenas um menino,/ acima das filosofias, da cibernética e dos dólares,/ sustenta o peso do mundo/ na palma ingênua da mão".[25]

---

[21]Andrade, 2002, p. 850.
[22]Ibidem, p. 791.
[23]Andrade, 2002, p. 617.
[24]Ibidem, p. 1.416.
[25]Ibidem, p. 1.422.

No comovido poema de despedida de Alceu Amoroso Lima, entre os muitos dedicados ao grande líder intelectual do catolicismo brasileiro no século XX, Drummond escreve: "Não chora as ruínas da esperança/ Com elas faz uma esperança nova/ de que a justiça não continue uma dor e um escândalo/ de incrível raridade,/ e sim atmosfera, do ato de viver/ em liberdade e comunhão".[26]

Aos 82 anos, três anos antes de sua morte em 1987, o poeta *gauche* reafirmou em entrevista a sua convicção socialista. Ela pode ser vista no filme *O poeta de sete faces*, de Paulo Thiago:

> Não sei se é uma crença absurda, mas eu acho que a gente moça tem que achar um caminho, tem que descobrir uma coisa. Para isso, ela está se informando nas universidades, ela está vendo o dia brasileiro, está vendo o que se passa no mundo, ela tem uma soma de informações que tem de ser útil. Há de aparecer um líder, vários líderes, uma nova corrente de opinião que venha de uma educação democrática, uma educação positiva, realista, objetiva, que criasse no espírito dos jovens condições para que eles assumissem o poder. Acho que o mundo marcha para uma sociedade socialista. A sociedade burguesa é tão devoradora que ela dá uma aparência de independência à mulher, mas cobra caro. A mulher fica sendo um objeto da moda, de fotografia simplesmente. Acho que a mulher deve se compenetrar disso, que ela é realmente muito importante, não como deusa, como rainha, mas como participante da vida, que está adquirindo direitos e precisa regular esses direitos para que não seja manipulada também.

## Referências bibliográficas

ANDRADE, Carlos Drummond de. *Poesia completa*. Rio de Janeiro: Editora Nova Aguilar, 2002.

_____. *Uma pedra no meio do caminho. Biografia de um poema*. Edição ampliada por Eucanaã Ferraz. São Paulo: Instituto Moreira Salles, 2010.

ARRIGUCCI, David Jr. *Coração partido*. São Paulo: Cosac & Naif, 2002.

---

[26] Ibidem, p. 1.306.

CAMILO, Vagner. *Drummond. Da rosa do povo à rosa das trevas*. São Paulo: Ateliê Editorial, 2001.
CANÇADO, José Maria. *Os sapatos de Orfeu*. São Paulo: Editora Globo, 2012.
CANDIDO, Antonio. *Vários escrito*s. São Paulo: Duas Cidades; Rio de Janeiro: Ouro sobre Azul, 2004.
CARPEAUX, Otto Maria. "Fragmento sobre Carlos Drummond de Andrade". In: COUTINHO, Afrânio (org.). *Coleção Fortuna Crítica 1, Carlos Drummond de Andrade*, seleção de textos por Sônia Brayner, pp. 146 a 152.
_____. In: BRAYNER, Sônia (org.). *Fragmentos sobre Carlos Drummond de Andrade e outros ensaios*. Rio de Janeiro: Civilização Brasileira, 1978.
GLEDSON, John. *Influências e impasses. Drummond e alguns contemporâneos*. São Paulo: Companhia das Letras, 2003.
MARTINS, Hélcio. *A rima na poesia de Carlos Drummond de Andrade e outros ensaios*. Rio de Janeiro: Academia Brasileira de Letras/Topbooks, 2005.
WERNECK, Humberto. *O desatino da rapaziada*. São Paulo: Companhia das Letras, 1992.
WISNICK, José Miguel. "Drummond e o mundo". In: NOVAES, Adauto (org.). *Poetas que pensaram o mundo*. São Paulo: Companhia das Letras, pp. 19-64, 2005.

# Elites judiciárias

*Fabiano Engelmann*

Entre as diversas dimensões de análise relevantes para o estudo de elites podem-se apontar duas fundamentais. Em primeiro lugar, as condições de existência social e política que concernem à diferenciação de um segmento específico de agentes em relação a outras espécies de grupos que se destacam no espaço de poder. Nessa dimensão podemos situar os fatores institucionais, culturais e históricos que cercam a legitimidade dos atributos e a especificidade do poder exercido por determinado grupo.

Em segundo lugar, é fundamental considerar os princípios que hierarquizam o campo de atuação do coletivo que se pretende estudar. Aqui são relevantes as características sociodemográficas predominantes, os perfis biográficos, os atributos valorizados pelo grupo, assim como os recursos mobilizados pelos agentes na trajetória de ascensão a posições de destaque.

Em se tratando dos juristas, essas duas dimensões são importantes para a compreensão da dinâmica da configuração de seu poder político específico. Desde o Império, em que aparecem como destacados componentes da elite política, exercendo as mais diversas funções de Estado, até o tempo presente, em que ocupam posições em um espaço onde diversas espécies de elite concorrem pelo exercício do poder estatal.

## A emergência de um poder judicial

Pode-se afirmar que existe uma elite judicial em determinado contexto quando temos um conjunto de agentes que exerce um poder calcado no predomínio da *expertise* jurídica e relativamente autônomo em relação a outras espécies de poder político e burocrático. As condições dessa autonomia são garantidas por efeitos de instituição presentes no ordenamento constitucional e em regras específicas dispondo sobre a atuação desses agentes e na crença generalizada na autonomia do Poder Judiciário. Da mesma forma, as estratégias dos juristas para exercer o poder e garantir seu monopólio de "dizer o Direito" contribuem para a construção social da especificidade do que se pode denominar um campo jurídico no sentido atribuído por Bourdieu (1986).

Parte significativa dos estudos abordando as elites judiciais tem por foco a construção da autonomia dos profissionais do Direito que detêm postos no Estado frente a outras espécies de elites políticas. Em diversos contextos, a construção de um Poder Judiciário autônomo representou o investimento em um *ethos* de separação das magistraturas em relação ao espaço político. O predomínio da ideia de neutralidade das decisões judiciais, a vedação institucional da participação na vida político-partidária, assim como a censura dos pares aos magistrados que expõem publicamente suas preferências ideológicas são exemplos que podem ser observados nos casos francês (Bancaud, 1993) e português (Ferreira, 2001), assim como no cenário brasileiro (Koerner, 1998), ao longo do processo de institucionalização da autonomia judicial.

O passo seguinte para a construção do campo judicial foi a busca pela profissionalização das carreiras de Estado, que, no caso brasileiro, imbrica-se ao modelo corporativo da década de 1930. Esse processo finaliza a transição do caráter nobiliárquico da função da magistratura para situá-la como uma carreira de Estado. Como representativo desse processo podem-se mencionar os modelos de recrutamento dos magistrados com a consolidação na década de 1930 dos concursos públicos e a criação das associações de juízes.

A construção institucional da independência das carreiras jurídicas de Estado envolveu no debate constituinte de 1986 uma grande mobilização dos juristas, com a ação das associações e a participação de parlamentares com fortes vínculos com o campo jurídico. Os efeitos do processo de "retorno dos juristas" ao espaço público após a redemocratização são evidenciados pelos diversos trabalhos que abordaram a problemática da "judicialização da política" (Vianna, 1999) e do ativismo judicial ao longo das décadas de 1990 e 2000.

O fortalecimento institucional e simbólico da independência do poder judicial consolidando o poder específico dos juristas está relacionado também à mobilização da *expertise* jurídica como guardiã de princípios de um modelo de Estado formatado no processo constituinte. Nesses termos, os juristas se opõem em diversas conjunturas nas décadas de 1990 e 2000 a outros grupos que vão disputar o monopólio do sentido do Estado, tais como economistas e administradores, entre outros ocupantes de postos públicos de gestão no âmbito do Poder Executivo.

A diversificação das *expertises* e das elites especializadas na condução dos poderes de Estado já a partir da década de 1960, em grande medida retirou os juristas da esfera decisória dos governos (Dezalay & Garth, 2001). A perda de espaço dos bacharéis no âmbito do Executivo e a redução do poder de decisão política dos tribunais civis ao longo do regime militar (Pereira, 2005) contribuíram para que as elites judiciais investissem fortemente na construção da autonomia do poder ao longo do processo de redemocratização.

A hierarquização do espaço judicial

Para além da construção institucional e simbólica da autonomia do poder judicial, a análise comparativa das biografias dos juristas que ascendem às posições de destaque no campo jurídico contribui para a apreensão dos fatores que hierarquizam a elite judicial. Nesse sentido, os juristas posicionados nos tribunais superiores que concentram maior poder de decidir sobre questões relacionadas a outros poderes de Estado e com maior repercussão na vida pública podem ser tomados como representativos da cúpula judicial.

O Supremo Tribunal Federal (STF) e o Superior Tribunal de Justiça (STJ) são as instâncias mais importantes de exercício do poder judicial. Formalmente, o STF é composto por ministros nomeados pelo presidente da República recrutados entre cidadãos com "notório saber jurídico". O STJ possui um recrutamento mais endógeno ao campo jurídico, com membros da magistratura oriunda dos tribunais estaduais e federais, do Ministério Público e da advocacia.

As pesquisas sobre os perfis dos ministros do STJ e do STF atuando no Brasil na década de 2000 indicam padrões de carreira profissional em que o domínio da *expertise* jurídica e a detenção de capital político aparecem imbricados (Marenco & Dal Ros, 2008; Engelmann, 2010; Almeida, 2010). A comparação dos trajetos profissionais e políticos dos agentes posicionados na cúpula do Judiciário brasileiro denota a importância da inserção em redes políticas regionais e nacionais, assim como em redes associativas, combinada a uma longa carreira de magistrado ou procurador de órgãos públicos.

O início da carreira dos ministros do STF ocorre majoritariamente através dos cargos de magistrado, promotor ou advogado em escala estadual. Os ministros do STJ seguem um percurso semelhante aos do STF, com uma tendência a maior endogeneização ao campo da magistratura. Nota-se que, para ascender à cúpula judicial, o domínio da *expertise* jurídica, relacionada à ideia de profissionalização e mesmo ao *ethos* presente na concepção da magistratura enquanto carreira de Estado, não é suficiente.

Nas biografias profissionais e políticas dos ministros publicadas na edição do anuário Análise Justiça de 2008, a passagem por diversas espécies de conselhos e diretorias de associações está bastante presente, constituindo uma espécie de capital político. Podem-se destacar como representativas a presença em conselhos penitenciários em diversos estados, conselhos da OAB estadual e federal, diretorias do Instituto dos Advogados Brasileiros (IAB), além da ocupação de cargos na diretoria das associações estaduais e nacional de magistrados. Em um segundo conjunto relevante, pode-se agrupar a ocupação de postos de chefia em departamentos jurídicos e assessorias em organismos do Poder Executivo, além do cargo de procurador-geral municipal, estadual ou federal.

Evidencia-se, a partir dos trajetos profissionais e políticos comparados, a importância de duas formas de capital político. A primeira relacionada ao associativismo e à presença como "notável" em conselhos, e a segunda à ocupação de cargos de confiança privativos de bacharéis em Direito no âmbito de esferas de governo e administração pública. Essas duas formas de capital político, que geram lealdades e reciprocidades entre governantes e juristas, parecem fundamentais na ascensão à posição de elite judicial e diferenciam-se do capital político relacionado à ocupação de postos eletivos e mandatos parlamentares, que são inexpressivos entre os ministros do STJ e mesmo entre os ministros do STF.

A passagem predominante por departamentos jurídicos preenchidos por indicações políticas no âmbito de arenas do Poder Executivo denota o valor da *expertise* jurídica. Mesmo que a presença de bacharéis em Direito no governo seja mais reduzida em relação à sua antiga vocação absoluta para todas as funções de Estado (Adorno, 1988; Carvalho, 1996), o conhecimento específico dos juristas continua importante na burocracia política, que precisa legitimar suas ações em um contexto de crescente jurisdicização das ações de governo.

## Considerações finais

Pode-se afirmar que a importância do capital político para a ascensão à condição de elite judicial mostra a ambivalência do espaço jurídico. Ao mesmo tempo que esse espaço necessita garantir sua autonomia em relação aos poderes políticos, parlamentares e governamentais, as condições de acesso à cúpula do Judiciário dependem de uma trajetória em que esteja presente a proximidade com o universo do poder político governante.

Os níveis de solidariedade entre as elites judiciais e as elites políticas parlamentares e governamentais são uma dimensão de análise fundamental para a compreensão mais profunda do exercício do poder, transpassando suas definições institucionais. A complexidade das condições de legitimação da elite dos juristas indica a necessidade de fortalecimento de uma agenda de pesquisa que se volte ao mesmo tempo para a análise da hierarquização interna desse espaço e para os vínculos que tal universo mantém com o poder governamental.

## Referências bibliográficas

ADORNO, Sergio. *Os aprendizes do poder*. Rio de Janeiro: Paz e Terra, 1988.
ALMEIDA, Frederico. "Capitais herdados e capitais adquiridos: a dinâmica sociopolítica na produção de elites jurídicas". Paper apresentado no VII Encontro Nacional da ABCP AT Política, Recife, 2010.
ANÁLISE JUSTIÇA Supremo e Superior Tribunal. São Paulo: Análise, 2008.
BANCAUD, A. *La Haute magistrature judiciaire entre politique et sacerdoce ou le culte des vertus moyennes*. Paris: LGDJ, 1993.
BOURDIEU, P. "La force du Droit: Eléments pour une Sociologie du champ juridique". In: *Actes de la Recherche en Sciences Sociales*, n° 64, set. 1986.
_____. "Les Juristes gardiens de l'hypocrisie colletctive". In: CHAZEL, F.; COMMAILLE, J. *Normes juridiques et régulation sociale*. Paris: LGDJ, 1991.
CARVALHO, José Murilo. *A construção da ordem: a elite política imperial*. 2ª ed. Rio de Janeiro: Ed. UFRJ, 1996.
CHARLE, Cristophe. "Pour une histoire sociale des professions juridiques a l'époque contemporaine: notes pour une recherche". In: *Actes de la Recherche en Sciences Sociales* (76/77), mar. 1989.
DEZALAY, Yves.; GARTH, Bryant. *The Internationalization of Palace of Wars: Lawyers, Economists, and the Contest to Transform Latin American State*. Chicago: The Chicago Series, Law and Society, abr., 2002.
ENGELMANN, Fabiano. *Sociologia do campo jurídico: juristas e usos do Direito*. Porto Alegre: SAFE, 2006.
_____. "Direito e espaço econômico no Brasil". Paper apresentado no VII Encontro Nacional da ABCP — AT Política, Direito e Judiciário, Recife, 2010.
FERREIRA, Fátima Moura. "Alguns contornos da configuração do campo jurídico. A elite judicial do Supremo Tribunal de Justiça (1833-1851)". In: *Penélope*, n° 24, 2001.
KOERNER, Andrei. *Judiciário e cidadania na Constituição da República brasileira*. São Paulo: Hucitec-USP, 1998.

PEREIRA, Anthony. *Political (In)justice: Authoritarianism and the Rule of Law in Brazil, Chile and Argentina*. Pittsburgh: University of Pittsburgh Press, 2005.

SANTOS, André Marenco dos; DA ROS, Luciano. "Caminhos que levam à Corte. Carreiras e padrões de recrutamento dos ministros dos órgãos de cúpula do Poder Judiciário brasileiro (1829-2006)". In: *Revista de Sociologia e Política*, vol. 16, 2008.

VIANNA, Luiz Werneck, et al. *A judicialização da política e das relações sociais no Brasil*. Rio de Janeiro: Revan, 1999.

# Ações Constitucionais

*Cláudio Gonçalves Couto*

Podemos definir como ações constitucionais todas aquelas ações judiciais que visam, ou ao menos ensejam, a algum tipo de decisão judicial que tome como referência o texto constitucional, seja resguardando um direito previsto constitucionalmente, seja exigindo que alguma norma ou algum princípio constitucional seja respeitado. Tais ações são utilizadas principalmente para assegurar a conformidade à constituição de uma lei ou de qualquer ato efetuado por uma autoridade pública.

Portanto, é por meio de ações constitucionais que se realiza o *controle de constitucionalidade* das leis e demais atos normativos emanados das autoridades públicas. Existem dois tipos básicos de controle de constitucionalidade, o difuso-concreto (cujo exemplo maior e originário é o norte-americano) e o concentrado-abstrato (adotado na maior parte das democracias europeias, sendo o modelo original de origem austríaca).

No modelo difuso, o controle de constitucionalidade se dá quando o autor da ação requer a um juiz que lhe resguarde, impondo o respeito à normatividade constitucional, cuja violação ocorreria por uma lei ou um ato governamental que estivessem em contradição com a Constituição, causando dano ao requerente. Como esse controle se efetiva em situações específicas, o controle difuso é também denominado controle concreto de constitucionalidade. Sendo a sentença do juiz favorável ao autor da ação, esse se vê desobrigado de cumprir aquela norma ou decisão inconstitucional, que continua, entretanto, válida para os demais.

Já no modelo concentrado de controle de constitucionalidade, a ação não se dá a partir de um caso concreto nem pode ser impetrada junto a um juiz qualquer. Peticiona-se apenas um órgão judicial central, normalmente isolado do restante do Judiciário e responsável único pelo controle de constitucionalidade que, nesse caso, se dá mediante a declaração da inconstitucionalidade de uma norma ou decisão. Em princípio apenas um ou alguns poucos atores institucionais são habilitados a impetrar uma ação desse tipo, que visa invalidar não somente a necessidade do cumprimento da norma por um particular, mas por todos aqueles que estiverem sob a proteção da Constituição e potencialmente sujeitos à norma invalidada. Assim, o controle concentrado de constitucionalidade é também um modelo de controle abstrato da constitucionalidade das leis e demais atos normativos, pois os anula antes mesmo que esses tenham efeitos particulares sobre os que a eles estiverem sujeitos.

Esses dois modelos de controle de constitucionalidade baseiam-se em princípios doutrinários opostos no que concerne ao entendimento sobre a separação de poderes (Sweet, 2003, p. 2.772). Enquanto o controle difuso-concreto, prevalecente nos Estados Unidos, entende que os juízes não dispõem de legitimidade para invalidar atos do Legislativo, embora possam desobrigar os cidadãos de cumpri-los em respeito à supremacia da norma constitucional, o controle concentrado-abstrato, predominante na Europa continental, não reconhece a possibilidade de que juízes ou cortes país afora invalidem normas legais de forma descentralizada, requerendo seu cancelamento de forma a atingir a todos, garantindo uniformidade e segurança jurídica.

Note-se, contudo, que a preponderância do modelo concentrado na Europa não foi sempre a regra. E mesmo hoje, num país como a França, existe, ao menos de forma reconhecida, no máximo uma *pre-enforcement constitutional review* (Sweet, 2003, p. 2.748), que permite a impugnação de uma lei apenas antes que essa venha a vigorar. O caminho da Europa no sentido de implementar o controle de constitucionalidade foi lento, tendo prevalecido apenas após: I) a prevalência de um modelo legal baseado na existência de uma hierarquia de normas, com a Constituição no topo; II) alguma aceitação do modelo americano (difuso); III) a efetivação pelos juízes do controle de constitucionalidade em seus julgamentos, mesmo onde ele não era inicialmente aceito (Sweet, 2003, p. 2.751).

Em particular no pós-guerra as resistências ao controle de constitucionalidade cederam lugar às preocupações com a limitação do poder e um "novo constitucionalismo" emergiu, indo além até mesmo do modelo preconizado originalmente por Hans Kelsen, pois incluía garantias a direitos, o que o jurista austríaco não considerava adequado (idem, p. 2.769).

Torna-se, no entanto, cada vez menos válida uma divisão rígida entre um modelo "europeu" de controle puramente concentrado e abstrato, de um lado, e um modelo estadunidense de controle puramente difuso e concreto, de outro. Em diversas cortes europeias tem-se tornado comum a ocorrência de uma "revisão concreta", verificada quando um juiz ordinário considera que lida com um caso em que uma lei viola uma norma constitucional, e isso torna necessário remeter o caso, como exemplo, à Corte Constitucional, para que essa emita uma decisão de validade universal, nulificando a norma. Inversamente, nos Estados Unidos, apesar da tradição de controle concreto de constitucionalidade, avança-se rumo a algum tipo de controle abstrato, como no caso das *preliminary injunctions* e dos *declaratory judgments*. As primeiras são como as liminares brasileiras, que evitam danos às partes enquanto o mérito não é julgado, ao passo que os segundos são esclarecimentos dos direitos das partes antes do julgamento final. Os efeitos judiciais e as condições de sua concessão são similares: os juízes os concedem quando os direitos constitucionais das partes estão sob risco, ou quando um dano irreparável pode acometê-las. Tal forma de controle abstrato de constitucionalidade, preventivo, passou a se tornar o padrão em certas áreas de decisão, como os direitos à liberdade de expressão (*free speech*) e ao aborto (ibidem, pp. 2.771-77).

Em seu modelo de controle de constitucionalidade, o Brasil combinou características tanto do modelo difuso-concreto quanto do concentrado-abstrato, originando um modelo de tipo "híbrido" (Arantes, 1997). Nesse sistema, tanto é possível a qualquer um ingressar com ações constitucionais junto a tribunais de primeira instância, arguindo a inconstitucionalidade de leis e outros atos normativos em situações concretas, como — no caso dos atores habilitados a isto — ingressar com ações constitucionais diretamente no Supremo Tribunal Federal (STF). A Constituição de 1988 previu, originalmente, um tipo de ação constitucional, a Ação Direta de Inconstitucionalidade de Lei ou Ato Normativo federal ou estadual (Adin). Posteriormente, a Emenda Constitucional nº 3, de 1993, criou a Ação Declaratória de Constitucionalidade (Adcon).

Embora a Adin seja um instrumento processual equivalente aos existentes noutros países que adotam o controle concentrado-abstrato de constitucionalidade, a Adcon representa uma inovação, pois se destina não a invalidar uma norma em contrariedade com a Constituição, mas a afirmar que uma norma é respaldada pela Carta, antecipando dessa maneira eventuais julgamentos (inclusive pelo sistema difuso) que pudessem vir a invalidá-la. Uma assimetria que se verifica nesses dois casos é a abertura do sistema concentrado para que se ingresse com um ou outro tipo de ação. Enquanto são nove os tipos de atores institucionais habilitados a acionar o STF por meio de uma Adin, são apenas quatro os autorizados a ingressar na Corte Suprema com uma Adcon. No primeiro caso os atores são os seguintes: I) presidente da República; II) mesa do Senado Federal; III) mesa da Câmara dos Deputados; IV) procurador-geral da República; V) mesa da Assembleia Legislativa ou da Câmara do Distrito Federal; VI) governador do estado ou do Distrito Federal; VII) Conselho Federal da Ordem dos Advogados do Brasil; VIII) partido político com representação no Congresso Nacional; e IX) confederação sindical ou entidade de classe de âmbito nacional. Já no caso da Adcon, os autorizados são apenas os quatro primeiros.

Tanto a inovação da Adcon como a assimetria no que diz respeito aos atores habilitados para utilizá-la têm sido objetos de críticas por parte de alguns juristas, que consideram ser tal tipo de ação mais um instrumento da hegemonia do Executivo sobre os demais poderes, o que lhe imprimiria um caráter inevitavelmente autoritário (Bonavides,

2004, pp. 146-147). Essa crítica, entretanto, parece não dar o devido peso ao fato de que, no que concerne às Adins, a Constituição brasileira é tremendamente aberta, facultando a um imenso número de atores a possibilidade de ingressar com ações constitucionais diretamente na Corte Suprema — algo incomum mundo afora, e mesmo na história constitucional pregressa do país. Com isso, o questionamento da constitucionalidade das leis e outros atos normativos tem se mostrado um instrumento sobejamente utilizado pelas oposições parlamentares e entidades sindicais (Vianna, Burgos & Salles, 2007, p. 69).

Por fim, o STF também pode ser acionado em situações nas quais, em vez de se impugnar uma norma em desacordo com a Constituição, requer-se que seja aprovada uma lei, ou tomada uma ação necessária a assegurar o cumprimento de preceitos constitucionais. As ações constitucionais previstas nesses casos seriam a ação direta de inconstitucionalidade por omissão, o mandado de injunção e a ação de descumprimento de preceito fundamental.

O Supremo Tribunal Federal brasileiro, contudo, não tem sido acionado apenas por meio da via concentrada. O hibridismo de nosso sistema tem permitido chegar até o STF, como corte de última instância, um grande número de ações constitucionais ingressadas pela via difusa. Os instrumentos processuais para isso são os recursos extraordinários e os agravos, mediante os quais os litigantes logram levar até a análise do Supremo causas que possam ser referidas a dispositivos da Constituição Federal. Uma consequência disso é o volume imenso de processos sobre os quais os ministros do STF têm de se debruçar, também pouco comum em outros países nos quais se verifica o controle de constitucionalidade pelas cortes supremas (Veríssimo, 2008, pp. 421-22).

Uma das razões para esse grande volume de ações comparadamente a outros países foi a extinção, pelo processo constituinte de 1988, dos requisitos de relevância geral para admissibilidade de ações pelo STF. Nos termos de Veríssimo (2008, pp. 410-14), nossa Corte Suprema tornou-se não apenas um "segundo turno da política representativa", em função das muitas ações impetradas por minorias parlamentares, mas também se converteu num "prestador de serviços forenses de 'terceira instância'".

Ainda segundo esse autor, as competências recursais que permitem aos litigantes chegar até o STF são mecanismos ordinários para interpretar casos particulares, mais que instrumentos de uniformização da interpretação constitucional, como ocorre nos EUA, onde a Suprema Corte pode selecionar os casos que julgará, conferindo a seu julgamento um caráter jurisprudencial que orientará as decisões de outros juízes.

Todavia, reformas do sistema processual ocorridas durante os períodos presidenciais de Fernando Henrique Cardoso e Luís Inácio Lula da Silva alteraram as ações constitucionais que ingressam no STF pela via difusa, ensejando uma maior concentração decisória e a possibilidade de uma filtragem formalista dos casos submetidos a decisões colegiadas, racionalizando assim a pauta decisória dos ministros dessa corte. Ademais, a Emenda Constitucional nº 45, de 2004, transferiu ao Superior Tribunal de Justiça (STJ) diversas competências alheias ao controle constitucional, contribuindo ainda mais para desassoberbar o STF.

Essa mesma emenda introduziu também a possibilidade de a Corte avaliar se as ações submetidas ao seu julgamento têm "repercussão geral". Com isso, restaurou-se (ainda que precariamente) o requisito de relevância geral na admissibilidade do recurso extraordinário. Seu caráter precário se deve a que a imposição de tal condição requer a concordância de dois terços dos membros da Corte, o que por si só já exigiria uma decisão colegiada, ainda que de caráter formal e não de mérito.

A reforma do Judiciário promovida em 2004 também criou um instrumento de uniformização das decisões judiciais a partir de decisões do STF, por meio da súmula vinculante, que obriga que decisões de juízes de instâncias inferiores e de órgãos da administração pública sigam o posicionamento do Supremo em casos repetidamente julgados. Também aqui é necessária a decisão por dois terços dos ministros. Esse é mais um mecanismo institucional que recebeu críticas de boa parte da comunidade jurídica, em particular de advogados e juízes de primeira instância. Seus defensores, contudo, apoiam-se na importância de se conferir às decisões judiciais um mínimo de previsibilidade e coerência, salvaguardando a segurança jurídica e reduzindo a necessidade de que as diversas instâncias do Judiciário tenham de julgar repetidas vezes a mesma questão. É uma forma de impor em nosso sistema híbrido uma uniformização, que num sistema difuso como o americano é garantida por meio da jurisprudência do *staredecisis*.

Referências bibliográficas

ARANTES, Rogério Bastos. *Judiciário e política no Brasil*. São Paulo: Educ, 1997.
BONAVIDES, Paulo. "Jurisdição constitucional e legitimidade (algumas observações sobre o Brasil)". In: *Estudos Avançados*. São Paulo, vol. 18, n° 51, pp. 127-150, 2004.
SWEET, Alec Stone. "Why Europe Rejected American Judicial Review — and Why It May Not Matter". In: *Michigan Law Review*, vol. 101, pp. 2.744-2.780, 2003.
VERÍSSIMO, Marcos Paulo. "A Constituição de 1988, vinte anos depois: Suprema Corte e ativismo judicial 'à brasileira'". In: *Revista Direito GV*. São Paulo, pp. 407-440, jul.-dez., 2008.
VIANNA, Luiz Werneck; BURGOS, Marcelo Baumann; SALLES, Paula Martins. "Dezessete anos de judicialização da política". In: *Tempo Social: Revista de Sociologia da USP*. São Paulo, pp. 39-85, 2007.

# Ações coletivas

*Rogério Bastos Arantes*

A conquista de direitos e a evolução da cidadania nos tempos modernos foram marcadas, desde a origem, por um paradoxo. Quando a Revolução Francesa ergueu solenemente a sua Declaração dos Direitos do Homem e do Cidadão, um passo decisivo foi dado na direção do estabelecimento da igualdade civil e das liberdades individuais. O extraordinário esforço feito à época foi o de romper com as bases da antiga sociedade estamental, liberando o indivíduo e elegendo-o como a nova unidade de direitos. Acima dele apenas a nação, formada pela associação voluntária de cidadãos, e nenhum corpo intermediário poderia mais exercer autoridade que não derivasse expressamente da delegação dos indivíduos ou da soberania reunida na forma da nação. Na prática, essa emancipação política do indivíduo não resultou de fato, como apontaria Marx, na emancipação humana, uma vez que a sociedade burguesa introduziu novas formas estruturais de desigualdade, capazes de reduzir o alcance daquela igualdade civil e das liberdades individuais. O paradoxo da cidadania moderna reside, portanto, na afirmação do individualismo frente a todas as formas de paternalismo ou dominação não legítima, sendo que esse mesmo individualismo não foi suficiente para construir uma sociedade justa e igualitária.

Na esfera política, o estabelecimento dos direitos civis de igualdade e liberdade levou a uma reconfiguração da cidadania política, nos clássicos termos descritos por Marshall (1967). Um subproduto importante dessas transformações foi a reconfiguração da ideia e da prática da representação política. O mesmo processo que levou à afirmação da cidadania civil rompeu com os antigos laços de reciprocidade entre servos e senhores e seu efeito dominó tensionou todo o espaço político em busca de uma maior democratização do poder. Todavia, a crescente igualdade de condições — na expressão de Tocqueville (1977), um dos mais argutos observadores da formação da sociedade liberal democrática — não impulsionaria necessariamente os homens à participação na esfera pública, tendo antes os conduzido à fruição individualista de interesses particulares, a tal ponto de ameaçar encerrá-los, "por inteiro, na solidão de seu próprio coração". Individualismo, massificação e apatia política seriam expressões paradoxais da conquista da igualdade civil, com reflexos importantes sobre a representação e o exercício da autoridade política.

Na esfera jurídica, a autonomia individual se traduziu no princípio da disponibilidade, isto é, na prerrogativa dos indivíduos de disporem dos direitos (legalmente autorizados ou não proibidos) conforme sua exclusiva vontade. Essa soberania individual estendia-se, inclusive, a situações de lesão frente às quais a decisão e o modo de reagir seriam prerrogativas do indivíduo. Duas exceções importantes a essa regra foram contempladas, no bojo do processo que levou igualmente à afirmação do Estado e à constituição do monopólio estatal do uso legítimo da violência física: direitos considerados "indisponíveis" ou titulares de direitos tidos por "incapazes" ensejariam a atuação de um substituto legal do indivíduo em processos judiciais. O direito indisponível à vida, por exemplo, explica por que cabe ao Estado o monopólio da ação penal pública nos crimes que atentem contra ela, independentemente da vontade da vítima ou de quem fale por ela. Já os menores de idade, os deficientes mentais, os viciados em tóxicos, dentre outros exemplos de hipossuficiência reconhecidos pelos códigos civis, são considerados incapazes de exercer pessoalmente os atos da vida civil e por essa razão requerem a atuação do Ministério Público como forma de proteção especial de seus direitos e interesses.

A longo prazo, o individualismo liberal se mostraria insuficiente para sustentar o bom funcionamento da Justiça, e exceções como as apontadas acima foram sendo ampliadas sob as bandeiras do acesso à Justiça por parte dos hipossuficientes ou das causas difíceis de serem levadas adiante por indivíduos isolados.

## Do paradoxo da modernidade às ações coletivas

A afirmação do individualismo implicou novos problemas, que podem ser bem apresentados na forma do dilema da ação coletiva. Nessa primeira acepção, a questão da ação coletiva se põe em termos teóricos (ainda não estamos nos referindo às ações coletivas de caráter judicial, que serão vistas adiante) e diz respeito àquele tipo de situação em que se pode vislumbrar a existência de um bem comum (público ou coletivo), mas esse não é facilmente produzido se deixado à sorte (ou azar, melhor seria dizer neste caso) dos interesses individuais. Boa parte das questões em política gira em torno do dilema da ação coletiva, tal como o formulou Olson (1965). Colocado o problema em termos normativos, a solução do dilema passaria pelo encontro de formas, quase sempre institucionais, de se promover a cooperação (que pode ser mais ou menos voluntária e mais ou menos coercitiva) entre indivíduos, de modo a atingir resultados que transcendam seus interesses mais imediatos. Em termos comparativos, pode-se dizer que a política sempre foi o terreno próprio da ação coletiva, em que pese o fato de o moderno individualismo liberal ter exacerbado o dilema da cooperação ao afirmar a liberdade individual e a autonomia da esfera privada frente ao Estado. A Justiça, por outro lado, manteve-se por mais tempo afastada das questões coletivas, justamente pela falta de capacidade ou legitimidade para operar a transmutação de interesses individuais em interesses coletivos ou gerais.

Na verdade, podemos desdobrar o problema da ação coletiva em dois tipos: uma coisa é falar na produção coletiva de bens, outra é falar de produção de bens coletivos. No primeiro caso, o termo coletivo diz respeito ao processo de produção; no segundo, à natureza do bem produzido. Leal (1998) parte de distinção similar para chegar a dois tipos de ação judicial coletiva. A primeira se refere à defesa de direitos individuais por meio de um tratamento processual coletivo. Nesse caso, os direitos são individuais, mas o mecanismo processual possibilita sua agregação e defesa comum junto à Justiça. A segunda diz respeito a um interesse qualitativamente (e não só quantitativamente) transindividual, isto é, refere-se a direitos difusos indivisíveis, sem titularidade individual definida e que transcendem a mera soma das partes. Mesmo porque não estão albergados por uma relação jurídica de tipo contratual, tais interesses ou direitos são de caráter geral e poderão ser judicializados por terceiros, desde que reconhecidos por lei.

Esses dois tipos de acesso coletivo à Justiça são transformações recentes e se ligam ao que Cappelletti & Garth (1988) chamam de a "segunda onda" de ampliação do acesso à Justiça, ocorrida por volta dos anos 1960 (a primeira teria sido a da criação de mecanismos de assistência judiciária aos mais pobres). O reconhecimento da existência de direitos difusos ou da necessidade de dar representação a interesses individuais comuns a grandes grupos ou coletividades encerra um capítulo importante do projeto exclusivamente liberal de Justiça. Tal reconhecimento se deu por razões positivas, na esteira da promoção dos direitos sociais pelo *Welfare State*, mas sobretudo por razões negativas: a incapacidade do sistema de Justiça assentado em bases individualistas de dar conta das causas coletivas. A pressão pela abertura do ordenamento jurídico e pela ampliação do acesso à Justiça teve origem na crescente percepção de que causas como o meio ambiente e o patrimônio cultural não poderiam ser adequadamente defendidas sob o juízo limitado da matriz liberal. Também a individualização forçada de conflitos em série, típicos da sociedade capitalista de massa, passou a ser questionada. Até por economia processual e redução de custos, ações coletivas em defesa de grandes contingentes de pessoas lesadas por um dano comum deveriam encontrar uma forma processual de acesso à Justiça.

Embora a tendência apontada anteriormente pareça linear, problemas de fundo atormentaram e seguem atormentando os defensores da ampliação do acesso à Justiça para causas coletivas. Leal (1998) resume muito bem os dois principais: a representação de interesses alheios por parte de autores sem mandato explícito e revogável e a extensão da coisa julgada a terceiros que não figuram no processo. Em outras palavras, ao abrir-se para causas coletivas, a Justiça passa a enfrentar os problemas típicos da política: a representatividade adequada e a transmutação dos interesses manifestos por uns em interesse de todos.

## Ações judiciais coletivas no Brasil

Em tese, todos os tipos de ação cujo processo ou resultado transcende o indivíduo poderiam ser considerados ações coletivas. No caso brasileiro, temos diversos tipos de ações judiciais que poderiam ser classificadas desse modo: as ações que compõem o sistema de controle constitucional, tais como Ação Direta de Inconstitucionalidade, Ação Declaratória de Constitucionalidade ou Arguição de Descumprimento de Preceito Fundamental são formas de acesso à Justiça em que interesses de muitos estão sendo representados por poucos, quando não por um só e mesmo ator. A Ação Popular, estabelecida pelo art. 5º (LXXIII) da Constituição, permite a qualquer cidadão pleitear a anulação de ato lesivo ao patrimônio público ou de entidade de que o Estado participe, à moralidade administrativa, ao meio ambiente e ao patrimônio histórico e cultural. O mandado de segurança — um tipo especial de ação através da qual se pode defender direito líquido e certo contra ilegalidade ou abuso de poder praticado por autoridade pública ou agente de pessoa jurídica no exercício de atribuições do Poder Público (art. 5º, LXIX) — recebeu em 1988 uma extensão "coletiva" que pode ser utilizada por partidos políticos com representação no Congresso Nacional (art. 5º, LXX, "a") e por organizações sindicais, entidades de classe ou associações legalmente constituídas e em funcionamento há pelo menos um ano, em defesa dos interesses de seus membros ou associados (art. 5º, LXX, "b").

Embora tais tipos de ação suscitem igualmente os problemas da representatividade adequada e da extensão da coisa julgada a terceiros, os atores legitimados a promoverem-nas e os objetos sobre os quais incidem são certos, e seus limites conhecidos. Nenhuma ação ultrapassa tanto esses parâmetros e dá vazão a questões coletivas (incluídos aqui vários dilemas e contradições que marcam o campo) como a Ação Civil Pública.

Apesar de leis anteriores terem iniciado o reconhecimento de direitos transindividuais, foi a Lei nº 7.347/1985, da Ação Civil Pública, que instituiu sua forma de acesso à Justiça. Com a lei de 1985, meio ambiente, direitos do consumidor e patrimônio histórico e cultural passaram a ser definidos como direitos difusos e coletivos, e desde então eles têm sido objeto de ações coletivas na Justiça, promovidas por associações civis e, principalmente, pelo Ministério Público (MP). Confirmando a tendência de abertura do ordenamento jurídico aos direitos transindividuais, a Constituição de 1988 reiterou aqueles mencionados pela lei de 1985 e pavimentou o caminho para o surgimento de novos tipos. Desde então, a Constituição tem se mostrado uma fonte bastante generosa e pode-se dizer que a partir dela veio se construindo no país uma espécie de "subsistema jurídico", caracterizado pelo surgimento de leis que estabelecem novos direitos indisponíveis e novas situações de hipossuficiência de seus titulares, ampliando ainda mais o leque de possibilidades de atuação do Ministério Público (Arantes, 2002). A título de exemplo de novas leis criadas a partir de 1988 que reconhecem direitos difusos e coletivos e atribuem papel especial ao Ministério Público, vale citar as normas relativas a: pessoas portadoras de deficiência (1989); estatuto da criança e do adolescente (1990); defesa do consumidor (1990); lei da improbidade administrativa (1992); lei sobre infrações da ordem econômica (1994); lei da biossegurança e técnicas de engenharia genética (1995); e lei de responsabilidade fiscal (2000). Em 2001 foram incorporadas à Lei nº 7.347/1985 as hipóteses de ação civil pública contra infrações à ordem econômica e à economia popular e, ainda, à ordem urbanística.

A grande novidade representada pela Lei da Ação Civil Pública (ACP) residiu na legitimação processual de atores públicos e sociais para a defesa de causas coletivas. Segundo a lei, podem propor esse tipo de ação: I) associações civis que tenham entre suas finalidades estatutárias a proteção de direitos difusos e coletivos específicos; II) Ministério Público; e III) União, estados, municípios e entes públicos, tais como autarquias, empresas públicas, fundações e sociedades de economia mista. Lei de 2007 incluiu também a Defensoria Pública no rol de legitimados, mas a Associação Nacional dos Membros do Ministério Público — Conamp ingressou com Ação Direta de Inconstitucionalidade no Supremo Tribunal Federal contra tal inclusão, alegando que não caberia à Defensoria Pública a defesa de interesses coletivos, mas tão somente de indivíduos (e não coletividades) necessitados (A ADI aguardava julgamento em julho de 2011, período posterior à escrita deste ensaio).

De fato, a controvérsia sobre a legitimação para uso de ações coletivas judiciais reside, como vimos, nos problemas da representação de interesses alheios e na extensão dos efeitos da decisão a terceiros. Quando Cappelletti (1977) examinou pela primeira vez tais questões, mostrou se bastante crítico em relação às experiências conhecidas até aquela época. Segundo o autor, as duas soluções mais utilizadas até então eram insuficientes e precisavam ser superadas. De um lado, tinha-se a prerrogativa de deixar a defesa do interesse coletivo nas mãos dos próprios indivíduos vítimas de algum tipo de lesão para que esses, defendendo a si mesmos, beneficiassem também a coletividade. A limitação dessa estratégia, segundo Cappelletti, era evidente, especialmente porque nos conflitos coletivos, os indivíduos isolados se encontram em grande desvantagem, como no caso das relações de consumo. De outro lado, tinha-se a solução pública, isto é, a que entregava ao Ministério Público a defesa dos interesses gerais da sociedade. Cappelletti rejeita tal resposta, apontando graves defeitos no Ministério Público. Primeiro, o promotor se assemelha muito ao juiz, inclusive na inércia e falta do dinamismo que a defesa judicial desses novos direitos requer. Segundo, a ligação do MP com o Poder Executivo compromete sua independência na tarefa de proteger interesses que muitas vezes são lesados pela própria administração do Estado. Terceiro, faltaria aos promotores de Justiça formação especializada e conhecimento técnico suficientes para enfrentar os novos problemas trazidos pelos conflitos coletivos em meio a uma sociedade cada vez mais complexa. Também em Cappelletti & Garth (1988) essa posição crítica em relação ao MP é reafirmada.

Embora tais opiniões tenham sido ouvidas no Brasil, especialmente pelo grupo de juristas responsável por um dos anteprojetos da Lei da ACP de 1985, descrevemos em trabalho anterior (Arantes, 2002) como promotores e procuradores favoráveis ao papel do Ministério Público nessa área apresentaram ao Congresso Nacional outro projeto que, uma vez aprovado, não só assegurou-lhes essa condição como conferiu vantagens institucionais importantes ao MP em relação às associações civis na representação tutelar dos direitos difusos e coletivos.

O paradoxo da criação da ACP é que ela se deu no contexto da redemocratização do país, num momento de forte crítica às instituições estatais e de reivindicação da abertura do ordenamento jurídico à representação de direitos por organizações da sociedade civil, mas a legitimação para agir do MP estava assentada na ideia e no princípio jurídico da hipossuficiência dessa mesma sociedade civil.

Desde então, a ampliação crescente do "subsistema" de defesa de direitos e interesses coletivos tem se orientado pelos princípios do anti-individualismo processual, da indisponibilidade de certos direitos substantivos e da hipossuficiência dos seus titulares (por vezes sociais e coletivos). Esse processo mudou a face do ordenamento jurídico brasileiro e transformou o MP no ator principal desse novo sistema institucional. Assim, não cabe dúvida sobre a origem do papel relevante que o MP vem desempenhando nas últimas décadas no Brasil, nas mais diversas áreas de conflitos coletivos. Todavia, não se deve concluir dessa experiência que a sociedade brasileira estaria condenada à hipossuficiência em matéria de direitos coletivos. Do contrário, causa e consequência acabam se reforçando num círculo impenetrável: a sociedade civil incapaz requer um MP forte e o MP deve ser forte porque a sociedade civil é incapaz. Uma análise do processo de construção da ação coletiva no Brasil é capaz de demonstrar que a legislação e o quadro institucional reforçaram o papel do MP e, consequentemente, o princípio tutelar que caracteriza há tempos a relação entre Estado e sociedade no Brasil. Escapar a esse círculo parece ser o grande desafio das ações coletivas judiciais.

## Referências bibliográficas

ARANTES, R. *Ministério Público e política no Brasil*. São Paulo: Idesp; Sumaré: Educ, 2002.

CAPPELLETTI, Mauro. "Formações sociais e interesses coletivos diante da Justiça Civil". In: *Revista de Processo*. São Paulo, n° 5, jan.-mar., 1977.

_____; GARTH, Brian. *Acesso à Justiça*. Porto Alegre: Sergio Antonio Fabris Editor, 1988.

LEAL, Márcio Flávio Mafra. *Ações coletivas: história, teoria e prática*. Porto Alegre: Sergio Antonio Fabris Editor, 1998.

MARSHALL, T. H. *Cidadania, classe social e* status. Rio de Janeiro: Zahar, 1967.

OLSON, Mancur. *The Logic of Collective Action. Public Goods and the Theory of Groups*. Cambridge: Harvard University Press, 1965 (1971).

TOCQUEVILLE, Alexis de. *A democracia na América*. São Paulo: Edusp, 1977.

VIANNA, Luiz Werneck; BURGOS, Marcelo. "Revolução processual do Direito e Democracia Progressiva". In: VIANNA, Luiz Werneck (org.). *A democracia e os Três Poderes no Brasil*. Belo Horizonte: Ed. UFMG; Rio de Janeiro: Iuperj/Faperj, pp. 337-491, 2002.

# Controle do Judiciário: o Conselho Nacional de Justiça

*Charles Pessanha*

O constitucionalismo liberal incorporou o princípio da separação de poderes, garantindo a independência do Judiciário, mas seu funcionamento permaneceu ligado ao Poder Executivo, como nos casos da França e da Itália. Após a Segunda Guerra Mundial, foram criadas e aperfeiçoadas, progressivamente, instituições sob a designação genérica de "conselhos da magistratura", com estrutura e objetivos definidos constitucionalmente, cujo denominador comum é a administração do Poder Judiciário, visando à garantia de sua independência e ao exercício do controle externo sobre a atuação de seus membros. De acordo com Eugenio Raúl Zaffaroni, na Europa arruinada, a França, a Alemanha e a Itália "reconstruíram seus poderes judiciais sobre suas bases ou pelo menos tentaram". Seguindo esses exemplos, os países representantes da chamada "terceira onda" da democracia, como Portugal e Espanha, e outros na América Latina, criaram "conselhos da magistratura" após a queda de seus regimes autoritários. Sobretudo a partir da década de 1980, novos pactos constitucionais foram concebidos nos países latino-americanos e algumas constituições incluíram, em seus textos, os conselhos, ao passo que outras o fizeram mediante reformas, motivadas pelas pressões internas e externas.

A Emenda Constitucional nº 7/1977 parte do que se convencionou chamar de "pacote de abril", incluiu entre seus itens a criação do Conselho Nacional da Magistratura, órgão do Poder Judiciário composto "de sete Ministros do Supremo Tribunal Federal, e por este escolhidos", a quem cabia conhecer "as reclamações contra membros de Tribunais, sem prejuízo da competência disciplinar destes, podendo avocar processos disciplinares contra juízes de primeira instância e, em qualquer caso, determinar a disponibilidade ou a aposentadoria de uns e outros, com vencimentos proporcionais ao tempo de serviço, observado o disposto na Lei Orgânica da Magistratura Nacional". A emenda previa ainda a participação do procurador-geral da República junto ao conselho (Emenda Constitucional nº 7/1977, art. 120; Campanhole, 2000, p. 316). A organização do Poder Judiciário na Constituição de 1988 não incluiu esse órgão, que, como consequência, foi considerado extinto.

Posteriormente, travou-se um amplo debate público sobre a necessidade de controle externo do Judiciário que, de acordo com as críticas, era, em última análise, ele próprio responsável por seu controle. Em 1992, foi apresentada ao Congresso Nacional uma proposta de reforma do Poder Judiciário que se transformou, finalmente, na Emenda Constitucional nº 45/2004, que incluiu, entre suas inovações, a criação do Conselho Nacional de Justiça.

De acordo com a emenda, o Conselho Nacional de Justiça compõe-se de 15 membros com mais de 35 e menos de 66 anos de idade, com mandato de dois anos, admitida uma recondução, distribuídos por diferentes categorias da seguinte forma: nove magistrados, dois membros do Ministério Público, dois advogados e dois cidadãos. A escolha desses membros se organiza conforme a relação a seguir: um ministro do Supremo Tribunal Federal, indicado pelo respectivo tribunal; um ministro do Superior Tribunal de Justiça, indicado pelo respectivo tribunal; um ministro do Tribunal Superior do Trabalho, indicado pelo respectivo tribunal; um desembargador de Tribunal de Justiça, indicado pelo Supremo Tribunal Federal; um juiz estadual, indicado pelo Supremo Tribunal Federal; um juiz de Tribunal Regional Federal, indicado pelo Superior Tribunal de Justiça; um juiz federal, indicado pelo Superior

## CONTROLE JUDICIÁRIO: O CONSELHO NACIONAL DE JUSTIÇA

Tribunal de Justiça; um juiz de Tribunal Regional do Trabalho, indicado pelo Tribunal Superior do Trabalho; um juiz do trabalho, indicado pelo Tribunal Superior do Trabalho; um membro do Ministério Público da União, indicado pelo procurador-geral da República; um membro do Ministério Público estadual, escolhido pelo procurador-geral da República dentre os nomes indicados pelo órgão competente de cada instituição estadual; dois advogados, indicados pelo Conselho Federal da Ordem dos Advogados do Brasil; dois cidadãos, de notável saber jurídico e reputação ilibada, indicados um pela Câmara dos Deputados e outro pelo Senado Federal (Emenda Constitucional nº 45, art. 103-B, de 31/12/2004, *DOU*, pp. 10-11).

Ao conselho compete

> o controle da atuação administrativa e financeira do Poder Judiciário e do cumprimento dos deveres funcionais dos juízes, cabendo-lhe, além de outras atribuições que lhe forem conferidas pelo Estatuto da Magistratura: I) zelar pela autonomia do Poder Judiciário e pelo cumprimento do Estatuto da Magistratura, podendo expedir atos regulamentares, no âmbito de sua competência, ou recomendar providências; II) zelar pela observância do art. 37 [os princípios constitucionais que regem a administração pública] e apreciar, de ofício ou mediante provocação, a legalidade dos atos administrativos praticados por membros ou órgãos do Poder Judiciário, podendo desconstituí-los, revê-los ou fixar prazo para que se adotem as providências necessárias ao exato cumprimento da lei, sem prejuízo da competência do Tribunal de Contas da União; III) receber e conhecer as reclamações contra membros ou órgãos do Poder Judiciário, inclusive contra seus serviços auxiliares, serventias e órgãos prestadores de serviços notariais e de registro que atuem por delegação do poder público ou oficializados, sem prejuízo da competência disciplinar e correcional dos tribunais, podendo avocar processos disciplinares em curso e determinar a remoção, a disponibilidade ou a aposentadoria com subsídios ou proventos proporcionais ao tempo de serviço e aplicar outras sanções administrativas, assegurada ampla defesa; IV) representar ao Ministério Público, no caso de crime contra a administração pública ou de abuso de autoridade; V) rever, de ofício

ou mediante provocação, os processos disciplinares de juízes e membros de tribunais julgados há menos de um ano; VI) elaborar semestralmente relatório estatístico sobre processos e sentenças prolatadas, por unidade da Federação, nos diferentes órgãos do Poder Judiciário; VII) elaborar relatório anual, propondo as providências que julgar necessárias, sobre a situação do Poder Judiciário no País e as atividades do Conselho, o qual deve integrar mensagem do Presidente do Supremo Tribunal Federal a ser remetida ao Congresso Nacional, por ocasião da abertura da sessão legislativa. (idem)

O Conselho é presidido pelo ministro do Supremo Tribunal Federal, que votará em caso de empate, ficando excluído da distribuição de processos naquele tribunal. O representante do Superior Tribunal de Justiça, também excluído da distribuição de processos, é o corregedor, a quem caberá, além das atribuições que lhe forem conferidas pelo Estatuto da Magistratura,

> I) receber as reclamações e denúncias, de qualquer interessado, relativas aos magistrados e aos serviços judiciários; II) exercer funções executivas do Conselho, de inspeção e de correição geral; III) requisitar e designar magistrados, delegando-lhes atribuições, e requisitar servidores de juízos ou tribunais, inclusive nos Estados, Distrito Federal e Territórios. Junto ao Conselho oficiarão o Procurador-Geral da República e o Presidente do Conselho Federal da Ordem dos Advogados do Brasil. A União, inclusive no Distrito Federal e nos Territórios, criará ouvidorias de Justiça, competentes para receber reclamações e denúncias de qualquer interessado contra membros ou órgãos do Poder Judiciário, ou contra seus serviços auxiliares, representando diretamente ao Conselho Nacional de Justiça. (idem)

Os membros do conselho serão nomeados pelo presidente da República, depois de aprovada a escolha pela maioria absoluta do Senado Federal. Em caso de indicações previstas e não efetuadas no prazo legal, cabe ao Supremo Tribunal Federal a responsabilidade pelas escolhas.

As manifestações contrárias à criação do conselho tiveram início antes da publicação da emenda constitucional, em 31/12/2004. Embora a emenda tivesse alcance mais amplo, daí ser conhecida como Reforma do Judiciário, a Associação dos Magistrados Brasileiros ajuizou ação junto ao Supremo Tribunal Federal apenas contra "a previsão de criação do Conselho Nacional de Justiça" e o estabelecimento de "suas competências" e, de forma mais específica, ao que denominou "formação heterogênea no Poder Judiciário para exercer seu controle externo, com membros de outros poderes, desrespeitando (a) tanto o princípio da separação e da independência dos poderes (b) como o pacto federativo, além de inconstitucionalidade formal de parte de sua competência" (STF, ADI 3.367, 2004).

A decisão do Supremo Tribunal Federal afastou, por unanimidade, o "vício formal de inconstitucionalidade" da emenda e julgou no mérito "totalmente improcedente a ação", vencidos o ministro Marco Aurélio Mello, "que a julgava totalmente procedente", os ministros Ellen Gracie e Carlos Velloso, "que julgavam parcialmente procedente a ação para declarar a inconstitucionalidade dos incisos X, XI, XII e XIII do artigo 103-B", e o ministro Sepúlveda Pertence, que "julgava improcedente" apenas o inciso XIII (STF, ADI 3.367-1, Acórdão, 13/4/2005). As objeções dos ministros Ellen Gracie e Carlos Velloso referiam-se aos conselheiros estranhos aos quadros do Poder Judiciário: membros representantes do Ministério Público da União e estadual, advogados indicados pela Ordem dos Advogados do Brasil e cidadãos de notável saber jurídico indicados pela Câmara dos Deputados e pelo Senado Federal. As do ministro Sepúlveda Pertence, às indicações do Poder Legislativo. Vencido o pedido de impugnação, o Conselho Nacional de Justiça foi instalado 180 dias após a promulgação da emenda constitucional, conforme sua própria previsão.

Luís Roberto Barroso, entre outros, argumenta que não é tecnicamente preciso "referir-se ao Conselho Nacional de Justiça como órgão de controle *externo*[g/a]". Além de integrar a estrutura do Poder Judiciário, pois a Emenda Constitucional nº 45 o incluiu como órgão desse poder, que "detém 3/5 de seus membros", suas decisões "poderão ser impugnadas judicialmente e a decisão judicial, nesse particular, não caberá ao Conselho, mas a outro órgão do Judiciário" (Barroso, 2008, p. 102). Entretanto, é possível um entendimento alternativo, pois o que caracteriza o controle externo é o fato de ser exercido por instituição diversa daquela do ato praticado, no caso, o conselho (Pessanha, 2010; Lima, 2008). Por outro lado, a ação de outros órgãos de controle externo, e não apenas do Conselho Nacional de Justiça, também está ao alcance do Poder Judiciário (Pessanha, 2010; Lima, 2008).

A estrutura do Conselho Nacional de Justiça foi complementada por seu regimento interno. O órgão máximo é o plenário, constituído de todos os conselheiros, a quem estão subordinadas as comissões, permanentes e especiais, a Corregedoria, a Presidência, que dirige a Secretaria Geral, e a Ouvidoria (CNJ, 2010).

## Referências bibliográficas

BARROSO, Luís Roberto. "Conselho Nacional de Justiça: constitucionalização da sua criação e balanço do seu primeiro biênio". In: VIEIRA, José Ribas (org.). *20 anos da Constituição cidadã de 1988*. Rio de Janeiro: Forense, 1988.

BERMUDES, Sérgio. *A reforma do Judiciário pela Emenda Constitucional, nº 45*. Rio de Janeiro: Forense, 2005.

CAMPANHOLE, L. H. *Constituições do Brasil*. São Paulo: Atlas, 2000.

CONSELHO NACIONAL DE JUSTIÇA. "Regimento interno, Emenda Regimental nº 1". In: *Diário da Justiça*, pp. 2-6, 5/4/2010.

DIÁRIO OFICIAL DA UNIÃO, 31/12/2004, pp. 9-12.

KOERNER, Andrei. "O debate sobre a reforma do Judiciário". In: *Novos Estudos*, nº 54, pp. 1-26, julho de 1999.

LIMA, Luiz Henrique. *Controle Externo*. Rio de Janeiro: Campus Elsevier, 2008.

PESSANHA, Charles. "Surveillance and Control: Legislative Power in Argentina and Brazil". In: *Consignas de Base*, Colección HAL/SHS, CEISAL. Toulouse, França, 2010.

RENAUL, Sérgio Rabello Tamm; BOTTINI, Pierpaolo (orgs.). *Reforma do Judiciário*. São Paulo: Saraiva, 2005.

RICARD, Thierry. *Le Conseil Supérieur de la Magistrature*. Paris: PUF, 1990.

SADEK, Maria Tereza Aina. "Poder Judiciário: perspectivas de reforma". In: *Opinião Pública*, vol. 10, nº 1, pp. 1-62, 2004.

SUPREMO TRIBUNAL FEDERAL. ADI 3.367-1, Acórdão, 13/04/2005. CRIP. Disponível em: http://www.stf.gov.br.

VERONESE, A.; VAL, Eduardo Manuel. "Notas comparativas acerca dos Conselhos Nacionais de Justiça no Brasil e da Argentina". In: *Revista Ciências Sociais*, vol. 14, n° 8, pp. 7-21, 2008.

VIANNA, Luiz Werneck et al. *Corpo e alma da magistratura brasileira*. Rio de Janeiro: Editora Revan/Iuperj, 1997.

ZAFFARONI, Eugenio Raúl. *Poder Judiciário: crises, acertos e desacertos*. São Paulo: Revista dos Tribunais, 2005.

# Mandado de injunção

*Gisele Cittadino*

A promulgação da Constituição de 1988 representa, em nossa história recente, o ápice da incorporação da linguagem dos direitos ao debate político e ao ordenamento jurídico brasileiros. A dignidade humana protegida no texto constitucional não está meramente vinculada a uma concepção de direitos públicos subjetivos, conceito técnico-jurídico do Estado liberal preso à concepção individualista do homem. Depois de 1988, falar em dignidade humana significa falar em *direitos fundamentais do homem*, que designam, no nível do Direito positivo, as prerrogativas e instituições que ele concretiza em garantias de uma convivência digna, livre e igual para todas as pessoas. A expressão direitos fundamentais do homem não significa, portanto, uma esfera privada contraposta à atividade pública, como simples limitação do Estado, mas uma restrição imposta pela soberania popular aos poderes constituídos do Estado que dela dependem.

É, portanto, pela via da participação político-jurídica — agora traduzida como o alargamento do círculo de intérpretes da Constituição — que se processa a interligação entre os direitos fundamentais e a democracia participativa. Em outras palavras, uma abertura constitucional permite que cidadãos, partidos políticos, associações etc. integrem o círculo de intérpretes da Constituição, democratizando o processo interpretativo — na medida em que ele se torna aberto e público — e, ao mesmo tempo, concretizando a Constituição.

Ocorre, entretanto, que diferentemente das regras de direito privado, por exemplo, as normas constitucionais relativas aos direitos fundamentais revelam programas de ação ou afirmações de princípios e não possuem uma regulamentação perfeita e completa, sendo quase sempre pouco descritivas, vagas e esquemáticas. Concretizar o sistema de direitos constitucionais, portanto, pressupõe uma atividade interpretativa tanto mais intensa, efetiva e democrática quanto maior for o nível de abertura constitucional existente. Nesse sentido, é exatamente porque não se prescreve o regime da aplicabilidade imediata da maioria das normas relativas aos direitos fundamentais que se espera a decisão política da comunidade histórica no sentido de efetivamente participar do grupo de intérpretes da Constituição. E não há outra forma de viabilizar essa participação jurídico-política senão através da criação, pelo próprio ordenamento constitucional, de uma série de instrumentos processuais e procedimentais que, utilizados pelo círculo de intérpretes da Constituição, possam vir a garantir a efetividade dos direitos fundamentais. Com a adoção de tais instrumentos, percebe-se que a prioridade agora é o dever de ação por parte do Estado e não mais seu dever de abstenção.

Esse dever de ação do poder público envolve todo o conjunto dos direitos fundamentais. Mesmo no caso dos direitos civis e políticos — direito à integridade física e direito ao voto, por exemplo —, que à primeira vista parecem estar mais vinculados ao dever de abstenção, ainda nesses casos há dever de ação por parte do Estado — obrigação de manter uma força policial ou promulgar a legislação eleitoral, por exemplo. No entanto, a ausência da intervenção legislativa não impede o gozo desses direitos, já que seus conteúdos são determinados constitucionalmente. Em outras palavras, tais direitos existem e valem plenamente, mesmo na ausência de lei. O mesmo não ocorre, entretanto, com os chamados direitos econômicos e sociais. Sem a atuação do legislador ordinário, determinada por delegação constitucional, não há como garantir-lhes eficácia.

É precisamente contra este "não fazer" que a Constituição Federal instituiu determinados instrumentos processuais que possam dar efetividade às normas constitucionais asseguradoras de direitos — especialmente dos direitos sociais — ainda não regulamentadas de forma eficaz. O dever de ação por parte do Estado, portanto, se associa, nesse momento, à necessidade de pôr fim à omissão. Ou, de outra forma, controlar as omissões do poder público, seja do Legislativo ou do Executivo, é a maneira pela qual se garante o dever de prestação. O mandado de injunção é exatamente uma das garantias constitucionais a ser utilizada todas as vezes em que a ausência de norma regulamentadora inviabilize o exercício de direitos, liberdades e prerrogativas.

A preocupação com a concretização da Constituição, e especialmente com a efetividade do sistema de direitos nela assegurados, estava presente desde o início do processo constituinte. O temor de que a nova Constituição viesse a padecer, como as anteriores, de uma espécie de inoperância crônica, era evidente em matérias veiculadas na imprensa e nos próprios debates no interior da Assembleia Nacional Constituinte (ANC). Essa inoperância crônica era atribuída, por um lado, às omissões do poder público relativas à obrigatoriedade de ações normativas e, por outro, à ausência, nas constituições do passado, de instrumentos processuais que pudessem concretizar a ideia de uma comunidade de intérpretes. Ressalte-se, ainda, que se o amplo sistema de direitos fundamentais assegurados no texto constitucional foi resultado de uma intensa participação popular no interior da ANC, sendo a inclusão das garantias de efetivação dos direitos fundamentais, especialmente o mandado de injunção e a ação de inconstitucionalidade por omissão, tarefa atribuída aos juristas. Foi significativa a participação de vários constitucionalistas nas muitas comissões da ANC e as atas revelam como eles insistiam no argumento de que não bastava consagrar direitos, mas que era fundamental estruturar instrumentos que garantissem sua efetivação. Dentre outros, José Afonso da Silva foi o principal assessor, durante todo o processo constituinte, do senador Mário Covas (PMDB-SP), líder da maioria na Assembleia. Carlos Roberto de Siqueira Castro assessorou o senador Afonso Arinos na Comissão de Estudos Constitucionais e a liderança do PDT na Assembleia. Não menos importantes foram as atuações de Eduardo Seabra Fagundes, vinculado ao PDT, e Fabio Konder Comparato, do PT de São Paulo.

Durante o processo constituinte foram propostos inúmeros projetos e emendas que tinham o objetivo de pôr fim às omissões do Estado. Assim, as Emendas nº 96 da fase B, de 17/5/1987, da deputada Anna Maria Rattes (PDT-RJ), e a nº 297 da fase B, de 20/5/1987, do deputado Michel Temer (PMDB-SP), previam a aplicação imediata das garantias da Constituição, elegendo o mandado de injunção para garantir os direitos nela assegurados e não aplicados em razão da ausência de norma regulamentadora. Essas emendas não chegaram a ser informadas para discussão em plenário.

Foi o senador Virgílio Távora (PDS-CE), alertado pela Assessoria Legislativa do Senado Federal, preocupada com a não efetividade das normas programáticas referentes à educação, quem apresentou, no início dos trabalhos da ANC, as sugestões de Normas Constitucionais de nºs 155-4 e 156-2, datadas de 27/3/1987, tratando dos institutos do mandado de injunção e da ação de inconstitucionalidade por omissão. A sugestão de Norma Constitucional nº 155-4 pedia que se incluísse no capítulo dos Direitos e Garantias Constitucionais o seguinte artigo: "Sempre que se caracterizar a inconstitucionalidade por omissão, conceder-se-á mandado de injunção, observado o rito processual estabelecido para o mandado de segurança." Quanto à sugestão da Norma Constitucional nº 156-2, foi oferecida a seguinte redação: "A não edição de atos ou normas pelos Poderes Legislativo, Executivo e Judiciário, visando a implementar esta Constituição, implica a inconstitucionalidade por omissão." Essas propostas do senador Virgílio Távora foram rejeitadas.

Posteriormente, o senador Ruy Barcelar (PMDB-BA) propôs à ANC a sugestão de Norma Constitucional nº 367-1, de 3/4/1987, na qual, utilizando a mesma nomenclatura, pedia que incluísse, "onde coubesse", a criação de idêntico instrumento processual. A sugestão da Norma Constitucional nº 367-1 obteve a seguinte redação:

Artigo — Os direitos conferidos por esta Constituição e que dependem de lei ou providências do Estado serão assegurados por mandado de injunção, no caso de omissão do Poder Público.

Parágrafo Único — O mandado de injunção terá o mesmo rito processual estabelecido para o mandado de segurança.

Essa sugestão de Norma Constitucional vinha acompanhada da seguinte justificativa:

> Não basta a mera enunciação de direitos na carta constitucional. De que, na realidade, adianta ao cidadão que a lei suprema do País declare, expressamente, o direito, por exemplo, à educação ou à saúde, se o Estado não é compelido a pôr em prática o mandamento constitucional?

O constituinte Gastone Righi (PTB-RS), no dia 22/4/1987, na 3ª reunião da Subcomissão dos Direitos Políticos, dos Direitos Coletivos e Garantias, pede a criação de um *mandamus*, uma forma de processo pela qual alguém possa exercitar um direito social, como a educação. O deputado Lysâneas Maciel (PDT-RJ) propõe dois mecanismos: um na forma solicitada por Righi, no art. 3º do seu anteprojeto, segundo o qual o povo exerceria a soberania: "[...] pelo mandado de garantia social por inexistência ou omissão de normas, atos jurisdicionais ou administrativos"; o outro no art. 40: "Na falta de regulamentação para tornar eficaz a norma constitucional, o Ministério Público ou qualquer interessado poderá requerer ao Judiciário a aplicação do direito assegurado".

No anteprojeto da subcomissão dos Direitos e Garantias Individuais, cujo relator foi o deputado Darcy Pozza (PDS), foi acolhida a sugestão do senador Ruy Barcelar e estabeleceu-se a seguinte redação:

> Artigo — Os direitos e garantias constantes desta Constituição têm aplicação imediata. Conceder-se-á mandado de injunção para garantir direitos nela assegurados, não aplicados em razão da ausência de norma regulamentadora, podendo ser requeridos em qualquer juízo ou tribunal, observadas as regras de competência da lei processual.

No âmbito da Comissão da Soberania e dos Direitos e Garantias do Homem e da Mulher, passou a constar o mandado de injunção, no substitutivo do relator da comissão, senador José Paulo Bisol (PMDB-RS), nos seguintes termos:

> Artigo 34 — [...] Conceder-se-á mandado de injunção, observado o rito processual do mandado de segurança, sempre que a falta de norma regulamentadora torne inviável o exercício dos direitos e liberdades constitucionais e das prerrogativas inerentes à nacionalidade, à soberania do povo e à cidadania.
> [...]
> Artigo 48, parágrafo 1º — [...] A lacuna permanecendo depois de seis meses da promulgação da Constituição, qualquer cidadão, associação, partido político, sindicato ou entidade civil poderá promover mandado de injunção para o efeito de obrigar o Congresso a legislar sobre o assunto no prazo que a sentença consignar.

A Comissão de Sistematização, na fase do Projeto de Constituição, adotou o instituto com a seguinte redação: "Artigo 32, Parágrafo único — Qualquer juízo ou tribunal, observadas as normas da lei processual, é competente para conhecer, processar e julgar as garantias constitucionais."

Já na fase de emendas ao primeiro substitutivo do relator da Comissão de Sistematização, o senador Fernando Henrique Cardoso (PSDB-SP) ofereceu a Emenda nº 34.970, de 5/9/1987, que foi acatada pelo relator quanto à supressão da referência ao rito processual do mandado de segurança, influindo decisivamente na redação final do instituto.

O segundo substitutivo da Comissão de Sistematização contemplou o mandado de injunção com a seguinte redação:

> Artigo 5º, inciso 57 — [...] Conceder-se-á mandado de injunção, observando o rito processual previsto em lei complementar, sempre que a falta de norma regulamentadora torne inviável o exercício das liberdades constitucionais e das prerrogativas inerentes à nacionalidade, à soberania do povo e à cidadania.

O Projeto de Constituição A (terceiro substitutivo do relator da Constituinte) inovou apenas quanto à norma regulamentadora do instituto, subtraindo a referência à lei complementar e prevendo a lei ordinária. O relator da Constituinte, deputado Bernardo Cabral, acatou aqui a emenda oferecida pelo "Centrão", que, por um lado, tornava o mandado de injunção dependente de lei posterior que viria a regulamentá-lo, e, por outro, suprimia a palavra "direitos", ficando a proteção do instituto apenas para as liberdades e prerrogativas. Buscava-se, na verdade, excluir os direitos econômico-sociais do âmbito de proteção do mandado de injunção, esvaziando-o.

Finalmente, com o Projeto de Constituição B, originário do segundo turno de discussão e votação no Plenário, o "Centrão" foi, em relação a esse tema, derrotado, e o mandado de injunção sofreu a sua última alteração, sendo definido nos termos do art. 5º, inciso LXXI, da Constituição Federal de 1988: "Conceder-se-á mandado de injunção sempre que a falta de norma regulamentadora torne inviável o exercício dos direitos e liberdades constitucionais e das prerrogativas inerentes à nacionalidade, à soberania e à cidadania."

O mandado de injunção — que pode ser individual ou coletivo — visa à decisão do juiz como o instrumento de integração entre a omissão pública e o cidadão no caso concreto. Espera-se, portanto, que o Judiciário, frente à inexistência normativa, resolva o caso concreto, garantindo o direito daquele que o invoca. Essa posição, denominada *tese resolutiva*, foi defendida, com vigor, por muitos constitucionalistas brasileiros logo após a promulgação da Constituição Federal. Ressalte-se, a respeito, que, como aceitar que o Judiciário legisle abstratamente é inconstitucional, a tese resolutiva garante que sejam solucionados os casos concretos, sem efeitos gerais, *erga omnes*, prevalecendo a decisão individual *inter partes*, até que a norma regulamentadora faltante seja editada. No entanto, o Supremo Tribunal Federal, no início dos anos 1990, adotou a chamada "tese da subsidiariedade", segundo a qual o Poder Judiciário deve apenas recomendar ao poder omisso que elabore legislação reguladora, não tendo qualquer competência para concretizar o direito do impetrante. Tal posição foi adotada no julgamento do Mandado de Injunção nº 107/1990, notório desde então, relatado pelo mais antigo e talvez mais conservador dos membros do STF, o ministro José Carlos Moreira Alves, que equiparou o mandado de injunção à ação de inconstitucionalidade por omissão.

Em anos mais recentes, o constitucionalismo brasileiro tem discutido os efeitos das decisões em mandados de injunção utilizando os modelos das *teorias concretistas* e das *não concretistas*. As primeiras podem ser de três tipos: a *concretista geral*, em que, diante da ausência de norma regulamentadora, cabe ao Poder Judiciário suprir a lacuna; a *concretista individual*, quando a decisão judicial produz efeitos apenas para o impetrante; e, finalmente, a *concretista intermediária*, em que o Poder Judiciário informa a omissão ao órgão responsável, estabelece prazo para a elaboração da norma regulamentadora e só após a expiração desse prazo pode suprir a lacuna para o caso concreto, sem efeito *erga omnes*. A teoria *não concretista* não difere da tese da subsidiariedade, pois aqui cabe ao Judiciário apenas o reconhecimento da inércia do legislador e a consequente comunicação ao órgão competente sobre a necessidade de regulamentação.

O Supremo Tribunal Federal, ainda no início dos anos 1990, alterou — mesmo que ligeiramente — sua posição inicial, e no julgamento do Mandado de Injunção nº 283/1991, cujo relator foi o ministro Sepúlveda Pertence, deferiu a garantia e fixou um prazo de sessenta dias para que fosse suprida a omissão legal, após o qual, persistindo a inexistência de regulamentação, o juízo competente de primeiro grau poderia atender o direito requerido. O próprio ministro Moreira Alves, relator no julgamento do Mandado de Injunção nº 232/1992, fixando o prazo de 180 dias para que o Congresso editasse norma regulamentadora, autorizou o impetrante a gozar o direito que invocava se, após o prazo, persistisse a omissão legal.

Desde 2007, o Supremo Tribunal Federal — talvez rejuvenescido com a chegada de novos membros — parece ter efetivamente alterado o seu compromisso anterior com a tese da subsidiariedade, pois nos julgamentos de vários mandados de injunção (MI nº 670, MI nº 708 e MI nº 712), realizados no mesmo dia e que tratavam da mesma matéria

— direito de greve de servidores públicos civis —, comprometeu-se com a tese concretista geral, ao deferir o pedido de mandado de injunção e propor como solução para a falta de regulamentação do direito de greve a aplicação da Lei nº 7.783, de 28 de junho de 1989 (Lei de Greve dos Trabalhadores em Geral). Nesses casos, o STF não apenas reconheceu a mora do Congresso Nacional em regulamentar o direito de greve assegurado no art. 37, inciso VII, da CF, como optou por indicar a norma regulamentadora específica com vistas a garantir o direito constitucionalmente assegurado.

Mantida essa direção, o Supremo Tribunal Federal colabora no sentido de assegurar a atuação de uma comunidade de intérpretes do texto constitucional. Com o mandado de injunção, cidadãos e associações têm legitimidade, assegurada pela própria Constituição, para deflagrar processos judiciais, especialmente no sentido de tornar efetivas as normas constitucionais protetoras de direitos sociais, combatendo as omissões dos poderes públicos.

## Referências bibliográficas

CANOTILHO, José Gomes. *Direito Constitucional e Teoria da Constituição*. Coimbra: Almedina, 2003.

MORAES, Alexandre de. *Direito Constitucional*. São Paulo: Atlas, 1997.

QUARESMA, Regina. *O Mandado de Injunção e a Ação de Inconstitucionalidade por Omissão. Teoria e prática*. Rio de Janeiro: Forense, 1995.

SILVA, José Afonso da. *Aplicabilidade das normas constitucionais*. São Paulo: Malheiros, 2003.

_____. *Curso de Direito Constitucional Positivo*. São Paulo: Malheiros, 2004.

# Ministério Público

*Rodrigo Anaya Rojas*

O Ministério Público é uma instituição pública integrante do núcleo da Justiça que tem como missão constitucional "a defesa da ordem jurídica, do regime democrático e dos interesses sociais e individuais indisponíveis" (artigo 129, *caput*).

## Origens e evolução histórica para a construção do atual perfil do Ministério Público brasileiro

O Ministério Público é uma instituição que surge com o Estado de Direito moderno, ainda que tenha traços aproximados com personagens anteriores da Antiguidade e da Idade Média, que, apesar de representarem atividades públicas do soberano ou dirigente social da época, traziam algumas atribuições clássicas ainda hoje presentes na referida instituição. Com a Revolução Francesa em 1789, na esteira da assunção do poder político pela burguesia e no âmago da Assembleia Nacional, traçou-se pela primeira vez um perfil de Ministério Público, com sinais claros da junção de duas figuras públicas (o *Avocat du roi* e o *Procureur de roi*), subordinado ao Poder Executivo e com atribuições de fiscalizar o cumprimento das leis e dos julgados, com independência em relação ao Legislativo e ao Judiciário.

As remotas raízes do Ministério Público brasileiro possuem sede na ex-metrópole Portugal, quando, pela primeira vez entre os lusitanos se mencionou explicitamente nas Ordenações Manuelinas de 1521 o Ministério Público com a finalidade de fiscalizar a aplicação da lei e sua execução. Em momento posterior, as Ordenações Filipinas falam em um promotor de Justiça da Casa da Suplicação, nomeado pelo rei, agora não somente com a função de vigiar o cumprimento da lei, sendo responsável também pela acusação criminal contra aqueles submetidos à jurisdição do referido tribunal (Título XV).

No Brasil, onde as Ordenações Filipinas estiveram em vigência até parte do Segundo Império, a figura do promotor de Justiça apareceu com a criação do Tribunal de Relação da Bahia, em 1609, quando o regimento fixou-lhe a atribuição de proteger a "jurisdição civil contra os invasores da jurisdição eclesiástica, sendo obrigado a ouvir missa rezada por capelão especial, antes de despachar, e a usar Opa", fazendo parte do referido tribunal juntamente com os desembargadores, o procurador da Coroa e da Fazenda, o provedor de defuntos e resíduos, o ouvidor-geral, os agravistas e o chanceler. Após a Independência do Brasil, sendo silente a Constituição de 1824, a primeira menção ocorre com a edição do Código de Processo Penal de 1832, onde se previu o promotor de Justiça como acusador criminal, nomeado pela Corte ou pelos presidentes de províncias, estando entre aqueles que podiam ser jurados, sendo que, nos termos do Regulamento nº 120, de 1842, demissível *ad nutum* pelo imperador ou pelos presidentes das províncias, em insofismável subordinação ao soberano ou ao Executivo regional, aos quais, por conseguinte, devia total obediência. Na esfera cível, o Aviso nº 16, de 1838, fixava-lhe atribuição de "fiscal da lei".

Já na República, no tempo do Governo Provisório e logo após a Proclamação, encontra-se o Ministério Público previsto no Decreto nº 848/1890, que criou uma Justiça Federal, onde os procuradores da República teriam garantia de inamovibilidade por quatro anos, estando aqui o primeiro indício de uma das garantias para a atuação independente do órgão de execução ministerial. A previsão era de que os mesmos teriam por função fazer valer as leis na jurisdição federal e promover a ação pública. Contemporâneo é o Decreto nº 1.030, do mesmo ano, que organizou o Ministério Público do Distrito Federal, no qual se previu como atribuições a defesa e a fiscalização da execução das leis e dos interesses gerais, a assistência aos sentenciados, aos alienados, asilados e mendigos, bem como a promoção de ação pública contra todas as violações do Direito.

A primeira Constituição na República, em 1891, nada menciona sobre o Ministério Público, exceto, na seção destinada ao Judiciário, a previsão da escolha do procurador-geral da República pelo presidente da nação dentre os membros do Supremo Tribunal Federal, com funções a serem definidas em lei (art. 58, § 2º). Porém, no plano infraconstitucional, o Ministério Público passou a ter uma atuação mais efetiva com o início da fase das codificações, sendo desse período o Código Civil de 1916, que fixou algumas atribuições que até hoje constam: curadoria de fundações (art. 26), defesa do interesse dos menores (art. 394, *caput*) e legitimidade para promover a interdição (art. 447, III), a nomeação de curador de ausente (art. 463) e a nulidade de casamento (art. 208, parágrafo único, II), entre outras.

Já na chamada República Nova, a Constituição de 1934 não só colocou o Ministério Público em um capítulo distinto dos Poderes do Estado, como também previu avanços importantes para que o *parquet* começasse a se empoderar para garantir o exercício de suas atribuições de maneira um pouco mais autônoma: aquisição de estabilidade e exigência de concurso público para ingresso na carreira, além de limitação do poder legiferante estadual para fazê-lo quanto às garantias (art. 7º, I).

Todavia, na Constituição da República do Estado Novo, em 1937, o viés autoritário e centralizador ganha reflexos no âmbito do Ministério Público, que perde proteção constitucional, havendo apenas uma menção da livre escolha e demissão do procurador-geral da República pelo presidente, e dentro do capítulo destinado ao Poder Judiciário. É importante, no entanto, frisar que são desse período o Código Penal de 1940 e o Código de Processo Penal em 1941, sendo que esse último passou a definir a condição do Ministério Público na seara criminal, que persiste até hoje: autor e ao mesmo tempo fiscal da aplicação da lei (*custos legis*).

Também com a edição do Código de Processo Civil de 1939, em espaço infraconstitucional no campo civil, o Ministério Público garantiu sua dupla atribuição até então apresentada: autor de ações civis e fiscal da lei, sempre com um enfoque voltado para os direitos individuais.

Com a queda da Ditadura Vargas e após uma Assembleia Nacional Constituinte, a Constituição da República de 1946 retomou o caminho fixado pela de 1934, inclusive quanto às suas mazelas: nomeação e demissão *ad nutum* do procurador-geral pelo presidente, além do fato de a escolha não estar subordinada a ser integrante da carreira (o que se estendeu aos ministérios públicos estaduais em relação ao Executivo — art. 128), bem como a representação judicial da Fazenda Nacional pelo Ministério Público dos estados nas comarcas do interior. Todavia, disciplinou o Ministério Público em título próprio e previu o ingresso na carreira mediante concurso público, estabilidade do membro após dois anos de exercício, inamovibilidade e previsão de promoção em instâncias também nos estados.

Novamente rompida a ordem constitucional com o Golpe Civil-Militar de 1964, a Constituição de 1967 coloca mais uma vez o Ministério Público no capítulo do Judiciário e mantém a subordinação de nomeação e demissão *ad nutum* pelo presidente da República do procurador-geral. Também garantiu o ingresso na carreira por concurso público, a estabilidade após dois anos de exercício e a inamovibilidade (arts. 137 a 139). Depois, com um golpe dentro do Golpe, em 1969, e com o Congresso Nacional fechado por decreto, foi outorgada a Emenda Constitucional nº 1, que manteve basicamente o que constava da Constituição de 1967.

## Elementos pré-constitucionais para a construção do atual perfil do Ministério Público

Uma mudança importante ocorreu com a edição do Código de Processo Civil de 1973, de fundamental importância para a construção do perfil constitucional e infraconstitucional do Ministério Público brasileiro de hoje: fazer constar, ainda que sob uma base processual de defesa de interesses individuais intersubjetivos, a intervenção do Ministério Público quando presente o interesse público (art. 82, inciso III), não apenas em função da qualidade da parte, mas também por conta da natureza do objeto. Isso implica dizer que, ainda que não exista legislação que lhe atribua a titularidade de ação para a defesa de interesse dessa natureza, introduz-se uma atribuição de interesse coletivo. A primeira legitimidade ativa do Ministério Público para ações na defesa de interesses coletivos veio com a Lei da Política Nacional do Meio Ambiente (Lei nº 6.938) no ano de 1981, quando lhe foi atribuída a defesa do meio ambiente (art. 14, § 1º), superando a legitimidade apenas dos titulares do Direito para ingressar no viés do processo coletivo.

Nessa esteira, foi editada em 1985 a Lei de Ação Civil Pública, Lei nº 7.347, onde se fixou a legitimidade do Ministério Público na defesa de interesses coletivos, não apenas quanto ao meio ambiente natural, mas também em relação ao patrimônio histórico e cultural e aos direitos do consumidor. Verifica-se aqui a introdução da legitimidade ativa também das entidades associativas voltadas para a defesa de tais interesses e dos poderes públicos e órgãos da administração indireta (art. 5º).

## O Ministério Público na Constituição de 1988

Com a convocação de uma Assembleia Nacional Constituinte em 1987 e com o desenvolvimento de seus trabalhos, após o período da ditadura civil-militar e dentro de uma transição democrática, e não de um rompimento democrático, foi promulgada em outubro de 1988 a Constituição Federal, tendo como fundamentos de um almejado Estado Democrático de Direito a cidadania e a dignidade da pessoa humana e os valores sociais do trabalho e da livre iniciativa.

Dentro desse paradigma, um caminho natural foi consolidar no texto constitucional toda a construção normativa infraconstitucional que paulatinamente foi colocando o Ministério Público brasileiro na posição de defensor da sociedade, através da garantia do regime democrático, da ordem jurídica e dos interesses sociais e individuais indisponíveis (art.

127, *caput*). Dessas atribuições já previstas, verifica-se que o Ministério Público passa a ser titular único da ação penal pública (art. 129, I), a ter legitimidade para a defesa de qualquer interesse difuso ou coletivo (art. 129, III), além da atribuição de zelar pelo efetivo respeito dos poderes públicos e dos serviços de relevância pública aos direitos assegurados na Constituição (art. 129, II), bem como funções relacionadas à defesa dos interesses e direitos dos povos indígenas (art. 129, V) e ao controle externo da atividade policial (art. 129, VII). Importantes instrumentos e meios para tanto também foram erigidos ao patamar constitucional, como o poder requisitório e de notificação (art. 129, VI), a instauração e presidência exclusiva de inquérito civil e a legitimidade na ação civil pública (art. 129, III). Também, de maneira definitiva, blindaram-se os órgãos de execução do Ministério Público de interferências indevidas internas ou externas, aportando como garantias a independência funcional (desempenho de suas atribuições sem subordinação a nenhum órgão interno ou poder, adstrito apenas à sua consciência e aos fins previstos na Constituição), a vitaliciedade (perda do cargo apenas por decisão judicial transitada em julgado), a inamovibilidade (excetuando motivo de interesse público declarado por no mínimo dois terços do órgão colegiado interno e respeitando-se a ampla defesa) e a irredutibilidade de vencimentos (art. 128, § 5º, I, "a" e "c"). Administrativamente, garantiu-se ao Ministério Público a autogestão fulcrada na autonomia funcional, administrativa e financeira (art. 127, §§ 2º e 3º) e a fixação do mandato dos procuradores-gerais escolhidos pelo presidente, no caso da República (e após sabatina do Senado), e pelos governadores, no caso dos Estados, esses após eleição de lista tríplice por seus membros, sempre integrantes da carreira.

## Novo perfil institucional

Como se vê, dentro do Estado brasileiro, o Ministério Público passou a ter uma posição protagonista e de independência, qualificando-se como instituição pública mais aparelhada para a garantia dos interesses sociais em caso de ameaça ou violação, inclusive por entes estatais. A construção desse perfil inicia-se no fato de que, no vácuo de uma organização social mais intensa ao fim da Ditadura de 1964-85 e estando de alguma maneira já "infiltrado" no sistema estatal, especialmente no Judiciário, o Ministério Público, com base em sua atuação intensa como *custos legis* velando pela garantia de direitos e interesses da sociedade, ainda que não coletivizada — proteção dos incapazes, estado das pessoas, pátrio poder, tutela, curatela, interdição, casamento, fundações e todas as demais causas que envolvessem interesse público —, foi ocupando um espaço para além daquele reservado para um órgão estatal, ultrapassando o âmbito judicial. E a intervenção do Ministério Público nos processos que envolvam tais direitos e interesses, desde o Código de Processo Civil de 1973, é obrigatória, sob pena de nulidade (art. 84), o que demonstra a opção que o ordenamento jurídico brasileiro fez de que essa instituição fiscalizasse até mesmo se não existiria alguma deficiência ou má-fé na defesa dos interesses considerados indisponíveis ou públicos, passando inclusive pela fiscalização dos poderes do Estado (e da administração pública como um todo), principalmente no âmbito das políticas públicas.

Para tanto, verifica-se que, além de sua função precípua de titular da ação penal pública, se consolidou com a Constituição Federal, e com legislação infraconstitucional posterior e a recepção da anterior, o seu amplo leque de atribuições na área cível, principalmente como titular da ação civil pública para a defesa dos interesses difusos e coletivos, e sua completa independência funcional. Cumpre salientar que as leis orgânicas estaduais do Ministério Público, secundando previsões constantes da Lei Orgânica Nacional do Ministério Público (Lei nº 8.625/2005), e as leis esparsas na legislação que dizem respeito ao processo civil coletivo (geralmente também prevendo formas de proteção aos interesses sociais consubstanciados em direitos fundamentais) criaram instrumentos extrajudiciais importantes, alguns com previsão constitucional, para o mister constitucional da instituição, entre os quais podemos ressaltar a requisição, a notificação, a recomendação, a audiência pública, o inquérito civil e o termo de ajustamento de conduta.

Tal arcabouço normativo e tal independência institucional fizeram surgir uma situação inevitável: uma atuação bastante vigorosa e, ao mesmo tempo, discricionária em nome da sociedade, com claro teor de ente político. Aliás, a única interferência externa, e assim mesmo apenas quanto à chefia administrativa e institucional, se dava com a escolha do procurador-geral da República e com os procuradores-gerais de Justiça dos estados, o primeiro escolhido pelo presidente da nação entre os membros do Ministério Público Federal e chancelado pelo Senado Federal e os demais escolhidos pelo governador do estado após lista tríplice eleita pelos membros da instituição (art. 128, §§ 1º e 3º, da Constituição Federal).

Hoje, agrega-se o Conselho Nacional do Ministério Público, órgão externo, com a função de controlar e fiscalizar a atuação administrativa e financeira dos órgãos integrantes do Ministério Público nacional, bem como de supervisionar o cumprimento dos deveres funcionais dos seus membros (art. 130-A, § 2º, da Constituição Federal), que vem exercendo papel importante no sentido de evitar que a instituição atue sem parâmetros mínimos, ainda que composto em sua maioria por membros endógenos. Quanto à maneira de atuar dos órgãos de execução do Ministério Público, verifica-se a interferência — uma vez que escravos apenas "da lei e da consciência" — das convicções de cada um, das experiências angariadas nas diferentes áreas de atuação e de outras escolhas feitas durante a vida profissional. Mais ainda: o promotor de Justiça tem *a priori* como linguagem e atuação o peculiar do campo jurídico, codificado, excludente e considerado ininteligível para os não iniciados no meio. No caso do Ministério Público brasileiro, dentro do próprio campo jurídico, outros moldes vão sendo agregados aos promotores de Justiça a partir das linhas doutrinárias adotadas pelos examinadores dos concursos de ingresso na carreira e dos cursos, atividades e avaliações que lhe são proporcionados pela instituição, principalmente, por exemplo, no que se refere à criação de uma linguagem própria. Ademais, complementa isso o forte estímulo interno ao debate, ao estudo e ao intercâmbio de informações, a criar, ainda que sem uma organicidade, uma ideologia média, condensada muitas vezes nos chamados centros de apoio operacional por área de interesse, órgãos auxiliares de planejamento, orientação e assessoramento, geralmente subordinados administrativa e politicamente ao procurador-geral de Justiça.

Todavia, o contato permanente com a população é uma das principais características do Ministério Público, sendo essa atividade uma das marcas mais nítidas da instituição, em geral amplamente permeável à recepção e oitiva das pessoas. Inclusive, observa-se que, antes da Constituição Federal de 1988, o Ministério Público tinha como atribuição a defesa dos necessitados de assistência judiciária nas comarcas em que não houvesse Defensoria Pública, tendo por isso, geralmente, uma visão social de neutralidade e confiabilidade frente aos poderes, institucionalizados ou não. E mais: muitas vezes, a confiança na conduta do Ministério Público é de monta mais evidente quando até mesmo legitimados para a defesa de interesses sociais, difusos, coletivos ou individuais indisponíveis ou homogêneos preferem a atuação do *parquet*. Isso advém, inclusive, de uma vocação antiga, que, com certeza, foi justificativa para a instituição da previsibilidade e sua legitimidade para tomada de termo de ajustamento de conduta previsto na Lei de Ação Civil Pública, que é a vocação para a conciliação.

Parte da doutrina brasileira aponta, quanto à defesa de interesses metaindividuais, duas maneiras de o Ministério Público se postar frente às questões que lhe são apresentadas: promotores de gabinete e promotores de fatos como tipos ideais, sendo que os primeiros se pautam por uma atuação mais burocrática, formalista e reativa, e os outros por uma atuação mais fluida e pró-ativa, procurando exercer suas atribuições se valendo da amplitude da competência constitucional, que não fixa taxativamente os instrumentos ou as formas a serem utilizadas para a defesa dos interesses, extrapolando muitas vezes o sistema da Justiça. Contrapondo a esse plasma generalizado, no momento de atuar se encontra, além da ausência de unidade interna e de uma política institucional, uma ação atomizada por cada promotor de Justiça, que, tendo como bíblia a sua subordinação apenas à lei e à sua consciência, se escora na garantia constitucional da independência funcional para se negar a se vincular a qualquer outro elemento valorativo, mesmo que advindo de construção no corpo social. Isso gera, muitas vezes, o completo descompasso entre os diversos promotores de Justiça pertencentes à mesma instituição quanto à maneira de atuar e, também, algumas vezes, um sentimento de frustração social quanto ao caminho adotado e às soluções apresentadas.

Rogério Bastos Arantes, após pesquisas internas na instituição, vê nessa atuação um "voluntarismo político", calcado em três premissas: a) uma visão pessimista da capacidade de a sociedade se defender autonomamente; b) uma concepção também pessimista dos poderes político-representativos, que estariam corrompidos e/ou incapazes de cumprir suas competências; c) uma idealização do Ministério Público em seu papel político de representar os interesses dessa sociedade hipossuficiente contra esses poderes degradados, que não garantem o cumprimento da lei. Questão importante, que vem sendo reclamada por aqueles que veem um "voluntarismo político" na atuação do Ministério Público na defesa dos interesses metaindividuais, principalmente os executivos, trata-se de um procedimento que implica buscar resultados em atividades próprias do Executivo e do Legislativo e que encontra ressonância no Judiciário, o que se optou por chamar, quanto a esse eco, de "judicialização da política", vista como um "ativismo judicial", posto que significa ir além de uma simples decisão sobre as ações dos outros poderes, mas ampliar o escopo das questões quanto a parâmetros de atuação em funções precípuas dos mesmos, implicando, na maioria das vezes, o interesse dos políticos e administradores públicos em adotar procedimentos similares às decisões judiciais e parâmetros jurisdicionais em seus atos. É que o Ministério Público tem sido o agente mais importante da defesa de direitos coletivos pela via judicial e, dado que os conflitos relativos a tais direitos têm conotação política, pode-se dizer que também tem impulsionado um processo mais amplo de "judicialização de conflitos políticos".

Para que isso venha ocorrendo, sem dúvida, pode-se afirmar que exercem importância fundamental as garantias e prerrogativas adquiridas na Constituição de 1988 pelos órgãos de execução do Ministério Público. Críticas a essa atuação do Ministério Público como um dos principais responsáveis pela judicialização da política, bem como a discussão em torno dos benefícios ou malefícios de tal judicialização, poderiam ser amenizadas ou mesmo afastadas se contasse o *parquet* com uma participação popular efetiva na construção das soluções propostas e buscadas, principalmente, pelo fato de tais críticas advirem geralmente daqueles que detêm a hegemonia do poder.

## Referências bibliográficas

ARANTES, Rogério B. "Direito e política: o Ministério Público e a defesa dos direitos coletivos". In: *Revista Brasileira de Ciências Sociais*, vol. 14, nº 39. São Paulo, pp. 83-102, 1999.

_____. "Ministério Público na fronteira entre a Justiça e a política". In: *Justitia*. São Paulo, vol. 64, nº 197, p. 325-335, jul./dez., 2007. Disponível em: <http://bdjur.stj.jus.br/dspace/handle/2011/26016>. Acesso em 23 de abril de 2011.

_____. *Ministério Público e política no Brasil*. São Paulo: Sumaré; EDUC; FAPESP, 2002.

CAMPOS, Benedicto de. *O Ministério Público e o novo Código de Processo Civil*. São Paulo: RT, 1976.

CAPANEMA, Márcia Guerra Monteiro. *Ministério Público e sociedade civil: alcances e limites para a ação ambiental em Minas Gerais*. Dissertação de Mestrado em Sociologia — Departamento de Sociologia e Antropologia, Universidade Federal de Minas Gerais. Belo Horizonte, 2009.

CARVALHO, Ernane; LEITÃO, Natália. "O novo desenho institucional do Ministério Público e o processo de judicialização da política". In: *Revista Direito GV*, nº 12. Rio de Janeiro, 2011, pp. 399-421. Disponível em: <http://www.direitogv.com.br/subportais/publicação/direitogv12/03.pdf >. Acesso em 24 de abril de 2011.

CASTRO, Marcos Faro de. "O Supremo Tribunal Federal e a judicialização da política". In: *Revista Brasileira de Ciências Sociais*, vol. 12, nº 34, 1997.

GARCIA, Emerson. *Ministério Público — organização, atribuições e regime jurídico*. Rio de Janeiro: Lumen Juris, 2ª ed., 2005.

GOULART, Marcelo Pedroso. *Ministério Público e Democracia — teoria e práxis*. São Paulo: LED, 1998.

MACEDO JÚNIOR, Ronaldo Porto. "Ministério Público brasileiro: um novo ator político". In: VIGLIAR, J. M. M.; MACEDO JÚNIOR, R. P. (orgs.). *Ministério Público II: democracia*. São Paulo: Atlas, pp. 103-114, 1999.

MACHADO, Antônio Cláudio da Costa. *A intervenção do Ministério Público no processo civil brasileiro*. São Paulo: Saraiva, 1989.

MACIEL, Débora Alves. *Ministério Público e sociedade: a gestão dos conflitos ambientais em São Paulo*. Tese de Doutorado em Sociologia — Faculdade de Filosofia, Letras e Ciências Humanas, Universidade de São Paulo. São Paulo, 2002.

MAZZILLI, Hugo Nigro. *O Ministério Público na Constituição de 1988*. São Paulo: Saraiva, 1989.

_____. *A defesa dos interesses difusos em juízo: meio ambiente, consumidor, patrimônio cultural, patrimônio público e outros interesses*. São Paulo: Saraiva, 24ª ed., 2011.

MILL, John Stuart. *Considerações sobre o governo representativo*. Tradução de Manoel Innocêncio de Lacerda Santos Jr. Brasília: Ed. UnB, 1981.

MOREIRA, Jairo Cruz. *A intervenção do Ministério Público no processo civil à luz da Constituição*. Belo Horizonte: Del Rey, 2009.

PAES, José Eduardo Sabo. *O Ministério Público na construção do Estado Democrático de Direito*. Brasília: Brasília Jurídica, 2003.

RODRIGUES, José Gaspar. "Ministério Público de resultados: a atual missão institucional". In: *De Jure — Revista Jurídica do Ministério Público do Estado de Minas Gerais*, nº 16, pp. 469-501, Belo Horizonte, jan./jun., 2011.

SADEK, Maria Tereza. "A construção de um novo Ministério Público resolutivo". In: *De Jure — Revista Jurídica do Ministério Público do Estado de Minas Gerais*, nº 12, pp. 130-139, Belo Horizonte, jan./jun., 2009.

SALLES, Carlos Alberto de. "Entre a razão e a utopia: a formação histórica do Ministério Público". In: VIGLIAR, José Marcelo Meneses; MACEDO JÚNIOR, Ronaldo Porto (orgs.). *Ministério Público II: democracia*. São Paulo: Atlas, 1999.

SILVA, Cátia A. *Promotores de Justiça e novas formas de atuação em defesa de interesses sociais e coletivos*. In: *Revista Brasileira de Ciências Sociais*. São Paulo, vol. 16, nº 45, pp. 127-144, fev., 2001. Disponível em: <http://www.scielo.br/pdf/rbcsoc/v16n45/4334.pdf>. Acesso em 25 de abril de 2011.

_____. *Justiça em jogo: novas facetas da atuação dos promotores de Justiça*. São Paulo: EDUSP, 2001.

VELLANI, Mario. *Il pubblico ministero nel proceso, vol. I*. Bolognia: Nicola Zanichelli, 1965.

# Reforma do Judiciário no Brasil

*Marjorie Corrêa Marona*

A reforma do Poder Judiciário é uma questão que entrou para a agenda política brasileira em meados da década de 1990, articulada em um discurso de fortalecimento da democracia que, em um marco representativo liberal, denunciava certa hipertrofia judicial, em sobreposição às tradicionais instâncias políticas representativas. Os primeiros sinais do protagonismo do Judiciário no processo de construção das decisões políticas, preferências e valores majoritários, são sentidos ainda ao final da década de 1980, a partir do ajuizamento de inúmeras ações diretas de inconstitucionalidade pelas entidades de classe e partidos políticos de oposição, bem como pelas inúmeras ações individuais e coletivas movidas em oposição a medidas econômicas, fiscais e previdenciárias adotadas pelo governo. Basta lembrar o Plano Collor, que foi questionado judicialmente tanto pelo desrespeito formal à Constituição Federal (CF) (pelo uso de medida provisória e instituição de tributos em desatenção aos requisitos constitucionais) quanto pelos vícios materiais, pela violação dos direitos patrimoniais por meios confiscatórios ou com efeito de desapropriação.

Na ocasião, o Judiciário mostrou-se um ator político novo e poderoso, multiplicado em comarcas, seções e subseções judiciárias pelo Brasil afora. Posteriormente, diante do programa de privatizações levado a cabo pelo governo de Fernando Henrique Cardoso, tornar-se-ia evidente o uso estratégico dos juízes e tribunais: petições ajuizadas em diversos locais contra editais, leilões e adjudicações, com o único intuito de atrasar o processo, deram muito trabalho ao governo. De fato, o governo FHC, que havia barganhado duramente para produzir maiorias legislativas que o permitissem superar as rígidas regras para a aprovação de emendas constitucionais ou leis complementares, viu-se, ao final desse imenso esforço político, às voltas com a contestação judicial da reforma, de onde emergiram as mais significativas e reais ameaças às reformas: as dez principais iniciativas políticas aprovadas durante o governo FHC foram contestadas de alguma forma pelo Judiciário, sendo que sete delas foram alteradas ou atrasadas de alguma maneira no STF.

Pelo menos em uma perspectiva analítica, o fenômeno que se convencionou chamar de judicialização da política pode ser compreendido como a crescente intervenção do Poder Judiciário nos processos decisórios das democracias liberais contemporâneas, resultante de um conjunto de mecanismos de delegação da autoridade parlamentar, instituído pelo constituinte, especialmente ao garantir ampla independência ao Poder Judiciário e instituir mecanismos de revisão constitucional tão extensos quanto o rol de direitos que previu. Nesse sentido, o tema da reforma do Judiciário esbarra no fenômeno da judicialização da política, em especial pelos profundos efeitos que a jurisdição pode produzir sobre políticas públicas, preferências majoritárias e valores sociais.

A reforma do Judiciário no Brasil, nessa perspectiva, está atrelada a esforços de contenção do movimento de hipertrofia do Judiciário, e implica alterações do desenho institucional que restrinjam sua autonomia e possibilitem maior controle sobre a jurisdição constitucional, instituindo verdadeiros freios institucionais. Reconhecendo que, no novo cenário institucional brasileiro pós-1988, o processo decisório deve ser percebido como resultado de uma atuação institucional que inclui o Poder Judiciário, não apenas por conta da influência que exerce na implementação de políticas públicas, mesmo depois de elas serem aprovadas por amplas maiorias legislativas, mas considerando também a reordenação das relações entre Estado e sociedade civil a partir de sua atuação — haja vista a prática reiterada dos movimentos sociais em deslocar suas lutas políticas para o interior dos tribunais, reconhecendo-os como o local institucional mais favorável para desenvolvê-las (*venue-seeking*) — se formou um consenso em torno da necessidade de reforma do sistema judiciário em nome da segurança jurídica e das estratégias do governo para a reforma do Estado.

As propostas de reforma apontavam para aspectos que pareciam ter sido esquecidos pelo legislador constituinte: racionalização do sistema de controle de constitucionalidade e instituição de um controle externo que fizesse frente à independência do Poder Judiciário.

O controle de constitucionalidade consiste na verificação da adequação vertical entre as normas infraconstitucionais e a CF, isto é, em um exame comparativo entre um ato legislativo (ou normativo do poder público) e a CF, com vistas a declarar inconstitucional todo ato dessa espécie que contrariar a Lei Fundamental de organização do Estado. O controle de constitucionalidade pode ser exercido antes ou depois da aprovação do ato legislativo ou normativo: diz-se *preventivo* quando o controle é feito antes da elaboração da lei, pelo Poder Legislativo (via Comissão de Constituição e Justiça) ou Executivo (pelo veto presidencial), impedindo que um projeto de lei inconstitucional venha a ser promulgado; diz-se *repressivo* quando o controle é realizado pelo Poder Judiciário após a elaboração da lei ou ato normativo, com a finalidade de retirá-los da esfera jurídica, dada sua incompatibilidade com a norma constitucional maior.

É o controle repressivo de constitucionalidade, portanto, que é feito por juízes e tribunais. Diz-se que o controle é difuso (em concreto) quando é exercido por qualquer dos integrantes do Poder Judiciário, isto é, quando qualquer juiz ou tribunal está habilitado a declarar a inconstitucionalidade da lei, no caso em exame. Por outro lado, diz-se que o controle é concentrado (em abstrato) quando é exercido exclusivamente pelo Supremo Tribunal Federal (STF) e a decisão proferida tem efeitos *erga omnes* (vale para todos, produzindo coisa julgada mesmo para as pessoas e órgãos que não participaram da ação), tornando-se a lei fulminada pela inconstitucionalidade imediatamente inaplicável. O controle concentrado de constitucionalidade importa na interpretação das leis e atos normativos, pressupondo a supremacia da CF, razão pela qual, mais do que a mera declaração da inconstitucionalidade de uma lei — ainda que parcial, com redução de texto —, poderá a Corte Constitucional, ao exercer tal controle, declarar de que modo a lei ou ato normativo deverão ser entendidos, ou seja, declarar o sentido que melhor se coaduna com a norma constitucional. Dos inúmeros mecanismos que viabilizam o controle concentrado de constitucionalidade, previstos constitucionalmente, destaca-se a Ação Direta de Inconstitucionalidade (ADI), prevista pelo art. 102, I, da CF/1988, com vistas à declaração de inconstitucionalidade de lei ou ato normativo federal ou estadual perante a CF. Trata-se de uma ação de competência originária do STF, com procedimento próprio, estabelecido na Lei nº 9.868/1999. São legitimados para propor essa ação, segundo o art. 103 da CF/1988, o presidente da República, a mesa do Senado Federal, a mesa da Câmara de Deputados, a mesa de Assembleia Legislativa ou da Câmara Legislativa do Distrito Federal, o governador de estado ou do Distrito Federal, o procurador-geral da República, o Conselho Federal da Ordem dos Advogados do Brasil, os partidos políticos com representação no Congresso Nacional, assim como qualquer confederação sindical ou entidade de classe de âmbito nacional.

A competência recursal do STF torna ainda mais nítida sua função de guardar e uniformizar a interpretação do texto constitucional. A redação original do texto constitucional previa um amplo rol de possibilidades para propositura do recurso extraordinário sempre que as causas decididas em única ou última instância: a) contrariassem dispositivo da CF; b) declarassem a inconstitucionalidade de tratado ou lei federal; c) julgassem válida lei ou ato do governo local contestado em face da CF; ou d) declarassem válida lei local contestada em face de lei federal.

O controle difuso também encontrou previsão na CF/1988, facultado o questionamento às partes, ao Ministério Público e ao próprio juiz, submetendo-se, nos tribunais, à reserva de plenário ou de corte especial, pois somente pelo voto da maioria absoluta de seus membros pode ser declarada a inconstitucionalidade de lei ou ato normativo do poder público (art. 97).

Por outro lado, o que se costuma chamar de independência do Judiciário pode ser abordado a partir de diversas perspectivas. Aqui, no entanto, tomaremos tal ideia como a condição, garantida pelas normas constitucionais e pelas práticas políticas, segundo a qual os órgãos do Judiciário tomam suas decisões (administrativas e jurisdicionais) com base em suas convicções do que é devido, segundo o sistema de fontes do Direito constitucionalmente estabelecido, sem receio das consequências ou eventuais represálias advindas dos outros poderes da República.

Desde a sua origem, a questão da independência do Judiciário esteve atrelada às garantias dos magistrados, à autogestão do Poder Judiciário, e à autonomia financeira. No Brasil, a CF/1988 garantiu um alto grau de independência ao Judiciário. Em relação à sua autonomia (relação com os demais poderes), levando-se em conta a regulação de sua estrutura geral e seu orçamento, bem como a capacidade para regular e controlar a arbitrariedade no exercício do poder e a possibilidade de fulminar leis inconstitucionais, pode-se dizer que o Judiciário brasileiro é autônomo em grande medida, tendo em vista seu poder normativo e regimental e a ênfase no autogoverno (art. 96), bem como a garantia de autonomia financeira e administrativa (art. 99). Deve-se ressaltar, ainda, que se concentra nas mãos do Judiciário o controle de constitucionalidade das leis e atos normativos do Poder Público (art. 102, I, "a"), embora o Legislativo faça uma espécie de controle *a priori*, no interior da Comissão de Constituição e Justiça das casas legislativas do Congresso Nacional (art. 58 e regimentos internos), e o Executivo também o possa realizar, através do veto presidencial (art. 84, V).

Em relação à independência externa dos juízes da Corte Constitucional (sua relação com os demais poderes), pode-se verificar sua garantia, tendo em vista as regras constitucionais que estabelecem os mecanismos de nomeação e, especialmente, as garantias dos magistrados, pois, ainda que sua nomeação se dê a partir da indicação do presidente da República, após aprovação do Senado Federal (art. 101, parágrafo único), gozam os ministros do Supremo de todas as garantias previstas para os magistrados, como a irredutibilidade de vencimentos, a vitaliciedade, a inamovibilidade (art. 95) e, ainda, as prerrogativas de foro (art. 102, I, "b" e "c").

Em relação à independência interna dos juízes dos tribunais inferiores, definida como sua relação com os juízes das cortes superiores, também é plenamente assegurada pelas regras que determinam a utilização de concursos públicos para o preenchimento das vagas e de critérios objetivos para a promoção (art. 93), além das garantias constitucionais referentes a estabilidade e salário (art. 95), que afiançam, conjuntamente, que as cortes superiores exerçam diminuta influência sobre o desenvolvimento profissional dos juízes dos tribunais inferiores, os quais gozam de considerável liberdade no exercício de seu ofício.

Como se pode observar, no Brasil, o arranjo constitucional originário, tal qual determinou o constituinte, favoreceu o protagonismo do Poder Judiciário, que se verificou na década seguinte, em diversos aspectos: I) o arranjo institucional (alcance dos direitos constitucionais e da jurisdição originária da Corte Constitucional), que abarca um extenso rol de direitos e garantias fundamentais (arts. 5º e 6º, por exemplo), bem como a competência do STF para exercer o controle concentrado de constitucionalidade, nos termos já mencionados; II) o alcance do poder jurídico, considerando que, no Brasil, o controle de constitucionalidade é realizado, pelo Poder Judiciário, *a posteriori*, em concreto e em abstrato, pelos juízes de tribunais inferiores ou pelo STF, e suas decisões tem efeitos *inter partis* ou *erga omnes*, respectivamente; III) as regras de legitimidade, que incorporam um extenso grupo de atores políticos — com destaque para os partidos — que têm acesso especial a instrumentos legais que acionam, diretamente, o STF, notadamente via ADI.

Parece que a iniciativa que se evidenciou com a proposta de reforma do Judiciário e se concretizou com a Emenda Constitucional nº 45/2004, instituindo o Conselho Nacional de Justiça (CNJ) no Brasil, aponta no sentido do reconhecimento do Judiciário como um importante ator político a ser considerado pela lógica da delegação, e, mais: evidencia a consideração da necessidade de se implementar um maior controle político sobre o esse poder.

O Executivo teve sua primeira vitória após a proposição da Emenda Constitucional nº 03/1993 e sua aprovação para instituir a Ação Declaratória de Constitucionalidade (ADC) — um passo no sentido de criar mecanismos que dessem autoridade às decisões do STF, de modo a reduzir os custos de transição judicial do governo, já que o grande número de atores judiciais com poder de veto importava aumento do custo econômico e político das decisões do governo. Desse modo, sempre que houvesse controvérsia constitucional — definida como decisões judiciais conflitantes a respeito da legitimidade constitucional de lei federal — o presidente da República, as mesas da Câmara e do Senado, bem como o procurador-geral da República, poderiam provocar o Supremo para que uma decisão definitiva e vinculante a respeito fosse proferida.

Durante a década de 1990, os debates acerca da reforma do Judiciário fundamentavam-se, especialmente, no fortalecimento da democracia. Propostas de emenda constitucional (PEC) tramitaram no Congresso (PEC nº 96/1992 e PEC nº 112/1995), audiências públicas e sessões de discussão foram realizadas, mas sem sucesso. O assunto voltou a ser prioridade de governo justamente no final dos anos de 1990 e, dessa vez, duas leis foram votadas (Leis n$^{os}$ 9.868 e 9.882), disciplinando a ação direta de inconstitucionalidade (ADI), a ação declaratória de constitucionalidade (ADC) e a arguição de descumprimento de preceito fundamental (ADPF): reafirmavam-se os efeitos contra todos e a eficácia vinculante das decisões do Supremo, mas se abria o processo a entidades representativas da sociedade para emissão de pareceres, instituindo a figura do *amici curiae*, possibilitando ainda as audiências públicas, por decisão discricionária do relator, o que passou a ser sistematicamente utilizado pelo STF como recurso para ampliar a legitimidade democrática de suas decisões a partir dos anos 2000.

Por outro lado, o Congresso Nacional iniciou uma forte campanha no sentido de desacreditar as instituições judiciárias, apontando inúmeras irregularidades e processos de corrupção no interior dos tribunais, o que culminou com a proposta do então senador Antônio Carlos Magalhães de instaurar uma Comissão Parlamentar de Inquérito (CPI) para investigar o Judiciário, alimentando o discurso de necessidade de um controle externo e não corporativo da atividade desse poder. As CPIs são conhecidos mecanismos de controle parlamentar *ex post*, dirigidos centralmente a enfrentar o risco moral da delegação, cuja raiz se encontra na assimetria de informação existente entre mandante e agente.

Instaurou-se, então, uma Comissão Especial para exame da PEC nº 96/1992, emitindo-se relatório de teor altamente centralizador, a prever a criação de um órgão de controle externo do Judiciário, bem como a instituição de diversos outros mecanismos que se concentravam no controle e na responsabilização dos juízes e membros do Ministério Público. Após meses de embate, emendas, destaques e negociações, votou-se por sua aprovação, em junho de 2000, nos seguintes termos: previa-se a súmula vinculante, a equiparação, em legitimidade e efeitos, entre a ADI e a ADC, a quarentena para juízes e membros do Ministério Público, o requisito da repercussão geral no recurso extraordinário e a instauração do CNJ, dentre outras medidas.

No Senado Federal a votação foi mais rápida, mas polêmica, sendo várias as emendas e apensamentos. O Executivo esquentou ainda mais o debate com o pronunciamento do então presidente Luiz Inácio Lula da Silva, que chamara o Judiciário de "caixa-preta", defendendo a ideia de uma Comissão das Nações Unidas examinar a Justiça brasileira. A Operação Anaconda, deflagrada pelo Ministério Público e pelas polícias federais, com o objetivo de desvendar um esquema de falsificação de documentos, corrupção e venda de decisões judiciais para beneficiar criminosos, parecia ser o golpe de misericórdia na magistratura e, especialmente, no novo presidente do STF, Mauricio Corrêa, que até então discutia acirradamente com todos os defensores da reforma do Judiciário, mas, quando a PEC nº 96/1992 chegou à Comissão de Constituição e Justiça (CCJ) do Senado, em março de 2004, o presidente do STF estrategicamente recuou, apoiando aspectos da reforma e concentrando seus esforços na retirada da proposta de um órgão de controle externo ou em sua modificação para composição de um conselho formado, exclusivamente, por magistrados.

Na totalidade, foram 17 propostas que tramitaram juntas e foram discutidas em 14 audiências públicas, até se converterem em quatro, das quais nos interessa particularmente a de número 29/2000, que foi aprovada com a Emenda Constitucional nº 45/2004, promulgada em 8 de dezembro de 2004, introduzindo mudanças significativas na estrutura do Judiciário. Destaca-se a criação do CNJ (CF, art. 103-B), com formação híbrida (embora predominantemente integrado por membros do Judiciário) e poderes para zelar pela autonomia da instituição e seu estatuto, podendo expedir atos regulamentares ou recomendar providências, exercer controle administrativo de seus atos, apreciando a legalidade das ações administrativas praticadas por membros ou órgãos do Poder Judiciário, com competência para desconstituí-los, revê-los ou fixar prazo para que se adotem as providências necessárias ao exato cumprimento da lei.

O CNJ é competente, ainda, para receber e conhecer das reclamações contra membros ou órgãos do Judiciário, sem prejuízo da competência disciplinar ou correcional dos tribunais, podendo avocar processos disciplinares em curso e determinar a remoção, disponibilidade ou aposentadoria com subsídios ou proventos proporcionais ao tempo de serviço, assim como rever os processos disciplinares.

O CNJ é, portanto, um órgão voltado à reformulação de quadros e meios no Judiciário, sobretudo no que diz respeito ao controle e à transparência administrativa e processual. Foi criado em 31 de dezembro de 2004 e instalado em 14 de junho de 2005. Trata-se de um órgão do Poder Judiciário com sede em Brasília-DF e atuação em todo o território nacional, que visa, mediante ações de planejamento, à coordenação, ao controle administrativo e ao aperfeiçoamento no serviço público da prestação da Justiça. A composição atual do CNJ, determinada pela Emenda Constitucional nº 61/2009, é a seguinte: o presidente do STF; um ministro do STJ, indicado pelo respectivo tribunal; um ministro do (TST), indicado pelo respectivo tribunal; um desembargador de Tribunal de Justiça e um juiz estadual, indicados pelo STF; um juiz do Tribunal Regional Federal (TRF) e um juiz federal, indicados pelo STJ; um juiz de Tribunal Regional do Trabalho (TRT) e um juiz do trabalho, indicados pelo TST; um membro do Ministério Público da União, indicado pelo procurador-geral da República, que também indica, dentre os nomes designados pelo órgão competente de cada instituição estadual, um membro do Ministério Público estadual; dois advogados, indicados pelo Conselho Federal da OAB; dois cidadãos de notável saber jurídico e reputação ilibada, indicados pela Câmara de Deputados e pelo Senado Federal (CF, art. 103-B).

Na Europa continental, os conselhos superiores da magistratura representaram um avanço significativo no sentido da independência do Judiciário, na medida em que nada lhe tomaram do poder de administrar-se, de que nunca antes dispuseram, mas, ao contrário, transferiram a colegiados onde a magistratura tem presença relevante, quando não majoritária, poderes de administração judicial e sobre seus quadros. O mesmo, contudo, não pode ser afirmado em contextos de reconhecimento e conformação do autogoverno judiciário. Nesses casos, pode, ao contrário, sua instituição traduzir-se em retrocesso, pois, como sucede no Brasil, a ideia da independência do Judiciário está extensamente imbricada com os predicados de autogoverno crescentemente outorgados aos tribunais (ministro Sepúlveda Pertence, ADI nº 98-MT).

O governo do Judiciário envolve o planejamento estratégico desse poder, isto é, a identificação de problemas estruturais na prestação jurisdicional e a construção de medidas para solucioná-los. Ademais, se constitui, também, como espaço de exercício da função disciplinar, através das corregedorias de Justiça. Ao lado das atividades de governo, identificam-se as atividades de gestão dos recursos financeiros e dos recursos humanos, tendo em vista o planejamento estratégico realizado pelos órgãos de governo.

O CNJ, nos moldes da EC nº 45/2004, tem competência precípua de governo do Judiciário, o que macula, em alguma medida, a autonomia dos tribunais estaduais e federais espalhados pelo Brasil afora. O perigo da substituição do governo e gestão do Judiciário, no nível local, por um programa centralizador de governo e gestão, está na perda de sensibilidade do Judiciário — e de seus membros — para as demandas e condições locais, que poderiam informar uma atuação mais inclusiva e democrática dos tribunais.

A inclusão de membros de fora da magistratura no CNJ, com poderes de controle administrativo, orçamentário-financeiro e disciplinar serviu para arrefecer os ânimos mais exaltados por um controle político sobre o Judiciário. Contudo, dado o modo como as indicações se realizam, na prática, os tribunais superiores — responsáveis por todas as indicações dos representantes de órgãos locais do Judiciário — concentraram ainda mais poder de controle. Ademais, os dois cidadãos de notório saber jurídico, representantes da sociedade civil, não são indicados pelos movimentos sociais, mas, ao contrário, são designados pela Câmara de Deputados e pelo Senado Federal.

O Judiciário é visto por muitos como o poder da República politicamente menos democrático, porque não se acha submetido nem à investidura política nem ao controle popular. Em vista de sua atuação no âmbito do controle de constitucionalidade das leis e, até mesmo, da legalidade dos atos administrativos, ampliam-se as vozes que relembram o seu isolamento institucional e o seu caráter contramajoritário, sendo a representação da sociedade civil, nos termos da EC nº 45/2004, tímida, reduzindo-se, em muito, à possibilidade de um programa de participação social no âmbito do Judiciário.

É importante apontar, ainda, que a possibilidade de juízes de instâncias superiores julgarem juízes de categorias inferiores pode afetar profundamente a independência interna dos juízes dos tribunais inferiores, já influenciada, em alguma medida, pelo rígido formato de verticalização do poder institucional que é adotado pela maioria dos tribunais.

A EC nº 45/2004, que estabeleceu a chamada reforma do Judiciário, instituindo o CNJ como órgão desse poder, alterou também a estrutura da revisão judicial, ao prever as súmulas vinculantes e modificar a sistemática de recursos, através da introdução de um mecanismo de filtragem a estabelecer um novo requisito para a admissibilidade do recurso extraordinário — a repercussão geral.

Os arranjos constitucionais, que incluem a jurisdição originária das cortes constitucionais, foram alterados, na medida em que o controle de constitucionalidade foi centralizado, ao instituir-se a súmula vinculante e a repercussão geral como requisito do recurso extraordinário, encaminhando para o STF, órgão de cúpula do Poder Judiciário — e o mais político deles, dada sua forma de constituição —, as questões acerca da constitucionalidade das leis e dos atos normativos.

Por meio da súmula vinculante operacionalizou-se a possibilidade de, após reiteradas decisões sobre matéria constitucional, o STF aprovar o enunciado com efeito vinculante em relação aos demais órgãos do Poder Judiciário e da administração pública direta e indireta, nas esferas federal, estaduais e municipais (CF, art. 103-A). A repercussão geral é um requisito de admissibilidade do recurso extraordinário que funciona como um mecanismo de filtragem recursal, permitindo afastar do âmbito dos trabalhos do STF as causas que são entendidas como de menor importância e em relação às quais um pronunciamento do tribunal não se justificaria. A decisão acerca da inexistência da repercussão geral vincula o próprio tribunal — vinculação horizontal (art. 543-A, § 5º, do CPC) — e, nos processos com idêntica controvérsia, impõe vinculação vertical, à medida que os tribunais de origem represam os recursos e estes são considerados automaticamente não admitidos quando negada a existência da repercussão geral (art. 543-B, § 2º, do CPC).

Nesses moldes, o alcance do Poder Jurídico, a ser definido pelo modo como o controle de constitucionalidade é realizado, sofreu com a centralização, por conta da verticalização operada. O ainda possível controle difuso de constitucionalidade e, talvez de modo mais amplo, a possibilidade de os diversos juízos e tribunais inferiores construírem suas convicções acerca da constitucionalidade das leis e atos normativos foram golpeados pela súmula vinculante. A alteração do sistema recursal, com a introdução do requisito da repercussão geral, motivando a postura do STF de afirmar a tese da transcendência de motivos determinantes em sede de controle abstrato de constitucionalidade, concentrou maiores poderes nas mãos da Suprema Corte.

A toda evidência, a reforma do Judiciário, no Brasil, nos moldes como se operou, serviu à centralização e à verticalização do poder no âmbito do próprio Judiciário, mas não assegurou (e tenha talvez até retardado) a possibilidade de controle público sobre sua atuação, o que teria demandado um fortalecimento da Justiça local, além de mecanismos que favorecessem a participação da sociedade civil no governo e na gestão dos tribunais.

## Referências bibliográficas

ABERS, Rebecca Neaera. *Inventig Local Democracy*. Londres: Lynne Rienner Publishers, 2000.

AVRITZER, Leonardo. *Participatory Institutions in Brazil*. Washington: Johns Hopkins University Press, 2009.

RUIVO, Fernando. "Aparelho judicial, Estado e legitimação". In: *Revista Crítica de Ciências Sociais*, n° 06, maio de 1981.

SAMPAIO, José Adércio Leite. *Conselho Nacional de Justiça e a independência do Judiciário*. Belo Horizonte: Del Rey, 2007.

SANTOS, Boaventura de Sousa; MARQUES, Maria Manuel L. *Os tribunais nas sociedades contemporâneas: o caso português*. Porto: Afrontamento, 1996.

SANTOS, Boaventura de Sousa. *Por uma revolução democrática da justiça*. São Paulo: Cortez, 2007.

VIANNA, Luiz Werneck. "Poder Judiciário, positivação do Direito Natural e política". In: *Estudos Históricos*, Rio de Janeiro, n° 18, 1996.

_____ et al. *A judicialização da política e das relações sociais no Brasil*. Rio de Janeiro: Revan, 1999.

_____. (org.). *A democracia e os três poderes no Brasil*. Belo Horizonte: Editora UFMG, 2002.

_____; BURGOS, Marcelo Baumann; SALLES, Paula Martins. "Dezessete anos de judicialização da política". In: *Tempo Social — Revista de Sociologia da USP*, vol. 19, n° 2, pp. 39-85, 2007.

# Júris de cidadãos

*André Rubião*

Júris de cidadãos é um nome genérico capaz de designar algumas iniciativas que visam reintroduzir o uso do sorteio na política. A ideia geral dos júris é constituir uma amostra representativa da sociedade, para que esses cidadãos, selecionados por sorteio, possam deliberar sobre assuntos de interesse público. Esse instrumento, surgido no início dos anos 1970 na Europa e nos Estados Unidos, busca recuperar uma antiga tradição política grega. Se a célebre afirmação de Aristóteles (1985), associando a eleição à oligarquia e o sorteio à democracia, nos parece estranha, os teóricos dos júris de cidadãos acreditam poder resgatar parte dessa dinâmica. Assim, no lugar das antigas instituições, como as assembleias populares reunidas na Ágora, eles propõem formar júris de cidadãos, respeitando critérios de sexo, idade e classe social, para que essa miniatura da sociedade, constituída de forma aleatória, possa refletir uma opinião pública sobre determinado assunto. Inseridos no contexto da democracia "participativa" e "deliberativa" (Sintomer, 2011), que eclodiu nas últimas décadas, os júris de cidadãos também implicam uma reflexão mais abrangente sobre a participação popular em diversos aspectos da administração da coisa pública. Nesse sentido, a ideia de júris na política não pode ser dissociada da noção de júris na esfera judiciária. Há desafios comuns, embora por caminhos contrários. Seria a genealogia a melhor forma de compreender essa dinâmica?

## Breve análise histórica

Não existe consenso sobre a origem dos júris populares ou da participação dos cidadãos comuns na vida pública. É possível que ambas as iniciativas tenham existido em civilizações mais remotas, mas foi na Atenas Clássica, com o despertar da democracia, que elas se transformaram em verdadeiras instituições. Com a reforma de Clístenes, na segunda metade do século IV a.C., foram consolidadas a Boulé (o Conselho Popular) e a Helieia (formada pelos tribunais). Em ambos os casos, o sorteio era um componente essencial: cada cidadão, conforme o princípio *ho boulomenos* ("aquele que desejar"), podia se candidatar para exercer um cargo público. Uma vez sorteado — o instrumento utilizado era o *kleroterion*, uma peça de mármore contendo cinco colunas, em que era possível inserir placas —, o cidadão podia exercer funções transversais às que hoje correspondem ao Legislativo, ao Executivo e ao Judiciário. A seleção aleatória constituía assim um contraponto à eleição: enquanto a primeira encarnava os princípios da igualdade e da rotatividade (todos aqueles que fossem considerados cidadãos tinham legitimidade para um dia participar da atividade pública), a segunda encarnava os princípios da meritocracia e do poder de influência (os cidadãos mais respeitados, não raro os mais ricos, podiam se candidatar aos cargos públicos). No contexto da Antiguidade, Atenas foi um símbolo da participação popular: pode-se estimar que mais da metade dos cidadãos com mais de 30 anos exerceram cargos na administração pública, desenvolveram funções legislativas ou foram jurados pelo menos uma vez na vida (Finley, 1983; Sintomer, 2010).

Com o declínio da democracia ateniense, após a Guerra do Peloponeso, a participação popular entrou em decadência. As instituições romanas privilegiariam a cultura aristocrática e o uso do sorteio na política desapareceu, ficando esse instrumento restrito à esfera judiciária, onde os jurados (*judices jurati*), em determinados casos, ainda eram selecionados de forma aleatória. Com a chegada da Idade Média inicia-se um período de incertezas, no qual cada um dos povos bárbaros teve sua forma de organização. Depois da ascensão da Igreja e da nobreza, essas diversidades foram sendo reduzidas, mas a participação popular continuou em segundo plano: era a palavra de Deus ou a palavra do rei que ditavam as regras.

Foi preciso esperar a Magna Carta inglesa, em 1215, para se ver a participação popular reabilitada. Essa, porém, ficou mais uma vez restrita aos júris da esfera judiciária. Tratava-se de superar os procedimentos inquisitórios, instituindo o direito das pessoas de serem julgadas pelos seus pares (e não por funcionários do poder), prática que pouco a pouco foi se consolidando na *common law* inglesa, abrindo a era dos júris modernos. Apesar de a participação popular ainda ser restrita — somente os proprietários de terra podiam compor as listas dos jurados que seriam sorteados —, os júris foram um marco na luta contra as arbitrariedades do Estado, sendo utilizados tanto na esfera criminal como na esfera cível.

Do outro lado do Atlântico, os júris teriam uma importância ainda maior. Tocqueville (1997), depois da sua famosa viagem, não somente associou os júris americanos à noção de autogoverno, como elogiou o caráter pedagógico dessa instituição. Assim, os júris nos Estados Unidos (e, em menor escala, na Inglaterra) entravam na sua época de ouro: chegou-se ao ponto de romper com a clássica divisão entre o fato e o direito (ou seja, os jurados deveriam se manifestar sobre o primeiro e não sobre o segundo), possibilitando a "nulificação da lei", conduta que acabou sendo proibida, em 1895, por uma decisão da Suprema Corte americana. Desde então, os júris anglo-saxônicos entram em decadência, ainda que seu uso seja muito mais expressivo que nos países de tradição romano-germânica.

Nesses últimos, os júris quase sempre ficaram restritos à esfera criminal. A Revolução Francesa chegou a cogitar sua extensão à esfera cível, mas a ideia acabou não se concretizando. Os debates, na verdade, se dariam muito mais em torno das listas dos jurados que seriam sorteados: enquanto a direita defendia formas restritivas (em função da riqueza ou da posição social), a esquerda defendia a inclusão de todos os cidadãos (o que ainda demoraria alguns anos para se consolidar).

No Brasil, os júris foram instituídos em 1822, por iniciativa de d. Pedro I, sendo seu uso limitado ao julgamento de delitos relacionados ao abuso da liberdade de imprensa. Mais tarde, as competências do júri seriam estendidas, chegando a compreender matérias cíveis. Porém, após diversas reviravoltas, a competência do Tribunal do Júri ficaria limitada aos crimes dolosos contra a vida, como dispõe a Constituição de 1988 (art. 5º, XXXVIII, "d").

## A volta do sorteio na política

Foi com inspiração nos tribunais do júri modernos e na experiência grega que alguns teóricos criaram os júris de cidadãos. O sorteio foi um instrumento decisivo. Conforme vimos, ele tinha sido utilizado em diversas esferas da democracia ateniense. Mais tarde, a seleção aleatória ainda foi utilizada nas repúblicas italianas renascentistas, sobretudo para evitar o derramamento de sangue nas lutas pelo poder. Maquiavel (1994) nos narra como em Florença, com a disputa acirrada entre as grandes famílias, diversos nomes eram indicados para os cargos públicos, ensejando, em seguida, um sorteio para a escolha. O uso da seleção aleatória na política, porém, estava com seus dias contados. Depois da Grécia e da Itália, essa prática desaparecia da história, levando alguns a se interrogarem sobre os motivos dessa exclusão. Para Bernard Manin (1996), numa tese que se tornou clássica, os pais fundadores das democracias americana e francesa, leitores de Aristóteles e Maquiavel, ao fazerem da eleição o auge da democracia, optaram por uma aristocracia eletiva: ao contrário do sorteio, que permitia a participação de todos, o governo representativo permitia a participação dos "melhores".

A democracia representativa acabou se impondo, mas não há dúvidas de que ela entrou em crise. Diversas foram as causas: uma crescente insatisfação com os representantes políticos (incapazes de atender às aspirações da população); uma burocracia estatal cada vez mais ineficiente (ao contrário do que imaginava Max Weber); um desengajamento dos cidadãos (que pareciam descrentes com a política); o advento das ambivalências do progresso (depois de um período de certeza epistemológica); a desconfiança com relação à formação da opinião pública (constituída sobretudo a partir dos grandes veículos de comunicação) etc. A partir daí, diversos autores passaram a propor uma nova teoria da sociedade, capaz de superar a crise da democracia. A ideia central era ampliar o conceito de "esfera pública", inserindo nela novos atores, advindos da sociedade civil. O momento-chave da democracia passava a ser a formação de uma opinião pública esclarecida, em que esses novos atores, dialogando com os antigos, teriam uma efetiva participação (Habermas, 1993; 2003).

Foi nesse contexto de crítica e tentativa de inovar que surgiram os júris de cidadãos. Na Alemanha, Peter Dienel falou em "células de planificação" (*Planungszellen*), enquanto Ned Crosby, nos Estados Unidos, observou em "júri de cidadãos" (*citizens' jury*). Concebidas quase ao mesmo tempo, sem que seus idealizadores tivessem conhecimento um do outro, essas duas ideias eram praticamente idênticas, sendo que o nome "júri de cidadãos" acabou prevalecendo no cenário internacional. Mais tarde, nos anos 1980, James Fishkin criaria a "pesquisa deliberativa" e o Danish Board of Technology, a "conferência de consenso". Apesar das particularidades, todas essas iniciativas fazem uso do sorteio, recorrendo quase sempre à noção de amostra representativa. Por meio dessa, respeitando critérios de sexo, idade e classe social, é possível selecionar aleatoriamente um grupo de pessoas, geralmente a partir das listas eleitorais ou telefônicas, constituindo uma amostra bastante fiel às diversidades sociais de determinada circunscrição. A partir daí, o objetivo é fazer com que essas pessoas escolhidas possam se reunir para deliberar sobre um assunto de interesse público. Há, assim, dois critérios de legitimidade: o primeiro sociológico, a partir da amostra representativa (que busca resguardar as diferenças sociais entre os indivíduos selecionados), e o segundo epistemológico, com a formação de uma opinião esclarecida, ou de uma "razão comunicativa" (que se difere substancialmente da opinião pública convencional, na qual os cidadãos consultados não têm tempo para refletir sobre as questões que lhes são colocadas).

Nas últimas décadas, essas experiências que fazem uso do sorteio vêm se multiplicando. Os júris de cidadãos, além de pioneiros e de caráter referencial, foram os mais utilizados, algo em torno de setecentas iniciativas ao redor do mundo até o momento (Vergne, 2009). Trata-se de um modelo estandardizado. É o poder público, na maioria das vezes, quem convoca um júri. A seleção da amostra, que gira entre 25 e 50 pessoas, fica a cargo de um instituto de pesquisa de opinião pública. Os cidadãos selecionados se reúnem em plenário ou em subgrupos, e geralmente ganham uma indenização para participar do procedimento. Um moderador independente é contratado para conduzir os debates, com as temáticas variando de planejamento urbano à discussão do processo eleitoral, passando por questões sociais e ecológicas. Os júris escutam os especialistas no assunto e as partes envolvidas no processo (associações, políticos, empresários etc.). Os trabalhos geralmente duram de dois a três dias e as decisões do júri podem ser consultivas ou impositivas. Nos Estados Unidos, os casos mais interessantes, ambos em 2003, foram o júri que debateu o orçamento federal e aquele que debateu a reforma do sistema de saúde do presidente Clinton. Em Berlim, a experiência mais importante se deu entre 2001 e 2003, quando cada bairro da cidade ganhou quinhentos mil euros para apoiar projetos microlocais. Júris (formados em sua metade por cidadãos sorteados e em sua outra metade por cidadãos indicados pelas organizações ativas no bairro) foram constituídos, sendo seus pareceres impositivos para a administração local Na Grã-Bretanha, sob influência do Institute for Public Policy Research, mais de duzentos júris já foram organizados (Sintomer, 2010).

As outras experiências, cuja lógica segue basicamente os mesmos princípios, foram menos utilizadas. As conferências de consenso ocorrem sobretudo na Dinamarca, onde o Parlamento criou o Danish Board of Technology, encarregado de avaliar as questões tecnológicas e de desenvolver o debate público sobre suas implicações. Esse órgão, desde 1987, vem formando painéis de cidadãos sorteados que, após debaterem temas como transgênicos, energia nuclear, clonagem etc., apresentam relatórios sobre suas decisões. Inseridas no contexto da democratização da ciência (Sclove, 1995), as conferências de consenso vêm surpreendendo os analistas, mostrando que cidadãos comuns têm capacidade para deliberar sobre temas complexos (Callon; Lascoumes; Barthes, 2001).

Já as pesquisas deliberativas trabalham geralmente com uma amostra maior e analisam a evolução da opinião das pessoas durante o procedimento. Uma das experiências mais importantes se deu na Austrália, em 2001, quando 344 cidadãos sorteados deliberaram a respeito da relação entre os aborígines e as populações não indígenas. O evento de três dias, precedido de reuniões preparatórias, foi realizado no Old Parliament House, transmitido pela televisão, e serviu para uma melhor compreensão da relação entre esses povos (Cook; Powell, 2003). No que toca o Brasil, uma pesquisa deliberativa foi realizada no Rio Grande do Sul, em 2009, para avaliar a valorização das carreiras dos servidores públicos estaduais. Tal experiência, que contou com a presença de James Fishkin, foi a única iniciativa envolvendo o uso do sorteio na política do país até o momento.

## Participação e deliberação

Todas essas experiências trazem uma dinâmica interessante para a democracia. Trata-se da possibilidade de ampliar a participação popular, tendência que, desde a Constituição de 1988, vem se consolidando no Brasil (Avritzer, 2009). O uso do sorteio, contudo, aponta uma nova dimensão: ao contrário das iniciativas "participativas" (no sentido de implicar uma mobilização de organizações da sociedade civil e a indicação ou a votação de conselheiros), as experiências com o sorteio trazem à cena "cidadãos profanos" (Fromentin; Wolcik, 2008), que muitas vezes não se engajariam em alguns desses instrumentos "participativos" (como é o caso, no Brasil, dos conselhos ou do orçamento participativo).

A inclusão desses "cidadãos ordinários", aliás, vai de encontro aos princípios de "independência" e de "saber prático", que sempre foram reivindicados pelos defensores dos júris na esfera judicial (Castro, 1999). Dessa forma, um diálogo mais amplo sobre a competência dos júris, nas esferas política e judiciária, mereceria maior atenção dos analistas. Pode ser interessante, por exemplo, que o processo de "judicialização da política" ou de "politização dos magistrados" (Santos, 2007), presente nos quatro cantos do mundo, seja contrabalanceado com uma ampliação institucional dos júris populares. Para aqueles que criticam os júris, como foi o caso dos políticos franceses que evocaram os sangrentos tribunais populares da *Terreur* depois que a então candidata à presidência Ségolène Royal evocou a possibilidade deles mesmos terem que prestar contas a júris de cidadãos sorteados, é preciso deixar claro que as experiências contemporâneas não justificam esse medo das massas ou receio do saber ordinário, ainda que haja diversos desafios para a consolidação dos júris e que os limites da sua institucionalização possam ser uma questão controversa.

Uma das principais características da democracia ateniense, que até hoje continua nos encantando, era a possibilidade de os cidadãos serem governantes e governados ao mesmo tempo, de participarem ativamente em diversos aspectos da vida pública. É verdade que hoje as dimensões demográficas nos impedem, mas não há dúvidas de que o uso do sorteio, combinado com as noções de amostra representativa e deliberação, pode contribuir para esse ideal. Para aqueles que não acreditam no Fim da História (Fukuyama, 1992), trata-se de um campo de experimentação necessário.

### Referências bibliográficas

ARISTÓTELES. *Política*. Brasília: Editora UnB, 1985.
AVRITZER, Leonardo. *Participatory Institutions in Democratic Brazil*. Baltimore: John Hopkins University Press, 2009.
CALLON, Michel; LASCOUMES, Pierre; BARTHE, Yannick. *Agir dans un monde incertain. Essai sur la démocratie technique*. Paris: Seuil, 2001.
CASTRO, Kátia Duarte de. *O júri como instrumento do controle social*. Porto Alegre: Sergio Antonio Fabris Editor, 1999.
COOK, Kimberly J.; POWELL, Chris. "Unfinished Business: Aboriginal Reconciliation and Restorative Justice in Australia". In: *Contemporary Justice Review*, n° 3, vol. 6, setembro de 2003.
FINLEY, Moses I. *Politics in the Ancient World*. Cambridge: Cambridge University Press, 1983.

FROMENTIN, Thomas; WOLCIK, Stéphanie (orgs.). *Le Profane en politique*: compétences et engagement du citoyen. Paris: L'Harmarttan, 2008.

FUKUYAMA, Francis. *The End of History and the Las Man*. Londres: Pinguin Books, 1992.

HABERMAS, Jurgen. *L'espace public. Archéologie de la publicité comme dimension constitutive de la société bourgeoise*. Paris: Payot, 1993.

_____. *Direito e democracia: entre facticidade e validade*. Rio de Janeiro: Tempo Brasileiro, 2003.

MANIN, Bernard. *Principes du gouvernement représentatif*. Paris: Flammarion, 1996.

MAQUIAVEL. *História de Florença*. São Paulo: Musa Editora, 1994.

SANTOS, Boaventura de Sousa. *Para uma revolução democrática da Justiça*. São Paulo: Cortez Editora, 2007.

SCLOVE, Richard. *Democracy and Technology*. Nova York: Guilford Press, 1995.

SINTOMER, Yves. *O poder ao povo: júris de cidadãos, sorteio e democracia participativa*. Belo Horizonte: Editora UFMG, 2010.

_____. "Démocratie participative, démocratie délibérative: l'histoire contrastée de deux catégories émergentes". In: BACQUÉ, Marie-Hélène; SINTOMER, Yves (orgs.). *La Démocratie participative: histoire et généalogie*. Paris: La Découverte, 2011.

TOCQUEVILLE, Aléxis de. *A democracia na América*. Belo Horizonte: Itatiaia, 1997.

VERGNE, Antoine. "Le modèle *Planungszelle-citizen jury*". In: BACQUÉ, Marie-Hélène; SINTOMER, Yves (orgs.). *Généalogies des dispositifs participatifs contemporains*. Paris: Adels/Yves Michel, 2009.

# Mídia e Justiça no Brasil

*Venício Artur de Lima*

O critério básico para avaliar o comportamento da Justiça e da mídia deve ser determinar se essas instituições têm ou não contribuído para aumentar o número de vozes que se expressam no espaço público, ou seja, observar em que medida elas atuam para ampliar a pluralidade e a diversidade na democracia brasileira.

Não se pode ignorar a existência de divergências e, até mesmo, de contradições no interior de cada uma dessas instituições. Para efeito desta breve análise, todavia, tomaremos como referência apenas decisões da mais alta instância do Poder Judiciário, o Supremo Tribunal Federal (STF), e características predominantes nos veículos impressos (jornais e revistas) e eletrônicos (rádio e televisão) dos principais grupos de mídia do país.

## O STF e a mídia

Pelo menos três julgamentos realizados pelo STF, no curto período compreendido entre maio e dezembro de 2009, tiveram e continuam a ter importantes consequências nas relações entre Justiça e mídia. Trata-se das decisões a seguir: a ADPF nº 130, que considerou não recepcionada pela Constituição Federal de 1988 (CF/88), na sua integralidade, a antiga Lei de Imprensa (Lei nº 5.250/1967); a RE nº 511.961, que considerou contrária à CF/88 a exigência do diploma de curso superior específico para o exercício da profissão de jornalista; e o arquivamento da RCL nº 9.428, na qual o jornal O *Estado de S. Paulo* pretendia levantar proibição imposta pelo Tribunal de Justiça do Distrito Federal (TJDF) sobre a publicação de matérias relativas a processo judicial que corria em segredo de Justiça.

Uma primeira leitura dessas decisões permite afirmar que o STF:

I) supõe uma inexistente "autonomia" profissional que equaciona o exercício individual da profissão de jornalista com o poder da "imprensa", isto é, com o poder dos grupos empresariais que contratam e empregam os jornalistas, ou seja, que são os seus patrões;

II) supõe que o jornalista é senhor das *pautas*, isto é, daquilo que efetivamente é veiculado na mídia impressa ou eletrônica, ignorando que tais profissionais trabalham numa estrutura empresarial vertical e hierarquizada em que aqueles em posição de decisão editorial lá estão porque são, eles próprios, os proprietários da empresa ou estão a eles "alinhados";

III) ignora que a atividade de jornalista não pode ser considerada uma extensão, sem mais, da liberdade de expressão simplesmente porque seu objeto não é a *opinião*, mas, em tese, a *notícia*, que deve ser isenta, imparcial e equilibrada. Aqueles que profissionalmente emitem opiniões na mídia — editorialistas, colunistas, articulistas, comentaristas, analistas —, em sua maioria, não são jornalistas profissionais; e

IV) considera o Estado a única ameaça à liberdade de expressão individual e à liberdade de imprensa, ignorando o poder de censura e controle dissimulado exercido pelos próprios grupos de mídia privada.

Além dos quatro pontos acima, o acórdão relativo à ADPF nº 130, redigido pelo ministro Carlos Ayres Britto, em seu item nº 6, trata da "relação de mútua causalidade entre liberdade de imprensa e democracia" e reza o seguinte:

A plena liberdade de imprensa é um patrimônio imaterial que corresponde ao mais eloquente atestado de evolução político-cultural de todo um povo. Pelo seu reconhecido condão de vitalizar por muitos modos a Constituição, tirando-a mais vezes do papel, a imprensa passa a manter com a democracia a mais entranhada relação de mútua dependência ou retroalimentação. Assim visualizada como verdadeira irmã siamesa da democracia, a imprensa passa a desfrutar de uma liberdade de atuação ainda maior que a liberdade de pensamento, de informação e de expressão dos indivíduos em si mesmos considerados. O § 5º do art. 220 apresenta-se como norma constitucional de concretização de um pluralismo finalmente compreendido como fundamento das sociedades autenticamente democráticas; isto é, o pluralismo como a virtude democrática da respeitosa convivência dos contrários. A imprensa livre é, ela mesma, plural, devido a que são constitucionalmente proibidas a oligopolização e a monopolização do setor (§ 5º do art. 220 da CF). A proibição do monopólio e do oligopólio como novo e autônomo fator de contenção de abusos do chamado "poder social da imprensa". (Disponível em: http://www.stf.jus.br/portal/inteiroTeor/pesquisarInteiroTeor.asp#resultado)

Existem nesse único parágrafo do acórdão duas implicações fundamentais, de que trataremos a seguir.

## Hierarquia de direitos

Primeiramente, o acórdão estabelece uma inédita hierarquia de direitos e confere à imprensa uma liberdade maior do que as liberdades individuais de pensamento, de informação e de expressão. A admissão dessa hierarquia que, aparentemente, contraria a interpretação predominante nas cortes internacionais, desde então, tem sido celebrada pela grande mídia e por seus defensores no nosso país.

O próprio STF, no entanto, no julgamento da RCL nº 9.428, deixou claro que há divergências sérias com "a letra" do referido acórdão. No seu voto, o relator, ministro Cézar Peluso — que foi acompanhado por outros cinco ministros — concluiu que:

Salvas as ementas, que ao propósito refletem apenas a posição pessoal do eminente Min. Relator, não a opinião majoritária da Corte, o conteúdo semântico geral do acórdão traduz, na inteligência sistemática dos votos, o mero juízo comum de ser a lei de imprensa incompatível com a nova ordem constitucional, não chegando sequer a propor uma interpretação uníssona da cláusula do art. 220, § 1°, da Constituição da República, quanto à extensão da literal ressalva à legislação restritiva, que alguns votos tomaram como reserva legal qualificada. Basta recordar as decisivas manifestações que relevaram a necessidade de ponderação, tendentes a conduzi-los a uma concordância, prática nas particularidades de cada caso onde se lhes revele contraste teórico, entre liberdade de imprensa e direitos da personalidade, como intimidade, honra e imagem, para logo pôr em evidência o desacordo externado sobre a tese da absoluta prevalência hierárquica da liberdade de expressão frente aos demais direitos fundamentais. (disponível em: http://www.stf.jus.br/arquivo/cms/noticiaNoticiaStfArquivo/anexo/Rcl9428RelVoto.pdf)

## Monopólio ou oligopólio

Em segundo lugar, o acórdão supõe como fato a não monopolização ou oligopolização que o *caput* do artigo 220 da Constituição manda observar quando determina a ausência de qualquer restrição à manifestação da expressão "sob qualquer forma, processo ou veículo".

Ora, não pensa assim, por exemplo, o Ministério Público Federal (MPF) de Santa Catarina, que ajuizou uma Ação Civil Pública (ACP) contra o Grupo RBS, onde, segundo nota do próprio MPF:

> a situação de oligopólio é clara, em que um único grupo econômico possui quase a total hegemonia das comunicações no estado. Por isso, a ação discute questões como a necessidade de pluralidade dos meios de comunicação social para garantir o direito de informação e expressão; e a manutenção da livre concorrência e da liberdade econômica, ameaçadas por práticas oligopolistas. (cf. Ação n°. 2008.72.00.014043-5, de janeiro de 2009)[1]

---

[1] Em 21 de março de 2011, o juiz Diógenes Marcelino Teixeira, da Terceira Vara Federal de Florianópolis, julgou improcedente a ACP e decretou a extinção do processo. (N. A.)

Vale lembrar também que o ministro Ayres Britto, redator do acórdão, é natural de Sergipe. Apesar de seu papel como redator, ele, certamente, não desconhece a situação histórica da imprensa em seu próprio estado. Um estudo sobre coronelismo eletrônico realizado pelo pesquisador Cristian Góes descreve assim o que ocorre no menor estado do país:

> Em Sergipe, praticamente todos os veículos de comunicação que absorvem quase a totalidade dos meios pertencem a dois grupos: Franco e Alves/Amorim, comandados por dois ex-governadores que se revezavam no comando do Executivo nos últimos 40 anos. Das quatro únicas emissoras de TV abertas (consumidas por 90% de toda população) duas são dos Franco (Globo e Record), uma é da igreja Católica (Canção Nova) e uma do governo do Estado. O Franco ainda detém o maior jornal diário, emissora de rádio e portal na internet. Os Alves (família) têm jornal diário e emissoras de rádio espalhadas pelo interior que chegam a cobrir quase 100% de todo Estado. Alves/Amorim e Franco detêm amplas terras, cana-de-açúcar, indústrias e construtoras. O governo de Sergipe gasta, numa média histórica dos últimos dez anos, cerca de R$ 40 milhões/ano, com a mídia local. Diretamente, João Alves Filho e Albano do Prado Franco governaram Sergipe por 16 anos e nesse período todo enviaram, em linha direta, os vultosos recursos públicos para as suas empresas de comunicação. (Disponível em: http://www.eptic.com.br/eptic_es/interna.php?c=228&ct=1138&o=1)

Essa realidade, obviamente, não pode ser confundida com a "concretização de um pluralismo finalmente compreendido como fundamento das sociedades autenticamente democráticas", como consta no acórdão.

## O poder da mídia e suas consequências

Vale mencionar também, parte do argumento contido no voto do relator do RE nº 511.961, ministro Gilmar Mendes, que, como ele mesmo afirma, já havia sido apresentado no seu voto em relação à ADPF nº 130. Trata-se de um incisivo libelo contra o poder das corporações de mídia sobre o cidadão. Tal libelo conduzia a conclusões diametralmente opostas àquelas às quais de fato chegou o ministro.[2]

Ao concluir a primeira parte do mérito, na qual considera a exigência do diploma uma forma de controle estatal prévio sobre a liberdade de expressão, o relator passa, sem mais, do exercício profissional da profissão de jornalista para a "atividade jornalística" ou para "a imprensa e seus agentes". Afirma ele:

> O entendimento até aqui delineado não deixa de levar em consideração a potencialidade danosa da atividade de comunicação em geral e o verdadeiro poder que representam a imprensa e seus agentes na sociedade contemporânea. (p. 69)

Para comprovar essa "potencialidade danosa", o ministro Gilmar Mendes faz várias citações dos juristas Fritz Ossenbuhl, Manuel da Costa Andrade e Vital Rego. Vale a longa transcrição de parte delas:

> O poder da imprensa é hoje quase incomensurável. Se a liberdade de imprensa nasceu e se desenvolveu [...] como um direito em face do Estado, uma garantia constitucional de proteção de esferas de liberdade individual e social contra o poder político, hodiernamente talvez represente a imprensa um poder social tão grande e inquietante quanto o poder estatal. É extremamente coerente, nesse sentido, a assertiva de Ossenbuhl quando escreve que "hoje não são tanto os media que têm de defender a sua posição contra o Estado, mas, inversamente, é o Estado que tem de acautelar-se para não ser cercado, isto é, manipulado pelos media" [...]
>
> Nesse mesmo sentido são as ponderações de Vital Moreira: [...] "No entendimento liberal clássico, a liberdade de criação de jornais e a competição entre eles asseguravam a verdade e o pluralismo da informação e proporcionavam veículos de expressão por via da imprensa a todas as correntes e pontos de vista. Mas em breve se revelou que a imprensa era também um poder social, que podia afetar os direitos dos particulares,

---

[2] Tomo como referência o voto sem revisão disponibilizado em: http://media.folha.uol.com.br/brasil/2009/06/17/diploma_jornalismo.pdf. (*N. A.*)

quanto ao seu bom nome, reputação, imagem etc. Em segundo lugar, a liberdade de imprensa tornou-se cada vez menos uma faculdade individual de todos, passando a ser cada vez mais um poder de poucos. Hoje em dia, os meios de comunicação de massa já não são expressão da liberdade e autonomia individual dos cidadãos, antes relevam dos interesses comerciais ou ideológicos de grandes organizações empresariais, institucionais ou de grupos de interesse. Agora torna-se necessário defender não só a liberdade da imprensa mas também a liberdade face à imprensa" [...]

O pensamento é complementado por Manuel da Costa Andrade, nos seguintes termos: "Resumidamente, as empresas de comunicação social integram, hoje, não raro, grupos econômicos de grande escala, assentes numa dinâmica de concentração e apostados no domínio vertical e horizontal de mercados cada vez mais alargados. Mesmo quando tal não acontece, o exercício da atividade jornalística está invariavelmente associado à mobilização de recursos e investimentos de peso considerável." [...] E os efeitos do abuso do poder da imprensa são praticamente devastadores e de dificílima reparação total.

Mais uma vez citem-se as sensatas palavras de Ossenbuhl sobre os efeitos perversos e muitas vezes irreversíveis do uso abusivo do poder da imprensa: "Numa inextricável mistura de afirmações de fato e de juízos de valor ele [indivíduo] vê a sua vida, a sua família, as suas atitudes interiores dissecadas perante a nação. No fim ele estará civicamente morto, vítima de assassínio da honra (Rufmord). Mesmo quando estas consequências não são atingidas, a verdade é que a imprensa moderna pode figurar como a continuadora direta da tortura medieval. Em qualquer dos casos, é irrecusável o seu efeito-de-pelourinho" [...]. No Estado Democrático de Direito, a proteção da liberdade de imprensa também leva em conta a proteção contra a própria imprensa. (pp. 69-71)

Diante de arrazoado tão incisivo, esperava-se que a sequência do argumento clamasse, por exemplo, pela regulamentação do § 5º do artigo 220 da CF/88, uma das disposições que se deve observar em relação à "ausência de restrições à manifestação do pensamento, a criação, a expressão e a informação, sob qualquer forma, processo ou veículo", lembrando-se que: "Os meios de comunicação social não podem, direta ou indiretamente, ser objeto de monopólio ou oligopólio."

O que o relator conclui, no entanto, além de contrariar a simples lógica, está na contramão das normas legais de estímulo e controle da competição no mercado das empresas de mídia que vigoram em países como os Estados Unidos (desde 1943) e a Inglaterra (desde 1949). Afirma ele:

> É certo, assim, que o exercício abusivo do jornalismo implica sérios danos individuais e coletivos. Porém, mais certo ainda é que os danos causados pela atividade jornalística *não podem ser evitados ou controlados por qualquer tipo de medida estatal de índole preventiva* (grifo nosso, p. 71).

## A mídia e a Justiça

### a) Censura Judicial

A grande mídia tem acusado o Judiciário de praticar o que chama de "censura judicial", isto é, decisões que impedem previamente a publicação de matérias informativas. Um renomado analista afirma que

> diferentemente de todas as situações anteriores da história da liberdade da imprensa no Brasil, a principal ameaça a ela no início do século XXI não procede do Poder Executivo, que foi quem a cerceou em diversos momentos no passado. É o Poder Judiciário quem se constitui atualmente na principal ameaça à liberdade de expressão. (Lins da Silva, 2010, pp. 105-136)

O caso mais controverso de "censura judicial" foi objeto da RCL nº 9.428, já mencionada. Em julho de 2011, quando se completava dois anos da decisão, o jornal O *Estado de S. Paulo* publicou um longo Caderno Especial sob o título "Sob censura — dois anos de mordaça". Um conjunto de personalidades que compartilhava a mesma posição do jornal, inclusive o ministro Ayres Britto do STF, foi ouvido e desfilou seus argumentos. Paradoxalmente, o jornal paulista não se lembrou de ouvir também o outro lado, e omitiu qualquer posição diferente da sua.

Registre-se, todavia, que há importantes divergências com relação à própria existência do que se considera "censura judicial". No julgamento da RCL nº 9.428, por exemplo, o então ministro Eros Grau afirmou que considerava "descabida" a utilização da expressão. Disse ele: "O juiz está limitado pela lei. O censor não. É descabido falar em censura judicial. Não há censura. Há aplicação da lei. A imprensa precisa de uma lei."[3]

## b) Presunção de inocência

O Código de Ética dos Jornalistas Brasileiros, adotado pela Fenaj, acolhe uma garantia constitucional (inciso LVII do artigo 5º) que tem origem na Revolução Francesa e reza em seu artigo 9º: "a presunção de inocência é um dos fundamentos da atividade jornalística".

Não é necessário lembrar que o poder da mídia continua avassalador quando atinge a esfera da vida privada, a reputação das pessoas, seu capital simbólico. Alguém acusado e "condenado" pela mídia por um crime que não cometeu dificilmente se recupera. Os efeitos são devastadores, não há indenização que pague ou corrija os danos causados. Apesar disso, a ausência da presunção de inocência tem sido uma das características da cobertura política dos principais grupos de mídia do país.

Um exemplo: no auge da disputa eleitoral de 2006, diante da defesa que o PT fez de filiados seus que apareceram como suspeitos no escândalo chamado de "sanguessugas", o jornal *O Globo* publicou um boxe de "Opinião" sob o título "Coerência" (12/8/2006, Caderno A, pp. 3/4) no qual afirmava:

---

[3] A disputa judicial em torno da decisão envolvendo o jornal paulista ainda não havia se encerrado quando este texto foi escrito. (N. A.)

Não se pode acusar o PT de incoerência: se o partido protege mensaleiros, também acolhe sanguessugas. Sempre com o argumento maroto de que é preciso esperar o julgamento final. Maroto porque o julgamento político e ético não se confunde com o veredicto da Justiça. [...] Na verdade, a esperança do PT, e de outros partidos com postura idêntica, é que mensaleiros e sanguessugas sejam salvos pela lerdeza corporativista do Congresso e por chicanas jurídicas. Simples assim.

Em outras palavras, para O Globo a presunção de inocência é uma garantia que só existe no Judiciário.

## c) A mídia como "instância" do Poder Judiciário

O descompromisso com a presunção de inocência leva a um comportamento que permite, então, que a mídia possa denunciar, julgar e condenar ou, em outras palavras, substituir o próprio Poder Judiciário.

Em artigo publicado no portal *Carta Maior*, em 29/9/2011, sob o título "A UDN, os IPMs e a mídia brasileira" (disponível em: http://www.cartamaior.com.br/templates/colunaMostrar.cfm?coluna_id=5230), a jornalista Maria Inês Nassif chama a atenção para o fato de que o chamado "jornalismo de denúncia", que vem se constituindo em prática dominante na grande mídia brasileira, não só fica numa linha tênue entre o julgamento sumário e a injustiça, como

> traz o componente de julgamento sumário dos IPMs pós-1964 e o elemento propagandístico udenista do pré-1964. Assume, ao mesmo tempo, as funções do julgamento e da condenação, partindo do princípio de que, se as instituições não funcionam, ele as substitui. Da mesma forma que o IPM, a punição é a exposição pública. E, assim como os Estados de regimes autoritários, o direito de defesa é suprimido, apesar da formalidade de "ouvir o outro lado".

Na verdade, ao assumir para si "o papel de guardiães plenipotenciários da justiça e da verdade", isto é, "o papel de polícia e juiz ao mesmo tempo", os grupos de mídia consolidaram-se como porta-vozes de um moralismo seletivo. Nassif argumenta que "hoje, as duas coisas vêm juntas: o discurso de que a política é irremediavelmente corrupta e a posição de que, sem poder na política institucional, já que está na oposição, a mídia pode revestir-se de um poder paralelo e assumir funções punitivas".

## Observações finais

Aplicado o critério básico definido no início deste verbete, estariam o Judiciário e a mídia contribuindo para aumentar o número de vozes que se expressam no espaço público da democracia brasileira?

Se é verdade que a grande mídia, apesar da controvérsia em torno da existência da "censura judicial", desfruta de plena liberdade, não se pode afirmar o mesmo em relação a diversos segmentos da população brasileira, que continuam excluídos do espaço público ou nele estão indevidamente representados e, portanto, não podem exercer sua liberdade de expressão. Uma das causas dessa distorção é que o Poder Judiciário aparentemente ainda "acredita" que a liberdade de imprensa tem hoje o mesmo significado que tinha na Inglaterra do século XVII, quando *the press* era apenas a tipografia onde indivíduos livres para imprimir e divulgar suas ideias estariam mais preparados para o autogoverno. Faz tempo que essa velha "imprensa" se transformou em uma poderosa instituição — na *mídia*, que é o coletivo dos diferentes meios impressos e eletrônicos — e não tem mais qualquer relação direta com a liberdade individual de expressão dos cidadãos. Enquanto o STF equacionar liberdade de expressão com liberdade de imprensa e permanecer nos tempos idílicos de uma "imprensa" de poesia e literatura, certamente prolongará o domínio da grande mídia sobre o espaço público em nosso país (Lima, 2010).

Da mesma forma, a grande mídia tem se colocado acima das leis e do poder que as aplica a todas as outras instituições. Decorre daí o desprezo pela "presunção de inocência" e a arrogância de assumir para si própria "o papel de guardiã plenipotenciária da Justiça e da verdade".

Enquanto o Congresso Nacional não cumprir o seu dever de regulamentar os dispositivos referentes ao direito à comunicação — inclusive o direito de resposta (inciso V do artigo 5º), desamparado desde a decisão do STF na ADPF nº 130 —, muitas serão as vozes que continuarão excluídas do debate público.[4] Quem perde com essa situação, obviamente, é a democracia brasileira.

### Referências bibliográficas

LIMA, Venício A. de. *Liberdade de expressão x liberdade de imprensa — direito à comunicação e democracia*. São Paulo: Publisher, 2010.

LINS DA SILVA, Carlos Eduardo. "Censura Judicial à imprensa no Brasil: autorregulação e maturidade democrática". In: SORJ, Bernardo (org.). *Poder político e meios de comunicação — da representação política ao reality show*. Rio de Janeiro: Paz e Terra, pp. 105-136, 2010.

---

[4] Desde outubro de 2010 aguarda julgamento uma Ação Direta de Inconstitucionalidade por Omissão (ADO nº 10) que pede ao STF declarar "a omissão inconstitucional do Congresso Nacional em legislar sobre as matérias constantes dos artigos 5º, inciso V; 220, § 3º, II; 220, § 5º; 211; 222, § 3º, todos da Constituição Federal, dando ciência dessa decisão àquele órgão do Poder Legislativo, a fim de que seja providenciada, em regime de urgência, na forma do disposto nos arts. 152 e seguintes da Câmara dos Deputados e nos arts. 336 e seguintes do Senado Federal, a devida legislação sobre o assunto". (*N. A.*)

# Comissão de Justiça e Paz em São Paulo
*Maria Victória de Mesquita Benevides*

A Comissão Justiça e Paz (CJP) foi criada em São Paulo em 1972, sob a liderança do arcebispo d. Paulo Evaristo Arns. Suas raízes estão plantadas na oposição ao terrorismo de Estado desde, pelo menos, a edição do AI-5. Já em novembro de 1969, d. Paulo se engajara ao visitar os frades dominicanos no presídio Tiradentes, acusados de colaborarem com a Aliança Libertadora Nacional, e denunciar as torturas que sofreram. Em seguida, sua militância passou a contar com outros religiosos e com um grupo de advogados. A ideia de justiça passou a se encarnar, explicitamente, na defesa dos direitos humanos para os perseguidos pelo regime mantido com leis de exceção e censura, sequestros, tortura, assassinatos. Deve ser lembrado que o tema "direitos humanos" não fazia parte, até então, da motivação para as lutas sociais, assim como, para parte significativa da hierarquia católica, apoiar o golpe militar em 1964 parecia um alinhamento político "necessário para evitar o comunismo".

O Testemunho da Paz (sem justiça não há paz) assinado pelos bispos paulistas em Brodósqui, em junho de 1972, foi um dos primeiros documentos oficiais da Igreja em repúdio à ditadura. Em agosto seguinte os primeiros membros do que seria a Comissão Justiça e Paz começaram a se reunir, tendo por providências iniciais: buscar informações seguras; articular a defesa dos perseguidos e dos presos; acompanhar e denunciar os casos de tortura e desaparecimentos, no país e no exterior; apoiar os familiares; estabelecer canais de comunicação com as demais entidades — ou personalidades — de oposição ao regime, como também com membros do governo que pudessem abrir alguma fresta.

No Vaticano, existia a Pontifícia Comissão Justiça e Paz, e d. Paulo conseguiu permissão para criar a comissão paulista, uma vez que já existia no Rio de Janeiro, desde 1968, uma Comissão Justiça e Paz de atuação nacional. Essa frente manteve um trabalho relevante — porém diplomático e discreto, se comparado à militância explícita da entidade paulistana. Havia, na cidade carioca, um grupo de intelectuais católicos que se reuniam sob a liderança de Alceu Amoroso Lima e d. Helder Câmara, apoiados por juristas que foram cruciais na defesa dos presos políticos, como Heleno Fragoso. A CJP-BR adotou um estilo inspirado na diplomacia do arcebispo d. Eugênio Salles e no diálogo defendido por Candido Mendes. Assim, participou na chamada Comissão Bipartite, que reuniu, durante quatro anos, membros do clero e do governo militar (1974-78). Relações tensas, quase impossíveis, mas que propiciaram denúncias encaminhadas à Conferência dos Bispos e ao exterior.

No começo de sua atuação — a "fase das catacumbas" — as reuniões em São Paulo eram realizadas na própria casa de d. Paulo por motivo de segurança. Pela primeira vez, sacerdotes, advogados, sociólogos, jornalistas, estudantes e operários, independentemente de estrita observância religiosa, juntavam aflições e propostas. Ali, relatavam-se inúmeros casos de violência, muitas vezes com fotos das vítimas, colhiam-se depoimentos ou uma simples palavra ouvida dentro de uma prisão, contribuindo para a construção de um conjunto de informações que formaria a denúncia inicial de um retrato dos órgãos da repressão. Nessa primeira fase, integraram a Comissão, com graus diferentes de atuação, Dalmo Dallari, Fábio Konder Comparato, Margarida Genevois, Hélio Bicudo, José Gregori, José Carlos Dias, Mário Simas, Thereza Brandão, Íris Ariê, Zuma Duarte, Waldemar Rossi e, o então estudante, Luiz Antonio Alves de Souza. Aos poucos o grupo cresceu, recebendo novos membros como Márcia Jaime, Marco Antonio Rodrigues Barbosa, Antonio Carlos Malheiros, Belisário dos Santos Jr., Maria Victoria Benevides, Vicente

Roig, Ricardo Kotscho, Ernani Faria, Antonio Cesarino, Teresa Belda, Antonio Carlos Fester, Antonio Funari, Goffredo e Maria Eugênia da Silva Telles. Vieram muitos outros, depois da "democratização", e a CJP de São Paulo continua atuante.

Ligada diretamente à Arquidiocese, a CJP-SP se formou de forma precária, muitas vezes acusada de ser uma "organização clandestina". Em 1974, foi oficializada como entidade civil e personalidade jurídica, registrada em cartório. Os objetivos da CJP, de acordo com os estatutos, foram formalmente estabelecidos: a) atuar como órgão de defesa da pessoa humana em todas as suas dimensões e, especialmente, no que concerne aos ideais de Justiça e Paz, inspirada nas Encíclicas Papais e nos demais documentos pontifícios; e b) submeter à hierarquia eclesiástica, por intermédio da Conferência Nacional dos Bispos do Brasil (CNBB), bem como aos poderes e órgãos do Estado brasileiro, as recomendações que entender oportunas e convincentes para a realização dos ideais de Justiça e Paz no Brasil.

A sede da CJP já havia sido instalada no prédio da Cúria Metropolitana, no bairro de Higienópolis. Todo atendimento era feito em códigos e com todo o cuidado para proteger tanto os familiares das vítimas, quanto os membros da Comissão, frequentemente ameaçados — chegando a casos graves como: o sequestro e espancamento de Dalmo Dallari; o sequestro e a prisão de José Carlos Dias; e a prisão de Waldemar Rossi. Houve momentos em que o volume de processos era tão grande que os advogados da Comissão não tinham como vencê-los. Na época, para muitos brasileiros (e, mais tarde, para muitos sul-americanos) a Comissão foi a única porta aberta em socorro às vítimas e em apoio a suas famílias.

Para evitar o confronto direto com os agentes da repressão, os crimes eram denunciados nas próprias igrejas, em jornais e documentos fixados nas portas e murais, seguindo sempre para a imprensa internacional. Caso alguém, cujo nome fora divulgado pela Comissão, fosse morto ou desaparecido, estaria provada a autoria do crime. A Igreja também contava com o apoio dos capelães das prisões, que informavam sobre novos métodos de prisão, tortura e demais atos violentos. Outra forma de atuação da CJP-SP na proteção de presos políticos consistia no contato direto com o governo, pressionando e levantando informações junto a autoridades do regime.

Seus advogados lançavam mão de todas as armas possíveis e improváveis. Impetravam *habeas corpus* — embora esse instrumento do Estado de direito estivesse "suspenso"— e forçavam o Superior Tribunal Militar a oficiar toda e qualquer guarda pretoriana que pudesse realizar prisões no país. Quando se dizia que a pessoa fora presa pela Polícia Militar, pelo Exército, pela Marinha, pela Aeronáutica ou pela Polícia Civil, as autoridades eram apontadas como coautoras e obrigadas a responder que "tal pessoa não estava com ela"; mas jamais diziam que "havia estado" e, às vezes, havia.

Nessa fase da repressão destacam-se os casos terríveis dos assassinatos do estudante Alexandre Vannuchi Leme (1973), do jornalista Vladimir Herzog e dos sindicalistas Manoel Fiel Filho (1975) e Santo Dias da Silva (1979), apenas para citar exemplos que mobilizaram a opinião pública, a CJP e boa parte da Igreja. Por outro lado, a CJP também apoiou e participou da retomada das manifestações públicas, estando presente em passeatas estudantis, atos em recintos fechados, em teatros, nas universidades, nas greves etc. A CJP esteve presente, por exemplo, na articulação oposicionista que culminou com a leitura pública da "Carta aos Brasileiros" e no Movimento Justiça e Libertação, ambos em 1977, além de bancar a publicação do livro de Hélio Bicudo sobre o chamado "Esquadrão da Morte", em 1976.

O final do AI-5 e a promulgação da anistia, em 1979, marcam o início da segunda fase da CJP, com o retorno dos exilados e o abrandamento da censura, a retomada de direitos essenciais, como, por exemplo, o *habeas corpus* e os direitos de agremiação e de oposição parlamentar. É importante destacar que, embora reconhecendo o lado positivo da anistia, d. Paulo e a CJP não aceitaram que o perdão fosse concedido aos torturadores. Em 1985, o lançamento do livro *Brasil: nunca mais*, sob a responsabilidade de d. Paulo e do pastor presbiteriano Jaime Wright, repercutiu intensamente com a divulgação de uma lista de 444 civis e militares citados como torturadores, o que reforçava a legitimidade do trabalho e das denúncias da Comissão.

Junto às demais entidades na sociedade civil, a CJP participou ativamente da luta contra a Lei de Segurança Nacional (LSN) e o chamado "entulho autoritário" (no que se inclui a Lei dos Estrangeiros), contra a pena de morte, contra o arrocho da política econômica. A favor de uma Constituinte livre e soberana, de eleições diretas, da integração latino-americana, do amplo apoio aos movimentos sociais e populares, rurais e urbanos. Na campanha pela revogação da LSN, organizou o Tribunal Tiradentes, inspirado no modelo do Tribunal Bertrand Russel, que havia sido montado por intelectuais europeus para julgar os crimes de guerra cometidos no Vietnã. A proposta foi aprovada por um fórum de entidades e concretizada em maio de 1983, com o apoio de juristas e personalidades representativas da oposição mais efetiva. O local escolhido para o solene julgamento foi o Theatro Municipal de São Paulo, cujas portas se abriram para o povo, organizando uma festa cívica e conscientizadora, marcada pela emoção, pela indignação e pelo entusiasmo da luta.

Em 1985, a CJP envolveu-se na organização do "Plenário Pró-Participação Popular na Constituinte", que deveria ser livre e soberana, e não segundo o modelo congressual que acabaria vencedor. Propôs a convocação pela Justiça Eleitoral de conselhos consultivos municipais que produziriam propostas a partir das reivindicações da população. Tal proposta — que vingou em Vila Velha, no Espírito Santo, onde se criou uma "Comissão Consultiva Municipal Constituinte" — não foi aceita pelos poderes constituídos, mas, de certa forma, inspirou a formação de vários "plenarinhos" nos estados e municípios. A experiência valeu pela ampla mobilização e a organização popular se fortaleceu.

Além da luta no plano político-institucional, a CJP nunca descurou de dois compromissos essenciais: 1) a defesa de um sistema penitenciário condizente com o Estado de Direito Democrático; e 2) o apoio aos movimentos sociais e populares.

Em relação ao primeiro ponto: a liberalização do regime não se estendeu para o devido controle sobre a ação policial. Daí a espiral de violência, a criminalidade dita "comum" e a criminalidade de agentes do Estado, sempre contra grupos mais vulneráveis. Com a baixíssima eficiência das polícias civil e militar em prevenir e investigar setores significativos da sociedade — geralmente das classes média e alta, mas também das classes trabalhadoras —, passaram a reivindicar o combate à violência com uma intensificação das práticas brutais, inclusive fora da legalidade. Daí o trágico quadro de abusos de todo tipo contra presos ou suspeitos, crianças na rua e adolescentes em instituições fechadas, contra os negros, os pobres e os "vadios", ou seja, desempregados. As entidades de defesa dos direitos humanos, nesse contexto, pagavam o preço da incompreensão e das acusações sórdidas.

A Comissão passou a ser vista como "defensora de bandidos", mas não se intimidou: os presos comuns começaram a se dirigir a d. Paulo, à Comissão, dizendo que os serviços públicos existentes — como a Procuradoria de Assistência Judiciária, apesar da dedicação de muitos de seus membros — não cobriam os que estavam nas delegacias. Tortura, corrupção, pena sendo cumprida em distrito policial — tudo aquilo que, anos depois, viria a ser pauta da Secretaria de Assistência Judiciária — a Comissão antecipou, defendendo muitas pessoas, já com uma estrutura eficiente. Foi como fruto dessa luta que a CJP atuou na criação de órgãos públicos, em São Paulo, como o Condepe (Conselho de Direitos da Pessoa Humana) e as ouvidorias de polícia, dos quais participaram vários membros da Comissão.

Quanto ao segundo ponto: a idéia de Justiça passa a explicitar que, nas democracias, a defesa da liberdade se completa com igualdade e solidariedade. A luta pela democratização passa a ter como exigência a garantia de direitos civis e políticos assim como os direitos sociais e econômicos. Para a CJP-SP, o apoio aos trabalhadores em greve, a partir do final dos anos 1970, era uma obrigação. Do mesmo modo, a luta pela democracia e também o compromisso em estar do lado dos que reivindicavam melhores condições de vida, assim como ajudá-los contra a certeira repressão policial e a quase certa demissão de seus empregos. Inúmeras vezes a Comissão interferiu diretamente junto ao DOPS para a liberação de presos grevistas, como, por exemplo, durante a greve dos funcionários públicos e dos bancários, conseguindo a soltura dos detidos e o adiamento dos interrogatórios.

No período mais feroz da repressão, foram muitos os brasileiros que encontraram abrigo em países vizinhos, preferencialmente no Chile. Logo, porém, o sentido da rota de exílio se inverteria, e centenas de perseguidos de ditaduras recém-implantadas no continente buscariam apoio no Brasil. A Comissão passou a ser intensamente procurada pelos que chegavam a São Paulo. Buscavam auxílio para a obtenção de documentos, de trabalho, de hospedagem, de pequenas quantias de dinheiro, e mesmo de assistência médica e psicológica. Mais tarde, em 1986, a Comissão tornou-se a agência do Alto Comissariado das Nações Unidas para Refugiados (ACNUR). E dez anos depois integrou o conjunto de entidades que lançaram a campanha para que o Brasil reconhecesse a competência da Corte Interamericana de Direitos Humanos, competência já então reconhecida por 16 países latino-americanos, incluindo todos do Cone Sul.

A solidariedade latino-americana foi também decisiva para a criação e o desenvolvimento de programas de educação em direitos humanos no Brasil. Esse passou a ser o projeto prioritário da CJP até os dias de hoje. Paralelamente ao projeto de educação que envolveu a rede pública paulistana, tendo contado com o apoio decisivo do educador Paulo Freire, a CJP promoveu várias publicações: sobre temas pedagógicos, mas também pesquisas e análises críticas sobre as questões socioeconômicas, assim como sobre problemas específicos, como crianças e adolescentes, sistema prisional, acidentes do trabalho, violência policial, programas de rádio que incitam a violência, entre outros.

A história da CJP revela uma trajetória de consciência e de luta pelos direitos humanos que é própria da experiência brasileira; ou seja, mostra a evolução da defesa dos perseguidos pela ditadura militar para, finda a repressão, o reconhecimento e a luta pelos direitos de todos, com ênfase naqueles que "não têm voz": os pobres, os presos comuns, aqueles muitas vezes considerados "descartáveis". Essa evolução, legítima e necessária, provocou uma reação de preconceitos e tentativas de desmoralização da própria ideia de direitos humanos e também contra seus defensores — situação, aliás, que ainda perdura.

Em 2011, a CJP continua presente na Comissão Especial sobre Mortos e Desaparecidos Políticos e no Comitê de Combate à Tortura (ambas na Secretaria Especial de Direitos Humanos, da presidência da República). Alguns de seus advogados estão fortemente engajados em causas e propostas que visam a reconhecer a responsabilidade do Estado e a repudiar a versão oficial que considera também "anistiados" (pela lei de 1979) os torturadores, assassinos e estupradores. Não aceita, em hipótese alguma, que tais crimes possam ser considerados "crimes políticos", o que seria uma claríssima afronta à Constituição e aos tratados internacionais dos quais o Brasil é signatário.

### Referências bibliográficas

ARNS, D. Paulo Evaristo. *Da esperança à utopia*. Rio de Janeiro: Sextante, 2001.
BENEVIDES, M. Victoria. *Fé na luta*. São Paulo: Lettera, 2010.
CANCIAN, Renato. *Comissão Justiça e Paz de São Paulo — gênese e atuação política*. São Paulo: EdUFSCAR, 1994.
FESTER, Antonio C. *Justiça e paz — memórias da Comissão de São Paulo*. São Paulo: Loyola, 2005.

# Justiça de transição

*Paulo Abrão e Tarso Genro*

A justiça de transição é uma resposta concreta ao legado de violência deixado por regimes autoritários e/ou conflitos civis em escala. Seu objetivo é o (re)estabelecimento do Estado de direito, o reconhecimento das violações aos direitos humanos — suas vítimas e autores, e a promoção de possibilidades de reconciliação e consolidação democrática. A justiça transicional é uma forma de justiça na qual as sociedades transformam a si mesmas depois de um período de violação generalizada dos direitos humanos.

Caso a caso, os governos (em especial na América Latina, na Ásia, na África e na Europa Oriental) adotaram muitos enfoques distintos para a justiça transicional (Teitel, 2000). Entre eles figuram as seguintes iniciativas:

I) Aplicação do sistema de justiça na apuração e responsabilização dos crimes ocorridos nas ditaduras ou conflitos civis para o (re)estabelecimento do Estado de direito. O dever de reconhecimento ao direito de proteção judicial das vítimas do passado de violações em massa dos direitos humanos na Justiça de transição trabalha a partir duas categorias estruturais. A primeira se guia pela noção de expansão da categoria tipológica dos crimes considerados de lesa-humanidade e sua perspectiva de imprescritibilidade — os elementos caracterizadores dos crimes contra a humanidade foram articulados no Estatuto do Tribunal de Nuremberg e definidos nos princípios de direito internacional reconhecidos pelo estatuto e pelas sentenças do Tribunal de Nuremberg de 1950. A proibição dos crimes contra a humanidade, desde então, assumiram um status de direito imperativo ou *ius cogens* para todos os países do sistema abrangido pela ONU. De acordo com esses princípios, são puníveis como crimes sob as leis internacionais os crimes contra a paz, os crimes de guerra e os crimes contra a humanidade, entendendo-se por esses últimos: o assassinato, o extermínio, a escravidão, a deportação e qualquer outro ato inumano contra a população civil, ou a perseguição por motivos religiosos, raciais ou políticos, quando esses atos ou perseguições ocorram em conexão com qualquer crime contra a paz ou em qualquer crime de guerra (Baggio, 2010).

Já o estatuto de Roma da Corte Penal Internacional compreende por crime de lesa-humanidade os seguintes atos cometidos como parte de um ataque generalizado ou sistemático contra uma população civil: a) assassinato; b) extermínio; c) escravidão; d) deportação ou traslado forçado de população; e) encarceramento ou outra privação grave da liberdade física, infringindo normas fundamentais de direito internacional; f) tortura; g) violação, escravidão sexual, prostituição forçada, gravidez forçada, esterilização forçada ou qualquer outra forma de violência sexual de gravidade comparável; h) perseguição de um grupo político ou coletividade com identidade própria com fundamento em motivos políticos, raciais, nacionais, étnicos, culturais, religiosos ou de gênero; i) desaparecimento forçado de pessoas; j) o crime de *apartheid*; k) outros atos inumanos de caráter similar que causem intencionalmente grandes sofrimentos ou atentem gravemente contra a integridade física ou a saúde mental. No sistema interamericano de proteção aos direitos humanos, do qual o Brasil é signatário, a Corte Interamericana de Direitos Humanos na sentença no caso *Almonacid Arellano e outros x Chile* considerou que os crimes contra a humanidade "incluem o cometimento de atos inumanos, como o assassinato, perpetrados em um contexto de ataque generalizado ou sistemático contra uma população civil". Para a Corte, basta que dentro do contexto descrito só um ato ilícito como os mencionados seja cometido, para que se produza um crime de lesa-humanidade. A Corte Interamericana proclama a penalização destes crimes como obrigatória de acordo com o direito internacional geral. Para a Corte, a prescrição da ação penal é inadmissível e inaplicável quando for o caso de violações muito graves aos direitos humanos nos termos do direito internacional. Na Resolução nº 2.338 (XXII) da Assembleia Geral das Nações Unidas, e na Convenção sobre a imprescritibilidade dos crimes de guerra e dos crimes de lesa-humanidade, os crimes contra a humanidade figuram entre os delitos de Direito internacional mais graves, cujas persecução e punição, portanto, não admitem prescrição. O artigo 29 do Estatuto de Roma da Corte Penal Internacional estabelece que "os crimes de competência da Corte não prescreverão". A segunda categoria fundante é a da proibição das leis de anistia em relação aos crimes de lesa-humanidade e das graves violações de direitos humanos e das leis de autoanistia. A Corte Interamericana desde sua sentença no caso *Barrios Altos* indicou que "são inadmissíveis as disposições de anistia" sobre graves violações aos direitos humanos. Ela considera que existe manifesta incompatibilidade entre as leis de autoanistia e a Convenção Americana sobre Direitos Humanos e que as mencionadas leis carecem de efeitos jurídicos e não podem representar um obstáculo para a investigação dos fatos nem para a identificação e castigo dos responsáveis pelos crimes. De fato, há uma posição unificada do sistema universal e do sistema interamericano de se considerar que as leis de anistia e de autoanistia que impedem a investigação e a punição das graves violações de direitos humanos e dos crimes de lesa-humanidade violam, *de iure*, tratados internacionais de direitos humanos, entre eles o Pacto Internacional de Direitos Civis e Políticos e a Convenção Americana sobre Direitos Humanos (Baggio, 2010).

No Brasil, em julho de 2010, o Supremo Tribunal Federal declarou válida a interpretação de que há um perdão bilateral na lei de anistia de 1979, reeditada na Emenda Constitucional nº 26/1985, denominada "Convocatória da Constituinte". Afirmou que se trata de um acordo político fundante da Constituição Democrática de 1988 e que somente o Poder Legislativo poderia revê-lo. O efeito perverso é o de que, por esse entendimento, a Corte Suprema brasileira expressou visão de que acordos políticos possuem o condão de afastar o império da lei e as garantias às liberdades individuais e os direitos humanos. Por sua vez, e após a manifestação do STF, a Corte Interamericana de Direitos Humanos proclamou, em sentença proferida em 24 de novembro de 2010 sobre o episódio da Guerrilha do Araguaia (caso *Gomes Lund e outros x Brasil*), que as disposições da lei de anistia brasileira que impedem a investigação e sanção de graves violações de direitos humanos durante o regime militar são incompatíveis com a Convenção Americana, carecem de efeitos jurídicos e não podem seguir representando um obstáculo para a investigação dos fatos nem para a identificação e punição dos responsáveis.

II) Criação de Comissões da Verdade, que são os instrumentos de investigação e informação sobre os abusos chave de períodos do passado caracterizados pela censura e pela baixa transparência informacional. No mundo todo, foram constituídas mais de 30 Comissões da Verdade, em contextos de transição política, superação de conflitos armados internos ou de períodos ditatoriais. Segundo diferentes contextos históricos, políticos, sociais, legais e culturais e das diferentes dinâmicas e formatos adotados, todas as Comissões tiveram como objetivo principal promover a revelação, registro e compreensão da verdade histórica sobre o passado de violações de direitos humanos nos respectivos países. Como exemplos emblemáticos podemos citar a Comissión Nacional sobre la Desaparición de Personas, constituída na Argentina, que teve como escopo a investigação dos casos de desaparecimentos forçados, ocorridos durante o regime de exceção enfrentado por aquele país, e a Truth and Reconciliation Commission, constituída na África do Sul, com escopo de apurar violações de direitos humanos ocorridas no período do *apartheid*. A Comissão da Verdade instalada no Brasil tem como escopo principal a sistematização das graves violações aos direitos humanos ocorridos durante a ditadura militar e de sua autoria, bem como identificar e tornar de conhecimento público as estruturas, os locais, as instituições e as circunstâncias relacionados à prática de violações de direitos humanos, suas eventuais ramificações nos diversos aparelhos estatais e na sociedade. Por todo o mundo, as comissões da verdade asseguram o reconhecimento oficial do direito à verdade, como um direito da cidadania em exigir que também se tornem públicos e sistematizados todos os arquivos e documentos relacionados com as operações de repressão aos direitos civis e políticos. Ademais, exige que se reconheça, no âmbito interno dos países, um direito de acesso à informação pública, ampliando seus marcos normativos para todas as esferas da vida democrática. No Brasil, a "narrativa histórica da repressão" está registrada nos documentos oficiais do regime autoritário, eivados de uma linguagem ideológica e, por evidência, de registros que desconstroem os fatos e simulam versões justificadoras das atrocidades cometidas. Significativa parte desses documentos já está guardada no Arquivo Nacional, advinda de fontes diversificadas (centenas de órgãos da administração direta e indireta que promoviam todo o tipo de perseguições políticas: desde mecanismos arrojados que promoviam simples monitoramentos dos cidadãos, no país e no exterior, até as mais graves violações cometidas pelo terrorismo de estado entranhado nos departamentos de ordem política passando ainda pelas perseguições administrativas aos estudantes, acadêmicos, classe artística, jornalistas e trabalhadores organizados em geral). Do acervo da repressão, ainda resta o desafio de abrir os arquivos dos ex-centros de investigação e repressão ligados diretamente aos comandos militares: o CISA, CIE e o Cenimar. A relevância histórica desses documentos específicos é a de que eles revelariam a estruturação institucional do sistema de repressão em seu conjunto: sua cadeia de comando, suas interfaces com organismos internacionais, seu nível de integração com setores da sociedade civil apoiadores da ditadura e seu *modus operandi*. De outra parte, temos a "narrativa da resistência". Os relatos dos perseguidos políticos estão em duas fontes oficiais principais (para além das inúmeras publicações acadêmicas, produções literárias e artísticas e amplo material do jornalismo investigativo), mais especificamente, nas duas comissões de reparação criadas no país.

A primeira, configurada nos 475 processos da Comissão Especial sobre Mortos e Desaparecidos Políticos, focados no reconhecimento da responsabilidade do Estado com os fatos ali relatados, compõe-se de um relevante acervo sintetizado no livro *Direito à memória e à verdade*, publicado pela Secretaria de Direitos Humanos da presidência da República.

A segunda fonte de pesquisa são os mais de 70.000 processos da Comissão de Anistia, que abrange mais amplamente o relato de todas as formas de perseguições políticas e atos de exceção, na ampla abrangência do termo: as prisões arbitrárias, as torturas, os monitoramentos ilegais na vida privada, os exílios e banimentos, o compelimento à clandestinidade, as demissões arbitrárias, os expurgos estudantis, a censura, as cassações de mandatos, as pressões no ambiente de trabalho, as perseguições aos próprios militares, aos sindicalistas e aos trabalhadores grevistas, tanto no setor público quanto no setor privado.

III) Programas e comissões de reparação com iniciativas patrocinadas pelo Estado que ajudam na reparação material e moral dos danos causados por abusos do passado. Em geral envolvem não somente indenizações econômicas, mas também gestos simbólicos de reconhecimento das vítimas como pedidos de desculpas oficiais. Advém da responsabilidade básica do Estado de direito em reparar os danos que impingiu a terceiros. Para Pablo de Greiff (Baggio, 2010), a efetividade das reparações relaciona-se com a possibilidade de restituir a condição de cidadão às vítimas, de restaurar a confiança entre cidadãos e de promover a solidariedade social. De acordo com o autor, a confiança cívica "implica a expectativa de um compromisso normativo compartilhado". Significa dizer que a confiança se desenvolve quando o cidadão sente-se reconhecido socialmente como um indivíduo em igualdade de direitos com os demais. Dessa forma, para as vítimas, as reparações refletir-se-ão em confiança cívica quando elas se constituírem em "manifestações da seriedade do Estado e de seus concidadãos em seus esforços por restabelecer relações de igualdade e de respeito". Sendo assim, as reparações podem ser compreendidas como uma forma de resgatar a cidadania e de incluir os cidadãos que outrora haviam sido marginalizados, perseguidos ou presos, no processo de construção de uma sociedade mais justa. A partir das reparações, é possível também, de acordo com Greiff, fortalecer ou gerar uma atitude de solidariedade social. Esta inclinação pode ocorrer, por um lado, quando diferentes grupos sociais se solidarizam com as vítimas no momento em que são despertados pela narrativa dos fatos históricos e, por outro, "na medida em que as vítimas sentem que é oferecido um novo 'contrato social' e que sua dignidade e seus interesses são amplamente reconhecidos, têm razões para se interessarem em aspectos comuns, contribuindo para o fortalecimento das bases de uma sociedade justa". A reparação envolve, entre outras medidas, o reconhecimento público do direito de resistência dos que lutaram contra a opressão e sofreram consequências físicas e psicológicas em razão dessa luta. Em um processo transicional vincula-se a ação a uma concepção de justiça como reconhecimento, porquanto sua preocupação maior não é somente a de efetivar a distribuição de bens materiais e sociais, mas promover o aumento da integração social como forma de colaborar com a reconciliação. De toda forma, até mesmo a dimensão da reparação econômica, que cumpre um papel distributivo, tem o condão de valorizar as ações de resistência daqueles perseguidos pelo Estado. O fato é que a integração social passa, necessariamente, pela recuperação dos processos de reconhecimento negados ao longo do período de arbitrariedades (Baggio, 2010). A principal característica do processo de justiça de transição no Brasil é o de que as medidas de reparação têm sido o eixo estruturador da agenda que procura tratar do legado de violência da ditadura militar de 1964-85 (Abrão & Torelly, 2010, pp. 108-39). Com implantação gradativa, a gênese do processo de reparação brasileiro ocorreu ainda durante o regime autoritário. A reparação aos perseguidos políticos é uma conquista jurídica presente desde a promulgação da lei de anistia brasileira (Lei nº 6.683/1979) — marco legal fundante da transição política brasileira — que previu, para além do perdão aos crimes políticos e conexos, medidas de reparação como, por exemplo, a restituição de direitos políticos e o direito de reintegração ao trabalho para servidores públicos afastados arbitrariamente. A reparação no Brasil adquiriu um status constitucional por força do art. 8º do Ato das Disposições Constitucionais Transitórias, da Constituição da República de 1988. Após sua promulgação surgiram as duas comissões de reparação às vítimas do autoritarismo. Iniciou-se com a reparação às vítimas de violações fatais por parte do regime, com a aprovação da Lei nº 9.140/1995, que criou a Comissão Especial sobre Mortos e Desaparecidos Políticos, encarregada de reconhecimento de responsabilidade estatal e determinação de reparação às famílias daqueles que morreram ou desapareceram em consequência de perseguições políticas, a localização dos restos mortais e a publicação de um relatório final que promoveu um resgate da memória do país. No mesmo diapasão, com a Lei nº 10.559/2002, criou-se a Comissão de Anistia, com o objetivo de reparar a todos os atos de exceção impingidos à cidadania no mais amplo sentido do termo, e que passou a promover, desde sua criação, modalidades individuais de reparação moral e material e que, a partir de 2008, incorporou em suas atribuições projetos de reconhecimento, ações de educação para a democracia e os direitos humanos e políticas de preservação da memória. Com vistas à consecução de ações de reparação coletivas e simbólicas, implementaram-se projetos como as denominadas "Caravanas da Anistia" (Abrão et al., 2010, pp. 185-227), com os pedidos de desculpas oficiais em audiências públicas itinerantes ocorridas em diferentes espaços sociais e regiões do país, de tal feita que no trabalho da Comissão de Anistia passaram a ser efetivados processos de reparação individual com efeitos coletivos e de reparação coletiva com efeitos individuais. Ambas as comissões de reparação funcionaram como comissões produtoras da verdade histórica com o devido registro dos depoimentos dos perseguidos políticos e o (re)conhecimento oficial das práticas persecutórias. As leis reparatórias preveem outros direitos como: a declaração de "anistiado político"; a contagem de tempo para fins de aposentadoria; o retorno ao curso de graduação em escola pública, o registro de diplomas universitários obtidos no exterior; a localização dos restos mortais dos desaparecidos políticos; dentre outros direitos.

IV) Reformas institucionais dos sistemas de segurança e justiça com esforços que buscam transformar as forças armadas, a polícia, o Poder Judiciário (incluindo a justiça militar) para uma vocação de respeito à cidadania e à integridade social. As reformas das instituições têm sido uma tarefa constante da pauta político-institucional no Brasil e é levada a cabo por um conjunto de mudanças estruturais que são implantadas em mais de 25 anos de governos democráticos. Vide, por exemplo, a extinção do Serviço Nacional de Informações (SNI); a criação do Ministério da Defesa submetendo os comandos militares ao poder civil; a criação do Ministério Público com missão constitucional que envolve a proteção do regime democrático, da ordem jurídica e dos interesses sociais e individuais indisponíveis; a criação da Defensoria Pública da União; a criação de programas de educação em direitos humanos para as corporações de polícias promovidos pelo Ministério da Educação; a extinção dos DOI-CODI e DOPS; a revogação da lei de imprensa criada na ditadura; a extinção das DSIs (Divisões de Segurança Institucional) ligadas aos órgãos da administração pública direta e indireta; a criação da Secretaria Especial de Direitos Humanos; as mais variadas e amplas reformas no arcabouço legislativo advindo do regime ditatorial; a criação dos tribunais eleitorais independentes com autonomia funcional e administrativa. Vale registrar que se verifica uma inegável institucionalização da participação política e da competência política na sociedade e nos governos brasileiros, com efetiva alternância no poder de grupos políticos diferenciados, além de crescentes mecanismos de controle da administração pública e transparência, bem como reformas pontuais no sistema de justiça. De todo modo, ainda são pendentes, por exemplo, uma ampla reforma das Forças Armadas e dos sistemas de segurança pública e da polícia.

V) Políticas públicas de memória como práticas institucionais que implementem memoriais e outros espaços públicos capazes de ressignificar a história do país e aumentar a consciência moral sobre o abuso do passado, com o fim de construir e invocar a ideia da "não repetição". Mais que uma luta ou conflito de memórias a sustentar versões oficiais antagônicas e competitivas da história, o que temos em um cenário pós-autoritário e traumático para uma sociedade política é a necessidade de exercitar a memória. A história que se apresenta como vencedora, já dizia Walter Benjamin (1994), fecha-se em uma lógica linear que pisoteia as vítimas, que as ignora sob o cortejo triunfante do progresso. Trata-se de romper esse *continuum* e abrir a brecha da qual nascerá a ação política, e na qual poderá emergir a dor e as injustiças esquecidas. A experiência traumática só se supera a partir de um exercício do luto, que, como lembra Paul Ricoeur (2008), é o mesmo exercício da memória: paciente, afetivo, destemido e perigoso, pois revela que nossa sociedade hoje se estrutura sobre os cadáveres das vítimas esquecidas. É só no trabalho de rememoração que podemos construir uma identidade que tenha lugar na história e não que possa ser fabricada por qualquer instante ou ser escolhida a esmo a partir de impulsos superficiais. Trata-se, de fato, de um dever de memória, um dever que exige disposição e vontade: uma vontade política. O exercício desse dever é condição imprescindível para que haja verdadeiramente o apaziguamento social, caso contrário, a sociedade repetirá obsessivamente o uso arbitrário da violência, pois ela não será reconhecida como tal. A memória aqui não é importante só para que não se repita jamais, mas também por uma questão de justiça às vítimas que caíram pelo caminho (Mate, 2005). A recuperação da memória, porém, o Estado somente a fará, alterando a sua lógica originária de reprodução burocrática do próprio poder e se a sociedade o exigir, pois, conforme elucida Bobbio, "todas as grandes correntes políticas do século passado inverteram a rota, contrapondo a sociedade ao Estado, descobrindo na sociedade, e não no Estado, as forças que se movem em direção à libertação e ao progresso histórico" (2000, p. 225). Eis que aqui, mais uma vez, o papel da sociedade civil e dos movimentos sociais democráticos é determinante para a disputa das leituras produzidas e construídas sobre a história, afinal, deve-se compreender fundamentalmente que, em primeiro lugar, a história é um dos elementos de legitimação constitucional (para uma efetiva justiça de seus conteúdos) e, em segundo lugar, deve-se convencer de que na interpretação do passado joga-se o futuro dos Estados democráticos. Disso extrai-se a ideia de legitimidade da Constituição como pacto que nos obriga, hoje e sempre, a uma disputa dos fundamentos de legitimação da mesma Constituição. Em síntese, a partir dessas reflexões é que se pode afirmar que a relevância e os objetivos do resgate e da promoção da Memória Histórica passam pelo menos por três eixos fundamentais: a) pelo campo de uma reconciliação nacional onde se trava o processo de legitimação constitucional voltada para um autêntico objetivo político humanista; b) por um processo de afirmação de valores contra a pulsão da eliminação consciente do outro; e c) pela criação e identificação da nação, pois, no caso brasileiro, temos uma promoção incompleta da identidade nacional, pois a modernidade tardia brasileira excluiu os movimentos de resistência e seus valores como forjadores das bases da democracia atual. As mais importantes iniciativas oficiais de memorialização sobre a ditadura brasileira residem nos projetos Memórias Reveladas (Arquivo Nacional), Marcas da Memória (Comissão de Anistia), Direito à verdade e à memória (Secretaria de Direitos Humanos), o Memorial da Resistência (estado de São Paulo) e o Memorial da Anistia Política (Comissão de Anistia).

VI) *Vetting* ou depuração, como forma de identificação e afastamento de agentes públicos colaboradores do regime autoritário que ocupem cargos na república como um meio de impedir que estes, no exercício destes cargos, constranjam ou impeçam a continuidade das reformas democratizantes.

VII) Ações de educação para a democracia, por meio de uma intervenção pedagógica voltada desde e para os direitos humanos.

A utilização e combinação estratégica dos mecanismos de justiça de transição estão condicionados aos contextos políticos e às características das transições políticas de cada sociedade. Não existem iniciativas de justiça de transição idênticas no estudo comparado entre os países. Afinal, a democracia, como institucionalização da liberdade e regime político da maioria associados aos direitos das minorias, não se constitui em valor natural ou como um imperativo categórico metafísico do fenômeno da política. Trata-se de um fenômeno social, histórico e mutante. A democracia é um processo.

Do ponto de vista epistemológico, a justiça transicional é uma área de estudos que reúne profissionais das mais variadas áreas, passando pelo Direito, Ciência Política, Sociologia e História, entre outras, com vistas a verificar quais processos de justiça são levados a cabo pelo conjunto dos poderes dos estados nacionais, pela sociedade civil e por organismos internacionais para que, após o Estado de exceção, a institucionalidade democrática possa se consolidar. Mais importante, porém, é a dimensão prospectiva desses estudos e práticas, cuja aplicação em políticas públicas de educação e justiça serve para trabalhar socialmente os valores democráticos, com vistas à incorporação pedagógica da experiência de rompimento da ordem constitucional legítima de forma positiva na cultura nacional, transformando o sofrimento do período autoritário em um aprendizado para a não repetição e para a disseminação de valores condizentes com o respeito aos direitos humanos.

Os mecanismos de justiça de transição disseminam os valores democráticos, o que deve ser tarefa que transcenda e conste nas políticas públicas dos governos, pois a questão democrática exige olhares permanentemente atentos para qualquer sinal de retrocesso. Os mecanismos de justiça de transição assumem uma posição instrumental privilegiada no processo de democratização, pois promovem e aceitam a luta cotidiana para aperfeiçoar e radicalizar a democracia realmente existente. Uma luta conscientemente orientada para, primeiro, a construção de uma nova hegemonia experimentada e legitimada no ritual democrático republicano, segundo, a expansão de um novo contrato social, e, finalmente, a promoção de uma nova esfera pública democrática e novas relações entre o Estado e a sociedade.

### Referências bibliográficas

ABRÃO, Paulo; TORELLY, Marcelo D. "Justiça de transição no Brasil: a dimensão da reparação". In: *Revista Anistia Política e Justiça de Transição*. Brasília: Ministério da Justiça, nº 03, jan./jun., pp. 108-139, 2010.

_____ et al. "As caravanas da anistia: um instrumento privilegiado da Justiça de transição brasileira". In: SANTOS, Boaventura de Sousa; ABRÃO, Paulo; MACDOWELL, Cecília; TORELLY, Marcelo (orgs.). *Repressão e memória política no contexto ibero-americano: estudos sobre Brasil, Guatemala, Moçambique, Peru e Portugal*. Coimbra: Universidade de Coimbra; Brasília: Ministério da Justiça, pp. 185-227, 2010.

BAGGIO, Roberta Camineiro. "Justiça de transição como reconhecimento: limites e possibilidades do processo brasileiro". In: SANTOS, Boaventura de Sousa; ABRÃO, Paulo; MACDOWELL, Cecília; TORELLY, Marcelo (orgs.). *Repressão e memória* política no contexto ibero-americano. Brasília: Ministério da Justiça; Coimbra: Centro de Estudos Sociais da Universidade de Coimbra, 2010.

BENJAMIN, Walter. "Sobre o conceito da história". In: *Magia e técnica, arte e política — ensaios sobre literatura e história da cultura*. Obras escolhidas I, 7ª ed. São Paulo: Brasiliense, 1994.

BOBBIO, Norberto; BOVERO, Michelangelo. *Teoria Geral da Política — a Filosofia Política e as lições dos clássicos*. Rio de Janeiro: Campus, 2000.

MATE, Reyes. *Memórias de Auschwitz — atualidade e política*. São Leopoldo: Nova Harmonia, 2005.

RICOEUR, Paul. *História, memória e esquecimento*. Campinas: Unicamp, 2008.

TEITEL, Ruti. *Trasitional Justice*. Nova York: Oxford University Press, 2000.

# Poder Judiciário e direito à memória e à verdade

*Paulo Vannuchi*

É tarefa para o historiador das instituições republicanas decifrar as causas que levam os Poderes Judiciários do Cone Sul — com um passado tão semelhante no elitismo conservador da fase colonial e primeira independência — a se distinguirem de forma gritante nas décadas recentes a respeito de suas responsabilidades frente à herança das ditaduras que se alastraram pela região, na segunda metade do século XX.

De forma mais concreta, trata-se de buscar as anomalias capazes de explicar a resistência do Judiciário brasileiro em assimilar as normas universais concernentes à chamada justiça de transição, enquanto Argentina, Chile, Uruguai e Paraguai já deram provas convincentes de que seus judiciários assumiram uma compreensão mais atualizada, internalizando os avanços recentes do chamado Direito internacional dos direitos humanos.

Tal pesquisa não poderia se limitar ao exame de uma ou duas variáveis. Por exemplo, não resolveria a questão argumentar que o Judiciário brasileiro pautou-se por uma atitude submissa perante o regime, adotando um silêncio conformista diante das violações do Direito que a ditadura de 1964 perpetrou.

Por que não?

Se, por um lado, não é falso que o conformismo e a cumplicidade se fizeram presentes de forma indelével, é preciso registrar que, por isso mesmo, houve meritórias exceções. Entre elas, vale lembrar os casos exemplares de insubmissão de Evandro Lins e Silva, Hermes Lima e Vitor Nunes Leal, bem como homenagear outros dois ministros que se demitiram do Supremo, como gesto de solidariedade quando os outros três foram cassados, no início de 1969. Não faltaram também episódios memoráveis de juízes e membros do Ministério Público levados aos cárceres da repressão política ou perseguidos por suas convicções oposicionistas.

Mas não foi essa a tônica do comportamento predominante entre as autoridades desse poder republicano. Em suas memórias, Norberto Bobbio lamenta que um dos maiores danos trazidos por todas as ditaduras é a degradação sistêmica que penetra o caráter da pessoa humana. Faz corroer almas e cérebros que, em outras circunstâncias, teriam atravessado toda a vida sem grandes máculas em sua própria trajetória ética. As ditaduras, como resultado, aviltam e produzem a vileza.

Quando muito, a dignidade do Judiciário brasileiro terá sido resguardada pela coragem de seus operadores advocatícios, apoiados e defendidos pela OAB apenas na segunda metade do ciclo ditatorial. Mas esses mesmos valorosos defensores de presos políticos ou das lideranças cassadas — entre eles Sobral Pinto, Heleno Fragoso, Mércia Albuquerque, Wanda Sidou e tantos outros — seriam os primeiros a lamentar o quanto foram eles mesmos submetidos a restrições por seus próprios contemporâneos do meio jurídico nos momentos mais difíceis do ciclo autoritário.

Se o Judiciário brasileiro foi dócil ao poder inconstitucional, por que não estaria aí toda a explicação para as omissões de hoje? Resposta: a subserviência não é capaz de explicar as diferenças atuais porque ela também marcou o comportamento do Judiciário nos países vizinhos.

Por outro lado, não valeria como argumento definitivo na busca dessa explicação recordar que, no Brasil, deu-se uma prolongada transição consentida, sob rígido controle do próprio regime, que só perdeu as rédeas do processo quando explodiu o levante das Diretas Já. No Chile, a redemocratização também foi gradual e controlada. Derrotado pela primeira vez em 1988, num plebiscito em que tentou ampliar seu mandato para além dos 15 anos já decorridos, (o fantasma vivo de) Pinochet ainda repartiu o país em duas metades por toda uma década, num fenômeno de possessão que ainda carece de exorcismo completo nos dias de hoje.

A partir de 1990, fora da presidência, mas ainda muito poderoso e ameaçador, Pinochet permaneceria como chefe supremo do Exército durante os governos Patricio Aylwin e Eduardo Frei, assumindo em seguida o posto criado por ele próprio, de senador vitalício. Nem por isso, o Judiciário chileno se omitiu ou se acovardou. Passando ao largo de acirradas controvérsias, ameaças da direita e atentados terroristas, já em 1993 o general Manuel Contreras, ex-chefe da DINA (o DOI-CODI de Pinochet) foi condenado a sete anos de prisão. Detido após alguns meses de refúgio em unidades militares no Sul e permanecendo na prisão até 2001. Voltou a ser processado diversas vezes por múltiplos sequestros, assassinatos, atentados e ocultação de cadáveres, retornando aos cárceres. Foi condenado a duas penas de prisão perpétua pela Suprema Corte chilena em 2008, além de ter recebido outras 25 condenações que perfazem 289 anos de prisão.

Em 1998, Pinochet seria preso em Londres, por determinação do juiz espanhol Baltasar Garzón, numa decisão acolhida como marco histórico na consolidação dos instrumentos internacionais concernentes aos direitos humanos. Pela primeira vez, prevaleceu em instâncias judiciais e diplomáticas o reconhecimento da chamada jurisdição universal. O significado maior dessa ocorrência é ter sepultado, a partir de então, a velha certeza de impunidade que sempre envolveu torturadores, repressores políticos e ditadores em todos os cantos do planeta. No Brasil e alhures, a impunidade deixou de estar garantida para sempre. Em nosso caso, a impunidade ainda persiste, mas já foram quebradas a autoconfiança e arrogância que sempre cercaram os responsáveis por torturas e violências contra militantes oposicionistas.

Nos anos seguintes, o Judiciário chileno submeteu Pinochet a dezenas de processos, mantendo-o sob prisão domiciliar após mais de um ano de retenção judicial em Londres. Tramitava contra ele uma enxurrada de ações penais quando seus advogados interpuseram a tese de demência senil do réu, arguindo a inimputabilidade penal.

A condenação do chefe do aparelho de torturas, Manuel Contreras, inaugurou uma sequência de procedimentos ainda em curso nos dias de hoje, sendo centenas os processos judiciais que já garantiram a punição de violadores de direitos humanos e seus mandantes. Seu sucessor no comando da repressão política, general Hugo Salas Wenzel, também seria condenado à prisão perpétua em 2005, com a sentença confirmada em 2007. Merece destaque a decisão da Suprema Corte chilena, em 2001, de recusar a aplicação em defesa dos réus da uma lei de anistia que fora produzida durante o regime de Pinochet.

Importa registrar, por último, que muito antes de iniciada a decrepitude política do ditador, já era divulgado, em 1991, o trabalho final da Comissão Nacional de Verdade e Reconciliação, mais conhecido como Relatório Retigg, contendo uma ampla radiografia do terrorismo de Estado implantado naquele país desde 1973.

Em 2004, com Pinochet já afastado da cena política ativa, seria divulgado o relatório conclusivo de uma segunda comissão da verdade instituída no Chile, a Comissão Nacional sobre Prisão Política e Tortura. Nesse documento, conhecido como Relatório Valech, consta a seguinte menção ao Judiciário chileno, com palavras que também caberiam para descrever a experiência brasileira:

> A prisão política e a tortura constituíram uma política de Estado do regime militar, definida e impulsionada pelas autoridades políticas da época que, para o seu *design* e execução, mobilizou pessoal e recursos de diversos organismos públicos e ditou decretos-leis e depois leis que ampararam tais condutas repressivas. E nisto contou com o apoio — explícito por vezes e quase sempre implícito — do único poder do Estado que não foi parte integrante desse regime: a judicatura.

Na Argentina, o Judiciário, já em 1985, condenou à prisão perpétua chefes da ditadura como Videla e Massera, quando estava no governo Raul Alfonsin, presidente que, aliás, não era de esquerda e foi, inclusive, responsável pela promulgação de verdadeiras leis de proteção aos torturadores como foram os dispositivos conhecidos como Ponto Final e Obediência Devida. Essa condenação judicial foi precedida e viabilizada pela divulgação, em 1984, do informe *Nunca Más*, relatório final da *Comisión Nacional sobre La Desaparición de Personas*, coordenada a pedido do próprio Alfonsin pelo respeitado escritor Ernesto Sábato.

O mesmo título "Nunca Mais" seria aproveitado no ano seguinte por d. Paulo Evaristo Arns, cardeal-arcebispo metropolitano de São Paulo e grande símbolo da defesa dos direitos humanos no Brasil, para divulgar o resultado da pesquisa que foi desenvolvida clandestinamente durante cinco anos sobre as torturas praticadas pela ditadura brasileira. O projeto *Brasil: Nunca Mais* pode ser considerado como sendo uma primeira comissão da verdade em nosso país, embora não oficial, e foi escrito exclusivamente com base nos processos judiciais que a ditadura brasileira cuidou de formar contra opositores e membros da resistência, simulando a existência de uma normalidade constitucional.

Até os dias de hoje seguem em progresso na Argentina centenas de ações judiciais que já quebraram inteiramente a impunidade, levaram ao banco dos réus e à prisão centenas de torturadores e demonstram que o Poder Judiciário do país se pauta por uma conduta em plena sintonia com a constitucionalidade republicana e com os dispositivos internacionais sobre direitos humanos. O indulto presidencial de 1990, com que Carlos Menem tinha anulado as condenações de Videla, Massera e outros chefes da ditadura argentina, seria considerado inconstitucional pela Câmara Criminal Federal daquele país em 2007, voltando a ter vigência suas penas de prisão perpétua.

No Uruguai, o duelo em torno da mesma questão já produziu dois plebiscitos nacionais, em 1989 e 2009, sendo que em ambas as oportunidades, por estreita margem, terminou vencendo a posição de não anular a autoanistia introduzida ao final da ditadura militar, em 1986, chamada Lei de Caducidade — anulação que é e continuará sendo exigida pelas instâncias de direitos humanos da OEA, à luz do que reza o Pacto de São José da Costa Rica, também conhecido por Convenção Americana dos Direitos Humanos, da qual tanto o Uruguai quanto o Brasil são signatários.

Não obstante o resultado adverso nos plebiscitos decididos por estreita margem, mostrando que a sociedade uruguaia também está dividida a respeito dessa memória, parlamentares vinculados à proteção dos direitos humanos seguem sustentando iniciativas com vistas a anular as normas de autoanistia que protegem os responsáveis pelas torturas, mortes e desaparecimentos.

O Legislativo uruguaio ecoa, dessa forma, decisões adotadas desde 2006 também no âmbito do Judiciário, que aceitou processos, condenou e levou à prisão figuras do alto escalão no sistema repressivo. O ex-presidente Bordaberry, mantido pelos militares na presidência até 1976, como fantoche civil após o golpe de 1973, bem como o general Gregório Alvarez, chefe da ditadura entre 1981 e 1985, já estiveram detidos durante esses procedimentos. Ocorreu pelo menos um caso de torturador que cometeu suicídio às vésperas de ser levado a um tribunal, em Montevidéu. O presidente Tabaré Vázquez, da Frente Ampla, participou pessoalmente de escavações em antigas unidades do aparelho de repressão onde foram localizadas ossadas de presos políticos desaparecidos. Em 2009, a Suprema Corte de Justiça considerou inconstitucional a Lei de Caducidade.

A comparação com o Paraguai alcança aspectos ainda mais constrangedores a respeito do atraso institucional brasileiro nesse assunto. Muito antes da vitória de qualquer agrupamento de esquerda nas eleições desse país vizinho, o Poder Judiciário já tinha condenado a 25 anos de prisão o principal chefe de torturas na ditadura de Stroessner, de nome Pastor Coronel, preso em 1989 logo após a queda do ditador. O temido e milionário torturador terminou morrendo na prisão por graves problemas de saúde, decorrentes de obesidade mórbida.

Dias após a posse de Fernando Lugo na presidência, em agosto de 2008, foi divulgado oficialmente o Relatório Final da Comissão Verdade e Justiça que o parlamento paraguaio tinha constituído desde 2003. Essa instituição foi presidida por um bispo católico e durante cinco anos providenciou uma ampla radiografia do sistema repressivo, com nomes de vítimas e torturadores, números, endereços, datas e mandantes. Relatório que a democracia brasileira, mais pujante e mais consolidada que a de nosso país irmão, ainda não teve a coragem de produzir.

Por último, para decifrar esse aparente bloqueio jurídico e mental do Judiciário brasileiro, também não é satisfatória a explicação reducionista de ser ele um poder simplesmente reacionário, que cumpre seu papel. Nos anos recentes, exatamente no mesmo período em que o STF firmou por maioria de votos uma vexatória jurisprudência protegendo de ações penais os que praticaram torturas durante a ditadura, a mesma Corte adotou posicionamentos bastante avançados. Em veredictos que chegaram a ser unânimes entre todos os ministros, ela decidiu em estreita sintonia com os enfoques universais dos direitos humanos em assuntos não relacionados à memória da ditadura. Foi esse o caso dos acórdãos proferidos em polêmicas de alto impacto, concernentes à Terra Indígena Raposa Serra do Sol, pesquisas em células-tronco e direitos de casais homoafetivos, para mencionar apenas três controvérsias judiciais e políticas recentes.

A tarefa sugerida ao historiador dos poderes republicanos não representaria um exercício meramente arqueológico. Seu propósito seria identificar os muitos e fortes nós que ainda amarram e bloqueiam o desenvolvimento de um dinamismo democrático que esteja à altura de um Brasil visto no mundo todo como nação dinâmica, amadurecida do ponto de vista institucional. País que, registre-se, vem galgando posições de liderança internacional em vários itens econômicos e culturais, que é propositivo em sua diplomacia soberana e preocupada em intermediar, que implanta programas de inclusão social e valoriza o fortalecimento da democracia participativa como paradigma a ser aproveitado por outros países.

É do futuro que se trata. O debate se resume a perguntar ao nosso Judiciário se ele não estaria disposto a assumir um papel de vanguarda no fortalecimento da democracia e do republicanismo inovador, abandonando o comportamento tradicional de freio e âncora, que implica estender e projetar no tempo vindouro uma história pátria que foi marcada pela violência constitutiva da escravidão, do mandonismo local, do coronelismo político ainda vivo, das duas ditaduras que agrediram o século XX.

As controvérsias em torno do direito à memória e à verdade não estão e não podem estar confinadas ao ambiente Judiciário. Nunca estiveram.

Sendo por natureza o único dos poderes republicanos não vinculado diretamente ao voto popular, ele já se acostumou a reagir com lentidão às mudanças processadas nas demais estruturas do Estado e, sobretudo, no âmbito da sociedade civil e dos movimentos populares. Mesmo que seja assim, o período de latência já transcorrido atinge os limites da responsabilidade constitucional. O Judiciário não tem mais o direito de prosseguir na relativa omissão que pautou sua atitude até aqui. É mais que hora de seus integrantes recordarem a célebre Carta aos Brasileiros, lida em agosto de 1977 por Goffredo da Silva Telles, que decretava o "fim da complacência dos juristas com o regime". Seus integrantes mais combativos devem se encorajar com a lembrança de que, ao lado da conivência cúmplice, não faltaram decisões corajosas, ao longo dos anos, resgatando a dignidade desse poder republicano.

A disputa democrática — política e jurídica — em torno do direito à memória e à verdade obteve um claro desbloqueio nos últimos anos. O mérito principal por tal façanha deve ser atribuído ao trabalho perseverante de um núcleo de familiares dos mortos e desaparecidos políticos que, no limite do heroísmo, mantém, desde os anos 1970, uma obstinada peregrinação. O que se pretende com tal disputa?

Esse debate nacional crescente valoriza o resgate da memória histórica. Não admite o esquecimento das torturas, assassinatos e desaparecimentos de opositores. Exige desnudar toda a verdade sobre os porões da repressão, abrindo arquivos e rompendo com o ciclo secular de impunidade. Despida de revanchismo ou sentimentos de vingança, a mobilização tem como horizonte um Brasil onde — cumprido o necessário processamento analítico de sua história recente e desatadas as amarras de tudo o que ainda permanece recalcado — a sociedade e o Estado consigam estabelecer proteções contra a repetição *ad eternum* das violações sistemáticas dos direitos humanos.

Duas consistentes hipóteses impulsionam esse esforço. A primeira delas sustenta que a rotineira violação dos direitos humanos ainda perceptível em nosso país é fruto, em grande parte, da tradição de impunidade e das amnésias pactuadas ao longo de nosso passado pré-democrático. A democracia no Brasil, já ironizada por Sérgio Buarque como lamentável mal-entendido das elites liberais, só recentemente atingiu padrões básicos de consolidação. A rigor mesmo, data de 1988 para cá o seu primeiro ciclo estável. Não estavam presentes antes, no tempo devido, os requisitos necessários para processar com profundidade a infâmia da escravidão e as atrocidades do longo genocídio indígena, distendidos ambos por vários séculos. O mesmo vale para a repressão contra sublevações populares e nacionalistas, como Inconfidência Mineira, Confederação do Equador, Malês, Cabanagem, Balaios, Farrapos, Confederação do Equador, Sabinada, Praieira, Canudos, Chibata, Contestado, e muitas outras, passando pelas violências do Estado Novo.

A fórmula clássica sempre foi promover transição por cima. Reagrupar forças e esquecer o passado, alimentando um ciclo de amnésia induzida que condena à eterna repetição. Tudo que é recalcado volta inapelavelmente, se não na forma de ataque aos dissidentes, na democracia de hoje o recalque se desloca para o racismo, para a intolerância frente aos direitos das mulheres, para a homofobia, para a desqualificação dos direitos indígenas e para a criminalização de movimentos sociais.

A segunda hipótese considera que a democracia brasileira já é madura o suficiente para realizar sem traumas esse processamento analítico, quebrando a impunidade e construindo justiça. Em 2011, já se passaram 23 anos de plena consolidação constitucional da democracia brasileira. Os últimos tabus da guerra fria já carecem de qualquer abrigo num Brasil em que governos como os de Lula e Dilma Rousseff transcorrem em absoluta normalidade republicana. O país atingiu um ponto de não retorno. Estão reunidas todas as condições para que se complete a transição inconclusa.

Não passam de blefes, de um lado, ou paranoias inexplicáveis, de outro, as alegações de que esse indispensável processamento histórico acarretaria levantes de forças ocultas. Ou a democracia brasileira, em seu avanço consistente, dá um novo passo adiante, ou o promissor futuro institucional nacional ficará barrado e represado a partir do presente impasse. Não há mais o que temer, cabe avançar para que as lições extraídas desse passado recente produzam mecanismos garantidores da impunidade, projetando novo patamar de respeito aos direitos humanos.

Os passos iniciais e perigosos dessa saga militante remontam aos primeiros momentos pós-Ato Institucional nº 5, quando se tentava garantir um mínimo de proteção aos que sobreviveram às câmaras de tortura, mas ainda enfrentavam risco de vida, ameaças e agressões, vivendo sob condições carcerárias degradantes. O Estado ditatorial se negava então sequer a reconhecer a existência de presos políticos. As torturas eram mera alegação caluniosa de terroristas a serviço do comunismo ateu, inimigos da pátria, da família e de uma Segurança Nacional de índole fascista. As denúncias conseguiam ser veiculadas apenas no exterior, pois a imprensa brasileira não tinha qualquer interesse ou compromisso em fazê-lo numa primeira etapa. E foi impedida pelos mecanismos de censura no momento seguinte, quando a força do regime se esgotava e a mídia abraçou questionamentos antiditatoriais, abandonando a louvação dos primeiros anos.

Em meados dos anos 1970, quando a censura viveu certo abrandamento, familiares conseguiram publicar pequenos anúncios em jornais informando sobre desaparecidos políticos. Mulheres constituíram um Movimento Feminino pela Anistia, que nos anos seguintes abriu espaço para comitês brasileiros pela Anistia. E os avanços se reproduziram.

Em outubro de 1975, o assassinato sob torturas de Vladimir Herzog no DOI-CODI de São Paulo marcou um ponto de inflexão na percepção do fenômeno que especialistas classificam como terrorismo de Estado. A brutalidade do aparelho de repressão passou a ser desafiada por alianças políticas amplas, rompendo-se o isolamento que a ditadura tinha conseguido impor à resistência clandestina a partir do AI-5, resultando no quase extermínio dos segmentos que adotaram métodos armados de insurgência.

Nos anos seguintes, seguiu-se um embate interno no regime ditatorial, oculto, surdo, mas profundo e radical. O sofisticado projeto de distensão lenta, gradual e segura, idealizado por Geisel e Golbery desde 1974, passou a ser abertamente contestado por uma banda que defendia o prosseguimento puro e simples do ambiente de terror. Liderado pelo ministro do Exército, Sylvio Frota, esse segmento extremista chegou a articular um arremedo de golpe para depor Geisel, em outubro de

1977, conforme relata o jornalista Elio Gaspari em seus livros sobre a ditadura, apoiado em arquivos e depoimentos que lhe foram concedidos por Golbery do Couto e Silva.

Derrotados na sublevação, os integrantes do aparelho DOI-CODI e demais porões da tortura ainda se dedicaram nos anos seguintes a dezenas ou centenas de atentados contra alvos da cidadania participativa e entre aqueles que lutavam pela redemocratização. Para lembrar apenas os dois episódios mais graves daquela sanha terrorista (ambos em datas não protegidas por qualquer interpretação jurídica que se pretenda dar à Lei de Anistia de 1979): em 27 de agosto de 1980 a secretária Lyda Monteiro seria morta ao abrir uma carta-bomba remetida ao presidente do Conselho Federal da OAB, Eduardo Seabra Fagundes, no Rio de Janeiro; em 30 de abril de 1981, um número incalculável de pessoas que se aglomeravam para um show musical no Riocentro, em comemoração ao 1º de Maio, escapou por muito pouco da morte ou de ferimentos graves quando explodiu no colo de um sargento, ao lado de um oficial, ambos integrantes do DOI-CODI, a bomba que pretendiam detonar junto à multidão de jovens. Objetivos e organograma da operação só poderiam ser esclarecidos pelos que ordenaram aquele atentado, alguns deles presumivelmente ainda vivos, mas protegidos pelo próprio silêncio, pela impunidade e por mentalidades corporativistas ainda recalcitrantes em nichos das Forças Armadas, ambas incompatíveis com o espírito republicano da Constituição vigente há 25 anos.

Os dois terroristas eram quadros da ativa do Exército brasileiro, sendo estraçalhado o corpo do sargento Guilherme Rosário e sobrevivendo a ferimentos gravíssimos o capitão Wilson Machado. Reportagens posteriores da imprensa mostraram esse último praticando vôlei numa praia carioca, veiculando-se também a informação de que tinha sido promovido a coronel e exercia importante função no ensino militar. Seguiu-se um inquérito militar farsante e desdobramentos judiciais que resultaram em novo espetáculo de impunidade e cinismo, fato que deve incomodar até o limite da indignação as pessoas honradas que integram as Forças Armadas brasileiras e nosso Poder Judiciário nos dias de hoje. Como exceção honrosa à regra predominante de conivência e omissão, registraram-se alguns gestos isolados de autoridades judiciais inconformadas com aquele desfecho escandaloso. Mas o Poder Judiciário, como estrutura institucional, terminou convalidando o acobertamento cúmplice.

A pressão em favor do direito à memória e à verdade cuidou de abranger as instituições legislativas desde muito cedo, mas custou décadas para atingir resultados mais palpáveis. Entre esses, merecem destaque maior a Lei nº 9.140/1995, reconhecendo a responsabilidade do Estado pelos mortos e desaparecidos políticos, e a Lei nº 10.559/2002, criando uma Comissão de Anistia para promover reparação administrativa pelos danos causados (prisões, torturas, mortes, cassações, exílio, desemprego) aos que lutaram contra a ditadura. Ambas surgiram para concretizar, com demora, as prescrições contidas nos artigos 8º e 9º do Ato das Disposições Constitucionais Transitórias de 1988, indicando a necessidade de reparação e o reconhecimento da responsabilidade do Estado brasileiro pelos danos causados a todas as vítimas do regime ditatorial. Vivendo o país já sob plena normalidade democrática, resultaram ambas de acordos suprapartidários que romperam a dicotomia "situação *versus* oposição" da época.

Sua aprovação revelou que mesmo os segmentos partidários mais à direita e herdeiros do regime ditatorial eram capazes de compreender a importância dos passos dados. De passagem, não se diga que votaram premidos por uma forte pressão popular. No Brasil, a mobilização em torno dessa demanda nunca alcançou patamares comparáveis aos da Argentina, Uruguai e Chile. Manteve-se sempre uma cobrança heroica, persistente, digna e louvável, que nunca envolveu multidões.

Cada um desses passos articulados como conjugação de esforços entre Executivo e Legislativo pode ser avaliado, numa visão crítica mais rigorosa, como incompleto, imperfeito, tímido, ambíguo e até hesitante. Teria ocorrido uma reparação pela metade, que ainda não conseguiu realizar justiça. Um erro que ultrapassa as raias do absurdo, por exemplo, salta à vista quando se comparam as prescrições divergentes nos aspectos reparatórios das duas leis. Enquanto a lei sobre mortos e desaparecidos (Lei nº 9.140) gerou indenizações cujo teto nunca ultrapassou a faixa dos

150 mil reais, mesmo para o caso de resistentes trucidados sob torturas, as regras da Lei nº 10.559 (Comissão de Anistia do Ministério da Justiça) permitiram cifras superiores a 1 milhão de reais, mesmo em casos onde os danos causados eram de intensidade muito inferior.

Em que pesem todas as limitações e incorreções, a aprovação dessas leis desencadeou novas dinâmicas políticas, que alteram a correlação de forças e modificam uma dada conjuntura. Ao fim e ao cabo, o processamento documental e as decisões resultantes das duas leis — o reconhecimento reparatório das execuções de Marighella e Lamarca, por exemplo — fortaleceram o impulso rumo a garantir os passos que ainda faltam, atingindo o patamar irreversível de hoje. A imprensa, que já esteve bastante desinteressada pela matéria, volta a abordá-la diariamente. Até uma novela de televisão foi veiculada resgatando essa memória bloqueada e informando segmentos populares sobre uma história que eles praticamente desconhecem.

É provável que os passos futuros mantenham essa mesma lógica gradualista. O gradualismo sempre suscita críticas cortantes e convincentes, mas algumas vezes pode resultar em mudanças relevantes. Uma prova disso é que o Brasil nunca viveu rupturas bruscas nas últimas décadas, mas já é um país muito diferente daquele do período de repressão e terror de Estado. O mencionado atentado do Riocentro completa agora trinta anos e tem-se a impressão de que estamos falando de dois países completamente diferentes.

Durante o governo Lula, as ambiguidades e hesitações não desapareceram, como muitos esperavam. O mais grave erro foi cometido já no primeiro ano de mandato, em 2003, quando a juíza federal Solange Salgado, de Brasília, lavrou uma sentença histórica em processo movido desde 1982 por familiares de 22 guerrilheiros dos 70 desaparecidos na região do Araguaia, no sul do Pará, entre 1972 e 1974. A União foi condenada a informar onde estão sepultados aqueles militantes — muitos deles executados após prolongadas sessões de tortura — e a corajosa sentença determinava também a realização de rigorosa investigação no âmbito das Forças Armadas para promover a responsabilização. Os arquivos secretos da repressão política passavam então a ser considerados possíveis provas de crimes.

Lembre-se aqui não ter sido essa a primeira vez que instâncias do Judiciário tomaram decisões em consonância com os pressupostos da Constituição brasileira e marcando sintonia com o Direito Internacional dos Direitos Humanos. Como já foi dito, o comportamento do Poder Judiciário — omisso, insensível ou cúmplice como regra mais geral — sempre foi intercalado por decisões lúcidas e gestos ousados de algumas autoridades da área.

Na primeira delas, o juiz Marcio José de Moraes, da Justiça Federal em São Paulo, já tinha reconhecido, em outubro de 1987, a responsabilidade do Estado pela morte sob torturas de Vladimir Herzog, condenando a União a indenizar sua esposa e filhos. Além disso, remeteu ao Ministério Público Militar peças do processo para que fosse instaurada apuração das torturas denunciadas por outros presos políticos. Dois anos depois, novamente em São Paulo, o juiz federal Jorge Flaquer Scartezzini emitiu sentença semelhante em ação apresentada pelos familiares de Manoel Fiel Filho, também assassinado sob torturas no DOI-CODI poucos meses depois de Herzog.

Na sequência, pelo menos duas outras ações semelhantes na Justiça Federal, desta vez no Rio de Janeiro, obtiveram também resultado vitorioso. A juíza Tânia Albernaz de Mello Bastos Heine, marcando a presença da mulher como titular do Judiciário nessa saga histórica, condenou em 1981 a União como responsável pela execução sob torturas do jornalista e antigo dirigente comunista Mário Alves, morto sob sevícias que chegaram à crueldade da empalação, no mesmo DOI-CODI, em janeiro de 1970. Em 1998, ainda naquele estado, o juiz Raldênio Bonifácio Costa lavraria sentença sobre o desaparecimento do ex-deputado federal e empresário Rubens Paiva, assassinado sob torturas no DOI-CODI do Rio, em janeiro de 1971.

Também em Pernambuco, o juiz federal Roberto Wanderley Nogueira tinha dado ganho de causa, em 1991, ao processo aberto por familiares de Ruy Frazão Soares, ex-líder estudantil e dirigente do PCdoB, sequestrado em Petrolina em 1974 e jogado numa viatura da Polícia Federal para nunca mais ser visto. As portas do Judiciário brasileiro mantiveram-se fechadas, entretanto, para dezenas de outros pleitos, ocorrendo a mais importante demonstração de insensibilidade em 2010, numa decisão da lavra do próprio Supremo.

Voltando ao governo Lula em 2003, mesmo considerando que em suas esferas decisórias existia a preocupação compreensível de não acirrar tensões junto à área militar num momento tão inicial de mandato, a decisão de recorrer contra a decisão judicial sobre o Araguaia só pode ser catalogada como desastrosa. Afinal de contas, bastava ao Executivo federal apresentar aos comandos militares a exigência de cumprimento de uma sentença emanada de um poder soberano da República, sem agregar juízos de valor a respeito de seu conteúdo.

O governo federal decidiu, erroneamente, recorrer da sentença em instâncias judiciais superiores, interpondo instrumentos que, após anos de tramitação, se revelaram carentes de substância e terminaram rejeitados. Mas a própria decisão de recorrer provocou um verdadeiro choque na militância histórica dos direitos humanos, em sua grande maioria vinculada às forças políticas ou partidárias que tinham apoiado a candidatura Lula. O ambiente tornou-se crispado de tensões, e só alguns anos depois, no segundo mandato do presidente, ações do Executivo federal, passo a passo, conseguiram retomar um processo de acumulação rumo ao desfecho que se torna viável no início da gestão Dilma Rousseff.

Em 2007, o livro-relatório *Direito à memória e à verdade*, produzido no âmbito da Secretaria de Direitos Humanos da Presidência da República, foi lançado em ato público chefiado pelo próprio Lula, marcando o início de uma retomada consistente das ações. A Comissão de Anistia passou a formatar suas sessões de julgamento com base nos fundamentos da chamada Justiça de Transição e organizou Caravanas da Anistia em quase todos os estados. Promoveu também um seminário de alto impacto, em 2008, quando o ministro da Justiça, Tarso Genro, defendeu abertamente a punição aos torturadores do regime ditatorial.

Seguiram-se, então, desavenças agudas entre distintas áreas de governo. Seu clímax ocorreria em 2010 com a acirrada polêmica nacional (e eleitoral) em torno do PNDH-3, terceira versão sequencial do Programa

Nacional de Direitos Humanos, proposto pela ONU como tarefa a todos os países desde a Conferência de Viena, de 1993. Na raiz desse choque estava um desacordo entre a área da Defesa e a área dos Direitos Humanos. O pomo da discórdia se localizava no item mais distintivo daquele PNDH-3, desenhado a partir de uma ampla conferência nacional, que envolveu a participação direta de 14 mil representantes da sociedade civil e autoridades dos poderes públicos. O pomo da discórdia foi a Comissão Nacional da Verdade.

Ainda está para ser escrito o livro revelando todos os bastidores dessa acirrada disputa interna. Ela chegou aos limites de uma anunciada (e duvidosa) ameaça coletiva de demissão envolvendo os chefes militares e seu ministro civil. Quaisquer que tenham sido os sustos e dores desse choque interno, o resultado concreto está claro hoje: o PNDH-3 foi confirmado e reafirmado pelo governo após ajustes pontuais em passagens que não subtraem qualquer substância de seu conteúdo. Acima disso: em maio de 2010 o presidente Lula enviou ao Legislativo projeto de lei determinando a criação de uma Comissão da Verdade, que cuidará de corrigir o atraso institucional vergonhoso, compondo uma narrativa oficial e definitiva sobre a repressão política do período ditatorial.

O saldo mais positivo e palpável do período Lula se expressa nessa comissão. Mas foram dados outros passos significativos. Em 2009, a ministra-chefe da Casa Civil, Dilma Rousseff, organizou novo ato público comandado pelo presidente Lula e anunciou o lançamento do projeto Memórias Reveladas, voltado para a abertura de todos os arquivos secretos envolvendo a repressão política. Ao mesmo tempo, era enviado ao Legislativo uma nova proposta de lei sobre acesso a informações, cuja redação estabelece que todos os documentos relacionados a violações de direitos humanos não podem receber classificação restritiva.

Outras publicações foram lançadas até o final de 2010, versando sobre as torturas, mortes e desaparecimentos políticos, assim como ocorreram dezenas de seminários sobre Justiça de transição e o direito à memória e à verdade. Atos públicos de homenagem aos que morreram na luta contra a ditadura foram realizados em todo o país, com inauguração de painéis e monumentos. A orientação política definida e reiterada pelo próprio presidente da República era no sentido de que o governo apoiasse todas as ações pela localização dos restos mortais dos desaparecidos políticos. E que fosse também assegurado aos familiares o sagrado direito de conhecer tudo o que se passou com seus entes queridos, o que implicava promover diligências para localizar e abrir arquivos secretos. Toda e qualquer discussão sobre punição deveria ser deixada para o Poder Judiciário.

A dificuldade de sustentar essa última orientação, razoável em sua aparência, já que condenações sempre competem ao Judiciário, é que, em vários procedimentos subsequentes, exigia-se a manifestação formal da União, seja no sentido de apoiar a demanda por investigação e punição, seja opondo-se a ela. Ocorreu, então, que os passos adiante já mencionados não guardaram sintonia com a argumentação apresentada pela Advocacia-Geral em suas manifestações formais, caracterizando-se uma inegável duplicidade no seio do próprio governo. Em determinado procedimento formal, chegaram a ser apensados pela AGU pareceres colidentes, opondo a área da Defesa aos segmentos de Direitos Humanos, Justiça e Casa Civil. Predominou, no entanto, uma argumentação oficial que, em última instância, podia ser interpretada como objeção às investigações sobre torturas, execuções e desaparecimento de opositores políticos durante a ditadura. Proteção aos torturadores, em palavras mais cruas.

Algumas dessas manifestações jurídicas oficiais foram exigidas pela entrada em cena — tardia, mas muito importante e bem-vinda — de um novo ator, que assumiu atitudes de vanguarda nesse tema durante o governo Lula. Fortalecido pela Constituição Federal de 1988, o Ministério Público não é subordinado hierarquicamente aos escalões superiores do Poder Judiciário e tem como incumbência constitucional "a defesa da ordem jurídica, do regime democrático e dos interesses sociais e individuais indisponíveis" (art. 127 da CF).

Rigorosamente falando, foi somente a partir de 2008 que a coragem e a consciência jurídica de alguns procuradores — merecendo destaque os nomes de Marlon Weichert e Eugênia Fávero, ambos do Ministério Público Federal de São Paulo — passam a resgatar a imagem da própria instituição, rompendo com a cumplicidade por ela manifestada, durante décadas, frente às torturas e demais violações de direitos humanos no período ditatorial. O Ministério Público Militar em particular, durante os chamados anos de chumbo, portou-se quase sempre como um verdadeiro braço judicial do aparelho de repressão e dos porões da tortura, tentando dar validade jurídica a todos os seus horrores. Ressalte-se, ainda, que a coragem dos procuradores federais sediados em São Paulo não conseguiu despertar, até o presente momento, iniciativas equivalentes em todos os demais estados onde haveria razões de sobra para esse tipo de procedimento judicial.

Apoiando-se em consistentes arrazoados jurídicos, com assinaturas de Marlon Weichert, Eugenia Fávero, Sergio Suiama, Adriana da Silva Fernandes, Luciana da Costa Pinto e Luiz Fernando Gaspar Costa, o Ministério Público Federal de São Paulo iniciou ações processuais diversificadas e sacudiu a letargia do Judiciário. Na ação de maior repercussão, que ainda hoje enfrenta resistência entre magistrados responsáveis pelo caso, foi requerida a condenação dos principais comandantes do DOI-CODI de São Paulo, Carlos Alberto Brilhante Ustra e Audir Santos Maciel.

Esses dois oficiais da reserva do Exército, ainda vivos, uma vez responsabilizados, deverão ressarcir os cofres públicos pelas indenizações pagas pela União por força da Lei nº 9.140, correspondentes a dezenas de militantes que foram torturados e mortos no período de suas chefias. A própria União é igualmente responsabilizada na ação judicial por nunca ter promovido qualquer ação regressiva contra aqueles oficiais.

Num outro procedimento, que também vem enfrentando fortes obstáculos em instâncias da magistratura, o Ministério Público processa nominalmente sete membros do DOI-CODI apontados como responsáveis pela morte sob torturas do metalúrgico Manoel Fiel Filho, em janeiro de 1976. Esse tipo de procedimento junto à área cível busca contornar as barreiras ainda intransponíveis que foram erguidas contra as iniciativas de responsabilização no âmbito do Direito Penal. Por outras vias, busca-se o mesmo objetivo: quebrar a impunidade.

O Direito Civil também ofereceu o canal utilizado por pelo menos duas ações declaratórias iniciadas por famílias que foram vítimas da violência da repressão política. Num dos casos, que obteve uma vitória inicial surpreendente, foi acolhida a demanda da família Teles, com cinco membros presos e torturados em 1972, sendo dois deles crianças na época. O juiz Gustavo Santini, da 23ª Vara Cível de São Paulo, emitiu em 2008 uma sentença pioneira, declarando judicialmente a responsabilidade de Ustra como torturador. Tramita atualmente — numa segunda tentativa após rejeição inicial — outra ação declaratória contra Ustra, desta vez apresentada por familiares do jornalista Luiz Eduardo da Rocha Merlino, morto em decorrência de torturas sofridas no DOI-CODI de São Paulo em julho de 1971.

A existência de apenas duas ações promovidas por familiares com esse tipo de objetivo, num universo de centenas ou milhares de pessoas submetidas a violências semelhantes, já vale como prova eloquente do descrédito que envolve o Judiciário brasileiro nesses temas, em contraste com nossos países vizinhos, nos quais sobe à casa das centenas o número de batalhas desencadeadas junto aos tribunais.

O mais decepcionante posicionamento do Judiciário brasileiro data de abril de 2010. Conforme já antecipado, o Supremo Tribunal Federal (STF) firmou uma jurisprudência, por sete votos a dois, que colide frontalmente com dispositivos de tratados internacionais de proteção aos direitos humanos assinados pelo Brasil. Na prática, a Suprema Corte brasileira adotou uma decisão que protege de responsabilização penal todos os que, durante a ditadura, tenham torturado, estuprado, assassinado e ocultado cadáveres — sendo esse último um delito que o Judiciário do Chile, por exemplo, já considerou crime continuado, que não pode ser abarcado por qualquer anistia datada no tempo.

O veredicto do STF foi produzido no julgamento de uma Arguição de Descumprimento de Preceito Fundamental apresentada em 2008 pela Ordem dos Advogados do Brasil com o objetivo de que o Supremo reconhecesse que a Lei de Anistia de 1979 "não se estende aos crimes comuns praticados pelos agentes da repressão contra opositores políticos, durante o regime militar (1964-1985)".

Com a exceção honrosa dos balizados votos dos ministros Ricardo Lewandowski e Carlos Ayres Britto, favoráveis à tese da OAB, prevaleceu por maioria de votos a opinião do relator Eros Grau, interpretando a Anistia de 1979 como um acordo político legítimo que vedava punições futuras aos que torturaram ou praticaram crimes contra a humanidade durante o exercício da repressão política.

Como é sabido, no Estado Democrático de Direito, um poder institucional como o STF não pode ser desqualificado ou ultrajado. Mas dele próprio se espera um comportamento que jamais ultraje a consciência cívica e democrática da nação. Pretendesse o Supremo sustentar uma decisão favorável à inimputabilidade dos torturadores do período ditatorial e não lhe faltariam argumentos jurídicos de melhor qualidade. Jamais um acórdão do Supremo Excelso teria direito de enveredar pela fraude histórica que está contida na interpretação estritamente política (e nada jurídica) de que a Lei de Anistia de 1979 corresponde a um acordo de pleno direito.

Acordo entre quem? Entre o partido da ditadura e uma oposição frágil e reprimida, que várias vezes já tinha sofrido a cassação de mandatos parlamentares de suas lideranças maiores, como havia acontecido dois anos antes com a degola do líder do partido na Câmara, Alencar Furtado, em represália a um discurso em que pediu informações sobre os desaparecidos políticos?

Acordo com um regime que ainda em 1977 tinha decretado novamente o fechamento do Congresso Nacional, depois de várias vezes ter deslocado tanques de guerra pelo entorno do Legislativo? Acordo com um governo ditatorial que, em seus últimos estertores, ainda decretou medidas de emergência e prendeu deputados no próprio dia da votação da Emenda Dante de Oliveira, de 25 de abril de 1984, na campanha das Diretas Já, liberando a cavalaria do general Newton Cruz para atemorizar os parlamentares em seu direito de voto?

Será que o ministro-relator Grau não teve tempo para ler arquivos e jornais da época, que lhe permitiriam recordar a existência de dois projetos antagônicos de lei de anistia, um das oposições e outro da ditadura, cuidando esta, ostensivamente, de redigi-lo com precauções de autoanistia frente às incertezas do futuro? Por que excluir de considerações os tratados internacionais de Direitos Humanos a que o Brasil está vinculado e que lhe impõem obrigações jurídicas?

Uma vez tomada essa lamentável decisão, que colide com os avanços recentes dos Direitos Humanos no plano internacional e faz o Brasil regredir para uma soberania mesquinha que sempre foi própria das piores ditaduras, é tarefa da melhor consciência jurídica do país oferecer ao Judiciário argumentos e recursos que viabilizem a correção do erro o mais rapidamente possível. Essa é a mais respeitosa atitude que se pode ter perante o Supremo Tribunal Federal.

A OAB, postulante da Arguição de Descumprimento de Preceito Fundamental, já interpôs recurso para que o colegiado de ministros tenha uma primeira chance de fazê-lo já, analisando com profundidade, sem pressa e sem bloqueios, os argumentos contidos nos dois votos derrotados pelo colegiado de ministros.

Uma segunda chance imediata está no exame obrigatório a ser feito pelo Supremo a respeito da decisão divulgada pela Corte Interamericana de Direitos Humanos em dezembro de 2010, que concluiu uma longa tramitação do processo movido junto à OEA desde 1995 por familiares de guerrilheiros desaparecidos no Araguaia. Entre outras importantes determinações, a Corte reafirmou sua jurisprudência — já acolhida por outros países no julgamento de casos semelhantes — a respeito das leis de autoanistia dos regimes ditatoriais. Em síntese, decidiu o organismo internacional cuja jurisdição é reconhecida pelo Brasil desde 1998:

> As disposições da Lei de Anistia brasileira que impedem a investigação e a sanção de graves violações de Direitos Humanos são incompatíveis com a Convenção Americana, carecem de efeitos jurídicos e não podem seguir representando um obstáculo para a investigação dos fatos do presente caso, nem para a identificação e punição dos responsáveis.

A iniciativa está, portanto, mais uma vez, com o Poder Judiciário, através de sua mais elevada instância decisória. Cabe ajudá-lo a superar o bloqueio de hoje para entrar em sintonia definitiva com um novo cenário mundial concernente aos direitos humanos, que dá passos consistentes a cada ano. Cenário em que assassinos nazistas não atingidos por Nuremberg ainda são vasculhados em esconderijos remotos e levados a julgamentos em fóruns de jurisdição internacional. Cenário em que um juiz espanhol manda prender em Londres o ditador Pinochet e o Tribunal Penal Internacional — igualmente reconhecido pelo Brasil desde 2002 — emite mandados de prisão contra ditadores, torturadores e praticantes de crimes contra a humanidade, sejam eles da África, da Ásia ou da própria Europa central.

Enfim, a tarefa agora é ajudar o Supremo a entrar em sintonia com o Direito Internacional dos Direitos Humanos, de uma nova época e de um novo mundo, em que a trajetória recente do Brasil desperta interesse e reconhecimento como democracia emergente, que possui legitimidade para ocupar postos de alta responsabilidade em organismos internacionais, como é o caso do assento permanente no Conselho de Segurança das Nações Unidas.

Por que represar esse potencial imenso pelo simples medo de um passado que não quer morrer, mas precisa caminhar em direção a algum futuro?

Com a palavra, neste momento e mais uma vez, o Judiciário brasileiro.

# Canção popular e direito de resistência no Brasil[1]

*Heloisa Maria Murgel Starling*

Em 1977, Chico Buarque compôs "Angélica", uma parceria com o cantor Miltinho, integrante do conjunto vocal MPB-4. Na definição do próprio Chico, essa é uma "canção de circunstância" e deve ser tomada em toda a sua literalidade: narra a busca desesperada da estilista Zuzu Angel para conhecer o paradeiro de seu filho Stuart Angel Jones, dirigente do Movimento Revolucionário 8 de Outubro (MR-8), organização de esquerda armada, preso pelas forças de repressão da ditadura militar brasileira e desaparecido político desde 1971.

No mesmo ano do desaparecimento de Stuart, Zuzu Angel apresentou um concorrido desfile de moda no Consulado do Brasil em Nova York e transformou seu desespero pessoal em um impressionante ato de denúncia e resistência política contra a ditadura brasileira. As peças, em fundo branco, traziam imagens de anjos encarcerados; os bordados lembravam canhões e quepes militares; as pulseiras e os colares reproduziam algemas e grilhões. A partir de então, a estilista internacionalmente

---

[1] A concepção deste texto se beneficiou muitíssimo do diálogo com Paulo Vannuchi sobre cultura e ditadura brasileira, durante a execução do projeto Direito à Memória e à Verdade. Somos, também, devedores da generosidade de Franklin Martins, Miguel Martins e Bruno Viveiros, por compartilharem conosco os resultados da pesquisa que estão desenvolvendo sobre canção popular e política no Brasil. (*N. A.*)

famosa lutou — primeiro para localizar o filho e, quando se confirmou a suspeita de seu assassinato sob tortura nas dependências militares da Base Aérea do Galeão, pelo direito de reaver o corpo e conseguir a punição para os assassinos.

No início da madrugada do dia 14 de maio de 1976, na saída do túnel Dois Irmãos, no Rio de Janeiro, o Karmann Guia azul de Zuzu Angel foi interceptado por outro veículo e empurrado deliberadamente contra o guarda-corpo do viaduto — o carro capotou algumas vezes e despencou cinco metros pelo barranco. Um ano antes de ser assassinada, Zuzu Angel havia montado e distribuído a diversas personalidades do Brasil e do exterior o Dossiê Stuart Angel — e incluído, entre os destinatários, o seu amigo Chico Buarque, para quem enviou também um último bilhete, que dizia:

> Há dias recebi documento descrevendo com pormenores as torturas e o assassinato de que foi vítima meu filho Stuart Jones, pelo governo militar brasileiro. [...] Se algo vier a acontecer comigo, se eu aparecer morta, por acidente, assalto ou qualquer outro meio, terá sido obra dos mesmos assassinos do meu amado filho.

A canção de Chico e Miltinho certamente serviu para divulgar a história e convertê-la em memória — uma história pública ao público pertence. Mas "Angélica" também tinha outra missão: permitia ao compositor agir como um sabotador de versões, alguém capaz de extrair da realidade política do país um conjunto de informações e por intermédio delas proceder a uma ostentação de fatos que contestavam a versão dos acontecimentos apresentada pelos militares. De maneira furtiva e de forma mais ou menos cifrada — necessária, inclusive, para driblar a censura —, a canção perturbava e comprometia a coerência e a veracidade da narrativa oficial. E invocava os fatos que desmentiam o pronunciamento do governo sobre o caso, sublinhando a prisão ilegal, a tortura, o assassinato e o desaparecimento do corpo de Stuart, jogado ao mar:

> Quem é essa mulher
> Que canta sempre esse estribilho
> Só queria embalar meu filho
>
> Que mora na escuridão do mar
> Quem é essa mulher
> Que canta sempre esse lamento
> Só queria lembrar o tormento
> Que fez o meu filho suspirar

Chico Buarque não foi o único compositor empenhado em criar canções destinadas a interferir, causar prejuízo e comprometer o discurso oficial e a versão mais conveniente e mais eficaz dos fatos, concebida para atender aos propósitos da ditadura brasileira. Em 1969, Gilberto Gil, por exemplo, compôs "Alfômega", uma tentativa de exercitar na canção os procedimentos concretistas de ligar palavras e inventar neologismos compostos. A gravação de Caetano Veloso, realizada em junho do mesmo ano, combinava política com experimentalismo estético e incluía, ao fundo, a voz crua de Gil gritando o nome proibidíssimo de Marighella.

Carlos Marighella, o mitológico dirigente revolucionário da luta armada no país, seria assassinado à queima-roupa em novembro de 1969, em uma emboscada preparada pelas forças de repressão na cidade de São Paulo. Gritar o seu nome, sub-repticiamente, numa canção em uma conjuntura histórica de intensificação de ações guerrilheiras nas cidades brasileiras e recrudescimento dos mecanismos de repressão, cada vez mais ferozes, era um gesto que estava, de fato, muito próximo a uma ação de sabotagem: o grito de Gil introduzia a guerrilha urbana como uma verdade factual capaz de contestar a coerência da narrativa de ordem e pacificação oferecida pelas autoridades do governo.

Evidentemente, não se deve esperar das canções a capacidade de agir diretamente sobre a realidade — como já explicou certa vez o próprio Chico Buarque: "Qualquer canção de amor/ é uma canção de amor/ não faz brotar amor/ e amantes". A canção é só isso, quase nada, e isso já é muito. A narrativa híbrida, verbal e musical, moldada por ela, tem sempre o mundo como ponto de partida: essa narrativa abre trilhas no emaranhado das coisas humanas, opina sobre elas, discute quanto valem as coisas, dá caráter público àquilo cujo conhecimento estaria, em um primeiro momento, fechado no coração do homem e expõe, de modo transparente, a verdade íntima dos sentimentos humanos.

Entre 1964 e 1985 — os anos da ditadura civil e militar brasileira —, graças às peculiaridades dessa narrativa, um conjunto de canções se empenhou em devassar o mundo do segredo, do censurado, do impublicável para contestar a versão oficial colocada em curso pelo regime. Em "Tocaia", por exemplo, composta em 1973, Sérgio Ricardo narrou o assassinato de outro importante dirigente da luta armada, o capitão Carlos Lamarca, no sertão baiano, após implacável perseguição dos órgãos de segurança. Já no ano seguinte, quando o MPB-4 gravou "Tá certo, doutor", de autoria de Gonzaguinha, o alvo da canção era outro: o governo do general Geisel havia proibido qualquer notícia na imprensa sobre a epidemia de meningite que começou na periferia de São Paulo, chegou até o Rio de Janeiro e matou, no seu auge, cerca de 2.800 pessoas, em sua grande maioria crianças. Foi essa notícia que o MPB-4 tratou de fazer circular amplamente pelo país, em uma interpretação antológica gravada no disco *Palhaços e reis*, e que começa exatamente com o aviso: "Cuidado aí, gente, olha o menino com meningite aí, gente!".

Como um pouco de areia, um parafuso retirado, uma lubrificação malfeita ou um vazamento de combustível, as canções podiam caracterizar uma forma muito característica de combate político e provocar prejuízos irreparáveis ao processo de construção de legitimidade perseguido pelo regime militar. É bem verdade que esse plano nem sempre deu certo: em 1969, por exemplo, Jorge Ben gravou "Charles anjo 45", um samba *rhythm and blues*, com arranjo forte e pesado, sobretudo na cuíca, que punha em cena o caráter polissêmico do conceito de marginal. Na leitura da canção que permanece com força total até os dias de hoje, o marginal Charles é associado a uma representação romântica do mito do bandido famoso — Cara de Cavalo, Lúcio Flávio, Mineirinho e Ildo Meneghetti —, que começou a ser divulgado pela imprensa brasileira a partir dos anos 1960.

Graças à construção desse mito, o universo do bandido marginal urbano se tornou inseparável de uma interpretação não conformista da realidade brasileira e serviu para um grupo de artistas, como Hélio Oiticica, Caetano Veloso, Torquato Neto ou Rogério Sganzerla, pôr em funcionamento uma nova proposta de leitura do país. O resultado da produção desses artistas caracterizou uma profunda virada estética nos padrões culturais vigentes que aparece em, pelo menos, três dimensões: na ruptura com a elegia pela terra como ponto mais agudo da formação de uma consciência nacional crítica e revolucionária; no abandono da construção de figuras exemplares convocadas do interior do país — boiadeiros, pescadores, violeiros, rezadeiras, lavradores etc. — ou da periferia do Rio de Janeiro — o sambista de morro e o malandro da favela — como modelos para a compreensão da realidade brasileira; e na aceitação da disseminação de práticas violentas como sentido de revolta em sociedades urbanas periféricas.

Charles, o personagem da canção de Jorge Ben, flertava com a representação romântica do bandido: tratava-se de um "Robin Hood dos morros, rei da malandragem". No álbum *Jorge Ben*, esse personagem foi apresentado ao público por meio de duas canções que citavam uma à outra e, na oportunidade da citação, deixavam ainda mais evidente o nó temático articulado pela rede narrativa do próprio autor: "Take it easy, my brother Charles" e "Charles anjo 45". Na costura do álbum, as duas canções dialogavam sobre um personagem que se expunha como uma espécie de categoria de acusação para que o ouvinte percebesse claramente quem era o desviante em um país que vivia uma situação de crescimento econômico, concentração absurda de renda e aumento vertiginoso da pobreza e da violência social.

O que pouquíssima gente sabia, porém, é que a canção "Charles anjo 45" traz dobrada em seu interior uma segunda narrativa: ela, também, foi composta em homenagem ao marinheiro Avelino Capitani — protagonista de uma das trajetórias mais espetaculares da história da luta armada no Brasil. A militância política de Capitani começou durante a Revolta dos Marinheiros — a mobilização que desafiou o governo João Goulart durante a Semana Santa de 1964 e pôs em risco a disciplina e a hierarquia militar. Dois anos depois, ele se engajou na primeira tentativa de resistência armada à ditadura: a Guerrilha do Caparaó. Ainda em 1967, participou ativamente da criação do Movimento de Ação Revolucionária (MAR), o agrupamento de esquerda armada que nasceu dentro da penitenciária Lemos Brito, no Rio de Janeiro, viabilizou a fuga cinematográfica de seus militantes, em maio de 1969, e estabeleceu na região de Angra dos Reis sua principal base de treinamento e preparação de um futuro foco de guerrilha.

Com a perda da base de Angra dos Reis e a consequente dissolução do MAR, Capitani integrou-se a outra organização armada: o Partido Comunista Brasileiro Revolucionário (PCBR). Ferido durante a tentativa malsucedida de assalto a uma agência bancária, em Brás de Pina, na periferia carioca, ele rompeu à bala o cerco policial e embrenhou-se nos morros do Rio de Janeiro, onde ficou escondido por meses nas favelas da Zona Norte até conseguir planejar uma rota de fuga do país e reaparecer, após muitas peripécias, em Havana, Cuba. A partir da fuga da penitenciária, Capitani passou a portar uma inseparável pistola .9 mm, fácil de ser confundida com a de calibre .45. Românticas e seduzidas pelo charme do guerrilheiro, as estagiárias de Direito e as assistentes sociais da Lemos Brito apelidaram-no Anjo Louro; desde os tempos do Caparaó, seu codinome, na guerrilha, era Charles.

A história do marinheiro Capitani ficou escondida na trajetória do personagem *Charles anjo 45* — o "protetor dos pobres e dos oprimidos". Ainda assim, o potencial político dos versos da canção era tão evidente que a gravadora Polygram sustou o lançamento de um compacto com a interpretação de Caetano Veloso para "Charles anjo 45", que incluía ao fundo o violão e os vocais do próprio Jorge Ben. A gravação de Caetano era oposta à de Jorge: apresentada em tom de lamento, a melodia vinha impregnada de uma tristeza meio premonitória, já que ele gravou a canção um pouco antes de sua prisão e da partida, com Gilberto Gil, para o exílio em Londres.

Os executivos da Polygram temiam que a interpretação de Caetano soasse aos ouvidos militares como provocação e esse temor tinha lá sua razão de ser: havia mesmo uma tensão política latente transbordando dos versos de Jorge Ben, resultado palpável do foco de abordagem proposto pela canção: ainda que não revelasse a homenagem ao guerrilheiro Capitani, "Charles anjo 45" tentava, provavelmente pela primeira vez no nosso cancioneiro popular, combinar na figura do marginal o universo do banditismo social e o contexto da luta armada e da clandestinidade das organizações guerrilheiras, que transformava seus membros em marginais em potencial. E adicionava a esse cenário a aceitação do uso legítimo da violência como forma de luta revolucionária nas sociedades capitalistas periféricas.

O recurso à sabotagem de versões foi marca característica desse conjunto de canções que terminou por formar um *corpus* diferenciado no interior de um cancioneiro popular, em grande parte comprometido com as manifestações de combate à ditadura — o elemento definidor da relação entre arte e política no cenário nacional entre os anos de 1964 e 1985. Mas essa não foi a sua única marca. No conjunto, são composições criadas para mobilizar e defender, cada uma a seu modo, os argumentos que, na análise do compositor, definiam a justeza do combate político travado contra a ditadura: todas elas invocam o direito à resistência e procuram fundamentar a possibilidade prática da utilização desse direito como método de luta pública oposicionista a ser sustentado pelo campo da imaginação cultural brasileira.

A ideia de que era possível defender a liberdade política a partir da luta de resistência e da recuperação de um catálogo de direitos expurgados da vida pública nacional, por ação da ditadura, marcou a diferença entre essas canções e as composições de exortação revolucionária — tradicionalmente orientadas para incitar uma conduta política adequada à deflagração da rebelião. A prática de compor canções de exortação revolucionária não é uma originalidade brasileira; ao contrário, trata-se de um costume compartilhado pelo cancioneiro popular de inúmeros países, pelo menos desde o final do século XVIII francês, que lhe proporcionou a moldura urbana e moderna: a primeira canção desse tipo, "Ça ira", surgiu, em seu formato original, em 1790.

O refrão de "Ça ira" invocava a esperança revolucionária — "Ah, Ça ira! Ça ira! Ça ira!" — e jamais seria alterado, mas diferentes versões de seus versos foram compostas para dar conta de eventos e assuntos de revolta política em diversos contextos e em países muito distintos — França, Rússia, Espanha e Itália — até pelo menos a segunda metade do século XX. Após junho de 1792, vendedores ambulantes e o largo círculo de militantes nos clubes e nas *sociétés populaires* francesas trataram de transformar a mais célebre canção dessa linhagem, "A marselhesa", em um meio muitíssimo eficiente de acompanhamento popular quase cotidiano dos acontecimentos políticos: suas estrofes denunciaram conspirações, informaram sobre operações militares, polarizaram as escolhas entre o povo e seus representantes e, sobretudo, alimentaram o potencial de mobilização da vivência revolucionária.

Mas essa não foi uma vertente especialmente fértil do cancioneiro popular brasileiro em sua luta contra a ditadura. Nossa canção exemplar de exortação revolucionária — "Pra não dizer que não falei das flores" — foi apresentada pelo autor, Geraldo Vandré, durante a eliminatória paulista do III Festival Internacional da Canção, em 1968. Ao contrário de "Disparada", também de Vandré em parceria com Théo de Barros, de elaboração melódica mais refinada, "Pra não dizer que não falei das flores" tinha dois acordes e versos de fortíssimo apelo revolucionário. Tudo na canção provocava polêmica, a começar pela definição do gênero: Vandré estava convencido de que havia composto uma espécie de "rasqueado de beira de praia", uma modalidade musical que surgiu como diversão de negros e mulatos em Lisboa durante a primeira década do século XIX e cuja sonoridade é obtida por meio da raspadura da unha, rápida e sucessivamente, pelas cordas do violão ou da guitarra, sem as dedilhar; já o maestro Gaya, durante o festival, acreditava piamente estar regendo uma guarânia. Juízo definitivo sobre a canção só mesmo o emitido pelos militares: "Pra não dizer que não falei das flores", explicou didático, à imprensa, o general Luís de França Oliveira, secretário de Segurança do Rio de Janeiro, no momento em que a canção era censurada em todo o território nacional e seu autor forçado a exilar-se no Chile, tinha "letra subversiva e sua cadência é do tipo de Mao Tsé-Tung."

As composições que invocavam o direito à resistência recortaram o seu próprio discurso do interior do grande conjunto poético musical produzido pelas canções de viés crítico — a vertente do cancioneiro popular politicamente engajada na oposição à ditadura militar. O empenho em estabelecer uma relação direta entre arte e contexto social e a crença na eficácia revolucionária da palavra cantada sistematizaram os grandes temas do debate político que marcaram as formas de engajamento da canção popular. A disposição em estar ao lado do povo e, por vezes, em fazer-se povo para compartilhar de sua vida e de sua miséria, por exemplo, foi um traço singular da década de 1960 e aparece expressa em canções com características estéticas e musicais muito distintas: "Disparada", de Vandré e Théo de Barros; "Terra de ninguém", dos irmãos Vale; "Favela", de Padeirinho e Jorginho; "Procissão", de Gilberto Gil; "Maria do Maranhão", de Carlos Lyra e Nélson Lins de Barros; "Pau-de-arara", também de Carlos Lyra, em parceria com Vinicius de Moraes; e "A estrada e o violeiro", de Sidney Miller.

Os primeiros anos da década de 1970, ao contrário, trouxeram como uma das características do combate político contra a ditadura, protagonizado pela canção popular, os elementos da linguagem musical do rock, uma ambiência *noir* e os motivos do medo, da viagem sem volta e da derrota — pessoal e política. A primeira metade dessa década representou o período mais violento e repressivo da ditadura militar instalada no país com o Golpe de 1964 e converteu a lírica do povo combatente e o sonho das utopias revolucionárias em desencantamento, desesperança e pesadelo: "Filme de terror", de Sérgio Sampaio; "Para noia", de Raul Seixas e Paulo Coelho; "Balada do louco" e "Caminhante noturno", composições de Arnaldo Batista e Rita Lee; "O sonho acabou", de Gilberto Gil; "San Vicente", de Milton Nascimento e Fernando Brant; e, claro, "Vapor barato", de Jards Macalé e Waly Salomão, e "Eu quero é botar meu bloco na rua", de Sérgio Sampaio — as duas canções-símbolo da década.

Os anos 1970 também deixaram claro que o engajamento do compositor no combate à ditadura não fazia distinção de gênero e incluía todas as modalidades do cancioneiro nacional. Entre 1968 e 1978, uma vertente da canção romântica — o *brega* ou *cafona* — alcançou altíssimas vendagens no mercado de discos, bateu recordes de execução nas rádios e escancarou publicamente o tema da segregação social vivenciada pela população pobre brasileira no seu cotidiano.

De quebra, a canção *brega* denunciou o racismo, mobilizou-se a favor da adoção da lei do divórcio no Brasil e fez circular entre a população de baixa renda informações e temas de interesse público com forte conteúdo político que perturbavam o poder e comprometiam a coerência e a veracidade da narrativa oficial produzida pelos militares. "Uma vida só (Pare de tomar a pílula)", por exemplo, sucesso fulminante de Odair José em 1973, bateu de frente com a campanha de controle da natalidade patrocinada pela ditadura. Coordenada pela Sociedade Civil de Bem-Estar Familiar no Brasil (Bemfam), a campanha recebia verbas internacionais e do governo militar, mobilizava farta distribuição de pílulas e dispositivos intrauterinos (DIU) entre mulheres de baixa renda das regiões Norte e Nordeste do país e utilizava o slogan: "Tome a pílula com muito amor." Nesse contexto, não podia ser diferente: a canção mais tocada nas rádios brasileiras durante o ano de 1973 teve a sua execução pública proibida em todos os meios de comunicação, serviços de alto-falantes e casas de espetáculo do país, o disco foi retirado abruptamente de circulação e o compositor, orientado pelos executivos da gravadora Phonogram, partiu para uma temporada forçada (que durou um ano) na Inglaterra.

Mas quaisquer que fossem suas formas de engajamento na oposição à ditadura militar, as diferentes modalidades da canção popular compartilhavam a vocação para o diálogo *público* — traço essencial na formação da identidade do nosso cancioneiro. Está na origem da sonoridade brasileira moderna: o século XX apenas começava quando compositores como Donga, Pixinguinha, Caninha, China, Heitor dos Prazeres, João da Baiana e, sobretudo, Sinhô articularam canto e fala em células rítmicas bem definidas e trataram de utilizá-las para enviar recados e mobilizar, de maneira sistemática, um conteúdo que incluía polêmica, críticas da situação do país e, especialmente, a emissão de uma determinada opinião.

Graças precisamente a esse desenho dialogal, a moderna canção popular urbana brasileira produziu, ao longo do século XX, uma forma peculiar de narrativa sobre as condições de gestação, expressão e consolidação do mundo público e de certa noção do sentido do *público* e do *comum* entre nós. Ainda que, no mais das vezes, o mote original da composição seja de cunho eminentemente pessoal e o compositor fale prioritariamente de si — abordando seus amores, infortúnios, aptidões, desenganos ou características pessoais —, uma canção costuma quase sempre expor opiniões e agregar comentários ao ponto de vista inicial proposto pelo autor. Ao fazer isso, a canção favorece a controvérsia, a discussão e a troca de opiniões, além de facultar a incorporação ao debate de todos quantos se sintam atingidos por tal ponto de vista, independentemente de suas convicções, atributos ou valores originais. Essa capacidade de integração de públicos diversos, de formação de consenso e de ampliação da esfera pública até o limite do indivíduo ordinário é uma das principais e mais importantes características do cancioneiro popular brasileiro.

As composições que desafiaram a ditadura, invocando o direito à resistência, se aproveitaram, também, dessa característica singular que faz da canção popular um veículo de trocas capaz de cortar transversalmente nossa *pólis*. Independentemente de gênero e estilo, essas composições providenciaram um novo e inesperado estoque de referências para a vida pública brasileira, passível de reconhecimento por uma audiência ampla, de nível social ou cultural muito diversificado, e em cujo centro estava a afirmativa eloquente de que era direito dos brasileiros não se deixarem oprimir pelos governantes.

Ao positivar o direito de resistir à opressão em algumas de suas canções, o compositor popular podia até não saber, mas estava reproduzindo uma justificativa muito antiga, formulada para oferecer legitimidade a uma proposta de ação individual ou de grupo, de fundo sedicioso e libertário: o direito à resistência ingressou na nossa modernidade política durante o século XVII e tal ingresso foi resultado, sobretudo, dos escritos dos *commonwealthmen*, os autores radicais que formaram o republicanismo inglês, no correr da Revolução Puritana. Na formulação dos radicais ingleses, o direito à resistência e ao tiranicídio veio sustentado, principalmente, pelo argumento de John Milton sobre o "mal extremo" — o despotismo que brota da conduta desordenada do soberano. Nos termos de Milton — seguido posteriormente tanto por John Locke quanto por Algermon Sidney —, esse direito é uma reação contra a ação de um soberano que, por motivo de conquista, usurpação, tirania ou dissolução do governo, utilizou o emprego da força em oposição às finalidades da lei.

Nos casos de infidelidade do soberano apontados por Milton, cabe ao povo defender-se, resistir ao abuso da força e retomar integralmente a autoridade que, por direito, lhe pertence. Na concepção dos radicais ingleses, o poder que o povo atribuiu ao governante em confiança pertence aos membros da comunidade e o direito de resistir é consequência do rompimento dessa confiança — ele é sempre uma reação regulada e provisória, um efeito incontornável e indesejado em um quadro de temporária ingovernabilidade. Somente no século XVIII, durante a Revolução Americana — e, mais precisamente, no contexto da redação da Declaração de Independência das treze colônias inglesas na América —, o direito à resistência passou a servir de alicerce à República e foi definido como um fundamento estável e permanente de defesa e garantia da liberdade política do cidadão.

É bem provável que o compositor popular desconheça por completo a linhagem ilustre em que acabou por filiar algumas de suas canções, mas ele sabe defender perfeitamente, em verso e melodia, o direito do povo de resistir ao governante que não cumpre com o seu ofício e utiliza da força para violar a vida pública e a liberdade do cidadão. Em 1972, a composição "Pesadelo", de Paulo César Pinheiro e Maurício Tapajós, tomou a iniciativa de posicionar, no campo da cultura, a afirmação do direito à resistência e definir o seu exercício como uma combinação simultânea de três modalidades de ação política, de natureza individual e/ou coletiva e de execução direta ou indireta: reação, defesa e oposição.

> Quando um muro separa, uma ponte une
> Se a vingança encara, o remorso pune
> Você vem me agarra, alguém vem me solta
> Você vai na marra e ela um dia volta
> E se a força é tua, ela um dia é nossa
> Olha o muro, olha a ponte
> Olha o dia de ontem chegando
> Que medo você tem de nós
> Olha aí...

Essa é, também, uma canção ocupada em acentuar o lugar estratégico em que reside o enorme poder de fogo do exercício do direito à resistência: sua capacidade de corroer muito rapidamente as bases de legitimidade do regime. A ditadura dos militares, como qualquer governo de força, dependia muitíssimo do consentimento — sob a forma de colaboração ou obediência — da maioria da população. Está em jogo, no argumento da canção, a possibilidade de acelerar o processo de desconcentração do consentimento no âmbito da sociedade civil, tanto por meio da organização de atos de resistência individual ou de grupo, quanto através da adoção de diferentes formas de oposição ativa ou passiva capazes de mobilizar parcelas da população para que retirem o consentimento dado:

> Você corta um verso eu escrevo outro
> Você me prende vivo, eu escapo morto
> De repente, olha eu de novo
> Perturbando a paz, exigindo o troco
> Vamos por aí, eu e meu cachorro
> Olha um verso, olha o outro
> Olha o velho, olha o moço chegando
> Que medo você tem de nós
> Olha aí...

"Pesadelo" foi magistralmente gravada pelo MPB-4, no álbum *Cicatrizes*, com uma interpretação grave que acentua a potência dramática do argumento e traz à cena, no arranjo das vozes que repetem insistentes o último verso, um travo surdo de tensão, ameaça e revolta: "Olha aí... olha aí... olha aí...". O grau de contundência do canto, por sua vez, permitiu ao MPB-4 incorporar ao discurso da canção o efeito retórico da leitura de um manifesto — um gênero específico de literatura política que anuncia um acontecimento, procura fornecer os elementos para sua justificativa e busca apoio público para sua execução.

Na exploração do seu contexto político imediato, "Pesadelo" dialoga com outra canção, "Mambembe", composta por Chico Buarque no ano seguinte. "Mambembe" foi escrita originalmente como parte da trilha sonora do filme *Quando o carnaval chegar*, de Cacá Diegues, no qual Chico atuou ao lado de Nara Leão e Maria Bethânia — uma alegoria da situação política do Brasil no início da década de 1970, em ritmo de chanchada.

"Mambembe" é um típico "samba-duplex" — na definição de Julinho da Adelaide, o heterônimo falastrão que Chico Buarque produziu em 1974 para driblar a censura: trata-se de "um gênero de samba pragmático que muda de sentido sempre que necessário". Graças a essa condição, o samba de Chico é, certamente, uma alusão às troupes ambulantes de teatro e circo formadas por artistas amadores que, desde o século XIX, perambulavam pelo interior do país atrás de plateias dispostas a receber espetáculos, em geral de qualidade artística precária — aliás, como os protagonistas do filme de Cacá Diegues.

Mas "Mambembe" também alude a uma forma de vida na qual faltam chão, raízes e permanência — e ao desarrazoado que isso representa. Não por acaso, a figura central da canção refere-se à particular visibilidade do *outro* que não se confunde conosco e não é reconhecido como constitutivo de *nós* — essa é uma canção que revela um modo de viver nômade, a estranha condição de uma existência feita apenas de partidas. Uma gente que vem do nada e parte para lugar nenhum: sem habitação fixa, sem deixar traços duradouros de sua passagem, sem constância, sem estabilidade.

Essa condição de errância, de deslocamento contínuo, de permanente deambulação, que sugere o vagabundo, o proscrito, o estranho e o proibido, também permite à canção de Chico uma última alusão: à fisionomia de um submundo de renegados, seu estilo rebelde e irreverente, seu desrespeito à autoridade e à ordem constituída pelos militares — e é, precisamente, essa alusão que assegura os termos de seu diálogo com "Pesadelo". Nos versos de "Mambembe", o exercício do direito de resistência depende da ação concertada desse submundo formado por pessoas de vida semiclandestina — uma espécie de comunidade à parte dentro da sociedade brasileira, continuamente denegrida por ela, abominada pela ditadura e sistematicamente perseguida pela polícia —, mas dispostas a reocupar o espaço público, organizar atos e assumir iniciativas, preservar quadros e acumular forças:

> No palco, na praça, no circo, num banco de jardim
> Correndo no escuro, pichado no muro
> Você vai saber de mim
> Mambembe, cigano
> Debaixo da ponte, cantando
> Por baixo da terra, cantando
> Na boca do povo, cantando

Ao contrário de "Pesadelo", "Mambembe" é, antes de tudo, um samba alegre, quase moleque, cuja descontração parece destoar com a gravidade da conjuntura política do momento em que foi composto — o ano de 1973 faz parte do período mais violento e repressivo da ditadura brasileira. Contudo, sua leveza não sugere um equívoco: a canção caminha como se a melodia pretendesse traduzir, na voz do compositor, tanto a vida errante, vadia, aberta a quimeras e devaneios, característica de seus personagens, quanto a ironia desse discurso que revela a diferença entre ser passivamente marginalizado em um país dividido entre miséria e modernidade e, estrategicamente, colocar-se à margem, negando-se a consentir com essa divisão ou a fazer parte dela:

> Mendigo, malandro, moleque, molambo, marginal
> Escravo fugido ou louco varrido
> Vou fazer meu festival...
> Poeta, palhaço, pirata, corisco, errante judeu
> Dormindo na estrada, não é nada, não é nada
> E esse mundo é todo meu

"Pesadelo" e "Mambembe" são canções cautelosas. Afirmam o direito de resistência sempre em uma correlação de forças adversa: resistem os derrotados, os clandestinos, os renegados e os marginais em toda sua gama de representantes: subversivos, poetas, agitadores, bandidos, loucos, favelados, artistas, drogados... Mas revelam, também, uma expectativa: as duas canções compartilham da ideia de que o direito de resistência comparece no mundo público por meio da irrupção do valor da esperança — a certeza incerta sobre o bem que virá, o oposto do medo que constitui a expectativa do mal que está por vir. Animada pela esperança, argumentam as canções, a alma ultrapassa a realidade imediata e resiste; movida pelo medo, ela se encolhe e recua.

Na avaliação do compositor popular, a invocação ao direito de resistência é consequência de uma crise profunda da autoridade política que fere de morte as condições de liberdade política do cidadão: o governo foi usurpado por um golpe de Estado e o uso da força sustenta o poder arbitrário dos governantes. Em "Angélica", por exemplo, importa ao compositor tanto revelar o desaparecimento e o assassinato de Stuart Angel quanto apontar as razões pelas quais a canção acentua não o dever de obediência, mas o direito de resistência a um Estado que desacata as leis nas quais se fundamentam os direitos dos indivíduos.

Dito de outra forma: o governo dos militares tornou-se uma tirania quando aboliu o valor da pessoa humana e sua expressão jurídica no campo dos direitos. Não por acaso, "Angélica" é também uma canção que afirma o direito à resistência ante o governante que emprega a força em oposição à finalidade das leis. Seus versos expõem na cena pública a figura do morto, sua condenação ao silêncio e à impossibilidade de defesa e a convicção de que é precisamente nessa cena que a voz do morto precisa ser ouvida. Nessa exposição, "Angélica" é, ela mesma, um ato de resistência perpetrado por Chico e Miltinho: a canção fala no lugar de quem não pode mais falar; e fala diante do tirano para denunciar seu crime: "Queria cantar por meu menino/ que ele já não pode mais cantar".

Mas foi com outra canção exemplar, "Acorda, amor", composta ainda em 1974, que Chico Buarque condicionou o direito de resistência ao emprego da força em oposição à finalidade da lei e sumariou os abusos de poder cometidos por governantes arbitrários. A canção vinha assinada por Julinho da Adelaide e seu meio-irmão Leonel Paiva, sustentava um arranjo impressionista no qual sobressaía o som de sirenes de radiopatrulha e trazia um refrão que escancarava a profunda inversão do sinal que legitima o Estado de Direito — em vez de "chame a polícia", alertava o compositor: "Chame o ladrão."

"Acorda, amor" é uma canção que entende a Justiça como legitimidade e o dever de obediência à lei por parte dos governantes como uma obrigação política. Sua narrativa assinala as lesões produzidas pela ditadura às liberdades individuais por intermédio de um Estado, em aparência, muito forte, principalmente em razão de sua capacidade de proceder continuamente ao alargamento dos instrumentos de repressão e de violência. Nesse mundo regido pelo arbítrio, não cabia regra capaz de impedir a desmedida: agentes do Estado retiravam uma pessoa indefesa de sua casa, levavam-na para um centro de detenção desconhecido, interrogavam-na e, possivelmente, durante o interrogatório, essa mesma pessoa também seria submetida a alguma forma de tortura:

> Era a dura, numa muito escura viatura
> Minha nossa santa criatura
> Chame, chame o ladrão, chame o ladrão...
> Acorda amor
> Não é mais pesadelo nada
> Tem gente já no vão de escada
> Fazendo confusão, que aflição
> São os homens...
> Acorda amor
> Que o bicho é brabo e não sossega
> Se você corre o bicho pega
> Se fica não sei não

"Não demora/ dia desses chega a sua hora", profetizavam os versos da canção de Chico. A margem de manobra das vítimas era mínima, o risco de acordar do pesadelo recorrente e cair em outro pesadelo, dentro de uma cela de prisão, era real; às vítimas sobrava perplexidade, a sensação de pânico e a tentativa meio patética de se agarrar dignamente aos aspectos mais banais do cotidiano para não se aviltar no medo:

> São os homens
> E eu aqui parado de pijama
> Eu não gosto de passar vexame
> Chame, chame, chame
> Chame o ladrão, chame o ladrão...
> Não discuta à toa, não reclame
> Chame o ladrão, chame o ladrão

Mas "Acorda, amor" é, também, uma canção exemplar da afirmação das razões que justificam o direito à resistência, por um segundo motivo: ela flagra um ponto importante de mutação do regime. Esse ponto surge no momento em que o aparato institucional edificado pela ditadura para repressão política mostra os seus limites e o Estado viola a própria legalidade de exceção que estabeleceu. Desse ponto em diante, ocorrem as prisões sem explicações nem registros, os desaparecimentos forçados, os sequestros e as execuções políticas. Aos familiares, registram os versos da canção, resta a tensão da dor, amplificada pela ausência da resposta: nenhum deles conhece o que, de fato, aconteceu com seus entes queridos:

> Se eu demorar uns meses
> Convém, às vezes, você sofrer
> Mas depois de um ano eu não vindo
> Ponha a roupa de domingo
> E pode me esquecer

Ao menos em um aspecto, Chico Buarque não deixa de ter mesmo razão: essas são, sem dúvida, canções de circunstância. Mas, ao contrário do que supõe o compositor, seu traço singular não decorre apenas da literalidade dos seus versos. Na prática, essas são canções que ficaram a meio caminho entre uma forma de música cultivada de modo tão extraordinário entre nós — a canção popular — e um método próprio de luta política que associava uma atitude de não colaboração com a ditadura a uma ação de protesto e de persuasão da opinião pública.

A repressão política fez o que pôde para impedir que a expansão do mercado de discos, verificada durante as décadas de 1960 e 1970, ocorresse em benefício imediato da canção popular brasileira. Ainda assim, não foi possível à ditadura evitar as grandes vendagens de discos, o surgimento de novos compositores e intérpretes e, especialmente, a expressiva aceitação entre os jovens da canção popular brasileira como alternativa de consumo à música estrangeira. Por essa razão, a atividade política do compositor popular superou de alguma maneira o desequilíbrio de forças existente entre os dois lados: as canções que justificavam o direito de resistência conseguiram tanto burlar a censura e expandir o acesso à informação controlada pelos militares, quanto contribuir para acelerar o processo de desconcentração do consentimento no âmbito da sociedade civil.

Essa foi a marca das canções que positivaram entre nós o direito de resistência: atacar as bases do consentimento gerado no interior da sociedade civil e responsável por sustentar a fonte do poder da ditadura. A correlação de forças era adversa: o inimigo se mostrava muito forte e o uso brutal da violência contra os adversários do regime era a regra, mas as canções seguiam sendo um dos modos decisivos de informação e politização da cena pública nacional. Como explicam os versos de Milton Nascimento, Lô Borges e Márcio Borges, escritos para a música "Clube da Esquina", talvez a composição que melhor retrate o direito de resistência como um exercício de esperança:

Noite chegou outra vez
De novo na esquina os homens estão...
Um grande país eu espero
Espero do fundo da noite chegar
Mas agora eu quero tomar suas mãos
Vou buscá-la onde for
Venha até a esquina
Você não conhece o futuro que tenho nas mãos

Numa noite qualquer do país, em uma época de morte e desertificação de sua vida pública, um punhado de canções fez do luto o momento de passagem do mutismo à palavra.

### Referências bibliográficas

ARAÚJO, Paulo César de. *Eu não sou cachorro, não: música popular cafona e ditadura militar*. Rio de Janeiro: Record, 2002.

ARENDT, Hannah. *Eichmann em Jerusalém: um relato sobre a banalidade do mal*. São Paulo: Companhia das Letras, 1999.

BRITTO, Paulo Henriques. *Eu quero é botar meu bloco na rua, de Sérgio Sampaio*. Rio de Janeiro: Língua Geral, 2009.

CALOZ-TSCHOPP, M.-C. (org.). *Hannah Arendt, les sans-État et le "droit d'avoir des droit"*. Paris: L'Harmattan, 1998, 2 vol.

CAPITANI, Avelino B. *A rebelião dos marinheiros*. São Paulo: Expressão Popular, 2005.

COELHO, Frederico. *Eu, brasileiro, confesso minha culpa e meu pecado*. Rio de Janeiro: Civilização Brasileira, 2010.

COSTA, José Caldas da. *Caparaó: a primeira guerrilha contra a ditadura*. São Paulo: Boitempo, 2007.

DARTON, Robert. *Os dentes falsos de George Washington: um guia não convencional para o século XVIII*. São Paulo: Companhia das Letras, 2005.

DUARTE, Regina Horta. *Noites circenses: espetáculos de circo e teatro em Minas Gerais no século XIX*. Campinas: Ed. Unicamp, 1995.

MARIGHELLA, Carlos. *Manual do guerrilheiro urbano e outros textos*. Lisboa: Assírio e Alvim, 1975.

MELLO, Zuza Homem de. *A era dos festivais: uma parábola*. São Paulo: Editora 34, 2003.

MENESES, Adélia Bezerra de. *Figuras do feminino na canção de Chico Buarque*. São Paulo: Ateliê Editorial; Boitempo, 2000.

MILTON, John. *Escritos políticos*. São Paulo: Martins Fontes, 2005.

MORETTI, Rita. *Indústria fonográfica: um estudo antropológico*. Campinas: Ed. Unicamp, 2009.

PEREIRA, Anthony. *Ditadura e repressão: o autoritarismo e o Estado de direito no Brasil, no Chile e na Argentina*. São Paulo: Paz e Terra, 2010.

SANCHES, Pedro Alexandre. *Tropicalismo: decadência bonita do samba*. São Paulo: Boitempo, 2000.

SCOTT, John. *Commonwealth Principles: Republican Writing of the English Revolution*. Cambridge: Cambridge University Press, 2007.

TINHORÃO, José Ramos. *A música popular que surge na era da revolução*. São Paulo: Editora 34, 2009.

_____. *O rasga: uma dança negro-portuguesa*. São Paulo: Editora 34, 2006.

VELOSO, Caetano. *Verdade tropical*. São Paulo: Companhia das Letras, 1997.

## Referências discográficas

BEN, Jorge. *Jorge Ben* (1969). São Paulo: Universal, 2008. 1 CD.

BUARQUE, Chico. *Quando o carnaval chegar*. São Paulo: Universal, 2001. 1 CD.

BUARQUE, Chico. *Sinal fechado*. São Paulo: Universal, 2001. 1 CD.

BUARQUE, Chico. *Almanaque*. São Paulo: Universal, 2001. 1 CD.

MPB-4. *Cicatrizes*. *MPB-4*. São Paulo: Philips/Universal, 1972. 1 disco sonoro.

MPB-4. *Palhaços e reis*. São Paulo: Philips, 1974. 1 disco sonoro.

NASCIMENTO, Milton. *Milton*. São Paulo: EMI, 1995. 1 CD.

ODAIR, José. *Odair José*. São Paulo: Polydor, 1973. 1 disco sonoro.

RICARDO, Sérgio. *Sérgio Ricardo*. São Paulo: Continental. 1973. 1 disco sonoro.

VELOSO, Caetano. *Caetano Veloso*. São Paulo: Philips/Polygram, 1969. 1 CD.

# RAP

*Walter Garcia*

O rap brasileiro, desde a década de 1980, denuncia e se posiciona contra várias formas de injustiça existentes nas periferias das grandes cidades. Tentando sistematizar os temas cantados até o momento, embora sem a pretensão de abarcar toda a sua variedade, quatro blocos, que se relacionam entre si, podem ser identificados:

I) denuncia-se a violência policial, a parcialidade do sistema judiciário ao punir "preferencialmente preto, pobre, prostituta" ("Brasil com P", de GOG), assim como a crueldade da prática do sistema penitenciário ("Diário de um detento", de Mano Brown e Jocenir); ao lado de tudo isso, adverte-se sobre consequências que parecem inevitáveis na vida do criminoso que habita as periferias: sofrimentos e, em muitos casos, morte violenta e prematura ("Tô ouvindo alguém me chamar", de Mano Brown; "Vida de bandido — Culpa da situação", de Rappin' Hood e Douglas Guerreiro);

II) denuncia-se a segregação dos negros no Brasil, junto do preconceito mal camuflado pela falsa aparência de democracia racial: "Me ver pobre, preso ou morto já é cultural" ("Negro drama", de Edy Rock e Mano Brown);

III) denuncia-se a concorrência brutal dos sujeitos no mercado capitalista, onde a lei do "compre mais, compre mais, supere seu adversário"

("Mano na porta do bar", de Mano Brown) transforma a liberdade pessoal em liberdade implacável de consumir não importa a que custo;

IV) de modo mais amplo em relação ao item anterior, denuncia-se a vida nas periferias urbanas — com seu cotidiano de "loucura, violência exagerada" ("Homem na estrada", de Mano Brown), as condições sub-humanas nas escolas e nos hospitais públicos ("Castelo triste", de Eduardo Taddeo), a humilhação pela esmola ou pelo emprego e subemprego mal remunerados ("Beco sem saída", de Edy Rock e Kl Jay) — enquanto parte integrante da estrutura econômica do país e da atuação do Estado por ela determinada.

Um dos marcos fundamentais dessa trajetória foi o lançamento, em 1988, de *Hip-Hop cultura de rua*, coletânea que reuniu Thaíde e DJ Hum, O Credo, Código 13 e MC Jack. Já se afirmou que quase quarenta mil cópias foram vendidas por uma gravadora pequena, a Eldorado, apenas na primeira semana de comercialização do LP. Os números podem estar superestimados, mas o fato é que a coletânea deu maior visibilidade ao movimento que se desenvolvia junto à estação de metrô São Bento, no centro de São Paulo, ponto de encontro de dançarinos de *break*, chamados *b. boys* e *b. girls*, e, a seguir, ponto de encontro também de *rappers*.

Note-se que não se trata de caso isolado. Sabe-se que um dos modos de atuação da indústria cultural, seguido inclusive por empresas pequenas, é a transformação de determinada manifestação local em mercadoria difundida e distribuída em massa. E também se sabe que um dos aspectos positivos dessa transformação é a possibilidade de afirmação simbólica, na esfera pública, de experiências concretas e valores próprios de um lugar social tradicionalmente ignorado ou visto com desconfiança, se não com desprezo, pelo pensamento hegemônico. Contudo, seria um erro imaginar que o *hip-hop* já tenha sido escolhido como a bola da vez no mercado hegemônico brasileiro — para o bem e para o mal do próprio estilo musical.

A grande maioria dos jovens frequentadores da São Bento morava em bairros periféricos. Dentre os primeiros a cantar no local estavam Thaíde (então *b. boy* da equipe Back Spin) e J. R. Blow (autor de versos como

"Nós somos *b. boys*, somos garotos de rua/ mostramos ao mundo que a história continua"). *Hip-Hop cultura de rua* incluiu dois raps com Thaíde e DJ Hum. O primeiro era "Corpo fechado" que, tendo sido escolhido pela Eldorado como música de trabalho, obteve boa difusão em rádios AM e FM. Desde a estrofe inicial do rap, o sujeito da canção alardeava a sua coragem de defender-se contra qualquer forma de agressão, a sua capacidade de revidar sem aceitar represálias:

> Me atire uma pedra, que eu te atiro uma granada
> Se tocar em minha face, sua vida está selada
> Portanto, meu amigo, pense bem no que fará
> Pois não sei se outra chance você terá

Já o segundo rap gravado por Thaíde e DJ Hum era "Homens da lei". Nele o jovem de periferia cantava a sensação de andar ameaçado, prestes a se tornar vítima dos equívocos da "polícia paulistana":

> Oh, meu Deus, quando vão notar
> Que dar segurança não é apavorar?
> Agora não posso mais sair na boa
> Porque ela me para e me prende à toa [...]
> Se eles me pegam, avisem meu pai
> Se saio dessa vivo, não morro nunca mais
> Não sei se meu destino é mofar atrás das grades
> Ou ter meu corpo achado em um riacho da cidade

Pode-se dizer que a desproporção da imagem "receber pedra — atirar granada", de "Corpo fechado", tinha em "Homens da lei" a revelação de uma parcela da matéria histórica que lhe dava substância. Em outros termos, a valentia cantada em "Corpo fechado" invertia a realidade apresentada em "Homens da lei": na experiência concreta, o poder da "granada" estava nas mãos da polícia, o da "pedra" ficava ao alcance do jovem de periferia. E ainda ficamos sabendo, nessa soma das duas canções, que o contato temeroso com a autoridade parecia querer ensinar o valor do desmando ao jovem. É o que sugere, com ironia, uma outra estrofe cantada e repetida por Thaíde em "Homens da lei":

> Se eles são os tais, eu quero ser também
> Ser mal-educado e não respeitar ninguém
> Bater em qualquer jovem sem motivo nenhum
> Andar em liberdade e sem drama algum

Todavia, a atitude do *rapper*, recriando no seu canto o cotidiano de uma geração de jovens de classe baixa, representava um caminho diverso do aprendizado da valentia desmedida. Explicando melhor, seria ingenuidade tomar ao pé da letra uma imagem como "receber pedra — atirar granada", assim como ingênuo seria não distinguir entre o sujeito da canção e a pessoa que trabalha como *rapper*. Porém os versos não jogam simplesmente com as palavras desde que o rap esteja radicado no *hip-hop* enquanto um dos elementos dessa cultura de rua (os outros elementos são: a apresentação feita por um DJ — *disc jockey* — ou um MC — mestre de cerimônias —; o *break*; o grafite; e o conhecimento). Isto porque a letra de um rap, com suas imagens, sua sonoridade e seu ritmo, se constrói na intersecção da experiência do MC, compositor-intérprete, com a vida da comunidade da qual participa e de comunidades afins. Na boa síntese de GOG, *rapper* do Distrito Federal: contra o embrutecimento das relações nas periferias das grandes cidades, o rap brasileiro passou a sustentar: "Vamos apagá-los... com o nosso raciocínio".

Dois anos depois de *Hip-hop cultura de rua*, em 1990, os Racionais MCs lançaram o disco *Holocausto urbano*, iniciado por um diálogo:

> Edy Rock: Aqui é Racionais MCs: Ice Blue, Mano Brown, Kl Jay e eu, Edy Rock. E aí, Mano Brown, certo?
> Mano Brown: Certo não está, né, mano. E os inocentes, quem os trará de volta?
> Ice Blue: É, a nossa vida continua, e aí, quem se importa?
> Mano Brown: A sociedade sempre fecha as portas mesmo, cara. E aí, Ice Blue...

Ouvia-se então "Pânico na zona sul" (Mano Brown), que protestava contra o extermínio de jovens considerados "delinquentes" por grupos que chamavam a si mesmos de "justiceiros". Grupos que "matam, humilham e dão tiros a esmo", enquanto "a polícia não demonstra sequer vontade/ de resolver ou apurar a verdade":

> Eu não sei se eles estão ou não autorizados
> De decidir quem é certo ou errado
> Inocente ou culpado, retrato falado
> Não existe mais justiça ou estou enganado?

Acompanhando cronologicamente o rap brasileiro, é possível identificar que a crítica das injustiças se adensa com o desenvolvimento do trabalho dos Racionais MCs, sobretudo a partir do disco *Raio X Brasil*, de 1993. É o caso de "Homem na estrada" (Mano Brown), para citar um só exemplo bastante significativo desse disco. Narra-se a história de um ex-presidiário que "recomeça sua vida". O protagonista "quer viver em paz/ não olhar pra trás, dizer ao crime: nunca mais!". A canção é pontuada pelo verso "O homem na estrada", que finaliza todas as partes à exceção da última. Mas também é pontuada por um outro verso cantado quatro vezes ao longo da narrativa: "Sim, ganhar dinheiro, ficar rico, enfim." E, após esse outro verso, escutam-se quatro modos diferentes de retratar a morte, a qual desengana quem sonha "alto assim" tendo tido a vida "para sempre danificada".

O personagem traz "lembranças dolorosas" da Febem e não quer que o filho dele "cresça com um 'oitão' na cintura e uma PT na cabeça". Com insônia, pensa "o que fazer para sair dessa situação": "Desempregado, então, com má reputação/ Viveu na detenção, ninguém confia, não." Na favela onde mora, seu barraco está "equilibrado num barranco incômodo, mal acabado e sujo". A sensação de descaso do poder público pelo lugar é sintetizada em poucos versos: "Um cheiro horrível de esgoto no quintal"; "Até o IBGE passou aqui e nunca mais voltou"; "O IML estava só dez horas atrasado"; "Faltou água, já é rotina, monotonia".

A ação narrada transcorre em dois dias. No primeiro, "Acharam uma mina morta e estuprada". No segundo, é linchado um filho que "estourou a própria mãe, estava embriagado". Neste ponto, reflete-se sobre "os ricos [que] fazem campanha contra as drogas" e "ganham muito dinheiro/ com o álcool que é vendido nas favelas". O linchamento e a reflexão se desdobram no relato de "um mano" que "tava ganhando dinheiro". Com ironia amarga, o personagem reflete sobre o papel que o sujeito, depois de morto, desempenha na história oficial. Talvez não seja demais dizer que ele o faz tanto ao se aproximar da condição de sujeito a desempenhar o papel quanto no que diz respeito à reflexão sobre o modo como o sentido da morte é muitas vezes apropriado pela mídia e pela polícia, que acumulam capital transformando os despojos em espetáculo:

> Foi fuzilado à queima-roupa no colégio
> Abastecendo a playboyzada de farinha
> Ficou famoso, virou notícia
> Rendeu dinheiro aos jornais, uh!, cartaz à polícia
> Vinte anos de idade, alcançou os primeiros lugares
> Superstar do *Notícias Populares*

Outra cena vista pelo "homem na estrada" coincide com a do poema "O bicho", de Manuel Bandeira, publicado em 1948. Entretanto, no poema, o sujeito lírico confundia, a princípio, um homem com um bicho, confusão que chocava quando era desfeita; no rap, o sujeito não confunde as crianças com animais, e a falta desse engano deve chocar ainda mais. No poema, via-se a singularidade de "um homem" representando um tipo social já (mal) formado; no rap, vê-se a coletividade de uma "molecada sem futuro" em processo de (má) formação. E a disputa aludida no poema, entre a voracidade de um cão, a de um gato, a de um rato e a de um homem, no rap se torna explícita, acentuando-se a miséria:

> Empapuçado ele sai, vai dar um rolê
> Não acredita no que vê, não daquela maneira
> Crianças, gatos, cachorros disputam palmo a palmo
> Seu café da manhã na lateral da feira

Ao final, o "homem na estrada" é executado pela polícia, de madrugada, dentro do barraco dele. "Assaltos na redondeza levantaram suspeitas", e "na calada caguetaram seus antecedentes". Vale observar que, ao longo da canção, o foco narrativo oscila entre a 3ª pessoa, nas passagens em que o narrador observa o protagonista e relata a história dele, e a 1ª pessoa, quando o narrador assume o papel do "homem na estrada". Trata-se, portanto, de um narrador comprometido com o personagem. Tão comprometido que a morte do protagonista não é cantada pelo *rapper* (nesta perspectiva, não é de estranhar que se fique em dúvida sobre quem, o personagem ou o *rapper*, desabafa a certa altura: "Não confio na polícia, raça do caralho/ Se eles me acham baleado na calçada/ chutam minha cara e cospem em mim. É..."). Ouvem-se tiros e o último verso — "Minha verdade foi outra, não dá mais tempo pra nada" — fica sem rima. Em vez de escutar-se entoar "o homem na estrada", como ao término das outras partes da canção, escuta-se uma locução, simulando um noticiário comprometido com a versão da polícia:

> Homem mulato, aparentando entre 25 e 30 anos, é encontrado morto na Estrada do M'Boi Mirim, sem número. Tudo indica ter sido acerto de contas entre quadrilhas rivais. Segundo a polícia, a vítima tinha vasta ficha criminal...

Durante a década de 1990 e a primeira deste século, a qualidade artística que o rap alcançou fez dele a principal forma de canção de protesto já desenvolvida no Brasil. Novamente sem contemplar toda sua multiplicidade, três caminhos de elaboração estética devem ser referidos. Advirta-se que a análise separa o que, na prática, muitas vezes atua conjuntamente. Todavia, espera-se que a distinção torne mais nítidas algumas das linhas de força.

Há um tipo de rap que investe sobretudo na sensação que provoca. A voz canta, com palavras de rua, uma profusão de mensagens e imagens assombrosas, como se metralhando o ouvinte. Em decorrência, o entendimento intelectual da totalidade da letra parece contar menos do que a apreensão de uma ou outra passagem, apreensão que, por sua vez, importa menos do que a audição do material sonoro em si. No geral, a técnica inverte o sensacionalismo da mídia: em vez de entretenimento mais ou menos descartável, experimenta-se o mal-estar de uma situação verdadeiramente monstruosa. Um exemplo é "Abismo das almas perdidas" (Eduardo Taddeo), gravado pelo Facção Central no disco *O espetáculo do circo dos horrores*, de 2006.

Outro tipo de rap investe na racionalidade e sua crítica se afasta, em certa medida, das palavras de rua, sem com isso perder a contundência. O entendimento da letra aqui é fundamental, e a elegância dos versos permite que se estabeleçam, com maior facilidade, diálogos com setores progressistas da classe média e, mesmo, da classe alta. Tomem-se, como exemplo, dois raps de GOG: "Brasil com P", apresentado com vocal de Maria Rita no DVD *Cartão-postal bomba*, lançado em 2009; e "Eu e Lenine (A ponte)", lançado no disco *Tarja preta*, de 2004, e gravado ao vivo, com o *rapper* e Lenine, em dois momentos posteriores. Outro exemplo é "Periferia ao vivo", também de *Tarja preta*:

> Destruição da nação nos quatro cantos
> Teve aviso, 'tá nos livros, leia Milton Santos
> Quanto mais milionários, mais mendigos
> Quanto mais sonhos de consumo, mais bandidos [...]
> Sou GOG, QG, revolução, 'cê sabe
> Informação, irmão, evitará o massacre
> Quero o barulho ensurdecedor
> Vem comigo só quem é gladiador
> Só direitos pra eles e deveres pra nós
> Muita fartura pra eles, migalhas pra nós
> Os fracos, unidos, herdarão a terra
> Os falsos, punidos, não farão mais guerra

Por fim, segue-se cantando o dia a dia das periferias urbanas, na reafirmação do caráter épico do rap, do seu "esforço civilizatório" (a expressão é de Maria Rita Kehl) e do confronto em que está engajado. Aqui também é fundamental o entendimento da totalidade da letra. E passou-se a refletir sobre um novo aspecto: o sucesso de alguns *rappers* e as novas formas de injustiça que agora se experimentam, junto das antigas que persistem. Esse é o tema de "Negro drama", lançado pelos Racionais MCs em 2002, no disco *Nada como um dia após o outro dia*. Cite-se um trecho composto e interpretado por Edy Rock:

> Não foi sempre dito que preto não tem vez? E então,
> Olha o castelo, e não foi você quem fez, cuzão?
> Eu sou irmão dos meus trutas de batalha
> Eu era a carne, agora sou a própria navalha
> Tim-tim, um brinde pra mim
> Sou exemplo de vitórias, trajetos e glórias
> O dinheiro tira um homem da miséria
> Mas não pode arrancar de dentro dele a favela

### Referências bibliográficas

ALVES, César. *Pergunte a quem conhece: Thaíde*. São Paulo: Labortexto Editorial, 2004.
BANDEIRA, Manuel. "O bicho". In: _____. *Estrela da vida inteira: poesias reunidas*. 2ª ed. Rio de Janeiro: Livraria José Olympio Editora/ INL, 1970.
CARVALHO, Luiz Maklouf. "Soco, sufoco e fogo no gogó de GOG". In: *Piauí*, nº 41, ano 4. Rio de Janeiro/ São Paulo: Alvinegra, pp. 30-35, fevereiro de 2010.
_____. "O bagulho é doido, tá ligado?". In: *Piauí*. Edição 10, 2006. Disponível em: http://www.revistapiaui.com.br. Acesso em 8 de fevereiro de 2010.
GONÇALVES (GOG), Genival Oliveira. *A rima denuncia*. São Paulo: Global, 2010.
KEHL, Maria Rita. "A frátria órfã: o esforço civilizatório do rap na periferia de São Paulo". In: _____. (org.). *Função fraterna*. Rio de Janeiro: Relume Dumará, pp. 209-244, 2000.
ROCHA, Janaína; DOMENICH; Mirella; CASSEANO, Patrícia. *Hip-Hop: a periferia grita*. São Paulo: Editora Fundação Perseu Abramo, 2001.
VÁRIOS. *Caros Amigos Especial*, nº 24, *Hip-Hop hoje*. São Paulo: Casa Amarela, junho de 2005.
_____. *Caros Amigos Especial*, nº 3, *Movimento Hip-Hop*. São Paulo: Casa Amarela, setembro de 1998.

## Referências discográficas e audiovisuais

BOTELHO, Guilherme (direção). *Nos tempos da São Bento*. Documentário. São Paulo: Suatitude, 2010. 1 DVD.

FACÇÃO CENTRAL. *O espetáculo do circo dos horrores*. São Paulo: Sky Blue Music, 2006. 1 CD.

GOG, "Brasil com P". São Paulo: Zambia, 2000. CD.

_____. *Tarja preta*. São Paulo: Só Balanço/FDMP, 2004. CD.

_____. *Vamos apagá-los... com o nosso raciocínio*. São Paulo: Só Balanço, 1993. 1 CD.

RACIONAIS MCs. *1000 trutas 1000 tretas*. Direção: Ice Blue, Mano Brown, Roberto T. Oliveira. Aprox. 226 min.: São Paulo: Cosa Nostra, Color: CN 007, 2006. 1 DVD.

_____. *Nada como um dia após o outro dia*. São Paulo: Cosa Nostra/ Zambia, ZA-050-1, 2002. 1 CD.

_____. *Sobrevivendo no inferno*. São Paulo: Cosa Nostra/ Zambia, RA 001, 1997. 1 CD.

_____. *Racionais MCs*. São Paulo: Cosa Nostra Fonográfica/ Zimbabwe, ZBCD015, s/d [coletânea com gravações lançadas entre 1990 e 1993]. 1 CD.

_____. *Holocausto urbano*. RDS Fonográfica/ Zimbabwe, RDL 4006, s/d [disco lançado em 1990]. 1 CD.

RAPPIN' HOOD. *Rappin' Hood em sujeito homem*. São Paulo: Trama, T400/245-2, 2001. 1 CD.

O CREDO et al. *Hip-Hop cultura de rua* (internet). Rio de Janeiro: Eldorado, 1988. Disponível em: http://www.radio.uol.com.br. Acesso em 21 de julho de 2011. LP.

# Funk Proibido

*Carlos Palombini*[1]

Funk

Durante a Segunda Grande Guerra, surge nos Estados Unidos uma forma de música negra dançante para pequenas formações vocal-instrumentais, o *rhythm and blues*, associando elementos do *blues* e do *swing jazz*. Nos anos 1950, a exacerbação de traços da música gospel no *rhythm and blues* começa a definir um gênero novo, a música *soul*, cuja trajetória se associará às lutas pelos direitos civis dos afro-norte-americanos. Duas vertentes se delineiam nos anos 1960: o *soul* telúrico do sul, representado pela gravadora Stax e por artistas como Otis Redding e Wilson Pickett, e o *soul* sofisticado do norte, associado à Motown e a grupos como The Supremes e The Temptations. O assassinato de Martin Luther King em 1968 coincide com o início de transformações musicais que se afirmarão na década seguinte: a vertente sulista toma o rumo do funk com James Brown; o estilo afluente do norte cede lugar ao *soul* da Filadélfia, e este à música disco. O rap (*rhythm and poetry*), expressão musical da cultura *hip-hop* do Bronx, começa a tomar forma no início dos anos

---

[1] O autor agradece as colaborações de Fernando Augusto Fernandes, Fausto Sette Câmara, Arquimedes Brandão, Guilherme Pimentel Braga, Vincent Rosenblatt, Samuel Araújo e Marielle Franco.

1970 através de uma combinação de *breaks* de funk, procedimentos do *dub* jamaicano e técnicas de discotecagem desenvolvidas a partir da experiência dos DJs da disco. O primeiro gênero de música eletrônica dançante, a *house music*, surge em Chicago na primeira metade dos anos 1980 como uma mutação da disco. O *hip-hop* se espalhará pelas periferias do mundo para se tornar uma espécie de língua franca, intrinsecamente dialetal. A *house* se propagará pelo Reino Unido através de eventos como o Segundo Verão do Amor, as *free parties* e as *raves*, dando origem a subgêneros como a *acid house*, o *techno* e o *trance*.

No início da década de 1970, os DJs Big Boy e Ademir Lemos organizam em Botafogo os "bailes da pesada", alimentados por discos de rock progressivo e *soul* norte-americano. Pouco depois, Mister Funky Santos e Dom Filó montam, no Catumbi e no Andaraí, os bailes *black*. À medida que, nos Estados Unidos, o funk cede espaço ao *hip-hop* como expressão musical negra nos anos 1980, no Brasil os bailes *black* dão lugar aos bailes funk, nos quais a música funk norte-americana cede espaço ao *hip-hop* e ao *Latin freestyle*.

Funk carioca

De acordo com uma historiografia dominada pelas narrativas concordes do antropólogo Hermano Vianna e do DJ Marlboro, a música funk carioca surge em 1989 com o lançamento do LP *Dj Marlboro apresenta funk Brasil* (Polydor 839 917-1), suprindo os bailes com o primeiro gênero brasileiro de música eletrônica dançante, uma criação nacional cuja matriz é uma variedade de *hip-hop* conhecida como Miami *bass*. Ainda que em suas expressões informais ela possa assumir as características de uma improvisação vocal, num jogo de chamadas e respostas individuais entre os participantes, que se acompanham com uma base rítmica coletiva de palmas e interjeições vocais, grande parte dos primeiros raps e melôs da música funk carioca consiste numa declamação vocal rimada, executada em cena por um ou dois MCs, sobre uma base em vinil — frequentemente a faixa "8 Volt Mix", do DJ Battery

Brain (Techno Hop Records, 1988) — manipulada ao vivo por um ou dois DJs, sendo exemplos: "Rap do Salgueiro", dos MCs Claudinho e Buchecha; "Rap da Felicidade", com os MCs Cidinho e Doca; "Rap do Silva", com o MC Bob Rum. Em 1998, o DJ Luciano utiliza a bateria eletrônica Roland R-8 para criar, na Zona Oeste, a base "tamborzão", que passa a dominar o gênero. À medida que a música se desenvolve e se populariza, aparecem designações como "funk de raiz" para os nomes mais conhecidos da fase inicial; "funk consciente" para as músicas que procuram conscientizar e mobilizar; "putaria" para a sexualidade explícita e mirabolante; "melody" para as situações sentimentais; "montagem" para a manipulação valorizada de *samples*; "proibidão" para a cultura das facções.

Funk proibido

Espécie de James Brown brasileiro, Gerson King Combo surge na confluência entre os bailes *black* e a onda de popularidade que o *soul* e o funk norte-americanos desfrutam entre os artistas nacionais na década de 1970. Em 1980, ele grava, com letra de Paulo Coelho, o compacto simples "Melô do Mão Branca" (Sinter 2171 603), interpretando um policial ao telefone: "Ratatá! Papá! Zim! Catchipum! são sons que você tem que acostumar, essa é a música que toca a orquestra do Mão Branca, botando os bandidos pra dançar". Em 1989, o MC Guto prenuncia o subgênero proibido com a "Melô do bicho": "[...] só falo o que eu penso, goste quem gostar, otário de bobeira tem mais é que dançar". Em 1995, no "Rap das Armas", os MCs Júnior e Leonardo popularizam um cardápio de metralhadoras, pistolas, granadas e fuzis entrecortado pelo "parapapá" de Cidinho e Doca. Júnior e Leonardo, da Rocinha, Cidinho e Doca, da Cidade de Deus, e William e Duda, do Borel, são chamados para depor. Em 30 de setembro de 2005, dois dias antes da estreia do documentário *Sou feia mas tô na moda*, de Denise Garcia, o jornal O *Dia* estampa em primeira página: "Ofensiva contra os gritos de guerra do crime". Abaixo, as fotografias dos MCs Frank, Sapão,

Catra, Tan, Cula (da dupla Tan e Cula), Sabrina, Cidinho, Doca (da dupla citada acima), Duda do Borel (da dupla William e Duda), Menor do Chapa, Colibri e Menor da Provi, com a manchete: "Polícia indicia doze que cantam funk do mal."

A historiografia do samba carioca realça figuras de miscigenação: a senzala e a casa-grande, o lundu e a modinha, o asfalto e o morro, a sala de visitas e a sala de jantar. A história da música funk carioca reitera tropos de exclusão. O espaço compartilhado dos "bailes da pesada" é delimitado por paisagens sonoras alternadas: rock progressivo para a Zona Sul escutar, *soul* e funk norte-americanos para a Zona Norte dançar. Roberto Carlos requisita o Canecão em 1973, e os bailes prosseguem no Catumbi e no Andaraí. Entre 1972 e 1975, as "noites do Shaft", no Renascença Clube, rejeitam a mística da integração. Frias nomeia e revela o movimento *black soul* no *Jornal do Brasil* em 1976. No ano seguinte, o maestro Júlio Medaglia e o sociólogo Gilberto Freyre reagem na *Folha de S. Paulo* e no *Diário de Pernambuco*. Em 1992 os arrastões da orla do Rio associam o funkeiro à violência e ao crime. Oito anos depois os bailes passam a ser regidos por uma legislação específica.

## Legislação

Em 3 de novembro de 1999, a Resolução nº 182 da Assembleia Legislativa do Estado do Rio de Janeiro institui, por iniciativa do deputado Alberto Brizola (PFL), Comissão Parlamentar de Inquérito "com a finalidade de investigar os 'bailes funk', com indícios de violência, drogas e desvio de comportamento do público infanto-juvenil" (art. 1º). A CPI do Funk resulta na Lei nº 3.410, promulgada em 30 de maio de 2000, responsabilizando pelos bailes os presidentes, diretores e gerentes dos locais onde são realizados (art. 1º); obrigando-os a instalar detectores de metais nas portarias (art. 2º); exigindo a presença de policiais militares durante todo o evento (art. 3º); requerendo permissão escrita da polícia (art. 4º); autorizando a interdição de locais onde se realizem atos de violência incentivada, erotismo e pornografia (art. 5º); proibindo a execução de músicas e procedimentos de apologia ao crime (art. 6º); impondo à autoridade policial a fiscalização da venda de bebidas alcoólicas para menores (art. 7º).

No dia 1º de maio de 2004, a Lei nº 4.264, do deputado Alessandro Calazans (PV), declara o baile funk uma atividade cultural de caráter popular (art. 1º); determina que o exercício dessa atividade fique sob a responsabilidade e a organização de empresas de produção cultural, de produtores culturais autônomos ou de entidades e associações da sociedade civil (art. 2º); responsabiliza os organizadores pela adequação do local às normas estabelecidas pela legislação (art. 3º); incumbe os organizadores e as entidades contratantes de garantir a segurança interna do evento (art. 4º).

Em 19 de junho de 2008, a Lei nº 5.265, do deputado Álvaro Lins (PMDB), revoga a Lei nº 3.410 e estabelece normas mais restritivas, extensivas às *raves*. A partir dessa lei, a permissão escrita deve ser solicitada com antecedência mínima de trinta dias mediante a apresentação de oito documentos (art. 3º), entre os quais: comprovante de tratamento acústico, se o evento for realizado em ambiente fechado; anotação, expedida pela autoridade municipal, de responsabilidade técnica das instalações de infraestrutura; contrato da empresa autorizada pela Polícia Federal a responsabilizar-se pela segurança interna; comprovante de instalação de detectores de metal, câmeras e dispositivos de gravação de imagens; comprovante de previsão de atendimento médico de emergência; os *nihil obstat* da Delegacia Policial, do Batalhão da Polícia Militar, do Corpo de Bombeiros e do Juizado de Menores. Estabelece-se ainda que a duração do evento não pode ultrapassar 12 horas (art. 4º), que o local deve dispor de um banheiro masculino e um feminino para cada grupo de cinquenta participantes (art. 5º) e que a gravação das imagens deve permanecer à disposição da autoridade policial por seis meses (art. 6º). Por fim, o descumprimento dessas determinações sujeita o infrator (art. 8º): à suspensão do evento; à interdição do local; a multa no valor de cinco mil unidades fiscais de referência.

Em 22 de setembro de 2009, a Lei nº 5.544, dos deputados Marcelo Freixo (PSOL) e Paulo Melo (PMDB), revoga a Lei nº 5.265. Na mesma data entra em vigor a Lei n° 5.543, de Marcelo Freixo e Wagner Montes (PDT). Fica definido que o funk é um movimento cultural e musical de caráter popular (art. 1°), competindo ao poder público assegurar a esse movimento a realização de suas manifestações, sem regras diferentes das que regem outras da mesma natureza (art. 2°). Segundo essa lei, os assuntos relativos ao funk devem ser tratados, prioritariamente, pelos órgãos do estado relacionados à cultura (art. 3°), ficando proibido qualquer tipo de discriminação ou preconceito social, racial, cultural ou administrativo contra o movimento (art. 4°). O texto estabelece ainda que os artistas do funk são agentes da cultura popular e, como tal, devem ter seus direitos respeitados (art. 5°). No entanto, em parágrafo único, o artigo primeiro exclui "conteúdos que façam apologia ao crime" da rubrica "movimento cultural e musical de caráter popular".

Política

Entre 3 e 31 de outubro de 2010, o segundo turno das eleições presidenciais acirra o enfrentamento entre, de um lado, uma coligação de centro-esquerda cujos trunfos são a popularidade de um presidente em exercício e o entusiasmo de uma nova militância na rede mundial, e, de outro, uma coalizão de direita impulsionada pela grande mídia. Na manhã de 8 de novembro quatro pessoas ateiam fogo a dois automóveis na autoestrada Grajaú—Jacarepaguá, dando início a uma onda de ataques incendiários a veículos supostamente promovida por uma das facções do tráfico de substâncias ilícitas, o Comando Vermelho. Esses ataques servem de pretexto à invasão, nos dias 25 e 28 de novembro, respectivamente da Vila Cruzeiro e do Complexo do Alemão, redutos do CV, colocando em cena o Exército, a Marinha, a Aeronáutica e as Polícias Militar, Civil e Federal.

## Polícia

Entre os dias 14 e 16 de dezembro, os MCs Frank, Max, Tikão, Dido e Smith são detidos através de uma ordem de prisão temporária decretada pelo juiz de Direito da Vigésima Oitava Vara Criminal da Comarca do Rio de Janeiro. Ao meio-dia de 15 de dezembro, Ana Paula Araújo fala dos estúdios da Rede Globo no *RJ-TV*:

> Começamos o RJ de hoje com uma reportagem *exclusiva* que traz *essas imagens* aqui cedidas pela polícia. [O baile ocorreu] *lá* no conjunto de favelas do Alemão *depois da ocupação*. [Frank e Tikão] foram *presos hoje* de manhã dentro de uma *operação da polícia* de combate a funkeiros que fazem *apologia* ao crime. (grifamos)

O repórter Eduardo Tchau, na externa, informa incorretamente: "Os MCs Frank e Tikão cantam um funk sobre o chefe da facção criminosa que dominava o Alemão, Fabiano Atanazio, conhecido como o FB."

Carabina em punho, a chefe da Delegacia de Repressão aos Crimes de Informática da Polícia Civil intima Frank com voz firme e dicção nítida: "Abre a porta, é a polícia, se não a gente vai arrombar!". A Globo entra para oferecer um MC de cuecas e atônito — sua primeira filha, Yasmin, nascera no dia anterior — a centenas de milhares de espectadores em horário de almoço. A câmera fixa o torso nu de Frank, desce pelo ventre, passa pela virilha, contorna os quadris, desce pelas nádegas e, na altura da coxa, toma o rumo da esquerda, acelerando em direção à superfície horizontal do balcão para focar os cordões de ouro em close, suposta evidência de enriquecimento ilícito, meticulosamente dispostos em composição geométrica com o maço de cigarros, o isqueiro, o relógio, o anel, as chaves e a pulseira. "Vai lá no morro falar pros bandidos que não pode cantar", justifica-se Tikão. "A gente canta nossas músicas e nunca foi obrigado por ninguém", esclarece Frank. O repórter sentencia: "Os dois *tentaram* se defender, *mas* entraram em contradição" (grifos nossos).

## Justiça

O plantão jurídico do Tribunal de Justiça do Estado do Rio de Janeiro rejeita o *habeas corpus* em 18 de dezembro. No dia 20, os advogados dos MCs recorrem da decisão para o Superior Tribunal de Justiça. De acordo com a "Ordem de *habeas corpus* com pedido de liminar impetrada em favor de MCs — Liberdade de Expressão", a ordem de prisão criminaliza uma manifestação musical cujo direito é garantido pelo artigo 5º da Constituição Federal de 1988: "[...] é livre a manifestação do pensamento, sendo vedado o anonimato" (inciso IV); "[...] é livre a expressão da atividade intelectual, artística, científica e de comunicação, independentemente de censura ou licença" (inciso IX). Sob a égide da Constituição, a prisão antes do pronunciamento de sentença penal condenatória irrecorrível é medida de caráter excepcional, somente admitida na forma e nas hipóteses previstas em lei. Entre as espécies de prisão provisória encontra-se a prisão temporária, regulada pela Lei nº 7.960/1989 da Subchefia para Assuntos Jurídicos da Presidência da República. Ela cabe quando houver fundadas razões de autoria ou participação do indiciado em algum dos crimes descritos no rol taxativo do artigo 1º, inciso III, da Lei nº 7.960. O inquérito policial versa sobre os delitos de incitação ao crime (art. 286 do Código Penal), apologia ao crime ou ao criminoso (art. 287, CP), indução, instigação ou auxílio ao uso indevido de droga (art. 33, § 2º, da Lei nº 11.343/2006 da Subchefia para Assuntos Jurídicos da Casa Civil da Presidência da República) e associação para o tráfico de drogas (art. 35 da Lei nº 11.343/2006). Nenhum deles consta do artigo 1º, inciso III, da Lei nº 7.960. O decreto de prisão carece portanto de amparo legal. Tanto o artigo 5º, inciso XXXIX, da Constituição quanto o artigo 1º do Código Penal determinam que "não há crime sem lei anterior que o defina, nem pena sem prévia cominação legal". E, nos termos do artigo 5º, inciso LXV, da Constituição, "a prisão ilegal será imediatamente relaxada pela autoridade judiciária".

Não bastasse, a prisão temporária foi decretada pelo prazo de trinta dias, quando o máximo admitido pelo artigo 2º da Lei nº 7.960 é o de cinco, "prorrogável por igual período em caso de extrema e comprovada necessidade". A prisão temporária pelo prazo de trinta dias só é admissível quando a investigação versar sobre crimes classificados como hediondos, previstos taxativamente nos incisos do artigo 1º da Lei nº 8.072/1990 da Subchefia para Assuntos Jurídicos da Casa Civil da Presidência da República; ou sobre a prática da tortura, o tráfico ilícito de entorpecentes e drogas afins, e o terrorismo, previstos no artigo 2º da Lei nº 8.072. Os crimes citados no decreto prisional não constam do rol da Lei nº 8.072, não permitindo portanto a aplicação do prazo de trinta dias estabelecido no artigo 2º, § 4º, da Lei nº 8.072.

Dentre os direitos e garantias fundamentais previstos na Constituição, encontra-se a exigência, para a decretação de prisão, de ordem escrita e fundamentada da autoridade judiciária competente, ressalvados os casos de flagrante delito e de crimes militares (art. 5º, inciso LXI). E o artigo 93, inciso IX, da Constituição dispõe: "todos os julgamentos dos órgãos do Poder Judiciário serão públicos, e fundamentadas todas as decisões, sob pena de nulidade". A prisão sendo a mais grave das formas de intervenção do Estado na vida do indivíduo, tanto mais fundamentada deve ser a decisão que a decrete. Por isso a Lei nº 7.960, que disciplina a prisão temporária, reitera a necessidade de fundamentação: "O despacho que decretar a prisão temporária deverá ser fundamentado" (art. 2º, § 2º). E cabe ao artigo 1º arrolar os requisitos necessários à decretação da prisão, que devem consequentemente constar de sua fundamentação: a prisão temporária deve ser imprescindível para as investigações do inquérito policial (inciso I); o indicado não deve ter residência fixa ou ser capaz de fornecer elementos necessários ao esclarecimento de sua identidade (inciso II); são necessárias fundadas razões, de acordo com qualquer prova admitida na legislação penal, de autoria ou participação do mesmo num rol taxativo de crimes (inciso III) — entre os quais, como se viu, não consta nenhum daqueles citados no inquérito.

O entendimento unívoco da doutrina e da jurisprudência, quando mais não seja em razão do princípio da presunção de inocência estabelecido no artigo 5º, inciso LVII, da Constituição ("ninguém será considerado culpado até o trânsito em julgado de sentença penal condenatória"), é de que somente caberá a prisão temporária quando, aos requisitos do inciso I ou II, somar-se o do inciso III. Ora, a Vara Criminal decretou a prisão temporária com base nos incisos I e III mas não demonstrou nem comprovou o *periculum libertatis* (inciso I) — inexistente; tampouco foi demonstrada concretamente a autoria ou participação de qualquer dos indiciados nos crimes listados no inciso III, dos quais, é útil repetir, eles sequer são acusados.

A Súmula nº 691 do Supremo Tribunal Federal é contrária ao acolhimento de *habeas corpus* impetrado contra indeferimento de liminar em igual medida. Todavia, a jurisprudência do STF e do STJ admite a chamada impetração sucessiva diante dos casos de flagrante constrangimento ilegal ou ameaça de constrangimento. Os advogados demonstram erros crassos na decisão do TJRJ, que indeferiu o *habeas corpus*. Assim, qualificando-a de "teratológica" e "desprovida de fundamentação idônea", eles justificam a passagem do pedido à instância superior.

No dia 23 de dezembro, o ministro Ari Pargendler ampara-se na jurisprudência do STJ, para a qual "o delito de associação para o tráfico de entorpecentes é crime autônomo, não sendo equiparado a crime hediondo", para deferir a liminar, relaxando a prisão temporária dos acusados e determinando que se solicitem informações, com vista ao Ministério Público Federal. Frank, Max, Tikão, Dido e Smith receberam seus alvarás de soltura no dia 24 de dezembro.

### Referências bibliográficas

ASSEF, Claudia. *Todo DJ já sambou: a história do disco-jóquei no Brasil*. São Paulo: Conrad, 2003.

BRACKETT, David. "Soul Music". In: Stanley Sadie (org.). *The New Grove Dictionary of Music and Musicians*. Londres: Macmillan, 2ª ed., 29 vv., 2001.

BREWSTER, Bill; BROUGHTON, Frank. *Last Night a DJ Saved My Life: The History of the Disc Jockey*. Nova York: Grove, 2ª ed. rev., 2000.

BURNIM, Mellonee V.; MAULTSBY, Portia K. (org.). *African American Music: An Introduction*. Nova York/Londres: Routledge, 2006.

DINIZ, Maria Helena. *Dicionário jurídico*. São Paulo: Saraiva, 3ª ed. rev., 4 vv., 2008.

ESSINGER, Silvio. *Batidão: uma história do funk*. Rio de Janeiro/São Paulo: Record, 2005.

FERNANDES, Fernando Augusto; ANDRADE, Thiago; LOPES, Anderson Bezerra; MACEDO, Renan; MARINHO, Renato Silvestre; PAIVA, Nilson; SIDI, Ricardo. "Ordem de *habeas corpus* com pedido de liminar impetrada em favor de MCs — Liberdade de Expressão". STJ, HC 192.802-RJ (2010/0226895-5), rel. min. Laurita Vaz. Rio de Janeiro: Fernando Fernandes Advogados, 20 de dezembro, 2010 (acesso restrito).

FRIAS, Lena. "*Black* Rio: o orgulho (importado) de ser negro no Brasil". In: *Jornal do Brasil*, Caderno B, capa e pp. 4-6, 17 de julho de 1976.

GIACOMINI, Sonia Maria. *A alma da festa: família, etnicidade e projetos num clube social da Zona Norte do Rio de Janeiro, o Renascença Clube*. Belo Horizonte: Editora UFMG; Rio de Janeiro: Iuperj, 2006.

HANCHARD, Michael G. "*Black Soul*: uma ameaça ao projeto nacional". In: *Orfeu e o poder: movimento negro no Rio e São Paulo*. Rio de Janeiro: Ed. UERJ, pp. 134-142, 2001.

HERSCHMANN, Micael. *O funk e o hip-hop invadem a cena*. Rio de Janeiro: Ed. UFRJ, 2000.

LIMA, William da Silva. *Quatrocentos contra um: uma história do Comando Vermelho*. São Paulo: Labortexto, 2001.

McCANN, Bryan. "Black Pau: Uncovering the History of Brazilian Soul". In: *Journal of Popular Music Studies* n° 14: 33-62, 2002.

PALOMBINI, Carlos. "Notes on the Historiography of *Música Soul* and *Funk Carioca*". In: *Historia actual online* n° 23: 99-106, 2010.

PARGENDLER, Ari. "Decisão" (relativa ao HC n° 192.802-RJ). Brasília: Superior Tribunal de Justiça, 23 de dezembro, 2010. Disponível em: <https://ww2.stj.jus.br/websecstj/cgi/revista/REJ.cgi/MON?seq=13539513&formato=PDF>. Acesso em 26 de julho de 2011.

SILVA, De Plácido e. *Vocabulário jurídico*. Rio de Janeiro: Forense, 28ª ed. atualizada por Nagib Slaibi Filho e Gláucia Carvalho, 2009.

SNEED, Paul. "*Bandidos de Cristo*: Representations of the Power of Criminal Factions in Rio's *Proibidão* Funk". In: *Latin American Music Review* n° 28 (2): 20-241, 2007.

THAYER, Allen. "Black Rio: Brazilian Soul and DJ Culture's Lost Chapter". In: *Wax Poetics* n° 16: 88-106, 2006.

VALENZUELA ARCE, José Manuel. *Jefe de jefes: corridos y narcocultura en México*. Habana: Casa de las Américas, 2003.

VIANNA, Hermano. *O mundo funk carioca*. Rio de Janeiro: Zahar, 1988.

YÚDICE, George. "A funkificação do Rio". In: *A conveniência da cultura: usos da cultura na era global*. Belo Horizonte: UFMG, pp. 157-185, 2004.

*O texto deste livro foi composto em Sabon,
desenho tipográfico de Jan Tschichold de 1964
baseado nos estudos de Claude Garamond e
Jacques Sabon no século XVI, em corpo 11/15.
Para títulos e destaques, foi utilizada a tipografia
Frutiger, desenhada por Adrian Frutiger em 1975.*

*A impressão se deu sobre papel off-white
pelo Sistema Cameron da Divisão Gráfica
da Distribuidora Record.*